Kerygma und Logos

Kerygma und Logos

Beiträge zu den geistesgeschichtlichen Beziehungen zwischen Antike und Christentum

Festschrift für Carl Andresen
zum 70. Geburtstag

Herausgegeben
von Adolf Martin Ritter

Vandenhoeck & Ruprecht in Göttingen

CIP-Kurztitelaufnahme der Deutschen Bibliothek

Kerygma und Logos: Beitr. zu d. geistesgeschichtl. Beziehungen zwischen Antike u. Christentum; Festschr. für Carl Andresen zum 70. Geburtstag / hrsg. von Adolf Martin Ritter. – Göttingen: Vandenhoeck und Ruprecht, 1979. –

ISBN 3-525-55369-2

NE: Ritter, Adolf Martin [Hrsg.]; Andresen, Carl: Festschrift

 – Satz und Druck: Gulde-Druck, Tübingen. – Einband: Hubert & Co., Göttingen

Lieber Herr Andresen, mit dieser Festschrift zu Ihrem 70. Geburtstag am 28. Juli 1979 möchten Kollegen, Freunde und Schüler, stellvertretend für viele andere, Dank abstatten für das, was von Ihnen in Forschung und Lehre an Anregungen ausgegangen ist.

Sie haben, obwohl über den „Kirchenkampf" während des „Dritten Reiches" und den Krieg mit anschließender langer Gefangenschaft in Rußland erst verhältnismäßig spät in die akademische Laufbahn gelangt, doch alsbald über Disziplinen-, Fakultäten-, Konfessions- und Nationalitätengrenzen hinweg vielfältige Kontakte zu knüpfen verstanden. So konnte ich mich denn an einen weiten Freundeskreis wenden in der zuversichtlichen Erwartung, man werde Ihnen ein „literarisches Opfer" zu bringen bereit sein.

Wer Ihr – freilich noch nicht abgeschlossenes – Lebenswerk[1] überschaut, dem fällt als Besonderheit wohl am ehesten die Ihr Schrifttum von Anfang an kennzeichnende Breite des Interessenspektrums auf. Diese Breite ist in der jüngeren Forschergeneration ganz selten geworden; sie verbindet Sie jedoch mit der „Schule", der Sie entstammen. Man denke etwa an die für einen heutigen Kirchenhistoriker eher ungewöhnliche Vertrautheit mit Arbeitsgebiet und -methoden der Christlichen Archäologie und Kunstgeschichte, die Fähigkeit, auch nichtliterarische Quellen in die historische Analyse und Darstellung einzubeziehen. Wenn ich nicht irre, ist es nicht zuletzt diese Fähigkeit, die den Hauptreiz Ihres opus grande („Die Kirchen der alten Christenheit"[2]) ausmacht.

Für die Festschrift allerdings konnte und sollte die Breite Ihrer wissenschaftlichen Interessen nicht vorbildlich sein! Vielmehr ließ es u.a. die Situation auf dem Buchmarkt als geraten erscheinen, sich darin auf ein Thema zu konzentrieren, das seit jeher einen Schwerpunkt Ihrer Forschungen gebildet hat und zu dem Sie seit Ihren vielbeachteten und -erörterten Justin[3]- und Kelsosstudien[4] unverwechselbare Gesprächsbeiträge lieferten.

Dank dieser Ausrichtung an der einen Frage der „geistesgeschichtlichen Beziehungen zwischen Antike und Christentum" als einem Grundproblem der Kirchen-, Theologie- und Geistesgeschichte, nicht

---

[1] Vgl. die „Bibliographie C. Andresen", die zusammen mit einer von G. Strecker-Göttingen abgefaßten Laudatio in der Juli-Nr. 1979 der „Theologischen Literaturzeitung" veröffentlicht werden soll.

[2] In der von Chr. M. Schröder herausgegebenen Reihe „Die Religionen der Menschheit" (Bd. 29, 1/2) erschienen Stuttgart 1971.

[3] „Justin und der mittlere Platonismus", in: Zeitschr. f. d. ntl. Wiss. 44, 1952/1953, S. 157–195.

[4] Logos und Nomos. Die Polemik des Kelsos wider das Christentum, Berlin (AKG 30) 1955; vgl. zuletzt wieder den großen und großartigen Artikel „Antike und Christentum" in der „Theologischen Realenzyklopädie" (Bd. 3, 1978, S. 50–99).

nur der antiken, kann diese Festschrift, wie zu hoffen steht, als ein nahezu geschlossener Forschungsbeitrag gelten. Nicht minder aber ist zu wünschen, daß in ihr die Dankbarkeit für Ihr akademisches Wirken, auch und gerade für die Ihnen eigene gelöste und lebendige Gesprächsbereitschaft, wie es in einem der nachfolgend abgedruckten Aufsätze ganz zu Recht heißt, einen angemessenen Ausdruck gefunden haben möge.

Zwei Kollegen, die mit Ihnen seit vielen Jahren in regelmäßigem Austausch standen und die sich spontan auf meine Anfrage hin zur Mitarbeit an dieser Festschrift bereiterklärten, sind im Laufe des letzten Jahres, noch nicht siebzigjährig, überraschend abberufen worden: W. C. van Unnik und A. Niebergall. Ihrer sei an dieser Stelle mit einem Wort aus dem Schlußkapitel von Augustins De civitate Dei (XXII, 30, 5) gedacht: „Ibi vacabimus et videbimus, videbimus et amabimus, amabimus et laudabimus. Ecce quod erit in fine sine fine." Die Frage, wie das „vacabimus" angemessen wiederzugeben sei, war es, über die Sie mit A. Niebergall vor dessen Erkrankung zum Tode zuletzt korrespondierten. Und so schließen nun Ihre Anmerkungen zur Neuausgabe der Thimmeschen Übersetzung des „Gottesstaates": „‚dann werden wir stille sein': ‚vacabimus': ‚werden wir frei sein' (Alfred Niebergall)"[5].

Fast ebenso viele Kollegen, wie an der Festschrift beteiligt sind, werden in Ihnen gewidmeten Zeitschriftenartikeln ihr opus nobile niederlegen, weil sie sich der Bindung an die Thematik von „Kerygma und Logos" in der Antike nicht unterwerfen konnten oder im Augenblick mochten. Ihre Manuskripte, soweit sie an mich gelangt sind, werden Ihnen neben der Festschrift auf den Geburtstagstisch gelegt. Ebenso eine umfangreiche Tabula Gratulatoria, die über 200 Namen enthält.

Dafür, daß die Festschrift in dem Umfang und in der ansprechenden Gestalt erscheinen konnte, in der sie sich nun präsentiert, ist auch an dieser Stelle, außer den Autoren, der Konföderation Niedersächsischer Kirchen, der Ev. Kirche in Hessen und Nassau sowie der Ev. Kirche von Kurhessen-Waldeck zu danken, die mit einem Druckkostenzuschuß halfen; ferner Herrn Dr. A. Ruprecht, der aus langer Verbundenheit seines Verlages mit Ihnen heraus das Wagnis der Publikation auf sich nahm; schließlich meiner lieben Frau, die sich mit mir in die Mühen der Korrektur und der Registerherstellung teilte.

Im Namen aller dieser Mitwirkenden wünsche ich Ihnen, lieber Herr Andresen, für die vor Ihnen liegende Zeit ausgefüllte, fruchtbare und getroste Tage.

Ihr Adolf Martin Ritter

[5] Aurelius Augustinus, Vom Gottesstaat (Buch 11–22), dtv 6088, 1978, S. 1028.

Inhalt

Barbara Aland

Fides und Subiectio

Zur Anthropologie des Irenäus

„Irenäus arbeitet mit überkommenem Gut." Dieser Satz, der Einleitungssatz eines Aufsatzes von Martin Widmann über „Irenäus und seine theologischen Väter"[1], charakterisiert in gewisser Weise die Forschung über Irenäus, insbesondere die deutsche protestantische Forschung der Vergangenheit[2]. Denn sie geschah weitgehend in Auseinandersetzung mit der durch diesen Satz bezeichneten Tatsache, die geradezu zum Verständnisschlüssel für diesen Autor erhoben wurde[3]. Das blieb nicht ohne

[1] ZThK 54, 1957, 156–173.

[2] Vgl. vor allem die bekannte Arbeit von F. Loofs, Theophilus von Antiochien Adversus Marcionem und die anderen theologischen Quellen bei Irenäus, TU 46,2, Leipzig 1930, von dessen methodischem Ansatz und Fragehorizont die Forschung lange Zeit bestimmt war. So z. B. deutlich trotz aller Differenzierungen auch Widmann, a.a.O. Der einzige, der entschieden einen anderen methodischen Weg einschlug, war G. Wingren, Man and the Incarnation. A Study in the Biblical Theology of Irenaeus, Philadelphia 1959 (Schwedische Originalausgabe Lund 1947). Auch er anerkannte die Tatsache, daß Irenäus mit überkommenem Gut arbeitete, war aber der Überzeugung, daß das „einzigartige Verdienst" dieses Theologen gerade darin bestanden habe, daß er die Gedanken seiner Vorgänger koordiniert habe. Seine Kraft als systematischer Theologe erweise sich darin, daß in seinem Werk das gesamte Schrift- und Gedankengut der frühen Kirche "is collated and fused into a harmonious whole" (XVI). Ob wirklich ein harmonisches Ganzes entstanden ist, daran muß man wohl seine Zweifel haben. Die Wingrens Grundauffassung entsprechende Methode sensibler interpretatorischer Bemühung um den Text als ganzes hat sich jedoch in seinem Werk m. E. als außerordentlich fruchtbar erwiesen, und zwar gerade die Interpretation der „hochtheologischen Partien des 4. und 5. Buches" von Adv. Haer. (Widmann a.a.O., 158), von denen Widmann thetisch behauptet, man dürfe bei ihnen nicht einsetzen, da sie – nach Loofs – nicht unumstrittenes „Eigengut" des Irenäus seien. Man sieht daraus, daß die Auffassung von Irenäus, mit der jeweils an die Interpretationsarbeit herangegangen wird, schon die Auswahl der zu besprechenden Texte bestimmt. Dementsprechend verschieden sind nicht nur die Ergebnisse, sondern von vornherein die Möglichkeiten des Verständnisses für diesen Autor. – Leider sind Wingrens Ergebnisse in der Irenäusforschung nur wenig beachtet worden. Diese kleine Studie verdankt ihm viel.

[3] Vgl. Widmann, a.a.O. 156, nach seinem zitierten Einleitungssatz: „So wie Klemens zu verstehen ist auf dem Hintergrund des christlichen (bzw. gnostischen) Schulbetriebs in Alexandria (W. Bousset), so ist Irenäus dankbarer Vermittler des theologischen Erbes seiner ‚Väter' (Presbyter). Alles" (n. b.!) „kommt nun freilich darauf an, das Verhältnis von

Auswirkungen auf das Urteil über Irenäus[4]. Zwar hat sich inzwischen durchgesetzt, daß ihm „zweifelsohne auch der Rang eines eigenständigen Theologen" gebührt[5]. Um die Größe dieses Theologen – ich spreche davon mit Bedacht – zu ermessen, scheint es mir jedoch noch der Anstrengung der Interpreten auf den verschiedensten Gebieten seiner theologischen Arbeit zu bedürfen[6]. Ein Beitrag dazu sei hier im Blick auf das Menschenbild des Irenäus versucht.

Der Ansatz gerade an diesem Punkt kann verwunderlich erscheinen. Denn trotz mancher Differenzen im übrigen besteht hier eine Übereinstimmung nahezu aller Interpreten, auch über die konfessionellen Grenzen hinaus. Sie läßt sich etwa in der Feststellung von Norbert Brox[7] zusammenfassen, daß trotz „etlicher Texte, die stark prädestinatorisch klingen" für Irenäus gelte: „Dem Wollen Gottes korrespondiert aber, wie es bei der bedeutenden Funktion der menschlichen Entscheidungsfreiheit bei Irenäus nicht anders sein kann, das Wollen des sich gehorsam öffnenden oder sich verschließenden Menschen." Von der damit bezeichneten Fähigkeit des Menschen gehen fast alle Arbeiten über Irenäus als für diesen Autor selbstverständlich feststehender Tatsache aus. Brox selbst erläutert im Schlußkapitel seines Buches, das das Verhältnis von Glaube und Einsicht behandelt, der Mensch könnte zwar, ohne daß Gott gesprochen und gehandelt hätte, von seinem Heil nicht wissen. „Da Gottes Heilsordnung aber offenkundig, klar und vollständig vor aller Augen liegt, ist nunmehr alles zu erkennen. Nur muß der Mensch sie im Glauben akzeptieren. Das heißt nach allem: Er muß sie dankbar und gehorsam entgegennehmen, wie sie wirklich ist. Als Offenbarung Gottes muß er sie glauben, als Tatsache vermag er sie zu erkennen. Somit ist der Glaube nichts anderes als der Modus der Heilserkenntnis in der Weise, daß der Mensch in nüchterner Einschätzung seiner Schwäche Gott Gott sein läßt und nur offenen Auges und Ohres auf seine Offenbarung ach-

---

Tradition und Komposition, von überkommenem Gut und eigener Gestaltung, bei jedem einzelnen Kirchenlehrer genau zu bestimmen."

[4] Vgl. H. von Campenhausen: „Das Beste von dem, was er (scil. Irenäus) vorbringt, ist nicht auf seinem eigenen Acker gewachsen. Seitdem dies deutlich geworden ist, hat Irenäus von seinem einstigen Ruhm als großer Theologe erheblich verloren." Griechische Kirchenväter, 2. Aufl., Stuttgart 1956, 28.

[5] So zuletzt A. M. Ritter in seinem Textbuch in der Reihe Kirchen- und Theologiegeschichte in Quellen (Alte Kirche, ausgewählt, übersetzt und kommentiert, Neukirchen 1977), in der Einleitung zu dem Paragraphen „Irenaeus als Theologe der Heilsgeschichte" (56).

[6] Nicht nur auf dem Gebiet der Geschichte und Heilsgeschichte, auf dem Irenäus noch am ehesten Originalität zugestanden wird.

[7] Offenbarung, Gnosis und gnostischer Mythos bei Irenäus von Lyon. Zur Charakteristik der Systeme. Salzburger Patristische Studien 1, Salzburg und München 1966, 178. Vgl. ähnlich auch 174ff.; 197ff. u. ö.

tet. Diese liegt in solcher Weise offen zutage, daß man sie in ihrem Sinn erkennen kann." Man „muß sich" also nur „zum Glauben bequemen ..."[8].

Ist es aber wirklich Einschätzung seiner Schwäche[9], die den Menschen nach Irenäus' Meinung Gott Gott sein zu lassen vermag? Ist er als Mensch dazu befähigt, sich zum Glauben „zu bequemen"? Ist es wirklich die rechte „Haltung" (n.b.!) „der Liebe, Unterwürfigkeit, Dankbarkeit"[10] oder die „Selbstbescheidung"[11], die ihn gleichsam zum Partner Gottes macht? Damit wäre eine erasmische Deutung der Beziehung zwischen Gott und Mensch umschrieben. Hat Irenäus, der Paulus-Leser, sie wirklich vertreten?

Auch Harnack – aus der Fülle der älteren Irenäus-Literatur sei er hier als besonders einflußreicher Interpret noch genannt – hat in diesem Punkte eine ähnliche Auffassung vertreten, obwohl er mit der sog. „realistischen" Erlösungslehre auch geradezu Gegensätzliches bei Irenäus feststellt. Diese Widersprüchlichkeit hat nach Harnack ihren Grund in der Theologie des Irenäus selbst, deren „disparate Elemente" insbesondere in seinen Aussagen über „die Bestimmung des Menschen, des Urstandes, des Falles und der Sünde" hervorträten[12]. Denn einerseits habe Irenäus „die Erlösung realistisch gefaßt". D.h. er habe als „das im Christenthum dargereichte höchste Gut die Vergottung der menschlichen Natur" angesehen[13], die dem Menschen ganz und gar nur als „Gabe" von außen zukäme, in keiner Weise aber von ihm als „geschaffenem Wesen" selbst erlangt werden könne[14]. Andererseits durchziehe Irenäus' Theologie aber das „apologetisch-moralistische" Element, demzufolge „Christus als der Lehrer den auf die Gemeinschaft mit Gott angelegten und freien Menschen die Erkenntnis mittheilt, welche sie befähigt, Gottes Nachahmer zu werden und so die Gemeinschaft mit Gott *selbstthätig*

---

[8] A.a.O. 203, vgl. dort auch: „Glauben heißt danach, sich vernünftigerweise und methodisch konsequent an der redlichen, zuverlässigen Autorität und an den Realitäten zu orientieren."

[9] Vgl. ähnlich a.a.O. 174.

[10] A.a.O. 199. Hier ist „Liebe, Unterwürfigkeit, Dankbarkeit" Zitat aus Irenäus 3,20,2 (dilectio, subiectio, gratiarum actio, wobei man über die Übersetzung von „subiectio" geteilter Meinung sein kann), nicht aber ihre Qualifizierung als „Haltung". Vgl. ähnlich auch 198.

[11] A.a.O. 174f.; 199.

[12] Lehrbuch der Dogmengeschichte I, 5. Aufl., Tübingen 1931, 588; vgl. auch 559, 593f., u.ö.

[13] A.a.O. 559. Ich verzichte darauf, weitere Belegstellen für diese bekannte Anschauung Harnacks zu zitieren und erinnere nur an seine Formulierung der „als mechanische Folge der Menschwerdung gedachten Vergottung der Adamskinder" bei Irenäus (562, Anm.).

[14] A.a.O. 560 mit Anm. 1.

zu erreichen" (Hervorhebung von mir)[15]. Diese beiden „Elemente" der Theologie des Irenäus sind in der Tat so „disparat"[16], daß es fast schwerfällt anzunehmen, er habe sie wirklich so nebeneinander stehengelassen. Hier muß weiteres Nachfragen ansetzen.

Allerdings muß man sich einer besonderen Eigenart des irenäischen Werkes[17] von vornherein methodisch bewußt sein. Wie häufig betont, fehlt es ihm an einer klaren übersichtlichen Ordnung und einer stets systematisch konsequenten Gedankenentwicklung. Unausgeglichenheit, ja teilweise Widersprüche sind die Folge. Das liegt an der Tatsache, daß Irenäus eben mit „überkommenem Gut" arbeitet[18]. Es liegt aber wohl auch daran, daß sein Werk den allmählichen und nicht immer geradlinigen Prozeß der Klärung seines Denkens bezeugt. Und wenn man bedenkt, daß Irenäus sich einerseits mit der kirchlichen Tradition verbunden weiß, von der er glaubt, daß sie „eine und dieselbe" ist (1,10,2) und andererseits ein wirklicher – vielleicht der erste kirchliche – Schrifttheologe ist, dann wäre es geradezu erstaunlich, wenn sich keine Unausgeglichenheiten in seinem Werk fänden[19]. Der Interpret des Irenäus muß dieser Eigenart seines Werkes und dessen Entstehung sensibel zu entsprechen versuchen[20]. D.h. er muß auch die Ansätze von Gedanken würdigen, selbst wenn sie nicht immer konsequent durchgeführt sein sollten[21]. Was die Frage nach den Fähigkeiten und dem freien Wollen des Men-

---

[15] A.a.O. 559; vgl. auch 588f.

[16] Daß von „disparaten Elementen" in der Theologie des Irenäus nicht gesprochen werden könne, versucht E. P. Meijering, ‚Physische Erlösung' bei Irenäus, in: God being History. Studies in Patristic Philosophy, Amsterdam 1975, 147–159 in einer kritischen Würdigung der Harnackschen Irenäus-Interpretation darzulegen (153ff.). M. E. in diesem Punkte nicht ganz überzeugend. Denn die „Disparatheit" beider Elemente ist doch wohl nicht dadurch zu überwinden, daß man konstatiert, der Mensch habe eben von Gott die Möglichkeit erhalten, seinen freien Willen – auch Meijering geht von ihm als „sehr zentralen Thema in der Theologie des Irenäus" selbstverständlich aus (150) – in den Dienst Gottes, seines Erlösers, zu stellen (153). Hier müßte genauer präzisiert werden, und zwar unter Berücksichtigung der Christologie, was unter dem sog. freien Willen des Menschen dann noch zu verstehen sei. Meijerings Deutung ist der von Brox nahe (vgl. 154).

[17] Ich meine hier natürlich Adversus Haereses, aus dem im folgenden auch immer *ohne* Titelangabe nach der Einteilung von Stieren zitiert wird. Angaben aus der Epideixis werden als solche kenntlich gemacht.

[18] Vgl. dazu auch den Artikel über Irenäus in der RGG von W. Eltester, III 892.

[19] Das spräche für Harnacks Deutung. Ob allerdings in so zentralen Fragen (s. oben S. 11), mit denen die christliche Theologie steht und fällt, eine grundsätzliche Widersprüchlichkeit das Werk des Irenäus durchzieht, muß gefragt werden.

[20] Möglicherweise wird man bei Irenäus auch nicht immer sagen können, er denke so und niemals anders differenziert über ein bestimmtes Thema.

[21] Der große Harnack hat auch das getan, wenn er z.B. – ganz nebenbei – auf Formulierungen bei Irenäus verweist, die „so zu sagen ein augustinisches Gepräge tragen" (a.a.O. 593, Anm. 2). Das eröffnet m.E. ernst zu nehmende Perspektiven, die so aus der neueren Literatur kaum zu gewinnen sind.

schen anlangt, das dem Gottes nach dem oben angeführten Zitat korrespondieren soll, so sind dafür ohne Zweifel Belegstellen aus Irenäus' Werk anzuführen, und das ist um so weniger verwunderlich, als damit die breite Meinung der kirchlichen Tradition bezeichnet ist. Ob es darüber hinaus aber nicht auch noch andere Nuancen zum Thema gibt, die vielleicht sogar mehr sind als das, dem soll nachgegangen werden.

1. Die Unterscheidung zwischen Gott und Mensch und die Definition des Menschen

Irenäus bringt die Häresie der Irrlehrer einmal auf die Formel, sie wollten den Unterschied zwischen Gott und Mensch nicht anerkennen (4,38,4). Der glaubende Christ unterscheidet dagegen zwischen Gott und Mensch[22], und er weiß auch, worin der Unterschied besteht, nämlich darin, daß „Gott schafft, der Mensch aber geschaffen wird" (4,11,1). „Zu schaffen ist nämlich das Proprium der Güte Gottes, geschaffen zu werden aber das der Natur des Menschen. Wenn du ihm also übergibst, was das Deine ist, nämlich Glauben (fides) an ihn und Unterwerfung (subiectio), so wirst du seine Kunst empfangen und ein vollkommenes Werk Gottes sein" (4,39,2). Mir scheint, daß diese Sätze, gelesen in ihrem Kontext und in dem einiger anderer Stellen, eine spezifisch christliche Definition des Menschen enthalten. Denn wenn es heißt, daß der Mensch geschaffen wird, so ist damit ja keine Banalität gemeint, sondern es ist gesagt, daß der Mensch als solcher in seinem Wesen dadurch bestimmt ist, geschaffen zu werden, d. h. nicht geschaffen zu sein und damit ein für allemal fertig und folglich auch aufgerufen, das ihm nun zu eigene Sein zu entfalten. Der Mensch ist vielmehr ein Wesen, dem es entspricht, „Wachstum und Vermehrung zu empfangen" (4,12,2), also nicht Wachstum und Vermehrung „selbstthätig" zu erwerben. Der Mensch ist seinem Wesen nach ein Empfangender[23]. Er ist, wie Irenäus es im Bild präzis bezeichnet, eine „Auffangschale" (exceptorium), sei es für Gottes Güte – und wenn er Gottes Güte „auffängt" und damit dem göttlichen Schöpfungsziel „Mensch" entspricht, ist er gleichzeitig dann auch ein „Werkzeug für seine (Gottes) Verherrlichung" – oder sei es für Gottes gerechtes Gericht – wenn er nämlich diesem Schöpfungsziel nicht entspricht. Niemals aber ist er mehr oder anderes als exceptorium. „Wie Gott nämlich immer derselbe ist, so wird auch der Mensch, der in Gott erfunden wird, immer zu Gott hin fortschreiten. Denn Gott wird niemals aufhören, dem Menschen wohlzutun und ihn zu bereichern, und der

[22] Vgl. ähnlich auch 3,20,2; 4,38,3 f.; 5,2,3 und das anschließende Kapitel 5,3,1; 5,12,2.

[23] Die Belege sind zahlreich und bestehen indirekt in fast allem, was hier versucht wird darzulegen. Vgl. 3,18,7: der Mensch empfängt die Gotteskindschaft; 4,16,5; 5,21,3 etc.

Mensch wird niemals aufhören, Wohltun von Gott zu empfangen und von ihm bereichert zu werden" (4,11,2). Das ist eine *Definition* von Gott und Mensch[24]! Dementsprechend besteht auch die dem Menschen mögliche Vollendung darin, ein vollkommenes exceptorium, ein vollkommen Empfangender zu sein, und in nichts anderem.

Was heißt das praktisch? Nach dem oben zitierten Text aus 4,39,2 ist ein vollkommen Empfangender derjenige, der Gott Glauben und gehorsame Unterwerfung entgegenbringt. Das klingt traditionell und ist es auch. Aber erst wenn man Irenäus' Antwort auf dem Hintergrund seiner Definition des Menschen liest, versteht man, daß er die traditionelle Auffassung vollständig umdeutet. Daß man Gott als seinem Schöpfer gehorsam zu sein habe, ist fast ein Allgemeinplatz. So sagte es schon der 1.Klemensbrief, als dessen Motto man die Aufforderung ὑποτασσώμεθα τῷ θελήματι αὐτοῦ[25] bezeichnen könnte, und so wiederholten es auch die andern apostolischen Väter und die Apologeten. Gemeint war damit der Gehorsam gegenüber Gottes Geboten bzw. den von Gott gesetzten Ordnungen[26]. Wer ihn erfüllte, konnte auf entsprechenden Lohn hoffen[27]. Man bewegt sich also damit in einem gesetzlichen Rahmen, der von der Christusverkündigung kaum sachlich geprägt bzw. verändert ist. Er verrät sich etwa in dem bedenklichen Satz des Theophilus von Antiochien, daß „jeder, der will, sich durch den Gehorsam gegenüber Gottes Willen das ewige Leben erwerben" könne[28]. Im Gegensatz dazu ist für Irenäus die gehorsame Unterwerfung nun aber gerade nicht ein Mittel, mit dem man etwas anderes erwerben kann, sondern sie ist selbst die dem Menschen als Menschen eigene Bestimmung. Daraus folgt, daß der Mensch auch gar nicht mehr nach einem Lohn streben muß. Vielmehr ist er in seinen Erwartungen und seinem Selbstverständnis völlig umgekehrt worden[29], sofern er nämlich begriffen hat, daß in Glauben und gehorsamer Unterwerfung, die identisch sind, für den Menschen die Erfüllung des Wesens besteht, das Gott ihm als seinem Geschöpf zugedacht

---

[24] Am kürzesten zusammengefaßt in: „Deus quidem bene facit, bene autem fit homini" 4,11,2. Vgl. dazu auch häufig Wingren, der aber im „Empfangen" des Menschen mehr ein Faktum als geradezu eine Definition seines Wesens zu sehen scheint, cf. a.a.O. 54, 108, 148f., 205ff. u.ö. Vgl. aber insbes. 210: "God and man are not the same. God is the only Creator. The function of creation never passes to man. Man is receptive, and remains such – he is involved in the process of growth". (?) "But man's destiny and true being are precisely to grow, i. e. to receive from a source which lies outside man." Allerdings muß geklärt werden, was „Empfangen" und „Wachsen" bedeutet.

[25] 34,5. Auf die Unterordnung unter weltliche Herrscher bezogen in 61,1, was aber ausdrücklich als Gottes Willen entsprechend bezeichnet wird. Weitere Belegstellen s. bei Kraft, Clavis Patrum Apostolicorum, s.v. ὑποτάσσω.

[26] Vgl. so bes. deutlich 1.Klem 57,2 μάθετε ὑποτάσσεσθαι.

[27] Vgl. 1.Klem 34,2f.; 35,3ff.; 21,1ff. etc.

[28] 2,27; vgl. auch oben Anm. 27.

[29] Charakteristisch anders z.B. 1.Klem 35,4.

hat. Er hat es ihm gnädig zugedacht. Denn „nicht weil er unseres Dienstes bedürfte, befahl er uns, ihm zu folgen, sondern weil er uns sein Heil zuwenden wollte" (4,14,1). Das ist weder frommes Gerede noch gar eine subtile Art, sich des menschlichen Gehorsams zu versichern, sondern präzise Aussage der Fakten. Sequi enim Salvatorem participare *est* salutem, et sequi lumen percipere *est* lumen (4,14,1). Eine ganze Reihe von Belegstellen ließe sich dafür noch anführen[30]. Sie laufen alle darauf hinaus, daß Gott uns „dazu geformt und bereitet hat", daß wir an seiner Herrlichkeit teilnehmen (4,14,1). Die uns entsprechende Art, an dieser Herrlichkeit teilzuhaben, ist aber allein der Gehorsam gegenüber Gott (4,16,1)[31]. Nicht also um Unsterblichkeit zu „erwerben", gehorchen wir Gott, sondern weil für das Geschöpf gehorsame Unterwerfung Unvergänglichkeit *ist* (ὑποταγὴ δὲ Θεοῦ ἀφθαρσία 4,38,2)[32].

Wenn das so ist, kann es aber nicht angemessen sein, etwa zu formulieren, der Mensch müsse sich zum Glauben „bequemen"[33]. Viel eher müßte es heißen, daß der Mensch glauben, d.h. sich unterwerfen und damit sein Wesen erfüllen *dürfe.* Ebenso ist es nicht zutreffend zu definieren, Glaube sei „der Modus der Heilserkenntnis in der Weise, daß der Mensch in nüchterner Einschätzung seiner Schwäche Gott Gott sein läßt . . ." Denn Nüchternheit hilft dem Menschen gar nichts, läßt ihn noch nicht einmal seine eigene Schwäche erkennen, viel weniger läßt sie Gott Gott sein. Vielmehr ist es die „Großmut" Gottes, die den Menschen „lernen" ließ – das hat er nötig –, wovon er erlöst wurde, die ihn das „Geschenk" der Unvergänglichkeit, d.h. Unterwerfung, erlangen und ihn erkennen ließ, daß er sterblich und schwach ist (3,20,2). Deshalb

---

[30] Vgl. 4,16,4: Nec enim indigebat Deus dilectione hominis. Deerat autem homini gloria Dei, quam nullo modo poterat percipere, nisi per eam obsequentiam quae est erga eum. Bei der Interpretation solcher Sätze kommt allerdings alles darauf an, daß man sie auf dem Hintergrund der von Irenäus eindeutig betonten Grundtatsache liest: non a nobis, sed a Deo est bonum salutis nostrum (3,20,3). Es ist also keine grundsätzlich vom Menschen erschwingliche obsequentia gemeint (s. dazu unten S. 23ff.). Vgl. auch 5,29,1; 5,23,1 am Ende; Epid. 15; u.ö., vgl. vor allem auch das Schlußkapitel von Adv. Haer. 5,36 mit dem Hinweis auf 1.Kor 15,27f.

[31] Vgl. 4,20,1; 4,15,1 etc.

[32] Man beachte auch den Kontext des Zitates: Das Geschöpf ist an sich nicht unerschaffen. Es kann aber die „Kraft des Unerschaffenen", die Unvergänglichkeit, aufnehmen, weil Gott sie schenkt. *Diese* verliehene Unvergänglichkeit und Teilnahme an der Kraft und der Herrlichkeit des einzig Unerschaffenen manifestiert sich in subiectio, d.h. glaubender Anerkennung, oder, anders ausgedrückt auch: Anschauung Gottes (4,38,3 Ende). Ob subiectio oder visio, beides ist jedenfalls dem geschaffenen Menschen von sich aus in keiner Weise möglich. Das macht der Zusammenhang in 4,38,3 eindeutig klar. Im übrigen wird durch solche Stellen deutlicher, was Irenäus mit ἀφθαρσία meint. Das Streben danach, das sein Werk durchzieht, hat für den modernen Leser häufig eine Barriere der Fremdheit aufgerichtet. Sie muß nicht sein.

[33] Vgl. oben S. 11.

sind auch „Liebe, Unterwürfigkeit, Dankbarkeit“[34] (dilectio, subiectio, gratiarum actio) eben nicht geforderte Tugenden, mit denen etwas „erlangt“ werden soll, sondern es sind Umschreibungen des menschlichen Wesens und seiner Bestimmung, über die der Mensch erst aufgeklärt werden muß. Diese „Aufklärung“[35] ist für ihn die Vorbedingung der Möglichkeit, wirklich als Mensch zu leben.

Inhaltlich ist die Unterwerfung, die identisch mit dem Glauben ist, natürlich weit mehr als nur das Befolgen der göttlichen Gebote. Vielmehr sind die Gebote, wie der Glaubende zurückblickend erkennt, nur „Zeichen“, dem Menschen als vorläufige Erziehungshilfen zur Einübung in jene vollkommene Unterwerfung gegeben (4,16,4). Die subiectio selbst ist nichts anderes als der dem Menschen von Gott ermöglichte Vollzug der Unterscheidung zwischen Gott und Mensch[36]. Sie ist die Wahrung der vera gloria de his quae facta sunt et de eo qui fecit (3,20,2). Deshalb macht es den Häretiker aus, keinen Unterschied zwischen Gott und Mensch zulassen zu wollen[37]. Sie ist, anders formuliert, die Anerkennung Gottes als des Spenders der Wohltaten, die zu empfangen den Menschen als Menschen konstituiert.

Das wird umgekehrt durch Irenäus' Definition des Todes und Satans bestätigt. Während Glaube und Unterwerfung Leben für den Menschen sind (vgl. 4,16,4), „führt den Tod der Ungehorsam herbei“ (5,23,1). Wieder ist aber nicht nur das Faktum der Übertretung der Gebote selbst gemeint, sondern, wie die Paradiesgeschichte lehrt, die Übertretung zum Zwecke, „wie Götter“ zu werden[38]. Der Sündenfall stellte also die erste Verweigerung jener Anerkennung Gottes bzw. die Verweigerung der Unterscheidung zwischen Gott und Mensch dar. Diese Verweigerung kann sich in der Übertretung der Gebote äußern, aber auch in ihrer Einhaltung, dann nämlich, wenn die Gesetze, die ja nur „Zeichen“ (4,16,2) sind, als Gelegenheit zum eigenen Leistungserweis mißverstanden werden[39]. Derjenige, der den Menschen zu dieser Verweigerung überredet, der dem Menschen einredet, aus „sich selbst“ sein[40] und so „wie Götter“ werden zu sollen, ist der Satan, d.h. das Böse schlechthin. Irenäus defi-

---

[34] Vgl. oben S. 11. Die drei Begriffe sind, wie das Vorhergehende, Zitat aus 3,20,2. Die Übersetzung ist die oben zitierte von Brox.

[35] Zur Art und Weise dieser „Aufklärung“ vgl. unten S. 18.

[36] Vgl. oben S. 13 den Beginn dieses Abschnitts.

[37] S. 4,38,4.

[38] Vgl. Gen 3,4f. bei Irenäus 5,23,1.

[39] Sinn aller Anordnungen Gottes, und damit auch schon des Gesetzes, ist ja vielmehr, daß der Mensch „lerne, daß er nicht von sich selbst, sondern durch Gottes Gabe die Unvergänglichkeit empfängt“, 5,21,3; vgl. 3,20,3 u.ö.

[40] Modern gesprochen: mit sich selbst identisch zu sein, vgl. auch die vorhergehende Anm. und unten S. 22.

niert seine „Macht“: „potestas autem eius est transgressio et apostasia“ (5,21,3). Das ist die genaue Umkehrung der Bestimmung des dem Menschen von Gott gnädig zugedachten Wesens durch subiectio und fides.

2. Die Ermöglichung der Unterwerfung: Christus

Gegen alles bisher Gesagte könnte man nun freilich einwenden, es läge hier doch wohl möglicherweise eine überzogene Interpretation der Aussage vor, daß Gott schafft, der Mensch aber geschaffen wird. Zumindest fehle der Beweis dafür, daß daraus diese Definition des Menschen folge. Aber selbst wenn man bereit wäre, diese Konsequenz mitzuvollziehen, so sei es doch immer noch bloße Behauptung, daß der Mensch fähig sei, diesem seinem angeblichen Wesen zu entsprechen. Denn er ist ja durch „Satan“ gebunden (5,21,3), und daß das wirklich so ist, lehrt alle menschliche Erfahrung, die den Menschen davon besessen zeigt, mit sich selbst identisch zu werden und nicht mit seinem von Gott geschaffenen Wesen identisch zu sein.

Darauf antwortet Irenäus, Gott habe sich seines Geschöpfes erbarmt und ihm das Heil durch den Logos, d.h. durch Christus, gegeben und es zurückgeführt (redintegrans), und zwar auf die Weise, daß „der Mensch durch *Erfahrung* lerne (ut experimento discat homo)[41], daß er nicht aus sich selbst, sondern durch die Gabe Gottes die Unvergänglichkeit empfängt“ (5,21,3). Hier ist offensichtlich eine andere Erfahrung gemeint als alle dem Menschen mögliche. Welche?

Irenäus hat seine christologische Erkenntnis, im Gegensatz zum oben beschriebenen Stil seines Werkes, in einer Art knapper Formel zusammengefaßt. Er wiederholt sie häufig. Welchen Wert er auf sie legt, geht allein schon daraus hervor, daß er nicht nur sein Werk gegen die Häresien, sondern auch die Epideixis mit dieser „Formel“ abschließt, gleichsam als Quintessenz alles darin Gesagten. Der Interpret kann daher von ihr ausgehen. Wir zitieren sie hier in der berühmten Formulierung aus der Praefatio zum 5.Buch: „. . . Verbum Dei, Jesum Christum Dominum nostrum, qui propter immensam suam dilectionem factus est quod sumus nos, uti nos perficeret esse quod est ipse.“[42]

Die Interpretation dieser Formel, die man auch Rekapitulationsformel nennen könnte, weil Irenäus darin zusammenfaßt, was „Rekapitulation“ für ihn bedeutet, ist umstritten. Wir versuchen sie von einem kurzen Kommentar her zu verstehen, den Irenäus selbst dazu in 5,16,2f. gibt. Dort heißt es nach einem paraphrasierenden Zitat der Formel:

[41] Vgl. so auch 3,20,2

[42] Vgl. weitere Zitate bzw. Paraphrasen der „Formel“ in 3,18,7; 3,19,1; 3,20,2; 5,1,1; 5,16,2; 5,20,2; 5,36,3 (Schluß von Adv. Haer.); Epid. 31; 38; 97 (Schluß der Epid.) u.ö.

„In den früheren Zeiten wurde zwar gesagt, daß der Mensch nach dem Bilde Gottes geschaffen sei, aber es wurde nicht gezeigt. Denn noch war der Logos unsichtbar, nach dessen Bild der Mensch geworden war. Deswegen aber verlor er auch leicht die Ähnlichkeit. Als aber der Logos Gottes Fleisch wurde, bestätigte er beides: er zeigte nämlich das wahrhaftige Bild, indem er selbst das wurde, was sein Bild war *und* er stellte die Ähnlichkeit sicher wieder her, indem er den Menschen dem unsichtbaren Vater durch den sichtbaren Logos ähnlich machte. 16,3: Und nicht nur durch das gerade Gesagte offenbarte der Herr den Vater und sich selbst, sondern auch durch sein Leiden. Er machte nämlich den anfangs am [Baum]holze geschehenen Ungehorsam ungültig, indem er ‚gehorsam wurde bis zum Tod, ja zum Tode am Kreuz'. Er heilte den Ungehorsam am Holz durch den Gehorsam am Holz."

Hier wird also zunächst festgestellt, daß mit Christus eine vollständig veränderte Situation gegenüber den „früheren Zeiten" eingetreten ist: was damals nur gesagt wurde, wird jetzt gezeigt. Gesagt wurde, daß der Mensch nach dem Bilde Gottes geschaffen sei (Zeile 1f.). Das wird dann präzisiert: nach dem Bild des Logos geschaffen (Zeile 3). Die Erklärung dafür gab schon Wingren mit seiner häufig betonten Feststellung, daß nach Irenäus der Mensch *nach* dem Bilde Gottes geschaffen ist, der Logos aber das Bild Gottes selbst *ist*[43]. Wenn also der Logos „Fleisch" wird, heißt das, daß das Urbild des Menschen selbst „sichtbar" wird. Die Konsequenzen, die sich daraus für den Menschen ergeben, erläutert der zweite Teil des Kommentars. Bevor wir darauf eingehen, muß zunächst geklärt werden, was „Bild" Gottes sachlich bedeutet.

Da Gott der allein unerschaffene Ursprung alles Geschaffenen ist[44], kann sein „Bild" nicht ein irgendwie vermindertes Abbild dieses Gottes sein. Denn wie sollte das gedacht werden, ohne daß sich etwas grundlegend anderes ergäbe, eben nicht diesem Gott „Ähnliches". Was Bild Gottes heißt, ist daher nicht vom Abbild-Begriff her zu klären. Sondern Bild Gottes meint, was auch Sohn Gottes meint, nämlich die vollkommene Unterwerfung unter diesen Gottvater, d.h. die vollkommene Anerkennung dieses allein aus sich konstituierten Ursprungs alles Geschaffenen[45]. In diesem Sinne ist der Sohn das „Bild" Gottes[46] und das Urbild

---

[43] So wörtlich Epid. 22; bei Wingren (s. oben Anm. 2) vgl. 21 et passim, cf. im Index s. v. Imago et similitudo.

[44] Vgl. dazu 4,38,3 und oben S. 13 mit den dort angegebenen Belegen.

[45] Vgl. 4,38,3 (dazu oben S. 13f. mit Anm.): Nachdem dargelegt worden ist, daß Unterwerfung unter Gott Unvergänglichkeit, die Unvergänglichkeit aber die Herrlichkeit, d.h. der Ausweis, des Unerschaffenen sei, heißt es, daß eben durch solche Anordnung, d.h. sachlich durch Untwerwerfung, der geschaffene Mensch zum Bild und Gleichnis des unerschaffenen Gottes wird.

[46] Er ist dadurch definiert, daß er den Willen des Vaters vollendet, 5,36,3.

des Menschen. Wenn es in unserm Text heißt, daß der Mensch die „Ähnlichkeit" mit Gott verlor (Zeile 4), so ist der Verlust dieser „Bildhaftigkeit", dieser freiwilligen[47] Unterwerfung gemeint. – Daß der Mensch sie verlor, ist zweifellos seine Schuld. Trotzdem liegt darin eine gewisse Notwendigkeit. Denn weil der Mensch ganz und gar ein empfangendes Wesen ist, das nur ist, insofern es von außerhalb seiner selbst empfängt, konnte er nicht aus sich selbst heraus die „Ähnlichkeit" mit Gott bewahren, von der ihm nur „gesagt" worden war.

Durch die Fleischwerdung des Logos wird nun zweierlei „bestätigt" („bestätigt", insofern es schon immer in der Schöpfung angelegt und von Gott vorgesehen war).

1. Christus „zeigt" das wahrhaftige „Bild", indem er das wurde, was sein Bild war, nämlich Mensch (Zeile 6). Er zeigt es aber nicht nur durch die Inkarnation, sondern, wie der letzte Teil des Kommentars lehrt (5,16,3), auch durch sein Leiden, d.h. den vollkommenen Gehorsam bis zum Kreuz. Indem er so sichtbarlich deutlich macht, was er in seiner Funktion als Bild Gottes ist, klärt er zugleich den Menschen, der nach diesem Bild geschaffen ist, über sein eigenes Wesen auf. Christus verhilft dem Menschen also zur Erkenntnis seiner Bestimmung.

2. Christus ermöglicht auch die Erfüllung dieser Bestimmung, indem er die verlorengegangene „Ähnlichkeit sicher wiederherstellt". Diese Wiederherstellung hat zwei Aspekte. Einen gleichsam negativen: Die Bindung des Menschen durch Satan wird gelöst. Denn der Gottmensch Christus erweist durch seinen Gehorsam die „Macht" Satans, die in Übertretung und Apostasie besteht, als Ohnmacht und zerstört sie dadurch. Der Zwang des Menschen zur eigenmächtigen elatio besteht daher nicht mehr, weil er als nichtig und der menschlichen Bestimmung entgegen durchschaut werden kann. Darüber hinaus hat die Wiederherstellung aber auch einen eminent positiven Aspekt. Denn es wird nicht nur etwas weggenommen, sondern dem von der Bindung durch den Satan gelösten Menschen wird die „Unterwerfung" und damit der „Verkehr" mit Gott *geschenkt* (nobis autem donans eam quae est ad Factorem nostrum conversationem et subiectionem, 5,17,1). So heißt es im Anschluß an unsern Kommentar, nach einigen eingefügten polemischen Bemerkungen gegen die Gnostiker. Entsprechend kann es in andern Fassungen der Rekapitulationsformel auch positiv heißen, Christus habe den „Geist" des Vaters ausgegossen, bzw. lege in den Menschen durch den Geist Gott nieder (5,1,1). Gemeint ist der Geist der glaubenden Unterwerfung. Mit ihm verleiht uns Gott, wie wir oben schon gehört haben[48], Anteil an seiner Herrlichkeit. Deshalb kann tatsächlich formuliert

---

[47] S. dazu unten S. 24–26.

[48] Vgl. oben S. 14f. Dazu s. bes.: „Qui enim in lumine sunt non ipsi lumen illuminant, sed illuminantur et illustrantur ab eo, ipsi quidem nihil ei praestant, beneficium autem per-

werden, mit der Gabe dieses Geistes werde „Gott“ in den Menschen „niedergelegt“. Weil Christus diesen Geist im Menschen niederlegt, deshalb verstehen wir jetzt die Fassung der Rekapitulationsformel aus der Praefatio des 5. Buches als außerordentlich präzise Formulierung: ... ἵνα ἡμᾶς εἶναι καταρτίσῃ ἐκεῖνο ὅπερ ἐστὶν αὐτός. Wir werden vollkommen zu dem gemacht, was er ist: zu sich freiwillig Gott glaubend Unterwerfenden, so wie er dadurch definiert ist, daß er den Willen des Vaters vollendet und sich ihm endlich auch unterwirft[49].

Daß dennoch der Unterschied zwischen Christus und dem so vollendeten Menschen nicht aufgehoben wird, ist deutlich. Denn Christus macht uns ja gerade zu solcherart vollendeten Menschen, indem er als Gott zu einem solchen Menschen wird; wir aber vermögen weder uns noch andere dazu zu machen, sondern können die Vollendung stets nur empfangen[50].

Die anthropologischen Konsequenzen dieses christologischen Konzeptes sind nun weiter zu bedenken.

3. *Alter und neuer Mensch*

Irenäus definiert den alten und neuen Menschen (5,12,1f.): der alte hatte nur den Lebenshauch (πνοὴ ζωῆς), der ihn existieren läßt, aber nur zeitlich ist und nach „kurzer Zeit“ leblos zurückläßt, worin er weilte. Der neue Mensch hat dagegen den lebenspendenden Geist (πνεῦμα ζωοποιοῦν), der ihn lebendig macht und der „immer bleibt und ihn niemals verläßt“ (5,12,2). Der neue Mensch ist also insofern lebendig, als er – christologisch begründet – sein Leben von außerhalb seiner selbst empfängt[51].

Zwischen altem und neuem Menschen besteht eine Beziehung. Sie stehen nicht völlig getrennt nebeneinander, wie die Gnostiker meinten. Wie das Verhältnis zueinander zu sehen ist, legt Irenäus u. a. in 5,9f. dar, ein Kapitel, in dem, wie auch sonst häufig, das Nebeneinander von Tradition und eigenem theologischen Ansatz in Irenäus' Werk deutlich zu

---

cipientes illuminantur a lumine. Sic et servitus erga Deum, Deo quidem nihil praestat, nec opus est Deo humano obsequio; ipse autem sequentibus et servientibus ei vitam et incorruptelam et gloriam aeternam attribuit ...“ (4,14,1). Solche Sätze sind nur dann richtig verstanden, wenn man sie im Zusammenhang mit der Rekapitulationsformel liest, also begreift, daß das hier erwähnte Ihm-Folgen keine vom Menschen geforderte und ihm erschwingliche Tugend ist, sondern die Art und Weise, in der wir, von Christus befähigt, an „Leben, Unvergänglichkeit und ewiger Herrlichkeit“ teilhaben dürfen.

[49] Vgl. 5,36,3 und 1.Kor 15,27f. in 5,36,2.

[50] So auch häufig bei Wingren betont.

[51] Das entspricht wieder der gleichen Grundunterscheidung, die anzuerkennen den Christen ausmacht (vgl. oben S. 13): ἕτερον δέ ἐστι τὸ ποιηθὲν τοῦ ποιήσαντος. Ἡ οὖν πνοὴ πρόσκαιρος, τὸ δὲ Πνεῦμα αένναον (5,12,2).

beobachten ist. Ausgangspunkt der Erörterung ist der von den Gnostikern zur Unterstützung ihrer Auffassung häufig zitierte Vers aus 1.Kor 15,50 „Fleisch und Blut können das Reich Gottes nicht erben". Irenäus antwortet darauf mit einer ausführlichen anthropologischen Darlegung. Der „vollkommene", d.h. der neue Mensch bestehe aus Fleisch, Seele und Geist. Der Geist sei der, der erlöse und gestalte, das Fleisch das, was erlöst und geformt wird (5,9,1)[52]. Das paßt zu allem bisher Gehörten. Was nun folgt, nämlich die Deutung der menschlichen Seele, ist allerdings schwierig einzuordnen. Denn sie, so heißt es, stehe zwischen Geist und Fleisch und könne entweder dem Geist folgen und dann von ihm erhoben werden oder dem Fleisch zustimmen und dann von ihm herabgezogen werden. Die Seele, so scheint es, wird hier allegorisch als die sog. Macht des freien Willens gedeutet, kraft derer sich der Mensch entscheiden und damit gerechterweise sein Heil „selbstthätig" erlangen kann[53]. Es gibt Partien in Irenäus' Werk, allerdings Partien, die er wohl zumindest teilweise aus andern Werken übernommen hat, in denen in dieser Weise vom αὐτεξούσιον, das die Würde des Menschen ausmache, die Rede ist[54].

In unserm Kapitel jedoch ist von dieser Kraft der Seele im weiteren überhaupt nicht mehr die Rede. Wir kommen später darauf zurück[55]. Hier geht es weiterhin ausschließlich um die menschlichen Konstituentien Fleisch und Geist, die in Übereinstimmung mit allem bisher Gesagten so ausgelegt werden, daß „Fleisch" für den geschaffenen Menschen steht, den der – durch Christus gegebene – „Geist" gestaltet und erst dadurch in Wahrheit den „lebendigen" Menschen schafft (5,9,2 Ende)[56]. Weil das Fleisch[57] nicht von sich aus, nicht „an sich" (καθ' ἑαυτήν; 5,9,3)[58] den lebendigmachenden Geist erlangen kann, deshalb habe der Apostel gesagt, „Fleisch und Blut können das Reich Gottes nicht in Besitz nehmen" (μὴ δύνασθαι . . . κληρονομῆσαι).

Sofern man das aber als Ausgangsbasis anerkennt, muß man, wie Irenäus feststellt, die Aussage noch präzisieren (si enim oportet verum dicere; 5,9,4): das Fleisch nimmt in der Tat zwar nicht in Besitz, aber es wird

---

[52] Vgl. oben S. 19f.

[53] Sind also doch die oben S. 10ff. zitierten Deutungen des Irenäus im Recht, die alle auf einen freien und zum Guten aufgeforderten Willen des Menschen als Grundmoment seiner Theologie hinauslaufen und die noch beliebig vermehrt werden könnten? Vgl. z. B. Meijering a.a.O. (oben Anm. 16) 150.

[54] S. bes. 4,37.

[55] S. unten S. 23–25.

[56] . . . vivens quidem propter participationem Spiritus, homo autem propter substantiam carnis, 5,9,2.

[57] Als „exceptorium", vgl. oben S. 13.

[58] Vgl. ebenso auch 5,9,4 mit der eindringlichen lateinischen Übersetzung „caro . . . secundum seipsam, id est sola". Vgl. ebenso auch 3,20,3; 5,21,3.

in Besitz genommen (οὐ κληρονομεῖ, ἀλλὰ κληρονομεῖται; non possidet caro, sed possidetur). Irenäus gebraucht dafür folgendes Bild: Wie eine Braut den Bräutigam nicht freien kann, wohl aber vom Bräutigam gefreit werden kann, wenn er kommt und sie erwählt, so kann das Fleisch an sich das Reich Gottes nicht ererben (καθ' ἑαυτὴν . . . κληρονομῆσαι οὐ δύναται, secundum seipsam . . . hereditate possidere non potest), es kann aber als Erbe in das Reich Gottes aufgenommen werden (κληρονομηθῆναι . . . δύναται, hereditate possideri potest; 5,9,4). Der Bedeutung dieser Unterscheidung, auf die Irenäus großen Wert legt[59], muß nachgedacht werden. Daß damit die völlige Unfähigkeit des Fleisches nicht eingeschränkt werden soll, macht Irenäus gleich anschließend deutlich: κληρονομεῖ γὰρ ὁ ζῶν τὰ τοῦ τετελευτηκότος. Derjenige, der aktiv erbt, ist also allein der Lebendige, und was er erbt, ist Gut des Toten. Gut des Toten: Das meint als gesamter Begriff eben jenes Fleisch, das als „tot" bezeichnet wird, weil es aus sich nichts vermag. Das kann entschiedener nicht ausgedrückt werden. Es verwundert nicht, wenn als Konsequenz daraus wieder gefolgert wird, was wir nun schon mehrfach gehört haben: Der in Besitz Nehmende beherrscht und lenkt und verfügt über das in Besitz Genommene nach seinem Willen, dieses aber, das ehemals Tote, ist jenem unterworfen (ὑποτέτακται), gehorcht ihm und wird von ihm beherrscht (5,9,4).

Fragen wir also zunächst: Was bleibt sachlich angesichts dieses Verhältnisses zwischen Fleisch und Geist noch für den freien Willen des Menschen, für die sog. Kraft der „Seele"? Es bleibt nichts. Das muß mit voller Klarheit festgestellt werden. Der geschaffene Mensch hat die freie, „selbstthätige" Entscheidungskraft für das ihm Heilsame, d.h. die Erfüllung der ihm von Gott gnädig zugedachten Bestimmung nicht. (Wenn man sich klarmacht, daß diese Bestimmung eine Bestimmung zu vollkommener Unterwerfung ist[60], dann ist das sogar für menschliche Erfahrungsfähigkeit evident.) Der Mensch hat die Entscheidungskraft nicht nur de facto nicht, weil er von Satan, dem Inbegriff von transgressio und apostasia[61], gebunden ist, sondern er hat sie überhaupt nicht. Und er hat sie deswegen nicht, weil er als ein Empfangender definiert ist[62].

---

[59] Vgl. dazu auch 5,9,5.

[60] Vgl. dazu auch 4,14,1 „Haec enim gloria hominis, perseverare ac permanere in Dei servitute". S. auch 4,13,2.

[61] Vgl. den Beleg oben S. 17. Transgressio, d.h. Überschreiten der dem Menschen von Gott gesetzten Grenzen oder besser: Ausbrechen aus dem ihm zugedachten Wesen, was sich inhaltlich in heilloser Selbstbezogenheit äußert. Sie ist zugleich Ausdruck der apostasia. Beide Begriffe definieren den Teufel als das genaue Gegenteil von fides und subiectio.

[62] Christus „kräftigt" also keineswegs die ursprüngliche Freiheit des Menschen und stellt sie wieder her (so Harnack, DG I 562 Anm. 1, s. auch 559). Und zwar deshalb nicht, weil Irenäus „Freiheit" so bestimmt, daß sie in dieser Weise dem natürlichen Menschen gar nicht zu eigen sein kann. S. dazu unten S. 23f.

4. Freier Wille?

Was meint Irenäus dann aber mit jener Kraft der „Seele"? Steht sie in einer Beziehung zu der Tatsache, daß das Fleisch zwar nicht erben, wohl aber als Erbe in das Reich Gottes aufgenommen werden kann? Bevor hier eine möglicherweise voreilige Beziehung konstruiert wird, müssen wir uns dem Faktum stellen, daß Irenäus immer wieder in scheinbar eindeutiger Weise vom sog. freien Willen des Menschen redet. Das kann weder nur als traditionelle Redeweise erklärt werden, hinter der er selbst nicht mehr steht, noch kann es völlig – wenn auch zum guten Teil – aus der Polemik gegen die Gnostiker begriffen werden, die den freien Willen für ganz irrelevant hinsichtlich des Heils hielten und statt dessen mit dem Begriff der geschenkten Natur das erlösende Wirken Gottes zu verdeutlichen suchten. Wohl aber muß es aus der Gesamtkonzeption seines theologischen Denkens heraus verstanden werden[63]. Was also ist für Irenäus „freier Wille"?

Als negative Abgrenzung gilt zunächst, daß freier Wille das Gegenteil von Zwang ist (so s. 4,37,1). Das ist selbstverständlich, genügt aber zur Bestimmung des freien Willens gerade nicht. Vielmehr heißt es in 5,29,1, in einem die „vorhergehenden Bücher" zusammenfassenden Passus darüber hinaus: das alles (gemeint ist Gottes heilsames Wirken) sei für den Menschen, der erlöst wird, geschehen, „indem es seinen freien Willen zur Unsterblichkeit heranreifen und ihn fähiger für die immerwährende Unterwerfung unter Gott werden" lasse. Wenn der freie Wille des Menschen etwas ist, das es nötig hat in diesem Sinne zu reifen, dann ergibt sich daraus, daß er nicht eine im Blick auf das zu Wählende neutrale Kraft ist. Er kann es auch gar nicht sein, weil eine solche Willenskraft der Schöpfungsabsicht Gottes für den Menschen geradezu widerspräche. Freien Willen im absoluten Sinne hat allein Gott. Er ist eine ganz und gar göttliche Kraft, die die Ausmaße des geschaffenen Geschöpfes vollkommen übersteigt[64]. Indem Gott den Menschen mit der besonderen Bestimmung der vollkommenen Unterwerfung schuf, hat er gleichzeitig definiert, was für diesen Menschen „freier Wille" ist, nämlich die ganz und gar freiwillige Erfüllung dieser Bestimmung. Diesen auf ein Ziel gerichteten „freien Willen" des Geschöpfes, der im Bereich des Geschöpfes allein seinen Namen verdient, hat der Mensch aber auch

---

[63] Oder doch zumindest aus dessen klar erkennbarem Ansatz, wenn man Irenäus eine „Gesamtkonzeption" wegen der „Widersprüche" und „Spannungen" in seinem Werk nicht zubilligen will.

[64] Vgl. z. B. 4,38,3. Dort ist das ἑκουσίως κτίζειν von Gott ausgesagt, während eben die Menschen zu den οὐκ ἀγένητα gehören und damit die Freiheit im eigentlichen und göttlichen Sinne nicht haben. Vgl. dazu auch alles, was über die Definition des menschlichen Wesens oben gesagt ist.

nicht aus sich, nicht gleichsam von Natur, sondern er wird ihm durch Christus „gezeigt", der in diesem Sinne freiwillig den Willen des Vaters gehorsam ausführt[65]. *Dieser* freie Wille ist also Zeichen des neuen, des vollkommenen Menschen, dem der Gehorsam durch Christus schon „verliehen" worden ist[66].

Bleibt dann noch etwas für den alten Menschen, besser, wie Irenäus sagt, für den „gerade erst geschaffenen Menschen", gleichsam von Natur aus? Es bleibt die Tatsache, daß ihm der Gehorsam „verliehen" werden kann. Deutlicher: daß er von Christus ergriffen werden oder, in Irenäus' Worten, daß er „gestaltet" werden (5,9,1), zur ewigen Unterwerfung „vorbereitet" werden kann (5,29,1). Es bleibt also für den geschaffenen Menschen eine rezeptive Fähigkeit und nur sie. Vielleicht darf man zum Verständnis dieser „Fähigkeit" auf Luther verweisen, der in De servo arbitrio, scholastischer Diktion folgend, von einer aptitudo passiva gesprochen und gemeint hat, wenn unter dem Begriff des „freien Willens" diese Kraft verstanden werde, „qua homo aptus est rapi spiritu et imbui gratia Dei, ut qui sit creatus ad vitam vel mortem aeternam", dann sei das richtig geredet[67]. Eben diese „Fähigkeit" scheint mir das zu sein, was Irenäus unter der Kraft der „Seele" versteht, von der es in jenem Passus, von dem wir ausgingen (5,9,1), hieß, daß sie zwischen „Geist" und „Fleisch" stehe und entweder dem Geist folge und von ihm erhoben werde oder aber dem Fleisch zustimme und dann in irdische Begierden hinabfiele[68]. „Seele" steht hier also für die Fähigkeit des geschaffenen Menschen, vom Geist ergriffen zu werden[69], während „Fleisch" im Gegensatz dazu für den Menschen steht, der diese Fähigkeit der Seele nicht genutzt hat und d.h. de facto immer schon „in die irdischen Begierden"

---

[65] Christus tut das aus wirklich freiem Willen, den er hat, weil er Gott ist (vgl. neben anderen Stellen bes. 3,18,1 ff.). Er kann deswegen, Mensch geworden, den Menschen, bzw. dessen „Seele", zu dem ihm gemäßen freien Willen „befreien", der darin besteht, „sine vinculis sequi Deum, superextendi vero decreta libertatis et augeri subiectionem quae est ad Regem . . ." (4,13,2; vgl. auch den folgenden § und 4,33,4). Daß der „freie Wille" des Menschen nicht aus ihm selbst kommt, sagt auch sehr deutlich 3,17,1. Danach vollzieht der durch Christus vermittelte Geist in den Menschen den Willen des Vaters: „voluntatem Patris operans in ipsis."

[66] Zum Thema „vollkommener Mensch" vgl. 4,39,1; 5,1,3; 5,6,1; 5,9,2; 5,10,2; 5,12,1 u.ö.

[67] WA 18, 636,16–22.

[68] Das bestätigt neben andern Stellen z.B. 4,13,2; 5,9,3, besonders 5,6,1: „Anima autem et Spiritus pars hominis esse possunt, homo autem nequaquam: perfectus autem homo commixtio et adunitio est animae assumentis Spiritum Patris et admixtae ei carni quae est plasmata secundum imaginem Dei." Zur hier vorgenommenen Beurteilung des „Fleisches" s. oben S. 22.

[69] Eine „Fähigkeit", die natürlich auch nur darauf beruht, daß Gott einen in dieser Weise „fähigen" Menschen geschaffen hat, und zwar nicht nur in der Schöpfung, sondern in der Neu„schöpfung" durch Christus. Vgl. auch dazu 5,6,1: „Glorificabatur autem Deus

hinabgeglitten ist. Seele und Fleisch gemeinsam beschreiben also den geschaffenen Menschen, den „alten" Menschen, den noch nicht „lebendigen", „geistigen", „vollkommenen" Menschen.

Allerdings muß Irenäus diese Differenzierung nicht immer vornehmen und tut es sogar meistens nicht, wie wir bei der Besprechung des weiteren Kapitels 5,9 sahen. Er versteht dann schon unter „caro" selbst jene rezeptive Fähigkeit des geschaffenen Menschen. Er kann sogar so weit gehen zu formulieren, das Fleisch erweise sich als fähig, Gottes Kraft aufzunehmen und zu bewahren (δεκτικὴ ἅμα καὶ χωρητικὴ ἡ σάρξ ...; perceptrix et capax caro virtutis Dei, 5,3,2). Das steht aber keineswegs im Widerspruch zu andern Stellen und bezeichnet keine aktive „selbstthätige" Fähigkeit des Menschen von sich aus. Sondern immer ist diese selbe passive „Fähigkeit" gemeint, die den geschaffenen Menschen charakterisiert[70].

Und jetzt erst ist die Rekapitulationsformel, in der Irenäus seine theologische Einsicht zusammenfaßt, ganz verständlich. Wir zitieren sie hier in der Form aus 5,36,3, d.h. mit den Schlußsätzen seines großen Werkes. Vorausgeht eine Schilderung des neuen Menschen im Eschaton, der dereinst in immerwährender Gemeinschaft mit Gott verbleiben wird (καινὸς προσομιλῶν τῷ Θεῷ, 5,36,1). Was das bedeutet, wird – wie könnte es anders sein – an 1.Kor 15,27f. erläutert. Daß dieser Zustand einst eintreten wird, das begründen die Schlußsätze: „Denn es ist ein Sohn, der den Willen des Vaters vollendet hat (perfecit), und es ist ein Menschengeschlecht, in dem die Mysterien Gottes vollendet werden (perficiuntur). [Ein Sohn], ‚den die Engel zu sehen begehren'; die es aber nicht vermögen, die Weisheit Gottes zu durchdringen, durch die sein Geschöpf, gleichförmig dem Sohne und eines Leibes mit ihm (conformatum et concorporatum Filio), vollendet wird (perficitur); [auf die Weise], daß *sein Sohn* (progenies eius), *sein erstgeborener Logos, zu dem Geschaffenen* (factura), *d.h. in das Geschöpf* (plasma), *hinabsteigt und von ihm erfaßt wird* (capiatur ab eo), *und das Geschaffene den Logos erfaßt* (capiat) *und zu ihm hinaufsteigt.* Dabei schreitet es über die Engel hinaus

---

in suo plasmate, conforme illud et consequens suo puero (cf. Jes. 42,1) *adaptans.* Per manus enim Patris, hoc est per *Filium* et *Spiritum, fit* homo secundum similitudinem Dei, sed non pars hominis." (Es folgt das in der vorhergehenden Anmerkung wiedergegebene Zitat.) Vgl. auch das weitere Kap. 6,1, bes. Z. 27ff. (Rousseau).

[70] Alle Formulierungen bei Irenäus, nach denen der Mensch scheinbar zu bestimmten Tugenden aufgefordert werden soll, um sich dadurch das Heil zu erwerben oder zumindest zu ihm beizutragen (vgl. oben S. 12f.), sind also auf dem Hintergrund der Tatsache zu lesen und zu verstehen, daß der Mensch vom Geist ergriffen wird. Dann erhalten sie eine ganz andere Bedeutung. Deutlich kommt das zum Ausdruck in 5,9,3: „nunc accipientes Spiritum in novitate vitae ambulemus (cf. Rm 6,4), obaudientes Deo" (5,9,3). Unter demselben Vorzeichen ist auch die Formulierung: „credere autem ei est facere eius voluntatem" (4,6,5) zu lesen.

und wird nach dem Bilde und Gleichnis Gottes (fiens [!] secundum imaginem et similitudinem Dei)."

Hier ist nicht von einer „realistischen Erlösung" die Rede, die „mechanisch" wirkte[71]. Diese Sätze sind nur unter der Voraussetzung jener „aptitudo passiva", jenes Affiziertwerden-Könnens verständlich. Dann wird auch begreiflich, daß die Formulierung, der Logos werde von dem Geschöpf erfaßt (capiatur) und das Geschöpf erfasse (capiat) ihn, keine plerophorische Verdoppelung derselben Aussage ist. Sondern weil der Logos, der im Herabsteigen das Geschöpf anruft, d.h. seine rezeptive Fähigkeit anspricht, es dadurch in den Stand setzt, von ihm „ergriffen zu werden" (capiatur), deshalb kann nun, wenn das Verhältnis von Wirkendem und Bewirktem völlig klar ist, auch mit Recht gesagt werden, das Geschöpf ergreife (capiat) den Logos. Denn es ergreift ihn jetzt wirklich, und zwar im echten Sinne „freiwillig", aber eben nicht „selbstthätig".

Von diesem wirklichen Ergreifen her ergibt sich dann auch ein Verständnis für das Verhältnis von Glauben und Tun ganz von selbst. Irenäus ist keineswegs der Meinung, daß Glaube passiv bleiben könnte, wie schon ein flüchtiger Blick in seine Werke lehrt. Sie sind von Aufforderungen zum Handeln, zum „Tun des Willens Gottes" durchzogen. Aber dieses Tun geschieht eben so, wie der vom Geist ergriffene Mensch den Logos wirklich aktiv ergreift. D.h. alle Ermahnungen zum Tun sind nicht unabhängig von der Rekapitulationslehre zu verstehen, wie Harnack sie sehen zu müssen meinte, sondern sie sind überhaupt nur auf ihrem Boden sinnvoll. Denn der Mensch hat ja den „freien Willen", der Voraussetzung guten Tuns ist, nicht aus sich selbst. Ist er aber als ehemals „wilder Sproß"[72] in den guten Ölbaum eingepfropft und bewahrt diese Einpfropfung, so wird er in einen guten Ölbaum „umgewandelt" und d.h., er wird ein „fruchttragender Ölbaum", bzw. „ändert die Qualität seiner Frucht"[73]. Das Fruchtbringen ist also selbstverständliche Folge, es ist Gestaltgewinnen der Einpfropfung, so, wie wir schon vielfach hörten, daß der Mensch durch die Rekapitulation „gestaltet" wird (cf. 5,9,1). Ist das grundsätzlich klar, so kann so viel ermahnt und zu gutem Tun aufgefordert werden, wie immer nötig und möglich. Das Tun des Menschen, sei es das praktische Tun, sei es das „Tun" des Glaubensgehorsams, wird dann nicht mehr als „selbstthätiges", heilverursachendes mißverstanden werden, noch wird es im Widerspruch zur Rekapitulation des Menschen gesehen werden. Es ist zu beachten, daß Irenäus vom fruchttragenden Ölbaum unmittelbar nach jenem oben behandelten Kapitel (5,9)

---

[71] Vgl. oben S. 11f.

[72] Vgl. Rm 11,17 bei Irenäus 5,10ff.

[73] Qualitatem ... fructus operum immutat 5,10,2, vgl. auch § 1 und unten S. 28.

spricht, in dem er verdeutlicht hatte, warum das „Fleisch" καθ' ἑαυτήν das Reich Gottes nicht ererben könne, vielmehr vom Geist „in Besitz genommen" werde.

5. Der neue Mensch bleibt Mensch

Schließlich ist in Konsequenz des Gesagten noch deutlich zu machen: auch der neue Mensch, der durch die Rekapitulation gestaltet und lebendig wurde, bleibt immer Mensch. Er wird niemals Gott[74]. Das gilt sowohl für die dereinstige Vollendung – nicht umsonst beschließt Irenäus sein Werk mit den Worten „*fiens* secundum imaginem et similitudinem Dei", d.h. auch der Mensch in der Vollendung ist ein „Werdender" in dem Sinne, daß er empfängt und Gott gibt – es gilt um so mehr für den „lebendigen" Menschen in dieser Welt. Auch er ist ein Empfangender. Er ist aber darüber hinaus auch immer „Fleisch": Der eingepfropfte wilde Sproß, der Anteil an der Kraft des Ölbaums bekommen hat und die „Qualität seiner Frucht ändert" (5,10,2), behält dennoch sein altes Holz, er „verliert nicht die substantia carnis"[75]. Das heißt entsprechend der doppelten Deutungsmöglichkeit von caro zweierlei. Insofern das „Fleisch" für die Schwäche und Unfähigkeit des Menschen steht[76], bezeichnet es die Fortdauer der durch diese Eigenschaften angedeuteten Befindlichkeit des Menschen. Er ist also auch in dem Sinne ein „Werdender", daß er es ständig nötig hat, von der Konzentration auf sich selbst, die seine Schwäche ausmacht, abgezogen zu werden. Er muß ständig zum „Empfangen" gerufen werden. Das ist gleichsam der negative Aspekt der substantia carnis, die der Mensch behält. Sie hat aber auch einen positiven Aspekt. Insofern nämlich das Fleisch „capax" ist, d.h. insofern es fähig ist, vom Geist „in Besitz genommen zu werden" (5,9,4), darf der Mensch, der durch die substantia carnis konstituiert ist, auch darin seine Bestimmung sehen, in Besitz genommen zu werden. Er muß also nicht selber in Besitz nehmen, muß nicht handeln und sich die „Unsterblichkeit erwerben"[77], er muß nicht Gott sein, sondern darf die substantia carnis behalten, die „gerettet und gestaltet wird" (5,9,1). Er darf also schon jetzt sein, was er, freilich ohne die „Schwäche" des Fleisches, im Eschaton vollendet sein wird: „vivens . . . propter participationem Spiritus, homo autem propter substantiam carnis" (5,9,2).

---

[74] In diesem Sinne ist die „Rekapitulationsformel" aus der Praefatio des 5. Buches nicht mißzuverstehen. Vgl. dazu auch Wingren (a.a.O. Anm.) 210ff. et passim.

[75] . . . sic et homo per fidem insertus et assumens Spiritum Dei substantiam quidem carnis non amittit 5,10,2; vgl. auch 5,6,1.

[76] Vgl. 5,9,2 und oben S. 21.

[77] So Theophilus von Antiochien und andere, vgl. oben S. 14.

Irenäus führt die Märtyrer als Beispiel für solche „lebendigen Menschen" an. Wenn ein Mann wie Irenäus als Überlebender einer Verfolgung und Nachfolger des darin umgekommenen Bischofs von Märtyrern spricht, so hat das einen besonderen Klang: Sie legten Zeugnis ab und verachteten den Tod, nicht der Schwachheit ihres Fleisches entsprechend, sondern „weil der Geist bereit ist", d.h. jener Geist, der ihnen von außerhalb ihrer selbst gestiftet wird, der die „Schwäche des Fleisches aufsaugt" und das Fleisch „in Besitz nimmt", so daß er dem Fleisch nur überläßt, den Geist als „mächtig" zu zeigen (Infirmitas enim carnis absorpta potentem ostendit Spiritum, 5,9,2). Das ist der Ruhm der Märtyrer: den Geist sich als mächtig erweisen zu lassen[78].

Um den theologischen Ansatz des Irenäus zu würdigen, muß man ihn auf dem Hintergrund der christlichen Literatur des zweiten Jahrhunderts sehen. Dabei ist sowohl an die christlich gnostische Literatur und ihre enthusiastische Überspitzung und damit Verkehrung der geschenkten Erlösung zu denken als auch an die genuin christlichen Schriften der apostolischen Väter und Apologeten. Bei aller Anerkennung des auf Christus gegründeten Dank- und Befreiungsbewußtseins, das aus ihnen spricht, haben sie mit ihrer Überbewertung des menschlichen Tuns doch auch etwas Bedrückendes. Und zwar bedrückend deswegen, weil trotz aller Dankbarkeit für das Große, das dem Menschen in Christus widerfahren ist, weitgehend nicht begriffen wird, daß sich damit auch das Verständnis des Menschen von sich selbst und die Kriterien, nach denen dieses Verständnis gewonnen wird, ändern. Dieses Nicht-Verstehen kommt etwa darin zum Ausdruck, daß der Verfasser des zweiten Klemensbriefes, nachdem er von Christi Leiden für uns gesprochen hat, fragt: „Welchen Gegenlohn werden wir ihm nun geben?" (1,3) Für Irenäus hat sich etwas geändert. Wenn er das menschliche Wesen durch fides und subiectio bestimmt, so ist daran allein schon das bemerkenswert, daß er diesen anthropologischen Definitionsversuch ausschließlich aus dem Evangelium ableitet, ihn also bewußt nicht durch Augenschein gewinnt, sondern durch Hinhören[79]. – Damit eröffnet sich freilich eine Reihe neuer Fragen, die hier nur noch angedeutet werden können. Vor allem scheint mir der so häufig zitierte „Schrifttheologe" Irenäus einer erneuten sorgfältigen Untersuchung zu bedürfen, aus der hervorginge, inwiefern sein theologisches Denken durch seine „neutestamentliche" Exegese – und *nicht* durch die Tradition – bestimmt ist.

---

[78] Dem entspricht in manchem die Theologie des Berichtes über das Martyrium in Vienna und Lugdunum, das die in „Gallien lebenden Knechte Christi" an die Brüder in Asien und Phrygien senden, vgl. bei Euseb KG 5,1,3–4,2.

[79] Denn anders als durch Hinhören *ist* diese Bestimmung menschlichen Wesens nicht zu gewinnen. Vgl. dazu jetzt auch in ganz anderm Zusammenhang G. Klein, Der Mensch als Thema neutestamentlicher Theologie, ZThK 75, 1978, 336–349, bes. 338f.

Kurt Aland

Methodische Bemerkungen zum Corpus Paulinum bei den Kirchenvätern des zweiten Jahrhunderts

Wenn diese Studie sich dem zweiten Jahrhundert zuwendet, so deshalb, weil es für den Jubilar, dem dieser Band gewidmet ist, von den Anfängen bis auf den heutigen Tag eines der Zentren seiner wissenschaftlichen Arbeit darstellt. Wenn sie sich dabei speziell dem Corpus Paulinum – und darüber hinaus auch den Evangelien – bei den Kirchenvätern dieses Jahrhunderts zuwendet, so um der Frage willen, wieweit und wie diese Schriften hier benutzt bzw. bekannt waren, d. h. an der Ausbildung des christlichen Kerygmas Anteil haben konnten. Es reicht ja nicht aus, von „dem Kerygma" zu sprechen. Vielmehr muß den Komponenten nachgegangen werden, aus denen und unter deren Einfluß es sich entwickelte. Gewiß behandelt diese Untersuchung nur ein Teilgebiet, aber wie mir scheint, doch eines von den wichtigen.

Jede Untersuchung des zweiten Jahrhunderts, geschehe sie nun unter theologiegeschichtlichem oder kirchengeschichtlichem Vorzeichen, ist mit einer schweren Hypothek belastet (um so schwerer übrigens, je weniger sie sie wahrnimmt, was oft genug der Fall ist). Denn wenn Kirchen- und Theologiegeschichte Wirkungsgeschichte des Neuen Testaments sind – die Ebelingsche Definition „Kirchengeschichte = Geschichte der Auslegung der Heiligen Schrift" ist sicher richtig, vorausgesetzt allerdings, daß man unter „Auslegung" nicht nur Predigt und Lehre, sondern auch das davon bestimmte gesamte Handeln der Kirche versteht –, dann erhebt sich doch die Frage danach, wie weit im 2. Jahrhundert das Neue Testament bestimmend wirken konnte. Denn was nicht bekannt ist bzw. wovon nicht Gebrauch gemacht wird, kann nicht wirken.

Das Phänomen, daß die Evangelien einigermaßen (aber wirklich nur einigermaßen) vollständig erst um 150 mit Justin greifbar werden, ist doch eigentlich beklemmend. Was wir vorher in den Apostolischen Vätern an Zitaten oder auch nur an Bezugnahmen finden, ist derart unsicher bzw. ungenau, daß die Frage in der Regel unentschieden bleiben muß, ob es sich hier um einen direkten Rückgang auf ein kanonisches

Evangelium oder außerkanonische Tradition oder die mündliche Überlieferung handelt (vgl. dazu z. B. H. Köster, Synoptische Überlieferung bei den Apostolischen Vätern, TU 65, Berlin 1957).

Mit dem Vehikel allegorischer Auslegung des Alten Testaments sei die Botschaft des Neuen transferiert worden, lautet die – nach dem Textbefund richtige – Antwort. Aber ist es nicht deprimierend zu sehen, wie etwa der 1. Klemensbrief in Kap. 24–26 die zentrale Botschaft von der Auferstehung begründet? Dabei wird, wie bekannt, zwar davon gesprochen, „wie der Herr uns fortwährend die zukünftige Auferstehung anzeigt, zu deren Erstling er den Herrn Jesus Christus gemacht hat, als er ihn von den Toten auferweckte" (24,1). Aber in den Sätzen darauf geht die Argumentation sogleich auf den Wechsel von Tag und Nacht über (24,2–3), sowie auf den von Saat und Ernte (24,4–5). Das ganze 25. Kapitel ist dann mit der Erzählung vom Vogel Phönix gefüllt, die 26,1 als Bestätigung der Auferstehungshoffnung dargestellt wird. In 26,2–3 folgt dann die Schriftbegründung: „Er sagt ja irgendwo (λέγει γάρ που): Und du wirst mich auferwecken und ich will dich preisen. Und Hiob sagt wiederum: Und du wirst dies mein Fleisch auferwecken, das all dies erduldet hat." Die Hiobstelle findet sich 19,26, der andere Text in der Tat „irgendwo", denn über Anklänge an einige Psalmstellen ist beim Suchen nach Belegen nicht hinauszukommen. Das ist alles, denn 27,1 setzt dann mit der Darlegung ein, daß die Verheißungen Gottes zuverlässig seien, bei Gott sei kein Ding unmöglich außer dem, daß er lüge (27,2). Der Weltschöpfer ist zu allem in der Lage, was er will (27,3 ff.). Kein Wort aus den Auferstehungsberichten der Evangelien bzw. kein Wort über sie, kein Zitat oder auch nur eine Berufung bzw. Anspielung auf die sonst aus ihnen in Betracht kommenden Worte oder Berichte.

Auch der Auferstehungsbericht des Paulus in 1.Kor 15 wird nicht einmal andeutungsweise erwähnt, obwohl 1.Kor 15 in 1.Klem 24–26 offensichtlich herangezogen wird: die Ausführungen von 24,4 über Saat und Ernte klingen deutlich an 1.Kor 15,35–38 an. Der 1. Korintherbrief liegt dem Verfasser des Briefes – d. h. der römischen Gemeinde – eindeutig vor, zu deutlich ist die Berufung auf ihn bei der Mahnung an die korinthische Gemeinde, um derentwillen 1.Klem überhaupt geschrieben ist: Ἀναλάβετε τὴν ἐπιστολὴν τοῦ μακαρίου Παύλου τοῦ ἀποστόλου. τί πρῶτον ὑμῖν ἐν ἀρχῇ τοῦ εὐαγγελίου ἔγραψεν heißt es 47,1 f. Daß hier konkret auf den 1.Kor Bezug genommen wird, belegt die Erwähnung der damaligen Auseinandersetzungen in Korinth, zu denen 1.Kor 1,10 ff. Stellung nimmt. Vielleicht ist in diese Erwähnung sogar der 2.Kor indirekt eingeschlossen, denn daß πρῶτον so wie bei Knopf im Kommentar zur Stelle[1] mit „vor allem" übersetzt werden muß, scheint

[1] Handbuch zum NT, Ergänzungsband I, Tübingen 1920, S. 123.

mir nicht absolut sicher. Das Neutrum als Adverb (vgl. Bauer s.v.) bedeutet zunächst und in den meisten Fällen: „zuerst, erstens", und dann erst: „in erster Linie, vor allem, besonders". ἐν ἀρχῇ τοῦ εὐαγγελίου muß auch nicht unbedingt eine Bezugnahme auf Phil 4,15 bedeuten, wie man oft gemeint hat. Sondern in 1.Klem 47,2 kann, beides zusammengenommen, m.E. durchaus die Kenntnis eines Briefes an die Korinther durchscheinen, der eben nicht ἐν ἀρχῇ τοῦ εὐαγγελίου geschrieben ist, sondern als zweiter zu späterer Zeit.

Der Umgang des 1.Klemensbriefes mit 1.Kor im allgemeinen und 1.Kor 15 im besonderen ist in doppelter Hinsicht aufschlußreich: für unsere Bewertung der Vorkommen von Zitaten aus den Paulusbriefen als Beweismittel für die Bekanntschaft der Apostolischen Väter und der nachfolgenden Schriftsteller mit ihnen wie für die Bewertung des Paulus durch die Väter des zweiten Jahrhunderts. Bleiben wir zunächst beim ersten Gesichtspunkt: der Bekanntschaft der frühen Väter mit den Paulusbriefen. Hier finden wir in der modernen Literatur häufig den rigorosen Standpunkt: wenn ein bestimmter Brief bei den Schriftstellern des 2. Jahrhunderts nicht zitiert wird, ist er ihnen auch nicht bekannt. So hat z.B. G. Bornkamm erklärt:

> „Das Recht der These, der 2.Kor.-brief sei eine spätere Briefsammlung, wird, wie ich meine, in überraschender Weise durch die bisher nicht beachtete Tatsache bestätigt, daß die ältesten Zeugen paulinischer Briefsammlung (I.Clem, Ign, Polyc) zwar den 1.Kor. kennen und reichlich zitieren, aber nicht unseren 2.Kor. Dieser Sachverhalt ist so auffallend, daß sich daraus nur folgern läßt: sie kannten ihn noch nicht. Unser 2.Kor. kann also nicht sofort zusammen mit dem 1.Kor. weitere Verbreitung gefunden haben."[2]

Oder W. Schneemelcher stellt fest:

> „Eine genaue Prüfung aller Stellen, die hier überhaupt in Frage kommen könnten, ergibt, daß Ignatius höchstens einen Brief des Paulus, nämlich den 1.Korintherbrief gekannt und benutzt hat ... Daher kann man die Vermutung nicht von der Hand weisen, daß Ignatius gar keine Paulusbriefe gekannt oder gelesen hatte ... Es ist nicht beweisbar, ja es ist unwahrscheinlich, daß Ignatius eine solche Briefsammlung der paulinischen Briefe gekannt hat."[3]

Eine solche Auffassung und ein solcher Beweisgang muß am Tatbestand vorbeiführen. Das Auffinden und die Auswertung von Zitaten aus den Paulusbriefen *und* den Evangelien (vgl. oben), d.h. aus dem ganzen Neuen Testament, bedarf bis zur Mitte des 2. Jahrhunderts einer sehr verfeinerten Methode, im Bilde gesprochen: der Uhrmacherlupe und entsprechender Werkzeuge. Selbst bei Justin ist die Verifizierung seiner

---

[2] Der Philipperbrief als paulinische Briefsammlung, Neotestamentica et Patristica, Leiden 1962, S. 192f.

[3] Paulus in der griechischen Kirche des zweiten Jahrhunderts, ZKG 75, 1964, S. 6.

Angaben aus den ἀπομνημονεύματα τῶν ἀποστόλων noch eine sehr komplizierte Sache.

Erst mit Irenäus beginnt eine neue Epoche. Jetzt kann man von Zitaten, sei es aus den Paulusbriefen, sei es aus den Evangelien, im modernen Sinn sprechen, bei denen mit der gewohnten Methode der genauen Textvergleiche gearbeitet und nach direkten Stellenangaben gefragt werden kann. Immerhin haben wir für das 2. Jahrhundert gleich drei (eigentlich fünf) eindeutige Antworten auf unsere Frage nicht nur nach den damals bekannten Paulusbriefen, sondern sogar auch Angaben darüber, in welcher Reihenfolge diese Briefe in den damaligen Sammlungen enthalten waren.

Das Bild sieht folgendermaßen aus:

Marcion	*Can. Muratori*	*P[46]*
Gal	1.2.Kor	Röm
1.2.Kor	Eph	Hebr
Röm	Phil	1.2.Kor
1.2.Thess	Kol	Gal
Eph (Laod)	Gal	Eph
Kol	1.2.Thess	Phil
Phil	Röm	Kol
Philem	Tit	1.Thess
(oder Philem Phil)	1.2Tim	(bricht hier ab)

Dabei ist P[46] „um 200“ geschrieben, was einen Spielraum von ca. 25 Jahren vorwärts und rückwärts einschließt. Selbst beim spätesten Zeitpunkt reicht P[46] erheblich ins 2. Jahrhundert hinein, müssen wir aus methodischen Gründen doch annehmen, daß er einer früheren Vorlage folgt, mindestens aber in einer geprägten Tradition steht. Der Canon Muratori dürfte die Situation um 180 n. Chr. (und zwar doch wohl in Rom) spiegeln. Die Angaben für Marcion sind zwar aus Tertullian erschlossen, führen uns aber sicher in die Zeit um 140 n. Chr. zurück.

Das sind bereits drei Zeugen, Irenäus um 180 n. Chr. und Tertullian, der mit seinen vormontanistischen Schriften in die Zeit vor die Jahrhundertwende reicht (und noch weiter zurück mit der Tradition, in der er steht), kommen als vierter und fünfter dazu. Ja, es gibt noch einen sechsten, der uns mindestens in die Zeit um 140 n. Chr. zurückführt (je nachdem, wie er datiert wird), ja mit einiger Sicherheit noch weiter zurück als seine Entstehung anzusetzen ist, denn er beschreibt ja den Zustand seiner Zeit, der sich zweifelsohne früher ausgebildet hat. Gemeint ist der 2. Petrusbrief, in dem es 3,15–16 heißt:

καὶ τὴν τοῦ κυρίου ἡμῶν μακροθυμίαν σωτηρίαν ἡγεῖσθε, καθὼς καὶ ὁ ἀγαπητὸς ἡμῶν ἀδελφὸς Παῦλος κατὰ τὴν δοθεῖσαν αὐτῷ σοφίαν ἔγραψεν ὑμῖν, ὡς καὶ ἐν πάσαις ἐπιστολαῖς λαλῶν ἐν αὐταῖς περὶ τούτων, ἐν αἷς ἐστιν δυσνόητά τινα, ἃ οἱ ἀμαθεῖς καὶ ἀστήρικτοι στρεβλοῦσιν ὡς καὶ τὰς λοιπὰς γραφὰς πρὸς τὴν ἰδίαν αὐτῶν ἀπώλειαν.

Leider wird nicht gesagt, wieviele und welche Briefe des Paulus der Verf. von 2.Petr. kennt und wen der Brief meint, wenn er sagt, Paulus ἔγραψεν ὑμῖν. Mindestens sind es jedoch drei (bei einer Zahl darunter kann man wohl nicht von „allen“ Briefen reden). Wahrscheinlich sind es viel mehr, und diese Briefe sind seit langem bekannt, so daß sie, wie die anderen Schriften (des Neuen Testaments), Gegenstand schädlicher Fehlinterpretation werden konnten (durch die Gnosis?).

Dieser Stelle kommt, auch für unsere späteren Betrachtungen, zentrale Bedeutung zu. Natürlich kann man gegen sie einwenden, daß sie zeitlich hinter Ignatius liegt. Aber schon aus methodischen Gründen ist anzunehmen, daß es vom Anfang der Existenz paulinischer Gemeinden an Sammlungen von Paulusbriefen gegeben hat. Die Gemeinden bewahrten nicht nur die Briefe auf, die sie selbst erhielten, sondern tauschten sie auch mit denen anderer aus. Kol 4,16 – gleich, ob der Brief von Paulus stammt oder nicht – dürfte einen damaligen Brauch widerspiegeln. Nur so ist es z.B. zu erklären, daß uns der Galaterbrief erhalten ist, obwohl die Gemeinde(n) sich alsbald nach dem Eintreffen des Briefes auflöste(n). Daß es spätestens um 95 n.Chr. ein Corpus der Paulusbriefe gab, ist durch den 1.Klem zu beweisen. Denn in Rom sind damals eben nicht nur Röm und 1.Kor, sondern ist nachweisbar mindestens auch Hebr bekannt, ganz ohne Zweifel im Rahmen einer größeren Sammlung. Daß Ignatius, Bischof von Antiochien um 110, „gar keine Paulusbriefe gekannt oder gelesen“ habe, daß ihm eine „solche Briefsammlung der paulinischen Briefe“ unbekannt gewesen sei, steht m.E. außerhalb jeder Wahrscheinlichkeit.

Daß Hebr dem Verfasser des 1.Klem bekannt ist und daß dieser direkt auf ihn zurückgeht, bedarf unter philologischem Vorzeichen eigentlich keines ausführlichen Beweisganges, es genügt hier ein Vergleich von 1.Klem 36,2–5 mit Hebr 1,3–,13:

Hebr 1,3–13	1.Klem 36,2–5
3. ὃς ὢν ἀπαύγασμα τῆς	ὃς ὢν ἀπαύγασμα τῆς
δόξης καὶ χαρακτὴρ τῆς	
ὑποστάσεως αὐτοῦ, φέρων	
τε τὰ πάντα τῷ ῥήματι τῆς	
δυνάμεως αὐτοῦ, καθαρισμὸν	
τῶν ἁμαρτιῶν ποιησάμενος	
ἐκάθισεν ἐν δεξιᾷ τῆς μεγαλω-	μεγαλωσύνης αὐτοῦ
σύνης ἐν ὑψηλοῖς, 4. τοσούτῳ	τοσούτῳ
κρείττων γενόμενος τῶν ἀγγέλων	μείζων ἐστὶν ἀγγέλων,
ὅσῳ διαφορώτερον παρ’ αὐτοὺς	ὅσῳ διαφορώτερον
κεκληρονόμηκεν ὄνομα	ὄνομα κεκληρονόμηκεν

folgen 5–13 Schriftzitate	folgen 3–5 Schriftzitate
(5) Ps 2,7	(4) Ps 2,7f.
2 Sm 7,14	
(6) Dt 32,43 LXX	
(7) Ps 104,4	(3) Ps 104,4
(8/9) Ps 45,7–8	
(10/12) Ps 102,26–28	
(13) Ps 110,1	(5) Ps 110,1

Der Kommentar, den die von der Oxford Society of Historical Theology 1905 publizierte Untersuchung: The New Testament in the Apostolic Fathers dazu geliefert hat, kann noch heute wiederholt werden:

"There can be practically no doubt that in this passage we have a reminiscence of the first chapter of the Hebrews. The following are the most important points: –

1. Clement quotes the first words of Heb. 1^3, and then Heb. 1^4, omitting the intervening words, and with the following changes. Clement reads μεγαλωσύνης for δόξης, μείζων ἐστίν for κρείττων γενόμενος: he omits παρ' αὐτούς, and in the best texts transposes κεκληρονόμηκεν and ὄνομα. The substitution of μεγαλωσύνη for δόξα might easily be accounted for by the occurrence of the former at the end of Heb. 1^3.

2. Clement then quotes, with the formula γέγραπται, Ps. 104^4, in a form which corresponds exactly with Heb. 1^7. It can hardly be doubted that Clement intends to quote the Psalm, but the form in which he does it is exactly the same as that in Hebrews, while it differs from the best text of the LXX in one particular. Clement reads πυρὸς φλόγα, while the LXX reads πῦρ φλέγον (A^a πυρὸς φλέγα).

3. Clement then quotes Ps. 2^7 and ^{8}, while in Heb. 1^5 only Ps. 2^7 is quoted.

4. Clement then quotes Ps. 110^1, which is quoted in Heb. 1^{13}.

Whe have then an almost verbal citation from the Hebrews, and the citation of a group of passages from the Psalms which would be difficult to explain except as suggested by the Hebrews. It may, indeed, be objected that the latter phenomenon might be explained as being due to the citation of some collection of Messianic passages in common use; but against this it must be observed that the passage quoted from Ps. 104^4, which occurs naturally in the context in Heb. 1^7, would not naturally be included in any collection of Messianic passages."[4]

G. Theissen hat in seinen gewiß verdienstvollen Untersuchungen zum Hebräerbrief[5] im Abschnitt ,,Die literarische Beziehung zwischen dem 1. Clemensbrief und dem Hebräerbrief"[6] versucht, in bezug auf die oben nebeneinandergestellten Texte nachzuweisen: ,,Vielmehr läßt sich zusammenfassend sagen, daß beide Briefe unabhängig voneinander die-

---

[4] S. 46.

[5] Gütersloh 1969.

[6] S. 34.

selbe Tradition bringen. Eine Bekanntschaft ist damit nicht unbedingt ausgeschlossen, aber unwahrscheinlich."[7] Nun freut man sich heutzutage schon, daß hier nicht Hebr als von Klemens direkt abhängig erklärt wird, sondern beide nur als auf die gleiche Tradition zurückgehend. Indirekt gelangt Theissen allerdings doch dahin, denn er läßt 1.Klem diese Tradition direkt widerspiegeln und faßt Hebr als den die Vorlage bearbeitenden Text auf, so daß Hebr hinter 1.Klem gehört (falls seine Ausführungen richtig seien, „stellt sich für den Hb die Frage nach der Datierung ganz neu", erklärt er[8]).

Die meisten seiner Argumente für diese Auffassung sind schwer zu begreifen. Er wendet z.B. ein: „Warum sollte der 1.Clem δόξα, das er 22mal gebraucht, in μεγαλωσύνη verwandeln (8mal)?" Nun, am Ende von Hebr 1,3 begegnet μεγαλωσύνη. „Von den sieben Stellen des Hb finden sich im 1.Clem nur drei: Ps 104,4; 2,7; 110,1, und zwar in anderer Reihenfolge als im Hb. Dafür zitiert er über den Hb hinaus Ps 2,8."[9] „Von den Einleitungsformeln stimmt keine einzige überein." „Nach ὅς ὢν ἀπαύγασμα bringt der Hb einige Verse ohne Entsprechung im anderen Brief. Es ist schwer einzusehen, warum der 1.Clem sie hätte weglassen sollen." Das ist eine Methode, die an der Sache vorbeigehen muß. Natürlich ändert 1.Klem an der Vorlage, z.B. in den Zitateneinleitungen, die er seinem üblichen Stil anpaßt, und entnimmt ihr nur, was in seine Absichten paßt. Daß 1.Klem nur drei Schriftzitate hat, ist richtig, aber sie finden sich alle bei Hebr, dessen Priorität damit erweisend. Völlig unklar sind Argumente, wie das folgende: „κρείττων (Hb) ist ein Lieblingswort des Hb (13mal), während der 1.Clem weder eine besondere Neigung zu κρείττων (einmal) noch zu μείζων (zweimal) hat."[10] usw. Wenn 1.Klem keine besondere Neigung zu μείζων hat, warum verwendet er es hier? Weil er in seiner Vorlage κρείττων fand! Völlig an der Sache vorbei geht auch die Polemik Theissens gegen die gemeinsame Abweichung von der LXX bei der Zitierung von Ps 104 in 1.Klem und Hebr, sie läßt die Unhaltbarkeit seiner These noch einmal ganz deutlich werden. Man kann der Benutzung des Neuen Testaments durch die Väter des frühen zweiten Jahrhunderts auf diese Weise nicht beikommen. Für eine solche Untersuchung ist ein anderes Gespür erforderlich, hier kommt es über die Feststellung von Zitaten im modernen Sinne hinaus auf eine Empfindung für den „flavour" an. Wenn Euseb z.B. KG III, 38,1 über 1.Klem schreibt: „In diesem Brief führt Klemens zahlreiche

---

7 S. 37.
8 S. 37.
9 Alle Zitate S. 36.
10 S. 36.

Gedanken und selbst wörtliche Zitate aus dem Hebräerbrief an"[11], erfaßt er damit die Sache, um die es geht, sehr viel besser.

Dazu wie zum sonstigen Rückgang von 1.Klem auf Hebr ließe sich noch manches sagen, aber bei diesem Aufsatz handelt es sich um „methodische Bemerkungen", eine vollständige Behandlung des Gegenstands ist nicht im Rahmen einer Festschrift, sondern nur in einem Buche möglich, welches die Oxforder Untersuchung nicht nur umfangmäßig weit übertreffen müßte. Immerhin sei hier so viel bemerkt, daß die Spuren gerade des Hebr in der frühen Literatur erstaunlich stark sind.

Ob und wieweit Zitate aus Hebr in den Ignatiusbriefen zu finden sind, ist strittig[12], aber mehrere Anspielungen im Hirten des Hermas[13] wie im Dialogus des Justin (sicher ist z.B. Dial 13,1 als Bezugnahme auf Hebr 9,13–14) führen dann direkt zur Fülle des Materials bei Irenäus. Ob bei Polykarp auf Hebr Bezug genommen wird, ist nicht sicher, aber auch ohne das ist die Bezeugung gerade des Hebräerbriefes in der Kirche bis zum Ausgang des 2. Jahrhunderts ganz erstaunlich stark, und zwar auch in der des Westens. Damals war die Bußpraxis eben noch nicht so weit entwickelt, daß man den Brief wegen seiner Ablehnung der zweiten Buße in seiner paulinischen Herkunft bestritt und ihn nicht im offiziellen Kanon haben wollte (der sich am Ausgang des 2. Jahrhunderts ja auch gerade erst zu bilden begann); daß Hebr im Canon Muratori nicht erwähnt wird, ebensowenig wie bei Tertullian, ist ein erster Hinweis auf die zukünftige Entwicklung.

Wie ungewöhnlich seine Bezeugung ist, beweist ein Vergleich mit der anderer deuteropaulinischer Briefe. Dabei ist das Bild, das sich für den Epheserbrief ergibt, noch vergleichsweise positiv gegenüber Kol (und ganz und gar Phil und 1./2.Thess), um von den Pastoralbriefen zu schweigen. In mehreren Fällen scheint der 1.Klem auf Eph anzuspielen, ebenso wie der Brief des Barnabas. Ignatius ad Eph 12,2 übertreibt ganz offensichtlich, wenn er schreibt, Paulus gedenke der Gemeinde zu Ephesus in „jedem Brief", aber er kennt Eph ganz offensichtlich, wie auch aus den Anspielungen auf ihn deutlich wird. Für den Hirten des Hermas scheint die Benutzung von Eph sicher, auch 2.Klem scheint Eph zu kennen ebenso wie Polykarp. Bei Irenäus setzt dann die Fülle der Bezugnahmen ein.

In der Zahl der Zitate und Anspielungen folgt Kol auf Eph, wenn auch mit einem deutlichen Abstand. Der früheste Autor, für den sich eine Bezugnahme möglicherweise nachweisen läßt, ist Ignatius. „There is thus a

---

[11] GCS 9,1,284.

[12] Vgl. dazu The New Testament . . ., S. 75.

[13] Es gibt noch mehr als die auf S. 107 von The New Testament . . . aufgezählten.

considerable number of possible allusions to Colossians in Ignatius, but none of them is at all certain", heißt es dazu in der englischen Untersuchung treffend[14]. Auch Polykarp, Justin und Theophilus von Antiochien scheinen Kol zu kennen, die Hauptmasse der Bezugnahmen findet sich wieder bei Irenäus.

Für Phil gibt es bei Ignatius zwar einige mögliche Anspielungen, eigentlich überzeugend ist jedoch keine (es sei denn, man nimmt ad Smyrn 11,3 τέλειοι ὄντες τέλεια καὶ φρονεῖτε als Echo von Phil 3,15 ὅσοι οὖν τέλειοι, τοῦτο φρονῶμεν). Dagegen ist die Kenntnis des Briefes bei Polykarp sicher bezeugt. Danach folgen dann die Bezugnahmen auf den Brief bei Irenäus.

Wir befinden uns also auf einer absteigenden Linie, was die frühe Bezeugung bei den Kirchenvätern angeht, und zwar in der Reihenfolge Eph, Kol, Phil. Am schlechtesten ist die Bezeugung für 2.Thess. Sie beschränkt sich auf Polykarp und Irenäus, so daß man von hier aus eine Polemik gegen eine frühe Entstehung (d.h. für pseudopaulinischen Charakter) unterstützt sehen könnte. Aber auch die Bezeugung für den ohne Zweifel paulinischen 1.Thess ist sehr schwach. Denn Ignatius ad Eph 10,1: ἀδιαλείπτως προσεύχεσθε kann doch wohl nicht als Zitat von 1.Thess 5,17 angesehen werden, sondern ist unabhängige Bildung und ebensowenig wie ad Rom 2,1 als Zitat von 1.Thess 2,4 oder sei es auch nur als Anspielung anzusehen. Mit Recht heißt es: "The evidence that Ignatius knew I Thessalonians is almost nil." Auch der Hirte des Hermas fällt unter diese Kategorie – und damit sind wir schon wieder bei Irenäus.

Es kann angesichts dessen nicht verwunderlich sein, daß einigermaßen gesicherte Zitate aus dem 1. Timotheusbrief erst bei Polykarp, bei Justin im Dialogus (7,3; 35,2), in den Acta Pauli, bei Theophilus (Ad Autolycum) und in voller Breite bei Irenäus auftauchen, d.h. erst von ca. 150 bzw. 130 ab (vgl. dazu S. 45f.). Der Titusbrief begegnet, soweit ich sehe[15], überhaupt erst bei Irenäus bzw. bei Theophilus. Zwar kann man dagegen einwenden, daß 1.Klem 2,7 ein Zitat aus Tit 3,1 und der Barnabasbrief 1,4 und 1,6 ein Zitat aus Tit 1,2 und 3,7 biete, wenigstens nach dem Apparat von Funk-Bihlmeyer. Aber das ἕτοιμοι εἰς πᾶν ἔργον ἀγαθόν von 1.Klem 2,7 wie das καὶ ἀγάπη ἐγκατοικεῖ ἐν ὑμῖν ἐπ' ἐλπίδι

[14] The New Testament . . ., S. 74.

[15] Am Rande bemerkt: die hier gefällten Urteile und konkreten Angaben über die Benutzung der Paulusbriefe gehen nicht auf die Literatur – sei es die Untersuchung Oxford 1905, sei es die Biblia patristica oder sei es sonst etwas – zurück, sondern auf die mehrfache Durcharbeitung der Texte selbst. Das im Institut für neutestamentliche Textforschung vorliegende Material für Zitate und Anspielungen aus dem Neuen Testament bei den Vätern des 2. Jahrhunderts ist von Frau Dr. G. Schmalzbauer – unter Hinzuziehung der Biblia patristica – vervollständigt bzw. kritisch gesichtet worden, die so entstandene Sammlung von Karteikarten ist dann noch einmal von Grund auf von mir neu bearbeitet worden.

ζωῆς αὐτοῦ von Barn 1,4 und das τρία οὖν δόγματά . . . ζωῆς ἐλπίς von Barn. 1,6 sind doch nicht einmal Anspielungen auf Tit, wie ein Vergleich der Texte zeigt. Auch für den 2.Tim beginnt eine wirkliche Zitation erst bei Polykarp, den Acta Pauli, Theophilus und Irenäus, die „Zitate" aus den Schriften vorher (1.Klem 2,7 ἕτοιμοι εἰς πᾶν ἔργον ἀγαθόν; Barn 5,6 ἵνα καταργήσῃ τὸν θάνατον; 7,2 καὶ μέλλων κρίνειν ζῶντας καὶ νεκρούς sowie 2.Klem 1,1 ὡς περὶ κριτοῦ ζώντων καὶ νεκρῶν, nach Funk-Bihlmeyer aus 2.Tim 2,21; 1,10; 4,1 stammend) sind noch nicht einmal Anspielungen, sondern Bestandteil der „Sprache Kanaans", d.h. aus alltäglicher christlicher Formulierung stammend.

Es war bereits davon die Rede, daß die Zitierweise der frühen Väter nicht mit modernen Maßstäben gemessen werden kann. Die Zurückhaltung gegenüber Paulus hat gewiß bestimmte Gründe, von denen noch gesprochen werden muß, aber dieses merkwürdig schwebende und selektive Verfahren findet sich ja eben nicht nur hier, sondern auf gleiche Weise auch bei den Evangelien. Spätestens um die Jahrhundertwende ist überall in der christlichen Kirche die Kenntnis mindestens eines der Evangelien vorauszusetzen, und wie wenige (und fragwürdige) Spuren hat das hinterlassen! Ganz offensichtlich können aus dem Material bei den Kirchenvätern vor Irenäus und Tertullian keine negativen (eine Schrift kommt nicht vor, d.h. sie ist nicht bekannt), sondern nur positive (eine Schrift kommt vor) Schlüsse gezogen werden, und selbst hierbei bedarf es besonderer Vorsicht und besonderen Fingerspitzengefühls und der aus ständigem Umgang mit dem Material gewonnenen Fähigkeit, aus den geringen Spuren, welche der Gebrauch eines Paulusbriefes in den frühen christlichen Schriften hinterlassen hat, seine Benutzung durch den Verfasser der betr. Schrift festzustellen bzw. zu behaupten.

Selbst dann, wenn einer der Apostolischen Väter unter direkter Nennung auf einen Paulusbrief zurückgeht, ergibt das jedesmal erhebliche Probleme. Vom 1.Klem und seiner Bezugnahme 47,1f. auf den 1.Kor war schon die Rede, ebenso wie kurz vom Rückgang des Ignatius auf den Epheserbrief. Hier löst sich das Problem relativ einfach (allerdings nicht dadurch, daß man ἐν πάσῃ ἐπιστολῇ so übersetzt wie G. Krüger u.a.: „in einem ganzen Brief"): Ignatius übertreibt in seiner captatio benevolentiae, er ist nicht der erste und nicht der letzte, der dergleichen in solchem Zusammenhang tut. Schneemelcher urteilt zu rigoristisch, wenn er erklärt: „Man kann also für die Aussage des Ignatius, Paulus erwähne die Epheser in jedem seiner Briefe, keinen ausreichenden Beleg beibringen und muß dann wohl vermuten, daß Ignatius kaum eine größere Kenntnis der Paulusbriefe gehabt hat."[16] Außer im Epheserbrief selbst wird die Gemeinde 1.Kor 15,32 und 16,8 erwähnt, sowie dreimal in den Pasto-

[16] S. 5.

ralbriefen. Selbst wenn die Pastoralbriefe Ignatius noch nicht bekannt waren, reichen Eph und 1.Kor für den auch sonst sehr hoch stilisierenden Satz ad Eph 12,1–2 aus: „Ich weiß, wer ich bin und an wen ich schreibe ... An euch vorbei führt der Weg derer, die durch ihren blutigen Tod zu Gott kommen, ihr seid Miteingeweihte des Paulus, des geheiligten, des wohlbezeugten, des preiswürdigen, in dessen Spuren mich zu befinden mir werden möchte, wenn ich zu Gott gelange, der euch in jedem Brief erwähnt in Christus Jesus.“

Schwieriger liegen die Dinge bei Polykarps direkten Erwähnungen des Philipperbriefes. Hier hat der Plural des Polykarp 3,2 ἔγραψεν ἐπιστολάς zur Rechtfertigung der Theorie gedient, der Phil der Handschriften des NT sei aus ursprünglich mehreren Paulusbriefen zusammengesetzt worden. Abgesehen davon, daß diese weitverbreitete Theorie keinen „Sitz im Leben“ hat, worauf hier nicht eingegangen werden kann, wird dabei übersehen, daß derselbe Polykarp vom Brief an die Philipper durchaus im Singular reden kann: 11,3 qui estis in principio epistulae eius. Aber auch dieser Singular hat seine Probleme. Sollte hier mit „epistula“ die ganze Briefsammlung gemeint sein, in welcher Phil dann an erster Stelle gestanden hätte? W. Bauer in seinem Kommentar zum Polykarpbrief[17] schlägt für 11,3 die Übersetzung vor: „(bei euch,) unter denen der selige Paulus gewirkt hat, (bei euch als solchen,) welche ihr am Anfang seines Briefes seid. Rühmt er sich euer doch in allen Kirchen ...“[18]. Das bleibe dahingestellt, überzeugend ist jedenfalls, wenn Bauer den Plural von 3,2 als einfaches Mißverständnis Polykarps interpretiert[19]. Wenn Paulus Phil 3,1 erkläre: τὰ αὐτὰ γράφειν ὑμῖν ἐμοὶ μὲν οὐκ ὀκνηρόν, ὑμῖν δὲ ἀσφαλές, so habe Polykarp das auf mehrere Briefe bezogen; Bauer weiß diese Möglichkeit des Mißverständnisses mit einer Stelle aus Theodor von Mopsuestia zu belegen.

Probleme bleiben also selbst da, wo Paulusbriefe direkt angesprochen werden. Wie sieht es nun aber mit dem Gesamtbestand der Zitate und den Anspielungen auf die Paulusbriefe bei den Vätern im 2. Jahrhundert aus? Wir sind heute in einer entscheidend besseren Position als frühere Generationen, um auf diese Frage eine Antwort zu geben. Denn 1975 erschien der erste Band der „Biblia patristica. Index des citations et allusions bibliques dans la littérature patristique“[20], welcher die Zeit bis Clemens Alexandrinus auf der einen und Tertullian auf der anderen Seite erfaßt, und 1977 der zweite Band, welcher (mit Ausnahme des Origenes) das Material des 3. Jahrhunderts bis zu Laktanz, aber unter

[17] Handbuch zum NT, Ergänzungsband II, Tübingen 1920.
[18] S. 295.
[19] S. 287.
[20] Éditions du Centre National de la Recherche Scientifique, Paris.

Ausschluß des Euseb darbietet. Das bedeutet einen entscheidenden Fortschritt, die Unsumme von Arbeit, die dahintersteht, kann nur ermessen, wer Ähnliches einmal versucht hat (nicht zufällig hat das Institut für neutestamentliche Textforschung trotz aller eigenen umfangreichen Sammlungen alle ihm irgend zur Verfügung stehenden Möglichkeiten und Mitarbeiter für das bedeutsame Werk eingesetzt).

Wie sieht es nun nach diesen Unterlagen mit Zitaten aus den Paulusbriefen aus? Es ist vielleicht zweckmäßig, die sich danach ergebenden Resultate in Tabellenform nebeneinanderzustellen. Die Stellennachweise (pro Seite ca. 55) umfassen:

	Band I	*Band II*
Röm	ca. 16½ Seiten	ca. 12¼ Seiten
1. Kor	ca. 30 Seiten	ca. 19 Seiten
2.Kor	ca. 7 Seiten	ca. 6 Seiten
Gal	ca. 7½ Seiten	ca. 4¼ Seiten
Eph	ca. 10 Seiten	ca. 8 Seiten
Phil	ca. 3¼ Seiten	ca. 4½ Seiten
Kol	ca. 4½ Seiten	ca. 5¼ Seiten
1.Thess	2 Seiten	ca. 1½ Seiten
2.Thess	1 Seite	ca. 1¾ Seiten
1.Tim	ca. 4½ Seiten	ca. 4 Seiten
2.Tim	ca. 2¼ Seiten	ca. 2½ Seiten
Tit	ca. 1¼ Seiten	ca. 2 Seiten
Philem	ca. ¼ Seite	ca. ¼ Seite
Hebr	ca. 5¼ Seiten	ca. 3½ Seiten

Der Befund in Band I ist einigermaßen schwer deutbar: das Verzeichnis der Zitate aus 1.Kor füllt ca. 30 Seiten, das aus Röm (im Umfang 1.Kor überlegen) nur 16½ Seiten. Nun vermindert sich das, was hier als Zitat oder Anspielung verbucht ist, bei kritischer Prüfung erheblich (der Band legt im wesentlichen die Notate in den Apparaten der Ausgaben zugrunde), aber trotzdem sind die Zahlen vergleichbar, denn der „Schwundprozeß" dürfte bei allen Briefen der gleiche sein. Die Verzeichnung der Zitate aus Hebr umfaßt hier nur 5¼ Seiten, die aus dem weniger als halb so langen Eph dagegen 10 Seiten, die von Kol (etwa ein Drittel kürzer als Eph) nicht ganz 5 Seiten, die von Phil (etwa gleich lang wie Kol) 3¼ Seiten, die aus 1.Thess (etwa gleiche Länge wie Kol) 2 Seiten, die aus 2.Thess (etwa halb so lang wie Kol und Phil) 1 Seite. Natürlich ist dabei zu berücksichtigen, daß die Hauptmasse der Zitate aus der zweiten Hälfte des Jahrhunderts stammt, aus Irenäus, Tertullian und Clemens. Wahrscheinlich käme man weiter, wenn die voranstehende Tabelle nach Autoren aufgegliedert würde, vielleicht ergäbe sich dadurch sogar wichtiges Material zum Einstieg in die theologischen Voraussetzungen der einzelnen Väter. Aber dieser Versuch kann hier nicht unternommen werden, zumal das Ganze unter dem Vorzeichen des „vielleicht“ bleibt.

Wenn oben in der Tabelle die Angaben aus Band II der Biblia patristica hinzugefügt sind (3. Jahrhundert, aber ohne Origenes und unter Ausschluß von Euseb), so geschieht das nur zur Illustration, aber auch hier ergeben sich mancherlei Fragen. Im allgemeinen ist eine fallende Tendenz festzustellen, bei Röm, insbesondere bei 1.Kor und bei Gal, aber auch bei 2.Kor und Eph und besonders auffällig wieder bei Hebr. Leicht ansteigende Tendenz zeigen Phil, Kol, 2.Thess, die übrigen bleiben ungefähr im gleichen Umfang. Aber wieso das so ist, vermag ich jedenfalls nicht zu beantworten. Wenn Hebr besonders stark abfällt, so mag das daran liegen, daß seine sich auf das Alte Testament stützende Interpretation in einem Zeitalter, das das Neue Testament an die Stelle setzte, die bis 150 n. Chr. das Alte Testament einnahm, an Wirksamkeit und Interesse abnehmen mußte. Aber dann sollte man erwarten, daß die Zitationen aus Hebr in Band I der Biblia patristica einen besonders eindrücklichen Umfang erreichten, und das ist nicht der Fall.

So bleiben auch hier viele Fragen offen; möchten sie durch neue Untersuchungen zum „Paulusverständnis in der alten Kirche“ oder zum Schriftgebrauch und der Theologie der einzelnen in Betracht kommenden Väter beantwortet werden. Nur davor muß jetzt schon gewarnt werden, vorschnelle Schlüsse e silentio zu ziehen.

So grundlegend die Beilagen III und IV in Harnacks „Marcion“ sind: „Das Apostolikon Marcions“ (S. 40*–176*) und „Das Evangelium Marcions“ (S. 177*–255*), die daraus immer wieder (und zwar bis in die kritischen Apparate von Ausgaben des Neuen Testaments) gezogenen Schlüsse, daß Marcion Kapitel und Verse, die hier nicht angeführt sind, in seinem Neuen Testament nicht gehabt bzw. bewußt gestrichen habe, sind oft verhängnisvoll. Ganz abgesehen davon, daß die Arbeit Harnacks längst nach einer Erneuerung verlangt, sind die zur Verfügung stehenden Quellen derart lückenhaft, daß sich solche Aussagen verbieten, außer an Stellen, wo die Polemik Tertullians oder ein geschlossenes längeres Zitat Marcions aus Lukas bzw. Paulus eine sichere Grundlage ergibt.

Nicht nur bei Marcion wird so verfahren, sondern auch anderswo. So geistert durch die einschlägige Literatur z. B. immer wieder die Behauptung, Cyprian und Tertullian hätten nur einen Römerbrief ohne Kap. 15 und 16 gekannt. Dabei hat schon H. v. Soden festgestellt: „Über den Umfang des Römerbriefs bei Cyprian läßt sich positiv nichts sicher bestimmen.“[21] Diesen Satz hat er sogar gesperrt gedruckt. Er fährt dann

---

[20] Das lateinische Neue Testament in Afrika zur Zeit Cyprians, Leipzig 1909, TU 33, S. 592.

aber – charakteristisch für die verhängnisvolle Methode des Schlusses e silentio bei frühen Kirchenvätern – fort: „Daß er (wie wohl auch Tertullian) die beiden letzten Kapitel nicht gelesen hat, kann man aus der Nichtbenutzung in den Testimonia immerhin wahrscheinlich machen." Richtig daran ist, daß v. Soden als letztes direktes Zitat aus Röm bei Cyprian 14,7 feststellt. Aber: auch aus Kapitel 7 und 10 findet sich bei Cyprian kein einziges Zitat und aus Kap 5 und 6 bestenfalls je eine einzige Anspielung; folgte man v. Sodens (und anderer) Methode, müßte man also behaupten, daß in Cyprians Text des Römerbriefs mindestens auch Kap 7 und 10 gefehlt hätten. Darauf kann hier nicht weiter eingegangen werden[22], deutlich ist aber wohl erneut geworden, welche Behutsamkeit im Umgang mit Zitaten früher Kirchenväter aus der Schrift geboten ist.

Es ist aber nun keineswegs so, daß sie uns immer im Stich ließen oder nur sehr begrenzte Möglichkeiten gäben. In manchen Fällen sind sie sogar von entscheidender Bedeutung. Nehmen wir als Beispiel den Hebräerbrief: daß er als Paulusbrief und als Teil des Corpus Paulinum verstanden wird, und zwar von Anfang an, scheint sicher. Obwohl der Name des Paulus im Brief selbst nicht genannt wird, sicherte das Postskript ihm mit seiner Bezugnahme auf Timotheus („der wieder frei ist": 13,23) und der baldigen Ankündigung eines erneuten Besuches (13,19 und 13,23) diese Zuschreibung, die Grüße von den Brüdern ἀπὸ τῆς Ἰταλίας (13,24) vermehrten den Eindruck, daß Paulus hier aus der römischen Gefangenschaft an seine Gemeinden im Osten der Kirche schreibe. Daß er mit der Subscriptio Προς Εβραιους (so schon P^{46}) in das Corpus Paulinum eingefügt wurde, erklärt sich daraus wie aus dem Inhalt und der Anlage der Schrift.

Ob Clemens Alexandrinus bzw. die alexandrinische Katechetenschule (wenn mit dem „seligen Presbyter", auf den sich Clemens beruft, Pantainos gemeint ist, Euseb KG VI 14,4)[23] nur einer allgemeingültigen Ansicht Ausdruck geben, wenn sie meinen, Paulus habe den Brief hebräisch geschrieben (weil „an die Hebräer" gerichtet) und Lukas ihn durch seine Übersetzung ins Griechische für die übrigen Christen adaptiert, oder ob das spezielle alexandrinische Gelehrsamkeit ist, stehe dahin. Auf jeden Fall zeigen die Ausführungen in den Hypotyposeis des Clemens die uneingeschränkte Anerkennung des Briefes im Osten in der zweiten Hälfte des zweiten Jahrhunderts (diese Ansetzung wird schon durch Clemens selbst, noch mehr aber durch den von ihm zitierten „seligen Presbyter" garantiert). Damals erst begann, und das ist die erste Folgerung, die aus den oben (vgl. S. 33ff.) kurz besprochenen Kirchenväterzitaten zu ziehen

[22] Zu den Einzelheiten, auch in bezug auf Tertullian, vgl. K. Aland, Der Schluß und die ursprüngliche Gestalt des Römerbriefs, Neutestamentliche Entwürfe (im Druck).

[23] GCS 9, 2, 550.

ist, die Diskriminierung des Hebr im Westen (vgl. sein Fehlen im Canon Muratori), wegen seiner als falsch und gefährlich angegebenen Verwerfung der zweiten Buße; bis zur Mitte des 2. Jahrhunderts erfreute er sich auch im Westen voller Anerkennung.

Und weiter: Wenn Hebr. im 1. Klemensbrief zitiert wird, muß er früher datiert werden, als das in der neutestamentlichen Wissenschaft in der Regel geschieht[24]. Ein Brief, der um 95 n. Chr. in Rom benutzt und auf eine Weise zitiert wird, wie sie bei den Apostolischen Vätern ganz selten ist, kann nicht „zwischen 80 und 90 abgefaßt worden" sein oder „in die 80er oder 90er Jahre" gehören, um die beiden neuesten Stellungnahmen zum Gegenstand anzuführen[25], selbst dann nicht – oder gerade dann nicht, wenn er in Rom oder nach Rom geschrieben sein sollte, woran m. E. übrigens nicht zu denken ist.

Entscheidendes hängt davon ab, wo man das (vom Verfasser stammende) Postskript in Kap 13 beginnen läßt, durch welchen die wirklich gehaltene (oder nur niedergeschriebene?) Predigt nachträglich zum Brief umstilisiert wird. Der Verfasser hielt dieses Stilmittel offensichtlich für die bessere Verbreitung förderlich oder sogar notwendig (daß eine Predigt auch ohne einen solchen Stilbruch weite Verbreitung finden kann, beweist das Beispiel des 2. Klemensbriefes, der – soweit ich sehe – merkwürdig selten für Hebr herangezogen wird). Zunächst spricht er immer vom „Reden" (2,5 λαλοῦμεν; 5,11 λέγειν; 6,9 λαλοῦμεν usw. 8,1; 9,5; 11,32), 13,22 heißt es dann auf einmal καὶ γὰρ διὰ βραχέων ἐπέστειλα ὑμῖν. Kann man 13,18b–21 notfalls noch zur Predigt rechnen (die durch 13,19 dann den Charakter einer prominenten „Gastpredigt" bekäme, sonst muß man nach 13,18a „Amen" einfügen und erhielte dann einen relativ wirkungsvollen Schluß), ab 13,22 herrscht auf jeden Fall die Fiktion, die die Predigt zum Sendschreiben umstilisiert und als Verfasser den alten Paulus kurz vor dem Freikommen aus der ersten römischen Gefangenschaft (diese Vorstellung ist nicht nur in der alten Kirche weit verbreitet gewesen) suggeriert: „Timotheus ist schon frei, die Brüder aus Italien grüßen."

Daß derartiges (auch als Fiktion) nicht *nach* Rom geschrieben sein kann, liegt auf der Hand; daß es den Eindruck erwecken will, es komme *aus* Rom, ist zwar richtig, aber weshalb so viele Neutestamentler sich vom einen oder anderen haben überzeugen lassen, ist eigentlich rätselhaft[26]. Zugegebenermaßen wissen wir herzlich wenig über die Frühge-

---

[24] Vgl. die Literaturübersicht von E. Gräßer, Der Hebräerbrief 1938–1963, ThR 30, 1964, 138–236, S. 152.

[25] Kümmel, Einleitung, 18. Aufl. 1977, S. 355; Vielhauer, Geschichte der urchristlichen Literatur, [2]1978, S. 251.

[26] Wenn Michel in seinem Kommentar zum Hebräerbrief (Meyer, 13. Abt., 1957) die Subscriptionen zum Hebr als Zeugnis für dessen Abfassung in Rom oder Italien als bestäti-

schichte des Christentums in Italien, aber was wir wissen, schließt einen so bedeutenden Theologen wie den Verfasser von Hebr als in Italien, mindestens aber in Rom wirkend aus. Der Höhepunkt der theologischen und literarischen Leistung des Rom um 90 n. Chr. ist durch den 1. Klemensbrief gegeben – er steht in jeder Hinsicht nicht nur um Stufen, sondern gleich um Stockwerke unter Hebr. Wer von „Rom als dem wahrscheinlichsten Abfassungsort" spricht[27], tut das unter Verzicht darauf, einen wirklichen „Sitz im Leben" für den Brief zu suchen. Wahrscheinlich stammt Hebr aus dem Osten und ist als Epistel allgemein an die Christenheit gerichtet. Eine konkrete Gemeinde steht dabei nicht im Blickfeld des Verfassers (mag das auch für die ursprüngliche Predigt gelten – ist das nicht der Fall, fängt die Fiktion schon bei Stellen wie 11,32 an), die sogenannten „konkreten Angaben" über die Gemeinde 5,11 ff.; 6,1 ff.,9 ff.; 10,32 ff.; 13,7 ff. sind doch – man muß sie nur einmal hintereinander lesen – so allgemein, daß sie auf jede Gemeinde jener Zeit passen, sie verraten nicht die Spur einer speziellen Situation.

Gleichviel nun, wie es damit steht, dieser Brief hat von seiner Entstehung bis zu seiner allgemeinen Verbreitung und Geltung als Paulusbrief in jedem Fall eine nicht unerhebliche Zeit gebraucht; wenn er um 95 n. Chr. auf die beschriebene Weise benutzt wird, kann er schon gar nicht in den „90er Jahren", auch nicht in den „80er Jahren" geschrieben sein, sondern muß in die Zeit um 70 gehören. Als seinerzeit P^{52} gefunden und „um 125" datiert wurde, war damit die Datierung des Johannesevangeliums auf „um 95" vorgegeben, und zwar aus methodischen Gründen: gleich wo das Johannesevangelium entstanden ist, in Ägypten wurde es bestimmt nicht geschrieben, und eine Frist von 30 Jahren für die Ausbreitung vom Entstehungs- bis zum Fundort schien angemessen. Das gleiche Gesetz gilt auch sonst, für den Hebräerbrief wie z. B. auch für den Epheserbrief, die Pastoralbriefe usw. Die erste sichere Bezeugung bei den Kirchenvätern bedeutet gleichzeitig ein Indiz für die Entstehungszeit der Schrift, die zwei bis drei Jahrzehnte vorher angesetzt werden muß, jedenfalls nach den Durchschnittswerten, mit denen der Historiker rechnet. Er *muß* davon ausgehen, daß die erste Bezeugung (sei sie litera-

---

gendes Zeugnis heranzieht (S. 14), so ist dazu zu sagen, daß diesem „Zeugnis" keinerlei Bedeutung zukommt, es ist lediglich aus dem Text des Briefes selbst erschlossen. Richtig bemerkt Michel: „Doch ist die Tatsache mißlich, daß die Beschreibung der früheren Verfolgungszeit (10,32 ff.; 12,1 ff.) nicht gut auf Rom paßt" (S. 14) und: „Auf jeden Fall wird man sagen müssen, daß die Theologie des Hb nicht eigentlich für römische Herkunft spricht, sie hat hellenistische und palästinische Wurzeln" (S. 368).

[27] Vielhauer, S. 251. Selbst wenn es die „Gemeinsamkeit in den liturgischen Traditionen" zwischen 1.Klem und Hebr gäbe, die Vielhauer zu diesem Urteil veranlassen, wie sind dann die grundlegenden sonstigen – und entscheidenden – Differenzen zwischen den beiden fast gleichzeitig am gleichen Ort entstandenen Briefen zu erklären?

risch, sei sie wie im Falle des Johannesevangeliums ein Textfund) sich auf dem normalen Wege, d.h. durch vom Entstehungsort ringförmig ausgehende kontinuierliche Verbreitung ergeben hat. Natürlich ist es möglich, daß P^{52} Überrest einer der ganz frühen Abschriften aus dem Kreis des Verfassers bzw. Redaktors ist; einer seiner Freunde, ein nach Ägypten reisender Missionar, nahm sie mit, so daß Niederschrift von P^{52} und Entstehung des Johannesevangeliums nur ganz kurze Zeit voneinander getrennt sind. So kann man argumentieren, aber wenn man sich von den Gesetzen der historischen Arbeit entfernt, darf man sich über ein entsprechendes Echo nicht wundern.

Das gilt hier, aber – um zum Thema zurückzukehren – auch beim Hebr, bei Eph wie bei den Pastoralbriefen. Wenn die Pastoralbriefe (vgl. o. S. 37) zum erstenmal bei Polykarp sicher bezeugt sind, so verbindet sich für unsere Generation damit unwillkürlich die Assoziation: um 150 (wozu die Bezeugung bei Justin paßt). Aber ist das richtig?

Unsere Väter verbanden mit dem Brief des Polykarp an die Philipper die automatische Reaktion: spätestens 120, weil Kap 13 von der Übersendung der Ignatiusbriefe offensichtlich noch vor dem Bekanntwerden seines Todes als Märtyrer redet. Seit im Gefolge von Harrison Kap 13 als „erster“ Brief des Polykarp anerkannt ist, den man dem „zweiten“ nur eingefügt hat, ist diese Assoziation aufgegeben. Aber welchen Grund gibt es eigentlich, den „zweiten“ Polykarpbrief als „um 150“ geschrieben anzunehmen? Polykarp ist nach den offensichtlich zuverlässigen Aussagen der Märtyrerakte (21; Funk-Bihlmeyer S. 131,8f.) an einem 2. Xanthikus gestorben, der auf einen Sonnabend fiel (d.h. am 23. Februar oder am 22. Februar, falls es sich um ein Schaltjahr handelt). Diese Voraussetzungen: Sonnabend = 2. Xanthikus sind erfüllt in den Jahren 155 (bzw. 156 im Fall eines Schaltjahres, wie z.B. E. Schwartz annimmt), 166, 172, 177. Grégoire und andere haben – bezeichnenderweise – den letzten in Betracht kommenden Termin – 177 – als allein „wissenschaftlich“ proklamiert. Aber selbst wenn das (was ich aus vielen Gründen für willkürlich halte, sehr viel wahrscheinlicher scheint mir die Annahme 155/156) berechtigt sein sollte, so ist Polykarp bei seinem Tode doch immerhin 86 Jahre alt gewesen (9,3; Funk-Bihlmeyer S. 125,11). Wenn er erst 177 gestorben sein sollte, ist er also 91 n.Chr. geboren (im Fall eines Todes 155/156 etwa 70 n.Chr.).

Welcher Grund liegt vor, seinen Brief an die Philipper auf 150 n. Chr. anzusetzen? Warum soll dieser Brief von Polykarp erst im Alter von über 60 Jahren (im Falle des Todes 177) oder gar im Alter von ca. 80 Jahren (im Fall seines Todes 155/156) geschrieben worden sein? Eine Datierung auf etwa 130 n.Chr. ist, und zwar in beiden Fällen, zwanglos möglich, bei einer Annahme des Todes 155/156 sogar geboten. Damit würden sich einige zeitliche Ansätze, und zwar nicht nur bei den Pastoralbriefen, zwangsläufig ändern. Man kann nur fragen: warum eigentlich nicht? Die Meinung mancher Patristiker – und vor allem nicht weniger Neutestamentler –, nur die Annahme des extremsten Negativfalles entspreche wissenschaftlicher Arbeit, dürfte zwar unausrottbar sein. Aber die Frage liegt doch nahe, ob sie unter methodischen Gesichtspunkten auch den Realitäten entspricht, die in der Regel eben nicht im extremsten Negativfall, sondern in der Mitte zu finden sind.

Der Umgang des 1. Klemensbriefes mit dem 1. Korintherbrief im allgemeinen und 1.Kor 15 im besonderen, so hieß es eingangs (vgl. S. 31), sei in doppelter Hinsicht aufschlußreich: für unsere Bewertung der Zitierweise der frühen Kirchenväter wie für die Bewertung der Paulusbriefe durch sie. Das erste Thema ist, soweit das unter der Voraussetzung des Aufsatzes für eine Festschrift möglich war, behandelt, und zwar mit dem Resultat, daß nur ein sehr behutsamer Umgang mit diesen „Zitaten“ zu einem Resultat führt, daß sich aber andererseits daraus sehr handfeste Konsequenzen ergeben können. Wenigstens einige Bemerkungen zum zweiten Aspekt sollen dem angeschlossen werden:

Daß der 1.Klem bei seinem Beweis der Auferstehung nur auf die Ausführungen des Paulus in 1.Kor über Saat und Ernte eingeht, den Auferstehungsbericht aber völlig übergeht, weist darauf hin, daß die frühen Väter die Paulusbriefe zwar kennen, aus ihnen aber nur ganz selektiv auf das eingehen bzw. das anführen, was ihnen für ihre Gedanken- und Beweisgänge zweckmäßig erscheint. Beide sind von den Intentionen des Paulus weit entfernt, aber selbstverständlich weiß der 1.Klem sich trotzdem in der Nachfolge des Paulus; sein Verfasser würde es entrüstet abgelehnt haben, unpaulinisch zu sein, genauso wie Major und seine Parteigänger im majoristischen Streit bestritten, in der Rechtfertigungslehre Luther verlassen zu haben, oder Gregor I. und seine geistigen Nachfolger, von der Sünden- und Gnadenlehre Augustins abzuweichen.

Wir befinden uns in der ersten Hälfte des zweiten Jahrhunderts in einem Tal, was die Wirkung der Theologie des Paulus angeht, genau so wie vom 7. Jahrhundert ab in bezug auf die volle Wirkung der augustinischen Theologie, die erst mit Luther wieder einsetzt, dessen Wirkungen dann wieder im weiteren Verlauf der Geschichte des Protestantismus verblassen, wenigstens aufs Ganze gesehen, woran die partiellen Erneuerungen nur vorübergehend etwas ändern. Gleichzeitig hat man Luther hier, im Mittelalter Augustin und im 2. Jahrhundert Paulus in höchsten Ehren gehalten, der damals nicht zufällig mit den 12 Aposteln zur Einheit zusammenwächst.

Schneemelcher überspitzt sein richtiges Anliegen in seinem zusammenfassenden Urteil viel zu sehr und bringt es dadurch um seine Wirkung, wenn er erklärt:

„Im Grunde spielt bei all den genannten Schriftstellern Paulus überhaupt keine Rolle, ja man hat manchmal den Eindruck, als würde er absichtlich beiseite geschoben. Gewiß wird er bei manchen Schriftstellern als Apostel sehr hoch geschätzt, aber seine Briefe bedeuten nichts. Er ist der Heidenapostel, das Vorbild usw. Aber man hat keine Vorstellung von seinem Werk und von seiner Theologie. Seine Briefe scheinen unbekannt zu sein, zumindest aber läßt sich ein Einfluß dieser Briefe nicht feststellen.“[28]

Und wenn er meint: „Vielleicht hätte man ihn am liebsten ganz ausgeschlossen und seine Schriften nicht zum Kanon gerechnet“[29], so verläßt er ganz den Rahmen der Kanonsgeschichte, in der die Paulusbriefe von Anfang an zu den festesten Gegebenheiten gehören.

Paulus hat die stärksten Auswirkungen auch auf das zweite Jahrhundert gehabt. Schon die Tatsache belegt das, daß man offensichtlich (als Nachwirkung der Paulusbriefe) meinte, der Brief sei die angemessene Form für die theologische Aussage. So ist die Predigt des Hebr zum Brief geworden, so sind der Barnabas„brief“ wie der 2.Klemens„brief“ entstanden. Natürlich hat man dabei große Probleme, vgl. z.B. im 1.Klem die Ausführungen über die Rechtfertigung aus dem Glauben in Kap 32 mit den nachfolgenden in Kap 33 über die Notwendigkeit der Werke (ganz parallel zu der Problematik im majoristischen Streit) oder den ganzen Barnabasbrief. Dazu kommt das beklemmende Gefühl, daß die theologischen und kirchlichen Gegner sich in breitem Umfang auf Paulus berufen; der Aussage von 2.Petr 3,16 kommt symptomatische Bedeutung zu. In der Tat lebt das Grundanliegen der Theologie des Paulus damals nur bei Marcion fort, womit Harnack trotz aller Überspitzungen recht hat – und mehr als man glaubt, in der Gnosis.

Die theologische Erneuerung innerhalb der Großkirche durch Irenäus hat, worauf B. Aland m.E. mit Recht mehrfach hingewiesen hat[30], die theologische Arbeit Marcions und der Gnosis zur Voraussetzung und bezieht ihre Wirkung daraus, daß sie die von diesen ausgehenden Impulse nach Reinigung von fremdartigen Elementen aufnimmt und vertieft. Aber dennoch weiß man sich auch vorher in der Großkirche so (und das mit demselben Recht) bei Paulus, wie man das in weiten Partien des modernen Protestantismus (und zwar eben nicht nur beispielsweise in der Aufklärung, sondern auch in der Gegenwart) in bezug auf Luther tut. Diese Bemerkung mag manchem vielleicht bösartig klingen, aber ein solcher Vergleich ist m.E. geeignet, den üblichen Rigorismus in bezug auf die Beurteilung des 2. Jahrhunderts etwas abzubauen.

---

[28] S. 9. [29] S. 11.

[30] Vgl. z.B.: Marcion, Versuch einer neuen Interpretation, ZThK 70, 1973, 420–447, Gnosis und Philosophie, Schwed. Akademie d. Wiss., Filologisk-filos: ser. 17, 1977, 34–73, und insbesondere: Gnosis und Kirchenväter. Ihre Auseinandersetzung um die Interpretation des Evangeliums, Festschrift Jonas 1978, 158–215.

Eingangs war die Rede vom Verständnis der Kirchengeschichte als Auslegung der heiligen Schrift. Auch hier nimmt Schneemelcher einen radikalen Standpunkt ein:

„Der Versuch, an einem Beispiel der frühen Kirchengeschichte die Wirksamkeit eines Teiles der Schrift aufzuweisen, hat zu einem negativen Ergebnis geführt. Das sollte bei den Überlegungen, was denn nun das Wesen der Kirchengeschichte sei, bedacht werden. Zumindest scheint mir damit klar, daß die These, die Kirchengeschichte sei die Geschichte der Auslegung der Heiligen Schrift, sich nicht halten läßt.“[31]

Er geht dabei allein von den Paulusbriefen aus; hätte er (vgl. o. S. 29f.) die Benutzung der Evangelien durch die Väter des 2. Jahrhunderts bis Justin in seine Voraussetzungen mit einbezogen, hätte das Urteil noch radikaler lauten können – und sich noch deutlicher als unrichtig erwiesen. Er stellt selbst – zutreffend – fest, „daß das AT und ‚der Herr‘, d.h. die Tradition über Jesus, sei es in ihrer schriftlichen Formulierung eines Evangeliums oder einer Vorstufe eines Evangeliums, sei es in mündlicher Form, die Anfänge der Theologie bestimmt haben“[32].

Ja, ist das AT nicht Heilige Schrift? Und rechnen die Anfänge der Evangelienüberlieferung nicht auch dazu? Gewiß wird die ethisierend-moralisierende Auffassung des Christentums durch die Apostolischen Väter niemand befriedigen, aber gilt nicht das Gleiche für den Jakobusbrief? Und ist nicht auch er Bestandteil der Schrift? Und bedeutet nicht schließlich, etwas paradox formuliert, die Vernachlässigung bestimmter Aussagen oder ganzer Komplexe der Schrift eine Schriftauslegung, wenn auch unter negativem Vorzeichen?

Gewiß weist die Geschichte der Kirche, mit dem Maßstab des neutestamentlichen Kerygmas gemessen, mehr Tiefen als Höhen auf. Aber die einsam ragenden Höhen gleichen viele Tiefebenen aus, die übrigens von denen, die auf ihnen leben, keineswegs als solche, sondern mindestens als Hochebene empfunden werden. Die Apostolischen Väter haben ganz ohne Zweifel gemeint, das Eigentliche des Christentums auszusagen, ebenso die Theologen aller Zeiten (die modernen eingeschlossen). Die entscheidende Frage ist nur, ob man die Gipfel wenigstens mit Beklemmung wahrnimmt, denn nur dann ist jeweils eine Rückkehr von der tatsächlichen Tiefebene auf die vermeintlich bereits erreichte Hochebene möglich. Daß das beginnende 2. Jahrhundert diese Beklemmung mindestens andeutungsweise empfand, darauf weist 2.Petr 3,15–16 hin.

---

[31] S. 19.

[32] S. 19f.

ALEXANDER BÖHLIG

Zum Gottesbegriff des Tractatus tripartitus

Nag Hammadi C. I,5

I

Der im Codex I der Sammlung koptisch-gnostischer Schriften, die bei Nag Hammadi in Oberägypten gefunden wurden, erhaltene umfangreiche Text, dem die Forschung die Bezeichnung „Tractatus tripartitus" beigelegt hat, befaßt sich in seinem ersten Teil mit der transzendenten Welt[1]. Den Anfang bildet die Schilderung des höchsten Gottes, des Vaters[2], des Sohnes[3] und der transzendenten Kirche[4]. Darauf folgt eine Besprechung der Probleme, die das Verhältnis der Äonenwelt zu Vater und Sohn bietet[5].

Dieser Abschnitt gibt einen Einblick in die Gedankenwelt eines Gnostikers, der bereits um das Problem der christlichen Trinität ringt. Doch geht es dabei nicht um die Vorstellung von Gott, dem Vater, der seinen Sohn, Jesus Christus, in unsere irdische Welt sendet und nach dessen Leiden und Auferstehung durch seinen Geist seine Kirche begründet, vielmehr vollzieht sich hier zunächst die Entstehung einer Dreiheit in der transzendenten Urwelt.

Die Vorstellung von einer göttlichen Urdreiheit ist für den Gnostizismus durchaus charakteristisch. Das überragende Wesen des höchsten Gottes macht es notwendig, daß er sich in einer weiteren Gottheit offenbart, die zur Triade ausgebreitet werden kann. Der höchste Gott kann ja selbst nur via negationis beschrieben werden und braucht zur Offenba-

[1] Tractatus tripartitus, pars I: de supernis. Codex Jung f. XXVI^{r}–f.LII^{v} (p. 51–104), ed. R. Kasser, M. Malinine, H.-Ch. Puech, G. Quispel, J. Zandee, W. Vycichl, R. McL. Wilson, Bern 1973. Facsimile bietet auch die UNESCO-Ausgabe: The Facsimile Edition of the Nag Hammadi Codices: Codex I, Leiden 1977. Englische Übersetzung von H. W. Attridge und D. Mueller † in: The Nag Hammadi Library in English, ed. J. M. Robinson, Leiden – San Francisco 1977, S. 55–82. Ich schließe mich der neuen Zählung der Schriften des Codex I an und bezeichne den Traktat als Schrift I,5; dazu vgl. die Einleitung von J. M. Robinson in der Facsimile Edition.

[2] 51,1–55,35. [3] 55,35–57,23. [4] 57,23–59,8. [5] 59,8–75,17.

rung ein Medium. Als solches dient die weibliche Komponente Gottes, die gerade in ihrer Mannweiblichkeit beweist, wie höchste Erhabenheit zugunsten von Zweiheit aufgegeben wird. Ihr Charakter als mannweibliche Jungfrau kann zugleich auf matriarchalische Vorstellungen zurückgehen. Die Muttergottheit ist aber nicht nur Offenbarung des Vaters und Offenbarerin, sondern zugleich Mutter im Vollsinn. Sie bildet dann das mittlere Glied in der Triade Vater–Mutter–Sohn. Diese Vorstellung ist aus dem paganen Denken in den Gnostizismus übernommen[6]. Sie findet sich in den Texten von Nag Hammadi z.B. im Apokryphon des Johannes, im Ägypterevangelium, in den Stelen des Seth oder in der Dreifachen Protennoia.

Daneben existiert der Gedanke, daß die unerforschliche Gottheit, in der Eigenschaften wie ἔννοια, σιγή, πρόνοια oder χάρις wohnen, einem Pleroma von Äonen gegenübersteht. Ein solches „gegenüber“ bedeutet jedoch nicht eine Trennung, da ja das Pleroma mit Gott eins ist; Gott breitet sich vielmehr in ihm aus[7]. Weil das Pleroma aber mit Gott eins ist, besitzt es ebenfalls die charakteristischste Eigenschaft Gottes, das Sein. Die gleichen Eigenschaften wie das gnostische Pleroma weist auch der Kosmos der griechischen Philosophie auf; er ist „voll“ und „seiend“. Der transzendierte Kosmos der Griechen ist somit das Pleroma der Gnostiker, während das, was die Gnostiker als Kosmos bezeichnen, den positiven Charakter verloren hat. Die transzendente Welt ist für sie das Pleroma, die sichtbare das Kenoma.

Auch im Tractatus tripartitus erkennt man die Auseinandersetzung zwischen christlicher und gnostischer Trinität. Zwar ist die Triade Vater – Mutter – Sohn gefallen, die Dreiheit Vater – Sohn – Geist hat sich aber noch nicht voll durchsetzen können. Der Geist konnte hier wegen des behandelten Stoffes nicht unbedingt die dritte Größe sein. Ging es hier um die Selbstentfaltung Gottes, so mußte an dritter Stelle ein Kollektivum stehen, das die Grundlage der lichten Äonenwelt bildete: die Kirche, die ja vom Geist durchweht ist.

Diesem Entwurf am nächsten kommt die Theologie des valentinianischen Gnostikers Herakleon, worauf die Editoren des Textes in ihrem Kommentar bereits hingewiesen haben. Allerdings ist in den Referaten über Herakleon bei den Kirchenvätern nicht davon die Rede, daß die auf den Urgott folgende Größe der Sohn und die dritte die Kirche sei. Bei Ps.-Tertullian[8] ist an dritter Stelle die Äonenwelt genannt, bei Phil-

[6] Zur Auseinandersetzung mit der christlichen Trinität vgl. A. Böhlig, Triade und Trinität in den Schriften von Nag Hammadi (International Conference on Gnosticism, Yale University, 28–31 march 1978).

[7] Nag Hammadi I 73,24.25.

[8] Adv. Val. 4, p. 221,20–222,3 ed. Kroymann.

astrius[9] wird von einer „generatio multorum principiorum" berichtet. Wenn es bei Ps.-Tertullian weiter heißt: „et deinde ex illa monade duo", so ist damit sicher nicht gemeint, daß aus der Monas zwei Größen hervorgekommen sind, sondern daß aus einer Monade zwei wurden, entsprechend der Aussage des Philastrius: „deinde de hoc natum aliud." Für einen Zusammenhang der Schrift mit der Theologie Herakleons[10] oder sogar seine Verfasserschaft spricht vor allem der Vergleich mit dem Fragment aus dem Johanneskommentar des Herakleon, in dem dieser Kritik am Text des Johannesprologs übt[11]. Nicht alles sei durch den Logos entstanden, sondern nur das, was sich im Kosmos und in der Schöpfung befindet. Dies sei zwar vom Demiurgen hergestellt, aber der Logos habe die Ursache geboten, darum heiße es „durch ihn". Der Logos ist in unserem Traktat ebenso wie bei Herakleon der unterste Äon und entspricht der Sophia. Auch eine stilistische Beobachtung aus der angesprochenen Stelle kann auf eine Verbindung zu Herakleon hinweisen. Von Herakleon heißt es: εἰ τὰ νομιζόμενα αὐτῷ θεῖα ἐκκλείεται τῶν πάντων, τὰ δέ, ὡς ἐκεῖνος οἴεται, παντελῶς φθειρόμενα κυρίως πάντα καλεῖται . . . („wenn das, was ihm göttlich erscheint, ausgeschlossen wird vom ‚Alles', aber, wie er meint, das vollkommen Vergängliche im eigentlichen Sinn ‚Alles' genannt wird, so . . ."). Der Gebrauch von κυρίως in der Bedeutung „im eigentlichen Sinne" begegnet in unserer Schrift sehr häufig in der koptischen Übersetzung ϩⲛ ⲟⲩⲙⲛⲧϫⲁⲉⲓⲥ. Auch κύριος als Adjektiv im Sinne von „eigentlich, wirklich"[12] findet sich, dem Substantiv vorangestellt, in ⲡϫⲁⲉⲓⲥ ⲛⲉⲓⲱⲧ = κύριος πατήρ („Vater im eigentlichen Sinne")[13].

Auffallend ist dagegen das Fehlen des ogdoadischen Aufbaues des Pleroma, wie er sonst aus der valentinianischen Spekulation bekannt ist. Fragt man nach den Gründen, so haben die Herausgeber unserer Schrift mit Recht auf den Umstand hingewiesen[14], daß der Verfasser sich in dem Traktat weniger um ein mythologisches als um ein abstraktes Verständnis der Metaphysik bemüht. Dennoch ist ein mythischer Rahmen vorhanden. Das entspricht durchaus einer Methode, die dem Mysterium des Seins nachgeht. Der christliche Charakter dieses gnostischen Werkes beschränkt aber die mythologische Überfülle, wie sie in gewissen anderen

---

[9] XIII (41), p. 22,7–10 ed. Marx.

[10] Vgl. zu diesem Problem vor allem die grundlegenden Ausführungen von H.-Ch. Puech – G. Quispel, Le quatrième écrit gnostique du Codex Jung, Vigiliae Christianae 9 (1955) 65–102.

[11] Origenes, comm. Joh. II 14: p. 70,3–71,2 ed. Preuschen.

[12] Nag Hammadi I 51,39; 52,31; 56,2 u.ö.

[13] 51,20f. Vgl. auch A. Böhlig, Zur Stellung des adjektivischen Attributs im Koptischen (Festschrift f. E. Edel).

[14] A.a.O. S. 45.

gnostischen Schriften vorhanden ist. Die mythologische Umrahmung ermöglicht es indes, die Metaphysik mit den Dimensionen von Raum und Zeit zu erfassen und von da aus zu argumentieren.

Somit kann in der vorliegenden Schilderung der himmlischen Welt eine Kombination von gnostischer Spekulation und christlicher Theologie gesehen werden. Dabei wurde die Ausgestaltung der Äonenwelt und ihre Ordnung nach Syzygien beiseite gelassen. Zwei Systeme traten sich gegenüber; die trinitarische Vorstellung von Vater – Sohn – Geist hatte sich mit der binitarischen von βυθός – Äonenwelt zu vereinen. Der höchste Gott als Vater ist zugleich Sohn; denn was wäre ein richtiger Vater ohne Sohn und umgekehrt! Der Geist, der vom Vater ausgeht, wird mit der Äonenwelt kombiniert, in der er wirkt. Diese Äonenwelt scheint aber zu weitläufig zu sein, um in ihrer Ganzheit die dritte Größe der Trinität zu bilden. Sie dürfte doch noch als in sich differenziert empfunden worden sein, zumal der letzte Äon, der im Traktat nicht als Sophia, sondern als ein Logos bezeichnet wird, seine eigenen Wege geht. H.-Ch. Puech[15] dürfte deshalb recht haben, wenn er „die Kirche“ von der Vielzahl der sonstigen Äonen unterscheidet. Das läßt sich aus 58,31ff. entnehmen, wo es heißt, daß die Kirche „vor den Äonen existiert, die im eigentlichen Sinne ‚die Äonen der Äonen‘ genannt wird“. Es ist denkbar, daß in dieser Bezeichnung bereits eine Anspielung auf die christliche Formel εἰς αἰῶνας τῶν αἰώνων vorliegt[16], zumal nach Irenaeus von den Valentinianern auch auf die Stelle Eph. 3,21 Bezug genommen wird: εἰς πάσας τὰς γενεὰς τοῦ αἰῶνος τῶν αἰώνων. Hinweise auf christliche Ausdrucksformen sind auch sonst in dem Abschnitt über die Äonen vorhanden. So wird z.B. auf den Namen „Christen“ angespielt[17]: „Als er (der Vater) wollte, schenkte er ihnen das vollkommene Denken, sich wohlzutun. Denn der, den er als Licht erscheinen ließ vor denen, die aus ihm selber hervorgegangen waren, der, nach dem sie sich nennen, er ist der volle, vollkommene, makellose Sohn.“ Wenn Gott im Zusammenhang mit der Erkenntnis durch sie den Äonen die Fähigkeit schenkt, sich wohlzutun, so kann gerade an dieser Stelle an das Doppelgebot der Liebe gedacht sein. Denn in seiner philosophischen Umformung ergibt sich das richtige Ethos aus der richtigen Erkenntnis. Die Einheit Gottes und seiner Äonen bringt es mit sich, daß für Vater – Sohn – Äonen die gleichen Regelkreise gelten. Die διαθέσεις und ἀρεταί[18] sind die ontologischen und die ethischen Gegebenheiten, die sich aber gegenseitig bedingen. Das Sein des Vaters schließt sein Handeln ein. Die Erkenntnis dessen läßt auch die Äonen nicht nur denken, sondern auch handeln, und zwar „tüchtig“ handeln.

[15] Vgl. Puech–Quispel jetzt im Kommentar, S. 319ff.

[16] Vgl. Puech im Kommentar zur Stelle, S. 321ff.

[17] 62,30ff. [18] 59,3.10.

II

Im folgenden sei in einer Analyse, die zwölf Punkte umfaßt, dargelegt, wie der Verfasser des Traktats die Trinität im engeren Sinn entwickelt. Vorausgeschickt werden möge eine philologische Bemerkung. Der koptische Stil des Traktats weist zwar beträchtliche Eigenheiten auf, aber nicht alles, was ungebräuchlich erscheint, darf als Fehler abgetan werden. Insbesondere hat man angenommen, daß auch bei Gleichheit des Beziehungswortes mit dem Subjekt des im Präsens I stehenden Relativsatzes das Subjekt nach ⲉⲧ- fälschlich durch Pronominalsuffix aufgenommen sei[19]. Insbesondere die französische Übersetzung des Textes folgt dieser angeblichen Erkenntnis, während die deutsche zurückhaltender ist. Außerdem ist der Gebrauch der Präposition N- genau zu beachten.

Die Schrift beginnt mit einem Bekenntnis zur Offenbarung[20] und nimmt diesen Gedanken im Verlaufe der Darstellung des Gottesbildes wieder auf[21]. Der gnostische Verfasser, der sich ja als christlicher Theologe fühlt, steht damit dem „credo, ut intellegam" des Augustin sehr nahe. Ihm ist ganz bewußt, daß es Gnosis für ihn nur gibt, wenn der so unbekannte Gott auch die Fähigkeit zum Erkennen geschenkt hat. Aus solcher Erkenntnisfreudigkeit heraus versucht der Verfasser mit Folgerungen weiterzukommen – immer am Rande des Möglichen. Er begnügt sich nicht damit, in einer langen Reihe negative Prädikate des Gott-Vaters aufzuzählen, sondern er zieht aus diesen Prädikaten seine Schlüsse. Um dies zu verdeutlichen, wird der Gedankengang von mir in die folgenden Abschnitte gegliedert.

1. (51,1–19) Der Vater ist der einzige, vor dem nichts war. Damit besitzt er den Charakter einer Zahl; er ist der erste. Aber sogleich entsteht ein Problem. Wie will er als Vater der einzige sein? „Denn jedem Vater folgt der Name Sohn."[22] Die Antwort darauf lautet: Es steht mit ihm wie mit einer Wurzel, die Baum, Zweig und Früchte zugleich ist.

2. (51,19–52,6) Ist die Vaterschaft klargelegt, so geht es nun um die genauere Bestimmung dieser Vaterschaft. Der höchste Gott ist ein echter, eigentlicher Vater (κύριος πατήρ). „Denn wer jemandes Vater oder Schöpfer ist, der hat seinerseits einen Vater und einen Schöpfer."[23] Ein „echter Vater" aber hat keinen Vater. Denn er ist der Vater des Alls.

3. (52,6–34) Seiner Anfangslosigkeit wird seine Endlosigkeit gegenübergestellt. Seine Ungezeugtheit schließt seine Unsterblichkeit ein. Mit

---

[19] Vgl. Einleitung S. 30. [20] 51,4f. [21] 55,30ff.

[22] 51,14f. ⲣⲉⲛ = ὄνομα kann einfach „Wort" bedeuten. Die sinngemäße Übersetzung dürfte „Bezeichnung" sein.

[23] 51,31f.

der Aussage „das, was er ist und worin er beruht, ist er“[24], wird auf die Selbstdefinition des Gottes Israels zurückgegriffen: ἐγώ εἰμι ὁ ὤν[25]. Man denke dabei auch an andere Stellen in gnostizistischen Schriften, z. B. an die Formulierung εἶ ὃ εἶ, εἶ ὃς εἶ im Ägypterevangelium[26] oder in der Dreifachen Protennoia. Gott ist eben weder durch sich selber noch durch einen anderen veränderlich.

4. (52,34–53,11) Ausgehend von der zuvor besprochenen Qualifizierung als anfangslos und endlos kommt der Verfasser zu der Folgerung, daß Gott unübertrefflich in seiner Größe, unergründlich in seiner Weisheit, unbeherrschbar in seiner Macht, unerforschlich in seiner Süße[27] sei. In diesen negativen Aussagen erschöpft sich der Verfasser aber nicht; er schließt aus ihnen die höchste Qualität. „Denn er allein, der Gute, der unerzeugte Vater und der vollkommene Mangellose, er ist im eigentlichen Sinne der, der voll ist.“[28] Für die Gnostiker ist ja die Fülle im Gegensatz zum Mangel die spezielle Eigenschaft der Lichtwelt.

5. (53,11–54,2) Auf dem Vorangehenden aufbauend und weiter steigernd wird dann auf die völlige Freiheit des Vaters von Schlechtem hingewiesen. So kann der Abschnitt enden: „Sondern als makellos Guter ist er vollkommen voll und ist selber das All.“[29] In diesem Teil wird dargestellt, wie Gott wirklich alles in allem ist. „Es gibt keinen anderen von Anfang an neben ihm, keinen Raum (τόπος), in dem er sich aufhielte oder aus dem er hervorgekommen wäre oder in den er zurückkehren sollte, keine ursprüngliche Gestalt, deren er sich beim Schaffen als Modell bediente, keinen Schmerz, den er erlitte oder der ihm bei seinem Tun folgte, keine Materie (ὕλη), die für ihn bereitläge, aus der er formte, was er formt, keine Substanz (οὐσία) in ihm selber, aus der er schüfe, was er schafft, und keinen Mitarbeiter, der mit ihm wirken würde an dem, was er wirkt, so daß (dies)er so sagen könnte: ‚Es ist Unsinn‘.“[30] Nein, Gott ist eben tadellos.

---

[24] 52,12f. [25] Ex 3,14.

[26] Nag Hammadi III 66,21f. = IV 79,2f. Man vergleiche auch Nag Hammadi XIII 38,25f. (Dreifache Protennoia).

[27] Nach W. E. Crum, Coptic Dictionary 673 b könnte man für ⲙⲛⲧϩⲗⲟϭⲉ auch „Güte“ (χρηστότης) als Wort der griechischen Vorlage annehmen, doch spricht 56,14f. ϯⲙⲛⲧϩⲗⲟϭⲉ ⲛⲧⲉϥ ⲛⲁⲧⲧⲁⲡⲥ „seine Süße, die man nicht schmecken kann“ für eine konkrete Deutung. Eine Änderung in ⲁⲧⲁⲡⲥ „unzählbar“, wie sie ein Teil der Editoren vorschlägt, ist unnötig.

[28] 53,5ff. Die französische und die englischen Übersetzungen (vgl. o. Anm. 1) haben aus dem Satz zwei Sätze gemacht, einen zweiteiligen Nominalsatz und eine cleft sentence. Es handelt sich aber um eine Hervorhebung des Subjekts, die durch ⲡⲉⲉⲓ „dieser“ wieder aufgenommen ist, so daß die cleft sentence den eigentlichen Satz bildet. Die deutsche Übersetzung der Edition hat den Sinn nicht erkannt.

[29] 53,39ff.

[30] 53,23ff. Es wäre 53,38f. auch möglich zu übersetzen: „So zu sagen wäre Dummheit.“ Abgesehen von der eigenartigen Wortfolge, die in diesem Text aber möglich sein

6. (54,2–39) Wenn Gott aber diese angegebenen Qualitäten besitzt, so übersteigt das unser Begriffsvermögen, so daß wir ihn nur via negationis beschreiben können. Er ist weder mit dem Denken noch mit den Sinnen noch mit dem Wort faßbar.

7. (54,39–55,35) Das führt dazu, daß nur er allein sich kennt. „Denn dieser eine, der in seiner Natur unerkennbar ist, dem alle Größen, die ich oben genannt habe, zugehören, wenn er die Erkenntnis schenken will, daß sie ihn aus dem Übermaß seiner Süße erkennen, ist er dazu fähig."[31] Gott kann also Erkenntnis schenken.

8. (55,35–56,16) Der nun folgende Gedanke schließt sich an den vorhergehenden an. ⲧⲉⲛⲟⲩ ⲇⲉ [32] ist also hier wohl Übersetzung von τοίνυν „also, demnach"[33]. Daß Gott unerkennbar ist, führt zu der Vorstellung, daß er in der σιγή beschlossen ist. Daß er Kraft und Willen hat, Erkenntnis zu schenken, dem entspricht, daß er sich nicht nur mit seiner Mitteilung, sondern auch mit seiner Schöpferkraft betätigt, und zwar in sich selber.

9. (56,16–57,23) Diese Schöpfertätigkeit läßt Gott, den echten Vater, einen echten Sohn haben. Das ist dieser dadurch, daß er die gleichen Qualitäten, die man nur via negationis ausdrücken kann, wie der Vater besitzt. Er ist der unaussprechbare Sohn im unaussprechbaren Vater, der Undenkbare im Undenkbaren. Von dieser Gleichheit mit dem Vater aus werden auch seine Prädikate πρωτότοκος und μονογενής erklärbar. Er ist der Erstgeborene, weil es keinen vor ihm gibt, und zugleich der Einziggeborene, weil es keinen nach ihm gibt.

10. (57,23–58,22) Wenn es nun heißt, „und er hat diese seine Frucht (καρπός)"[34], fragt man natürlich sogleich nach dem Subjekt dieses Satzes. Ich möchte annehmen, daß auch hier noch Gott-Vater das Subjekt ist und nicht Gott-Sohn. Die Frucht ist eine weitere Selbstverwirklichung, aber auch Selbstoffenbarung. „Die unerklärbare Kraft offenbarte er[35]. Und der reiche Überschuß ist seine Neidlosigkeit[36]. Er mischte sie (die Kraft) mit ihm (dem Überschuß). Denn nicht nur der Sohn ist von Anfang an da, sondern auch die Kirche ist von Anfang an da."[37] Nun soll man aber nicht glauben, die Entstehung der Kirche bilde

---

könnte, ergäbe das dem Sinne nach einen Gedankensprung. Denn es geht ja darum, nicht zu sagen, was der Autor anführt; es müßte also dann logischerweise heißen: „so etwas nicht zu sagen" = „so etwas zu bestreiten."

[31] 55,27ff. [32] 55,35. [33] Vgl. Jes 5,13 sa, bo. [34] 57,23f.

[35] Lies ⲛⲁⲧⲟⲩⲁϩⲙⲉⲥ. Müllers „unsurpassable" oder das „incomparable" der französischen Übersetzung sind schwierig, aber möglich; weniger wahrscheinlich ist m. E. „unattainable, incomprehensible" (vgl. den Apparat in der Ausgabe, S. 290).

[36] ⲧⲉ 57,31 braucht nicht als ⲛⲧⲉ aufgefaßt zu werden wie bei den bisherigen Übersetzern.

[37] 57,29–35.

einen Widerspruch zur Einziggeborenheit des Sohnes. Sie steht zu ihr ebensowenig im Widerspruch wie die Existenz des Sohnes zur Wirklichkeit des Vaters, wobei der Sohn als sein eigener Bruder betrachtet wird. Vater und Sohn haben jeder in seinem Wesen eine besondere Eigenart. Der Vater ist sich allein Vater. Er hat keinen Vater, er hat aber als solcher einen Sohn. Da dieser Sohn μονογενής ist, kann er nur sein eigener Bruder sein, ohne daß es für ihn Erschaffung oder ἀρχή gäbe. Gott hat sich in ihm selber erkannt, wobei Anfangs- und Endlosigkeit die charakteristischen ontologischen Voraussetzungen (διαθέσεις) sind[38]. Vater und Sohn stehen als Einheit der transzendenten Kirche, den Äonen der Äonen, gegenüber. Wie dialektisch in den gnostizistischen Schriften mit den Begriffen Vater, Sohn, Bruder bzw. den in ihnen enthaltenen Vorstellungen umgegangen wird, zeigt Spruch 29 des Philippusevangeliums: „Der Vater bringt den Sohn hervor, aber der Sohn kann nicht Söhne hervorbringen. Denn wer geschaffen ist, kann nicht (selber) schaffen. Sondern der Sohn schafft sich Brüder.“[39] Hier wird es also als Wesen des Vaters angesehen, Söhne zu erzeugen, während diese Fähigkeit dem Sohn abgesprochen wird, da er ja dann nicht Sohn, sondern Vater wäre. Ein Sohn kann aber Brüder haben. An der zitierten Stelle des Philippusevangeliums steht das Problem des einziggeborenen Sohnes nicht zur Debatte; im Traktat aber, wo es nur *einen* Sohn gibt, ist dieser sich selber Bruder. Gott-Vater und Gott-Sohn, in einem vereint, bleiben sich gleich, wenn auch ihre Geschöpfe viele sind.

11. (58,22–59,1) Die Kirche entsteht aus Vater und Sohn wie aus Küssen „wegen des Überschusses von solchen, die sich in guter, unersättlicher Gesinnung küssen. Obwohl der Kuß nur ein einziger ist, ist er (der Überschuß) existent geworden in vielen (Küssen), der (Überschuß), welcher die Kirche vieler Menschen ist, die vor den Äonen existiert, die im eigentlichen Sinne ‚die Äonen der Äonen‘ genannt wird, die die Natur der heiligen, unvergänglichen Geister ist, auf der der Sohn ruht, seinem Wesen entsprechend, wie der Vater auf dem Sohn.“[40] In dieser Darstellung wird schließlich ein Schichtenmodell gegeben.

12. (59,1–38) „Die Kirche befindet sich in den διαθέσεις und ἀρεταί, in denen der Vater und der Sohn sich befindet, wie ich oben gesagt habe. Deshalb besteht sie aus den unzähligen Erzeugungen der Äonen und in

---

[38] 58,14 ff.

[39] Nag Hammadi II 58,22–26.

[40] Meine Übersetzung weicht durch andere Verbindung der syntaktischen Beziehungen und eine neue Interpretation von den bisherigen Übersetzungen ab. Emendationen sind dann nicht nötig. 58,29 ist allerdings ⲡⲉⲓⲉⲓ gleich ⲡⲉⲉⲓ zu setzen. 58,38 ⲛⲑⲉ ⲙⲡⲓⲱⲧ ⲉⲧⲉϥⲙⲧⲁⲛ ⲙⲙⲁϥ ⲁϫⲛ ⲡϣⲏⲣⲉ ist grammatisch korrekt. Es sind hier zwei Konstruktionen zusammengefallen: ⲛⲑⲉ ⲙⲡⲓⲱⲧ „wie der Vater“ und ⲛⲑⲉ ⲉⲧⲉϥⲙⲧⲁⲛ ⲙⲙⲁϥ „wie er ruht“.

Unzähligkeit erzeugen auch sie in den ἀρεταί und διαθέσεις, in denen sie (die Kirche) sich befindet. Denn diese sind ihre (der Kirche) Bürgerschaft, die sie miteinander bilden und die, die aus ihnen (?)[41] hervorgegangen sind mit dem Sohn."[42] Der Sinn soll hier doch wohl sein, daß die Kirche nach denselben διαθέσεις aufgebaut ist wie Vater und Sohn. Ebenso geht ihre Vermehrung nach den gleichen Regeln vor sich. Sie und ihre Geschöpfe stellen ein πολίτευμα dar, einen Bürgerverbund. Wegen ihrer δόξα kann man sie[43] nicht erkennen. Sie bilden ein Pleroma, dessen Einzelheiten nicht aussprechbar sind; ist es doch das Pleroma der Vaterschaft, so daß sein Übermaß zu einem Schöpfungsakt wird. Die Kirche ist als Äonen der Äonen so, wie Vater und Sohn durch das Küssen schöpferisch sind, ebenfalls schöpferisch. Auch sie besitzt ein περισσόν.

III

Mit der Entwicklung einer Trinität kann sich die vorliegende Schrift noch nicht zufrieden geben. Die Identifizierung der Kirche mit den „Äonen der Äonen" und der Glaube an deren produktive Fähigkeit erfordert es, Gottes Verhältnis zu den Äonen im Rahmen einer solchen Trinität noch gesondert zu untersuchen. Das ist um so nötiger, als Gott sowohl die Äonen in sich umfaßt als auch handelnd ihnen gegenübersteht und ja von einer Reihenfolge Vater – Sohn – Kirche in Form eines Schichtenmodells die Rede ist[44].

Die Äonenwelt stammt aus dem Vater, in dem die Äonen präexistent sind, bevor sie entstehen[45]. Der Umstand, daß sie aus Gott hervorgehen, bringt jedoch keinen Verlust an Quantität oder Qualität von Gottes Wesen mit sich[46]. Solange sie im Vater sind, haben sie noch kein Selbstbewußtsein, so wenig wie ein ungeborenes Kind im Mutterleib[47]. Aber Gottes Vorsehung läßt sie entstehen und schenkt ihnen einen Samen des Denkens, so daß sie Selbstverständnis erlangen[48]. Darüber hinaus gibt Gott ihnen die Fähigkeit, über ihn, den Vater, nachzudenken. Durch das Hören seines Namens Jahwe erfahren sie, daß er existiert[49]. Diese Erkenntnis läßt sie nach dem Wesen des Vaters forschen[50]. Das ist ein notwendiger weiterer Schritt. Ihn können sie erfolgreich nur vollziehen, weil die Güte Gottes, die sie seinerzeit in Gott hatte wohnen lassen, sie

41 In 59,14 ist die Ergänzung der Ausgabe ⲙ̣ⲡ̣ⲓ̣[ⲱⲧ ⲁ]ⲛ auf Grund der Buchstabenreste nicht zu halten. Eher ist ⲛϩⲏⲧⲟⲩ zu lesen, worauf die Übersetzung von D. Müller zurückzugehen scheint.

42 59,2–15.

43 59,18 lies ⲙⲙⲁⲩ.

44 58,33ff.

45 60,1–13.

46 60,13–15.

47 60,15–37.

48 61,1–11.

49 61,11–24. Vgl. 61,16 „der Seiende ist".

50 61,24–28.

nunmehr mit der Erkenntnis des Schöpfers und seiner Schöpfung beschenkt[51]. Wenn Gott ihnen diese Gabe nicht sofort zuteil werden ließ, so tat er das „nicht aus Neid, sondern damit die Äonen nicht von Anfang an ihre Fehlerfreiheit empfingen und sich nicht zur Herrlichkeit, hin zum Vater, erhöben und bei sich selber dächten, sie hätten das von selber"[52]. Gott will in seiner Güte nicht nur die Erschaffung der Äonen, sondern auch ihre Fehlerfreiheit[53]. Er schenkt ein Denken, wie sie Gutes tun können[54].

Dieses Denken teilt Gott den Äonen durch den Sohn mit[55], mit dem er ja eng verbunden, ja vereint ist. Darum können die Äonen auch im Sohn den Vater aufnehmen. „Auf diese Weise wird jeder ihn (den Vater) in ihm (dem Sohn) zu sich nehmen. Denn nicht ist so seine Größe, bevor sie ihn in ihm aufnahmen, sondern er ist nur ein Teil, wie er ist in seiner Art, Weise und Größe."[56] Erst mit der Offenbarung durch den Sohn wird also der Vater in seiner ganzen Größe kundgetan. Er wird faßbar durch Sehen und Erkennen. Und die Äonen werden ihn wegen des Übermaßes seiner Güte preisen.

Nachdem von der Selbstoffenbarung des Vaters durch den Sohn die Rede war, beginnt ein neuer Abschnitt des Traktats. Das wird bestätigt und unterstrichen durch den Hinweis auf den Lobpreis der Äonen, der einen Abschluß dieser Darstellung bilden dürfte[57].

Dann wird von neuem vom Wesen der Äonen und ihrer Erkenntnisfähigkeit gesprochen, von ihrer Ewigkeit, ihrem Wesen als Nus-Geschöpfe, von ihrem Charakter als pneumatische Emanationen (προβολαί). Sie gehören zum Logos. Da sie wie Gott sind, können sie sich zur Ehre des Vaters vermehren, als Emanationen[58]. Hätte Gott sich den Äonen sofort offenbart, so hätten sie das nicht ausgehalten und wären zugrunde gegangen[59]. Darum hat der Vater seine Eigenschaften noch in sich beschlossen, so daß nicht von ihm gesprochen und sein Name nicht genannt werden kann, übertrifft er doch alle νόες und λόγοι[60].

Doch er dehnt und breitet sich aus. „Er gibt eine Festigung und einen Ort (τόπος) und einen Aufenthalt dem All."[61] Hier scheint eine Anspielung auf die valentinianische Vorstellung vom Pleroma vorzuliegen, das vom ὅρος bzw. σταυρός (Lichtkreuz) befestigt ist[62]. Damit ist der Ge-

---

[51] 61,28–62,20. [52] 62,20–26. [53] 62,26–30. [54] 62,30–33.

[55] Der neue Abschnitt 62,33–63,28 wird durch ϫⲉ eingeleitet, das einem bedeutungslosen ὅτι entspricht. Entgegen der Ausgabe hat dies D. Müller 62,33 bemerkt. Vgl. auch 68,10; 71,3; 74,18.

[56] 63,3–9.

[57] 63,27f.

[58] 63,28–64,32. Lies 64,13 [ⲛⲉϥ]ϣ̣ⲟⲟⲡ, 21 ⲟⲩⲛⲧⲉⲩ, ⲟⲩ und ϥ scheinen im Text öfters zu wechseln.

[59] 64,32–37. [60] 64,37–65,4. [61] 65,7f. [62] Irenaeus, adv. haer. I 2,2.

danke verbunden, daß der Christus zur Erlösung der Achamoth sich am Kreuz ausdehnte[63]. Die Übertragung dieses Bildes ist gerade auch deshalb anzunehmen, weil der Sohn als der Typos des Christus in der Äonenwelt angesehen werden kann und es ja auch der Sohn ist, durch den der Vater erfahrbar wird. Vielleicht beinhaltet der Satz auch bereits einen Hinweis darauf, daß Gott-Vater im Sohn wirkt. Denn, wie schon einmal gesagt, hat Gott den Äonen kundgetan, daß er existiert, und sie dadurch zur Suche nach seinem Wesen angetrieben[64]. Damit sie dabei aber auch erfolgreich sein konnten, hat er ihnen den Sohn, seinen Mitarbeiter, gesandt. Dieser wird als wesentlicher Teil seines, des Vaters, Wesens und seiner Aktivität geschildert. Mit Recht wird er von den Äonen als solcher bezeichnet. „Der, den sie Sohn nennen und der es ist, weil er die Allheiten ist, und der, von dem sie erkannten, wer er ist und daß er ihm angezogen ist[65], dieser ist es, den sie in ihm Sohn nennen.“[66] Das Folgende dürfte dann zu einem nächsten Abschnitt gehören[67]. Es soll zum Ausdruck kommen, daß der Vater selber, nach dem die Äonen suchen, in seinem innersten Wesen ihnen aber verborgen bleibt, so daß sie in ihrem Lobpreis nur eine „Spur“ (ἴχνος) von ihm bieten können, je nach den Fähigkeiten eines jeden von ihnen[68].

In großer Breite wird die Schilderung des Sohnes ausgeführt. War vorher vorsichtig davon die Rede gewesen, wie der Vater sich „ausstreckt“ und dabei als Sohn zu den Äonen kommt, so wird jetzt der aus dem Vater hervorgegangene Sohn in seinem Wesen und Werk charakterisiert. „Der nun aus ihm hervorgegangen ist, streckt sich aus zu Schöpfung und Wissen der Allheiten. Er hat ungelogen viele Namen und ist der Alleinerste, im eigentlichen Sinne der Mensch des Vaters, der, den ich nenne:

> die Gestalt des Gestaltlosen,
> der Körper des Körperlosen,
> die Gestalt des Unsichtbaren,
> das Wort des Unerklärbaren,
> der Nus des Unverstehbaren,
> die Quelle, die aus ihm geflossen ist,
> die Wurzel der Gepflanzten,

[63] Irenaeus, adv. haer. I 4,1.
[64] 65,4–17.
[65] D. Müller scheint ⲉϥⲧⲉⲉ[ⲩ]ⲉ ϩⲓⲱⲱϥ zu lesen, was grammatisch nicht möglich ist.
[66] 65,17–29; übersetzt ist 23–29.
[67] 65,29–32: „der, von dem sie erkennen, daß er ist, und nach dem sie suchten, das ist der, der Vater ist.“ 65,29 ist zu lesen ⟨ⲡ⟩ⲉⲧⲟⲩⲣⲛⲟⲉⲓ. .
[68] 65,32–66,5.

der Gott aber derer, die da sind,
das Licht derer, die er erleuchtet,
das Wohlgefallen derer, an denen er Wohlgefallen hat,
die Vorsehung derer, auf die sich seine Vorsehung richtet,
die Verständigkeit derer, die er verständig macht,
die Kraft derer, denen er Kraft gibt,
die Sammlung derer, die er sammelt,
die Offenbarung dessen, wonach sie suchen,

das Auge der Sehenden,
der Atem der Atmenden,
das Leben der Lebendigen,
die Einheit dessen, was mit den Allheiten vermischt ist."[69]

Im Sohn, der in die Welt der Äonen tritt, hat der Vater damit die negativen Prädikate abgelegt, um in der Fülle dieser himmlischen Welt den Äonen das göttliche Wesen, wenn auch in dieser verhüllten Form, kundzutun. Er gibt sich als Quelle, die aus Gott-Vater geflossen ist, und als Konzentration dessen, was er den Äonen schenkt, sowie als Inbegriff aller lebendigen Qualitäten in den Äonen bis hin zur Einheit. Wenn er zuvor als „Mensch des Vaters"[70] bezeichnet wird, erhebt sich die Frage, ob nicht in dem ganzen Abschnitt doch der Vater gemeint ist; wird ja die Benennung „Mensch" im Gnostizismus in der Tat auch für den höchsten Gott gebraucht[71]. In unserem Zusammenhang wird aber gerade durch die zuerst angeführten Namen ausgesagt, daß Gott sich in sichtbarer Gestalt zeigt. Das weist auf den Sohn hin. Wie im Sethianismus die Muttergottheit Barbelo als konkrete Form der Gottheit zur Offenbarung des Vaters verhilft, so tritt hier der Sohn als der „Mensch" des Vaters auf.

Man kann annehmen, daß der dann folgende Abschnitt[72] vom Vater und seinem Verhältnis zu den Äonen handelt, zumal 67,18f. ausgesprochen wird, daß er einen Sohn hat. Es ist denkbar, daß sich dieses Stück deshalb wieder mit dem Vater befaßt, weil das wohl der ursprüngliche Inhalt des Mythos war, während das Wirken des Sohnes erst in ihn eingearbeitet worden ist. Für die Beziehung auf den Vater spricht auch die Bemerkung, daß die Äonen ihn nicht mit dem einzigen Namen anrufen, der für den Vater gilt, da sie den Sohn sowieso mit verschiedenen Namen anrufen. Der Vater in seiner Einheit ist mit ihnen in ihrer Vielheit eins. Er verändert sich nicht im Namen, ist aber als Vater der Allheiten das, was sie alle sind. Die ἀρεταί sind in ihm erhalten[73]. „Aber auch die Vielheit hat er den Allheiten nicht auf einmal offenbart, und seine Gleichheit

[69] 66,5–29.
[70] 66,12.
[71] Vgl. H. M. Schenke, Der Gott „Mensch" in der Gnosis, Berlin 1962.
[72] 66,30–67,34.
[73] So auch nach 73,8ff.

hat er nicht offenbart vor denen, die aus ihm hervorgekommen waren. Denn all die, welche aus ihm hervorgekommen sind, diese sind die Äonen der Äonen, indem sie Emanationen sind, die Geschöpfe seiner Schöpfernatur. Sie aber, in ihrer Schöpfernatur, haben den Vater gepriesen, da er für sie Grund ihrer Errichtung geworden war."[74] Der Verfasser vertritt also die Meinung, daß die Äonen dazu geschaffen waren, um selber schöpferisch zu wirken.

Der Lobpreis der Äonen ist die Folge ihrer Einsicht in das Handeln und Wesen des Vaters. Sie haben sein Verstehen und seine Verständigkeit eingesehen und erkannt, daß sie aus ihm entstanden sind. Hätte jeder der Äonen einzeln seinen Lobgesang[75] angestimmt, so wäre er doch bei allen der gleiche gewesen: „Dies ist der Vater, der die Allheiten ist." Daraus ergibt sich die Einheit des Pleroma. „Deswegen wurden sie durch den Lobgesang hingezogen zum Preisen und durch die Kraft der Einheit dessen, aus dem sie hervorgegangen waren, zu einer Vermischung, Vereinigung und Einheit miteinander. Sie brachten einen Lobpreis dar aus dem Pleroma der Versammlung, das eine Gestalt bildet, obgleich es viele sind."[76] Der Lobpreis hat für die Äonen eine ontologische Bedeutung. „Denn wie der makellose Vater, wenn sie ihn preisen, (es) hört, so erweist sie das Lob, das ihn preist, als das, was er ist."[77] Der liturgische Akt führt die Einheit des Vaters und der Äonen vor Augen. Dieser Lobpreis, von dem bisher die Rede war, ist der erste; er wird allerdings nicht gezählt[78]. Ein als zweiter bezeichneter hat zum Grund die Erkenntnis, daß sie durch Gottes Gnade „sich gegenseitig Frucht bringen" könnten[79]. Als dritter Lobpreis wird schließlich der genannt, der auf das liberum arbitrium zurückgeht und vom Willen eines jeden der Äonen abhängig ist. Darum ist bei ihm auch nicht die Einheitlichkeit vorhanden wie bei den beiden anderen[80]. Hierbei handelt es sich wohl um Äonen, die als δόξαι, „Herrlichkeiten", geschaffen werden.

Gott wohnt in seiner Macht im Pleroma. Dieses preist den Vater nach Willen und Können. Es ist in stufenweiser Schichtung angelegt. Lobpreis

---

[74] 67,34–68,10.

[75] Man beachte, daß in gnostischer Literatur ⲉⲟⲟⲩ (ⲉⲁⲩ) = δόξα sowohl Ausdruck für „Lobpreis" als auch im Plural für „Herrlichkeiten", also herrliche, himmlische Größen (himmlische Engelwesen) ist. Vgl. z. B. Nag Hammadi III 41,22 = IV 51,14; III 43,12; III 50,7 = IV 62,[6]; III 53,22 = IV 65,16 u. ö.

[76] 68,22–32.

[77] 69,10–13. Die beiden ersten Buchstaben von Z. 12 sind getilgt. Der Anfang von Z. 13 kann durch ein verhältnismäßig großes O ausgefüllt worden sein.

[78] 68,10–69,14.

[79] 69,14–24.

[80] 69,24–31, Zusammenfassung 69,31–40. Zur Gleichsetzung der δόξαι mit Äonen vgl. 74,18 ff.

und Erzeugung bedingen sich gegenseitig. Gott ist aber nicht neidisch auf die Äonen, wenn sie selber gottgleiche Geburten hervorbringen. Hierin ist vielleicht ein Angriff auf die christliche Lehre vom Sündenfall zu sehen. Nach unserem Traktat macht der Vater, wen er will, zu Vater und Gott. Er steht über den Äonen und ist doch mit ihnen identisch. Die Legalisierung durch den Vater läßt diese Größen auch die Namen im eigentlichen Sinne (κυρίως) besitzen, Namen, an denen Engel und Archonten teilhaben[81].

Dieses System (σύστασις) der Äonen, das aus den direkt aus dem Vater hervorgegangenen und aus den durch Vermehrung hinzugekommenen besteht, strebt danach, den Vater zu finden. Dieser gibt ihnen durch seine Offenbarung die Möglichkeit, ihn in Religiosität zu erfassen, Glaube, Gebet, Hoffnung, Liebe, religiöses Verständnis, Seligkeit und Weisheit verhelfen dazu[82]. Ganz besonders wirkt aber das Pneuma[83], das in den Allheiten weht. Es wird identifiziert mit dem Willen Gottes. Der Vater läßt die Äonen sich unterstützen durch den Geist, der in sie gesät ist. Der Geist des Vaters gibt ihnen schließlich die Fähigkeit, den Vater zu erkennen. Er ist die Spur (ἴχνος)[84] für die Suche nach dem Vater. Mit diesen Gedanken wird jetzt eingefügt, was bei der Darstellung der Dreieinigkeit noch fehlte: der Geist als die dritte Größe. Die Einheit der durch Emanation entwickelten Äonenwelt läßt den Geist Gottes in den Äonen wirken[85]. Das Problem von Einheit und Vielheit wird aufgenommen. Die Emanation besteht ja nicht darin, daß von dem Emanierenden etwas abgetrennt wird, sondern sie ist eine Ausbreitung. So wie der gegenwärtige, zeitlich gedachte Äon in kleinere Abschnitte geteilt wird, dadurch aber nicht abnimmt, so beinhaltet auch der Äon der Wahrheit kleine und große Namen. Als Beispiel wird dafür der menschliche Körper angeführt, der eine untrennbare Einheit bildet, obwohl er in große und kleine Glieder zerfällt[86].

Schließlich wird gesagt, eine dritte Frucht sind die Äonen, die vom freien Willen und der Sophia hervorgebracht worden sind. Ihr Lobpreis richtet sich nicht auf die Einheit des Pleroma, sondern in Vereinzelung auf den einen Gott[87].

IV

Über die himmlische Welt wurde außer bei den Gnostikern auch bei Plotin und Origenes in einer Weise gehandelt, die den Äußerungen des

[81] 69,41–71,7. [82] 71,7–35. [83] πνεῦμα 72,2.18; 73,3.5.

[84] Vgl. 66,3, wo Namen, die beim Lobpreis des Vaters genannt werden, als „seine Spur" bezeichnet werden.

[85] 71,35–73,8. [86] 73,8–74,18. [87] 74,18ff.

Tractatus tripartitus recht nahe steht. Sowohl Plotin wie Origenes haben den Gnostizismus gekannt und sich mit ihm nicht nur innerlich, sondern auch öffentlich in ihrem Schrifttum auseinandergesetzt.

Von Plotin besitzen wir eine spezielle Schrift „Gegen die Gnostiker“[88]; doch sind auch Stellen aus anderen Werken von ihm, die mit der Gedankenwelt des Traktats zu vergleichen sind, wichtig. Für unser Problem ist vor allem interessant, was J. Zandee[89] über das Eine[90], den Nus[91] und die Emanation[92] ausgeführt hat. Dabei berührt Zandee auch die mit dem Mittelplatonismus zusammenhängenden Fragen[93]. In ihm ist das Transzendente das Ungenannte; hier liegt also eine Interpretation via negationis vor. Albinus[94] und Numenius[95] gehen dabei sehr weit; Plotin folgt ihnen. Eine solche Auffassung der höchsten Gottheit findet sich auch in anderen koptisch-gnostischen Schriften von Nag Hammadi, z.B. im Eugnostosbrief[96], in der Sophia Jesu Christi[97], im Johannesapokryphon[98] oder in der Dreifachen Protennoia[99]. Daß dieser „eine“ Gott Vater und ἀρχή ist, glauben beide, Gnostiker und Platoniker. Ein Unterschied liegt in der Auffassung von der Existenz Gottes vor. Plotin sieht in Gott eine dem Sein vorausgehende Größe. Die gleiche Anschauung kennt bereits Kelsos, aber auch eine gnostische Schrift wie das Johannesapokryphon[100]. Dagegen stimmt der Traktat mit Plotin im Gedanken der Selbständigkeit Gottes, die ihn auf nichts angewiesen sein läßt, überein[101].

---

[88] Enn. II 9, hrsg. und übersetzt von R. Harder – R. Beutler – W. Theiler, in: Plotins Schriften, Hamburg 1964, Bd. III, S. 104–161; vgl. dazu die heute noch wertvolle Studie von C. Schmidt, Plotins Stellung zum Gnostizismus und kirchlichen Christentum, Leipzig 1901.

[89] Man vergleiche hierzu vor allem die beachtliche Arbeit von J. Zandee, The terminology of Plotinus and of some gnostic writings, mainly the fourth treatise of the Jung Codex. Istanbul 1961, die eine Pionierleistung für die Erforschung des griechischen Einflusses auf Texte von Nag Hammadi darstellt.

[90] Zandee, a.a.O., S. 7–13.

[91] Zandee, a.a.O. S. 13–16.

[92] Zandee, a.a.O. S. 31–33.

[93] Zandee, a.a.O. S. 8 ff. Zum Mittelplatonismus vgl. noch besonders H. Dörrie, Die Frage nach dem Transzendenten im Mittelplatonismus, in: Les sources de Plotin (Entretiens sur l' antiquité classique, t. V), Vandœuvres – Genève 1957, S. 191–223.

[94] Dörrie, a.a.O. S. 213.

[95] A. J. Festugière, La révélation d' Hermès trismégiste, t. IV: Le dieu inconnu et la gnose, Paris 1954, S. 125.

[96] Nag Hammadi III 71,11–73,1.

[97] Nag Hammadi III 94,5–95,17 = Berol. gnost. 84,1–86,4.

[98] Nag Hammadi II 2,26 ff. ≈ Berol. gnost. 22,17 ff.

[99] Nag Hammadi XIII 35,24 ff.

[100] Zandee, a.a.O. S. 11 f.

[101] Zandee, a.a.O. S. 12.

Anders als der Traktat spricht Plotin von der auf Gott folgenden Größe. Diese ist nach ihm der Nus, „der Geist". Er ist bei Plotin eine Emanation, eine Hypostase, während die Verbundenheit von Vater und Sohn ein besonderes Charakteristikum des Traktates ist. In der Emanation Gott – Nus bei Plotin ist der Nus sowohl eine Einheit als auch eine Vielheit[102]. Somit ist die Verbindung zwischen dem βυθός der Valentinianer und den Äonen gegeben. Wird doch auch im Traktat von den Äonen gesagt, daß sie νόες sind[103]! Da auch sonst in Texten von Nag Hammadi vom Nus als Boten Gottes gesprochen wird[104], ist zu fragen, ob sich zwischen dem Sohn Gottes des Traktats und dem Nus Plotins eine Verbindungslinie herstellen läßt. Dies ist in der Tat möglich. Von Plotin wird der Geistkosmos (ὁ νοητὸς κόσμος) als παῖς und κόρος des höchsten Guten (des Einen) betrachtet; er ist zugleich singularischer und pluralischer bzw. kollektiver Nus[105]. Im Traktat werden, wie gesagt, die Äonen als νόες bezeichnet. Der Valentinianismus sieht im Nus den Äon, der im Pleroma an erster Stelle steht. Er ist durch die Einbindung des Nus in das Pleroma konsequenter, dennoch aber mit der Gedankenbildung Plotins eng verwandt. Dem Terminus προβολή bei den Gnostikern entspricht πρόοδος bei Plotin[106].

Hat der Traktat in seinen Vorstellungen gerade über die himmlische Welt so starke Parallelen zur philosophischen Terminologie von Mittel- und Neuplatonismus aufzuweisen, so liegt doch der entscheidende Unterschied in der Herausarbeitung einer Trinität. In dieser Richtung hat der Einfluß des Christentums also nicht erst bei Origenes gewirkt. Bereits in unserem christlich-gnostischen Text von Nag Hammadi wurde der Versuch unternommen, eine Trinität zu gestalten. Vater und Sohn sind so eng verbunden, wie wir das aus der ägyptischen Tradition des Dionys von Alexandria, des Alexander und des Athanasius kennen. Die Homousie sowie die von Ewigkeit mit dem Vater währende Existenz sind ausführlich dargelegt. Für Origenes denke man an Aussagen wie[107]: communionem esse filio cum patre; der Sohn ist ja „substantia dei generatus". An der gleichen Stelle heißt es auch: aporrhoea enim ὁμοούσιος videtur, id est unius substantiae cum illo, ex quo est vel aporrhoea vel vapor. Mag bei Origenes auch die Differenzierung zwischen Gott-Vater und Gott-Sohn, „Gott" – „zweiter Gott", stärker betont sein[108], ähnlich wie zwischen dem Hen und dem Nus bei Plotin[109], so wird doch die Ewigkeit des Sohnes bei Origenes und im Traktat gleich stark herausge-

---

102 Enn. VI 2,22.

103 Nag Hammadi I 70,8.

104 So ist die Schrift vom Donner, dem vollkommenen Nus, aufzufassen: VI 13,1–21,32. Vgl. auch Nag Hammadi XIII 46,19ff.; 47,8ff.

105 Enn. III 8,11.

106 Vgl. Zandee, a.a.O. S. 31.

107 Ep. ad Hebr. (V 300 Lomm.).

108 C. Cels. 5,39.

109 Enn. V 5,3.

hoben. So heißt es bei Origenes: est namque ita aeterna ac sempiterna generatio sicut splendor generatur ex luce[110]; und: καὶ ὁμοιότης τυγχάνων τοῦ πατρὸς οὐκ ἔστιν ὅτε οὐκ ἦν[111]. Von der Regula fidei weicht das Fehlen des Geistes als dritter Größe der Trinität im Traktat ab. Hier hat sich Origenes als orthodoxer erwiesen. Doch auch bei ihm bemerkt man noch sein Ringen um die Darstellung Gottes. Mit seiner Lehre von den rationales naturae hat er den Bereich nicht ausgespart, den die Neuplatoniker als geistigen Kosmos, die Gnostiker und mit ihnen unser Text als Äonenwelt bezeichnen. Dieses Pleroma – übrigens spricht auch Plotin von „Fülle"[112] – ist nach unserem Text, wie oben ausgeführt, aus dem Überschuß der Liebe von Vater und Sohn hervorgegangen. Ob die von Herakleon aufgestellte Reihenfolge Vater – Sohn – Äonen auf unseren Text mit der Reihenfolge Vater – Sohn – Kirche = Äonen der Äonen eingewirkt hat, bleibt eine offene Frage. Daß im Traktat der Geist des Vaters in den Äonen wirkt, weist auf eine weitere Annäherung an die orthodoxe Trinität hin.

Das Vorkommen der Kirche als dritter trinitarischer Größe in unserem Text zeigt jedoch, wie stark im Gegensatz zu Origenes hier noch der gnostische, speziell wohl der valentinianische Einfluß ist. Der entscheidende Unterschied zu Origenes liegt aber in der Darstellung von Herkunft und Wesen der Äonen. Sie sind in unserer Schrift mit Gott identisch: „Er ist die Allheiten"; denn sie sind Emanationen. Origenes betont dagegen, daß sie Geschöpfe sind und als solche die Fähigkeit zu freier Entscheidung besitzen. Um so mehr zu beachten ist die Auffassung des Traktats, es gäbe auch Äonen, die freien Willen hätten (τό αὐτεξούσιον). Tertullian weist darauf hin, daß Valentin selber in den Äonen noch rein geistige Größen gesehen hätte, seine Nachfahren, insbesondere Ptolemaios, Herakleon und Markos, sie aber in außerhalb von Gott stehende Größen verwandelt hätten[113]. Diese Äonen bilden eine Welt, die zwar eine Einheit darstellt, aber eine Art Hofstaat Gottes ist. Im Manichäismus kommt diese Vorstellung schließlich ganz konsequent zum Ausdruck. Bei den Valentinianern ist Gott selber zu weit entrückt, nur der Sohn in genügender Nähe. Die Produktivität der Äonen schlägt durch das Vorhandensein auch unterer, von höheren Äonen geschaffener Äonen eine Brücke zur Welt; dazu gehört auch die freie Entscheidung des untersten Äon zum Fall.

Der Gedanke von der präexistenten Kirche war für die Gnostiker eine Vorstellung, die sie dem Schrifttum der zeitgenössischen Großkirche

---

[110] De princ. I 2,4.

[111] De princ. IV 4,1. Der Text Rufins könnte vielleicht schon an spätere Terminologie angeglichen sein: fuit aliquando, quando non fuerit filius?

[112] Enn. III 7,3. [113] Adv. Val. 4: p. 181 ed. Kroymann. [114] 14,1.

entnehmen konnten. So schreibt der Verfasser des 2. Clemensbriefes[114]: „Darum, Brüder, wenn wir den Willen unseres Vaters, Gottes, tun, werden wir von der ersten Kirche, der geistlichen, sein, die vor Sonne und Mond geschaffen ist." Ähnlich wird im Hirt des Hermas[115] die Kirche als Greisin dargestellt, „weil sie vor aller Welt geschaffen ist". Clemens Alexandrinus[116] bezeichnet die irdische Kirche als Abbild der himmlischen. Diese Vorstellung geht zugleich auf jüdische Gedankengänge zurück. Bedenkt man, daß im Alten Testament die ἐκκλησία als Versammlung Gottes angesehen wird und als solche von Judentum und Christentum in eine mythische Vergangenheit gerückt, andererseits aber auch eine eschatologische Größe ist, so liegt eine Vorverlegung in den Himmel nicht mehr fern. Der unvollkommene Erdenzustand, der durch die Wiederherstellung des idealen Urzustandes abgelöst wird, setzt ja das Vorhandensein eines solchen ursprünglich tadellosen Zustandes voraus. Also ist die präexistente Kirche eine Forderung. Mit diesen Ideen verbindet sich noch das platonische Urbild – Abbild – Schema.

Ein Verhältnis Gott – Sohn – Kirche war schon in den Deuteropaulinen, Kolosser- und Epheserbrief, zu finden und besprochen worden; allerdings ging es dort um die Kirche überhaupt, in unserem Text zunächst um die präexistente Kirche, wenn auch die Aktualität der Kirche mit anklingt: „die Kirche vieler Menschen"[117]. War Paulus wirklich der Apostolus haereticorum, so konnte gerade christlich-gnostische Theologie auf ihn aufbauen. Man konnte an das Bild von der Kirche als Leib Christi anknüpfen[118]. Obwohl es sich bei Paulus nur um ein Bild handelte, konnte man dem Text eine mythologische Deutung geben. Einfach war das für Stellen in den Deuteropaulinen, an denen eine Ausgestaltung des Leibes Christi als Kirche durch kosmische Gesichtspunkte sichtbar wird. So findet sich im Kolosserbrief ein altchristlicher Hymnus[119], der auf jüdisch-hellenistisches Gedankengut zurückgehen kann[120]. Während die zweite Strophe vom Heilswirken Christi spricht, hat es die erste mit seiner kosmologischen Bedeutung zu tun. Christus wird als präexistent bezeichnet und als Haupt des Leibes der Kirche angesehen. Dieser Hymnus kann einer der Ausgangspunkte für Gedanken über die Kirche gewesen sein, wie sie im Traktat vorliegen. Vergleiche können auch zum Epheserbrief gezogen werden, in dem auch sonst Gedankengänge vorkommen, die vom Gnostizismus aufgegriffen worden sind: die vorweltliche Erwählung der Gläubigen in Christus, der das Haupt der Kirche ist, die sein Leib ist[121]; Christus als das von Ewigkeit in

---

[115] Vis. II 4,1. [116] Strom. IV 49.
[117] Nag Hammadi I 58,29ff. [118] 1.Kor 12,12ff. [119] 1,15–20.
[120] So nach E. Lohse, Die Briefe an die Kolosser und an Philemon, Göttingen 1968, S. 77ff.
[121] Eph 1,4.23; 5,23.

Gott verborgene Geheimnis[122]; die Fülle Christi[123]; das Verhältnis von Christus und Kirche als Mysterium[124]. Auch solche Stellen können die Gedankenwelt des Traktats beeinflußt haben.

Die Gnostiker haben versucht, im Rahmen eines mythologischen Weltablaufs über die Kirche genauere, systematische Angaben zu machen. Dazu gehört insbesondere die Trennung von präexistenter und weltlicher Kirche, wobei auch innerhalb der himmlischen Welt Differenzierungen nach verschiedenen Stufen vorgenommen werden können. So ist in der titellosen Schrift des Codex II von Nag Hammadi die Rede davon, daß der bekehrte Archon Sabaoth sich eine Engelkirche schafft, die aus unzähligen Tausenden und Zehntausenden besteht[125]. Sie gleicht der Kirche in der Ogdoas, die nach dieser Schrift der höheren Himmelswelt entspricht. Von der präexistenten Kirche als einer Gemeinschaft der „Größe", d.h. der präexistenten himmlischen Welt, spricht Christus im „Zweiten Logos des großen Seth". Er trägt ihren Mitgliedern seinen Heilsplan vor[126]. Dabei wird direkt ἐκκλησία und πλήρωμα synonym nebeneinandergestellt[127]. Die Größe der Kirche auf Erden wird identifiziert mit dem Vater der Wahrheit, dem Menschen seiner Größe[128]. Auch nach dem Ägypterevangelium entsteht in der himmlischen Welt eine pneumatische Kirche, deren Schöpfer der große Christus ist[129]. Im Valentinianismus selber findet sich die Kirche als Partner zum Anthropos in der dritten Syzygie des Pleroma[130]. Ebenfalls begegnet sie in der „Valentinianischen Darstellung" des Codex XI von Nag Hammadi in der Tetrade Wort – Leben/Anthropos – Kirche und dient zu weiterer Zahlenspekulation[131]. Im zweiten Teil des Tractatus tripartitus wird schließlich von den Gläubigen gesagt, daß sie als Glieder der Kirche in das Pleroma eingehen[132].

Die Vorstellung von Gott war für den Verfasser unserer Schrift ein Problem, das einem Gnostiker, der den Einflüssen des Judentums, des Christentums und der griechischen Philosophie ausgesetzt war, bei einer Entscheidung, Schwerpunkte zu setzen, Schwierigkeiten bereiten mußte. Die starke Hinwendung zum Christentum macht den behandelten Abschnitt zu einem bedeutsamen Beitrag zur altchristlichen Theologie bei der Durchsetzung ihres Kerygmas.

---

122 So werden Gnostiker Eph 3,9 gedeutet haben.

123 4,13. 124 5,32. 125 Nag Hammadi II 105,20 ff.

126 Nag Hammadi VII 50,7 ff. Vgl. auch VII 65,33 ff., wo die Kirche die geistliche Hochzeit feiert.

127 Nag Hammadi VII 51,17; vgl. VII 68,15.

128 Nag Hammadi VII 53,1 ff.

129 Nag Hammadi III 54,11–55,16 ≈ IV 65,30–67,1.

130 Vgl. die Skizze bei H. J. Krämer, Der Ursprung der Geistmetaphysik, Amsterdam 1967, S. 239.

131 29,25 ff. 132 123,16 ff.

Carl Joachim Classen

Der platonisch-stoische Kanon der Kardinaltugenden bei Philon, Clemens Alexandrinus und Origenes

In der Kunst des Mittelalters, der Renaissance und des Barock[1], gelegentlich auch späterer Jahrhunderte begegnet der Kanon der vier sogenannten Kardinaltugenden im sakralen Bereich ebenso wie im profanen, obwohl er der heidnischen Antike entstammt, und auch in der Ethik des Thomas von Aquin und anderer christlicher Denker hat er seinen festen Platz[2]. Damit stellt sich die Frage, wann, unter welchen Bedingungen und in welcher Form die Christen diese Tugendgruppe übernommen haben, ob und in welcher Weise sie sie ihren Vorstellungen angepaßt oder sie verändert haben und in welchem Umfange sie ihre eigenen Vorstellungen durch dieses Stück heidnischer Tradition haben beeinflussen lassen[3].

Nachdem Platon in der Politeia die vier ‚Tugenden' Weisheit, Tapferkeit, Besonnenheit und Gerechtigkeit als Wesensmerkmale des Gutseins herausgehoben (427 E) und ihnen auch dadurch eine Sonderstellung eingeräumt hatte, daß er in den Nomoi mehrfach auf sie zurückgriff[4], hielten nicht nur Anhänger der Akademie an dieser Gruppe fest; auch die Stoiker übernahmen sie und die verschiedenen Vertreter dieser Schule bemühten sich, sie in je eigener Weise ihren Überlegungen zur Ethik zugrunde zu legen[5]. Wohl durch deren Einfluß oder durch deren

[1] Vgl. A. Katzenellenbogen, Allegories of the Virtues and Vices in Mediaeval Art from Early Christian Times to the Thirteenth Century, London 1939 (mit weiterer Lit.; nützlich sind die Bücher von E. Mâle); S. Mähl, Quadriga Virtutum, Köln 1969, 171–176.

[2] S. dazu u. a. F. M. Utz, De connexione virtutum inter se secundum doctrinam St. Thomae Aquinatis, Diss. theol. Freiburg (Schweiz) 1937; der Kanon findet z. B. auch bei Geulincx oder Schleiermacher Berücksichtigung.

[3] Wegen des geringen zur Verfügung stehenden Raumes muß sich dieser kleine Beitrag auf die wichtigsten frühen Kirchenväter des Ostens beschränken; auch die Anmerkungen sind wesentlich gekürzt worden.

[4] Vgl. nur 631 B–D; 688 A; 963 A–965 E.

[5] Vgl. für Zenon F 200–202 (SVF I 49–50), Ariston F 374–376 (SVF I 85–86; zu F 376 s. u. Anm. 68); Kleanthes F 563 (SVF I 128–129); Chrysipp F 95 (SVF III 23), 262–265 (SVF III 63–65) u. ö.; Panaitios F 103–108 (v. Straaten).

Vermittlung gelangte die Gruppe auch in die rhetorischen Handbücher (und zwar in die Regeln zum genus demonstrativum und zum genus laudativum)[6], so daß jedenfalls die Gebildeten der hellenistisch-römischen Welt mit ihnen vertraut gewesen sein dürften. Es überrascht daher nicht, daß die Vierergruppe zweimal in der Septuaginta begegnet – bezeichnenderweise im Buch Sapientia Salomonis und im vierten Makkabäerbuch – und dann sehr viel häufiger bei Philon, der sogar die Synagogen als Schulen der vier Tugenden erscheinen läßt[7], während die christlichen Autoren sich ihrer nur sehr zögernd annehmen und ihnen erst sehr spät größere Bedeutung einräumen.

I

In der Schilderung, die der unbekannte Verfasser der Sapientia Salomonis[8] im Rahmen seiner Aretalogie von den ‚Kräften' der Weisheit gibt (6–10), heißt es: „Wenn einer die Gerechtigkeit liebt, sind dieser (i.e. der Weisheit) Bemühungen die Tugenden, denn Besonnenheit lehrt sie und Einsicht, Gerechtigkeit und Tapferkeit; nützlicheres als sie gibt es nicht für die Menschen in ihrem Leben" (8.7). Während sich für Platon und die Stoa die Arete auf Wissen gründet, das der Mensch zu erwerben bemüht sein muß, tritt hier allein die Aktivität der göttlichen Weisheit selbst in den Vordergrund. Deutlich wird spürbar, daß ein Stück übernommenen Lehrgutes in eine neue (aus jüdischen und griechischen Elementen zusammenfließende) Konzeption eingefügt wird, ohne voll in sie integriert zu werden.

In dem – später verfaßten – vierten Makkabäerbuch[9] wird der Nachweis geführt, daß die gottesfürchtige Vernunft die Triebe beherrscht; dabei begegnet die Gruppe der vier Tugenden mehrfach, allerdings nur einmal in der traditionellen Gestalt als τῆς σοφίας ἰδέαι (1.18), sonst abgewandelt, wobei jeweils die φρόνησις ersetzt wird[10], deren Sonderstellung der Verfasser gleich zu Beginn mehrfach betont (1.2; 1.19).

---

6 Vgl. Auct. Her. 3.3–6; 10; Cic. inv. 2.159–165.

7 Vit. Mos. 2.216; spec. leg. 2.62–63; s. dazu u. Anm. 25.

8 Die wichtigste Literatur ist aufgeführt bei G. Delling (ed.), Bibliographie zur jüdisch-hellenistischen und intertestamentarischen Literatur 1900–1970, Berlin [2]1975, 125–131; wichtig nach M. Friedländer (1904) C. Larcher, Études sur le livre de la Sagesse, Paris 1969 (bes. 359–360, dazu É. des Places, Biblica 50, 1969, 536–542); J. M. Reese O.S.F.S., Hellenistic Influence on the Book of Wisdom and its Consequences, Rom 1970, bes. 15; 76–78, ist wenig ergiebig.

9 S. dazu A. Dupont-Sommer, Le quatrième livre des Machabées, Paris 1939, bes. 54–55 und 87–97; M. Hadas (ed.), The Third and Fourth Books of Maccabees, New York 1953; U. Breitenstein, Beobachtungen zu Sprache, Stil und Gedankengut des Vierten Makkabäerbuches, Diss. phil. Basel 1974 (1976).

10 5.23 durch εὐσέβεια (M. Hadas' Hinweise a. O. 173 auf Philon spec. leg. 4.147 und decal. 119 führen nicht weiter, da die Frömmigkeit dort nicht im Rahmen der Gruppe ge-

Schwierigkeiten bereiten die einleitenden Sätze[11], in denen es nach einem Hinweis auf die φρόνησις als die größte ἀρετή etwas unvermittelt heißt: „Wenn sich allerdings zeigt, daß die Vernunft jene Affekte, die von Besonnenheit abhalten, . . ., beherrscht, dann herrscht sie offensichtlich auch über die Affekte, die der Gerechtigkeit, . . ., und die der Tapferkeit, . . ., hinderlich sind" (1.2–4); „denn die Vernunft beherrscht nicht die ihr selbst entgegenstehenden Affekte, sondern die, die Gerechtigkeit, Tapferkeit und Besonnenheit entgegengesetzt sind" (1.6). Da die Versuche, die Gedankenfolge durch Umstellungen zu glätten[12], nicht befriedigen, wird man eher annehmen, daß hier eine vom Verfasser nicht endgültig formulierte Fassung vorliegt, wie immer man die Überlieferung beurteilen mag[13]. Da sich auch sonst Unebenheiten, gedankliche Unklarheiten und Anzeichen für die Benutzung von Gedanken sehr verschiedenen Ursprungs ergeben[14], erscheint es ratsam, sich mit der Feststellung zu begnügen, daß diese an Juden gerichtete Schrift zwar die Tugendgruppe kennt, sie jedoch nicht fruchtbar mit wesentlichen Elementen der jüdischen Tradition zu verknüpfen weiß.

Ein ganz anderes Bild bietet sich bei Philon von Alexandreia[15]. Bisweilen greift er in seinen Erläuterungen zum Pentateuch nur deswegen auf die vier Tugenden zurück, weil sie ihm geläufig sind, ohne wesentliche Aussagen auf sie zu gründen oder aus ihnen abzuleiten[16]. So illu-

---

nannt wird; s. aber u. S. 74 und vor allem Anm. 40–42), 2.23 φρόνιμος durch ἀγαθός; 15.10. findet sich eine längere Reihe, an vierter Stelle μεγαλόψυχοι (nach ἀνδρεῖοι, vgl. dazu u. Anm. 71).

[11] Vgl. A. Dupont-Sommer a.a.O. 88–89 (im Anschluß an Frühere), der 1.3–4 verwirft und 1.6 teilweise in 3.1 einfügt und dabei καὶ σωφροσύνης mit A plus Minuskelkodex liest, und U. Breitenstein a.a.O. 137; 140–143; 158.

[12] S. vor. Anm.; oft wird allerdings εἰ ἄρα mißverstanden, vgl. dazu J. D. Denniston, The Greek Particles, Oxford ²1954, 37–38.

[13] Es läßt sich wohl kaum entscheiden, ob das Ganze ein Entwurf des Autors ist (U. Breitenstein a.a.O. 143) oder durch spätere Zusätze entstellt (A. Dupont-Sommer a.a.O. 89).

[14] Vgl. dazu U. Breitenstein a.a.O. z.B. 134–151; 158–167.

[15] Aus der umfangreichen Literatur nenne ich nur C. Siegfried, Philo von Alexandria als Ausleger des Alten Testaments, Jena 1875; E. Bréhier, Les idées philosophiques et religieuses de Philo d'Alexandrie, Paris ³1950; P. Heinisch, Der Einfluß Philos auf die älteste christliche Exegese, Münster 1908; E. Turowski, Die Widerspiegelung des stoischen Systems bei Philon von Alexandreia, Diss. phil. Königsberg 1927; I. Heinemann, Philons griechische und jüdische Bildung, Breslau 1932; W. Völker, Fortschritt und Vollendung bei Philo von Alexandreia, Leipzig 1938; H. Leisegang, Pauly-Wissowa R. E. 20, Stuttgart 1941, 1–50; M. Pohlenz, Philon von Alexandreia, NGG phil.-hist. Kl. 1942, 409–487 (= Kl. Schriften I 305–383); H. A. Wolfson, Philo I/II, Cambridge Mass. 1948; nicht befriedigend: J. Christiansen, Die Technik der allegorischen Auslegungswissenschaft bei Philon von Alexandrien, Tübingen 1969. Zitiert wird unter zusätzlicher Angabe der Band- und Seitenzahl der Editio maior von Cohn-Wendland.

[16] Ähnlich etwa Aristoteles Top. 107b 38–108a 4 (s. auch u. Anm. 68).

striert er in der Schrift über die Namensänderung mit Hilfe der Gruppe der vier Tugenden den Gegensatz zwischen der Vielfalt der Einzeldinge und dem höchsten Einen, das von der prägenden Idee nicht verschieden ist (146: III 181,16–21), und in der Schrift über die Nachstellungen dient sie dazu – auch ganz platonisch – den Gegensatz zwischen dem im einzelnen Menschen Lebenden und mit ihm zugrunde Gehenden und dem in der unsterblichen Natur unvergänglich Fortbestehenden zu veranschaulichen (75: I 275,16–24)[17]. Der Gegensatz zwischen Wirkendem und Ruhendem wird de sobr. 37–42 (II 223,4–224,5) durch Menschen, in denen Tugenden eingesperrt ruhen, und solchen, die sie gleichsam befreit gebrauchen, verdeutlicht[18].

Sachlich bedeutsamer ist es, wenn Philon in seiner Erklärung der Schöpfung den Menschen als ein Wesen gemischter Natur charakterisiert und als Gegensätze, denen er Raum bietet, dann u. a. auch die vier Haupttugenden und die ihnen entsprechenden Laster aufzählt (opif. mund. 73: I 25,5–8), oder wenn er daran erinnert, daß derjenige, der den Tugenden entsprechend lebt, auch nach ihnen benannt wird (leg. alleg. 2.18: I 94,20–22) oder wenn er das Wesen der einzelnen Tugenden analysiert[19].

Könnte man alle genannten Fälle als Beweis für die vielseitige Bildung Philons werten, der mit stoischer, aber auch platonischer Philosophie vertraut ist, so zeigen andere Passagen, daß er der Gruppe der vier Tugenden eine wesentliche Bedeutung beimißt und sie bewußt mit der jüdischen Tradition zu verschmelzen trachtet[20]. So fragt Philon etwa, ob man die Träger der einzelnen Tugenden in einem ungeordneten Leben suchen würde (mut. nom. 50: III 165,17–19)[21] und läßt die vier Eigenschaften, ergänzt durch εὔβουλος[22], als Inbegriff menschlicher Tugend und menschlichen Wohlgefühls erscheinen (migr. Abr. 219: II 312,3–15)[23]; oder er sagt in der vita Mosis anläßlich einer Deutung der

---

[17] Auffallend ist, daß den vier Adjektiven ἢ συνόλως σοφόν folgt; zur voraufgehenden Polemik s. u. Anm. 40. In der Polemik gegen den Hochmut unterstellt Philon, daß dieser noch weitere Tugenden für sich beanspruche (virt. 174: V 320,16–21); hier mag eine Anspielung auf Caligula vorliegen, von dem es heißt, er habe geglaubt, die Kardinaltugenden in höchstem Maße zu besitzen (leg. 64: VI 167,18–21).

[18] Auch hier findet sich zunächst die Vierergruppe (38), dann neben dem Einsichtigen, dem Besonnenen und dem Gerechten der Fromme, während bei der Aufzählung der gegenteiligen Haltungen die ἄνανδροι hinzutreten (42).

[19] Quaest. et sol. in Exodum sermo II 112 (ed. Leipzig 1830, 343–344).

[20] Vgl. dazu vor allem E. Turowski a.a.O. (s. Anm. 15).

[21] Auch hier fehlt die Tapferkeit, doch ist es angesichts der Parallelen (s. Anm. 17 und 18) nicht berechtigt, ἢ ἀνδρεῖον zu ergänzen.

[22] Vgl. dazu mut. nom. 197 (III 190; s. ferner dazu u. Anm. 40) und sacr. Ab. C. 27 (I 212); aus früherer Zeit: Xen. Ag. 11.9.

[23] Zu εὐπάθεια s. z. B. mut. nom. 167 (III 185,3–4) oder exsecr. 160 (V 373,22; dazu u. Anm. 42). Schon in der frühen Schrift quod probus 67 (VI 20,3–6) greift Philon die vier

Mandel, die auf die vollendete Tugend und die sich mühende Seele verweist, diese Vierergruppe eile denen nach, die ein hartes Leben führen (2. 180–185: IV 242,2–243,13).

Zu diesen in den Erläuterungen zum Pentateuch ebenso wie in den apologetischen Schriften geäußerten Anschauungen paßt es, wenn Philon in der Abhandlung über die Tugenden[24] bei der Darstellung der φιλανθρωπία die Forderung, die Träger einzelner Tugenden müßten andere entsprechend ausbilden, an den vier Kardinaltugenden illustriert (164: II 318,14–319,2) und vor allem, wenn er diese Tugendgruppe als zentralen Lehrgegenstand der Synagogen bezeichnet[25]. So kann Philon die Kardinaltugenden in der kommentierenden Schrift de ebrietate (23: II 174,13–16) als Kräfte, die zum Heil führen, als τὰ σωτήρια, charakterisieren und in einer anderen kommentierenden Schrift läßt er diejenigen, die den Erweis göttlicher Gnade auf ihr eigenes Verdienst zurückführen, eben darauf verweisen, daß sie die vier Tugenden besäßen (sacr. Ab. C. 54: I 224,3–6).

Lassen schon diese Passagen aus den verschiedensten Schriften Philons deutlich werden, daß er der Gruppe der Kardinaltugenden zentrale Bedeutung zuspricht und in ihr die Verwirklichung der menschlichen Arete, der Vollkommenheit des Menschen, sieht, so unterstreichen einige allegorische Deutungen sein Bemühen, die aus der griechischen Tradition stammende Tugendgruppe mit der jüdischen Überlieferung zu verknüpfen oder vielmehr dort ihren eigentlichen Ursprung anzusetzen. Nachdem Philon, Genesis 2,9 erläuternd, die Bäume des Paradieses als Bäume der Tugend (leg. alleg. 1.56), d.h. als die Einzeltugenden und die ihnen entsprechenden Handlungen, und dann den Baum des Lebens als die Tugend ganz allgemein erklärt hat, aus der sich die speziellen Tugenden herleiten[26], fährt er fort, mit den vier Flüssen (Gen. 2.10–14) wolle die Schrift die vier Tugenden bezeichnen, und malt dies aufs vielfältigste in allen Einzelheiten aus (leg. alleg. 1.63–87: I 77,5–84,8), beginnend mit der Einsicht, auf die die Tapferkeit, die Besonnenheit und schließlich die Gerechtigkeit folgen. Dabei wird die Reihenfolge mit der platoni-

---

Tugenden als die Ziele heraus, um derentwillen man handeln solle und um die die Menschen sich doch nicht bemühen; gleich anschließend (70: VI 20,20–21) folgt die Gruppe noch einmal.

[24] Sie sind Tapferkeit, Frömmigkeit (verloren), Menschenliebe, Reue und edler Abkunft gewidmet (V 266–335); die Gerechtigkeit wird unmittelbar vorher in Anhang zum vierten Buch de specialibus legibus behandelt (136–238).

[25] Vgl. vit. Mos. 2.216 (IV 250 19–23); spec. leg. 2.62–63 (V 102,1–6), auch praem. 66 (V 350,22–351,2); vit. Mos. 2.216 werden vor dem zusammenfassenden καὶ συμπάσης ἀρετῆς noch εὐσέβεια und ὁσιότης genannt (s. dazu S. 74 und A. Dihle, Der Kanon der zwei Tugenden, Köln 1968, bes. 36 A. 68).

[26] Leg. alleg. 1.56–59 (I 75,3–76,4).

schen Dreiteilung der Seele (70–71)[27] und die Stellung und die Funktion der Gerechtigkeit mit platonischen Gedanken erklärt, die auch schon Poseidonios übernommen haben dürfte[28], während die etymologischen Spielereien und vor allem die Definitionen[29] an stoische Traditionen anknüpfen. Nachdrücklicher als in jeder anderen Schrift zeigt sich hier Philons Bemühen, die Gruppe der vier Tugenden aus der jüdischen Tradition zu erklären und mit ihr zu verbinden[30]. Das Gewicht, das er diesem Versuch beimißt, ergibt sich nicht zuletzt daraus, daß Philon in anderen Schriften mehrfach auf diese Deutung verweist[31], wobei sich zugleich neue Aspekte eröffnen.

In der erstgenannten Passage verknüpft er sie unter Ausnutzung der Doppelbedeutung von ἀρχή[32] mit der (stoischen) Maxime, daß der die Tugend pflegende Weise einem König gleichzusetzen sei (die er an anderer Stelle Moses selbst zuschreibt[33]). In der Schrift über die Nachkommen Kains fügt er Bemerkungen über das Wesen der Tugend an, die auf der allegorischen Deutung der Sarah (als der vollkommenen Tugend) und der Magd Hagar (als der mittleren Bildung) beruhen; sie sind in anderen Schriften weiter ausgeführt, wobei die Kardinaltugenden als die vergänglichen Einzeltugenden erscheinen[34]. Auch bei der allegorischen Erklärung des Brandopfers, das in seine Teile zerlegt werden soll[35], greift Philon auf die Tugend und ihre Teile zurück[36] und wiederum bei der Deutung des Streites zwischen Abraham und seinem Neffen, in dem er verschiedene Seelenhaltungen miteinander ringen sieht[37].

---

27 „Philon entnimmt die Dreiteilung aus Plato selbst" M. Pohlenz a.a.O. 453 (= Kl. Schriften I 349); sonst betont er mehrfach, daß jede der vier Tugenden Königin (somn. 2.243) und Führerin sei, gelegentlich hebt er eine einzelne Tugend heraus: Einsicht leg. alleg. I 66; Selbstbeherrschung spec. leg. 1.149; 173; Gerechtigkeit: Abr. 27; Frömmigkeit: Abr. 60; spec. leg. 4.147; Glaube: Abr. 270.

28 Zur Dreiteilung der Seele bei Poseidonios s. F. 142–145 (Edelstein-Kidd), zum Bild vom Wagenlenker und den Pferden F 31, zur Reihenfolge der Tugenden F 70–71, zur Gerechtigkeit F 72–73.

29 Stoische Definitionen finden sich 1.65, 68 und 87 (= SVF III F 263), stoische Formulierungen auch schon 56 und 57 (= SVF III F 202) oder 59 und 61 (= SVF II F 843, vgl. dazu E. Turowski a.a.O. 38); auf andere stoische Elemente in diesem Abschnitt kann hier nicht eingegangen werden.

30 Vgl. dazu auch Pohlenz a.a.O. 468–469 (= Kl. Schriften I 364–365).

31 Somn. 2.241–243 (III 297,9–23); post. C. 127–130 (II 28,2–18).

32 So auch leg. alleg. 1.65 u.ö.

33 Mut. nom. 152–153 (III 182,18–29); Beachtung verdienen die stoischen Definitionen (= SVF III F 620); zur Hinzufügung von ὅσιος s.u. Anm. 40.

34 Cher. 5 (I 171,9–14); congr. erud. 2 (III 72,4–9).

35 3.Mos 1,6.

36 Sacr. Ab. C. 84 (I 236,13–237,5 = Chrysipp F 304 [SVF III 74]); s. dazu H.I. Horn, JAC 13, 1970, 21–24, der post C. 128 nicht berücksichtigt.

37 Abr. 217–224 (IV 48, 6–49,19), bes. 219 (IV 48, 13–15).

Zusammenfassend ist festzuhalten, daß Philon nicht nur gelegentlich einmal auf die Gruppe der vier Tugenden verweist, weil sie zum allgemein verbreiteten Bildungsgut der Zeit gehört[38]; man wird auch nicht sagen können, daß er sie als unverzichtbaren Bestandteil der stoischen Philosophie im Rahmen dieses Systems übernimmt. Vielmehr zeigen vor allem die allegorischen Erklärungen, daß Philon sich bemüht, die Konzeption der Tugend mit ihren vier wesentlichen Einzelaspekten in immer neuer Weise in die jüdische Überlieferung zu integrieren, indem er sie aus ihr und der ihr heiligen Schrift ableitet und ihnen damit zugleich eine neue Funktion gibt. Wenn er dabei im einzelnen nicht nur auf die platonisch-stoische Gruppe der vier Tugenden zurückgreift, sondern diese mannigfach abwandelt, d.h. verkürzt[39], verändert[40] oder ergänzt, und zwar, wie schon mehrfach angedeutet worden ist[41], vor allem durch εὐσέβεια und ὁσιότης[42], aber auch durch sehr lange Tugendkataloge[43], und wenn er andere Tugenden besonders eindringlich erörtert[44], so unterstreicht er auch damit, daß ihm nicht daran liegt, ein Stück griechischer Tradition unangetastet oder unbesehen zu übernehmen, sondern

[38] Darauf deutet Philon selbst mut. nom. 196–197 (III 190,11–17 beachte die Erweiterung durch ὁσιότης und θεοσέβεια), vgl. ferner o. Anm. 5–7.

[39] Sacr. Ab. C. 37 (I 217,12–20; es gehen εὐσέβεια und ὁσιότης voraus); praem. 52 (V, 347,14–20).

[40] (Unter Wahrung der Vierzahl): εὐσέβεια statt δικαιοσύνη bei der Illustration des Königswegs (vgl. dazu M. Pohlenz a.a.O. 461 [= Kl. Schriften I 357]) quod deus 164 (II 90,23–26); εὐσέβεια mit φρόνησις, καρτερία und δικαιοσύνη, dabei καρτερία stellvertretend für σωφροσύνη und ἀνδρεία bei der Schilderung von äußerer Reinigung und innerer Befleckung Cher. 96 (I 193,17–24); εὐσέβεια mit δικαιοσύνη, σωφροσύνη, und ἐγκράτεια quod deterius 72 (I 274,27–275,4); und φρόνησις, σωφροσύνη, δικαιοσύνη und εὐσέβεια quod deterius 73 (I 275,4–8; gleich darauf folgt der übliche Kanon, vgl. o. S. 71 mit Anm. 17), s. auch o. Anm. 18; mut. nom. 225 (III 195,23–196,1) tritt die für Philon auch besonders bedeutsame φιλανθρωπία (vgl. dazu M. Pohlenz a.a.O. 469–471 [= Kl. Schr. I 365–367]) an die Stelle der φρόνησις in einer Aufzählung der einzelnen Tugenden, die man anzutreffen hofft, wenn es den Menschen nicht vergönnt ist, alle Tugenden zu besitzen. Quod deus 79 (II 74,12–14) werden in bewußt abgewandelter Vierergruppe Eigenschaften Gottes genannt.

[41] S. Anm. 18; 22; 25; 33; 38; 39; 40.

[42] Quod deterius 18 (I 262,14–22); exsecr. 159–160 (V 373,15–23); zur Sonderstellung der εὐσέβεια s. H. A. Wolfson a.a.O. II 212–218, der sie als eine der „cardinal virtues of the intellectual type" bezeichnet im Gegensatz zu den „cardinal virtues of the moral type" (d.h. zu den vier Tugenden der Philosophen).

[43] Leicht verlängerte Tugendreihen finden sich virt. 180 (V 322,14–21; s. dazu u. S. 77) und Abr. 24 (IV 6,17–20); entsprechend fünf Untugenden: sacr. Ab. C. 15 (I 207,11–17). Erheblich verlängerte Reihen mit allen oder den meisten der vier üblichen Tugenden: virt. 174 (V 320,16–18); Ios. 143 (IV 90,21–91,5); sacr. Ab. C. 27 (I 212, 14–213,1); stark veränderte, längere Reihen: virt. 182 (V 323,2–5); quod omnis probus 83 (Essäer: VI 24,2–3, vgl. auch 84–88; VI 24,6–25,11, dazu A. Vögtle, Die Tugend- und Lasterkataloge im Neuen Testament, Diss. theol. Freiburg (Münster 1936) 111 Anm. 104.

[44] S. o. Anm. 24.

daß es ihm darum geht, das durch die griechischen Philosophen bereitgestellte Modell durch gewisse Veränderungen den eigenen Vorstellungen oder dem konkreten Einzelfall anzupassen und sich gerade dadurch zu eigen zu machen.

So nennt er in der vita Mosis (2.9)[45] als dem idealen Gesetzgeber besonders nahestehend vier Eigenschaften, die mit der Gruppe der platonisch-stoischen Tugenden nur noch die (nicht unwesentliche) Vierzahl[46] gemeinsam haben: τὸ φιλάνθρωπον, τὸ φιλόδικον, τὸ φιλάγαθον, τὸ μισοπόνηρον[47]. Doch in den langen Listen der Eigenschaften, die Philon Moses zuschreibt und die gleichsam als Skizze einer Idealvorstellung überhaupt angesehen werden dürfen[48], sind die wesentlichen Elemente, die die Kardinaltugenden repräsentieren, vorhanden, allerdings verbunden mit vielen anderen. Denn so wenig Philon sich damit begnügt, nur die geläufige Gruppe gelegentlich anzuführen, so wenig ist er damit zufrieden, vorgegebene Resultate fremder ethischer Reflexion oder gar ein ganzes System zu übernehmen; vielmehr bemüht er sich (wie in vielen anderen Bereichen), auch dieses Stück griechischer Tradition ganz mit der eigenen Überlieferung zu verschmelzen.

II

Im Gegensatz zur Septuaginta und zu Philon[49] kennt das Neue Testament den Kanon der vier Tugenden nicht. Zwar finden sich gelegentlich δικαιοσύνη und δίκαιος, ἁγνεία, ἁγνότης und ἁγνός, σώφρων und σωφροσύνη sowie ἐγκράτεια und ἐγκρατής[50] in den zahlreichen unter sich keineswegs miteinander übereinstimmenden Tugendreihen, die neben die viel ausführlicheren Lasterkataloge treten[51]; doch lehren diese Listen nicht nur, daß sie (inhaltlich) von einem anderen Menschenbild ausgehen als die griechischen Philosophen, und nur im Ausnahmefall

---

45 IV 202,10–12.

46 Zur Bedeutung der Vierzahl allgemein: opif. m. 47–52; Abr. 13; plant. 117–125; vit. Mos. 2.115.

47 Vier wieder ganz anders geartete Fähigkeiten fordert Philon für den vollkommenen Führer, nämlich die eines Königs, Gesetzgebers, Priesters und Propheten (vit. Mos. 2.187: IV 244,1–3).

48 Vit. Mos. 2.154 (IV 157,9–12).

49 Einen kurzen Abschnitt über Josephus mußte ich aus Platzgründen streichen.

50 Ergänzend sind auch die anderen von diesen Stämmen gebildeten Wörter zu berücksichtigen, Adverbien, Verben usw.

51 Vgl. neben den Kommentaren, die hier nicht genannt werden können, nur A. Vögtle a.a.O. (s. Anm. 43); S. Wibbing, Die Tugend- und Lasterkataloge im Neuen Testament, BZNW 25, Berlin 1959; E. Kamlah, Die Form der katalogischen Paränese im Neuen Testament, Tübingen 1964; erstaunlicherweise herrscht nicht einmal Einigkeit darüber, welche Gruppen als Kataloge anzusehen sind.

„an ein modifiziertes Schema der Kardinaltugenden anklingen“[52]; vor allem versuchen sie (formal gesehen) nicht, die (vollkommene) Tugend durch eine Aufgliederung in ihre Bestandteile zu erfassen, sondern das Phänomen durch eine Aufzählung der zahlreichen Erscheinungsformen in seiner Mannigfaltigkeit zu begreifen und zugleich auch verständlich zu machen und zur Wirkung zu bringen[53].

Wo findet sich nun die Gruppe der vier Tugenden zuerst bei den Kirchenvätern, in welcher Gestalt, d. h. in welcher Reihenfolge, mit welchen näheren Bestimmungen, mit welchen Funktionen, in welchen Zusammenhängen?

Der vielschichtige Prozeß der Übernahme heidnischen Geistesgutes durch die Christen verläuft in sehr wechselvollen Phasen und wird durch sehr verschiedene Faktoren gefördert[54] – selten wohl durch eine eingehende Lektüre heidnischer Schriften, häufiger durch eine Begegnung mit einzelnen Vorstellungen oder Lehrsätzen, wie sie sich in Epitomai oder (philosophischen) Handbüchern, aber auch in rhetorischen Lehrbüchern finden mochten. Dies gilt gerade auch für die Gruppe der vier Tugenden, die anders als die Tugend- und Lasterkataloge der Diatribe und der Predigt in ihrem stoischen Gewand sowohl in der Theorie des genus laudativum wie des genus demonstrativum heimisch waren[55]. Daher erlaubt gerade diese Gruppe es, aus der Form, in der sie erscheint, und aus dem Zusammenhang, in dem sie begegnet, zu schließen, aus welchen Quellen der einzelne Autor schöpft und welche Einflüsse auf ihn gewirkt haben.

Es wäre verlockend, jetzt nicht nur darzustellen, bei welchen Kirchenvätern und in welchen Zusammenhängen die platonisch-stoische Tugendgruppe begegnet, sondern auch im einzelnen zu begründen, warum sie bei anderen wie den frühen Apologeten, vor allem Justin oder Tatian, oder bei den Vätern lateinischer Zunge wie Tertullian fehlt. Leider muß sich diese ohnehin reichlich knappe Skizze auf Clemens und Origenes beschränken; doch seien zuvor wenige Bemerkungen zu Athenagoras[56]

---

[52] A. Vögtle a.a.O. 241. Leider kann ich hier nicht auf die zentrale und doch nicht genügend beachtete Frage eingehen, welche Bereiche des menschlichen Lebens und Handelns durch die ntl. Kataloge (im Vergleich zur platonisch-stoischen Gruppe) berücksichtigt werden und welche nicht.

[53] Vgl. dazu vor allem E. Kamlah a.a.O.

[54] Auch hier muß darauf verzichtet werden, die unübersehbare Literatur aufzuführen; besonders nützlich ist der jüngste Überblick von W. Fauth, GGA 230, Göttingen 1978, 69–120.

[55] S. o. Anm. 6.

[56] Vgl. dazu L. W. Barnard, Athenagoras, Paris 1972; W. R. Schoedel (ed.), Athenagoras. Legatio and De Resurrectione, Oxford 1972; P. Keseling, RAC I, Stuttgart 1950, 881–888, spricht Athenagoras die Schrift De resurrectione ab und läßt sie daher unberücksichtigt.

erlaubt, dem ersten Haupt der Schule in Alexandreia, von dem die Überlieferung sagt, er habe sich als Leiter der Akademie dem Kampf gegen die Christen gewidmet und sei dabei Christ geworden[57]. Im ersten Teil seiner Schrift über die Auferstehung (2.1–11.2)[58] wendet er sich mit Argumenten „für die Wahrheit" an diejenigen, die nicht glauben wollen oder die Wahrheit in Zweifel ziehen; im zweiten Teil argumentiert er „über die Wahrheit" für diejenigen, die zu hören bereit sind (11.7–25.5). Um im Rahmen dieses Abschnittes zu zeigen, daß ein gerechtes Gericht nach dem Tode nur möglich ist, wenn Körper und Seele gemeinsam erhalten bleiben, betont Athenagoras die Unmöglichkeit, Tugenden und Laster allein der Seele zuzuschreiben (20.3–22.5), und führt dabei als Beispiele (22.2–5) Mut oder Beständigkeit, Selbstbeherrschung und Besonnenheit, Einsicht und schließlich Gerechtigkeit an, die alle nicht allein den Seelen zugesprochen, sondern von den lebenden Menschen nicht getrennt werden können. Wenngleich Athenagoras hier auf die von Aristoteles geschiedenen Typen des ἴσον zurückgreift[59], fußt seine Aufzählung der Tugenden auf dem stoischen (wohl eher als auf dem platonischen) Schema, das er aber nur ergänzend zur Begründung heranzieht, ohne ihm eine wesentliche Funktion im Rahmen seiner Auffassungen zu geben.

Wie steht es mit Clemens, der ebenso wie Philon in Alexandreia lehrte und der nach seiner Wirkungsstätte Alexandrinus genannt wird[60]? Mit der heidnischen griechischen Literatur ebenso vertraut wie mit der christlichen und jüdischen, versucht er, die griechische Philosophie der christlichen Lehre, die auch als Philosophie angesehen wurde, dienstbar zu machen.

In seiner Mahnrede an die Heiden erwähnt Clemens die Gruppe der vier Tugenden nur einmal, und zwar, um seine Aufforderung, zum Licht aufzuschauen wie „die Kinder des Lichtes" (Eph 5,2), zu unterstreichen und ein wenig zu verdeutlichen. Wenngleich er dabei weder auf Platon noch auf die Stoa zurückgreift, sondern – was den Experten entgangen zu sein scheint – auf Philon[61], so unternimmt er doch nicht den Versuch,

---

[57] Beleg bei L. W. Barnard a.a.O. 13–18.

[58] Die Zweifel an der Echtheit der Schrift, die zuletzt W. R. Schoedel a.a.O. XXV–XXXII äußert, teile ich nicht.

[59] Vgl. W. R. Schoedel a.a.O. 143 (z.St.).

[60] Aus der reichen Literatur nenne ich nur M. Pohlenz, Klemens von Alexandreia und sein hellenisches Christentum, NGG phil. hist. Kl. 1943, 103–180 (= Kl. Schr. I 481–558); W. Völker, Der wahre Gnostiker nach Clemens Alexandrinus, Berlin 1952; L. Früchtel, RAC III, Stuttgart 1957, 182–188; A. Méhat, Étude sur les ‚Stromates' de Clément d'Alexandrie, Paris 1966; O. Prunet, La morale de Clément d'Alexandrie et le Nouveau Testament, Paris 1966; S.R.C. Lilla, Clement of Alexandria, Oxford 1971.

[61] X 92.5–93.1 (I 68,11–17), verkürzt aus Philo, virt. 180 (V 19–21, in anderem Zusammenhang).

die Bedeutung der einzelnen Tugenden für einen christlichen Lebenswandel auch nur anzudeuten. Nachdem er zu Beginn im Anschluß an Philon (entgegen den üblichen Gruppierungen) ἐπιστήμη und φρόνησις nebeneinander gerückt hat, begnügt er sich am Ende an Stelle von Philons θαρραλεότης[62] θεός[63] zu setzen – ähnlich wie Philon gern εὐσέβεια und ὁσιότης hinzufügt[64]; und in den folgenden Erörterungen spricht er von der δικαιοσύνη, nicht von der Frömmigkeit; die Gruppe als Ganzes hat für ihn kein besonderes Gewicht.

Die Frömmigkeit findet sich auch in einer Aufzählung, mit der im Paedagogus Clemens die Arete des Menschen als Gerechtigkeit, Besonnenheit, Tapferkeit und Frömmigkeit umschreibt (II 121.4). Gewiß trifft Clemens auch hier seine Auswahl mit Bedacht, doch erlaubt sie nicht, weitreichende Schlüsse zu ziehen. Denn in der ganzen Erörterung des wahren Schmuckes und der wahren Schönheit, als die hier die Arete jedes Lebewesens verstanden wird, spielt die Frömmigkeit keine Rolle; anderseits ist nicht zu vergessen, daß εὐσέβεια bzw. ὁσιότης nicht erst bei Philon (s. o. S. 74), sondern schon früher neben den vier anderen Tugenden genannt werden[65], so daß diese Passage vor allem durch das Fehlen der φρόνησις auffällt. Ähnliche Vorstellungen kehren in der Zusammenfassung des dritten Buches des Paedagogus wieder. Doch obwohl Clemens die Zierde der Seele auf den heiligen Geist zurückführt (III 64,1), verzichtet er darauf, auf diese Gedanken näher einzugehen; und auch die beiden ergänzend hinzugefügten Tugenden φιλαγαθία[66] und αἰδώς[67] tragen keineswegs speziell christliche Züge.

In den Stromata dient die Gruppe der vier Tugenden Clemens gelegentlich nur zur Illustration, z. B. dafür, daß die potentiell eine Tugend je nach den Umständen verschieden bezeichnet wird, ohne daß er Folge-

---

[62] Clemens kann auf θαρραλεότης, das er auch sonst nicht verwendet, statt ἀνδρεία verzichten, da ἐγκράτεια zugleich für ἀνδρεία und σωφροσύνη stehen kann, s. z. B. Philo, Cher. 96 (s. o. Anm. 40); interessant im Hinblick auf die weitere Entwicklung ist, daß Clemens das Nebeneinander von ἐπιστήμη und φρόνησις übernimmt, vgl. u. Anm. 117.

[63] Beachtenswert ist auch der folgende Ersatz des πάγκαλον γὰρ καὶ συμφέρον αὐτομολεῖν ἀμεταστρεπτί πρὸς ἀρετήν durch καλὸς ὁ κίνδυνος αὐτομολεῖν πρὸς θεόν.

[64] Vgl. o. S. 74 mit Anm. 40–42.

[65] Vgl. nur Plat. Prot. 330 B; 349 B; Xen. Mem. IV 6; bei Platon fehlt die ὁσιότης zuerst im Enkomion auf Eros (Symp. 196 D), da sie nicht als Eigenschaft eines Gottes gepriesen werden kann; auch in der oft zitierten Passage aus dem Theaetet wird die ὁμοίωσις θεῷ als δίκαιον καὶ ὅσιον μετὰ φρονήσεως γενέσθαι definiert (176 B).

[66] Φιλάγαθος kommt einmal im NT vor (Tit. 1.8); es begegnet ebenso wie φιλαγαθία auch in der hellenistischen Philosophie (abgesehen vom Vereinswesen), nicht zuletzt bei Philon (s. Index s. v., z. B. vit. Mos. 2.9 o. S. 75).

[67] „Der Begriff αἰδώς (wie σωφροσύνη) spielt im Urchristentum keine Rolle" (R. Bultmann, ThWNT I, Stuttgart 1933, 171), wohl aber in der hellenistischen Philosophie, vgl. Zeno F 246 (SVF I 58 nach Clemens Paed. III 74.3–4) oder Philon, Ios. 153 (IV 93,16).

rungen aus diesem Beispiel zieht oder auf die Rolle der Tugenden bei der Suche nach der Wahrheit, die er hier erörtert, eingeht[68]. In den späteren Büchern betont Clemens bei dem Bemühen, den Nutzen der Wissenschaften und der griechischen Philosophie für die Gnostik zu verteidigen, ausdrücklich, schon die jüdische Weisheit habe die vier Tugenden gelehrt und damit seien den Griechen deren Voraussetzungen von den Juden vermittelt (VI 95.4); er beruft sich dafür auf den oben erörterten Vers aus der Sapientia Salomonis (8.7)[69]. Doch im Gegensatz zu Philon, dessen Werk Clemens so genau kannte, verzichtet er auf eine weitere Verankerung der Tugendgruppe etwa durch eine allegorische Erklärung oder eine systematische Einordnung.

Ähnlich wendet sich Clemens im zweiten Buch nach der Behandlung der ἐπιστήμη (II 76.1–77.6) allen anderen Tugenden mit dem einleitenden Hinweis zu, sie hätten, schon bei Moses aufgezeichnet, den Griechen die Basis für deren gesamte Ethik geschaffen (II 78.1–79.5)[70]. Hier folgen nun erst eine Aufzählung, die nach den vier bekannten Tugenden auch noch καρτερία mit ὑπομονή, σεμνότης, ἐγκράτεια und schließlich die εὐσέβεια nennt, und weiter Hinweise zunächst auf die hervorragende Stellung der Frömmigkeit, dann auf die Bedeutung von Gerechtigkeit und Einsicht (als Früchte des Gesetzes), unterstützt durch Prophetenworte (auch aus den Proverbia) und Philosophenzitate. Für die Tapferkeit (ergänzt durch ὑπομονή = καρτερία und die vorher nicht genannte μεγαλοψυχία[71]) und die Besonnenheit werden schließlich stoische Definitionen gegeben[72], während die auch sonst bei Clemens in Tugendreihen nicht einbezogene σεμνότης[73] nicht wieder erscheint. Zwar wird in diesem Abschnitt (II 78–84 und auch in der folgenden Diskussion) Clemens' Bemühen deutlich, die Tugendgruppe für die jüdische (biblische) Tradition in Anspruch zu nehmen, wobei er sich vor allem auf Philon stützt[74], nicht auf die Stoiker[75]; doch gelingt die Verbindung vor allem

---

[68] I 97.3 (II 62,17–20); v. Arnim hat diese Passage unter die Fragmente Aristons aufgenommen (F 376: I 86), Stählin-Früchtel verweisen z. St. außerdem auf verschiedene Platonstellen. Tatsächlich bedient sich Clemens eines allgemein bekannten und beliebten Beispiels, das sich auch bei solchen Philosophen findet, in deren Ethik die Tugendgruppe keine Rolle spielt, vgl. o. Anm. 16.

[69] Vgl. o. S. 69.

[70] Zu Clemens' Anschauungen über den Ursprung und die Quellen der griechischen Philosophie s. S. R. C. Lilla a.a.O. 9–59.

[71] Zu ihrer Verwandtschaft mit der ἀνδρεία s. Strom. VII 18.1 (stoisch).

[72] Weitere Parallelen verzeichnet S. R. C. Lilla a.a.O. 72–84.

[73] Vgl. das Wortregister; auch auf die ἐγκράτεια kommt Clemens hier nicht noch einmal zurück, deren grundlegende Bedeutung er II 105.1 herausstellt; zur Definition III 4.1 s. O. Prunet a.a.O. 94.

[74] Vgl. P. Heinisch a.a.O. (o. Anm. 15) 278–279; S. R. C. Lilla a.a.O. 77–78; der Hinweis von W. Völker a.a.O. 298 Anm. 3 auf Philo Cherub. 96 ist wenig förderlich, da sich

durch den Nachweis der – bezeichnenderweise – erweiterten[76] Tugendreihe in der Bibel[77], während Clemens darauf verzichtet, aus seiner Sicht die Tugendgruppe zur ἀρχὴ παντὸς τοῦ ἠθικοῦ τόπου zu machen[78]. Denn wenn Clemens auch die vier Tugenden im siebten Buch noch einmal in Einklang mit der platonischen und stoischen Tradition aufzählt[79] und nicht nur die stoischen εἴδη τῆς ἀνδρείας hinzufügt, sondern vorher auch kurze Bemerkungen zu den Funktionen der vier Tugenden, so bleiben diese teilweise ganz unklar und tragen jedenfalls wenig zum Verständnis des Wesens und der Bemühungen des Gnostikers bei, dessen Eigenart Clemens hier gerade den heidnischen Philosophen verdeutlichen will. Von einer Integration der Tugendgruppe in das Bild[80], das Clemens vom Gnostiker entwirft, kann man gewiß nicht sprechen, geschweige denn von einer fruchtbaren Rezeption.

Abschließend kann festgehalten werden, daß nach Clemens' Darlegungen der Christ der Philosophie, die eine Gabe Gottes ist, bedarf, um Gnostiker zu werden, d.h. um von der πίστις zur γνῶσις fortzuschreiten. Gelegentlich setzt er die vom Gnostiker erstrebte ὁμοίωσις θεῷ[81] sogar dem Tugendhaft-Sein gleich[82]. Doch läßt er dabei keinen Zweifel, daß

---

dort eine andere Auswahl der Tugenden (καρτερία statt ἀνδρεία und σωφροσύνη) in anderer Reihenfolge findet; noch weniger hilft der Verweis auf quod omnis probus 83 (eine ganz andere Aufzählung). Natürlich kann Philon nicht als einzige Quelle für Clemens angesehen werden.

75 So allzu einseitig J. Stelzenberger, Die Beziehungen der frühchristlichen Sittenlehre zur Ethik der Stoa, München 1933, 362–364; übrigens steht die Betonung der Einsicht nicht im Gegensatz zur okzidentalen Ethik, und die Reihenfolge der Tugenden ist bei Clemens nicht einheitlich; s. ferner Anm. 79.

76 Vgl. auch II 97.1 (II 166,1,5); es läßt sich zeigen, daß die Vierergruppe, wo sie zur Wirklichkeit in Beziehung gesetzt wird – etwa durch Redner oder Historiker – fast stets verändert wird. Zur ἐγκράτεια s. Anm. 73, zur εὐσέβεια s. S. 78–80.

77 Vgl. die Nachweise bei Stählin-Früchtel zu II 78–84.

78 Eine ganz andere Gruppe stellt Clemens II 86.4 (II 158,19–20) zusammen; leider kann ich hier nicht auf alle Variationen von Tugendreihen eingehen.

79 VII 17.3–18.1. Angesichts der Wendung τῆς τε ἐπὶ πᾶσι παντελοῦς ἀρετῆς δικαιοσύνης wird man Clemens' Aufzählung auch hier nicht allein auf die durch Philon vermittelte stoische Tradition zurückführen können (J. Stelzenberger a.a.O. 362 Anm. 30), sondern zugleich auch an Platon denken, wenngleich auch Philon der δικαιοσύνη eine Sonderstellung einräumt (Abr. 27; leg alleg. 1.87); s. ferner den Hinweis bei Stählin zu VII 17.4 auf Plat. R 413 B. Der gelehrte Clemens kennt die Schriften Platons und der Mittelplatoniker ebenso wie die Schriften der Stoiker und Philons u. a., vgl. S. R. C. Lilla a.a.O. 227–228; deswegen ist es aus grundsätzlichen Erwägungen wenig sinnvoll, isoliert ‚Le stoicisme des pères de l'église' (M. Spanneut, Paris ²1969) zu untersuchen.

80 Vgl. etwa VII 13.4, wo ἡμερότης, φιλανθρωπία, und μεγαλοπρεπὴς θεοσέβεια als γνωστικῆς ἐξομοιώσεως κάνονες genannt werden.

81 Vgl. dazu H. Merki, ΟΜΟΙΩΣΙΣ ΘΕΩ. Von der platonischen Angleichung an Gott zur Gottähnlichkeit bei Gregor von Nyssa, Freiburg/Schw. 1952, bes. 44–60; E. R. Dodds, Pagan and Christian in an Age of Anxiety, Cambridge 1965, 74–78.

82 IV 147.1 (II 313,11–15); dabei nennt Clemens auch neue, christliche Tugenden, vgl.

sein Ideal der vollen Hingabe an Gott von der Erkenntnis abhängt[83], nicht vom Besitz und der Übung der vier Tugenden[84], wenngleich er bisweilen deren Zusammengehörigkeit betont[85].

So verzichtet Clemens darauf, dieser Gruppe, die ihm wohl vertraut ist, eine wesentliche Funktion im Entwicklungsgang des Gnostikers oder einen Platz in einer systematisch aufgebauten christlichen Ethik zuzubilligen[86], obwohl er die Abhängigkeit der Griechen gerade in diesem Bereich immer wieder betont; vielmehr stellt er die von den Philosophen geforderten Tugenden gelegentlich sogar bewußt in Gegensatz zum Gnostiker, der im Stadium der Erfüllung keiner Tugenden mehr bedarf[87].

III

Dem etwas jüngeren Origenes[88], der zunächst auch in Alexandreia lehrte und dort 217 n. Chr. vom Bischof zum Leiter der neugegründeten Katechetenschule bestellt wurde[89], die letzten zwanzig Jahre seines Le-

---

O. Prunet a.a.O. 96; 104–110 und S. R. C. Lilla a.a.O. 109 (im Anschluß an Merki); s. ergänzend II 1.1 (II 113,8–11).

[83] D.h. übrigens auch nicht von der Erlösung, weswegen man es eher platonisch als christlich nennen möchte.

[84] Bisweilen stellt Clemens einzelne Tugenden heraus, z. B. die δικαιοσύνη: VI 60.3 (II 462,11–15), vgl. dazu O. Prunet a.a.O. 94–95; 105–110.

[85] S. z. B. II 80.2 (II 154,26–155,1), VIII 30.2 (III 99,16–17); II 45,1 (II 136,23–137,1) spricht Clemens wieder von anderen Tugenden (dies wird von H. J. Horn, JAC 13, 1970, 20–21 nicht berücksichtigt); vgl. dazu A. Méhat a.a.O. 364 Anm. 114; S. R. C. Lilla a.a.O. 83–84.

[86] Versuche, ein ethisches System für Clemens zu konstruieren, sind verfehlt und deswegen auch Aussagen, Clemens habe das Tugendschema in die christliche Sittenlehre aufgenommen. Vielmehr ist zu bedenken, daß auch die heidnischen Philosophen der Zeit keine systematischen Werke verfassen. – Mit Recht betont A. Méhat a.a.O. 362, daß sich Clemens nicht auf die vier Tugenden beschränkt, und zeigt, daß Clemens nicht die Gruppe, sondern einzelne Tugenden der Heiden den christlichen annähert oder kühn mit ihnen verknüpft (a.a.O. 365–366; vgl. O. Prunet a.a.O. 94–95).

[87] VI 76.1–4 (II 469,20–32); VII 63.2 (vgl. den ganzen Abschnitt VII 55–83).

[88] Vgl. dazu nur E. de Faye, Origène. Sa vie, son œuvre, sa pensée I/III, Paris 1923–1928; W. Völker, Das Vollkommenheitsideal des Origenes, Tübingen 1931; H. Koch, Pronoia und Paideusis. Studien über Origenes und sein Verhältnis zum Platonismus, Berlin 1932; J. Daniélou, Origène, Paris 1948; C. Andresen, Logos und Nomos, Berlin 1955; H. Crouzel, Origène et la philosophie, Paris 1962; G. Gruber, ΖΩΗ. Wesen, Stufen und Mitteilung des wahren Lebens bei Origenes, München 1962; W. Jaeger, Das frühe Christentum und die griechische Bildung, Berlin 1963; weitere Literatur verzeichnen H. Crouzel, Bibliographie critique d'Origène, Steenbrugge 1971, und W. Fauth a.a.O. (s. Anm. 54) 96–99. Zitiert wird nach der Ausgabe der Berliner Akademie (GCS) und, soweit notwendig, nach J. P. Mignes Patrologia Graeca (11–17); ergänzend sind die neuen Editionen in den Sources Chrétiennes eingesehen.

[89] Vgl. H. Karpp in: H. Görgemanns und H. K. (ed.), Origenes. Vier Bücher von den

bens jedoch in Kaisereia wirkte, wurde später von christlichen Eiferern vorgeworfen, er sei durch griechische Bildung blind gemacht worden[90], während er sich schon zu Lebzeiten gegen heidnische Vorwürfe wehren mußte, daß die Christen im Bereich der Ethik nichts Neues zu sagen hätten[91], also ihre Lehren mit denen der heidnischen Philosophen übereinstimmten. Gerade diese so verschieden motivierten Angriffe, vor allem aber auch Origenes' erstaunliche Zustimmung zu dem zweiten Vorwurf[92], lassen besonders dringlich fragen, welche Bedeutung der Gruppe der vier Tugenden in Origenes' Schriften zukommt, zumal Gregorius Thaumaturgus berichtet, Origenes habe seinen Schülern diese göttlichen Tugenden nicht nur durch seine Darlegungen in ihrem Wesen nahegebracht, sondern sie auch durch Handlungen zu deren Ausübung aufgerufen[93].

Daß auch Origenes die Gruppe zu Illustrationen verschiedener Art verwendet, bei denen es nicht um deren Funktion im Rahmen der Ethik geht[94], überrascht angesichts der erörterten Beispiele bei Philon und Clemens nicht und bedarf hier keines ausführlichen Eingehens, ebensowenig ein wie selbstverständlich gegebener Hinweis auf die Gruppe[95].

Bedeutsamer sind Origenes' Erläuterungen einiger Paulusworte in seinen Kommentaren. Zu κἂν ἔχω πᾶσαν τὴν πίστιν (1.Kor 13,2) beweist er, daß es einen höchsten Grad der Vollkommenheit im Glauben gibt, indem er vergleichend die einzelnen Tugenden aufführt, deren Aneignung in allmählichem Fortschritt erfolgt[96]. Die Gerechtigkeit Gottes, deren Verhältnis zur menschlichen Ungerechtigkeit Origenes im Anschluß an Römer 3,5 zu klären sucht, läßt er als Wissenschaft (disciplina) erscheinen und fügt verdeutlichend nach der Medizin die noch nicht genannten drei Tugenden Einsicht, Besonnenheit und Tapferkeit (platonisch-stoischer Tradition folgend) als andere Formen des Wissens hin-

---

Prinzipien, Darmstadt 1976, 5; zum Leben s. auch H. Koch, Pauly-Wissowa R. E. 18, Stuttgart 1939, 1036–1040.

[90] Epiphanius Pan. haer. 64.72.9; zu Origenes' Bildung s. u. a. E. de Faye a.a.O. I 214–220; H. Koch, Pronoia 163–304; H. Chadwick, Early Christian Thought and the Classical Tradition, Oxford 1966, 102–118.

[91] C. Cels. 1.4 (I 58,5–7); s. dazu C. Andresen a.a.O. 69–70.

[92] Vgl. dazu H. Chadwick a.a.O. 104–105.

[93] Pan. Or. 9. 118–126 (S. C. 148,144–148).

[94] Zur Verdeutlichung des Verhältnisses zwischen einem Wort und der Vielfalt seiner Bedeutungen: c. Cels. 5.47 (II 51,17–52,5, verkürzt); vgl. ähnlich Hom. in Num. 2.2 (VII 11,23–12,2, verkürzt); wichtiger ist, daß Origenes im Rahmen sprachlicher Erörterungen die Berechtigung der Formulierung δικαίως τὸ δίκαιον διώξῃ durch analoge Wendungen mit den anderen Tugenden aufzeigt (Comm. in Ioh. 28.13.101–104: IV 405,1–13); zu Hom. in Jer. 8 (III 57,1–21) s. u. S. 87, Anm. 125.

[95] Als Gegensatz zu den Affekten: Hom. in Jer. 40 (28.21–24: III 218,22–23).

[96] Comm in Ioh. 32,15.178–182 (IV 450,15–31).

zu[97]. Offensichtlich wählt Origenes seine Beispiele nicht ohne Absicht, sondern um seinen Lesern Wesen[98] und Wichtigkeit der Tugenden zu verdeutlichen, auf deren Verwirklichung er vor allem dort verweist, wo er sich an ein breites Publikum wendet. Denn in seinen Homilien – aber auch in den Kommentaren – läßt Origenes gern die höchste Form menschlichen Lebens, für die er Vorbilder aus der Heiligen Schrift als Zeugen anführt[99] und zu der er seine Hörer und Leser mahnen will[100], als das Leben nach den vier Tugenden erscheinen, das zwar nicht vollkommen genug ist, um zum Vergleich mit Gott zu taugen[101], wohl aber dazu, die Tore zum Himmel zu öffnen[102].

Beschränkt sich Origenes auf die gelegentliche Übernahme der Tugendgruppe der heidnischen Philosophen, oder räumt er ihr eine wesentliche Funktion in seiner Theologie oder seiner Anthropologie ein? Finden sich etwa Anzeichen einer weitergehenden Verflechtung mit den Lehren der Heiligen Schrift durch allegorische Erklärungen, durch Umdeutung des überlieferten Kanons[103]?

Hier zwingt das umfangreiche Werk des Origenes dazu, nur anhand einzelner Beobachtungen und typischer Beispiele die wesentlichen Tendenzen zu verdeutlichen. In den lateinischen Übersetzungen begegnet auffallend oft statt der bei den Heiden üblichen Begriffe temperantia, modestia oder moderatio[104] castitas[105], obwohl sich an fast allen Stellen, an denen auch die griechische Fassung erhalten ist, σωφροσύνη findet.

---

97 Comm. in Rom. 3 (PG 14,924 A–B).

98 Gleiches Wesen und gleiche Struktur der Tugenden – hier werden auch noch εὐσέβεια und ὁσιότης und neben φρόνησις ἐπιστήμη καὶ αἱ λοιπαί ἀρεταί genannt – dienen Origenes zur Argumentation c. Cels. 5.28 (II 29,4–12).

99 Hom. in Luc. 8 (1.48: IX,50,5–51–12) wird die ταπείνωσις, also die humilitas Mariae, so gedeutet, ein Begriff, der der heidnischen Ethik der Antike fast völlig fremd ist (vgl. W. Grundmann, ThWNT VIII, Stuttgart 1969, 1–6) und den Origenes ergänzend umständlich mit ἀτυφία (bei Philon beliebt, von Clemens bisweilen verwandt) und μετριότης gleichsetzt; Comm. in Matth. 15.17 (19.21: X 398,8–16, dazu u. S. 84 mit Anm. 107). Typische Vorbilder aus der Bibel für einzelne Tugenden führt Origenes Hom. in Ez. 9.3 (VIII 412,2–5) an.

100 Hom. in Luc. 35 (12,58: IX 201,18–25); Hom. in Ez. 1.3 (VIII 326,27–327,1); Comm. in Matth. 12.13 (16.18: X 93,2–24); 12.14 (16.19: X 96,26–97,9, verkürzt); 12.24 (16.24: X 123,10–32, auch 124,1–19); Comm. in Matth. ser. 14 (23.13: XI 27,16–18).

101 Hom. in Ez. 9.3 (VIII 411,27–412,5).

102 Comm. in Matth. 12.14 (16.1: X 96,26–97,9); hier scheint die Tugendgruppe trotz 12.13 (16.18: X 93,1–7 und 95,1–16) aufgelöst zu sein.

103 Von einer Umgestaltung wird man nicht sprechen, wenn Origenes den Kanon nur abkürzt und durch et ceterae auf den Rest verweist.

104 Moderatio bei Origenes z.B. Princ. 4.4.10 (V 363,19–24).

105 Hom. in Ez. 1.3 (VIII 326,27–327,1); 9.3 (VIII 412,2–5); Comm. in Matth. 12.13 (16.18: X 93, 10–11 statt σωφροσύνη); 12.14 (16.19: X 96,26–29 statt σωφροσύνη und σώφρων); 12.24 (16.24: X 123,17–21: σωφρονήσας); 15.17 (19.21: X 398,14 statt σώφρων); von den verkürzten oder erweiterten Reihen sei auf Comm. in Matth. ser. 14

Offensichtlich wird das gebräuchliche Wort von Origenes mit einer ganz bestimmten Bedeutungsnuance verwendet (oder jedenfalls von den Übersetzern so verstanden), in der sich ein besonderes Anliegen des Autors spiegelt[106]. An anderer Stelle läßt Origenes diesen Aspekt durch einen Zusatz deutlicher hervortreten: in den Erläuterungen zu Jesu Aufforderung an den reichen Jüngling (Mt 19,21) umschreibt er das Vollkommenwerden nicht allein mit weise, tapfer, gerecht und besonnen werden, sondern fügt καί ἐκτὸς παντὸς πάθους hinzu[107]. Es ist weder ausreichend noch zutreffend, hier allein stoischen Einfluß zu registrieren, wenngleich die ἀπάθεια bei den Stoikern eine zentrale Rolle spielt[108]; vielmehr ist zu berücksichtigen, daß die Christen auch der ἀπάθεια eine besondere Bedeutungsnuance gegeben haben[109], und im Gefolge dieses Wortverständnisses hält Origenes es für wichtig, diesen Aspekt hier wie bisweilen auch sonst[110] hervorzuheben.

Viel häufiger ist eine andere Ergänzung der traditionellen Vierergruppe, die schon bei Philon und Clemens (und früher) vorkommt: die Frömmigkeit (s. o. 74ff.). Bald läßt Origenes die εὐσέβεισ allein oder mit der ὁσιότης an die Stelle einer der anderen Tugenden treten[111], bald rückt er sie neben die vertraute Gruppe[112]; gelegentlich stellt er sie ihr

(23.13: XI 27,16–19) und 69 (25.29: XI 162, 25–30) verwiesen. Comm. in Cant. Cant. 3 (2.3: VIII 184,13–15) tritt castitas neben iustitia und sobrietas in einer verkürzten Aufzählung; sobrietas findet sich allein neben iustitia, prudentia und pietas Princ. 2.5.4. (V 138,2–5).

[106] Vgl. zur Betonung der castitas durch Origenes z. B. W. Völker a.a.O. 48–50; s. im Vergleich dazu R. Bultmanns Hinweis auf das Urchristentum o. Anm. 67.

[107] Comm. in Matth. 15.17 (X 398,8–16 und 26–28: λέγω δὲ τὴν ἐπαινετὴν ἀπάθειαν καὶ πᾶσαν τὴν ἀρετήν).

[108] M. Pohlenz, Die Stoa, Göttingen [4]1974, I 141–153, bes. 150–152.

[109] Vgl. G. W. H. Lampe (ed.), A Patristic Greek Lexicon, Oxford 1968, s. vv. ἀπάθεια B und C und ἀπαθής B, C und D; s. ferner W. Völker a.a.O. 44–62 und 150–156; und allgemein J. H. Waszink, Entretiens Hardt 3, 1955, 155.

[110] In Matth. F 64 (4.4: XII, 41, verkürzt, ohne ἀνδρεία).

[111] Princ. 2.5.4 (V 138,2–5: Klärung des Verhältnisses zwischen bonitas und den Einzeltugenden, vgl. dazu .H. I. Horn JAC 13, 1970, 1–28); Hom. in Num. 20.1 (VII 187,5: Kräfte, die uns über den Satan siegen lassen; daraus, daß hier jeweils die fortitudo fehlt, kann nicht deren Geringschätzung durch Origenes erschlossen werden (vgl. auch Anm. 17; 18; 21; 123); sie nimmt allerdings auch keine Sonderstellung ein, wie W. Völker a.a.O. 150–153 meint. Hom. in Jer. 12.11 (13.16: III 97,13–22) finden sich ὁσιότης und εὐσέβεια vor αἱ λοιπαὶ ἀρεταί und nach σωφροσύνη, δικαιοσύνη und εὐποιία (sehr selten bei den Heiden, im NT nur Hebr 13,16, häufig bei Clemens), ἀνδρεία und ὑπομονή (vgl. o. 79), während φρόνησις fehlt unter den Leistungen, durch die die Menschen Gott ehren sollen.

[112] Comm. in Matth. ser. 14 (23.13: XI 27,16–19: Leistungen, durch die sich einem der Himmel öffnet); 69 (25.29: XI 162,25–30: Leistungen, die der Hilfe Gottes bedürfen); c. Cels. 2.79 (I 201,22–32, mit stoischer Terminologie: Verhaltensweisen, zu denen die Christen die anderen Menschen bringen wollen); 8.17 (II 234, 26–235,6: die Tugenden als Ab-

sogar ausdrücklich als diejenige gegenüber, um die allein das auserwählte Volk (Jer 43,20) ringt (Mart. 5: I 6,14–27). Wesentlich wiederum ist die Absicht des Kirchenvaters, die Leser aufzurufen[113], die Tugenden in ihrem Leben durch Taten und Gesinnung zu verwirklichen und sich mit ihrer Hilfe der Vollkommenheit zu nähern. Doch das Ungenügen der vertrauten Vierergruppe zeigt sich nicht nur in dem Zusatz der Frömmigkeit, sondern vor allem in den immer wiederkehrenden Hinweisen, daß die Menschen nicht allein, d.h. durch die von ihnen geübten Tugenden, ihr Ziel erreichen können[114], sondern der Hilfe und Unterstützung durch Gottes Kräfte bedürfen[115].

Nicht nur die ἀπάθεια oder die Frömmigkeit treten zu der Gruppe der vier Tugenden hinzu. In der wichtigen Zusammenfassung der Schrift ‚von den Prinzipien' (IV 4.10: V 363,17–29) charakterisiert Origenes das Wesen des nach dem Bilde Gottes und ihm ähnlich geschaffenen Menschen: nicht in der vergänglichen, körperlichen Erscheinung lassen sich die Spuren des göttlichen Vorbildes erkennen, sondern in der Einsicht des Geistes, der Gerechtigkeit, der Besonnenheit, der Tapferkeit, der Weisheit, der Bildung, kurzum im ganzen Kranz der Tugenden, die Gott wesenhaft eignen und die sich im Menschen dank seines Eifers und seiner Nachahmung Gottes finden können. Hier wird der Einfluß der griechischen Philosophie auf Origenes und die Funktion, die er den Tugenden zuweist, klar erkennbar; denn des Menschen Ebenbildlichkeit mit Gott wird anhand der Tugenden der griechischen Philosophen aufgezeigt und im Einklang mit der platonischen und stoischen Tradition sogar der Primat von Wissen und Erkenntnis durch das Nebeneinander von σοφία und φρόνησις, ergänzt durch παιδεία unterstrichen[116].

Auch diese Form der Ergänzung des Kanons steht keineswegs allein; sie findet sich ebenso in der polemischen Auseinandersetzung mit Kelsos[117] und in einer allegorischen Deutung der Verheißung „Ich werde euch Regen geben . . ., daß die Bäume auf dem Felde ihre Früchte tragen" (Lev 26,4)[118]. Wie Philon scheint also auch Origenes den griechischen Kanon mit der biblischen Überlieferung verschmelzen zu wol-

---

bilder Gottes, in dem sie als Vorbilder ruhen, vgl. dazu Princ. 4.4.10 [V 363,17–29]); auch in verkürzten Reihen kommt εὐσέβεια vor, s.o. Anm. 96.

[113] Und zu bekehren: c. Cels. 2.79 (I 201,24), vgl. z.B. auch Hom. in Gen. 11.2 (VI 103 23).

[114] Comm. in Matth. 10.19 (13.53: X 26,20–28).

[115] Comm. in Matth. 12.14 (16.19: X 96,33–97,9); 15.17 (19.21: X 398,9–16); ser. 69 (25.29: XI 162,25–163,5), s. dazu W. Völker a.a.O. passim.

[116] Vgl. auch die Verbindung von παίδευσις und ἀρετή Princ. 3.1.15 (V 222,11–12), dazu H. Koch, Pronoia passim und allgemeiner W. Jaeger a.a.O.

[117] C. Cels. 5.28 (II 29,4–12, vgl. o. Anm. 98); zur Verbindung von φρόνησις und ἐπιστήμη s.o. Anm. 62.

[118] Hom. in Lev. 16.4 (VI 497,6–499,8).

len[119]. Doch gerade hier zeigt sich ein wesentlicher Unterschied. Während Philon einen durch die Sache gegebenen Anknüpfungspunkt, nämlich die Vierzahl der Paradiesflüsse, ausnutzt[120], um die vier Tugenden mit ihnen zu verbinden, deutet Origenes die Bäume, deren Früchte Gott den Menschen verheißt, als die von ihnen zu pflegenden Tugenden, wobei er die traditionelle Gruppe der Vier um pietas, sapientia, disciplina und scientia vermehrt[121] und sich dadurch die Möglichkeit schafft, auch den Baum der Erkenntnis einzubeziehen[122]. Doch anders als Philon läßt Origenes diese Deutung nicht zum festen Bestandteil seiner Lehre oder seiner Predigten werden[123]; vielmehr spricht er immer wieder, besonders im Rahmen allegorischer Deutungen, im Anschluß an Galater 5,22 von den Früchten des Geistes und zählt die dort von Paulus genannten Tugenden auf[124]. Denn nicht aus der griechischen Tradition, sondern aus der Heiligen Schrift gewinnt Origenes die gültigen Maßstäbe: neben die Reihe aus dem Galaterbrief treten die Aufzählungen dessen, was Christus ist oder was ihm eignet, aus Joh 1,1 und 14,6, und aus 1.Kor 1,24, 1,30 und 13,13; und sie begegnen so häufig, daß dem Rückgriff auf den Kanon der Heiden, auf den wir unsere Aufmerksamkeit hier gerichtet haben, keine wesentliche Bedeutung beigemessen werden kann.

---

[119] Auch Philon spricht von Bäumen, die Gott einpflanzt, und zwar nicht nur plant. 28, wie W. A. Baehrens in seiner Origenes-Ausgabe andeutet (VI zu 498,6), sondern auch in dem folgenden Abschnitt plant. 28–49 (mit Rückgriff auf andere Bibelstellen, z.B. Ex. 15.17 und 18); vgl. auch 73–120 oder leg. alleg. I 56–62 (Gen. 2.9), s. ferner die in der Seele wachsenden Bäume der vier (!) Untugenden und der Tugenden agr. 9–19 u. ö. Lev. 26.3 und 4 wird von Philon anders ausgelegt (praem. 101).

[120] Instruktiv ist der Vergleich mit Origenes Hom. in Num. 17.4 (VII 161,2–13), wo Origenes die Tugenden mit Flüssen gleichsetzt (im Anschluß an Num. 24.6).

[121] VI 498,16 tritt auch noch pudicitia hinzu, vgl. dazu o. Anm. 106.

[122] Gen. 2.9; auch auf zahlreiche andere Bibelstellen, an denen vom Pflanzen und Fruchttragen gesprochen wird, spielt Origenes hier an; zur Gegenüberstellung non est ficus nec . . . vitis vgl. Hom. in Jer. F 62 (III 229 5–6).

[123] Auch die Deutung der Aufforderung Gottes an die Juden, in der babylonischen Gefangenschaft Frauen zu nehmen und Kinder zu zeugen (Jer 36,6), die die Frauen als die ἀρεταί versteht, mit deren Hilfe λόγος σοφίας, ἔργα σωφροσύνης und ἔργα δικαιοσύνης hervorgebracht werden sollen, kehrt in dieser Form nicht wieder (Hom. in Jer. F 48 zu Jer. 36,4–6: III 222,22–223,6; auch hier fehlt wieder die ἀνδρεία). Zu den Unterschieden in Philons und Origenes' Methoden allegorischer Auslegung s. auch H. Chadwick a.a.O. 74–75.

[124] Princ. 1.3.4 (V 52,10–11); Hom. in Luc. 22 (IX 137,2–8); F 112 (IX 273); Hom. in Gen. 7.2 (VI 73,1–3); 8.10 (VI 85,9–13); 12.3 (VI 109 11–13); Hom. in Ex. 9.4 (VI 241,10–15; zur Zehnzahl s. VI 143,17–20); Hom. in Lev. 2.2 (VI 292,20–22); 5.12 (VI 355,19–25); Hom. in Num. 9.9 (VII 67,19–22: abschließender Appell); 11.8 (VII 91,15–92,15 mit ausführlicher Deutung); 20.2 (VII 188,18–20), 23.8 (VII 220,6–12) Hom. in Jos. 26.1 (VII 458,14–18); Hom. in Cant. Cant. prol. 3 (VIII 224,22–26 und 233,1–2); Hom. in Jer. F 62 (39.17: III, 229,3–7, s. dazu o. Anm. 122); Comm. in Matth. 15.3 (19.12: X 355,10–20); 16.27 (21.17: X 565,15–24); 16.29 (X 572,6–12); 17.8 (21.34: X 607,9–17) F 421 (XII 176,15–27); Comm. in Rom. 6 (PG 14, 1102 A–B).

Zusammenfassend können wir also feststellen, daß auch Origenes der Gruppe der vier Tugenden keine gewichtige Rolle in seinen ethischen Überlegungen einräumt. Gewiß ist sie ihm wohl vertraut, und er bedient sich ihrer als Beispiel oder zur näheren Bestimmung der Arete, ebenso wie er immer wieder auf stoische – wohl auch vom Mittelplatonismus übernommene – Definitionen zurückgreift[125]. Doch wie er einzelne Termini mit neuen Bedeutungsnuancen verwendet und die Funktion des Tugendkanons selbst verändert, wie er den vertrauten Definitionen neue gegenüberstellt[126], der virtus der Griechen die virtus Israhelitica . . . quae a Deo docetur, quae per scripturas divinas discitur, quae per fidem Evangelicam et Apostolicam traditur[127], der alten Philosophie die wahre (neue)[128], so bestimmt er auch des Menschen Vollkommenheit[129] oder das Wesen Gottes oder des Gottessohnes mit den Kategorien der Heiligen Schrift, nicht der griechischen Philosophie. Mag er auch auf die Funktion der Tugenden beim Aufstieg der Seele hinweisen[130], so meint er dabei die biblischen Tugenden und Kräfte; und entsprechend setzt er die Suche nach Jesus mit der Suche nach den Tugenden, den Dienst am Herrn mit dem Dienst an den Tugenden gleich[131], von denen er jeweils betont, daß sie Christus sind[132], dem es nachzufolgen gilt[133]: darin findet der einzelne seine Erfüllung.

Niemand wird leugnen, daß Clemens und Origenes in ihrem Denken von der griechischen Tradition geprägt waren und daß sie ihre Lehren in den Formen und in der Sprache der griechischen Philosophen vorgetra-

---

[125] Vgl. z.B. Hom. in Jer. 8.2 (10.12: III 57,1–21): σοφία (auch c. Cels. 3.62: I 263,25–30 mit Neubestimmung, ebenso Comm. in Prov. 1.2: PG 13,17 B–20 A), δικαιοσύνη (auch Princ. 2.5.1: V 132,25–133,1); zur Übernahme der stoischen Definitionen durch den Mittelplatonismus s. S. R. C. Lilla a.a.O. 72–80.

[126] S. vor. Anm.

[127] Hom. in Num. 1.2 (1.1: VII 5,1–15), vgl. dazu H. Crouzel a.a.O. 69–101, bes. 88–93 und 100–101.

[128] Hom. in Gen. 11.2 (VI 103,22–27: vera philosophia, vera pietas; zum Gegensatz s. z.B. H. Koch a.a.O. 178–180 u.ö.

[129] W. Völker betont a.a.O. 147–162, wie weit Origenes vom Ideal des stoischen Weisen entfernt ist.

[130] Princ. 2.8.3 (V 161,6–8: anima instructa virtutibus mens fiet).

[121] Vgl. z.B. Comm. in Ioh. 32. 31. 387 (13.33: IV 478,27–30); Comm. in Rom. 6 (PG 14, 1092 A), vgl. auch Hom. in Iud. 1.3 (VII 469,13–470,2); die Belege ließen sich hier und für das Folgende beliebig vermehren.

[132] Vgl. die eben Anm. 131 zitierte Stelle Comm. in Ioh. 32. 31. 387 (IV 478, 27–30); ferner Comm. in Matth. 12.14 (X 97,21–22); ser. 63 (XI 146,4–7); Hom. in Jer. 8 (III 57,4–9); s. auch Anm. 133 und H. Chadwick a.a.O. 76–77.

[133] Vgl. nur Comm. in Matth. 15.22 (19.27: X 414,21–415,3); zur Betonung der Nachfolge Christi durch Origenes s. nur W. Völker a.a.O. 215–228; auch H. Merki a.a.O. 61 und J. H. Waszink a.a.O. (s. Anm. 109) 168–169.

gen haben[134]; ihr Verständnis des Menschen, seines Wesens, seiner Möglichkeiten und Aufgaben ruht jedoch – bei allen Unterschieden der Auffassungen im einzelnen – auf der Heiligen Schrift, und sie versuchen es mit den Worten der Evangelisten und Apostel zu formulieren und ihren Mitmenschen nahezubringen[135].

Nicht die philosophisch gebildeten Griechen Clemens und Origenes waren es also (wie man, auch angesichts der Bemühungen Philons, vielleicht vermuten möchte), die die Voraussetzungen für die wichtige Rolle schufen, die der heidnische Tugendkanon in der christlichen Philosophie und Kunst des Mittelalters, wie eingangs angedeutet, spielte; es waren spätere Kirchenväter des lateinischen Westens, vor allem Ambrosius, dem sie neben der Bezeichnung „Kardinaltugenden" ihren Platz in der christlichen Ethik verdanken.

---

[134] Vgl. dazu H. Koch a.a.O. 172–176; W. Jaeger a.a.O. 35–40; 46–52; H. Chadwick a.a.O. 103–105.

[135] S. dazu H. Koch a.a.O. 55–57; J. H. Waszink a.a.O. 155–157.

Carsten Colpe

Von der Logoslehre des Philon zu der des Clemens von Alexandrien

Die Beziehungen zwischen Antike und Christentum stellen sich neuerdings in der älteren Patristik differenzierter dar als früher. Drei Aspekte, so scheint es, wird man unterscheiden dürfen, unter welchen diese Differenzierung zustande gekommen ist. Zunächst ist die rein theologiegeschichtliche in Richtung auf eine allgemeiner philosophiegeschichtliche Sicht erweitert worden[1], welche die frühen Kirchenväter auch als griechische Philosophen christlichen Bekenntnisses wieder in den Blick bekommt[2]. Zum anderen sind die christlichen Inhalte durch eine Orientierung am Phänomen des Judenchristentums, das seinerseits der bloßen antithetischen Bestimmung vom Heidenchristentum her entwunden worden ist und als „Judéo-Christianisme" selbständigere Konturen gewonnen hat[3], spezifischer geworden, als sie es unter den herkömmlichen dogmengeschichtlichen Kategorien sein konnten. Schließlich muß das durch die Nag-Hammadi-Funde neu aufgeworfene

---

[1] Vgl. H. J. Kraemer, Der Ursprung der Geistmetaphysik, Amsterdam 1964, ²1967; H. Chadwick, Philo and the Beginnings of Christian Thought, in: A. H. Armstrong (Hg.), The Cambridge History of later Greek and early Medieval Philosophy, Cambridge 1967, S. 133–192; H. Dörrie, Platonica Minora (Studia et Testimonia Antiqua 8), München 1976.

[2] Eine modifizierte Wiederaufnahme des Ansatzes von F. Overbeck, Über die Anfänge der patristischen Literatur, in: HZ 48, 1882, S. 417–472 (Nachdruck: Libelli 15, Darmstadt 1954). Vgl. zu Overbecks Weg zur Patristik und zu seiner Arbeit an Clemens auch C. A. Bernoulli in der von ihm und L. Früchtel aus dem Nachlaß herausgegebenen deutschen Übersetzung Overbecks: Titus Flavius Klemens von Alexandria, Die Teppiche (Stromateis). Deutscher Text nach der Übersetzung von F. O., Basel 1936, S. 1–130.

[3] Nach seinen Monographien Philon d'Alexandrie, Paris 1958, und Origène, Paris 1948, wurde dieser Ansatz auch für diese beiden Kirchenväter vorbereitet von J. Daniélou, Théologie du Judéo-Christianisme, Paris 1958, und durchgeführt in Message évangélique et culture hellénistique aux IIᵉ et IIIᵉ siècles, Paris 1961, bes. in Teil V (Christliche Gnosis, repräsentiert durch Clemens und Origenes). Der Begriff aus der engl. Übersetzung von J. A. Baker, The Theology of Jewish Christianity (London–Chicago 1964) mußte in der des folgenden Bandes, Gospel Message and Hellenistic Culture (London–Philadelphia 1973; im folgenden zitiert, da es sich wie beim ersten Band auch um eine Neuauflage durch den Autor handelt), S. 4 in Judaeo-Christianity geändert werden. Ein deutsches Wort fehlt noch.

Gnosis-Problem insofern auch auf die Kirchenväter-Interpretation einwirken, als im Typus des christlichen Gnostikers die Grenzen zwischen Rechtgläubigkeit und Ketzerei noch undeutlicher geworden sind[4].

Es ist namentlich dieser dritte Aspekt, der auch den beiden anderen noch Problemhinsichten mitteilt, insofern nämlich, als gnostische Grundlagen in einem wildgewordenen Platonismus und in einem gotteslästerlichen Schöpfungsglauben bei der Analyse von Philosophie und Judentum mitzubeachten zwingen, was sich an den Rändern von beiden abspielen konnte. Der patristischen Forschung fällt dabei die Aufgabe zu, an Theodotos und Herakleon neu zu bestimmen, was „häretisch"-christlich-gnostisch, und an Clemens und Origenes, was „katholisch"-christlich-gnostisch ist. Für diese Differentialdiagnose reicht aber ein bloßer Nachvollzug in den Excerpta ex Theodoto des einen, im Johanneskommentar des anderen nicht aus. Es muß ein Verständnis der Spaltung philosophischer wie jüdischer Tradition hinzutreten, deren nun getrennt in Theodotos und Clemens, in Herakleon und Origenes mündende Stränge die Gegnerschaft zwischen Verwandten bezeichnen. Damit aber ergeben sich einige Vor- und Teilfragen, ohne deren Erörterung schon ein solches Verständnis nicht gewonnen werden kann. Anzahl und Formulierung dieser Fragen hängen davon ab, wieviele kreuzweise und wie viele zusammenfallende neben den parallelen Beziehungen man in einem Geflecht ausmacht, dessen Rahmen auf der einen Seite von Philosophie mit vorherrschender platonischer Komponente, Judentum, Judenchristentum und Randjudentum gebildet wird, auf der anderen Seite von heidnischer oder repaganisierter Gnosis, von „häretisch" und „katholisch"-christlich-gnostischen Positionen, von alexandrinischer Theologie.

Weil auf der einen Seite Philosophie mit vorherrschender platonischer Komponente und Judentum in Philon, auf der anderen Seite „katholisch"-christlich-gnostische Position und diese als partiell übergreifende alexandrinische Theologie in Clemens zusammenfallen, verspricht die Erörterung einer Beziehung zwischen beiden einen Aufschluß, wie ihn eine Teilfrage kaum weiterreichen lassen kann, zumal von hier aus Seitenblicke auf mehrere andere Teilfragen möglich sind. Als Begriff, um den man sie konzentrieren kann, bietet sich der des Logos an. Es wäre von ihm aus nicht nur der Zugang zu Ontologie, Anthropologie[5] und Gnosisbegriff bei dem jüdischen wie bei dem christlichen Alexandriner

---

[4] So in allen Schriften des Codex Jung mit Ausnahme des einleitenden Gebetes; vgl. zum gleitenden Übergang z.B. im Evangelium Veritatis C. Colpe, JbAC 21, 1978, S. 131–146, und zum Verhältnis zwischen Herakleon, dem Tractatus Tripartitus und Origenes ders. in JbAC 22, 1979.

[5] Im wesentlichen auf diese, sofern sie überhaupt isoliert darstellbar ist, hingeordnet sind die gründlichen Monographien von W. Völker, Fortschritt und Vollendung bei Philo von

möglich, sondern es konvergieren in ihm auch die eingangs unterschiedenen drei Aspekte: stellt sich unter ihnen dieser Begriff doch dar als die Vernunft in der spätantiken Philosophie, als Wort des jüdischen und judenchristlichen Schöpfergottes und als gnostische Erlösungskraft.

Die Stellung Gottes und des Logos im philonischen Weltbild ist schon oft dargestellt worden[6]. Um die absolute Wirksamkeit Gottes in der Welt mit seiner absoluten Überweltlichkeit zu vereinen, nimmt Philon eine Reihe von Mittelwesen an, für deren nähere Bestimmung ihm neben dem Engel- und Dämonenglauben und neben Platons Aussagen über die Weltseele und die Ideen vor allem die stoische Lehre von den durch die Welt sich verbreitenden λόγοι σπερματικοί zum Vorbild gedient hat. Er nennt diese Wesen δυνάμεις oder λόγοι und beschreibt sie einmal als Eigenschaften der Gottheit, zum andern als Ideen oder Gedanken Gottes, schließlich als Teile der allgemeinen in der Welt waltenden Kraft und Vernunft; daneben aber auch als Diener, Gesandte und Trabanten der Gottheit, als Vollstrecker ihres Willens, als Seelen, Engel (Gig. 6ff.; Som. 1,141 u.ö.) und Dämonen[7]. Alle diese Kräfte fassen sich in einer, in dem Logos, zusammen. Er ist der allgemeinste Vermittler zwischen Gott und der Welt, die Weisheit und Vernunft Gottes, die Idee, welche alle Ideen, die Kraft, welche alle Kräfte umfaßt, der Logos, der die Logoi überragt wie Adam die Engel, der Stellvertreter und Gesandte Gottes, das Organon der Weltschöpfung und Weltregierung, der oberste der Engel und die Kraft, die alles in der Welt schafft, die Seele, die sich mit dem Leibe der Welt bekleidet wie mit einem Gewand[8].

Wichtig ist nun, daß die Hypostase, die meist Logos genannt wird, auch noch durch eine Reihe anderer Begriffe bezeichnet werden kann. Der Logos ist zunächst die εἰκών Gottes[9] und als solche auch Urbild aller Dinge; der irdische Mensch ist nicht unmittelbar ein Ebenbild Gottes,

---

Alexandrien (TU 49,1), Leipzig 1938; Der wahre Gnostiker nach Clemens Alexandrinus (TU 57), Berlin–Leipzig 1952; Das Vollkommenheitsideal des Origenes (BHTh 7), Tübingen 1931.

[6] Vgl. die Forschungsgeschichte bei Völker, Philo S. 14–29. Wertlos ist L. Treitel, Gesamte Theologie und Philosophie Philos von Alexandria, Berlin 1923. Gute Darstellung des Zusammenhangs mit der stoischen Logoslehre bei M. Pohlenz, Philon von Alexandreia, NAWG 1942, Heft 5 = S. 409–487, dort 445–453.

[7] H. A. Wolfson, Philo. Foundations of Religious Philosophy in Judaism, Christianity, and Islam, 2 Bde, Cambridge (Mass.) 1947, [2]1948, dort Bd. 1, S. 204–225; 240ff.; 282ff.; 366ff.; Bd. 2, S. 126–148 nimmt verschiedene Existenzweisen der Kräfte an (Eigenschaften Gottes, erschaffene Kräfte vor der Weltschöpfung im erschaffenen Logos, weltimmanente Kräfte). K. Bormann, Die Ideen- und Logoslehre Philons von Alexandrien (Phil. Diss. Köln), 1955, S. 75f. zeigt dagegen, daß sich diese Reihenfolge dem Emanatismus nähert, den Philon nicht kennt.

[8] Nach E. Zeller, Grundriß der Geschichte der griechischen Philosophie, Leipzig [11]1914, S. 333. Vgl. J. Haussleiter, RAC 3, 1957, Sp. 815–818 (Deus internus bei Philo).

[9] Conf. Ling. 97. Zur Fassung des Logos als Dynamis vgl. E. Fascher, RAC 4, Sp. 432ff.

sondern ein Ebenbild des göttlichen Logos[10]. Das ist gemeint, wenn es heißt, daß er nach der εἰκών Gottes geschaffen wurde.

„Wenn aber schon der Teil (sc. der Mensch als Teil des Weltganzen) εἰκών einer εἰκών ist, (wenn) also auch die ganze Gattung, dieser ganze sinnliche wahrnehmbare Kosmos, da er ja größer ist als die menschliche (sc. εἰκών), eine Nachahmung (μίμημα) der göttlichen εἰκών (ist), so ist klar, daß das ursprüngliche Siegel (σφραγίς), wie wir die gedachte Welt nennen, der Logos Gottes selbst ist" (Op. mund. 25).

Bei dem Menschen, der nach der εἰκών Gottes, dem Logos, geschaffen ist, kann es sich auch um den himmlischen handeln, dem der irdische korrespondiert:

„(§ 31) Zwei Arten von Menschen gibt es: der eine ist der himmlische, der andere der irdische. Der himmlische ist nach der εἰκών Gottes geschaffen und ohne Anteil an der vergänglichen und irdischen οὐσία überhaupt; der irdische ist aus einem auseinandergestreuten Stoffe . . . gestaltet worden . . . (§ 32) Unter dem aus Erde gebildeten Anthropos haben wir den Nous zu verstehen, der in das σῶμα eingeführt wird, aber noch nicht eingeführt ist. Dieser Nous wäre nun tatsächlich irdisch und vergänglich, wenn Gott ihm nicht die δύναμις wahren Lebens eingehaucht hätte . . . Erst dann wird er zu einer ψυχή . . ." (Leg. All. 1,31f.).

Hier haben wir, nach der Identifizierung λόγος – εἰκών, als nächstes die Beziehung der εἰκών zum himmlischen Anthropos festzuhalten. Neben ihm ist die positive Wertung auch des irdischen Menschen überraschend: Gott hat gerade den erdgeborenen und das σῶμα liebenden Nous des πνεῦμα gewürdigt, weil er das Gute allen darbietet, um sie zum Streben nach der Tugend einzuladen.

Die bis zur Identität hinüberspielende Verbindung zwischen λόγος, εἰκών und ἄνθρωπος kann in verschiedener Weise entfaltet werden. Die Unterscheidung von irdischem und himmlischem Menschen ist durch die Auslegung des Doppelberichtes der Genesis über die Menschenschöpfung veranlaßt[11], welche dem platonisierenden ontologischen Idealis-

---

[10] Die folgenden Übersetzungen in Anlehnung an L. Cohn–I. Heinemann–M. Adler–W. Theiler, Die Werke Philos von Alexandria, 7 Bde, Breslau 1909–Berlin 1964. Stellen nach H. Leisegang, Indices ad Philonis Alexandrini opera, Berlin 1930 (= Bd. 7a und b zur Edition von L. Cohn–P. Wendland–S. Reiter, 6 Bde, Berlin 1896–1930), dort zu jedem folgenden Beispiel eine Fülle weiterer Belege. Zur zunächst folgenden Stelle siehe J. Cohn, Werke Philos 1, S. 35; die dort herangezogene Vorstellung im Midr. Schemot rabba 30 (sc. zu 22,1) und 32 zu 23,20 dürfte in ihrer Ähnlichkeit sekundär sein, da dieser Midrasch aus dem 11. oder 12. Jahrh. stammt.

[11] Heinemann, Werke Philos 3, S. 26. Da Philo kein Hebräisch verstand, weiß er nicht, daß das hebr. Wort Adam zugleich Gattungs- und Eigenname ist, wie aus Leg. All. 1,29 hervorgeht: E. Stein, Die allegorische Exegese des Philo aus Alexandreia (BZAW 51), Gießen 1929, S. 21.

mus Philons zu Hilfe kam[12]. Nach Op. Mund. 134 besteht ein großer Unterschied zwischen dem Menschen, der jetzt gebildet wurde (nach Gen. 2,7) und dem, der früher nach der εἰκών Gottes geschaffen war (nach Gen. 1,27). Ersterer war sinnlich wahrnehmbar, bestand aus σῶμα und ψυχή, war Mann oder Weib und von Natur sterblich; letzterer war eine ἰδέα, γένος, σφραγίς, nur gedacht, körperlos, weder männlich noch weiblich, von Natur unvergänglich. Wenn nun in Leg. All. 1,31 gesagt wurde, daß dieser himmlische Mensch nach der εἰκών Gottes geschaffen wurde, so ist diese Ausdrucksweise durch den auszulegenden Bibeltext erzwungen[13]. Daneben können himmlischer Mensch und εἰκών Gottes als identisch bezeichnet werden.

„Der (sc. irdische) Mensch besteht aus σῶμα und ψυχή; daneben gibt es den ἀσώματος, der nichts anderes ist als die göttliche εἰκών, den der Vater des Alls als ältesten Sohn ins Dasein treten ließ; er ging den Wegen des Vaters nach, schaute die Urbilder und formte die Arten.“[14]

Nach Op. Mund. 134f. ist also „der Mensch, von dessen Erschaffung Gen. 1,27 die Rede ist, eine platonische Idee, die für Philo in keinem Zusammenhang mit dem Menschen steht, den Gott nach Gen. 2,7 bestehend aus Leib und Seele erschaffen hat und den Philo den ‚ersten Menschen‘ nennt (vgl. § 136; 140). Denn für die Erschaffung der ‚Seele‘ dieses ‚ersten Menschen‘ (Adams) benutzte Gott als Vorbild nicht etwa den ‚Idealmenschen‘ von Gen. 1,27, sondern ‚seine eigene Vernunft‘ (§ 139)“[15]. In Leg. All. 1,31f. dagegen ist Philon der irdisch-körperliche Charakter des ἄνθρωπος von Gen. 2,7 zunächst aus dem Blickfeld geraten, und er hat ihn wie den himmlischen Menschen mit dem νοῦς gleichgesetzt. Konsequenterweise, jedoch dem sonstigen Charakter des Nous widersprechend, muß dann der Nous als erdhaft und vergänglich bezeichnet werden und erhält hier die Eigenschaften, die er bei Philon sonst von vornherein hat, dadurch wieder, daß ihm als dem hier irdischen

---

[12] Stein S. 28ff. zeigt einleuchtend, daß wir es hier mit altem haggadischen, auch in Ber. r. 8 zu 1,26–28 vorausgesetztem Gut zu tun haben, da die Lehre von den Ideen selbst in diesem Zusammenhang an anderer Stelle (Quaest. in Gen. 1,8; p. 6 Aucher) als die Meinung „einiger“ angegeben wird. Daraus, daß Philon in der Lehre vom Doppelmenschen übernommenes Material mit eigener Spekulation verbindet, erklären sich wohl auch die Widersprüche zwischen den beiden Hauptstellen, ohne daß man das Übernommene vom Eigenen genauer sondern kann.

[13] Dazu, wie auch zu den vielen anderen Auslegungen dieser Stelle durch Philon und ihre Verwandtschaft mit rabbinischer und gnostischer Auslegung, sehr genau J. B. Schaller, Gen. 1.2 im antiken Judentum (Theol. Diss. Göttingen), 1961, S. 84–96.

[14] Conf. Ling. 62f. Identifikation des Anthropos' Gottes mit dem „Logos des Ewigen“ auch Conf. Ling. 41, vgl. Stein, Werke Philos 5, S. 112 z.St.

[15] F. Mußner, Cullmanns Christologie des Neuen Testaments, in: TThZ 67, 1958, S. 182–188, dort 184.

Menschen die Kraft wahren Lebens eingehaucht wird. Wenn damit auch eine Verbindung zwischen himmlischem und irdischem Menschen oder eine Herabkunft und ein Erdhaftwerden des Nous ausgesprochen ist, so ist es doch deutlich, daß wir es hier weder mit dem Fall des Urmenschen noch mit dem Herabstieg des Erlösers zu tun haben. Denn weder entsteht ein Bruch zwischen dem unteren Menschen (der in der Gnosis überdies ein der satanischen Materie anheimgegebener und nicht einfach ein „irdischer" sein müßte) und seinem „Mensch" oder anders zu benennenden jenseitigen Teil, noch steigt der Nous als dem irdischen Menschen fremde Person hernieder, um in ihm etwas Gleiches, nur Schlafendes zu wecken, noch entsendet der Nous einen Propheten, der dies tut. Daß das unmittelbare Abbild Gottes der Logos, das mittelbare der Mensch ist, wird[16] mit anderen Worten ausgesprochen in Plant. 18f.: die anderen haben unseren Nous als Teil des Äthers bezeichnet; aber

„der große Moses hat mit keinem Gewordenen die Art der λογικὴ ψυχή gleichgesetzt, sondern sie als echtes Prägebild (νόμισμα) jenes göttlichen, unsichtbaren Pneumas bezeichnet, welches σημεῖον und τύπος erhielt durch das Siegel Gottes, dessen χαρακτήρ der ewige Logos ist."

Der Logos ist Mittler zwischen dem Schöpfer und den Sterblichen:

„Dem Archangelos aber, dem allerersten (πρεσβυτάτῳ) Logos, gab der Vater, der das Weltall geschaffen hat, ein auserlesenes Geschenk, daß er, auf der Grenzscheide stehend, das Geschöpf von dem Schöpfer absondere. Er ist einerseits der Fürsprecher (ἱκέτης) des stets hilfsbedürftigen (κηραίνοντος) Sterblichen bei dem Unvergänglichen, andererseits der Abgesandte des Herrschers an den Untertan" (Rer. Div. Her. 205).

Den ganzen Kosmos (Einzelheiten werden aufgezählt) leitet

„Gott, der Hirt und König, nach Recht und Gesetz, nachdem er seinen rechten Logos und erstgeborenen Sohn zum Leiter eingesetzt, damit er die Fürsorge über diese heilige Herde wie ein Untergebener des Großkönigs übernehme" (Agric. 51 mit Bez. auf Ex. 23,20).

„Der Schatten Gottes ist sein Logos, den er gleichsam als ein Werkzeug (ὄργανον) bei der Weltschöpfung benutzt hat. Dieser Schatten und dieses sog. Abbild ist aber wiederum der Archetypos anderer Dinge. Denn wie Gott das παράδειγμα der εἰκών ist, welche hier Schatten heißt, so wird die εἰκών zum παράδειγμα für andere . . . Also ist die εἰκών nach Gott dargestellt worden, der Mensch aber nach der εἰκών, welche die δύναμις eines παράδειγμα gewonnen hat."[17]

---

[16] Nach Heinemann, Werke Philos 4, S. 156 z.St. Zu Logos, Urbild, Abbild und „Idee–Mensch" in der philonischen im Verhältnis zur sonstigen jüdischen Schriftauslegung vgl. auch J. Jervell, Imago Dei. Gen. 1,26f. im Spätjudentum, in der Gnosis und in den paulinischen Briefen (FRLANT 76), Göttingen 1960, S. 52–70.

[17] Leg. All. 3,96. Näheres über den ἄνθρωπος οὐράνιος, seine Gleichsetzung mit dem „Menschen Gottes" und dem Logos und seine Beziehung zum ādām haq-qadmôn des Mi-

Der Logos wird in Migr. Abr. 6 πρεσβύτερος τῶν γένεσιν εἰληφότων und in Conf. Ling. 146 πρωτόγονος und ὁ ἀγγέλων πρεσβύτατος genannt. An der letztgenannten Stelle finden sich gleich mehrere Begriffe, die für den Logos eintreten können: er heißt auch ἀρχὴ καὶ ὄνομα θεοῦ καὶ λόγος καὶ ὁ κατ' εἰκόνα ἄνθρωπος.

Man braucht Philons Worte nicht besonders auszulegen, um zu verstehen, worin das Mittlertum des Logos besteht[18]. Wenn nun der himmlische Anthropos mit ihm identisch ist, müssen sich diese Aussagen inhaltlich auf ihn übertragen lassen. Das geschieht bei Philon in der Tat sehr häufig – aber in bezug auf den Anthropos gewinnt seine Charakterisierung des Mittlertums besondere Nuancen:

„Gott ist der Archetypos eines vernünftigen (λογικός) Wesens, der Anthropos aber eine Nachachmung und ein Ebenbild, nicht als das Doppelwesen, sondern als der beste Teil der ψυχή, der Nous und Logos genannt wird" (Det. Pot. Ins. 83).

Hier ist der Anthropos das göttliche Wesen in der Menschenbrust, das mit dem göttlichen Wesen am Himmel verwandt und verbunden ist. Um diese Verbindung einerseits zu dokumentieren, andererseits aufrechtzuerhalten, geht der Mensch als einziges Lebewesen aufrecht[19];

„denn allein den Menschen hat die Gottheit unter den Erdbewohnern zum Himmelsgewächs geschaffen, während sie die Häupter der anderen an den Boden fesselte"[20].

Im aufrecht gehenden Menschen und im Himmel wirkt gleichzeitig der Anthropos.

„Aber der Anthropos in jedem einzelnen von uns – wer ist es anders als der Nous, der von dem Gesäten und Gepflanzten den Nutzen zieht?" (Agric. 9).

Hier tritt, wie schon eben in Det. Pot. Ins. 83 und öfter[21], zum Logos und Anthropos als weiteres Identitätsglied der Nous hinzu. Folgerichtig

---

drasch und der Kabbala bei E. Stein, Philo und der Midrasch (BZAW 57), Gießen 1931, S. 1–8. Der letztere ist aber mitsamt dem ādām hā-rîšôn eigentlich nur eine Erscheinungsform des irdischen Adam.

[18] Weiteres Material bei Bormann S. 77ff. 82ff.

[19] Plant. 17. Nach Heinemann, Werke Philos 3, S. 303 gehört dies zu den Lieblingsvorstellungen des Poseidonios, die zu wiederholen Philon nicht müde wird.

[20] Det. Pot. Ins. 84. Von einem Anthropos, welcher die ganze Welt ausfüllt, ist hier also nicht die Rede. Auch Platon, Tim. 90A, redet nur vom aufrechten Gang. Zu dieser von Platon über Philon weit hinausführenden Tradition siehe A. Wlosok, Laktanz und die Philosophische Gnosis (Abh. Akad. Heidelberg 1960, 2. Abt.), S. 12–16 (Tim. 90A) und 60–69.

[21] Som. 2,267; Conf. Ling. 24; Omn. Prob. Lib. 111. Das bedeutet nicht, daß in anderen, namentlich anthropologischen Zusammenhängen der Logos (als προφορικός) nicht auch in eine dienende Stellung gegenüber dem Nous geraten kann: Pohlenz S. 456.

finden sich alle drei im gleichen Zusammenhang in Rer. Div. Her. 230-232: Es gibt zwei λόγοι, den Archetypos, der über uns ist, und das μίμημα, das in uns ist;

„somit ist der in jedem von uns waltende Nous, der im eigentlichen Sinne und in Wahrheit Anthropos ist, der dritte Typos, vom Schöpfer ab gerechnet. Der mittlere (= der Logos) ist das Musterbild für den Menschen und ein Abbild von Gott. Naturgemäß ist unser Nous unteilbar. Denn den vernunftlosen (ἄλογος) Teil der ψυχή teilte der Schöpfer sechsmal und machte daraus sieben Teile ... aber den vernünftigen (λογικός), der Nous genannt wird, ließ er ungeteilt."

Deshalb sollen wir Gott danken

„für den νοῦς, der eigentlich der Anthropos im Anthropos ist, und zwar der bessere im schlechten, der unsterbliche im sterblichen" (Congr. 97).

Der Nous ist in der Stadt des σῶμα und des sterblichen Lebens eingeschlossen (Ebr. 101); statt mit Nous kann der Anthropos in jedem von uns aber ebensogut mit λογισμός bezeichnet werden (Agr. 108; fünftes Identitätsglied!).

„Gott schuf *den* Anthropos – das heißt eben jenen gestaltlosen, unvermischten λογισμός ... ‚Wir wollen *einen* Menschen machen' bezeichnet den aus unvernünftiger (ἄλογος) und vernünftiger (λογικός) Natur zusammengewebten" (Fug. 72).

Was Nous/Anthropos/Logos für die Gottverbundenheit des Menschen leisten, leistet demnach auch der Logismos:

„Denn was in uns der λογισμός ist, das ist im Kosmos die Sonne; jeder von beiden trägt Licht, der eine sendet in das All ein wahrnehmbares Leuchten (φέγγος) hinaus, der andere gibt uns selbst geistige Lichtstrahlen durch die begriffliche Erfassung (τὰς νοητὰς διὰ τῶν καταλήψεων αὐγάς)" (Rer. Div. Her. 263).

Und ebenso erleuchtet wiederum der Nous:

„Deshalb hätte man gar nicht unrecht zu sagen, daß der Nous unseres zusammengesetzten Organismus (σύγκριμα) Sonne sei, die, wenn sie in dem Menschen, dem Mikrokosmos (τῷ βραχεῖ κόσμῳ) nicht aufginge ..., nichts in Erscheinung treten läßt" (Poster. C. 58).

Zu Logos/Eikon/Anthropos/Nous/Logismos tritt schließlich als sechstes Glied die Weisheit hinzu: in Rer. Div. Her. 126ff. wird für den menschlichen Nous und den göttlichen Logos σοφία gesagt. „Der Wechsel der Ausdrücke λόγος (§ 230, 234), νοῦς (§ 231) und σοφία ist für Philos unexakte Redeweise lehrreich; er ist erklärlich durch seine Neigung, beide mit dem Logos gleichzusetzen."[22] Schließlich kann die hier

[22] Heinemann, Werke Philos 5, S. 275 mit Verweis auf H. Leisegang, Der Heilige Geist, Leipzig und Berlin 1919, S. 67. Neben der Identität wird die Verschiedenheit von Logos

beschriebene Kraft noch mit drei weiteren Begriffen bezeichnet werden: mit πνεῦμα

– „Daher gibt es zwei Arten von Menschen, die einen, die durch das göttliche πνεῦμα, den λογισμός, leben, die andern, die in Blut und Fleischeslust vegetieren“[23] –,

mit φρόνησις (nach Ebr. 140 ist bei den Seelen das Rettende die φρόνησις, so wie die Gesundheit für den Körper)[24] und mit κόσμος νοητός[25].

Es hieße Philon überfordern, wollte man das Verhältnis der neun Begriffe Logos, Eikon, Anthropos, Nous, Logismos, Sophia, Pneuma, Phronesis, Kosmos noëtos zueinander eindeutig definieren. Für jeden gibt es Aussagen, in denen sie aus dieser Identifikationskette auch wieder herausfallen. Einerseits sind sie verschiedene Bezeichnungen für dieselbe Sache und insofern identisch; andererseits kann eines Teil eines andern sein oder es beeinflussen, so wie z.B. nach Plant. 18f. der vernünftige Teil der Seele vom Pneuma geprägt ist, das seinerseits von eben dem Gottessiegel geprägt ist, dessen Abbild auch der Logos ist. So beschreibt Philon in immer neuen Ansätzen, teils neu im Vollzug der philosophierenden Allegorese, teils weiter systematisierend und zu Identifizierungen gelangend, den innersten Kern des Menschen, sein Eigentliches, sein Wesen, sein Lebensprinzip, durch das er mit der göttlichen Welt verbunden ist; man kann es in dem modernen Ausdruck „Selbst“ zusammenfassen. Über seinen numerischen Charakter lassen sich naturgemäß nur dialektische Aussagen machen. Nach den meisten der bisher angeführten Stellen ist es im Universum dasselbe wie im Menschen; daneben ist es geteilt:

---

und Sophia in Auseinandersetzung mit Wolfson bei Borman S. 95ff. dargestellt. Der Kürze halber muß hier für die Weisheit bei Philon auf die materialreiche Darstellung von B. L. Mack, Logos und Sophia. Untersuchungen zur Weisheitstheologie im hellenistischen Judentum (Studien zur Umwelt des NT 10), Göttingen 1973, S. 108–195 verwiesen werden, der sie in den Zusammenhang von Hiob, Proverbien, Baruch, Sirach, Sap. Sal. stellt und auch bessere Möglichkeiten als Pascher (unten Anm. 33f.) aufzeigt, von einer Mythologie des Sophia-Weges zu sprechen.

[23] Rer. Div. Her. 57. Weiteres Material bringt W. Bieder, ThWbNT 6, S. 370,30–373,14. Aspekte des πνεῦμα, die aus den Identifizierungen herausfallen, bei Bormann S. 106–111.

[24] Zu ψυχή als eventuell weiterem Parallelbegriff s. z.B. Rer. Div. Her. 57 und vgl. die gelegentliche Identifikation von ψυχή (in Rer. Div. Her. 233) und νοῦς (ganz parallele Aussage in Som. 2,33). Der Gebrauch von ψυχή als bloß vitales, keinerlei rettendes Selbst beinhaltendes Lebensprinzip wiegt jedoch vor.

[25] Siehe oben Op. Mund. 25. Die Interpretation des stoischen λόγος auf den platonischen κόσμος νοητός führt zu einer Kosmisierung des ersteren, die an anderen Stellen auch eine ganz heterogene Makrokosmos-Mikrokosmos-Spekulation einzubringen und zu spiritualisieren gestattet.

„Zweifach ist auch der sowohl im All als auch in der φύσις des Menschen waltende Logos" (Vit. Mos. 2 [3], 127)

Schließlich ist sogar von zwei Selbsten die Rede:

„Somit sind die zwei denkenden (νοερὰς) und vernünftigen (λογικὰς) Wesen (φύσεις), das im Menschen und das im Universum (παντί), völlig ganz und ungeteilt" (Rer. Div. Her. 233).

Es ergibt sich außerdem, daß der Begriff „Anthropos" bei Philon von derselben Basis her zu verstehen ist wie die verschiedenen Geistbegriffe; er ist als „Selbst" von ihnen nicht inhaltlich unterschieden. Philon folgt darin Denkern, die als den eigentlichen Menschen die „Seele" bzw. den Geist bezeichneten, wie Kleanthes (SVF 1,538) und namentlich Poseidonios[26]. Die Kehrseite dieser Vorstellung ist, daß die „Seele" (im Sinne von Selbst) des Menschen als „Mensch" schlechthin bezeichnet wird[27]. Danach hätte diese Bezeichnung in der Reflexion auf das Wesen des irdischen Menschen ihre Wurzel. Daneben könnte eine Analyse der Makrokosmos-Mikrokosmos-Vorstellung[28] zeigen, daß das Selbst auch des Universums ἄνθρωπος genannt werden mußte, wo man den Kosmos als einen großen Menschen verstand: war die Welt ein großer Mensch, so konnte auch ihr Selbst leicht ein „Mensch" sein. Die Auslegung der beiden Schöpfungsberichte unterstützte diese Vorstellung: aus ihr ging ja die Unterscheidung des irdischen Menschen und seines Urbildes hervor, und die himmlische Qualität des letzteren, der zugleich κόσμος νοητός ist, bezeichnet seinen Charakter als Selbst des Universums.

Die Anthropologie des irdischen Menschen läßt sich von der Ethik weder in den Vorlagen Philons noch bei diesem selbst trennen[29]. Das

[26] Leisegang, Werke Philos 3, S. 279 zu Det. Pot. Ins. 10; ders., Der Hl. Geist, S. 107ff.

[27] Wenn damit auch Anthropos „in auszeichnendem Sinn" gefaßt wird, so scheint doch im Gebrauch von îš im Midrasch ein Unterschied vorzuliegen (gegen Leisegang a.a.O. und Stein, Werke Philos 5, S. 108). Denn wenn in Ber.r. 30 (sc. zu 6,9) zu den Worten îš ṣaddîq bemerkt wird: „Überall wo das Wort ‚Mann' vorkommt, ist ein Gerechter gemeint" (nach J. Cohn, Werke Philos 1, S. 103 zu Abr. 33), dann ist dabei sicher nicht an die Seele als den gerechten oder gerechtmachenden Teil des Menschen gedacht. Andererseits denkt Philon, wenn er „Mensch" in auszeichnendem Sinne gebraucht, nicht an einen personifizierten und auf Erden wandelnden Nous.

[28] Mußner, S. 185f. zeigt gegen H. Schlier, RAC 3, Sp. 446f. („Weltgott" im Judentum), daß diese ganze Anthroposlehre mit dem sog. Urmensch-Mythos, „der ein eschatologischer Erlösungs- und Apokatastasismythus ist" (richtig!), nichts zu tun hat. Nirgends bei Philon steht, daß der Logos als Haupt einen kosmischen Riesenleib hat, mit dem zusammen er ein Pleroma bildet, nirgends auch, daß der Logos oder „Urmensch" (wenn schon, dann übrigens: durch einen Gesandten!) seine einst in die Materie hinabgefallenen Glieder wieder ins himmlische Pleroma zurückholt. Ähnliche Einwände (kein Zusammenhang „Urmensch" – messianischer Menschensohn) sind gegen H. Lietzmann, An die Korinther I/II (HNT 9), Tübingen [4]1949, S. 85f., und gegen W. Bousset–H. Greßmann, Die Religion des Judentums (HNT 21), Tübingen [4]1966, S. 352–355 zu machen.

[29] Stein, Allegorische Exegese S. 53, dort bis S. 61 auch eine Liste der ethischen Symbo-

Selbst in uns ist nicht schon unsere ganze Seele; neben ihm gibt es die Seele als bloß vitale, unselbständige und ans Blut gebundene Substanz. Die Seele zerfällt also in zwei Hauptteile:

„Aber der ungemischte und unvermengte Teil der Seele ist ja auch der lautere (ἀκραιφνέστατος) νοῦς, der von oben, vom Himmel, herabgehaucht wurde (καταπνευσθείς) und, falls er gesund und unversehrt geblieben ist, dem, der ihn herabgehaucht und frei von jedem Übel bewahrt hat, nach Gebühr vollständig zu heiliger Opferspende zurückgegeben wird, wenn er sich aufgelöst hat (ἀναστοιχειω θείς); der gemischte Teil dagegen ist der der Sinne, für den die Natur geeignete Gefäße bereitet hat" (Rer. Div. Her. 184).

Der reinere, höhere Seelenteil, das Selbst, ist der „Führer" des niederen, vernunftlosen (ἄλογος) Seelenteils, der seinerseits wieder in sieben Teile zerfällt:

„So zerfällt, wenn wir vom ἡγεμονικόν absehen, der übrige Teil unserer ψυχή in sieben Teile: in die fünf Sinne, das Sprachwerkzeug und das Zeugungsorgan."[30]

Wenn bei Philon vom „Fallen" des νοῦς oder der ψυχή die Rede ist, dann ist eine moralische Verfehlung, aber kein physischer Absturz eines Teiles der himmlischen Substanz in die untere Welt, Materie o.ä. gemeint. So heißt es Abr. 269, daß, so wie die Menschen, die auf schlüpfrigen Wegen wandeln und fallen, auch die, welche ihre Seele den schlüpfrigen und schwankenden Weg der äußeren Dinge führen, sie daran gewöhnen zu fallen, während die Tugendhaften sie einen sicheren Weg führen. Nach Mut. Nom. 54–56 kann der Geist aus Demut vor Gott herniederfallen und zeitweilig zur Schau der unkörperlichen Dinge unfähig sein[31].

Das philonische Schema des Aufstiegs muß im Zusammenhang der Frage erörtert werden, inwiefern das Selbst eine Erlösung des Menschen bewirkt. Doch da vermutet worden ist, daß bei Philon eine „Frühform des gnostischen Mythus" vorliegt, in der „der Mythus in das Schema eines Mysteriums" eingezeichnet worden ist[32], sei noch auf die Frage ein-

---

le, die für die biblischen Gestalten stehen. Zum Widerspruch zwischen der biblischen Psyche- und der stoischen Pneuma-Lehre siehe oben Anm. 24 und Heinemann, Werke Philos 5, S. 236 (dort auch zu Philons Lösung).

[30] Op. Mund. 117; so auch Leg. All. 1,11; Det. Pot. Ins. 168; ähnlich Abr. 29; Agric. 30 (wo statt ἡγεμονικόν: νοῦς); beide Bezeichnungen in Abr. 30. Die Siebenteilung des vernunftlosen Seelenteils begegnete schon in Rer. Div. Her. 230–232 (s. auch ebenda 184). Auch in dieser weitergehenden Teilung folgt Philon der Lehre der Stoiker, vgl. J. Cohn, Werke Philos 1, S. 69 und 5, S. 275 mit Verweis auf SVF 2, 827ff.

[31] Ähnlich Mut. Nom. 154f. 175. Eine Deutung des Fallens als Rettung (Nous fällt wie ein Reiter vom rasenden Pferd der Leidenschaften herunter) bei W. Michaelis, ThWbNT 6, S. 162,15–19.

[32] U. Wilckens, Weisheit und Torheit (BHTh 26), Tübingen 1959, S. 155; ähnlich E. Käsemann, Das wandernde Gottesvolk (FRLANT 55), Göttingen [3]1959, S. 45–58.

gegangen, ob nach Philon die Vollendung der Gnosis in der Gottesschau einen Mysterienweg zum Grunde hat, in dem das Schema eines Erlösermythus vorgezeichnet sein könnte. Es gibt bekanntlich den Versuch, ein solches Mysterium zu rekonstruieren[33]. Darin werden mehrere Textbruchstücke aus verschiedenen Schriften Philons aneinandergefügt und die Verbindungen durch Deutungen anderer hellenistischer Texte hergestellt, damit man so ein Mysterium mit Einschlag iranischer Lichtgott- und Kräftelehre erhalte, als dessen Grundlage die ägyptisch-hellenistischen Isis-Mysterien erkennbar werden sollen. Der religiöse Inhalt der „kleinen Mysterien" sei die Synusie Gottes mit der Sophia, die gegenüber dem kosmischen Logos Mutterstelle einnehme. Der Kandidat durchschreite hier symbolisch die Sphären des sichtbaren Kosmos; auf jeder Stufe erhalte er ein Kleid, bis er dem Logos im Weltkleid gleichgeworden sei. Mit ihm teile der Myste noch die für ihn konstitutive Zweiheit, er trage noch seinen Leib, er sei zwar schon im Besitz des Geistes, aber nicht dauernd. Der Inhalt der „großen Mysterien" sei der Lichtgott mit seinen Kräften, den der Myste in der Vergottung schauen soll. Er werde dabei selbst zu einer Gotteskraft, was durch Anlegen eines weißen Gewandes symbolisiert werde.

Der grundsätzliche Einwand gegen diese (Re-)Konstruktion liegt darin, daß das Gerüst, in das die philonischen Textstücke[34] eingefügt sind, eine freie Konstruktion ist, die sich durch die Aussagen Plutarchs (Is. et Os. 43–54) und Apuleius' (Met. 11) nicht stützen läßt[35]. Die Texte bezeugen die philonische σωτηρία, die auf dem Wege der μετάνοια, μαθησις, ἄσκησις, πίστις,γνῶσις und ὅρασις[36] gewonnen wird. Dies ge-

---

[33] J. Pascher, Η ΒΑΣΙΛΙΚΗ ΟΔΟΣ. Der Königsweg zu Wiedergeburt und Vergottung bei Philon von Alexandreia (Studien z. Gesch. u. Kultur d. Altertums 17,3.4), Paderborn 1931, S. 23–28, 34f., 59, 67ff., 78ff., 105ff., 228 u.ö.

[34] Es handelt sich im wesentlichen um Op. Mund. 69–71; Mut. Nom. 179–184; Det. Pot. Ins. 89; Conf. Ling. 145–148; Spec. Leg. 95f.; Vit. Mos. 2,133–135; Fug. 48–52.108–112; Ebr. 30f.; Abr. 100–102; Cher. 42–50; Vit. Cont. 2.68; Leg. All. 3,96–102; Rer. Div. Her. 263–265; Gig. 52–55; Som. 1,216–218; Sacr. A. C. 59–62; Quaest. in Ex. 2,68; Fug. 94f.

[34] J. Leipoldt, Die Mysterien, in: G. Mensching (Hg.), Handbuch der Religionswissenschaft Erster Teil IV: Die Universalreligionen, Berlin 1948, S. 7–35, dort 24f., führt die ungeklärten Einzelheiten im Ablauf der Isismysterien auf. Einwände gegen Pascher z.B. bei E. R. Goodenough, By light, light, New Haven 1935, S. 161ff.; Kritik an Behauptung einer Abhängigkeit Philons von den Mysterien allgemein z.B. bei Völker, Philo S. 34–40; Pohlenz, Philon S. 461 (weist darauf hin, daß es nach Spec. Leg. 4, 168 unzulässig ist, den „königlichen Weg" von Num. 20,17 mit der Mystik in Verbindung zu bringen) und 475.

[36] Diese Weisen überschneiden sich teils, teils ergänzen oder folgen sie einander. Manchmal handelt es sich auch nur um einen einfachen Begriffswechsel. Für die Einzelheiten genügt es, auf die gründliche Darstellung von Völker, Philo, bes. S. 105–115, 158–239, 262–317 zu verweisen, ferner auf O. Dreyer, Untersuchungen zum Begriff des Gottgeziemenden in der Antike. Mit bes. Berücksichtigung Philons v. Alexandrien (Spudasmata 24), 1970.

schieht durch das verschieden, am meisten als Logos benannte Selbst, mit dem sowohl der Mensch als auch Gott im Menschen bewahrend wirkt.

In den hier für Philon gegebenen Aufriß läßt sich auch die Logoslehre des Clemens fassen. Die darin liegende Interpretationsmöglichkeit bedeutet auch etwas für die Feststellung, daß Clemens den Philon zwar nur an vier Stellen mit Namen nennt, aber an mehr als dreihundert Stellen seine Schriften benutzt und zum Teil wörtlich ausgeschrieben hat[37]. Dieser ganze Befund steht aber unter einem Vorzeichen, das gegenüber Philon neu ist: der Logos ist für Clemens in erster Linie Jesus Christus, der Sohn Gottes[38]. In seine Christologie wird damit schlechterdings alles aufgenommen, was die antike Philosophie und Mythologie unter den Begriff des Logos stellen konnte oder auch, was er selbst noch darunter stellt. Das fängt an beim Logos als Prinzip der Harmonie in der Welt, welche durch Musik gewirkt wird und nun Christus in die Rolle eines neuen Orpheus, Amphion und Arion rückt (Protr. 1,3–7), und geht über zu Christus als „Erzieher“, der sich der seelisch Leidenden annimmt wie der Arzt der Kranken und, nachdem er als Logos ermahnt und erzogen hat, auch noch belehren wird (Paid. 1,1.3)[39]; und es entfaltet sich breit in den „Teppichen“, wo der Logos als Fleischgewordener, als Sohn und Abbild Gottes überall hin verbreitet ist und als Erlöser und Führer das Wesen des Vaters offenbart.

Durch diese christologische Konzentration wird der Aufriß der Spekulation der mit dem Logos zusammenfallenden Geistbegriffe, die außerhalb der Konzentration verbleiben, asymmetrischer als bei Philon (er war auch dort infolge der Präponderanz des Logosbegriffs nicht symmetrisch)[40]. Eine Aussage wie die, daß der Logos durch himmlische Lehre

---

[37] O. Stählin, Einleitung zu der Übersetzung der Werke des Clemens von Alexandreia, BKV 2. Reihe 7, München 1934, S. 17. Die Stellen in Stählins Clemens-Alexandrinus-Ausgabe, Bd. 4: Register (GCS 39), Berlin 1936, S. 47ff. (leider noch nach ed. Mangey).

[38] In GCS 39, S. 546ff. unter Logos Nr. 13: Der Sohn Gottes auf 5½ Spalten genau so viel Belege wie für alle anderen Logosaussagen (am wichtigsten S. 545f. unter 12: Denkvermögen) zusammen. Natürlich bot Philon auch dafür Anknüpfungspunkte, nennt er den Logos doch immerhin πρωτόγονος ϑεοῦ (ohne υἱός: Conf. Ling. 146; Somn. I 215). Doch wird der direkte Ausdruck υἱός so vielfältig verwandt (E. Schweizer, ThWbNT 8, S. 356,25–357,15), daß man ihn nicht unter die Selbst-Begriffe rechnen kann. Die Hineinlegung des Sohn-Begriffes in ältere Tradition begegnet auch bei den Apologeten, so bei Justin 1.Apol. 60,1 in Platon, Tim. 34b–36d (der Abschnitt von der Chi-förmigen Weltseele); dazu J. Daniélou, Theology of Jewish Christianity S. 285f.; Gospel Message S. 45.

[39] Von Wlosok (oben Anm. 20) S. 164–175 wird die Theologie des Paidagogos, auch um Logos und Sophia herum, gesondert dargestellt; S. 151–154 das Logoshaben als Befähigung zur Gottesschau.

[40] Das Verhältnis der Geist-Selbst-Aussagen zueinander und ihre Stellung im Rahmen weiterer relevanter philonischer Kontexte läßt sich nur mit Hilfe einer auflistenden Heraushebug der letzteren aus dem Gesamtwerk darstellen. Dafür stehen die für das „Satzle-

den Menschen göttlich macht (Protr. 11,114,4), kann christologisch, aber auch philonisch verstanden werden. Ganz über Philon auf die Stoa zurück aber verweisen viele Aussagen des Inhalts, daß der Logos der ἡγεμών des Alls ist (Paid. 1,65,3). Und der Logos ist auch hier eine εἰκών Gottes, so wie die εἰκών des Logos der wahrhaftige Anthropos[41], d.h. der νοῦς im Anthropos ist (Protr. 10,98,4). Das bedeutet dasselbe wie, daß der wirkliche (τῷ ὄντι) Anthropos in uns der pneumatische ist (Strom. 2,42,1), oder daß jener Anthropos, in welchem der Logos wohnt, die μορφή des Logos hat und damit Gott ähnlich wird (Paid. 3,1,5). Der pneumatische Mensch, Nous oder Logos im Menschen kann auch innerer Mensch heißen, aber es wird festgehalten, daß Gott ihn wie den äußeren geschaffen hat (Strom, 3,34,2). Nous ist aber auch Gott, auch als ἀρχὴ τοῦ λογικοῦ καὶ κριτικοῦ τόπου; dann gilt der einzig lehrende und erziehende Logos als Sohn des Nous, d.h. des Vaters (υἱὸς τοῦ νοῦ πατρός; Strom. 4,162,5).

Genau wie der Logos ein ἡγεμών (s. oben) und der Nous ein κυβερνήτης ist (Paid. 2,28,3), ist beides auch der λογισμός: er wird dem ἡγεμονικόν parallel gesetzt, das unwandelbar bleibt und ein Wegweiser (καθηγούμενον) der Seele ist, und ihr κυβερνήτης genannt (so Clemens selbst: εἴρηται; Strom. 2,51,6). Aber auch die göttliche σοφία ist der Logos Gottes (Protr. 8,80,3) – daneben gibt es die weltliche, praktische, ungöttliche[42].

Parallel zu den vielen Aussagen, daß der Logos den Menschen sich selber gleich, göttlich oder gottähnlich, pneumatisch macht, darf eine Aussage verstanden werden wie die, daß der Mensch nach dem Bild des ihm eingeborenen Pneuma gebildet wird (κατ' ἰδέαν πλάσσεται τοῦ συμφυοῦς πνεύματος; Strom. 4,150,2). Das Pneuma ist eine ganze und vollkommene Kraft der ψυχή – das, was mit Geleit der Ermahnung (προτροπή) zur Wahrheit (also nicht automatisch von Natur!) beim letzten Atemzug gen Himmel fährt (Protr. 11,117,3). An dieses Pneuma denkt Clemens auch beim πνεῦμα αἰσθήσεως, das nach Ex. 28,3 zur An-

---

xikon zur synkretistischen und gnostischen Literatur der Spätantike" im Göttinger Sonderforschungsbereich 13 von Chr. Elsas bearbeiteten Philon-Register zur Verfügung (Sätze mit sachlich aufgliedernder, die Zuordnug zu anderen Texten ermöglichender Siglierung der Inhalte durch Kennziffern 246 S., Ordnung nach dem Alphabet der zentralen deutschen und griechischen Begriffe 180 und 202 S., Stellen 57 S.). Vgl. ergänzend zum folgenden besonders Daniélou, Gospel Message S. 364–375 (The Person of the Word: Clement of A.).

[41] Anschaulich Strom. 7,52,3: Der Gnostiker ist eine beseelte Bildsäule Gottes des Herrn (hierzu siehe Bernoulli-Früchtel S. 757 links u. die 3 Stellen zu „Ursache"); Logos und Ebenbildlichkeit: Völker, Wahrer Gnostiker S. 98–115.

[42] Daß es sich damit aber nicht um zwei Logoi handelt, zeigt R. P. Casey, Clement and the two divine Logoi, in: JThS 25, 1924, S. 43–56 und im Anschluß an ihn Daniélou S. 366.408.

fertigung des Hohepriesterornates befähigt[43], und es ist nach ihm nichts anderes als φρόνησις, eine δύναμις ψυχῆς θεωρητικὴ τῶν ὄντων(Strom. 6,154,4). Die folgenden Sätze lesen sich wie ein erweitertes Kompendium des Bisherigen:

„Die φρόνησις aber ist mannigfaltig und erstreckt sich durch die ganze Welt und durch alle menschlichen Dinge; sie ändert aber bei jedem von diesen Umständen ihren Namen und heißt, wenn sie sich auf die ersten Ursachen richtet, νόησις; wenn sie dieses durch Beweis bekräftigt, ... γνῶσις, σοφία und ἐπιστήμη ... Ohne das Prinzip des λόγος ... wird sie πίστις genannt ... Wenn sie sich beim sinnlich Wahrnehmbaren ... als wahr erweist, heißt sie δόξα ὀρθή, bei Handarbeit ... τέχνη; wo sie ohne Anschauung der obersten Ursachen ... etwas herstellt, heißt sie ἐμπειρία“ (Strom. 1,155,3).

Angesichts der letzten Begriffe ist es verständlich, daß σοφία als Oberbegriff festgehalten wird: wohl ist die σοφία – die göttliche muß gemeint sein – φρόνησις, aber nicht alle φρόνησις ist σοφία (Strom. 2,24,2). Die φρόνησις als höhere ist heilbringend, σωτήριος (Strom. 4,151,1).

Genau wie bei Philon hängt es davon ab, inwieweit man die Logos-Eikon-Sophia-Sphäre makrokosmisch interpretieren kann, ob man sie und damit auch die sie durchwaltende Geisteskraft als κόσμος νοητός bezeichnen darf. Natürlich kennt Clemens den Unterschied, den die „barbarische“ Philosophie zwischen diesem, der auch ἀρχέτυπος und παράδειγμα genannt wird, und dem κόσμος αἴσθητος macht, der seine εἰκών ist (Strom. 5,93,4). Aber ganz geht die Gleichungskette ἐν τῷ νοητῷ ... κόσμῳ (Strom. 5,94,2) nicht auf – die Urbilder, die er enthält, stehen zu den sinnlich wahrnehmbaren Einzelwesen in einem dualistischeren Verhältnis, als die obere und untere Repräsentanz der Selbstbegriffe zueinander stehen.

Das ungeklärte literargeschichtliche Verhältnis der Excerpta ex Theodoto zu den Stromata gestattet es nicht, alternativ zu entscheiden, ob Clemens die Festgefügtheit seiner Logoslehre ihrer weitgehenden Desintegration bei dem valentinianischen Gnostiker abgerungen hat, oder ob er sie, in der philonischen Tradition stehenbleibend, gegen diesen – natürlich mit seiner zentralen christologischen Modifikation – einfach festhielt. So oder so bezeugen die Stromata, wie der Logos als Organ der Gotteserkenntnis[44] Grundlage einer nicht nur personal auf Gott gerichteten, sondern mehr umfassenden Gnosis begriffen werden kann,

[43] Kontinuität zu Philon auch sonst, siehe z. B. Haussleiter (oben Anm. 8), Sp. 825–828 (Deus internus bei Clemens).

[44] Strom. 7,5,1: πίστις οὖν τοῦ εἰδέναι θεόν; zu Pistis gleich Gnosis und Erfüllung des Werkes des Schöpfergottes kraft eines ihm eigenen Erkenntnisvermögens Bernoulli S. 143; gründlich Völker, Wahrer Gnostiker S. 369–381.

die „katholisch“ ist und so auch stets möglich bleiben wird. Mit diesem Gnosisbegriff geht Clemens nicht nur über Paulus, sondern auch über Clemens von Rom noch hinaus. Mit Bezug darauf, daß Paulus von einem Wachsen der Gerechtigkeit und des Glaubens sprechen kann (2.Kor. 9,10; 10,15f.), zieht Clemens guten Gewissens die Konsequenz, daß die Endstufe dieses Wachstums die Gnosis ist, wohl nicht nur (?) „gnostischer Glaube“, sondern eine Gnosis, die als Vervollkommnung des Glaubens erheblich über den Inhalt des katechetischen Unterrichts hinausgeht (Strom. 6,164,4–165,1)[45]. In Strom. 1,38,7 ändert er 1.Clem 48,4, indem er u.a. statt der „Heiligkeit und Gerechtigkeit“, in welcher man durch das Tor Christi auf den graden Weg treten kann, auf dem man unbeirrt alles vollbringt (im Anschluß daran ist auch von der Fähigkeit die Rede, γνῶσιν ἐξειπεῖν), die „gnostische Heiligkeit“ setzt (ὁσιότης γνωστική).

In Strom. 2,19,1–11,2 macht Clemens die Unterschiede zur häretischen Gnosis deutlich. Die Pistis sei für Basilides etwas Natürliches (nach 2,27,2 eine Zustimmung der Seele zu [sc. etwas] mehr als Übersinnlichem), für die Valentinianer etwas Einfältiges; zwischen Gnosis und Pistis bestehe für die letzteren ein noch größerer Unterschied als zwischen dem Pneumatischen und dem Psychischen. Das letztere kann man, wenn man es nicht für eine Unterstellung des Clemens halten will, nur so verstehen, daß für Valentinianer das Pneuma in erster Linie wegen seiner begrifflichen Mehrdeutigkeit, aber auch weil der normale Kirchenchrist an ihm teilhatte, als Gnosisfähigkeit nicht sicher genug ausgewiesen war, und daß sie deshalb eine höhere Potenz entwickelten. Clemens' Argument richtet sich hier mehr gegen die basilidianische als gegen die valentinianische Position: schon der Glaube darf nichts Naturhaftes, er muß freie Willenstat sein; Gott wäre sonst als Prinzip in die menschliche Natur eingebunden, während er doch in Wirklichkeit freiwilligen Glauben ermöglichen will (nur dann ist auch die Taufe, die dies besiegelt, sinnvoll, während sie bei Basilides funktionslos wäre); der Glaube bewahrt dementsprechend, was ihm von Gott, d.h. von außen, anvertraut ist: Lehren über Gott und Gebote (Strom. 2,27,2). Wer die göttlichen Gebote nicht hört, belehrt nur sich selbst (2,51,5).

Clemens hat selbstverständlich auch gegen die geschlechtliche „Er-

---

[45] Vgl. Bernoulli S. 113 und dort Reg.s.vv. Erkenntnis, Weisheit, Weltschöpfung, Wissen; Gotteserkenntnis durch (Tauf!-)Gnade (Unterschied zum Valentinianismus!): Völker, Wahrer Gnostiker S. 147–153. Die Verbindung zwischen Eikon-Vorstellung und Gnosis von Paulus über Johannes, apostolische Väter, Apologeten und Irenäus bis zu Clemens wird aufgearbeitet von P. Schwanz, Imago Dei als christologisch-anthropologisches Problem in der Geschichte der Alten Kirche von Paulus bis Clemens von Alexandrien, Halle 1970; zum obigen Bezug vgl. bes. S. 34–42 und 145–163. In dem Buch wird leider viel Schutt aus der Theorie über den Urmensch-(Erlöser-)Mythus mitgeschleppt.

kenntnis“ im alttestamentlichen Sinne, dokumentiert durch Essen vom Baum der Erkenntnis, nichts einzuwenden. Man kann sich in der Ehe – nur hier kommt solche Erkenntnis in Frage[46] – gut und schlecht verhalten, die Erkenntnis als solche aber führt einfach zur Leiblichkeit, und ohne diese kann weder die Kirche ihr Ziel erreichen, noch wäre der einzelne, den Gott von seinen Leiden heilen kann, auch körperlich gesund (Strom. 3,103,3–104,5).

So bringt die Gnosis, mit der Pistis identifiziert, in diese doch eine innere Spannung hinein: sie ist schon eine Art fides quaerens intellectum. Die Pistis enthält keimhaft, für die Erkenntnis des Notwendigsten zusammengezogen, was in der Gnosis gefestigt und gesichert – wir dürfen wohl auch sagen: erweitert ist (Strom. 7,57,3). In diesem Sinne kann Clemens vom gnostischen Glauben (ἡ πίστις ἡ γνωστική) reden und ihn dem Jakobus, Petrus, Johannes, Paulus und den übrigen Aposteln zusprechen, die damit wahre Gnostiker sind (6,68,2). Der „königliche Weg“ wird deshalb anders interpretiert als bei Philon: man wandelt ihn, wenn man die freie Willensentscheidung (προαίρεσις), d.h. die des Glaubens, vollzogen hat und sich nicht von Zwang, Furcht oder Hoffnung leiten läßt (Strom. 7, 73,5; vgl. 7,91,6). Dieser inneren Spannung entspricht die des zugrunde liegenden Logosbegriffs: der Sohn Gottes erzieht als Logos drei Arten von Menschen mit verschiedenen Mitteln: den Hartherzigen durch sinnlich wahrnehmbare Zucht, den Gläubigen mit guten Hoffnungen, den Gnostiker mit Mysterien (Strom. 7,5,3–6,1)[47].

Nicht nur als Gegenpol der „katholisch“- christlich-gnostischen Position des Clemens, sondern auch für die weitere Möglichkeit, wie der eingangs umrissene Rahmen mit heidnischer oder repaganisierter Gnosis fester abzustecken wäre, zu der die Entwicklung der Logoslehre ja außerdem noch geführt hat, ist schließlich der Valentinianismus des Theo-

---

[46] Die Ehe, in der durch „Erkenntnis“ Kinder gezeugt werden, kann zwar als eine Einrichtung des Gesetzes verstanden werden, aber der Geber des Gesetzes ist auch der des Evangeliums – eine antimarcionistische Spitze? – und widerspricht sich nicht. Bleibt also das Gesetz, gegen das der Mensch nicht lösen darf, was Gott in ihm verbunden hat, bestehen, so muß man es „geistlich“ und „gnostisch“ nennen (Strom. 3,83,2–5). Darin steckt ein neu modifizierter Begriff von Gnosis: Völker, Wahrer Gnostiker S. 195–219.

[47] Dieser Erziehungsgedanke ist es, den Clemens aus dem Griechentum weiterführt und selbst auch geschichtstheologisch appliziert. Die Offenbarungsgeschichte, an den Stufen Griechen, Juden und Christen ablesbar, steht bei ihm derart unter dem Primat der Erziehungsgeschichte, daß moderne zukunftsorientierte Geschichtsphilosophien weiterhin in diesem (mit Ähnlichem bei Irenäus und Origenes verwandten) Tatbestand, eher als in Säkularisierung eines heilsgeschichtlichen Oikonomia-Konzepts, gegründet sein müssen: W. Jaeschke, Die Suche nach den eschatologischen Wurzeln der Geschichtsphilosophie. Eine historische Kritik der Säkularisierungsthese (Beitr. zur Ev. Theologie 76), München 1976; zu Clemens dort S. 257–259 und 262–264.

dotos aufschlußreich[48]. In seiner Auseinandersetzung mit ihm hat Clemens ihm den νοῦς- und den σοφία-Begriff (λογισμός und φρόνησις spielen nach den überlieferten Excerpten hier für beide keine Rolle) gleichsam überlassen. Das ist begreiflich, wenn man bedenkt, wie der Nous für ein Syzygienpaar mit der Aletheia vereinnahmt worden war (Exc. 6,3) – dasselbe, das im Anfang des Irenäus-Berichtes neben der Tiefe und dem Schweigen des Urvaters steht –, und wie man den Doppelaspekt der Sophia in eine obere und eine gefallene, nunmehr negativ kosmogonische Potenz zerrissen hatte: hier blieb, ohne eine integrale Identifikationsskala, wie die Stromata sie boten, auch durch noch so rigide monistische Unterscheidungen vor ständiger Mißverständlichkeit nichts mehr zu retten. Nur bei den Begriffen des λόγος, der εἰκών, des ἄνθρωπος, des πνεῦμα und des κόσμος νοητός scheint es die Mühe noch gelohnt zu haben.

Theodot versucht, die Fleischwerdung des Logos zu „pneumatisieren": nur ein fleischliches Element (σαρκίον) ist für ihn hervorgebracht worden, und die Sophia ist es, die das tat (προέβαλε); dies σαρκίον aber ist ein πνευματικὸν σπέρμα, mit welchem bekleidet der Erlöser herniedergestiegen sei (Exc. 1,1). Für Clemens kann dieses Sperma nur ein Funke sein, dem der Logos selbst zum Leben verholfen hat und der die getrennten Menschengeschlechter zur Pistis vereinigt (1,3). Für Theodot hat die εἰκών von etwas eine mindere Qualität gegenüber dem, was sie abbildet: So der Demiurg im Verhältnis zum μονογενής (7,5; 47,1.3), die fleischliche zur pneumatischen Auferstehung (7,5), (der pneumatische) Christus zum Pleroma (32,1), der psychische Christus zum Sohn des Urvaters (47,3), d.h. dem Erlöser (59,2). Für Clemens dagegen behält εἰκών als Seinsweise des irdischen im Verhältnis zum himmlischen Menschen den philonischen Grundansatz, wie er von Paulus (1.Kor 15,49) durch Verbindung des Menschen(sohns) Christus mit dem himmlischen Universalmenschen verändert worden ist (15,1), oder er interpretiert Christus als εἰκών im Sinn von Kol. 1,15 weiter (19,4); die εἰκών bleibt dem göttlichen πνεῦμα gleich (86,2). Für Theodot ist, anders als für Philon, der choische Anthropos κατ' εἰκόνα, der psychische κατ' ὁμοίωσιν θεοῦ, der pneumatische aber – nur er wäre der eigentliche Wechselbegriff unter den Logos-Äquivalenten! – κατ' ἰδίαν (54,2). Für Clemens ist ἄνθρωπος die Gestalt, in der der Herr erschienen ist; das muß hier (4,1) wegen des Gegensatzes zu ἄγγελος sarkisch gemeint sein, und nach Exc. 19,1 ist die ἀνθρωπος-Werdung des Logos sogar schon ἐν

[48] Trennung der Meinungen beider voneinander nach der ed. F. Sagnard, Clément d'Alexandrie, Extraits de Théodote (Sources Chrétiennes 23), Paris 1948, und den gesonderten Registern. In der obigen Auswahl mußte insbesondere auf Wiedergabe der 19 Sophia-Stellen verzichtet werden.

ἀρχῇ eine σάρξ-Werdung. Das Pneuma geht nach Theodot nicht nur mit den hypostatischen Spaltungen der Sophia, sondern mit sehr viel weiteren pleromatischen Differenzierungen konform, für Clemens liegt ontologisch das göttliche Pneuma beim menschlichen, das letztere – dann doch wohl wie bei Philon: als höhere Kraft – bei der ψυχή (17,4). Der κόσμος νοητός scheint, unbefangen platonisch-philonisch wie von ihm geredet wird (27,2), nicht einmal etwaige, aber unterscheidbare Vergleichsmerkmale im Verhältnis zum Pleroma zu haben.

Jesus Christus als der, in dem Gott spricht, als „Wort" also; Jesus als „Mensch(ensohn)" und als solcher ebenso als „Bild" Gottes; Jesus auch als der, der dasselbe wie Gottes „Geist" vermittelt[49] – Jesus war schon in unbeeinflußtem christologischen Denken mit so gewichtigen Wechselbegriffen der Logos-Selbst-Spekulation wahlverwandt, daß man fast sagen kann: es hätte der Identifikation von Logos und fleischlichem Christus im Johannes-Prolog gar nicht bedurft, damit Clemens sie neu vollziehen konnte. Hier beginnt die alexandrinische Theologie. Aber das hellenistisch-jüdische Denken wird von demselben Clemens zusammen damit weitergeführt[50], und das Flair, das die Theologie in diesem sich nur an den Rändern durchdringenden Nebeneinander gewinnt, wäre mit „Judenchristentum" in einem ebionitischen oder sonstigen herkömmlichen Sinn falsch benannt. Nimmt man das Denken des Kontrahenten Theodotos hinzu, so begreift man ebenfalls, daß da, wo aus irgendeinem Grunde die Fleischlichkeit des Christus-Logos nicht festgehalten wurde, die außerhalb seiner verbliebene Logoslehre im Sinne von Selbst-Spekulation noch in ganz andere Richtungen freigesetzt werden konnte, in Gnosis bei dem einen, in eine neue Philosophie bei dem andern.

[49] Zu Hl. Geist und menschgewordenem Logos von Irenäus bis Origenes vgl. H. Crouzel, RAC 9, 1976, Sp. 532–539 (hier leider ohne Clemens, doch zu dessen anthropologischem Pneuma s. dort Sp. 514f. und Daniélou, Gospel Message S. 408–415).

[50] Zu dieser bleibenden Komponente vgl. besonders M. Pohlenz, Clemens und sein hellenistisches Christentum, NAWG 1943, S. 103–180.

Carmelo Curti

„Spiritalis intellegentia".

Nota sulla dottrina esegetica di Eucherio di Lione

Tra i due scritti esegetici del vescovo di Lione Eucherio, cioè Formulae spiritalis intellegentiae e Instructiones[1], che egli dedicò rispettivamente ai figli Verano e Salonio con il proposito di ammaestrarli nella dottrina esegetica della Scrittura, le Formulae hanno particolarmente attirato l'attenzione degli studiosi, non per particolari pregi di scrittura o di pensiero[2], ma per l'interessante praefatio che l'autore vi premette ad illustrazione della propria esegesi scritturaria.

[1] Eucher., Opera, rec. C. Wotke, CSEL XXXI, Vindobonae 1894, pp. 3–62 (Formulae), 65–161 (Instructiones). Citerò da questa edizione, che, nonostante difetti d'impostazione e mende di varia natura, resta a tutt'oggi l'unica critica. Tra l'altro Wotke ha utilizzato solo pochi manoscritti, e non tutti accreditati, tra i numerosi che ci hanno conservato i due scritti esegetici: cfr. R. Etaix, Eucher de Lyon, Dictionnaire d'histoire et de géographie ecclésiastiques XV, 1963, 1317. Ad una nuova edizione dei due opuscoli eucheriani lavora da qualche tempo a Catania il dr. Rosario Leotta. Parimenti una monografia su Eucherio è ancora da scrivere. Le uniche esistenti, di valore piuttosto scarso, risalgono al secolo scorso: A. Mellier, De vita et scriptis S. Eucherii Lugdunensis episcopi, Lugduni 1877; A. Gouilloud, Saint Eucher, Lérins et l'église de Lyon au 5° siècle, Lyon 1881. A taluni aspetti dell'opera e della personalità di Eucherio ha dedicato pagine molto interessanti S. Pricoco in un recentissimo saggio sul monachesimo lerinese: S. Pricoco, L'isola dei santi. Il cenobio di Lerino e le origini del monachesimo gallico, Roma 1978.

[2] I giudizi laudativi di autori contemporanei e posteriori, di cui si coglie un'eco ancora in Erasmo, possono ritenersi in qualche modo fondati se riferiti al De laude eremi, al De contemptu mundi e alla Passio Acaunensium martyrum, che presentano indiscutibilmente pregi di pensiero e di stile. Tali giudizi non possono estendersi ai due opuscoli esegetici, dei quali, pur nella mancanza a tutt'oggi di un lavoro sistematico sulla Quellenforschung, ricerche parziali hanno evidenziato la scarsa originalità. Come è stato mostrato, gran parte della materia del secondo libro delle Instructiones è ricavata da Girolamo: cfr. I. Opelt, Quellenstudien zu Eucherius, „Hermes" 91 (1963), p. 476ss. Da un' indagine sommaria da me condotta sulla parte del primo libro delle Instructiones che è consacrata ai Salmi, è emerso che ancora Girolamo è la fonte principale. Una ricerca sulle fonti di tutto questo libro, nel quale Eucherio, seguendo il genere delle „quaestiones" e „responsiones" (cfr. G. Bardy, La littérature patristique des „quaestiones et responsiones" sur l'Écriture sainte. Saint Eucher, „Revue biblique" 42 [1933], pp. 14–20), spiega alcuni passi significativi dei due Testamenti, sarà certamente proficua. Infatti l'autore stesso avverte espressamente di aver dedotto le sue interpretazioni da inlustrium doctorum iudicio e da opinionibus doctissimorum uirorum. Nella praefatio ad Salonium del primo libro egli così si esprime: . . . atque eis (sc. ai quesiti posti dal figlio) non ex meo ingenio sed ex inlustrium doctorum iudicio, neque

Alla praefatio delle Formulae ha dedicato alcune pagine della sua ormai classica opera „Exégèse médiévale“ H. De Lubac, secondo cui il vescovo di Lione attesta lo schema esegetico tripartito, articolato in storia-tropologia-anagoge, più antico e più puro, nonostante le manifeste analogie che esso presenta con qualche formulazione precedente[3]. Pur accettando in linea di massima la tesi dell'insigne studioso e condividendone sostanzialmente gli argomenti che la suffragano, ritengo che la praefatio eucheriana offra ancora qualche aspetto che merita di essere evidenziato. Soprattutto giudico estremamente importante verificare fino a qual punto il Lionese, dando un'interpretazione sia pure rapida ed essenziale di alcuni versetti scelti dai due Testamenti nel primo libro delle Instructiones o spiegando, nel secondo libro e nelle Formulae, verba, nomina ed espressioni scritturarie, si attiene ai principi teorici enunciati nella praefatio, cioè applica ai testi della Bibbia i tre sensi della formula programmatica. Tale verifica contribuirà anche a meglio definire i caratteri della sua ermeneutica.

I

Dopo una breve premessa sui motivi che lo hanno indotto a comporre l'opuscolo (Formulas spiritalis intellegentiae conponendas tibique [sc. a Verano] mittendas pro studio paternae erga te sollicitudinis existimaui[4]), e dopo aver sottolineato la necessità di ad illa spiritalium interiora sermonum spiritu uiuificante penetrari[5], Eucherio dà inizio all'excursus metodologico sull'esegesi biblica, che si estende per quasi tutta la praefatio. Lo riporto pressoché integralmente, numerandone progressivamente le righe per dar modo al lettore di seguire più agevolmente i frequenti rimandi al testo che saranno fatti nel corso della trattazione:

. . . uniuersam porro scripturam tam ueteris instrumenti quam noui ad intellectum allegoricum esse sumendam admonet nos uel illud, quod in ueteri testamento legimus: „aperiam in parabolis os meum, loquar aenigmata antiqua“ (Ps. LXXVII, 2), uel illud, quod in nouo testamento scribitur: „haec omnia locutus est Iesus in parabolis ad turbas et sine parabolis non loquebatur eis“ (Matth. XIII, 34). nec mirandum quod sermo diuinus prophetarum apostolorumque ore prolatus ab usitato illo hominibus scribendi modo multum recesserit facilia in

ex propria temeritate sed ex aliorum auctoritate respondeam . . . (Instr. I, praef., p. 65, 6–8); e ribadisce tale dipendenza alla fine dello stesso libro: Et quidem haec de opinionibus doctissimorum uirorum exigenti tibi (sc. al figlio Salonio) a me prolata sunt . . . (Instr. I, p. 139, 19–20).

[3] H. De Lubac, Exégèse médiévale. Les quatre sens de l'Écriture, première partie, tome I, Paris 1959, trad. it., Roma 1962, p. 340 ss. Cfr. anche A. Penna, Principi e carattere dell'esegesi di S. Girolamo, Roma 1950, pp. 47–48.

[4] Form., p. 3, 4–5.

[5] Form., p. 3, 8–9.

promptu habens, magna in interioribus suis continens, quia et re uera fuit congruum, ut sacra dei dicta a ceteris scriptis sicut merito ita et specie discernerentur, ne illa caelestium arcanorum dignitas passim atque indiscrete cunctis pateret „sanctumque canibus et margaritas porcis exponeret“ (Matth. VII, 6), ut uere ad illius „columbae deargentatae“ modum (Ps. LXVII, 14), cuius posteriora specie auri splendentis inradiant, ita scripturae diuinae prima quaeque argento fulgerent, auro occultiora rutilarent[6]. recte itaque procuratum est, ut illa eloquiorum castitas a promiscuis cunctorum oculis abdito suo quasi quodam uelamine pudicitiae contegeretur; ac diuina optime dispensatione prouisum est, ut scripta ipsa ita tegerentur caelestibus obumbrata mysteriis, sicut secreto suo ipsa diuinitas operiebatur. igitur cum in libris sanctis oculi domini, uterus domini, pedes, arma etiam domini[7] scripta reperiantur longeque absit a catholica ecclesiarum fide deum corpore determinari, qui sit inuisibilis inconprehensibilis incommutabilis infinitus, requirendum est qualiter ista per spiritum sanctum figurali expositione reserentur. hic enim inueniuntur illa dominici interiora templi, hic illa sancta sanctorum[8]. corpus ergo scripturae sacrae, sicut traditur, in littera est, anima in morali sensu, qui tropicus dicitur, spiritus in superiore intellectu, qui anagoge appellatur. quam triplicem scripturarum regulam conuenienter obseruat confessio trinitatis „sanctificans nos per omnia, ut integer spiritus noster et anima et corpus sine querella in aduentum domini dei nostri Iesu Christi iudiciumque seruetur“ (I Thess. V, 23). sapientia mundi huius philosophiam suam in tres partes

[6] Di aurum e argentum è data una spiegazione analoga a quella della praefatio nel corso della sezione VII delle stesse Formulae che riguarda De his, quae in usu atque in medio habentur: Aurum interior scripturarum intellectus; in psalmo: „et posteriora dorsi eius in specie auri“ (Ps. LXVII, 14) (Form., p. 47, 20–21); Argentum eloquia diuina siue intellectus litterae uel historiae; in psalmo: „eloquia domini, eloquia casta, argentum igne examinatum“ (Ps. XI, 7) (Form., pp. 47, 22–48, 2). Le Formulae, com'è noto, sono divise in dieci parti, i cui titoli sono elencati alla fine della praefatio e ripetuti in testa alle singole parti. Sotto tali titoli sono raggruppati per categorie i termini scritturari che vengono spiegati. L'ultima sezione è dedicata ai numeri. È da osservare che a conforto delle singole interpretazioni, Eucherio riporta testualmente stichi e versetti tratti per lo più dall'Antico Testamento, soprattutto dai Salmi. La medesima spiegazione di aurum e argentum s'incontra anche nel primo libro delle Instructiones a proposito del commento a Ps. LXVII, 14: . . . in columba autem spiritus sanctus, in posterioribus occultior intellectus, in argento splendens historia scripturarum, in auro interior uel pretiosior sensus ostenditur (Instr. I, p. 94, 22–25).

[7] Tutti questi termini vengono interpretati allegoricamente nella sezione I delle Formulae intitolata De his quae appellantur membra domini uel quae de eo significantur: Oculi domini intelleguntur inspectio diuina; in psalmo: „oculi domini super iustos" (Ps. XXXIII, 16) (Form., p. 7, 3–4); Uterus domini secretum, ex quo filium protulit; in psalmo: „ex utero ante luciferum genui te“ (Ps. CIX, 3) (Form., p. 7, 15–16); Pedes domini stabilitas aeternitatis; in psalmo: „et caligo sub pedibus eius“ (Ps. XVII, 10) (Form., p. 7, 17–18); Arma domini adiutoria eius in sanctos; in psalmo: „adprehende arma et scutum“ (Ps. XXXIV, 2) (Form., p. 8, 3–4).

[8] Questi termini sono compresi nella sezione VIIII dell'opera, De Hierusalem uel aduersis eius: Templum corpus domini uel sancti; in apostolo: „uos enim estis templum dei uiui“ (II Cor. VI, 16) (Form., p. 53, 15–16); Sancta sanctorum interiora quaeque mysteria dei uel regna caelorum; in epistula ad Hebraeos: „non enim in manu facta sancta Iesus introiit exemplaria uerorum sed in ipsum caelum, ut appareat nunc uultui dei pro nobis“ (Hebr. IX, 24) (Form., p. 54, 5–9).

diuisit: physicam ethicam logicam, id est naturalem moralem rationalem, sed naturalem illam pertinentem ad causas naturae, quae uniuersa contineat, moralem uero, quae respiciat ad mores, rationalem autem, quae de sublimioribus disputans deum omnium patrem esse confirmet. quam tripertitam doctrinae distributionem non adeo abhorret illa nostrorum in disputatione distinctio, qua docti quique hanc caelestem scripturarum philosophiam secundum historiam secundum tropologiam secundum anagogen disserendam putant. quapropter historia ueritatem nobis factorum ac fidem relationis inculcat, tropologia ad uitae emendationem mysticos intellectus refert, anagoge ad sacratiora caelestium figurarum secreta perducit. sunt etiam qui allegoriam in hoc scientiae genere quarto in loco adiciendam putent, quam gestorum narratione futurorum umbram praetulisse confirment. haec uero ipsa ut subiectis plenius manifestentur exemplis, caelum est secundum historiam hoc quod intuemur, secundum tropologiam uita caelestis; aquae secundum allegoriam baptismus, secundum anagogen angeli, unde est illud: „et aquae quae super caelos sunt laudent nomen domini" (Ps. CXLVIII, 4–5). omnis autem disciplina nostrae religionis ex illo duplici scientiae fonte manauit, cuius primam practicen secundam theoreticen uocauerunt, id est actualem et contemplatiuam; unam, quae actualem uitam morum emendatione consummet, aliam, quae in contemplatione caelestium et diuinarum scripturarum disputatione uersetur. ergo actualis scientia in diuersa studia diffunditur, contemplatiua autem in duas deriuatur partes, id est in historica disputatione et spiritalis intellegentiae interpretatione consistit. . . . Ergo ipsas nunc nominum atque uerborum significantias, secundum quas uel maxime in allegoriam trahuntur, prout donum domini suggesserit, explicemus[9].

De Lubac ha opportunamente rilevato il carattere composito della praefatio eucheriana: in essa, salvo il parallelo tra le tre parti della filosofia (fisica, etica, logica) e i tre sensi della Scrittura (letterale, tropologico, anagogico), che non è esplicito in Girolamo e in Cassiano, Eucherio sembra dipendere da Girolamo per la divisione dei tre sensi fondata sulla divisione tripartita dell'uomo, trae da Cassiano, sovente ad verbum, parecchie espressioni che concernono la disciplina nostrae religionis e le sue due branche, pratica e teorica[10]. Inoltre lo studioso ha avvertito un'evidente forzatura nell'applicazione della divisione „platonica" della filosofia alla Scrittura[11]; ha anche giudicato non riuscito il tentativo di aggiungere alla formula tripartita l'allegoria mediante la frase „vi sono anche di quelli che ritengono di dover aggiungere in questo genere di scienza, al quarto posto, l'allegoria" (38)[12]. Ma poiché l'interesse dello

[9] Form., praef., pp. 3, 9–6, 23.

[10] H. De Lubac, op. cit., première partie, tome I, trad. it., p. 348.

[11] Egli così si esprime: „Nonostante il „non adeo abhorret" di Eucherio, può sembrare che tra la „filosofia della saggezza mondana" e la „celeste filosofia della Scrittura" si dovrebbe piuttosto parlare di contrasto, quando si vede la „fisica" o scienza della natura mutarsi nella storia biblica": H. De Lubac, op. cit., première partie, tome I, trad. it., p. 342.

[12] „Il raccordo è maldestro o piuttosto non è neanche tentato": H. De Lubac, op. cit., première partie, tome I, trad. it., p. 349. È da osservare che sulla scorta di I Cor. X, 2–4 Eu-

studioso per la praefatio è stato suscitato dalla testimonianza che essa offre sulla formula suddetta, egli si è soffermato solo sul passo che la riproduce, senza curarsi delle altre parti della trattazione, nelle quali Eucherio professa principi esegetici diversi.

A mio parere, nel discorso metodologico del Lionese si possono distinguere tre parti e di tutte nel loro insieme bisogna tener conto, se non si vuole correre il rischio di trarre conclusioni unilaterali. Nella prima parte (1–22), sulla scorta di Ps. LXXVII, 2 e di Matth. XIII, 34 l'autore sostiene la necessità d'interpretare allegoricamente tutta la Scrittura, sia dell'Antico che del Nuovo Testamento (1–2). Infatti „la parola divina elargita per bocca dei profeti e degli apostoli è molto diversa dal modo di scrivere abituale agli uomini" (6–7), sicché illa caelestium arcanorum dignitas (10) può essere intesa solo mediante un'interpretazione adeguata, cioè quella allegorica. Di tale interpretazione si ribadisce la validità nel periodo conclusivo di questa prima parte, dove è detto:„Pertanto, poiché nei libri sacri si trova scritto occhi del Signore, seno del Signore, piedi ed anche armi del Signore, e la fede cattolica della chiesa è lontana dal circoscrivere in un corpo Dio, che è invisibile, incomprensibile, immutabile, infinito, si deve cercare il modo di spiegare, con il soccorso dello Spirito santo, queste espressioni per mezzo di un'interpretazione figurata. Infatti è allora che si trovano i recessi del tempio del Signore e le cose sante tra le sante" (18–22). Però non è dato a chiunque penetrare il senso profondo dei testi sacri, poiché si ebbe cura che „la dignità dei misteri celesti non fosse manifesta a caso e indiscriminatamente a tutti" (10), „la castità delle parole fosse nascosta e sottratta agli occhi promiscui di tutti mediante, per così dire, un velo di pudicizia" (14–16), „gli stessi scritti fossero coperti e velati nei loro misteri celesti" (16–17).

Da questa parte della praefatio emerge chiaramente che per il vescovo di Lione solo l'esegesi allegorica permette di cogliere appieno il senso genuino dei testi sacri, quello spirituale, la cui profondità non è concesso a tutti raggiungere. Egli, tuttavia, non esclude l'altro senso, più ovvio, cioè quello letterale, come si intuisce da due espressioni comprese già in questa prima parte: una riguarda il sermo diuinus, di cui è detto „che presenta in superficie concetti facili, ma contiene intrinsecamente concetti profondi" (7–8); l'altra è riferita alla Scrittura, che, come la colomba

---

cherio ribadisce l'insostituibilità della spiritalis intellegentia anche nel De laude eremi – uno scritto non propriamente esegetico –, dove allude al senso allegorico con un'espressione piuttosto simile a quella che usa per definirlo nella praefatio. In questa egli dice: quam (sc. l'allegoria) gestorum narratione futurorum umbram praetulisse confirment (39). Ed ecco il passo del De laude eremi nell'edizione di Pricoco (Catania 1965, p. 57, 169–74): Et haec quamvis in figuram nostri facta tradantur et facies illa rerum mysteriis flagret occultis omnesque in Moyse baptizati in nube et in mari escam spiritalem manducasse, potum spiritalem bibisse referantur, tamen omnia haec ita futurorum continent fidem, ut gestorum custodiant veritatem.

inargentata di Ps. LXVII, 14, „brilla in superficie d'argento, rosseggia d'oro nelle parti interne“ (13–14)[13]. Ma non v'è dubbio che in questa parte iniziale dell'excursus la predilezione di Eucherio è per l'esegesi allegorica. Ad essa, in base all' espressa dichiarazione della chiusa della praefatio, egli si atterrà nelle Formulae per spiegare nominum atque uerborum significantias, secundum quas uel maxime in allegoriam trahuntur (50–51). Alla ratione allegoricae interpretationis egli si richiama trattando delle parole bibliche che si prestano a più di una spiegazione pro persona uel tempore uel loco[14]. Di spiritalem nominum interpretationem parla ancora alla fine della nona sezione delle Formulae[15], e di mystica exemplorum ratio, quando, esaurito l'argomento relativo ai nomina e ai uerba biblici, passa all'interpretazione dei numeri, che costituisce la sezione decima dell'opera[16]. Tranne allegoria, allegorica interpretatio e le espressioni analoghe testé menzionate, spiritalis interpretatio e mystica ratio, non s'incontrano nel corso delle Formulae altri termini o locuzioni che qualificano l'esegesi scritturaria. Peraltro chi scorra anche rapidamente questo scritto, troverà che l'autore ha prestato fede alla promessa fatta alla fine della praefatio dando delle parole esaminate un'interpretazione esclusivamente allegorica.

Idee che collimano con quelle espresse nel passo di cui si è detto si desumono dalla terza parte dell'excursus. Infatti anche in questa Eucherio mostra di conoscere due sensi della Scrittura, l'allegorico e il letterale, che qui sono posti sullo stesso piano, mentre, come si è visto, nella prima parte all'uno è data la preminenza sull'altro:

„Tutta la dottrina della nostra religione è derivata da quelle due sorgenti della scienza, alla prima delle quali hanno dato il nome di pratica, alla seconda, teorica, ossia attiva e contemplativa; l'una fa consistere la vita attiva nell'emendazione dei costumi, l'altra si dedica alla contemplazione delle cose celesti e alla meditazione delle scritture divine. Perciò la scienza attiva si applica a diverse attività, la contemplativa si divide in due parti, cioè consiste nella ricerca del senso storico e nell'interpretazione spirituale“ (43–50).

Diversi da quelli che abbiamo finora riscontrato nella prima e nella terza parte della praefatio sono invece i principi ermeneutici che Eucherio espone nella parte centrale di essa:

„Orbene il corpo della sacra scrittura è nella lettera, l'anima nel senso morale, che si dice tropico, lo spirito in un senso superiore, che si chiama anagoge. Questa

[13] In base alla spiegazione che Eucherio dà nelle Formulae (cfr. la nota 6 del presente articolo), l'aurum è l'interior scripturarum intellectus, cioè il senso profondo delle Scritture; l'argentum, gli eloquia diuina siue intellectus litterae uel historiae, cioè il senso letterale.

[14] Form., p. 42, 13–15.

[15] Form., p. 59, 4.

[16] Form., p. 59, 11.

triplice norma delle Scritture risponde convenientemente alla proclamazione della Trinità, „che ci santifica interamente, affinché il nostro spirito e l'anima e il corpo siano conservati integri, irreprensibili per la venuta del nostro Signore Dio Gesù Cristo e per il giudizio" (I Thess. V, 23). La sapienza di questo mondo ha diviso la filosofia in tre parti: la fisica, l'etica, la logica, cioè naturale, morale, razionale: la naturale riguarda i casi della natura che contiene tutto, la morale si riferisce ai costumi, la razionale, trattando di cose più sublimi, stabilisce che Dio è padre di tutte le cose. Con questa divisione tripartita della filosofia non discorda molto la divisione che fanno i nostri nelle loro trattazioni, in base alla quale i dotti sono dell'opinione che la celeste filosofia delle Scritture si deve spiegare secondo la storia, la tropologia, l'anagoge. Perciò la storia ci inculca la verità dei fatti e la fede della narrazione, la tropologia orienta i sensi mistici verso l'emendazione della vita, l'anagoge conduce ai misteri più sacri delle figure celesti. Vi sono anche di quelli che ritengono di dover aggiungere in questo genere di scienza, al quarto posto, l'allegoria, affermando che essa con la narrazione dei fatti avvenuti adombra i futuri. Questi stessi concetti risulteranno più chiari sostituendovi degli esempi. Il cielo è in senso letterale quello che noi vediamo, in senso tropologico è la vita celeste; le acque in senso allegorico sono il battesimo, in senso anagogico, gli angeli" (22–42).

Come si è già accennato[17], nel passo in questione De Lubac ha acutamente rilevato, oltre alla formula esegetica tripartita – o quadripartita se al trinomio storia-tropologia-anagoge si aggiunge anche l'allegoria –, „emprunts" ed accostamenti forzati o mal riusciti. Tuttavia lo studioso, concentrando il suo interesse esclusivamente in questa parte dell'excursus e prendendola in esame isolatamente, non ha avvertito che vi sono enucleati principi esegetici difformi da quelli espressi negli altri due brani. Sorprende soprattutto il ruolo oltremodo secondario a cui è relegata l'allegoria, che non solo non figura nello schema tripartito, ma è introdotta nella trattazione con un raccordo di cui lo stesso De Lubac ha giustamente sottolineato la dissonanza; proprio l'allegoria che nella prima parte dell'excursus è additata come il genus poziore della scienza esegetica e nella terza parte ne divide la gloria con l'interpretazione letterale. È anche da osservare che nell'esemplificazione che lo scrittore adduce a chiarimento del suo discorso programmatico, egli non si mostra legato ad un'esegesi quadruplice né triplice, ma si limita solo a due sensi, letterale e tropologico nella spiegazione di caelum (40–41), allegorico e anagogico in quella di aquae (41–42). A parte la ricomparsa dell'allegoria, che, nonostante l'esclusione dallo schema tripartito, è chiamata in causa nell'interpretazione di aquae, l'esegesi duplice che Eucherio applica rispettivamente ai due termini esemplificativi denota che lo stesso passo scritturario può non ammettere tutti insieme i tre o quattro sensi.

Se la nostra analisi non è errata, occorre subito concludere che la prae-

[17] Cfr. p. 111 del presente articolo.

fatio reca ben scarso contributo per conoscere e caratterizzare i principi ermeneutici che Eucherio applica alla Scrittura. I concetti che egli vi esprime sono, come abbiamo visto, privi di uniformità e mutano dall'una all'altra delle tre parti in cui possiamo dividere il lungo passo prefatorio, né mai l'autore lascia intendere a quali tra di loro vanno le sue preferenze. Per precisare il punto di vista dello scrittore e accertare quale dei principi espressi nella praefatio lo rispecchi realmente, analizzerò altri passi dei due scritti esegetici eucheriani, nei quali sarà dato non solo incontrare ulteriori indicazioni sui principi ermeneutici dell'autore, ma anche vederne la concreta applicazione.

II.

Si è già detto che nelle Formulae non sono attestati altri termini caratterizzanti l'esegesi scritturaria tranne allegoria ed alcune altre espressioni di significato affine, e che in quest'opuscolo lo scrittore si attiene ad un'interpretazione di tipo essenzialmente allegorico[18]. Sulle orme degli Alessandrini, egli fa oggetto del senso spirituale anche gli antropomorfismi, ossia gli idiotismi biblici usati per indicare attributi ed operazioni divine[19]. In sostanza, nelle Formulae Eucherio mostra di avere applicato praticamente il principio teorizzato nella parte iniziale dell'excursus metodologico, secondo cui penetrare la profondità della Scrittura è prerogativa della spiritalis intellegentia.

I termini tecnici dell'ermeneutica biblica menzionati nella praefatio delle Formulae, nonché alcuni sinonimi, ricorrono tutti, sia pure con scarsa frequenza, nelle Instructiones, nel cui primo libro, composto secondo il genere delle „quaestiones“ e „responsiones“, sono interpretati brevemente[20] passi significativi di ciascun'opera biblica e nel secondo,

---

[18] Cfr. p. 113 del presente articolo.

[19] Agli antropomorfismi è dedicato il primo capitolo delle Formulae, che s'intitola appunto De his quae appellantur membra domini uel quae de eo significantur (pp. 7–9). Invece per Girolamo lo studio degli antropomorfismi fa parte dell'esegesi letterale: cfr. A. Penna, op. cit., pp. 73, 77, 177–80.

[20] Nel primo libro delle Instructiones Eucherio accenna più volte alla brevità delle sue interpretazioni. Già nella praefatio egli si esprime così: ... consectans non tam eloquii exultantis ambitum quam necessariae breuitatis modum (Instr. I, praef., p. 65, 8–10). Di nuda et circumcisa responsio parla ancora commentando Gen. XVII, 11, che riguarda la circoncisione dei Giudei: poscebat quidem, mi Saloni, tantarum profunditas quaestionum ordinata ac spatiosa disputatione nos propositis satisfacere et pro meritis reddere singulis uelut quandam inmorandi dignitatem; sed quid agimus? quibus festinato opus est ad tam multa properantibus, exhibenda prolatis a te rebus est nuda et circumcisa responsio (Instr. I, p. 73, 1–6). E rispondendo alla domanda di Salonio: Quid respondebimus obicientibus quam ob causam deus sacrificiis ueteribus repudiatis nouis delectatus sit, nihil enim corrigi adfirmant nisi quod non recte factum putetur? (Instr. I, pp. 78, 28–79, 3), così comincia il suo discorso: Spatiosa quaestio, sed nos pro necessitate breuiter respondebimus (Instr. I, p.

termini difficili (nomi ebraici, greci, di popoli, di luoghi, di fiumi, di pesi, di misure ecc.). Di anagoge e tropologia è data una spiegazione che sostanzialmente richiama quella dell'excursus metodologico, per quanto più generica almeno relativamente ad anagoge, nella sezione De Graecis nominibus con cui si conclude il secondo libro: Anagoge superior sensus. tropologia moralis intellegentia[21]. Né il termine tropologia, né l'espressione esplicativa moralis intellegentia, né altri vocaboli equivalenti si incontrano in alcun altro luogo delle Instructiones. Invece anagoge è attestato due volte, e una volta il corrispondente intellectus superior. Ne riporto i passi relativi, dando in latino il testo biblico, in traduzione il commento di Eucherio:

XXVI. Pluuiam, inquit, uoluntariam segregabis, deus, hereditati tuae et infirmata est, tu uero perfecisti eam, animalia tua habitabunt in ea (Ps. LXVII, 10); ,,qual è il senso di questo passo"?

,,Pioggia qui si deve intendere in senso letterale (secundum litteram) la manna, in senso anagogico (secundum anagogen) i precetti; questi precetti, ossia la legge, pur sembrando essere stata indebolita dalle trasgressioni dei Giudei, tuttavia si mostra che ebbe compimento per la grazia del Vangelo, nella quale ora gli animali, cioè le genti, abitano e vivono"[22].

XXXXIIII. ,,Come si rinnova la giovinezza dell'aquila secondo ciò che leggiamo": renouabitur sicut aquilae iuuentus tua (Ps. CII, 5)?

,,Si dice che le aquile diventano implumi per effetto della vecchiaia troppo avanzata e, ritiratesi nel nido, sono nutrite dai loro piccoli che alternativamente somministrano loro il cibo, finché, scrollatosi il letargo della vecchiaia, riacquistano insieme con le penne l'uso del volo. Invece in senso anagogico (secundum anagogen autem) la nostra giovinezza è rinnovata dal battesimo o dalla resurrezione"[23].

X. ,,Come bisogna intendere quel passo in cui è scritto": orate, ne fiat fuga uestra hieme uel sabbato (Matth. XXIV, 20)?

,,Secondo il senso letterale (secundum historiam) bisogna intendere così: che la vostra fuga non accada d'inverno, cioè che la tribolazione della fuga non sia accresciuta dal danno del tempo. Che la vostra fuga non accada di sabato, cioè nel

79, 4). E ancora, interpretando Ioh. IX, 39: Non minima quaestio, sed nos breuiter pro necessitate, quid hic doctorum opinio habeat, proferimus (Instr. I, p. 117, 11–12). E spiegando Rom. III, 5–8: Obscurissimus atque perplexus in apostolo locus et multis ad excutiendum proferendumque sensum uerbis indigens, nobis tamen pro festinatione sermonis artandus (Instr. I, p. 123, 15–17). E a proposito di Col. II, 20–23: Perstringamus, ut possumus, locum summis obscuritatibus inuolutum (Instr. I, p. 131, 18–19).

[21] Instr. II, p. 161, 9–10.

[22] Instr. I, p. 94,9–17. La fonte di Eucherio è chiaramente Girolamo, nella cui interpretazione, tuttavia, non figura alcun termine esegetico specifico: ,,Pluuiam uoluntariam separabis." Pluuiam uoluntariam, aut praecepta, aut manna debemus accipere. ,,Et infirmata est, tu uero perfecisti eam." Lex, quae per transgressionem Iudaeorum fuerat infirmata, euangelii gratia ueniente conpleta est; Hier., Comm. in Ps. LXVII, CCh LXXII, p. 214, 1–4.

[23] Instr. I, p. 98, 17–24.

giorno che siete soliti trascorrere in riposo ed esenti da occupazioni. Che la vostra fuga non accada d'inverno o di sabato invece si può interpretare secondo il senso superiore (at uero secundum intellectum superiorem) così: che quella fuga non vi colga o freddi nei peccati o oziosi nelle buone opere“[24].

Qualche osservazione s'impone. Anzitutto l'autore si limita ad un'esegesi soltanto duplice: letterale o storica – infatti anche nel secondo dei tre passi, pur non figurandovi il termine littera o historia, la prima delle due interpretazioni proposte è chiaramente secundum litteram – a cui contrappone quella secundum anagogen o secundum intellectum superiorem, che nel secondo e nel terzo passo è appunto introdotta rispettivamente dalle congiunzioni avversative autem e at. Ma è soprattutto da rilevare che i termini anagoge e intellectus superior non sono usati nell'accezione precisa, quasi tecnica, della praefatio, secondo cui anagoge ad sacratiora caelestium figurarum secreta perducit (37), ma come due dei molti sinonimi per indicare il senso spirituale in genere, cioè come corrispondenti pressoché a spiritalis intellegentia[25].

Altrove lo scrittore oppone al senso letterale, ora espresso ora sottaciuto, un senso più profondo. Ma anche in questi casi i termini impiegati a significarlo, interior sensus, interior intellegentiae sensus, interior intellectus, tenuto conto soprattutto dei contesti di cui fanno parte, solo grazie ad un'interpretazione arbitraria potrebbero esser piegati al significato specifico di anagoge o tropologia. Tali termini, come confermano i passi che cito qui appresso, non indicano che un senso superiore a quello letterale, un senso spirituale generico in netta antitesi con quello letterale. Ometto le parti non necessarie all'intelligenza del discorso eucheriano:

XXII. „Per quale motivo – faccio questa domanda non senza un senso di vergogna – ai Giudei fu posto il segno in quella parte più impudica del corpo“ (cfr. Gen. XVII, 11)?

„. . . nulla può sembrare turpe proprio nell'operazione della creazione dell'uomo, poiché Dio plasmò tutti gli organi del corpo umano, ossia l'uomo nella sua interezza. Perciò non può essere sconveniente che quella generazione abbia ricevuto un segno in quella parte del membro genitale per mezzo del quale traeva origine la generazione stessa. Naturalmente, mediante questa circonci-

[24] Instr. I, p. 109, 1–9. Sembra che Eucherio si ispiri ancora a Girolamo, il quale, tuttavia, non usa i due termini tecnici dell'esegesi, ma indica il senso letterale con l'espressione: Si de captiuitate Hierusalem uoluerimus accipere quando a Tito et Vespasiano capta est . . ., il senso superiore con l'espressione: Si autem de consummatione mundi intellegitur . . .; Hier., Comm. in Math. IV, CCh LXXVII, p. 227, 482–91.

[25] È stato mostrato che anche in Girolamo il termine anagoge, come per lo più anche tropologia, non indica che un senso spirituale generico opposto a quello letterale, e che la stessa incertezza e imprecisione di terminologia è comune anche ad altri esegeti sia greci che latini: cfr. A. Penna, op. cit., p. 117ss.

sione della parte più nascosta del corpo, in senso più profondo (secundum interiorem intellegentiae sensum) fu prefigurato che bisogna usare una circoncisione interiore, cioè del cuore"[26].

XXXIIII. „Perché nei sacrifici si vieta di offrire miele" (cfr. Lev. II, 11)?

„In senso più profondo (secundum interiorem sensum), perché non si può partecipare dei misteri di Dio svigoriti dalle lusinghe dei godimenti e dalla dolcezza dei piaceri. Onde il precetto di mangiare anche la pasqua del Signore con amarezza, poiché è sempre duro il rigore della verità. Perciò dobbiamo sempre offrire a Dio sacrifici salutari senza alcun miele nocivo di adulazione e di piacere . . . Per contro si comanda di mescolare in tutti i sacrifici sale, chiaramente perché tutte le nostre offerte in onore e venerazione di Cristo ricevano sempre il sale della sapienza e del discernimento"[27].

XXVII. „Qual è il senso di ciò che leggiamo": si dormiatis inter medios cleros, pennae columbae deargentatae et posteriora dorsi eius in specie auri (Ps. LXVII, 14)?

„In questo luogo il profeta esprime il suo augurio riguardo agli apostoli, perché sino alla fine della vita perseverino nella loro fede nei due Testamenti; con la colomba è indicato lo Spirito santo; con il suo dorso, un senso più nascosto; con l'argento, lo splendente senso storico (splendens historia) delle Scritture; con l'oro, un senso più profondo o più prezioso (interior uel pretiosior sensus)"[28].

XXXV. „Quale interpretazione bisogna dare di ciò che è scritto": et percussit inimicos suos in posteriora (Ps. LXXVII, 66)?

„In senso letterale (secundum literam) si fa menzione delle ferite che i Filistei ricevettero nelle parti posteriori; in senso più profondo (secundum interiorem uero sensum) i nemici di Dio sono colpiti nelle parti posteriori quando sono puniti dal Signore con il giudizio estremo"[29].

IX. Beatus, inquit, qui retribuet tibi, quod tu restituisti nobis (Ps. CXXXVI, 8); „a chi si riferisce"?

„. . . secondo la storia (secundum historiam), come pensano alcuni, è indicato il re Ciro, che distruggendo Babilonia fece questa restituzione e infierì con ogni genere di strage sin contro i suoi infanti. In senso più profondo (interiore uero sensu) ripaga Babilonia colui il quale fa prigioniera questa città, che prima era stata prigioniera della legge del peccato, e schiaccia i peccati all'origine con la pietra che è Cristo"[30].

---

[26] Instr. I, pp. 72, 23–73, 7–14.

[27] Instr. I, pp. 77, 19–78, 2.

[28] Instr. I, p. 94, 18–25. Cfr. Hier., Comm. in Ps. LXVII, CCh LXXII, p. 214, 10–15: Cum duobus credideris Testamentis, inuenies in utroque Spiritum sanctum. Et licet sit pulchritudo etiam iuxta litteram scire quae legas, tamen uis decoris omnis in sensu est. Exterior itaque uerborum ornatus in argenti nomine demonstratur: occultiora uero mysteria in reconditis auri muneribus continentur; Comm. in Eccl. II, 8, CCh LXXII, p. 266, 146–50: Argentum et aurum semper scriptura diuina super sermone ponit et sensu. Unde et in sexagesimo septimo psalmo columba quae interpretatur in spiritu, manifestiores et uisui expositas alas deargentatas habet, occultiorem uero intrinsecus sensum in auri pallore operit.

[29] Instr. I, p. 96, 15–20.

[30] Instr. I, p. 102, 16–26. La fonte di Eucherio è ancora Girolamo, il quale applica al versetto i due sensi senza menzionare espressamente alcun termine tecnico, ma distinguendoli per mezzo di alias: Cyrum, inquiunt, significat qui subuertit Babylonem, et usque

„Dice Gesù“: homo quidam habuit duos filios . . . (Luc. XV, 11–13).

„Dice due figli: introduce la parabola delle genti e dei Giudei. Ma altro è il senso più profondo (interior intellectus), infatti nei due figli bisogna vedere Adamo e Cristo. La parte del patrimonio è il paradiso che Adamo aveva ricevuto; la perdette a causa della sua lussuria e disobbedienza. Dice: partì per un paese lontano, cioè si tuffò nel secolo; e mangiava insieme con i porci, cioè insieme con le genti. Ricordatosi ritorna dal padre: significa che le genti, che in senso figurato rappresentano (figuram habebant) Adamo, riconobbero il loro autore. La veste di cui fu vestito rappresenta la vita che il diavolo gli aveva tolto e Cristo gli restituì. L'anello che gli misero nella mano rappresenta la fede che aveva perduto; i calzari sono i piedi muniti che non temono i lacci del diavolo . . . il vitello ucciso adombra la passione di Cristo, il quale patì per Adamo, ossia per le genti . . .[31].

A senso letterale (secundum historiam) è contrapposta specificamente allegoria (secundum allegoriam) nell'esegesi del passo neotestamentario che si riferisce alla tentazione di Gesù nel deserto (Matth. IV, 2–6). Il commento eucheriano ci è giunto in questo caso viziato da una vistosa lacuna, che non permette di ricavare da esso altro salvo le due espressioni tecniche sopra menzionate[32].

La visione d'Isaia (Is. VI, 2–3), dato il suo carattere profetico, è spiegata in chiave esclusivamente allegorica. Tale senso è corroborato anche dalla frase sermone mystico, che Eucherio, non diversamente da Girolamo, usa con significato affine a spiritalis intellegentia[33]:

II. „Nella visione d'Isaia, quando egli vide il Signore seduto su un trono, qual è il senso di ciò che dice“: Seraphin stabant super illud, sex alae uni et sex alae alte-

ad innoxiam aetatem eius in Chaldaeos feritas desaeuit, et captiuitatem Israhel in Iudaeam primus remisit. Alias autem, omnis sanctus Babyloni uicem restituit: captiuam eam ducit, quae se quondam captiuum habuerat: et incipientes sordidos cogitatus elidit ad petram (petra autem est Xristus), ne crescant, ne adolescant, ne ad pubertatem uenientes aduersus eum resistant fortius, et inferfici nequeant; Hier., Comm. in Ps. CXXXVI, CCh LXXII, p. 242, 29–37. La sola discordanza sostanziale tra i due testi riguarda la proposizione quae se quondam captiuum habuerat, dove al posto di captiuum geronimiano in Eucherio si trova captiuam. Così Girolamo: „ripaga Babilonia ogni santo: fa prigioniera lei che un tempo lo aveva tenuto prigioniero“; invece Eucherio, presentando captiuam, riferisce lo stato di ‚prigionia' alla stessa Babilonia. La lezione captiuum non è registrata nell'apparato di Wotke; è, quindi, verisimile che non sia attestata nei manoscritti di Eucherio che egli ha utilizzato (cfr. la nota 1 del presente articolo). Il confronto con Girolamo, da cui Eucherio dipende quasi ad verbum, non è un motivo sufficiente per restituire captiuum anche nel testo del Lionese? A mio parere, il senso ne guadagnerebbe non poco.

[31] Instr. I, pp. 122, 11–123, 4.

[32] Instr. I, p. 119, 4–15.

[33] Mystica exemplorum ratio s'incontra anche nelle Formulae, p. 59, 11. Cfr. anche Hier., Epist. XVIIIA, 12, CSEL LIV, p. 88, 17, dove mysticus sermo è opposto a littera; Epist. XXI, 28, p. 130, 3 (secundum mysticos autem intellectus); Epist. XXX, 12, p. 247, 16 (mysticus intellectus); Comm. in Math. III, CCh LXXVII, p. 188, 1335, dove sono posti ancora in contrapposizione senso spirituale (secundum mysticos intellectus) e senso letterale (iuxta historiam).

ri. duabus uelabat faciem eius et duabus uelabat pedes eius et duabus uolabat et clamabat alter ad alterum et dicebat: sanctus, sanctus, sanctus dominus exercituum (Is. VI, 2–3)?

„Che in questa visione Isaia abbia visto il Signore Gesù Cristo attesta l'evangelista Giovanni quando dice": haec dixit Esaias, quando uidit gloriam eius, et locutus de eo (Ioh. XII, 41). „Anzitutto qui si ricerca come è detto che i Serafini nello stesso tempo stanno intorno al trono del Signore e volano. Indica bene il profeta con linguaggio simbolico (sermone mystico) che stare presso Dio è lo stesso che volare e sollevarsi in alto; siederà chi si affretta ad ubbidire agli sguardi di Dio. È detto che i Serafini con le loro ali coprono la faccia, perché nessun uomo, nessuna creatura può contemplare la luce della maestà divina come essa è realmente. Coprono la faccia e i piedi, perché ci sono nascosti gli avvenimenti anteriori alla costituzione del mondo e quelli che seguiranno la sua distruzione. Le ali dei Serafini indicano anche la rapidità del servizio che essi prestano a Dio; ciascuno ne ha sei, perché le opere che vediamo nel mondo furono realizzate solo in sei giorni. Gridando e dicendo l'uno all'altro: santo, santo, santo è il Signore degli eserciti, indicano l'unità di Dio nel mistero della Trinità"[34].

Il medesimo aggettivo mysticus, riferito in questo passo ad interpretatio, s'incontra anche nel corso del commento, anch'esso allegorico, di I Ioh. V, 8. Dopo aver rilevato un collegamento tra il versetto che è oggetto dell'esegesi e Ioh. XIX, 34–35 e XIX, 30, Eucherio riferisce due spiegazioni e ne assegna la paternità rispettivamente a quidam e a plures. La frase interpretatione mystica che introduce la seconda sembrerebbe contrapporre il nuovo senso al precedente, che invece s'inquadra anch'esso in ambito spirituale:

II. „Parimenti Giovanni pone nella sua epistola": tria sunt quae testimonium perhibent, aqua, sanguis et spiritus (I Ioh. V, 8); „qual è il senso di questo versetto"?

„. . . Alcuni danno questa spiegazione: l'acqua sembra indicare il battesimo[35]; il sangue, il martirio; lo spirito è proprio quello che attraverso il martirio va al Signore. Tuttavia i più, interpretando simbolicamente (interpretatione mystica), vi vedono la Trinità, poiché essa, perfetta, dà testimonianza a Cristo, indicando con l'acqua il Padre, poiché egli dice di se stesso": me dereliquerunt fontem aquae uiuae (Ier. II, 13); „con il sangue, chiaramente con il sangue della sua passione, indicando Cristo, con lo spirito, lo Spirito santo . . ."[36].

L'ultimo brano che offre un termine correlato all'esegesi biblica riguarda Ioh. VII, 8. 10. Si tratta dell'avverbio figurate, anch'esso uno dei sinonimi di spiritalis intellegentia. In questo senso è usata anche la

---

[34] Instr. I, p. 84, 24–85, 19.

[35] Nelle aquae Eucherio vede allegoricamente il battesimo anche nel secondo dei due esempi che egli adduce a chiarimento della formula triplice (o quadruplice): cfr. le righe 41–42 del testo della praefatio riportato all'inizio del presente articolo.

[36] Instr. I, pp. 137, 20–138, 8.

frase figurali expositione nella prima delle tre parti[37] nelle quali, come si è detto nelle pagine precedenti, a nostro avviso si articola l'excursus metodologico delle Formulae; proprio in quella parte dove l'allegoria è celebrata come il genus esegetico per eccellenza:

III. „Il Salvatore dice": uos ascendite ad diem hunc, ego non ascendo ad diem festum istum (Ioh. VII, 8); „e come poi di quella festa è detto": ut autem ascenderunt fratres eius, tunc et ipse ascendit ad diem festum (Ioh. VII, 10)?

„La verità non può dire menzogna; perciò Gesù non fece altro se non quanto aveva detto prima. Infatti la festa giudaica dei Tabernacoli non dura un solo giorno ma più giorni, come anche la festa della Pasqua. Dunque, poiché aveva detto: non salgo a questa festa, certamente non salì alla festa in quel giorno, come aveva detto prima; infatti nel Vangelo segue: ciò detto, egli, cioè il Salvatore, restò nella Galilea, affinché comprendessimo che si trattò sì di quella festa, ma non fu il medesimo giorno quello del quale in seguito è scritto: ma saliti che furono i suoi fratelli, allora anch'egli salì alla festa. Può intendersi anche in senso figurato (figurate) che il Salvatore si rifiutò di salire a questa festa per insegnare che essa doveva subire un cambiamento radicale"[38].

III

Riepiloghiamo rapidamente. Eucherio non applica al testo sacro, né tutti insieme né alternativamente, i tre o quattro sensi proposti in teoria nella parte centrale della praefatio metodologica delle Formulae, ma è legato ad un solo senso, quello allegorico, o tutt'al più a due, cioè lo storico o letterale a cui fa puntualmente riscontro l'allegorico o spirituale. Più precisamente: nelle Formulae egli mostra di conoscere solo il senso spirituale che indica con termini specifici quali allegoria, allegorica interpretatio, spiritalis intellegentia e mystica ratio; nelle Instructiones, pur attenendosi prevalentemente ad un'esegesi di tipo allegorico, muove in alcuni casi dal senso letterale, a cui però sovrappone sistematicamente come più confacente una spiegazione che esorbita dall'umile littera. Questo senso superiore, più recondito, più sublime il vescovo di Lione denota ora con l'impiego di espressioni tecniche, cioè secundum allegoriam, sermone mystico, interpretatione mystica, figurate, ora ricorrendo a locuzioni più generiche, ossia secundum interiorem intellegentiae sensum, secundum interiorem sensum, interior uel pretiosior sensus, interiore sensu, interior intellectus, che tuttavia si riconducono all'ambito della spiritalis intellegentia. Nei due scritti esegetici di Eucherio non è attestata tropologia né moralis intellegentia[39], proprio i termini che carat-

[37] Form., praef., rigo 21 del testo riprodotto all'inizio del presente articolo.

[38] Instr. I, p. 115, 8–24.

[39] Fatta eccezione per la definizione che di tropologia si legge nel secondo libro delle Instructiones: cfr. p. 116 e la nota 21 del presente articolo.

terizzano una delle componenti dello schema tripartito, e nei tre passi in cui figurano secundum anagogen (due volte) e secundum intellectum superiorem[40], queste locuzioni non sono usate nella loro accezione tecnica, ma ad indicare un senso più profondo del senso ovvio delle parole, ossia come sinonimi di spiritalis intellegentia. In conclusione, dei principi esegetici che l'excursus programmatico delle Formulae rispecchia, Eucherio osserva in pratica quello esposto nella prima delle sue tre parti: egli, infatti, in linea di massima adotta un'esegesi di tipo esclusivamente allegorico e, quando fa qualche concessione alla lettera, le contrappone puntualmente il senso che a suo avviso è più genuino, quello spirituale.

[40] Cfr. pp. 116–117 del presente articolo.

Albrecht Dihle

Zur Schicksalslehre des Bardesanes

Das „Buch der Gesetze der Länder", das in syrischer Sprache erhalten blieb[1], enthält eine kohärente und im Rahmen der Anschauungen des 2.–4. Jh. n. Chr. höchst originelle Abhandlung über naturgesetzliche Determination und menschliche Entscheidungsfreiheit. Es soll hier nicht erörtert werden, ob die Schrift, die als Dialog zwischen Bardesanes und zweien seiner Schüler stilisiert ist, von Bardesanes verfaßt wurde: Daß sie im wesentlichen seine Lehre widerspiegelt, darin ist man sich wohl in der neueren Forschung einig[2].

Bardesanes' Theorie besagt in Kürze folgendes:

Die Natur des einzelnen Menschen (kyānā), die terminologisch von der Gesamtnatur (pusis) unterschieden wird, bestimmt den Ablauf der körperlichen Vorgänge eines Menschenlebens. Sie schließt jedoch als Veranlagung die Freiheit zur Entscheidung (hērrūtā) in jeder Lebenssituation ein. Der Mensch hat mit den Engeln unter allen Wesen diese Gabe in größtem Ausmaß erhalten, indessen eignet sie in beschränktem Umfang allen Wesen der Schöpfung (9/10). Darum unterliegen auch alle Wesen am Ende von Welt und Zeit dem Gericht Gottes, jedoch nur auf Grund der Handlungen, die sie aus der Entscheidungsfreiheit vollzogen haben. Gott könnte jederzeit unmittelbar in den Lauf der Dinge eingreifen, doch zeigt sich seine Liebe zum Menschen gerade darin, daß er ihm bis ans Ende der Tage die Freiheit läßt.

Die Natur des Menschen, zu der die Entscheidungsfreiheit gehört, ist uneingeschränkt gut. Das sieht man daran, daß gute Handlungen des Menschen seiner Natur entsprechen und darum Wohlbefinden bei ihm verursachen (14), während das Böse, das er tut, aus dem verkehrten Gebrauch seiner Freiheit stammt und Mißbehagen bei ihm auslöst. Gut und Böse bestimmt sich nach dem Gebot Gottes, das sich in der positiven und der negativen Fassung der Goldenen Regel zusammenfassen läßt (11). Um das Gebot Gottes zu erfüllen und damit naturgemäß zu leben, be-

---

[1] Im folgenden zitiert nach der Ausgabe von F. Nau (Patrologia Syriaca I 2, Paris 1907, 450ff.).

[2] Diese Fragen der neueren Bardesanes-Forschung erörtert bei H. J. Drijvers, Bardaiṣān of Edessa, Assen 1966. Anders B. Ehlers ZKG 1970, 334ff.

darf der Mensch keiner besonderen Kraft, Macht oder Weisheit. Liebevoll, dankbar, hilfsbereit oder freundlich kann auch ein Kind, ein Kranker oder ein Greis sein. Daß es den Menschen außerordentlich ungleich ergeht, ist die Wirkung des (astrologisch verstandenen) Schicksals. Gesundheit und Krankheit, Armut und Reichtum und alle vergleichbaren Güter und Übel erlangt der Mensch weder auf Grund seiner Natur noch auf Grund seines freien Handelns, sondern durch das Schicksal (helqā). Dieses ist eigentlich eine Einrichtung des Schöpfers, durch die er Teile des kosmischen Geschehens lenkt, doch üben die mit dieser Aufgabe betrauten Elementarwesen, insbesondere die Sterne, in Ausnutzung ihrer Freiheit dabei auch Wirkungen aus, die den von Gott gewollten, natürlichen Ablauf des Geschehens stören. Indessen läßt sie Gott bis zum Gerichtstag gewähren, ebenso wie die Menschen. Der Mensch ist der Wirkung der Sterne ausgesetzt, weil sein pneumatischer Wesenskern, der der Träger seiner Freiheit ist (madd'ā), im Vollzug seiner Verbindung mit Seele und Leib die Sternensphären passiert hat. Es ist ihm aber durch die Kenntnis der Gebote Gottes möglich, sich durch die rechte Betätigung seiner Entscheidungsfreiheit gegen das Schicksal zu behaupten und gemäß seiner guten Natur zu leben. So wird das Leben der Menschen für alle in derselben Richtung durch ihre Natur determiniert, das Schicksal führt sie auf verschiedene Wege, und die freie Entscheidung läßt jeden Menschen sein individuelles Leben finden. Die Schlußkapitel des Dialogs, die ihm seinen Namen gegeben haben, erläutern an Hand eines reichen ethnographischen Materials, daß Menschen durch Sitten und Gebräuche, die auf die Betätigung ihrer freien Entscheidung zurückgehen, übereinstimmend handeln, obwohl sie entweder als Individuen unter jeweils verschiedener Konstellation geboren wurden oder gruppenweise unter verschiedenen Klimata leben. Auch die Veränderung ganz grundsätzlicher Verhaltensweisen und ihrer Bewertung im Gefolge neuer politischer Herrschaft oder religiöser Bekehrung wird als Argument gegen den Glauben an die Determination des menschlichen Handelns durch die Sterne ins Feld geführt. Insgesamt geht es also dem Autor um den Nachweis, daß der Mensch zu allen Handlungen religiöser und sittlicher Bedeutung durch die seiner Natur verliehene Gabe der freien Entscheidung befähigt ist, daß es zwar für bestimmte Faktoren des menschlichen Lebens eine Determination durch die Sterne gibt, diese aber sich nicht auf sein gutes oder böses Handeln erstreckt, und daß Gott für kein Übel verantwortlich ist.

Bardesanes' Lehre ist in vieler Hinsicht merkwürdig: Von der Gnosis unterscheidet ihn die uneingeschränkt positive Bewertung der Schöpfung – nicht zufällig war er ein Gegner der Markioniten[3] –, von der Or-

---

[3] Zur antimarkionitischen Position des Bardesanes vgl. Drijvers 168–71.

thodoxie der Umstand, daß zur Rechtfertigung des Menschen im Endgericht Tod und Auferstehung Christi nach dem von ihm gezeichneten Bild eigentlich nicht notwendig sind. Dabei besteht kein Zweifel, daß er sich als Christ betrachtet (46). Sicher ist, daß seine Lehre von Freiheit und Determination nicht ohne Anregungen aus der Philosophie zustande gekommen sein kann. Der Verweis auf die Verschiedenartigkeit bzw. Einheitlichkeit der Sitten, die von jeder individuellen oder regionalen Determination des Verhaltens durch die Sterne unabhängig sein muß, gehört seit Karneades zum Inventar antiastrologischer Polemik[4]. Unter den von Bardesanes angeführten und bekämpften Meinungen zum Determinationsproblem ist mindestens eine für die Philosophie, und zwar die der Epikureer, bezeugt (18): Die Chaldäer, also die Astrologen, erklären alles als Wirkung des Schicksals, andere halten alles für das Ergebnis freier Entscheidungen und die körperlichen Übel als Resultate des Zufalls, die dritten teilen prinzipiell gleichfalls alles dem freien Entschluß zu und erklären die körperlichen Übel als Strafen Gottes. Die zweite Position ist die der Epikureer.

Auf der Suche nach den möglichen Quellen für die Schicksalslehre des Bardesanes hat man immer wieder auf die Stoa hingewiesen[5]. G. Furlani nannte Bardesanes geradezu einen Stoiker[6]. Die Hauptargumente für diese Einschätzung, soweit sie das „Buch der Gesetze der Länder" betreffen, sind bezogen einmal aus der Betonung der Naturgemäßheit des sittlichen Verhaltens, zum anderen aus der Anerkennung eines begrenzten Einflusses der Gestirne auf das Menschenleben. Man muß dazu allerdings gleich einschränkend sagen, daß das Prinzip der Naturgemäßheit des Sittlichen allen hellenistischen Schulen eignet und von einer erkennbaren Anspielung auf die chrysippische Telosformel ὁμολογουμένως τῇ φύσει ζῆν im Text des Dialogs keine Rede sein kann. Und was die Astrologie angeht, so spielt ihre prinzipielle Anerkennung durch die Stoiker in deren Ethik kaum eine Rolle. Wichtig ist sie in der Physik und Erkenntnistheorie[7]. Da nach stoischer Auffassung derselbe Vernunftstoff die Belebung und Ordnung der Welt und die Verstandestätigkeit des Menschen bewirkt, besteht zwischen der Menschenseele und den kosmischen Vorgängen ein Zusammenhang, der die Determination des

[4] Die Wirkung der antiastrologischen Polemik des Karneades in der vorchristlichen und christlichen Antike ist ausführlich dargestellt bei D. Amand, Fatalisme et liberté, Louvain 1945.

[5] Drijvers 52f.; 66; 77 u.ö.

[6] Archiv Orientálni 9, 1937, 347–52.

[7] In der Philosophie, soweit sie nach stoischem Vorbild die Berechtigung der Astrologie anerkannte, wurde die Frage viel erörtert, ob die Sterne das menschliche Schicksal beeinflussen oder lediglich anzeigen. Beides läßt sich mit der stoischen Logos-Lehre begründen. Vgl. dazu H.O. Schröder, RAC 7, 1969, 535.

Menschenlebens durch kosmische Mächte möglich und erkennbar erscheinen läßt. Auch der strenge Heimarmene-Begriff der stoischen Orthodoxie, der eine enge Wechselwirkung zwischen Mikrokosmos und Makrokosmos voraussetzt, zeigt eine deutliche Affinität zur astrologischen Schicksalslehre.

Gerade am letztgenannten Punkt aber zeigt sich bereits, daß der Entwurf des Bardesanes der stoischen Lehre diametral entgegengesetzt ist. Die stoische Physik gipfelt in der festen Überzeugung, daß das Geschehen in Natur und Menschenwelt einen einzigen, geschlossenen Determinationszusammenhang bildet, aus dem auch die geringste Einzelhandlung des Menschen nicht herausfällt. Die gegenüber diesem strengen Heimarmene-Glauben nur schwer zu behauptende, für das Zustandekommen einer bewertbaren sittlichen Leistung aber unabdingbaren Freiheit des Menschen wird von den Stoikern auf zweierlei Weise begründet.

Einmal besteht das Ziel des sittlichen Aufstiegs darin, den unausweichlichen Determinationszusammenhang als heilsam und gut zu erkennen, die Heimarmene also als fürsorgliche Pronoia der Natur zu identifizieren. Im Besitz solcher Einsicht wird der Weise das, was ihm zu tun oder zu leiden bestimmt ist, zum Inhalt des eigenen, freien, bewußten Entschlusses machen und so in jeder Handlung sich selbst zu völliger Übereinstimmung mit der Natur bringen. In der bewußten Zustimmung zur Heimarmene liegt die Eudaimonie des Menschen. „Der kluge Hund trabt vergnügt hinter dem Wagen her, an den er angebunden ist, der dumme läßt sich jaulend mitschleifen."[8]

Zu dieser Definition der menschlichen Freiheit als eines reinen Bewußtseinsphänomens, das zur Verkettung der Ereignisse keine verursachende Beziehung zu haben braucht[9], fügte Chrysipp eine weitere Lehre, mit der er die faktische Bedeutung menschlicher Freiheit zu retten versuchte. Freilich trug sie ihm den Spott ein, er habe die Menschen aus Sklaven zu Halbsklaven der Heimarmene gemacht[10]. Chrysipp unterschied zwei Arten von Ursachen menschlicher Handlungen[11]. Auslösende Ursache ist stets ein Ereignis, das im Rahmen des äußeren Geschehensablaufs determiniert ist und auf dessen Eintreten der Mensch keinen Einfluß hat. Wie die Handlung aber dann abläuft, ist von der Beschaffenheit und Verhaltensweise des Handelnden abhängig, und in diser Hinsicht ist er frei und verantwortlich. Chrysipp veranschaulichte

---

[8] SVF 2,975. Ähnlich Max. Tyr. or. 13,3f.

[9] Cleanth. SVF 1, 527; Sen. ep. 107,10. Zu der schwierigen Erklärung des Vorhandenseins des Schlechten vgl. neuerdings G. B. Kerferd, The Origin of Evil in Stoic Thought (Bull. Ryl. Libr. 60, 1978, 482ff.).

[10] Vgl. SVF 2, 978 aus Oinomaos v. Gadara.

[11] SVF 2, 1000.

diese Theorie am Bild der Walze: *Damit* sie einen Hang hinunterrollt, bedarf es eines Anstoßes von außen, *daß* sie dann den Weg bergab zurücklegt, ist auf ihre Beschaffenheit zurückzuführen. Freilich gehört dann die Beschaffenheit der Walze oder eines Menschen auch wieder in den umfassenden Zusammenhang der Heimarmene. An eben dieser Stelle zeigt sich der prinzipielle Widerspruch zwischen der stoischen Doktrin und dem Entwurf des Bardesanes, der übrigens weder die Klassifizierung der Ursachen noch die freie Zustimmung zur Heimarmene auch nur mit einer Andeutung erwähnt.

Im Rahmen der stoischen Logos-Lehre war es ausgeschlossen, mehrere voneinander unabhängige Determinationsfaktoren auf verschiedenen Stufen anzusetzen. Alles kam auf die einheitliche Gesetzmäßigkeit an, der die ganze Welt, das menschliche Handeln eingeschlossen, unterworfen ist. Vollends unannehmbar für stoisches Denken ist die Trennung von Naturordnung und Schicksal, und zwar aus eben demselben Grunde.

Verschiedene Determinationsstufen bilden hingegen einen festen Bestandteil in den Freiheits- und Schicksalslehren des mittleren Platonismus. Da gibt es einmal die Vorstellung, daß die Heimarmene auf verschiedenen Stufen in jeweils anderer Weise und abnehmender Stringenz sich realisiert: Die θεῖα werden durch die νόησις oder βούλησις des obersten Weltgottes geordnet, die θνητά auf der zweiten Stufe durch die Sterne, die θεοὶ κατ' οὐρανὸν ἰόντες, und zwar mit dem Ziel einer Bewahrung und Erhaltung des generischen Aufbaus der Welt. Die dritte πρόνοια wird durch δαίμονες ausgeübt, die als Wächter der menschlichen Handlungen auf der Erde wirken[12]. Natürlich gehört zu dieser Anordnung auch die Vorstellung vom Gegensatz Geist/Materie. Die volle Übereinstimmung zwischen Freiheit und vernünftiger Ordnung besteht nur in der obersten, von jeder Vermischung mit der Materie freien Seinsstufe. Je mehr ein Wesen mit der Materie verknüpft ist, um so mehr steigern sich auch Willkür und Zwang, also Unordnung und ihre unausweichlichen schlechten Folgen.

Diese Überzeugung kommt in der im Platonismus durchgehend angenommenen Lehre zum Ausdruck, die den Mythos von der freien Wahl der Lebenslose im platonischen „Staat" (617 E) expliziert und mit der das Determinationsproblem gleichsam formelhaft beantwortet wird: Der Mensch ist infolge seiner Vernunftbegabung, die ihm Anteil an der

---

[12] Ps. Plut. de fat. 9; ähnl. Apul. de dogm. Plat. 1,11 ff.; Calc. in Plat. Tim. p. 184 Waszink; Nemes. de nat. hom. 36. Der Platoniker Attikos spricht von der εἱμαρμένη, die das himmlische Geschehen lenkt, der φύσις, die für die sublunare Natur zuständig ist, und der φρόνησις oder πρόνοια, die das Ergehen der Menschen bestimmt (fr. VIII Baudry = Eus. praep. ev. 15,11,2).

intelligiblen Welt gibt, in jedem Augenblick zu freier Entscheidung befähigt. Die Folgen freilich, die sich aus seiner Entscheidung in der Sinnenwelt ergeben, sind determiniert und seiner Einwirkung entzogen[13]. Wie bekannt diese Lehre von der eingeschränkten Vorbestimmung war, kann man daran sehen, daß Tacitus sie neben der epikureischen Lehre von Freiheit und Zufall und der astrologischen von einem starren Determinationszusammenhang als eine der drei möglichen Antworten auf die Frage nach Vorsehung und Schicksal aufführt[14].

Unzweifelhaft bestehen zwischen diesen im mittleren Platonismus lebendigen Auffassungen und derjenigen des Bardesanes weit engere Beziehungen als zwischen Bardesanes Entwurf und der stoischen Schicksalslehre, und darum ist es nicht verwunderlich, daß auch in bestimmten Details wie dem Hinweis auf die Vielzahl individueller Lebensläufe[15] oder auf die bestimmende Wirkung frei gewählter Sitten Berührungen zwischen beiden bestehen[16].

Was indessen auch in den Schicksalslehren der Platoniker zu fehlen scheint, ist die für Bardesanes charakteristische Annahme dreier voneinander unabhängiger Determinationsfaktoren, die weniger einander nachgeordnet sind als zueinander in Konkurrenz stehen. Jeder der drei Faktoren kann sowohl für als auch gegen einen der beiden anderen sich geltend machen und damit Erfolg oder Mißerfolg haben. Nur im Sinn der Festlegung unverrückbarer Randbedingungen ist die „Natur" dem Schicksal und der Entscheidungsfreiheit vorgeordnet und überlegen.

Nun gibt es in der Tat einen Text, in dem ein genau entsprechendes Modell entworfen wird, nämlich die Abhandlung περὶ εἱμαρμένης des Alexander von Aphrodisias, die etwa gleichzeitig mit dem „Buch der Gesetze der Länder" entstanden ist. Sie enthält in den ersten 6 Kapiteln einen Überblick über die traditionelle Lehre des Peripatos zu diesem Thema[17], während die übrigen 33 Kapitel der detaillierten Widerlegung einzelner Punkte der stoischen Schicksalslehre gewidmet sind.

Alexander nimmt seinen Ausgangspunkt bei der aristotelischen Unterscheidung von vier möglichen Arten von Ursachen, unter denen nur die causa efficiens und die causa finalis etwas mit der Heimarmene zu tun haben können. Nun kann alles, was mit einem Telos geschieht, entweder κατὰ φύσιν oder κατὰ τέχνην ἢ προαίρεσιν – also durch menschliches Handeln – eintreten, ἀπὸ τύχης (αὐτομάτου), also zufällig, indessen nur in dem Sinn, daß nicht das von der Natur oder durch menschliche Ab-

---

[13] Z.B. Albin. did. 26; Ps. Plut. de fat. 4; 16.

[14] Ann. 6,22; dazu W. Theiler, Phyllobolia für Peter Von der Mühll, Basel 1946, 35ff.

[15] Albin. did. 26; Ps. Plat. de fat. 3; Calc. in Plat. Tim. p. 148 Waszink.

[16] Vgl. H. O. Schröder, RAC 7, 1969, 553ff.

[17] P. 171, 30f. Bruns: καὶ αὕτη ἡ περὶ εἱμαρμένης ὡς ἐπὶ κεφαλαίων εἰπεῖν κατὰ τοὺς ἀπὸ τοῦ Περιπάτου δόξα.

sicht angestrebte Ziel, vielmehr ein anderes erreicht wird. Als Beispiel dient hier der Schatzfund des Mannes, der seinen Garten mit dem Vorsatz der Bestellung umgräbt.

Es ist mithin längst nicht alles, was κατὰ φύσιν, also gemäß der vernünftigen, kosmisch-natürlichen Ordnung abläuft, gleichzeitig auch der Notwendigkeit unterworfen. Vielmehr kann etwas, was zufällig (ἀπὸ τύχης) oder aus menschlicher Absicht (κατὰ τέχνην ἢ προαίρεσιν) eintritt, den von der Natur vorgesehenen Kausalnexus verändern. So ist z.B. die äußere Erscheinung des Menschen, aber auch vieles von dem, was er tut und erleidet, zwar durch seine Naturveranlagung vorherbestimmt. Da aber sein Tun und Lassen von Natur aus in seine freie Wahl gelegt sind (ἐξουσία, ἐφ' ἡμῖν), kann er durch bewußtes Handeln bei sich selbst Verhaltensweisen und Eigenschaften hervorrufen, die seiner natürlichen Veranlagung und damit seiner Vorherbestimmung durch die Natur zuwiderlaufen. Der Physiognomoniker Zopyros diagnostizierte bei Sokrates auf Grund seiner äußeren Erscheinung den starken Hang zu zügelloser Sinnlichkeit. Das konnte Sokrates nur bestätigen, denn seine exemplarische Selbstzucht kam nicht aus seiner Natur, sondern war das Resultat bewußter, gegen seine Naturveranlagung getroffener Entscheidungen (προαίρεσις).

Die Heimarmene bezieht sich allein auf das Geschehen κατὰ φύσιν, so daß man Heimarmene und Physis geradezu gleichsetzen muß[18]. In diesem Zusammenhang ist Alexander auch durchaus bereit, den Gestirnen eine besondere Bedeutung zuzuerkennen[19]. Beides stellt ihn an die Seite der Stoiker, aber mit der Versicherung, daß Zufall und absichtsvolles menschliches Handeln Ereignisse παρὰ φύσιν oder παρ' εἱμαρμένην herbeiführen können, die Kategorie der Notwendigkeit also auf die Natur nur im Hinblick auf den von ihr gesetzten Rahmen des Möglichen anzuwenden ist, tritt Alexander in eine Frontstellung gegen die Stoa, die auch das Motiv für die Abfassung dieses Traktates ist[20].

---

[18] M. Pohlenz (Die Stoa ²II 197), der zum erstenmal Bardesanes neben Alexander von Aphrodisias gehalten hat, spricht irrtümlicherweise von einer Differenzierung zwischen φύσις und εἱμαρμένη bei dem Letztgenannten. Alexander sagt gerade das Gegenteil.

[19] P. 169,24 Bruns.

[20] Eine andere Modifizierung der peripatetischen Determinationslehre findet sich in der bei Photios überlieferten (Bibl. cod. 249) anonymen Pythagoras-Vita, die O. Immisch auf Agatharchides (Agatharchidea, S. Ber. Heidelberg 1919, 77), K. Reinhardt (R. E. 22, 1, 1954, 764ff.) auf Poseidonios zurückgeführt haben. Dort werden vier Faktoren unterschieden: κατὰ θεόν, καθ' εἱμαρμένην, κατὰ προαίρεσιν ἀνθρώπων, κατὰ τύχην. Wenn man ein Schiff besteigt, erfolgt das ἐφ' ἡμῖν, der plötzliche Sturm zeigt das Wirken der τύχη, Schiffbruch und Rettung die πρόνοια θεοῦ. Die Heimarmene, nach der wir etwa heranwachsen und alt werden oder unsere körperlichen und geistigen Eigenschaften von den klimatischen Verhältnissen des Lebensraumes geprägt werden, bezeichnet die im engeren Sinn natürliche Konditionierung des menschlichen Tuns und Leidens. Von der

Von den Platonikern unterscheidet sich Alexander vor allem dadurch, daß ihm die Annahme mehrerer, einander nachgeordneter Stufen der Determination fremd bleibt und er demgegenüber in Anknüpfung an die aristotelische Konzeption des συμβεβηκός zwischen zufälligen Ereignissen, in ihrer Kausalität erklärbaren oder vorhersagbaren Ereignissen κατὰ φύσιν und Ereignissen im Gefolge freier Entscheidung zu differenzieren vermag. Das Wechselspiel, das nach Alexander zwischen Physis, Tyche[21] und Prohairesis besteht und die Vorstellung, daß sich die drei Faktoren gegenseitig sowohl verstärken als auch konterkarieren können, begegnet bei Bardesanes in genau entsprechender Weise. Der Unterschied liegt nur darin, daß die mögliche Determination bestimmter Erscheinungen durch die Gestirne von Alexander als Bestandteil der Natur angesehen wird, bei Bardesanes dagegen in die Rolle eintritt, die Alexander dem Zufall zuweist. Das bedeutet doch wohl, daß Bardesanes diesem Faktor zugleich mehr Selbständigkeit und geringere Würde zuerkennt – eine Modifikation, die sich aus dem bei Alexander fehlenden antiastrologischen Affekt des ehemaligen Astrologen recht wohl erklären läßt.

Die Heimarmene-Lehre, die Alexander als peripatetische Schulmeinung vorträgt und Bardesanes vermutlich für seinen Entwurf verwertete, fand auch in die platonische Lehrtradition Eingang. Apuleius führt in seinem Katechismus der mittelplatonischen Lehre aus, daß Gott die providentia als lex für den Kosmos gegeben habe und daraus die feste Determination des Naturgeschehens folge, sed esse aliquid in nobis et in fortuna esse non nihil[22]. Auch für den Versuch, den strengen Determi-

---

Lehre des Bardesanes unterscheidet sich dieser Entwurf vor allem darin, daß nicht Heimarmene und Natur, sondern Gott und Natur voneinander getrennt werden. Mit Bardesanes teilt er offenkundig das Bestreben, die natürlich-kosmischen Determinationsfaktoren zwar ernst zu nehmen, die sittliche Bewertbarkeit des menschlichen Handelns jedoch von ihnen unabhängig zu halten. Daß zwischen beiden keine direkte Beziehung besteht, dürfte sicher sein. Bardesanes orientiert sich weit stärker an der peripatetischen Schuldoktrin, während die Pythagoras-Vita vermutlich die peripatetische Differenzierung der Ursachen, die stoische Heimarmene-Lehre und die Annahme eines als Person wirkenden Gottes zu verbinden trachtet und sich darum von der peripatetischen Doktrin weiter entfernt.

[21] Der Peripatos hat dem Phänomen des unberechenbaren Zufalls von Anfang an große Bedeutung zugemessen, ohne daß es dabei zu einer der epikureischen Auffassung vergleichbaren Lehre von der Tyche gekommen wäre. Schon Demetrios von Phaleron (fr. 79 ff. Wehrli) verfaßte eine Spezialschrift περὶ τύχης, und das Tyche-Problem scheint im Mittelpunkt der berühmten Abhandlung Theophrasts über das Los des Kallisthenes gestanden zu haben (Stellen b. O. Regenbogen R. E. Suppl. 7, 1484f.).

[22] De dogm. Plat. 1,11–12; Sall. de. et mund. 9. Die Definition der Vorsehung als Gesetz, das der Schöpfer seiner Schöpfung gegeben hat, taucht auch bei Philon auf (vgl. P. Wendland, Philons Schrift von der Vorsehung, Berlin 1892, 70f.). Dieses Lehrstück gestattet es, die Vorstellung von einem Gott deutlich zu machen, der Urheber eines unverbrüchlichen Kausalnexus, diesem aber selbst nicht unterworfen ist. Daneben kann das Bild

nationsglauben der Astrologie mit philosophischen Lehrstücken nicht nach Art des Karneades und der an ihn anschließenden Tradition einfach zu widerlegen sondern abzumildern, gibt es Parallelen zu Bardesanes. Der Astronom Ptolemaios[23] unterscheidet eine θεία εἱμαρμένη, welche das kosmische Geschehen in einen strengen Kausalnexus bindet und keine Änderungen oder Abweichungen duldet (ἀμετάπτωτος), von der φυσικὴ εἱμαρμένη, die für das menschliche Leben unmittelbar zuständig ist. Sie ordnet das Erdenleben (τὰ ἐπίγεια) und läßt Alternativen zu, weil sie nur ihre ersten Ursachen (πρῶτα αἴτια) von der übergeordneten θεία εἱμαρμένη bezieht, im übrigen aber indirekt verursachte oder zufällige Vorgänge (κατ' ἐπακολούθησιν, κατὰ συμβεβηκός)[24] kennt und darum Abweichungen von der Determination (ἀλλοιώσεις) gestattet. Auch hier stammen, wie bei Bardesanes, die Vorstellungen, mit deren Hilfe der Kausalzwang der Heimarmene für das Menschenleben abgemildert wird, aus aristotelischer Tradition[25].

Daß im Entwurf des Bardesanes spezifisch christliche Züge wie der Verweis auf die stets wirkende Gnade Gottes und auf die Erlösung durch

---

von der Gesetzgebung auch den Widerspruch zwischen Vorsehung und menschlicher Freiheit mildern: Leben und Gestalt eines politischen Gemeinwesens werden durch seine Gesetze determiniert, unbeschadet der Tatsache, daß es unter den Gliedern dieses Staates immer wieder Menschen gibt, welche die Gesetze übertreten.

[23] Tetrab. 1,3,4–12.

[24] Κατ' ἐπακολούθησιν läßt sich in terminologischem Gebrauch m. W. zuerst bei den Stoikern nachweisen, und zwar als Gegenbegriff zu προηγουμένως. So entstehen die Menschen nach stoischer Auffassung προηγουμένως, die um der Menschen willen geschaffenen Tiere κατ' ἐπακολούθησιν (SVF 2,1156), und in derselben Weise sorgt die Pronoia für die Letztgenannten nur wegen des den Menschen daraus erwachsenden Nutzens (ebd. 1157). An der oben zitierten Stelle aus Ptolemaios wird mit dem Terminus offenbar jede sekundäre oder Begleitfolge benannt, die nicht die unmittelbare oder einzige causa finalis des Vorgangs ist. In diesem Sinn ist die Wortgruppe ἐπακολουθεῖν auch in die Terminologie der akademisch-peripatetischen Lehrtradition eingegangen (z.B. Plot. 2,3,16,25; 3,1,6,7; Alex. Aphr. de fat. p. 178,13 Bruns). – Was das Wort συμβεβηκός angeht, so bezeichnet es als ontologischer Terminus bei Aristoteles (z. B. met. 1025 a 14) und der auf ihn zurückgehenden Tradition (z. B. Gal. in Hipp. de morb. acut. comm. 3,1 = 15,629 Kühn) das, was zufällig, ohne Notwendigkeit und nicht in der Mehrzahl der Fälle als Resultat einer oder mehrerer Ursachen eintritt. Die Stoiker, deren Physik den Zufall ausschloß, verwendeten demgegenüber das Wort zur Bezeichnung jedes Resultates einer Ursache (SVF 1, 89 u. ö.). In der Verwendung des Wortes als Terminus der Logik hingegen stimmen die Stoiker mit Aristoteles überein, insofern es hier zur Bezeichnung des aus einer Begriffsbestimmung mit Notwendigkeit folgenden Attributes dient. Im vorliegenden Zusammenhang ist nur die ontologische Bedeutung wichtig.

[25] Auch Nemesios (nat. hom. 36/37) verwendet peripatetische Argumente, wenn er die an Plat. Rep. 617 E anknüpfende mittelplatonische Lehre bekämpft, daß die einzelne Handlung des Menschen frei, ihre Konsequenzen aber durch die Heimarmene determiniert seien. Er verweist darauf, daß Handeln aus menschlicher Freiheit überhaupt nur im Bereich der ἐνδεχόμενα ἐπίσης möglich ist und es ungereimt wäre, wollte man ein- und dieselbe Kausalkette auf die Freiheit des Menschen und die Heimarmene verteilen. Die mittelplatonische Position wurde von vielen christlichen Autoren übernommen.

Tod und Auferstehung Christi fehlen, wurde schon oben notiert. Christlich aber ist der Entwurf des Bardesanes doch in zweierlei Hinsicht: Einmal wird das Nebeneinander der drei Faktoren, die das Geschehen in der Menschenwelt bestimmen, nämlich Natur, Schicksal, menschliche Entscheidungsfreiheit, auf den gegenwärtigen Weltzustand beschränkt, der mit dem Weltgericht sein Ende finden wird. Der Antagonismus mehrerer verursachender Mächte erscheint also als Kennzeichen einer zwar guten, aber eben noch nicht zur Vollkommenheit geführten Welt, nicht jedoch als Merkmal einer definitiven Seinsordnung, um deren Erfassung es der Philosophie geht. Zum anderen verneint Bardesanes den alten Grundsatz philosophischer Ethik, demzufolge wachsende Einsicht in die Ordnung der Natur auch das sittliche Handeln besser macht, der Gute also auch immer der Weise ist. Nach Bardesanes' Meinung können Schwache und Unwissende die allen Menschen verliehene Freiheit ebenso leicht im Sinn der göttlichen Gebote verwenden und damit ein Leben gemäß ihrer Natur führen wie Weise oder Mächtige[26]. Die voluntaristische Prägung des biblischen Menschenbildes findet hier, vielleicht das erste Mal, ihren – wenn auch noch unvollkommenen – Ausdruck in der Sprache philosophischer Begriffe. Die Zuordnung der menschlichen Entscheidungsmöglichkeiten zum guten oder bösen Willen statt zu Wissen und Irrtum, die bei Augustin vollzogen wird, kündigt sich an.

Diese Errungenschaft, die sich mit der Schicksalslehre des Bardesanes verbindet, zeigt sich besonders deutlich bei einem Vergleich mit ähnlichen Details der Lehren Philons[27]. Natürlich betont auch dieser in guter biblischer Tradition die Unterordnung aller natürlich-kosmischen Determination unter den Willen des Schöpfers, und dementsprechend ist ihm die Heimarmene das von Gott der Natur gegebene Gesetz (s.o. S. 130). Philons sehr heftige, meist mit den verschiedenen Argumenten

[26] Zu diesem bei Bardesanes auftauchenden Motiv liefert Clemens eine interessante Parallele, dem doch sonst die „intellektualistische" Interpretation der biblischen Offenbarung selbstverständlich ist (z.B. paed. 1,98–103). Er erklärt an mehreren Stellen – vor allem protr. 12,118,4 – daß die überlegene Sittlichkeit schlichter Christen gegenüber vielen Gebildeten auch auf ihre stärkere συγκατάθεσις zurückzuführen sei. Clemens verwendet damit diesen Terminus der stoischen Psychologie, wo er die handlungsauslösende Zustimmung des Intellektes zu einer wert- oder unwerthaltigen Vorstellung bedeutet, in einem neuen Sinn: Es geht nicht mehr um das rechte Verstandesurteil als Basis der Einzelhandlung, sondern um die von aller Einzelerkenntnis ganz unabhängige Grundhaltung, aus der ein Mensch handelt. Ähnlich hatte schon Epiktet gelegentlich das Wort προαίρεσις verwendet (z.B. 1,29,16ff.; vgl. J. M. Rist, Stoic Philosophy, Cambridge 1969, 228–31), und ähnliches meint Tertullian, wenn er sagt, das Wissen des einen, was not tut, könne gut und gern mit völliger Unwissenheit verbunden sein (praescr. haer. 7,13; 14,5). Übrigens bezeichnet Clemens gelegentlich auch den christlichen Glauben als Grundlage der Lebensgestaltung als συγκατάθεσις (z.B. strom. 2,2,8,4).

[27] Grundlegend hierzu immer noch P. Wendland, Philos Schrift über die Vorsehung, Berlin 1892. Guter Überblick bei H. O. Schröder RAC 7, 1969, 576f.

des Karneades vorgetragene Polemik gegen den astrologischen Schicksalsglauben liegt ganz auf dieser Linie. Was nun aber den Menschen und sein Handeln angeht, so schreibt er gemäß philosophischer Tradition dessen Freiheit seiner Vernunftbegabung zu. Diese Vernunftbegabung realisiert sich als immer höhere, von den Wirkungen der Sinnlichkeit und damit der Materie sich befreiende Erkenntnis. Es ist das durch Erkenntnis und Askese erworbene moralische Wissen, das den Menschen über den Kausalzwang erhebt[28]. Nicht im Zusammenhang der Schicksalslehre, wohl aber in seiner im einzelnen recht vage formulierten Lehre vom Gewissen überschreitet Philon die Grenzen des Intellektualismus der philosophischen Tradition, in deren Rahmen er den biblischen Glauben zu interpretieren sucht. Der „Wächter", „Engel" oder „Richter", den Gott dem Menschen zugeordnet hat und der ihn unmittelbar, also ohne den Weg über das diskursive Denken, auf den Willen seines Schöpfers richtet, ermöglicht erst den religiös oder sittlich richtigen Gebrauch der kognitiven Fähigkeit[29]. Zur Konzeption der menschlichen Entscheidungsfreiheit hat Philon von hier aus keine Brücke geschlagen, diese vielmehr in philosophischer Tradition an die Erkenntnisfunktion der Vernunft gebunden.

Eine unmittelbare Nachwirkung der Schicksalslehre des Bardesanes läßt sich nur selten nachweisen. Vielleicht liegt das daran, daß Bardesanes früh von der Orthodoxie als Häretiker eingestuft wurde, die späteren Bardesaniten aber mit gnostischen oder manichäischen Zirkeln verschmolzen und gerade der antignostische Akzent der Lehre ihres Stifters verlorenging.

Eine ausdrücklich gegen Bardesanes gerichtete Polemik findet sich in den Auszügen, die Photios aus der Schrift des Diodor von Tarsos gegen den Schicksalsglauben erhalten hat. Wenn hier freilich Bardesanes vorgehalten wird, er habe zwar die Entscheidungsfreiheit des Menschen nicht aufheben wollen, aber den Körper des Menschen und alle ihn betreffenden äußeren Umstände der Macht der Sterne unterstellt[30], so trifft das nicht genau den Inhalt des „Buches der Gesetze der Länder". Dort heißt es, daß Jugend, Wachstum, Alter und dgl., also die elementaren Vorgänge, die der menschliche Körper durchläuft, gerade von seiner Natur, wie sie der Schöpfer gestaltet hat, und nicht vom Schicksal bestimmt werden.

Typisch für den bardesanischen Entwurf ist die Dreizahl der determinierenden Faktoren und die Trennung der Heimarmene von der Natur.

---

[28] Wichtigste Stelle wohl Quod deus sit immut. 47–51. Vgl. D. Amand, Fatalisme et liberté, Louvain 1945, 86f.

[29] Fug. et inv. 117f.; deus immut. 135; det. 22–27; 146 u.v.a.

[30] Phot. bibl. 208b 17ff.; 221a 12ff.

Diese Trennung ist natürlich in einem einheitlich-deterministischen Weltbild wie dem der Stoiker unmöglich: Hier müssen Heimarmene und Natur in irgendeiner Weise miteinander identifiziert werden. Erst wo die Vorstellung mehrerer Determinationsstufen eingeführt wird wie im Platonismus, kann auf eine von ihnen eine spezifische Verbindung zwischen Natur und Heimarmene beschränkt und gegebenenfalls auch astrologisch verstanden werden. Das ist bei Ptolemaios zu sehen, der zwischen göttlicher und natürlicher Heimarmene unterscheidet. Wo freilich in der Interpretation der Realität dem Zufall eine selbständige Rolle neben der berechenbaren Kausalität der Naturordnung zugewiesen wird, kann die Heimarmene eigentlich nur dieser zugeordnet werden, wie bei Alexander von Aphrodisias. Die Modifikation des peripatetischen Systems im „Buch der Gesetze der Länder" liegt, wie wir sahen, gerade darin, daß zugunsten der partiellen Beibehaltung des Sternenglaubens die astrologisch verstandene Heimarmene von der Natur gelöst wird und den Zufall ersetzt.

Nun gibt es bei Eusebios, in der konstantinischen „Rede an die heilige Versammlung", einen gegen den astrologischen Schicksalsglauben gerichteten Abschnitt (6), in dem ein besonderer Hieb gegen diejenigen geführt wird, welche die astrologisch verstandene Heimarmene von der Physis trennen wollen[31]. Wenn man überhaupt den Unsinn einer astralen Vorherbestimmung einführen wolle, müsse man sie mit der Naturordnung gleichsetzen[32]. Die im folgenden gegebene Lösung des Problems operiert dann mit dem aus dem Platonismus wohlbekannten Gedanken, daß die Heimarmene als Vorsatz oder Wille (προαίρεσις) Gottes oder als Gesetz aufgefaßt werden könnte, das er der Natur gegeben habe, das aber weder seine noch die Entscheidungsfreiheit des Menschen beeinträchtige. Auch Philon hatte diesen Gedanken verfolgt (s.o. S. 132). Die im Zusammenhang des Kapitels eigentlich unnötige Polemik gegen die Trennung von Heimarmene und Natur läßt sich am ehesten als Attacke auf Bardesanes begreifen, denn hier diente diese Trennung einer jedenfalls partiellen Anerkennung des astrologischen Schicksalsglaubens im Rahmen christlicher Weltanschauung. Gegen jede Art von astrologischen Schicksalsglauben aber richtet sich der zitierte Abschnitt aus der konstantinischen Rede.

---

31 Impliziert ist derselbe Vorwurf in der Polemik des Nemesios (nat. hom. 36) gegen die „ägyptischen" Astrologen: Indem sie den Anspruch erheben, mit religiösen Handlungen das von den Sternen gelenkte Schicksal ändern zu können, trennen auch sie die Natur- oder Schöpfungsordnung von der Heimarmene. Nemesios schließt sich in seiner Anthropologie, etwa mit der Beschränkung der Freiheit (αὐτεξούσιον) auf den Bereich der ἐνδεχόμενα καὶ ἄλλως ἔχειν (39/40) oder der Differenzierung zwischen βούλησις und προαίρεσις, ἑκούσιον und ἐφ' ἡμῖν, auf das engste an peripatetische Quellen an. Vgl. D. Amand, Fatalisme et liberté p. 560ff.

32 Vgl. Nemes. nat. hom. 36 u. Anm. 27.

Eine produktive Fortbildung hat die Schicksalslehre des Bardesanes offenbar nirgends erfahren. Bardesanes machte, wie das „Buch der Gesetze der Länder“ zeigt, zur Bekämpfung des umfassenden Anspruchs der Astrologie einen sehr kundigen Gebrauch von den Argumenten, die aus der auf Karneades zurückgehenden Tradition stammten, und diese versah er mit ethnographisch-historischem Material, das er in eigener gelehrter Arbeit aus der Perspektive seiner Vaterstadt gesammelt hatte. Auch in den folgenden Jahrhunderten griffen christliche Autoren im Kampf gegen den Schicksalsglauben immer wieder auf die karneadischen Argumentationen zurück. Sieht man aber von der etwas krausen Reproduktion bardesanischer Gedanken in den Pseudoklementinen und von den Exzerpten in der Praeparatio Evangelica des Eusebios ab, läßt sich nirgends erkennen, daß die karneadische Tradition in der besonderen Prägung durch Bardesanes präsent gewesen wäre. Ebensowenig wurde das Problem des Verhältnisses zwischen Vorherbestimmung und menschlicher Entscheidungsfreiheit jemals wieder in der Alten Kirche nach dem Vorbild des Bardesanes, also in Anlehnung an die peripatetische Lehrtradition, mit einem Lösungsversuch versehen.

Heinrich Dörrie

Der Prolog zum Evangelium nach Johannes im Verständnis der älteren Apologeten

Der Beitrag, den ich zur Festschrift für den hoch verehrten Herrn C. Andresen beisteuern möchte, setzt sich ein bescheidenes Ziel: Er möchte herausarbeiten, wie der Prolog zum Evangelium nach Johannes[1] von den älteren Apologeten verstanden wurde. Eine solche Zielsetzung engt sich alsbald ein auf die Untersuchung zweier Textstücke, die sich im 2. Lehrbrief des Theophilos von Antiocheia an Autolykos, cap. 10 und 22, finden. Die exegetischen Bemerkungen zu Joh 1, welche die älteren Exegeten[2] fast durchweg im Vorübergehen gemacht haben, lassen sich unschwer mit dem Textverständnis des Theophilos in Verbindung bringen – sei es als Antithese, sei es als Bestätigung. Denn Theophilos läßt durchweg erkennen, daß er die Ansichten seiner Vorgänger kennt und diese nicht selten in wichtigen Punkten zu berichtigen wünscht. Die Untersuchung macht aber nicht bei Theophilos Halt; mehrfach ergibt sich, daß bei Tertullian die gleiche Lehrtradition zu Tage liegt wie bei Theophilos; so ist aus Tertullian nicht Weniges zur Bestätigung und zur Sicherung des dank Theophilos vorliegenden Zeugnisses zu gewinnen.

I

Die Hoffnung freilich, es könne gelingen, auf der Grundlage frühchristlicher Exegese Hilfsmittel für das Verständnis von Joh 1 zu gewinnen, muß von vornherein aufgegeben werden. Das scheinbar plausible Argument, antike Erklärer, die der Abfassung des Textes zeitlich viel näher stehen als wir, müßten einen besseren Zugang zu diesem Text gehabt haben, erweist sich – wieder einmal – als trügerisch. Für antike

[1] Im folgenden wird zur Bezeichnung des Prologs die Abkürzung Joh 1, wenn erforderlich mit Beifügung der Verszahlen 1–14, verwendet.

[2] Die wenigen Stellen, an denen Ignatios, Justin und Athenagoras Joh 1 zitieren oder auf Joh 1 anspielen, sind in der theol. Literatur oft herangezogen worden. Ein wenig reicher ist der Ertrag, der aus Tatian zu gewinnen ist. Ein differenziertes Bild ist indes erst durch Tertullian zu gewinnen.

Exegeten galt ja die (freilich auch heute oft mißachtete) Forderung nicht, der Text müsse von den Voraussetzungen her verstanden werden, unter denen er abgefaßt wurde. Ganz im Gegenteil: Antike Exegese zielt darauf, solchen Texten, die eine Offenbarung enthalten, einen möglichst tiefen Sinn abzugewinnen. So versucht man, den Wortlaut im Sinne eines Wissens (oder Vorwissens) zu verstehen und somit seine Aussage anzureichern, indem man anderweit bezeugtes Wissen – im vorliegenden Falle der zeitgenössischen Philosophie – in das Verständnis hineinträgt.

An dieses Gesetz sind alle antiken Erklärer, hellenische wie christliche, in hohem Maße gebunden. Die Ergebnisse ihrer exegetischen Bemühungen sind daher durchweg nicht dazu geeignet, die bis heute ungelösten Aporien im Verständnis von Joh 1 zu beheben. Indes die Voraussetzungen, von denen die antiken Exegeten ausgehen, und ihre Argumente zu Punkten, die strittig sind, erlauben es – selten genug – einen Blick hinter den sonst undurchdringlichen Vorhang zu tun.

II

Theophilos unternimmt es in seinem 2. Lehrbrief an Autolykos, die jüdisch-christliche Lehre von der Erschaffung der Welt[3] gegen eine Reihe von Einwänden zu verteidigen, die ein Kenner der griechischen Philosophie, so wie sie damals in teils stoischer, teils platonischer Prägung Besitz der Gebildeten war, fast mit Notwendigkeit vorbringen mußte. Darum verfügt Theophilos, wenn man es recht besieht, über gar keinen Spielraum, um etwa die Eigenständigkeit der johanneischen Logoslehre zu begründen. Sondern ihm ist, wie allen Apologeten, die Aufgabe gestellt (von der keine ‚kritische Reflexion' ihn entbinden könnte) nachzuweisen, daß die Überlieferung, auf der die christliche Lehrentscheidung beruht, sich in genauester Übereinstimmung mit der von den Philosophen erkannten Wahrheit befindet. Denn den Lesern, an die Theophilos sich wendet, hätte noch gar nicht verständlich gemacht werden können, daß eine alte, hundertfach bestätigte Wahrheit durch eine historisch gesehen junge Offenbarung widerlegt werden könne. Noch durfte ein Satz nicht niedergeschrieben werden, wie ihn Klemens Al. protr. 6,3 (4) formulieren sollte: παλαιὰ δὲ ἡ πλάνη, καινὸν δὲ ἡ ἀλήθεια φαίνεται.

An dieser Stelle bietet Klemens den Eingangssatz von Joh 1 dazu auf, um Erzählungen des griechischen Mythos, dazu phrygischer und ägyptischer Überlieferungen, Lügen zu strafen. Einen solchen Weg konnte

---

[3] Eine wertvolle Hilfe bietet das soeben erschienene Buch von Gerhard May: Schöpfung aus dem Nichts, AKG 48, 1978. Diese besonnen argumentierende Arbeit habe ich mehrfach mit Gewinn benutzt.

Theophilos unter keinen Umständen beschreiten; so wie rund 150 Jahre vor ihm Philon Al., kann Theophilos gar nicht anders als christliches (Philon: mosaisches) Dogma in sinnvollen Zusammenhang mit überlieferter Philosophie zu rücken. Er hätte sein apologetisches Ziel gänzlich verfehlt, wenn er auch nur den Verdacht hätte aufkommen lassen, daß die christliche Botschaft umstürzend Neues enthalte.

Bei näherem Zusehen freilich stößt man darauf, daß Theophilos keineswegs nur für „naive Heiden" schreibt, für solche also, die noch kein Wissen von der christlichen Verkündigung haben. Sondern Theophilos geht weit subtiler vor: Er bewegt sich – fast darf man sagen: vorzugsweise – auf einer zweiten Ebene des Beweisens: Wo es nur möglich ist, arbeitet er, oft kaum merklich, aber absichtsvoll, den Axiomen und der Betrachtungsweise der Gnosis entgegen, vgl. S. 148ff. Seine Apologetik ist nicht nur darauf gerichtet, die Lehre gegen erklärte Gegner, sondern vor allem gegen Verfälscher zu verteidigen.

Nicht nur gegenüber der Gnosis, sondern konsequenterweise gegenüber den Subtilitäten der platonischen Theologie ist Theophilos von tiefem Mißtrauen erfüllt. Die im Platonismus konstitutiven Lehren von der Unpersönlichkeit des höchsten Wesens, das sich über mehrere Seinsstufen (Hypostasen) in diese Welt übersetzt, waren und sind mit christlichem Bekenntnis unvereinbar. Sie mußten für Zeitgenossen[4] gnostischen Spekulationen zum Verwechseln ähnlich sehen. Nicht ohne Grund merkt Tertullian[5] mit bissigem Witz an, häretische (und das hieß: gnostische) Lehren schmeckten sämtlich nach der Würzkiste Platons.

Vor allem konnte die höchst esoterische Lehre der Platoniker nicht beanspruchen, den philosophischen Grundconsensus zu repräsentieren. Allein auf diesen aber kommt es Theophilos an: Die grundsätzliche Übereinstimmung dieses Consensus mit christlicher Lehre soll und muß ja erwiesen werden. Nun war dieses philosophische Basis-Wissen dank vieler Handbücher[6] gut erschlossen und leicht zugänglich; in ihm mischten sich Elemente ursprünglich stoischer und platonischer Herkunft. Dabei war es weithin unerheblich, ob ein gerade erörtertes Philosophem von Platon oder von den Begründern der Stoa in den allgemein verbindlichen Schatz des Wissens eingebracht worden war; Quellenforschung betrieb man noch nicht. Vielmehr waren die Elemente, die den Grundconsensus = das Bildungsfundament der Gebildeten ausmachten, da-

[4] Selbst Plotin scheint während langer Jahre dieser Verwechslung erlegen zu sein. Erst in der 33. seiner Schriften, Enn. II 9, zieht er energisch den Trennungsstrich zwischen sich und den Gnostikern, die er in Rom kennengelernt hatte.

[5] Tertullian, de anima 23,5: doleo bona fide Platonem omnium haereticorum condimentarium factum.

[6] Die beträchtlichen Reste dieser Handbuchliteratur sind gesammelt in der monumentalen Ausgabe von H. Diels: Doxographi Graeci, seit 1926 mehrfache Nachdrucke.

durch legitimiert, daß sie alter Überlieferung entstammten. Die Gleichung[7], daß eine alte Überlieferung – παλαιὸς λόγος – stets eine wahre Überlieferung – ἀληθὴς λόγος – in sich berge, hat Kelsos in der Generation vor Theophilos durch Dutzende von Nachweisungen bestätigt.

Mehrere Vorgänger des Theophilos haben kein Arg dabei gehabt, in einer zunächst unreflektiert-vordergründigen Aussage über Gott das wiederzugeben, was die zeitgenössische Doxographie bot: Gott ist Noûs[8]. Diese Gleichsetzung hat Athenagoras[9] ohne weitere Reflexion vollzogen. Justin weiß dank seiner Unterweisung durch einen Platoniker[9], daß die Gleichung Gott = Noûs = höchstes Sein das grundlegende Axiom der platonischen Theologie darstellt[10]. Dieses Axiom nachzuvollziehen, erscheint ihm indes als unbedenklich; noch bestanden keine Bedenken, es als mit christlicher Lehre vereinbar anzusehen. So viel Naivität wäre vermutlich dem Theophilos nicht mehr verziehen worden. Schon hatte die Gnosis begonnen, den Noûs unter den Emanationen Gottes mit aufzuzählen. Sehr schwer mußte ins Gewicht fallen, daß schon seit längerer Zeit[12] platonische Theologen aus der Begriffsbestimmung, Gott sei Noûs, mit Entschiedenheit ableiteten, er sei nichts anderes als Noûs; daraufhin waren Personalität, Schöpferwillen und präexistenter Heilsplan kategorisch abzulehnen.

Gerade auf diese drei Wesensmerkmale Gottes kam aber für Theophilos alles an. So ist es vollauf verständlich, daß er eben das sorgsam mied, was anderen noch kurz zuvor als probabel erschien: Der Logos hätte ja, für jeden gut verständlich, die Verbindung zwischen göttlichem Noûs und der in Sünde verstrickten Welt herstellen können. Aber um der ‚Implikationen' willen, die von hier aus drohten, unterließ es Theophilos, den Logos, von dem Joh 1,1 die Rede ist, irgendwie mit dem Noûs in Verbindung zu setzen, geschweige denn eine Gleichung herzustellen. Wohl aber entnimmt er, in der Fachsprache der damaligen Philosophie wohl bewandert, dem Vokabular der gängigen Doxographie eine Reihe von wichtigen Bestimmungen. Diese Bestimmungen werden je-

---

[7] Dieser Gedankengang, frühzeitig im Hellenismus angelegt, ist durch Poseidonios von Apameia zu nachhaltiger Wirkung gebracht worden.

[8] So im Handbuch des Aetios, doxogr. 304a 1–8 und 304b 23–305b 8. Gleichartig, doch weit differenzierter bei Seneca, consol. ad Helviam matrem 8,2–3. Dort werden vier Definitionen des göttlichen Wesens vorgetragen, das als Vorsehung wirkt. Jede dieser Definitionen schließt es aus, daß der Tod (auch ein frühzeitiger) ein Unglück sei. Vgl. I. Marten (jetzt: Hadot): Ein unbeachtetes Zeugnis von Varros Gotteslehre, AGPh 43, 1961, 41–51.

[9] Athenagoras, leg. 10,2 νοῦς ἀΐδιος ὤν.

[10] Justin, dial. 3,7.

[11] Justin, dial. 4,1 ff.

[12] Das ist bereits bei Seneca, consol. ad Helviam matrem 8,3 deutlich ausgesagt: Die platonische Variante unter den Definitionen Gottes gründet sich auf das Schlüsselwort ratio incorporalis.

weils in den cap. 10 und 22 mit verschiedenen Termini gegeben, die aber das gleiche bezeichnen. In der nachstehenden Gegenüberstellung ist jeweils die erste Bestimmung aus cap. 10, die zweite aus cap. 22 zitiert.

a) Gott ist sein eigener Ort – αὐτὸς ἑαυτοῦ τόπος ὤν / ἐν τόπῳ οὐχ εὑρίσκεται, d.h. er ist inkommensurabel mit jedem Ort oder Raum in der Welt oder über der Welt[13].

b) Gott bedarf nichts, keines Dinges und keiner Voraussetzung; er ist ἀνενδεής / οὐδενὸς προσδεῖται.

c) Er ist präexistent οὐ γάρ τι τῷ θεῷ συνήκμασεν / ὑπάρχων πρὸ τῶν αἰώνων.

Von diesen Bestimmungen ist b) = die Feststellung der Autarkie Gottes eine für stoische Axiomatik konstitutive und somit fest geprägte Aussage. Dagegen sind a) und c) ausgesprochen antistoisch: Weder was den Raum anlangt (a), noch im zeitlichen Sinne (c) ist Gott der Welt kommensurabel. Hier liegt eine erste, zunächst noch tastende, im Terminologischen noch unsichere Aussage über die Transzendenz[14] Gottes vor.

Diese sparsamen Aussagen über Gott sind so ausgewählt, daß die Personalität Gottes nicht in Zweifel gezogen werden kann. In diesem Punkt läßt Theophilos einerseits große Vorsicht erkennen; vermutlich lagen bereits bittere Erfahrungen vor, wie leicht eine unbedachte Äußerung derart mißverstanden werden konnte, daß sie der Absicht des Verfassers zuwider ausgelegt wurde. Andererseits läßt Theophilos weit mehr als seine Vorgänger eine dogmatisch fundierte Entschiedenheit erkennen: Er will seine Überzeugung von der Personalität Gottes klar und deutlich bekunden.

III

Im cap. 10, in dem Theophilos den ihm wichtigen Glaubenssatz der creatio ex nihilo = ἐξ οὐκ ὄντων[15] behandelt, steht die Logoslehre, so

---

[13] Porphyrios geht in seiner Sentenzensammlung ἀφορμαὶ πρὸς τὰ νοητά von der trivialen Beobachtung aus, daß Raum und Masse koexistent sind, so sent. 1 = Einleitungssatz des ganzen Werkes ὄγκος τόπῳ συνυφίσταται. Also muß Gott körperlos sein. Denn wäre er im Raum zu begreifen, dann müßte er auch Körperlichkeit und Masse haben – dies das entscheidende Argument gegen die stoische Konzeption vom weltimmanenten Logos. Das, was Theophilos hier raffend von der Nicht-Örtlichkeit Gottes sagt, enthält den Beweis, daß dieses Argument lange vor Porphyrios in der Popularphilosophie präsent war.

[14] Noch fehlte es an einer allgemein anerkannten Vokabel, die das Transzendieren Gottes bezeichnet. Wohl hat Philon ὑπερεκβαίνειν = transcendere geprägt, doch bedient er sich vorzugsweise anderer Ausdrucksmittel, z.B. ὑπερκύπτειν. Sehr häufig macht Philon, wenn er ausdrücken will, daß Gott in keinen Raum einzuordnen ist, Gebrauch von der Wendung περιέχει, οὐ περιέχεται (mehr als zwölf Belege). Man hatte lange mit dem Mangel der Sprache zu kämpfen, die für das, was nach Ausdruck drängte, nämlich „Transzendenz“, kein adäquates Mittel bereithielt.

[15] Vgl. hierzu G. May: Schöpfung aus dem Nichts, bes. 159–167.

wie sie Joh 1,1–14 vorgetragen wird, wohl erkennbar hinter den Darlegungen des Theophilos. Er spielt mehrfach darauf an, zitiert den Wortlaut von Joh 1 aber expressis verbis nicht. Das, was Theophilos hier, im cap. 10, nur andeutet, wird hernach, im cap. 22, mehrfach gestützt, obwohl es dort um eine ganz andere Frage geht.

Was man hätte erwarten dürfen, weil es bei anderen Apolegeten in der Tat im Vordergrund steht, wird von Theophilos mit absichtsvollem Schweigen übergangen: Kein Wort davon, daß sich der Logos Gottes in dem Schöpferwort „Es werde Licht" (Gen 1,3) zum ersten Male realisiert habe[16]. Denn Theophilos legt Wert darauf, daß nach dem Willen des Schöpfers die gesamte Schöpfung im Menschen kulminiert – und zwar nicht in dem ursprünglich stoischen Sinne, nach welchem der Mensch, mit Logos begabt, den Göttern verwandt ist[17] (vgl. A. 23). Sondern der Schöpfer will den Menschen als ein Wesen erschaffen, das ihn, Gott, zu erkennen vermag (ἠθέλησεν ἄνθρωπον ποιῆσαι ᾧ γνωσθῇ). Dieser Gott will also nicht als ein absolutes Wesen in der Transzendenz verharren[18]; er möchte Objekt der Erkenntnis sein[19].

Nun ist aber alle Erkenntnis an den Satz similia similibus gebunden. Dieser Satz war für die Zeitgenossen des Theophilos schlechthin selbstverständlich; er brauchte nicht erwähnt zu werden. Daß der Mensch sich zu Gott in totalem Gegensatz befindet, ist von Theophilos mit Nachdruck hervorgehoben worden: Gott ist seit Urzeiten (vgl. c, S. 140), und er bedarf keines Dinges und keiner Voraussetzung (vgl. b, S. 140), was jetzt eigens durch Wiederholung[20] dem Leser eingeschärft wird. Vom Menschen gilt das genaue Gegenteil: Er ist dem Werden unterworfen – γενητός[21] – und befindet sich in beständiger Bedürftigkeit[22].

---

[16] Vgl. R. Bultmann im Komm. zu Joh 1, S. 6 und 7.

[17] Diese These ist zunächst von Aristoteles vorgetragen worden, vgl. Frgm. 61 Rose; sie ist dann aber für die Stoa grundlegend geworden; Cicero hat sie, über stoische Anthropologie referierend, in dem Stichwort zusammengefaßt homo – deus mortalis. Später hat Seneca vielfach – es liegen über 15 Belege vor – von diesem Satz Gebrauch gemacht.

[18] Er will also nicht der unerkennbare Gott – ἄγνωστος θεός – bleiben.

[19] Daß die Gottheit selbst danach drängt, erkannt oder offenbart zu werden, spielt im Ritual der zeitgenössischen Mysterien eine gewisse, wenn auch eng begrenzte Rolle. Sobald die Gottheit es will, findet die Suche des Mysten beglückende Erfüllung. Lucan hat die Rede Caesars, der darauf drängt, die sakralen Geheimnisse Ägyptens kennen zu lernen, fast zu einer Travestie dieses Gedankens ausgestaltet, so de bello civili 10, 188f. Der Gewaltherrscher gebietet auch über die Götter und ihren Willen; so fordert er vom Priester Acoreus: noscique volentes trade deos.

[20] Nämlich οὐδενὸς προσδεῖται. Beide Aussagen über Gott: „seiend – nicht geworden" und „sich selbst genügend – autark" sind Elemente der Definition Gottes, die in keiner Doxographie fehlen.

[21] Theophilos verwendet dieses Wort offenbar ohne Kenntnis zu haben von dem Jahrhunderte währenden Streit der Platoniker, in welchem Sinne Platon die Welt als „dem Werden unterworfen" bezeichnet habe. Eine solche Belastung des Wortes γενητός durch

Bei derart totaler Gegensätzlichkeit bliebe Gott unerkennbar. Daher bewirkt Gott, ehe er die Erschaffung der Welt und des Menschen ins Werk setzt, daß jenes Wesen aus ihm hervorgeht, durch das Gott nachmals belehrend auf die Menschen einwirken wird, nämlich der Logos. Der Darlegung, in die Theophilos nun eintritt, liegt der Gedanke zu Grunde, daß die Menschen durchaus nicht aus eigener Kraft Gott zu erkennen vermögen[23]. Sondern die göttliche Vorsehung hat von Anfang an bewirkt, daß der Logos als δύναμις Gottes dazu bereit stand, die Kommunikation von Gott zu den Menschen (nicht notwendig umgekehrt) herzustellen. Es ist nicht unwichtig, daß kein Blick auf göttliche Gnade oder göttliche caritas fällt. Sondern der Weltplan erfüllt sich darin, daß Gott durch den Menschen erkannt wird; die Voraussetzung dazu wird, als der erste Schritt auf die Schöpfung hin, von Gottvater bewirkt.

Hierzu trägt Theophilos seine im cap. 10 zunächst angedeutete, dann im cap. 22 breit entfaltete These vor, Gott habe seinen Logos, der später die Verbindung zum Menschen herstellen soll, zunächst als einen λόγος ἐνδιάθετος in sich, und zwar ἐν σπλάγχνοις[24] getragen. Hier soll sich der Leser Gott den Vater ganz konkret als Person vorstellen; jeder Gedanke an einen unpersönlichen Noûs wird ferngehalten. Hier stützt sich Theophilos, was der hellenisch gebildete Leser nicht ahnen kann, auf Ps 44,2: ἐξηρεύξατο ἡ καρδία μου λόγον ἀγαθόν.

Justin[25] und Tertullian[26] zitieren diesen Vers im Wortlaut. Sie setzen also, alter Exegetenpraxis folgend, das was der Psalmist über den Logos sagt, mit Joh 1,1 schlechthin gleich[27]. Das tut auch Theophilos, nur setzt er das Zitat in eine Anspielung um, deren Bezug der Leser nicht wissen

---

einen an Polemik reichen Streit besteht für Theophilos nicht; er verwendet es einfach als Gegensatz zu ἀγένητος: Gott ist nicht geworden.

[22] Hier genügt es, daran zu erinnern, daß der Mensch ohne die Erfüllung seiner Grundbedürfnisse (stoisch: τὰ πρῶτα κατὰ φύσιν) nicht leben kann – Atemluft, Trank, Nahrung, Bekleidung, Behausung, Gemeinschaft mit anderen Menschen.

[23] Mit diesem Gedanken tritt Theophilos in die Nachfolge Philons von Alexandreia ein und begibt sich zugleich in eine Haltung, die der hellenischen Philosophie konträr war: Dort war es selbstverständlich, daß der Mensch nach Maßgabe seiner Verstandeskräfte alles, und so auch die Ursache von allem – Gott – erkennen könne.

[24] ἐν σπλάγχνοις – so wird sonst gängiger Weise vom Ort des ungeborenen Kindes im Mutterleib gesprochen.

[25] Justin, dial. 28,3.

[26] Tertullian, adv. Hermog. 18,6: eructavit cor meum optimum sermonem. Tertullian zieht durchweg sermo als Übersetzung von λόγος vor; er verwendet verbum nur ausnahmsweise; vgl. unten S. 145.

[27] Dabei steht die folgende Motivierung im Hintergrunde: Da sich der Heilige Geist offenbarend mitteilen will, ist es auszuschließen, daß ein Wort der Bibel das andere modifiziert oder gar aufhebt. Wo immer das Wort Logos vorkommt, muß damit das gleiche bezeichnet sein, wie durch die übrigen Belege. Darum war es legitim, dem Psalmvers 44,2 eine Erklärung zu Joh 1,1 zu entnehmen.

kann. So muß der Leser zunächst die Wendung ἐν σπλάγχνοις[28] als anstößig empfinden; hier hat Theophilos das Psalmwort καρδία zu σπλάγχνα umgesetzt. Dann folgt, für griechische Leser noch weit krasser, die Behauptung, der Schöpfer habe den Logos ausgespieen[29]: So sei der Logos zur Existenz außerhalb Gottes gelangt (vgl. unten S. 145). Offenbar soll diese unerwartete Wendung jeden Gedanken daran ausschließen, daß hier etwa ein neuer Mythos von der Zeugung eines Göttersohnes erzählt wird. Gegen ein solches Mißverständnis wehrt sich Theophilos ausdrücklich im cap. 22: οὐχ ὡς οἱ ποιηταὶ καὶ μυθόγραφοι λέγουσιν υἱοὺς ἐκ θεῶν συνουσίας γενομένους, womit er einen wohlbekannten Topos der Apologetik[30] wieder aufnimmt.

Vor allem war es schlechthin unerträglich, das Hervorgehen des Logos auch nur im Entferntesten mit Zeugung[31] und Geburt in Zusammenhang zu bringen. Das bestätigt die Wahl des Verbum ἐξερεύγεσθαι – dieses auf den Vorgang des Hervorbrechens, besser des Hervorgebrochen-Werdens anzuwenden, war weniger anstößig, als die Vorstellung von Zeugung oder Geburt zu evozieren.

Aus mehreren Gründen war die Frage heikel, wie das Hervorgehen des Logos aus dem Vater zu bezeichnen sei, damit daraus weder Anstoß noch Mißverständnis erwuchs. Die Gnostiker pflegten, nach Ausweis von Eirenaios, adv. haeres. 1,1,18, hierfür προβάλλειν zu sagen, um den ‚Ausstoß' einer Emanation zu kennzeichnen. Das stieß auf, man darf wohl sagen: eisige, Ablehnung der Apologeten. Tertullian, adv. Praxean 8,1–5 stellt richtig: prolatum, non separatum. In gleiche Richtung weist Tatian, wiewohl er adv. Graec. 5,1 das kühne Wort προπηδᾷ verwendet. Auch ihm kommt es darauf an, so ad Graec. 5,2, daß der Logos nicht durch einen Trennungsschnitt κατὰ προκοπήν – von Gott dem Vater getrennt wird. Hierbei kann – das wird auf das skrupulöseste herausgear-

---

[28] Sollte Autolykos, Empfänger dieses Lehrbriefes, den Psalter so gründlich gekannt haben, daß ihm diese Anspielung nicht entgehen konnte? Und galt das für alle Leser, an die Theophilos sich wendet?

[29] Zu Theophilos' Zeiten war (und das galt bis in die Mitte dieses 20. Jahrhunderts) jedem Jungen dieses Wort aus einer grausigen Episode bekannt, die man mit heimlichem Gruseln in der Odyssee las. Dort wird mit diesem Wort das Erbrechen des trunkenen Kyklopen bezeichnet: ἐρεύγετο δ' οἰνοβαρέων.

[30] Vgl. Athenagoras, legat. 30,3, dazu Tertullian, apologet. 7–9; in etwas anderem Zusammenhang Tatian, ad Graec. 8,3–4.

[31] Das gleiche Bedenken spricht Plutarch, quaest. conv. 8,1 Ende aus: Sicher können, so Plutarch, Götter Söhne haben. Insofern widerspricht nichts der Überlieferung, Platon sei ein Sohn Apollons. Nur muß die Vorstellung streng zurückgewiesen werden, der Gott bediene sich menschlicher Zeugungsorgane. Darum ruft Plutarch a. O. dazu auf, solche Vorstellungen zu sublimieren.

[32] Mit prolatum weist Tertullian, apologet. 22,11 zurück auf προφέρειν, also auf den λόγος προφορικός (vgl. S. 145). Im apologet. 21,13 zieht Tertullian profectum vor, was auf die spätere Aussage ἐκπορευόμενον (vom Heiligen Geist) vorausweist.

beitet – in Gottvater weder Mangel noch Entleerung[33], also keinerlei Minderung bewirkt worden sein. Offenbar war es für gnostische Spekulationen kennzeichnend, daß der jeweils alte Gott durch seine Emanationen überwunden wurde[34]. Dann aber galt das Axiom nicht, daß das Göttliche unvermindert göttlich sei; mit gleichem Nachdruck wie christliche Apologeten hat sich Plotin dafür eingesetzt, daß keine der Seinsstufen (Hypostasen) eine Minderung erfährt dadurch, daß ein abbildhaftes Sein aus ihr „ausfließt" – ὑπεκρεῖ. In diesem Punkt war das religiöse Bewußtsein jener Zeit außerordentlich sensibel. Das mag erklären, warum Theophilos nach dem Wort griff, das ihm Ps. 44,2 an die Hand gab. Die unerwünschte Folgerung, daß der Logos eine von Gott getrennte Existenz einnähme, wird eigens abgewiesen durch die Notiz: διὰ παντὸς ὁμιλῶν.

Zugleich widerspricht Theophilos der These, die er zweifellos vorfand, der Logos (als Rede) sei aus dem Schweigen hervorgegangen; das war eine Erklärung, die jüdischer Exegese entstammte[35]; sie war so lange sehr wohl passend, wie sie auf das Schöpferwort Gen 1.3 angewendet wurde. Nun ist es bemerkenswert, daß Theophilos und Tertullian sich dagegen zur Wehr setzten, die Verbindung von Joh 1,1 mit dem Schöpferwort „es werde Licht!" in Verbindung zu bringen. Eine Reihe von Gründen sprach dafür, sich von dieser bereits eindeutig begründeten[36], nachmals herrschenden Tradition abzuwenden: Erstens mußte für den, der von stoischer Logos-Lehre auch nur die Anfangsgründe wußte[37], die These, Reden gehe aus Schweigen hervor, recht naiv erscheinen. Denn Logos bezeichnet ja weit mehr als ein bloßes „Laut-Werden" im Unterschied zum „Still-Sein" = Schweigen = σιγή. Zweitens hatte sich bereits die Gnosis der Chiffre Σιγή (Schweigen) bemächtigt, um damit eine der Emanationen zu bezeichnen. Schon darum ging es nicht mehr an, das Schweigen als den Nicht-Logos unter die Vorstufen des Logos zu rechnen, wollte man sich nicht den ärgerlichsten Mißverständnissen aussetzen.

Daß der Logos aus Gott hervorgeht, war ja sehr wohl gewährleistet, wenn man das Schöpferwort Gen 1,3 als die erste Manifestation ansah;

---

[33] Vgl. Tatian ad. Graec. 5,1–2: ὁ λόγος προελθὼν ἐκ τῆς τοῦ πατρὸς δυνάμεως οὐκ ἄλογον πεποίηκε τὸν γεγεννηκότα.

[34] Vgl. meinen Aufsatz: Emanation. Ein unphilosophisches Wort im spätantiken Denken in: Parusia (Festschrift für J. Hirschberger) 1965, 119–141 = Platonica Minora 1976, 70–85.

[35] Hierzu wichtig die Nachweisungen von J. Jeremias: Zum Logos-Problem, ZNW 59, 1968, 82.

[36] In knappster Raffung teilt hierzu Tertullian im apologet. 11–13 einen Abriß des gängigen Lehrbuchwissens mit; im Mittelpunkt steht die stoische Lehre vom Logos.

[37] So Ignatios, ad Magn. 8,2: λόγος ἀπὸ σιγῆς προελθών.

das Bedenken Theophilos' und Tertullians muß in andere Richtung gewiesen haben: Das Schöpferwort ist von keinem menschlichen Ohr gehört worden; nach dem Verständnis der beiden Apologeten ist Logos nicht nur Sinn; es ist darüber hinaus sinnhafte Aussage, die einen Hörenden erreicht. Hier erlaubt das Lateinische eine Differenzierung, die das Griechische versagt: Wie Tertullian hat auch Theophilos Logos als sermo, nicht als verbum verstanden, d.h. als göttliche, an die Menschen gerichtete Lehre.

Alles dieses ist in der stoischen Logos-Lehre angelegt; von ihr lassen sich diese beiden Apologeten leiten, wodurch ihnen eine geradezu subtile Umsetzung der ursprünglichen Antithese „Schweigen – Reden" gelingt. Um das zu verdeutlichen, muß nun ein wenig ausgeholt werden.

IV

Theophilos wendet die einst von den Begründern der Stoa formulierte, nun längst zum Handbuchwissen gehörige Antithese, die zwei Stufen des Logos sondert, auf den Sachverhalt an, den es zu erklären gilt. Danach ist der λόγος ἐνδιάθετος die in einem künftigen Sprecher sich vorbereitende Äußerung, also der Sinngehalt seines Redens, der noch keine sprachliche Form erhalten hat. Dagegen ist der λόγος προφορικός die tatsächlich erfolgte, von anderen wahrgenommene Rede; nunmehr hat der Sprechende das, was in ihm zur Disposition stand – τὸ ἐνδιάθετον – in sprachliche Form gekleidet und zu Gehör gebracht. Auf dieses letzte Moment wird hernach viel ankommen: Nur der λόγος προφορικός bewirkt Kommunikation mit anderen.

Selbstverständlich hat die Stoa nur beim Menschen einen λόγος προφορικός (als die Äußerung, die andere aufnehmen und registrieren können, die somit als Kommunikation auf andere wirkt) vom λόγος ἐνδιάθετος unterschieden. Denn nur unter Menschen kommt es vor, daß man einander mißversteht[39], weil ein Sprechender das, was in ihm bereit liegt, nur unter Substanzverlust mitzuteilen vermag. Niemals ist diese Unterscheidung mit dem Logos der Welt in Verbindung gebracht worden.

---

[38] Vgl. hierzu W. Foerster: Das System des Basilides, NTS 9, 1962/3, 233–265; dort ist mit Recht nachgewiesen, daß das System der Emanationen des „ungewordenen Gottes", das auch Σιγή mit umfaßt, dem Basileides erst nachträglich zugeschrieben wurde.

[39] Mit diesem Theorem vermochte die Stoa zu erklären, wieso es eintreten kann, daß der (an sich vollkommene) Logos sich unvollkommen im Dialog unter Menschen manifestiert: Es kann sein, daß dem Sprechenden das sprachliche Vermögen fehlt; es kann sein, daß eines der Organe, die zum Sprechen dienen, geschädigt ist (Sprachfehler). Auf keinen Fall ist eine etwaige Unvollkommenheit, etwa gar irreführende Ausdrucksweise, auf den Logos als solchen zurückzuführen: Es gibt nur Übermittlungsfehler. Das ist eine Art der stoischen Theodizee, auf den stets unfehlbaren Logos bezogen.

Gerade darum hat Theophilos, und nach ihm Tertullian, diese ursprünglich stoische Einteilung als eine höchst passende Metapher gewählt. Denn sie erklärt es, daß der Logos erst im Vater, dann außerhalb und neben ihm existiert. Dadurch wird in hervorragender Weise die Personalität des Vaters demonstriert; in ihm geht das gleiche vor wie in einem Menschen, der sich das, was er sagen möchte, schweigend zurechtlegt[40]. Zugleich wird die seit langem geäußerte[41] kritische Frage, warum der Schöpfer Äonen hindurch nicht Schöpfer war, wenigstens ansatzweise beantwortet: Der Schöpfer ging mit dem λόγος ἐνδιάθετος zu Rate, wie die Welt gestaltet werden solle.

Der auf den Menschen zielende Aspekt ist für Theophilos unwichtig geworden, es geht nun nicht mehr darum, zu erklären, warum etwas richtig Konzipiertes fehlerhaft ausgedrückt wird. Der göttliche Logos büßt nichts von seinem Rang und von seiner ihm innewohnenden Wahrheit ein, wenn er, zuvor λόγος ἐνδιάθετος, in einem Ausbruch aus dem Schöpfer hervorgeht (vgl. S. 143). Entscheidend ist vielmehr, daß der Logos nunmehr als λόγος προφορικός sich den Menschen mitteilt. Für Theophilos, ebenso für Tertullian, gilt selbstverständlich, daß Gott durch den Logos – δι' αὐτοῦ[42] – die Welt und alle Dinge in ihr erschuf; im Vordergrunde steht aber das Interesse des Theophilos an der Funktion des Logos, die man die kerygmatisch-missionarische nennen könnte: Der Logos stieg zu den Propheten[43] herab und offenbarte durch sie alles, was die Erschaffung der Welt und aller Dinge in ihr betrifft. Dieser Logos also war es, der die Verfasser der Heiligen Schrift, insonderheit Moyses, inspirierte.

Soweit führt Theophilos im cap. 10 den Nachweis. Zwei wichtige Ergebnisse treten hervor:

1. Der Logos hat in Gott immer existiert. Dem Einwurf der Gegner ist damit von vornherein begegnet: Wenn diese fragen, warum der Logos

---

[40] Hier stimmen Theophilos und Tertullian überein mit Tatian, ad. Graec. 5.2. Dort bedient sich Tatian des Beispiels, daß ein Mensch, der anderen Menschen seinen Logos mitteilt, dadurch diesen seinen Logos nicht etwa verliert. Tatian verfolgt dieses Beispiel nicht über den Bereich des Popularphilosophischen hinaus; im Unterschied dazu wertet Theophilos dieses Beispiel mit fachgerechter stoischer Terminologie aus.

[41] Dies war ein ergiebiges Feld epikureischen Spottes, der sich gegen den wörtlich verstandenen Schöpfungsbericht des Timaios richtete. Diese Kritik läßt Cicero, nat. deor. 1,18–30 den Epikureer C. Velleius mit vielen polemischen Ausfällen referieren.

[42] Es wird also die Exegese des δι' αὐτοῦ Joh 1,3 dahin präzisiert, daß der Logos als Diener Gottes – ὑπουργός – bezeichnet wird; ebenso Tertullian, adv. Hermog. 22,2 Ende: ministrum. Damit war ein Stichwort gegeben, das nachmals die Arianer bereitwillig aufnahmen.

[43] Hier hat Theophilos den bedeutendsten der Propheten vor Augen, nämlich Moyses; denn dieser Satz zielt vor allem darauf, daß der Schöpfungsbericht durch den Logos inspiriert ist: δι' αὐτῶν ἐλάλει τὰ περὶ τῆς ποιήσεως τοῦ κόσμου καὶ τῶν λοιπῶν ἁπάντων.

die Weltschöpfung erst in der Zeit bewirkte, dann kann auf den Willen Gottvaters verwiesen werden. Dieser ließ den Logos, nunmehr als λόγος προφορικός, zu gegebener Zeit aus sich hervorgehen.

2. Der Logos, wie das in der Definition des λόγος προφορικός gekennzeichnet ist, ist das von Gott gewollte Mittel, durch das sich Gott den Menschen, die ihn ja erkennen sollen, mitteilt. Das wird vorerst nur am Beispiel „Inspiration der Heiligen Schriften" erwiesen; im cap. 22 sagt Theophilos hierzu Weiteres.

Anders als im cap. 10 zieht Theophilos im cap. 22 den Text von Joh 1,1–4 mit ausdrücklicher Zitation zur Begründung seiner These, die zugleich Abwehr einer irrigen Meinung ist, heran. Der Einwand, den Autolykos macht (oder machen könnte), lautet: Theophilos hat zuvor (vgl. S. 140) die These vertreten, daß Gott in dieser Welt weder Ort noch Raum hat, denn er ist sein eigener Raum – ϑεὸς ἑαυτοῦ τόπος ὤν. Wie ist es dann zu erklären, daß sich Gott im Paradiese aufhält und dort wandelt?

Darauf antwortet Theophilos: Gottvater wandelt nicht; überhaupt befindet er sich nicht im Raume; es gibt keinen Ort (in der Welt), wo Gott ruht. Aber der Logos, durch den[44] Gottvater das All erschaffen hat, ist δύναμις[45] = wirkende Macht und Weisheit Gottes. Darum trat nicht Gottvater selbst in Aktion[46], als Adam in Sünde fiel, sondern es war der Logos, der die Gestalt Gottes annahm und zu Adam sprach; dazu weist Theophilos eigens auf den Wortlaut der LXX Gen 2,16f. hin. Denn nunmehr sprach der λόγος προφορικός Adam an, ein Wort also, das Adam zu hören vermochte.

---

[44] Vgl. Anm. 42; auch hier ist das δι' αὐτοῦ das Schlüsselwort, an dem das richtige Verständnis hängt.

[45] Schon für Philon ist es selbstverständlich, daß Gott vermöge seiner δυνάμεις wirkt, unter denen Philon vor allem die Macht und die Güte rühmt. Ebenso selbstverständlich war es für die Apologeten des 2. Jh., im Logos = Christus die δύναμις Gottes zu erblicken. Dabei wird es vermieden – in Antithese zum Terminus δύναμις – Gott mit der stets wirkenden ἐνέργεια gleichzusetzen. Denn dann begab man sich in die kaum mehr abzuweisende Abhängigkeit von der Theologie der Platoniker, nach deren Definition der höchste Gott vermöge reiner ἐνέργεια denkt; so Albinos did. 10 Anfang: νοῦς ἐνεργείᾳ νοῶν. Machte man sich das zu eigen, dann drohten die oben S. 138 skizzierten Konsequenzen: Impersonalität und Stufung des Göttlichen. Dies der Grund, warum alle dezidierten Monotheisten – also Philon und die christlichen Theologen – es peinlich vermeiden, die Antithese δύναμις – ἐνέργεια mit Bezug auf Gott herzustellen.

[46] Hier fordert Theophilos dazu auf, den Text der Genesis „besser" zu verstehen, als der Wortlaut besagt. Die soeben vorgetragene Erklärung des Logos als δύναμις Gottes, dazu die Überlegung, daß Gottvater sich nicht im Raume aufhält, fordern gebieterisch ein in diesem Sinne „vertieftes" Verständnis des Wortlautes. Gottvater kann demnach nicht in Aktion treten; der Logos vertritt ihn. Ohnehin kann sich nur der Logos im Anruf an Adam als λόγος προφορικός kundtun. Diese Figur, der Wortlaut sei anzuerkennen, das Verständnis aber sei auf Grund philosophischer Erkenntnis richtigzustellen, ist in hellenistischer Dichter-Erklärung (bes. zu Homer) vielfach angewendet worden.

Darum eben, so fährt Theophilos fort, hat Gott den Logos, der ursprünglich λόγος ἐνδιάθετος war, als nunmehrigen λόγος προφορικός hervorgebracht – ἐγέννησεν[47]. Hier erweist sich Theophilos aufs neue als wohl vertraut mit damaligen Emanations-Spekulationen; insbesondere weiß er, wie nahe die Folgerung liegt, daß der hervortretende Gott den hervorbringenden Gott „entleert". Demgegenüber betont Theophilos mit verständlichem Eifer, daß Gottvater, als er den Logos aus sich hervorgehen ließ, keineswegs eine Minderung, und ebensowenig eine Trennung vom Logos erfuhr. Sondern Gott blieb und bleibt im ständigen Kontakt mit dem Logos: διὰ παντὸς ὁμιλῶν.

Dieses Ergebnis, zunächst als Spekulation entwickelt und „philosophisch" begründet, wird nun gestützt durch Zitat von Joh 1,1–4, Satz um Satz mit knapp begründender Erklärung. Die voraufgehende Beweisführung – das erweist sich nun – befindet sich in vollkommener Übereinstimmung mit dem Wort des Evangelisten. Hermeneutische Geschicklichkeit bewährt sich in dem Kunstgriff, daß Theophilos eben diese Reihenfolge des Beweisens wählt: Eine scheinbar zwanglos gefundene Antwort auf Autolykos' Frage wird durch den Schriftbeweis erhärtet. Daher paraphrasiert Theophilos das schwierige πρὸς τὸν θεόν[48] Joh 1,2 vereinfachend durch ἦν . . . ἐν αὐτῷ (sc. ὁ λόγος). Damit ist „erwiesen", daß der Logos Gottes als ein λόγος ἐνδιάθετος zunächst in Gott präexistent war.

Danach entnimmt Theophilos aus den Worten πάντα δι' αὐτοῦ ἐγένετο Joh 1,3 die Bestätigung, daß der Logos nunmehr als δύναμις Gottes außerhalb von Gottvater wirkt. Dieser kann ihn an einen beliebigen Ort senden, und nachdem er dort eingetroffen ist – παραγενόμενος[49] – können die Menschen ihn hören[50] und sehen. Von Gott zum Zwecke der Verkündigung ausgesandt, ist er im Raume anzutreffen.

---

[47] Dieses Verbum hat Theophilos nunmehr zweimal verwendet; zuvor hat er ihm die befürchtete Mißverständlichkeit genommen. Demnach hat eine Vorstellung vom Zeugen, so wie es die Mythographen ihren Göttern zuschreiben, völlig außer Betracht zu bleiben, vgl. S. 143.

[48] Die Schwierigkeit, die hier vorliegt, ist bis heute nicht ausgeräumt. Ist es zulässig, mit R. Bultmann, Komm. zu Joh 1,2, S. 16 mit Anm. 2 einfach einen Semitismus, nämlich Verwechslung von πρός mit Akk. und παρά mit Dat., anzunehmen? Ist diese Verwechslung derart rein mechanisch, daß sie der Pflicht zu genauem Interpretieren enthebt? Ein Gegenvorschlag: Die Wendung πρὸς τὸν θεόν – in genuinem Griechisch höchst ungewöhnlich – sollte verstanden werden als: allein auf Gott bezogen, nur Gott zugewandt – und zwar im Unterschied zur gleich danach berichteten Hinwendung zur Menschheit und zur Inkarnation.

[49] Hier ist der Aorist παραγενόμενος herzustellen, womit das unscharfe παραγινόμενος der Ausg. im Schriftbild (paläographisch) nur geringfügig verändert wird.

[50] Es entspricht der Absicht, die Theophilos verfolgt, daß das „Hören" vor dem „Sehen" erwähnt wird. Denn Christus als der Logos wirkt durch Lehre und Verkündigung.

Damit ist nicht nur die Frage beantwortet, was es mit der Anwesenheit Gottes im Paradiese auf sich hat; das war ja (vgl. oben S. 147) der Punkt, auf den Autolykos' Frage zielte: Schon dort war es der Logos, der zu Adam sprach. Zugleich aber – und damit geht Theophilos' Antwort weit über das hinaus, wonach gefragt wurde – wird evident, daß der Logos nachmals weitere Aufträge bekam, Gott zu verkünden. Auf das wichtige Beispiel, daß der Logos bereits die „Propheten", also die Verfasser des AT, inspirierte (vgl. oben S. 146), braucht Theophilos nicht nochmals einzugehen. Hier gelangt er zu einer weit wichtigeren Schlußfolgerung: Es war der Logos, der aus der Person Christi sprach.

V

Welches ist nun der Ertrag, der durch die Analyse der zwei zur Rede stehenden Kapitel gewonnen wurde?

Es gelingt, Einblick in eine frühchristliche Lehre vom Logos zu nehmen, welche nicht kanonische Geltung gewann. Diese Lehre hat Theophilos mit großer Präzision vorgetragen; er steht mit ihr aber nicht allein. Vor allem bietet Tertullian manche Entsprechung[51]. Ein wichtiger Ausläufer der hier sichtbar werdenden Tradition erstreckt sich bis zu Origenes.

Diese frühchristliche Variante der Logos-Lehre ist zunächst von der Tendenz her zu beschreiben, die in ihr zum Ausdruck kommt: Es geht darum, die Lehre vom Logos so zu begründen und in ihren Einzelheiten so zu gestalten, daß die gnostischen Spekulationen keinen Ansatzpunkt zu Umformungen bietet. Auf diese Tendenz sind nahezu alle Punkte zurückzuführen, durch die sich diese Logos-Lehre von dem unterscheidet, was später kanonisch wurde.

Zugleich muß angemerkt werden, daß diese Logos-Lehre nicht mit Blick auf die Trinität konzipiert wurde; mit anderen Worten: Dem Logos werden nahezu alle Funktionen zugeschrieben, die nach späterer Auffassung dem Heiligen Geist zukommen. In diesem Logos ist alles vereinigt, was Gott aus sich hervorgehen läßt, um es der Menschheit zuzuwenden: Die materielle Schöpfung und die geistliche Belehrung.

Im einzelnen sind die folgenden Punkte für diese Logos-Lehre kennzeichnend:

---

[51] Tertullian entwickelt adv. Praxean 12,5 eine etwas von der des Theophilos abweichende Theorie: Das Schöpferwort ist nicht in Anwesenheit des Logos gesprochen worden: filio nondum apparente; bei den weiteren Akten der Schöpfung weist Tertullian jeweils das anordnende Wort Gott dem Vater, die Ausführung dem Logos zu. Selbstverständlich ist auch für Theophilos der Logos πρωτότοκος τῆς κτίσεως, nur vermag Theophilos dank seiner Einteilung feiner zu differenzieren als Tertullian: Ein Sprechen des λόγος προφορικός richtete sich erstmals an Adam.

1. Gott der Vater wird, und zwar mit konkreten Einzelheiten, als Person vorgestellt.

2. Zugleich aber gelten von Gott dem Vater theologische Bestimmungen, die ihn weit von anthropomorphen Vorstellungen absondern: Er ist nicht im Raume, er ist nicht in der Zeit, er bedarf nichts. Daß er den Menschen erschaffen will, um von ihm erkannt zu werden (vgl. S. 141), ist nicht etwa ein Symptom für ein Bedürfen, sondern Äußerung seines Willens.

3. Für den Logos gilt, daß er im Vater und mit dem Vater seit Urzeiten existiert. Aber es gilt nicht, daß er Ort und Raum transzendiert. Im Gegenteil, es ist seine wichtigste Aufgabe, daß er sich im irdischen Raum an bestimmten Orten manifestiert: Als Stimme, als Inspiration, als Jesus Christus.

4. An der Schöpfung im ganzen ist der Logos als λόγος ἐνδιάθετος des Schöpfers beteiligt; Schöpfer und Logos haben den Schöpfungsplan Äonen hindurch miteinander beraten. Damit wird die ironische Kritik zurückgewiesen, die dem Schöpfer eine Äonen währende Untätigkeit vorwarf.

5. Es wird ohne Bedenken und ohne Kritik daran festgehalten, daß der Logos Gottes Diener und Gehilfe sei (vgl. S. 146 mit A. 43). Aber es wird mit Entschiedenheit dagegen Stellung bezogen, daß Gottvater irgendeine Minderung dadurch erfahren habe, daß er den Sohn hervorbrachte; diese Entscheidung ist mit Sicherheit gegen die Gnosis gerichtet.

6. Theophilos und Tertullian sind in folgendem Punkte der gleichen Meinung: Das erste Wort, durch das sich der Logos realisierte, war nicht das Schöpferwort „es werde Licht“[52], sondern es war das Wort, das Gott zu Adam im Paradiese sprach.

Zwischenbemerkung: Es bleibt undeutlich, ob bei Theophilos sich bereits die Vorstellung widerspiegelt, daß die Naturgesetze erst mit dem Sündenfall in Kraft traten, und daß sie beim Eintreten der ἀποκατάστασις wieder aufhören. Diese später viel erörterte Vorstellung vorausgesetzt, würden die physikalischen Voraussetzungen für das Hörbarwerden eines λόγος προφορικός erst mit dem Sündenfall eingetreten sein[53]. Auf jeden Fall trat die soteriologische Voraussetzung ein: Von nun an

---

[52] Das Schöpferwort, griech. etwa als φωνή, lateinisch mit Sicherheit als verbum zu bezeichnen, war insofern kein λόγος προφορικός, weil es für dieses Wort keinen Hörer, ja noch nicht einmal die akustischen Voraussetzungen für das Hörbarwerden gab.

[53] Im April 1978 fand dank der Initiative von Prof. U. Bianchi zu Mailand ein ‚seminario‘ statt über das Thema ‚la doppia creazione‘, namentlich bei Gregor von Nyssa; die Ergebnisse sollen in Kurzform veröffentlicht werden. Die Vorstellung, daß eine ideale (nicht an die Materie gebundene) Schöpfung sich durch den Sündenfall in die materiell-unvollkommene Schöpfung wandelte, reicht weit zurück; sie wurzelt in den Überlegungen, die zur Erklärung des Timaios Platons angestellt wurden.

bedurfte es eines Logos, der nicht nur Adams Bestrafung aussprach, sondern die Verkündung Gottes übernahm.

7. Von da an ist Logos (Tertullian: sermo) ganz und gar auf Belehrung und Verkündigung gerichtet.

8. Auffälligerweise treten andere Aspekte weithin zurück; es fällt kein Wort davon, daß sich im Logos die Liebe Gottes und die Gnade Gottes äußern; die Termini ἀγάπη und χάρις verbindet Theophilos mit dem Wirken des Logos noch nicht. Daß diese Wirkung auf σωτηρία = Erlösung der Menschen gerichtet ist, wird gleichfalls nicht mit Eindeutigkeit festgestellt. Sondern die gesamte Betrachtung bewegt sich auf einer Ebene: Es geht ausschließlich um die Verkündigung Gottes durch den Logos, damit die Menschen imstande sind, Gott zu erkennen (vgl. S. 141). Damit kommt Theophilos der Gnosis einen Schritt entgegen: γνῶναι θεόν heißt ja, Kontakt mit der Gottheit und somit ein Unterpfand der σωτηρία zu gewinnen. Zugleich aber unterstreicht Theophilos den unüberwindbaren Gegensatz, der ihn von den Gnostikern trennt: Allein der unveränderlich gute Gott hat den Logos aus sich „ausgespieen", um diesen Vorgang ins Werk zu setzen. Das ist für Theophilos in so hohem Maße der tragende Gedanke, daß die übrigen Aspekte christlicher Erlösungslehre nahezu völlig in den Hintergrund treten.

Diese Logoslehre bleibt in mehreren Punkten hinter der nachmals kanonischen Lehre zurück; sie läßt nicht nur, wie soeben erwähnt, wichtige Aspekte der Erlösungslehre außer Acht. Auch ihr Interesse an der Präexistenz des Logos vor der Schöpfung ist verkürzt. Gewißt wird die Existenz des Logos und seine Wirksamkeit als λόγος ἐνδιάθετος nicht verkleinert, geschweige denn geleugnet. Aber ganz unbestreitbar gewinnt der Logos, so verstanden, überhaupt erst so recht eine Funktion, nachdem er – vom Sündenfall an – als λόγος προφορικός wirken konnte.

Nun zum Abschluß ein Blick auf Origenes' Erklärung von Joh 1,1: Origenes bemüht sich mit fast ermüdender Weitschweifigkeit darum, alle Bedeutungen, die das erste Wort seines Textes – ἐν ἀρχῇ[55] – haben kann, daraufhin zu prüfen, ob solcher Sinn mit der Absicht des Evangelisten vereinbar ist. Origenes verwirft, jeweils nach ausführlicher Prüfung, alle Bedeutungen, die dem ἐν ἀρχῇ einen auf den Anbeginn der Welt bezogenen Sinn zuweisen. Statt dessen hält er eine einzige Bedeutung als

[54] Das klingt ein wenig spitzfindig-scholastisch; indes gehörte es ja zum „Stil" damaligen Argumentierens, aus physikalischen Erwägungen metaphysische Schlüsse zu ziehen.

[55] Methodisch geht Tertullian, adv. Hermog. 20,1 ebenso vor: Er prüft die möglichen Bedeutungen von principium – initium. Er widerlegt die These des Hermogenes, ἀρχή – principium bezeichne die Materie; statt dessen postuliert Tertullian, von Origenes' künftigem Ergebnis gar nicht sehr weit abweichend, dieses principium sei sophia – die Weisheit Gottes. Freilich blickt Tertullian hier zunächst auf Gen 1,1, um das dort erreichte Ergebnis allerdings sogleich auf Joh 1,1 anzuwenden.

die passende fest: Danach bezeichnet ἀρχή Joh 1,1 die ἀρχὴ διδασκαλίας, also den Anfang der Unterweisung[56], die Gott den Menschen durch den Logos zuteil werden läßt. Es kann wohl kein Zweifel sein, daß sich Origenes damit der Exegese anschließt, die zuvor Theophilos vertrat; hier wird eine Traditionslinie sichtbar, die dann bald überdeckt wurde. Im Widerspruch gegen die Gnosis wurde der theologische Schwerpunkt darauf gelegt, daß Gott selbst durch den Logos die Menschen lehrt, ihn zu erkennen. Und es wurden alle exegetischen Mittel aufgeboten, um den ersten Satz des Evangeliums nach Johannes diesen Sinn abzugewinnen.

H. J. W. Drijvers

Kerygma und Logos in den Oden Salomos dargestellt am Beispiel der 23. Ode

Die Anwendung der Kategorien Kerygma und Logos auf die Oden Salomos mit der Absicht, die damit bezeichnete geistesgeschichtliche Thematik auch in diesen 42 Hymnen aufzudecken, muß jedem, der sich je mit ihnen beschäftigt hat, erkünstelt vorkommen. Fast immer werden die syrischen Oden Salomos als typische Erzeugnisse einer orientalischen Frömmigkeit betrachtet, reich an kühnen Bildern ohne eine Spur logischer Rationalität[1]. Nicht nur die Eigenart der Oden würde sich der Thematik von Kerygma und Logos widersetzen, sondern auch ihre Entstehungszeit nach Meinung vieler noch im ersten Jahrhundert, in welcher Periode des Christentums "it was easier to be unorthodox than to be logically exact"[2]. Aber auch wenn man die Entstehung der Oden in einer späteren Periode ansetzt, bleibt das Problem der abstrusen Bildersprache, die sich oft einer logischen Interpretation zu entziehen scheint.

Das gilt um so mehr für die 23. Ode, die von J. Rendel Harris "the most difficult of all the hymns in the collection" genannt worden ist[3]. Sie ist eine Bildrede über einen Himmelsbrief, der durch ein Rad erfaßt durch die Welt rollt. Bis heute hat sie sich jeder kohärenten Interpretation widerspenstig gezeigt, obwohl allerhand Versuche gemacht worden sind, sie zu deuten. W. R. Newbold erklärte das Rad als den Zodiakus und deutete die ganze Ode in einem gnostisch-astrologischen Rahmen,

---

[1] Diese Ansicht vertreten z.B. R. M. Grant, The Odes of Solomon and the Church of Antioch, JBL 63, 1944, 363; H. Chadwick, Some Reflections on the Character and Theology of the Odes of Solomon, KYRIAKON. Festschrift J. Quasten, Vol. I, Münster 1970, 267; A. Adam, Lehrbuch der Dogmengeschichte, I. Die Zeit der Alten Kirche, Gütersloh 1965, 142ff.

[2] So J. Rendel Harris in: J. Rendel Harris – A. Mingana, The Odes and Psalms of Solomon, Vol. II, Manchester 1920, 78; auch A. Adam. o.c., 142ff., J. H. Charlesworth, Les Odes de Salomon et les manuscrits de la mer morte, RB 67, 1970, 522ff.; J. H. Charlesworth/R. A. Culpepper, The Odes of Solomon and the Gospel of John, CBQ 35, 1973, 298–322; J. H. Charlesworth, The Pseudepigrapha and Modern Research, Missoula 1976, 189ff. et al. behaupten eine Entstehungszeit am Ende des ersten oder Anfang des zweiten Jahrhunderts, wie im allgemeinen üblich ist.

[3] J. Rendel Harris/A. Mingana, The Odes and Psalms of Solomon II, 336.

in welchem der descensus des Christus beschrieben wird[4]. Viele Einzelheiten der Ode bleiben aber bei diesem Deutungsversuch, der keine Anerkennung gefunden hat, ungeklärt. J. Rendel Harris glaubt, daß die Ode im Grunde die Inkarnation besingt, sieht Anklänge an den 40. Psalm und Jesaja 8 und 9 und ist der Meinung, daß das NT gar nicht erwähnt wird, sondern nur alttestamentliche Testimonien angeführt werden. Das Rätsel des Rades kann er aber auch nicht lösen[5]. H. Greßmann, ganz in der Tradition der religionsgeschichtlichen Schule, sucht den Ursprung des Himmelsbriefes und des Rades in chinesischen und indischen Vorstellungen, die sich in Ostsyrien mit jüdisch-christlichen Gedanken verschmolzen hätten – eine Meinung, die auch keine Zustimmung gefunden hat[6]. R. Abramowski behauptete resigniert, daß Ode 23 „aus der Arkandisziplin stammt und für uns nicht mehr deutbar ist'"[7]. In letzter Zeit hat nur J. Daniélou dieser Ode einige Aufmerksamkeit gewidmet im Rahmen seiner Rekonstruktion der theologischen Strukturen des sogenannten Judenchristentums. Er betrachtet den Brief als den Logos und das Rad als das Kreuz. Das Rad sollte daher einen descensus absconditus symbolisieren, gefolgt durch einen ascensus gloriosus. Die Verborgenheit des descensus würde noch angedeutet durch das Siegel des Briefes, das ihn gegen den bösen Archonten schützt. Daniélous Meinung nach wäre also in Ode 23 die Rede von der kosmischen Symbolik des Kreuzes mit besonderer Betonung der Vertikalbewegung[8].

Angesichts dieser verschiedenen und einander widerstreitenden Deutungsversuche scheint es angebracht, Ode 23 aufs neue unter stetigem Vergleich mit den anderen Oden zu analysieren und so ihren kerygmatischen Gehalt und die dahinter liegenden Traditionen aufzudecken und möglicherweise darzustellen, wie jene mit der Gesamtthematik Kerygma und Logos verbunden sind. Obwohl viele Übersetzungen der Oden vorhanden sind, soll eine neue der Analyse vorangehen, zumal die neueste Edition und Übersetzung manche Fehler aufweisen[9].

---

[4] W. R. Newbold, The Descent of Christ in the Odes of Solomon, JBL 31, 1912, 168–209.

[5] J. Rendel Harris/A. Mingana, The Odes and Psalms of Solomon II, 336–340.

[6] H. Gressmann, Ode Salomos 23, SPAW 1921, 616–624.

[7] R. Abramowski, Der Christus der Salomooden, ZNW 35, 1936, 51; cf. W. Bauer in: E. Hennecke/W. Schneemelcher, Neutestamentliche Apokryphen II, Tübingen 1964, 603: „Über Vermutungen gelangt man nicht hinaus."

[8] J. Daniélou, Théologie du Judéo-Christianisme, Tournai 1958, 306f.; Daniélou wird gefolgt von R. Murray, Symbols of Church and Kingdom. A Study in Early Syriac Tradition, Cambridge 1975, 240.

[9] J. H. Charlesworth, The Odes of Solomon, edited with translation and notes, Oxford 1973; cf. G. J. Reinink, Journal for the Study of Judaism 5, 1974, 64–68 und S. P. Brock, JBL 93, 1974, 623–625; die meist benutzte deutsche Übersetzung ist W. Bauer, Die Oden Salomos, in: Hennecke/Schneemelcher, Neutestamentliche Apokryphen II, 576–625; cf.

1. Die Freude ist der Heiligen,
Und wer sollte sie anziehen, außer ihnen allein?
2. Die Gnade ist der Auserwählten,
Und wer sollte sie empfangen außer jenen, die auf sie trauen von Anfang an?
3. Die Liebe ist der Auserwählten,
Und wer sollte sie anziehen außer jenen, die sie besessen haben von Anfang an?
4. Wandelt in der Erkenntnis des Höchsten,
Und dann werdet ihr erkennen die Gnade des Herrn, der keine Mißgunst kennt,
So daß ihr über Ihn jubelt und seine Erkenntnis vollkommen wird[10].
5. Und sein Gedanke war wie ein Brief,
Und sein Wille kam herab aus der Höhe.
6. Und er wurde gesandt wie ein Pfeil vom Bogen,
Der entsandt wird mit Gewalt.
7. Und es eilten zu dem Briefe viele Hände,
Um ihn zu packen und zu nehmen und zu lesen.
8. Er aber entfloh ihren Fingern,
Und sie bekamen Angst vor ihm und vor dem Siegel auf ihm,
9. Weil es ihnen nicht erlaubt wurde, sein Siegel zu lösen.
Denn die Kraft, die auf dem Siegel war, war stärker als sie.
10. Es folgten aber dem Briefe jene, die ihn gesehen hatten,
Um zu erfahren, wo er sich niederließe.
Und wer ihn lese,
Und wer ihn höre.
11. Ein Rad nun nahm ihn in Empfang,
Und er kam auf es.
12. Und ein Zeichen war mit ihm verbunden
des Königtums und der Providentia.
13. Und alles, was das Rad störte,
Mähte es nieder und schnitt es ab.
14. Und eine Menge, die bestand aus Gegnern, drängte es zurück,
Und schüttete die Flüsse zu
15. Und ging hinüber, rodete viele Wälder aus[11],
Und legte einen breiten Weg an.
16. Das Haupt kam herab zu den Füßen,
Weil bis zu den Füßen das Rad gelaufen war
Und das, was auf ihm gekommen war.

---

idem, Die Oden Salomos, Kleine Texte 64, Berlin 1933. Meine Übersetzungen sind oft von den Bauerschen verschieden, wenn dafür inhaltliche oder philologische Gründe vorliegen.

[10] Im ersten Glied folge ich die Lesart des Ms. H. dmrym' = des Höchsten; Ms.N. liest dmry' = des Herrn; cf. Drijvers, Die Oden Salomos und die Polemik mit den Markioniten im syrischen Christentum, Symposium Syriacum 1976, OrChrAnal 205, Roma 1978, 46.

[11] Ms.N. liest ᶜmm' = Völker statt ᶜb' = Wälder.

17. Der Brief enthielt ein Gebot,
Daß sich alle Länder versammelten.
18. Und an seinem Kopfe zeigte sich das Haupt, das sich offenbarte,
der wahre Sohn vom höchsten Vater.
19. Und er erbte alles und nahm es in Besitz.
Und die Absicht der vielen nun scheiterte.
20. Alle Verführer nun flohen kopfüber
Und die Verfolger wurden schlaff und erloschen.
21. Der Brief nun wurde eine große Tafel,
Die beschrieben war vom Finger Gottes ganz und gar.
22. Und der Name des Vaters (war) darauf
Und der des Sohnes und der des Heiligen Geistes,
Zu herrschen in Ewigkeit der Ewigkeiten.
Hallelujah!

Analyse und Kommentar

1–3: Diese Verse bilden einen Prolog zu der Ode, der in ganz gleich konstruierten Sätzen – ein Nominalsatz, der eine Behauptung enthält, gefolgt durch einen rhetorischen Fragesatz – eine heilsgeschichtliche Beziehung darstellt zwischen Gottes gnädigen Eigenschaften und den Seinigen, die von Anfang der Welt an bestanden hat. Freude (ḥdwt') begegnet oft in den Oden Salomos (7,1,2,17; 15,1; 31,3,6; 32,1), ist immer der Erfolg der Inkarnation des Herrn und daher der Alleinbesitz seiner Gläubigen, Heilige genannt. Deshalb werden in 2 und 3 jene Qualitäten Gottes erwähnt, die in der Menschwerdung zum Ausdruck kommen, Gnade und Liebe. Gnade (ṭybwt') wird in den Oden nur für Gott verwendet und kann eben so ein Äquivalent des Christus sein; z.B.

9,5: Werdet reich in Gott dem Vater,
Und nehmet an den Gedanken des Höchsten!
Seid stark und lasset euch erlösen durch seine Gnade.
33,1: Es eilte aber wiederum herbei die Gnade und vertrieb das Verderben,
Und sie stieg auf es herab, um es zunichte zu machen.
(cf. 33,10; 34,6; 41,3)

Auch Liebe (ḥwb') wird fast ausschließlich von Gott ausgesagt (6,2; 7,19; 11,2; 16,2,3; 40,4; 41,2,6) und manifestiert sich in Christus (17,12; 42,7,9). Es ist nicht ohne Interesse, daß diese spezifische Verwendung von Gnade und Liebe zu Sprachgebrauch und Theologie des Johannes gehört (cf. Joh 1,16,17; 3,14,35). Dasselbe gilt für die Betonung des „von Anfang an" (mn bryšyt), das wiederum auf den Johannesprolog verweist, wo der Logos Gottes des Anfangs sich in seiner inkarnierten Gnade offenbart (cf. 4,14; 6,4; 7,14; 41,9). Gnade und Liebe sind nur für Gottes Auserwählte – eine Kategorie, die von Anfang an dagewesen ist. Sie sind vorzeitlich erwählt und für das Heil vorherbestimmt (cf. 8,14–21) und werden deshalb aufgerufen, in Gottes Wegen zu wandeln (cf. 33,13). In gewissem Sinne sind sie identisch mit den in Joh 1,12 erwähnten Kindern Gottes, die sich von der im vorangehenden Verse genannten Kategorie, die das Licht der Welt nicht angenommen hat, unterscheiden (cf. Joh 1,5). Wenn die Auserwählten das ihnen bereitete Heil angenommen haben, kennen sie die Freude und gehören zu den Heiligen Gottes, in denen der höchste Gott erkannt wird (7,16) und die das Königreich Christi (= die Kirche) als Wohnung haben (22,12)[12].

Der Prolog der 23. Ode beschreibt also die Einheit der Heilsgeschichte von Anfang an, während derer Gottes Gnade sich entfaltet und von seinen Auserwählten erkannt wird.

4: Dieser Vers bildet nach dem thetischen Prolog den Übergang zu dem erzählenden Teil der Ode und ruft die Gläubigen auf, in der Erkenntnis des Höchsten zu wandeln. Erkenntnis hat in den Oden Salomos die Bedeutung von Erkenntnis des Heils, das im Laufe der Weltgeschichte, die zugleich von Anfang bis Ende Heilsgeschichte ist, von Gott seinen Auserwählten bereitet worden ist. Die Heilsgeschichte ist also ein Weg, worauf die Kenntnis sich mehrt und Unkenntnis vertrieben wird; z.B. 6,6:

Es mehrte seine Erkenntnis der Herr,
Und er bemühte sich, daß erkannt würde, was durch seine Gnade uns geschenkt war (cf. 7,21; 12,3).

Das Hören des Wortes der Wahrheit ist daher mit dem Erhalten der Erkenntnis identisch (8,8), ja, das Wort der Erkenntnis (= der inkarnierte Logos) ist dem Vater der Erkenntnis gleich (7,7). Mit dieser Phraseologie sind wir wieder beim johanneischen Gedankenkreis zurück, wo Erkenntnis des Sohnes Erkenntnis Gottes meint[13].

Das zweite Glied von Vers 4 enthält eine antimarkionitische Tendenz in der Betonung, daß der Herr keine Mißgunst kennt; das führt zurück zum Paradies und zum Anfang der Heilsgeschichte[14]. Das dritte Glied spielt dagegen in der Erwähnung der Vollkommenheit der Erkenntnis Gottes (d.h. daß Gott auf vollkommene Weise erkannt wird) auf die Inkarnation an. Das wird klar aus Ode 7, die die Menschwerdung des Herrn zum Thema hat; 7,12–13:

---

[12] Ephräm Syrus, Carmina Nisibina 15,9 und 19,6, ed. E. Beck, CSCO, Script. Syri 92–93, Louvain 1961, kennt die Heiligen als eine Spezialkategorie in der Kirche, die aber nicht genauer bestimmt werden.

[13] Cf. J. H. Charlesworth/R. A. Culpepper, The Odes of Solomon and the Gospel of John, CBQ 35, 1973, 298–322 für die vielen Anklänge am vierten Evangelium, die die Oden aufweisen.

[14] Cf. Drijvers, Die Oden Salomos und die Polemik mit den Markioniten, 46ff.

Er hat Ihn gegeben, so daß Er (Gott) sich denen zeigen würde, die sein sind,
Damit sie den erkannten, der sie gemacht hat,
Und nicht meinten, von sich selbst her zu sein.
Denn zur Erkenntnis hin hat Er seinen Weg angelegt,
Hat ihn breit und lang gemacht und zur völligen Vollkommenheit geführt[15].

Auch hier ist das johanneische Gedankengut handgreiflich, wie in der verwandten Stelle 41,13–14:

Der Sohn des Höchsten ist erschienen
Mit der Vollkommenheit seines Vaters.
Und das Licht ging auf von dem Wort,
Das von Anfang in Ihm (Gott) war.

Die ganze Thematik der ersten vier Verse der 23. Ode wird also beherrscht vom Gedanken der Einheit der Heilsgeschichte, während derer Gott von Anfang an seine Gnade zeigt, d.h. seine Erkenntnis mehrt – ein Prozeß, der in der Menschwerdung zur Vollkommenheit geführt wird. In Anbetracht der johanneischen Eigenart dieser Thematik, die auch in der Wortwahl zum Ausdruck kommt, wundert es nicht, daß der erzählende Teil der Ode, der – um die Erkenntnis Gottes tatsächlich zur Vollkommenheit zu führen – die Inkarnation und die darauf folgenden Ereignisse im heilshistorischen Prozeß beschreibt, auch, wie sich herausstellen wird, Anklänge an das vierte Evangelium aufweist.

5–6: Christus, der inkarnierte Logos verkörpert den Gedanken (mḥšbt') und Willen (ṣbyn') Gottes nach der Theologie der Oden Salomos, wie besonders klar wird aus 9,3–5:

Das Wort des Herrn und seine Willensregungen
(Sind) ein heiliger Gedanke, den er über seinen Gesalbten gedacht hat.
Denn im Willen des Herrn beruht euer Leben,
Und sein Gedanke ist ewiges Leben,
Und unvergänglich ist eure Vollkommenheit.
Werdet reich in Gott dem Vater,
Und nehmet den Gedanken des Höchsten an.
Seid stark und lasset euch erlösen durch seine Gnade.

Wort und Gedanke Gottes sind wirksam in der Schöpfung, so 16,8,9:

Denn das Wort des Herrn ergründet, was unsichtbar ist,
Und ermittelt seinen Gedanken.
Denn es schaut das Auge seine Werke
Und das Ohr vernimmt seinen Gedanken.

Und ebenso 6,19:

Und die Welten sind durch sein Wort geworden
Und durch den Gedanken seines Herzens.

[15] Cf. Joh 1,10,11 und Charlesworth/Culpepper, art. cit., 303.

Sie verkörpern aber auch seine Erlösung in Christus, 17,5:

Und der Gedanke der Wahrheit leitete mich,
Und ich folgte ihm und ging nicht irre (cf. 12,7; 21,5; 41,10)[16].

Es ist in diesem Zusammenhang wichtig, daß die Oden für „folgen“ genau dasselbe Wort verwenden, wie die Evangelien für das Folgen Jesu, nämlich 'zl btr, das auch im 10. Vers der 23. Ode begegnet (cf. Mt 4,22; Joh 1,37 usw.).

Daß Christus den Gedanken und Willen Gottes darstellt, findet sich nicht nur in den Oden Salomos, sondern auch bei den Apologeten, in den Thomas-Akten und bei Ephräm Syrus. Justinus, Apol 61,1 sagt, daß Gott am Anfang vor der Schöpfung eine geistige Potenz hervorbringt, die seine Herrlichkeit, seine Weisheit und sein Wort verkörpern, in menschlicher Gestalt in der Geschichte erscheint und Gottes Willen darstellt und ihm dient[17]. Athenagoras, Suppl. 10 nennt den Sohn Gedanken und Wort Gottes, von dem und für den alles geschaffen ist und der den Willen Gottes zum Ausdruck bringt[18]. Tatianus, Oratio ad Graec. 5 äußert verwandte Ideen, wenn er behauptet, daß das Wort am Anfang durch den Willen Gottes hervorkam[19]. Zum Schluß sei Theophilus von Antiochien erwähnt, der Ad Autol. II,22 reflektiert über den Logos Gottes, der sein Sohn ist, sein Geist und Gedanken, der Gottes Willen durchführt und sich in der Welt manifestiert[20]. In den Ausführungen der Apologeten sind Beziehungen zum mittleren Platonismus, besonders zu Albinus und dessen Timaeusauslegung nachweisbar, wie C. Andresen et al. dargelegt haben[21]. Die göttlichen Qualitäten werden auf den Sohn übertragen, der Gottes Logos, Weisheit, Dynamis, Geist, Gedanken und Willen verkörpert und deshalb Gottes Aktivität in der Welt repräsentiert[22].

---

[16] Bauers Übersetzung des zweiten Gliedes von 12,7: „denn Licht und Helligkeit für das Denken ist es (sc. das Wort)“, soll geändert werden in: „denn Licht und der Aufgang des Gedankens ist es“; dnh' = Aufgang wird oft für die Inkarnation des Logos verwendet; so auch 21,5, wo Bauer übersetzt: „Und überaus hilfreich war mir der Ratschluß des Herrn“; es soll lauten: „Und überaus hilfreich war mir der Gedanke des Herrn (sc. der inkarnierte Logos).“

[17] Cf. Justinus, Dial. 76,1; 128,3–4; J. Daniélou, Message évangélique et Culture hellénistique, Tournai 1961, 317ff.; C. Andresen, Justin und der mittlere Platonismus, ZNW 44, 1952–53, 157–195, spez. 190.

[18] Cf. Daniélou, Message évangélique, 319f.

[19] Cf. M. Elze, Tatian und seine Theologie, Göttingen 1960, 70ff., für eine genaue Analyse von Tatians Logoslehre.

[20] Cf. Theophilus, Ad Autol. I,3; Daniélou, Message évangélique, 324ff.

[21] C. Andresen, Justin und der mittlere Platonismus, ZNW 44, 1952–53; 157–195; M. Elze, Tatian und seine Theologie, Göttingen 1960; Daniélou, Message évangélique et culture hellénistique, Tournai 1961.

[22] So Theophilus, Ad Autol., II,10.

Es ist anzunehmen, daß gleiche philosophische Einflüsse, die bei den Apologeten die Interpretation des Johannesprologs in Zusammenhang mit der Lehre Gottes und der Schöpfung mitgestaltet haben, auch mittelbar oder unmittelbar auf die Theologie der Oden Salomos eingewirkt haben. Sie bleiben nicht auf die Oden beschränkt, sondern sind auch in den apokryphen Thomas-Akten nachweisbar. In einer der vielen Lobreden des Apostels, die oft einen Lehrcharakter aufweisen, sagt er:

And Thou, because Thou art Lord of all, hast a care for the creatures, so that Thou spreadest over us Thy mercy in *Him who came by Thy will* (ṣbynk) and put on the body, Thy creature, which *Thou didst will* and form according to Thy glorious *wisdom.* He whom Thou didst appoint in Thy *secresy* and establish in Thy *manifestation,* to Him Thou hast given the name of *Son,* He who was *Thy Will,* the *Power of Thy Thought* (ṣbynk ḥyl' dmḥšbtk); so that Ye are by various names, the Father and the Son and the Spirit for the sake of the government of Thy creatures, for the nourishing of alle natures, and Ye are *one in glory and power and will;* and Ye are divided without being separated, and are one though divided[23].

Die klarsten Parallelen zu den Oden finden sich bei Ephräm Syrus. Im ersten Kapitel seines Diatessaronkommentars im Rahmen der Auslegung von Joh 1,1 betont Ephräm die Wesensgleichheit Gottes mit dem Wort und nennt den Sohn den Gedanken des Vaters. Weiter beschreibt er häufig die Person Christi als die Manifestation von Gottes Willen und Macht, z.B. Hymnus de Nat. 4,165–166:

So hat auch, während er ganz im Mutterleib wohnte,
sein unsichtbarer Wille das All betreut.
Denn siehe, daß er ganz am Kreuze hing,
Seine Macht aber alle Geschöpfe erschütterte[24].

Der inkarnierte Gedanke und Wille Gottes, sein Logos, wird einem Brief verglichen, der sehr rasch aus der Höhe in die Welt geschickt wird. Die Vorstellung eines himmlischen Buches oder Briefes ist ziemlich weitverbreitet (cf. Ez 1; Apk 5,1–3). Das Buch enthält Gottes Plan mit der Welt und ihrer Geschichte, der in Gestalt einer Apokalypse offenbart werden kann[25]. Es wundert daher nicht, daß der inkarnierte Logos,

---

[23] W. Wright, Apocryphal Acts of the Apostles, London 1871 (reprint Amsterdam 1968), 207f.; A. F. J. Klijn, The Acts of Thomas, Leiden 1962, hat diesen Passus nicht kommentiert; cf. Justinus, Apol 61,1; Tatianus, Oratio 5.

[24] L. Leloir, Saint Éphrem, commentaire de l'évangile concordant, Dublin 1963, I,3; idem, Éphrem de Nisibe. Commentaire de l'évangile concordant ou diatessaron, SC 121,43f.; Hymnus de Nat. 4,165–166, ed. E. Beck, CSCO, Script. Syri 82–83, Louvain 1959; cf. Hymnus de Nat. 3,5–6; 23,2–4; Hymnus contra Haereses 32,15; 36,6; Hymnus De Azymis 20,1ff., und E. Beck, Ephraems Reden über den Glauben, Studia Anselmiana 33, Rom 1953, 88ff.

[25] Cf. J. Daniélou, Théologie du Judéo-Christianisme, 151ff.; H. Bietenhard, Die

der von Anfang bis Ende Gottes Plan durchführt, jenem himmlischen Brief verglichen wird, ja gewissermaßen dieser selbst ist. Im Bereich der syrischen Literatur begegnet dieser Brief im sogenannten Perlenlied der Thomas-Akten, wo er auch die Offenbarung Christi symbolisiert[26], und in den Pseudo-Ephrämschen Maria-Hymnen, wo der Brief die Nachricht Gabriels an Maria enthält[27]. Das Bild ist noch weiter entwickelt bei Jakob von Sarug, der den Schoß Mariens „einem versiegelten Briefe voller Geheimnisse" vergleicht[28].

Die Schnelligkeit, mit der der Logos herabkam, ist ein geläufiges Motiv in den Oden; so 12,5:

Denn die Schnelligkeit des Wortes läßt sich nicht erzählen,
Und wie seine Erzählung, so ist auch seine Schnelligkeit und seine Schärfe[29].

und 33,1:

Es eilte wiederum herbei die Gnade und vertrieb das Verderben
Und sie stieg auf es herab, um es zunichte zu machen (cf. 39,4).

7–10: In diesen Versen werden zwei Kategorien von Menschen einander gegenübergestellt: die vielen Hände, die den Brief packen wollten, aber ohne Erfolg, weil es ihnen nicht erlaubt wurde, und jene, die ihm folgten, weil sie ihn gesehen hatten. In Anbetracht der vorhergehenden Verse, die das Herabkommen des Logos beschreiben und auf Joh 1,1ff. anspielen, scheint es nicht zu weit hergeholt, die zwei Kategorien auch im Johannesevangelium zu suchen. Tatsächlich werden sie im Prolog gleich nacheinander erwähnt: Joh 1,11,12: Er kam in das Seine, und die Seinen nahmen ihn nicht auf. So viele ihn aber aufnahmen, denen gab er Anrecht darauf, Kinder Gottes zu werden, denen, die an seinen Namen glauben ... Ode 23,7–9 macht den Eindruck, eine Ausle-

---

himmlische Welt im Urchristentum und Spätjudentum, Tübingen 1951, 251; eine Parallele in Evangelium Veritatis 19,35–20,15.

[26] Cf. Wright, The Apocryphal Acts, 241; E. Preuschen, Zwei gnostische Hymnen, Gießen 1904, 21, LL.40–68; A. F. J. Klijn, The so-called Hymn of the Pearl, VigChr 14, 1960, 154–164 und idem, The Acts of Thomas, widmet diesem Brief und seiner Bedeutung keine besondere Aufmerksamkeit. Ich plane dieses Thema in einem gesonderten Aufsatz zu erörtern.

[27] Cf. Th. J. Lamy, Sancti Ephraem Syri Hymni et Sermones II, Mechelen 1896, 593, 641; III, 969; Rendel Harris in Rendel Harris-Mingana, The Odes and Psalms of Solomon II, 337f. betrachtete diese Hymnen als authentisch Ephrämisch; cf. aber I. Ortiz de Urbina, Patrologia Syriaca, ed. alt., Roma 1965, 73.

[28] Cf. R. C. Chesnut, Three Monophysite Christologies, Oxford 1976, 115, Anm. 11: Hom. 39; 94; Brief 36.

[29] Bauer, in: Hennecke-Schneemelcher II,593, Anm. 1 betrachtet den Text als sichtlich in Unordnung, und Charlesworth, The Odes of Solomon, 61, übersetzte qlylwt' = Schnelligkeit mit ‚subtlety' and ‚swiftness'. Ich glaube, daß die Schnelligkeit des Wortes hier auf paradoxe Weise zum Ausdruck gebracht wird. Das Motiv entstammt Ps 21,13.

gung von Joh 1,11 zu sein, die darlegt, weshalb die Seinen = die Juden ihn nicht aufgenommen haben: weil es ihnen nämlich nicht erlaubt wurde. Im Wortlaut dieser Verse hat daneben noch Joh 1,5 mitgespielt und im allgemeinen der Gedanke des vierten Evangelisten, daß Jesus sich beharrlich den Juden entzogen hat, die ihn ja nicht verstanden (cf. Joh 2,24; 3,10; 5,18; 6,15,52; 7,10–13,31ff.; 8,59 etc.). Das stellt sich klar heraus im Vers 8, der Joh 10,39 zitiert: Da suchten sie wiederum, sich seiner zu bemächtigen. Und er entkam aus ihrer Hand (cf. Joh 11,52; 13,33)[30].

Die Angst der Juden und ihrer Führer vor dem Christus ist ein geläufiges Thema in den Evangelien (cf. Mk 11,18; Joh 11,47ff.) und wird in den Oden ihrer Unkenntnis zugeschrieben, für die sie prädestiniert waren – eine Tradition, die auch im vierten Evangelium begegnet: Joh 12,37–43; 15,25. Das wird durch die Behauptung angedeutet, daß es ihnen nicht erlaubt wurde, das Siegel des Briefes zu lösen. Siegel (ḥtm') hat die einfache Bedeutung von Eigentumszeichen, wie in Ode 4,7:

Ist doch dein Siegel bekannt
Und erkannt werden daran deine Geschöpfe[31].

Dadurch sind sie vom Heil Christi ausgeschlossen. Die anti-jüdische Tendenz großer Teile der altsyrischen Literatur kommt auch hier ans Tageslicht. Die Juden werden in Vers 7 bezeichnet als „viele Hände", wo „viele" eine negative Nebenbedeutung hat; cf. Vers 19: die Absicht der vielen scheiterte; und 25,5:

Ich wurde aber verachtet und verworfen in den Augen der Vielen.

Dieser letzte Vers ist ein freies Zitat von Jes 53,3 mit Hinzufügung von „in den Augen der Vielen". Das ist ein weiterer Beweis dafür, daß die Oden christlichen Kreisen entstammen, die sich selber als eine (intellektuelle) Elite gegenüber den Juden betrachteten, welche den Christus nicht besiegt haben, weil er stärker war als sie.

---

[30] Dieses Zitat fehlt bei Charlesworth-Culpepper, art. cit.

[31] Siegel bedeutet hier nicht Taufsiegel, wie z.B. E. Dinkler, Signum Crucis. Aufsätze zum Neuen Testament und zur christlichen Archäologie, Tübingen 1967, 93 und Anm. 64 behauptet; cf. auch W. Heitmüller, Sphragis. Neutest. Studien Georg Heinrich zu seinem 70. Geburtstag, 1914, 48f.; Art. Sphragis, PRE 2.R,II/2,1361ff.: Siegelschutz ist ein rechtliches Legitimationsmittel, cf. Ez 9,4ff., Gen 4,15, Ex 13,9, Jes 44,5, I Kön 20,41, Ps. 15,6–9 und Dinkler, Signum Crucis, 16f.; Daniélou, Théologie du Judéo-Christianisme, 235 betrachtet das Siegel als Schutzzeichen gegen die bösen Archonten, was nicht richtig ist. Das l' šlyṭ hw' lhwn in Vs. 9 kontrastiert mit šwlṭn' in Joh 1,12: Es wurde ihnen (sc. den Juden) nicht erlaubt das Siegel zu lösen, den Gläubigen dagegen wird die Macht geschenkt Kinder Gottes zu werden.

Vers 10 beschreibt die andere Kategorie mit Worten, die auf Joh 1,37–39 anspielen (die Berufung der ersten Jünger):

Und die beiden Jünger hörten ihn reden und folgten Jesus nach. Als aber Jesus sich umwandte und sie nachfolgen sah, sagte er zu ihnen: Was begehrt ihr? Da sagten sie zu ihm: Rabbi (das heißt übersetzt: Lehrer), wo hältst du dich auf? Er sagt zu ihnen: Kommet, so werdet ihr es sehen! Sie kamen nun und sahen, wo er sich aufhielt, und blieben jenen Tag bei ihm.

Auch die Betonung des Sehens gehört zum johanneischen Sprachgebrauch (cf. Joh 1,14,47,52 usw.). Lesen und Hören des Briefes setzt die Lösung des Siegels voraus, und deshalb ist vielleicht die Annahme nicht zu weit hergeholt, daß in der Verwendung des Verbums šr' = sich niederlassen (intrans.) auch die transitive Bedeutung ‚lösen' (z.B. eines Siegels) oder ‚öffnen' (z.B. eines Briefes) mitklingt. Die Betonung des Hörens im Vers 10 gehört zur johanneischen Theologie, die eine unmittelbare Beziehung zwischen Hören, Folgen und Wissen kennt (cf. Joh 1,37; 3,32ff.; 4,42; 9,27; 10,3 etc.).

11: Dieser Vers erwähnt das rätselhafte Rad, mit dem ein Zeichen verbunden war, das im Vers 12 als ein Zeichen des Königtums und der (göttlichen) Providentia beschrieben wird. Dies Zeichen ('t') meint in den Oden Salomos immer das Kreuz. So 27:

Ich streckte meine Hände aus
Und hielt heilig meinen Herrn.
Denn das Ausbreiten meiner Hände ist sein Zeichen ('t'),
Und mein Ausstrecken ist das aufgerichtete Holz.
Hallelujah! (cf. 42,1)

Und 29,7–8:

Und er (Christus) zeigte mir sein Zeichen
Und leitete mich mit seinem Licht,
Und er gab mir den (Herrscher-)Stab seiner Macht,
Damit ich die Pläne der Völker unterwerfen solle.

Diese Verse machen in ihrem Parallelismus klar, daß das Kreuz als Machtzeichen verstanden wird, als Herrscherstab, was fast identisch ist mit dem Kreuz als Zeichen des Königtums. Ode 39,7 betrachtet das Kreuz sogar als ein Mittel, gewaltige Wasserströme zu überqueren, mit einer Symbolik, die Ex 14,15–31, dem Durchziehen des Schilfmeeres, entlehnt ist, wie Ode 29,7–8 auf den Exodus aus Ägypten anspielt[32].

---

[32] Cf. Justinus, Dial. 86; 138,2 und Daniélou, Théologie du Judéo-Christianisme, 300ff.; dieselbe Symbolik im Perlenlied, 64–65:
Meinen Brief, der mich erweckte,
fand ich vor mir auf dem Wege;

Diese Interpretation des Kreuzes als ein Machtzeichen des Logos findet sich auch bei Justinus und Irenäus. Justinus, Apol., 55 nennt das σχῆμα τοῦ σταυροῦ das Symbol der Macht und Herrschaft des Logos[33]. Derselbe Gedanke begegnet Apol., 60: das Kreuz ist die δύναμις θεοῦ, und Justinus referiert dann Plato, Timaeus 34 a.b und 36 b.c, wo der Philosoph behauptet, daß der höchste Gott seinen Sohn als ein Chi im Weltall bildete[34]. Daher kann Justinus, Dial. 73,1–2 sagen, daß der Herr seine Königsherrschaft vom Kreuz aus ausübte[35]. Irenäus repräsentiert dieselbe Gedankenlinie; Demonstr. 56 sagt er, unter Verweisung auf Jes 9,6: die Herrschaft kommt auf seine Schulter, daß das Kreuz das Zeichen von Christi Königsherrschaft ist[36]. Es wundert daher nicht, daß Irenäus, Demonstr. 79 das Kreuz beschreibt als das Wort Gottes, das die Wirklichkeit durchdringt und das Symbol der göttlichen Führung ist[37]. Adv. Haeres. V,17,4 redet dementsprechend von der οἰκονομία des Holzes (= des Kreuzes)[38]. Das griechische οἰκονομία ist mit dem syrischen mdbrnwt' identisch und bedeutet die göttliche Providentia. Der Gedanke ist klar: das Kreuz ist das Zeichen, mit welchem Gott seinen Logos in der Welt darstellt, und ist daher das Zeichen par excellence seiner Herrschaft und Führung. Justinus und Irenäus beschreiben darum ausführlich alle Typen des Kreuzes im AT (Apol. 55; Dial. 86; Demonstr. 46). Diese Gedanken bilden den Hintergrund und Ursprung von Ode Salomos 23,12: das Zeichen des Königtums und der Providentia, und überdies der sehr komplexen Kreuzsymbolik des Ephräm Syrus[39].

Ephräm kennt auch die Verbindung von Kreuz mit Königsherrschaft; Hymnus de Nativ. 18,3:

---

ihn, der mit seiner Stimme mich geweckt hatte,
mich wieder mit seinem Lichte leitend. (übersetzt v. E. Preuschen)
Rendel Harris in seinem Kommentar zu den Oden hat diese Exodussymbolik nicht beachtet.

[33] Cf. Daniélou, Théologie du Judéo-Christianisme, 294 ff.; Dinkler, Signum Crucis, 36 f.; 65,155.

[34] Cf. Dinkler, Signum Crucis, 36 f.; Daniélou, Théologie, 310 f.; idem, Message évangélique, 319; Andresen, ZNW 44, 1952, 188 f.; W. Bousset, Platons Weltseele und das Kreuz Christi, ZNW 14, 1913, 273–285.

[35] Cf. Justinus, Dial. 86, wo er die ganze Kreuzsymbolik, wie sie sich in den alttestamentlichen Typen findet, darstellt.

[36] Cf. Justinus, Dial. 73,1–2; G. Q. Reijners, The Terminology of the Holy Cross in Early Christian Literature, Nijmegen 1965, 62.

[37] Cf. W. Bousset, Platons Weltseele und das Kreuz Christi, 273 f.; E. Stommel, RQ 48, 1953, 35 ff.; Daniélou, Théologie, 296; cf. Tert., Adv. Marc. 3,22; Evang. Philipp. 95, ed. W. C. Till, Berlin 1963, 122, 18–22.

[38] Cf. G. Q. Reijners, The Terminology of the Holy Cross, 60 f.; Daniélou, Message évangélique, 327 ff.; Tatianus, Oratio 5; Irenäus, Adv. Haeres. IV,6,7; IV,20,6–7; Ephräm Syrus, Comment. Diatessaron 7.

[39] Cf. P. Yousif, Le symbolisme de la croix dans la nature chez saint Éphrem de Nisibe, Symposium Syriacum 1976, OrChrA 205, Roma 1978, 207–228.

Seine Geburt in den Tagen des Königs
Mit dem Namen „Strahl“ (= Augustus) – Symbol und Wirklichkeit
trafen einander: König und König,
Strahl und Aufgang. Sein Kreuz trug
jene Königsherrschaft. Gepriesen sei, der sie erhob[40].

Das Kreuzzeichen ist mit einem Rad verbunden, das den Brief = den Logos in Empfang nahm. Der Text der Verse 11 und 12 widerspricht also der Gleichsetzung von Kreuz und Rad, die Daniélou als gegeben annahm[41]. Die Bedeutung des Rades muß daher anderswo gesucht werden.

Im Rahmen der biblischen Symbole verweist das Rad auf den Wagen Gottes, die Merkabah, wie sie in Ez 1 ausführlich als Sitz der göttlichen Herrlichkeit beschrieben wird. Die vier Räder der Merkabah sind aufs engste verbunden mit den vier Tieren, können nach allen vier Seiten gehen und gingen, wo der Geist sie hintrieb (Ez 1,15–21).

Die Kombination der Merkabah und des Kreuzes findet sich mehrfach bei Ephräm Syrus, z.B. Hymnus de Virg. 21,10:

Das Kreuz ist eingezeichnet jenem Wagen,
An dem die (lebendigen) Cherubim gespannt sind[42].

Ephräm deutet die Tiere von Ez 1 also als Cherubim und stellt so eine Verbindung zur Bundeslade (Ex 37,6–9) her. Ephräms Hymnus de Azymis 13 beschreibt die Antinomien des gottmenschlichen Leidens und Sterbens Christi und bringt das Paradoxon auf folgende Weise zum Ausdruck: Hymnus de Azymis 13,8:

Er fuhr auf dem (Wagen des) Kreuzes,
Während er unsichtbarerweise auf dem (Gottes)wagen der Cherubim fuhr[43].

Christus thronte auf der Merkabah und verließ sie, so Hymnus de Fide 17,8:

Den Wagen der vier Lebewesen verließ er und stieg hinab
Und schuf sich das Kreuz zum Gefährt nach den vier Richtungen.
Er verließ die Seraphim und Cherubim
Und stieg hinab und ertrug den Spott der Kreuziger[44].

---

[40] E. Beck, Des Heiligen Ephraem des Syrers Hymnen de Nativitate, CSCO, Script. Syri, 82–83, Louvain 1959, 83f.; cf. Yousif, art. cit., 223, Anm. 32.

[41] Daniélou, Théologie, 306f.; Daniélous Übersetzung von Ode 23,10–17 ist ziemlich ungenau.

[42] E. Beck, Des Heiligen Ephraem des Syrers Hymnen de Virginitate, CSCO. S 94–95, Louvain 1962, 67.

[43] E. Beck, Des Heiligen Ephraem des Syrers Paschahymnen, CSCO. S 108–109, Louvain 1964, 16.

[44] E. Beck, Des Heiligen Ephraem des Syrers Hymnen de Fide, CSCO. S 73–74, Louvain 1955, 52; cf. Hymnus de Fide 4,18; 55,4; Hymnus de Ecclesia 29,14; Yousif, art. cit., 212, 224.

Im Lichte dieser Ephräm-Stellen können die Verse 11 und 12 gedeutet werden. Das Rad steht als pars pro toto für den Wagen Gottes, seinen Thron, dem das Kreuz wie vier Speichen eingezeichnet ist. Wenn das Rad den Brief in Empfang nimmt, ist das eine Art Inthronisation[45]. Diese Deutung wird bestätigt durch die Wortwahl in Vers 12: der inkarnierte Logos nimmt Platz auf dem Thron der Herrlichkeit Gottes und das Kreuz ist das Zeichen seiner Königsherrschaft! Mit diesem Paradoxon wird der Anfang des öffentlichen Lebens Christi beschrieben. In Anbetracht der vorhergehenden Verse, die eine Art Paraphrase des Johannesprologs bilden, darf man annehmen, daß die Verse 11 und 12 auf Joh 1,14 anspielen: „Und das Wort ward Fleisch und wohnte unter uns, und wir schauten seine Herrlichkeit, eine Herrlichkeit, wie sie der einzige (Sohn) von seinem Vater hat, voll Gnade und Wahrheit." Im Inthronisationsgedanken spielt die christologische Auslegung des 110. Psalms eine Rolle, Ps 110,1: „Es spricht der Herr zu meinem Herrn: ‚Setze dich zu meiner Rechten, bis daß ich hinlege deine Feinde als Schemel für deine Füße.'"

Die Ephräm-Stellen machten klar, daß Merkabah und Bundeslade in gewissem Sinne identifiziert werden. Bei einem Vergleich von Num 10,33ff., Deut 1,33, 1.Sam 4 und 5 stellt sich heraus, daß die Bundeslade Gott als Führer seines Volkes ersetzen kann und daneben als Sitz seiner Herrlichkeit fungiert. Die Ikonographie der jüdischen Religion bestätigt diese Identifikation: in der Synagoge in Dura-Europos z.B. wird die Bundeslade auf einem Wagen dargestellt[46].

13–15: Auf ganz konsequente Weise wird daher in diesen Versen das öffentliche Leben Jesu, der Zug der Herrlichkeit Gottes durch die Welt oder der Werdegang seines Logos, beschrieben mit Bildern, die alttestamentlichen Stellen, die christologisch gedeutet werden, entlehnt worden sind. Ps 68, Ps 110 und Ex 14, die Erzählung vom Durchziehen des Schilfmeers, kommen hier in Betracht. Ps 68 beschreibt Gottes Triumphzug, spielt auf den Exodus an (Vs. 8,9), das Vertreiben der Feinde (Vs. 22) und erwähnt Gottes Wagen (Vs. 18). Die christologische Deutung von Ps 68 ist ganz traditionell, begegnet schon in Eph 4,7–9 und überdies bei Justinus, Dial. 39,4; 87,6, Irenäus, Demonstr. 83 und Ode Sal 10,3[47]. Dasselbe gilt für Ps 110, der auch den Sieg über die

[45] Cf. Daniélou, Théologie, 281; idem, Études d'exégèse judéo-chrétienne, Paris 1966, 42ff.

[46] Cf. E. Goodenough, Jewish Symbols in the Greco-Roman Period, VII,176, und II,182, Anm. 100; J. Gutmann, The Dura-Europos Synagogue: A Re-evaluation (1932–1972), Missoula 1973, 142ff.; J. Maier, Vom Kultus zur Gnosis. Bundeslade, Gottesthron und Märkābāh, Salzburg 1964, 55ff.

[47] J. Rendel Harris, The Odes and Psalms of Solomon, II,265; Daniélou, Théologie, 283ff.

Feinde beschreibt und, worauf in den Oden mehrfach Bezug genommen wird, speziell für die häufige Verwendung des christologischen Titels ,die Rechte' (sc. Hand)[48].

Wenn der Odist Wörter wie Abschneiden und Ausroden verwendet, verbirgt sich dahinter die Symbolik des Kreuzes als ein Beil oder eine Pflugschar. Das Kreuz als Beil geht zurück auf die christologische Interpretation von 2.Kön 6,1–7, die sich bei Justinus, Dial. 86,6 und Irenäus, Adv. Haeres. V,17,4 findet. Irenäus bezieht überdies Mt 3,10 in seine Auslegung ein und stellt das Wort Gottes, den Logos, dem Beil gleich[49]. Die Identifikation des Kreuzes mit einer Pflugschar wurzelt in der christologischen Exegese von Jes 2,3–4: „und viele Nationen werden sich aufmachen und sprechen: ,Kommt, lasset uns hinaufziehen zum Berge des Herrn, zu dem Hause des Gottes Jakobs, daß er uns seine Wege lehre und wir wandeln auf seinen Pfaden; denn von Zion wird die Weisung ausgehen, und das Wort des Herrn von Jerusalem.' Und er wird Recht sprechen zwischen den Völkern und Weisung geben vielen Nationen; und sie werden ihre Schwerter zu Pflugscharen schmieden und ihre Spieße zu Rebmessern." Diese Exegese findet sich bei Justinus, Apologie 39,1; Dial., 110,3, und bei Irenäus, Adv. Haeres. IV,34,4[50].

Wenn er dagegen spricht vom Zuschütten der Flüsse und, wie eine Variante im Ms.N (B.M. Add. 14538) liest, vom Ausroden der Völker, spielt die auf den Logos bezogene Interpretation von Ex 14 eine Rolle, die bei Justinus, Dial., 86; 138,2, im Perlenlied, Verse 62–68 und in Ode Sal 39,8–11 begegnet (cf. Ode 29,7–8)[51].

Ode 39 macht diese hier vorgeschlagene Deutung noch wahrscheinlicher, wenn sie im Vers 7 in einer symbolischen Auslegung des Durchzuges durch das Schilfmeer sagt:

Denn das Zeichen (= Kreuz) an ihnen (sc. den Gläubigen) ist der Herr
Und das Zeichen ist der Weg derer, die hinübergehen im Namen des Herrn.

Kreuz und Herrlichkeit Gottes legen einen breiten Weg an, wie Ode 23 sagt, und dieser Weg ist dem Durchzug durch das Schilfmeer gleich (cf. auch Jes 2,3–4)[52].

---

[48] Cf. Ode 8,6,20; 14,4; 18,7; 19,5; 22,7; 25,2,9; 28,15; 38,20 und Daniélou, Études d'exégèse judéo-chrétienne, 42ff.: La session à la droite du Père.

[49] Cf. Daniélou, Théologie, 299f.; J. Carcopino, Le mystère d'un symbole chrétien, Paris 1955, 69–76.

[50] Cf. J. Daniélou, La charrue symbole de la croix (Irénée, Adv. Haer., IV,34,4), RSR 42, 1954, 193–204; J. Doignon, RSR 43, 1955, 535–544; A. Grillmeier, Der Logos am Kreuz. Zur christologischen Symbolik der älteren Kreuzigungsdarstellung, München 1956, 64f.; cf. Irenäus, Adv. Haeres. IV,56,3; Demonstr. 86.

[51] A. F. J. Klijn, The Acts of Thomas, Leiden 1962, 281, widmet dieser Symbolik des Exodus keine Aufmerksamkeit in seinem Kommentar zur Stelle.

[52] Ephraem Syrus, Sermo de Domino Nostro, ed. E. Beck, CSCO, S 116–117, Louvain

16: Wenn die vorhergehenden Verse sich auf das Auftreten des inkarnierten Logos beziehen, ist anzunehmen, daß Vers 16 das Ende seines öffentlichen Lebens, die Kreuzigung, beschreibt. Das Herabkommen zu den Füßen darf man auffassen als eine symbolische Andeutung der Erniedrigung, weil Füße als bildliche Umschreibung für Niedrigkeit oder Unterseite verwendet werden können (so Ephräm, Hymnus de Paradiso 1,4). Haupt (ryš') bedeutet in den Oden Salomos immer den Messias; so 17,15–16:

Denn sie sind mir Glieder geworden
Und ich ihr Haupt.
Preis dir, unserem Haupte, Herr, Christus!

und 24,1:

Die Taube flog auf das Haupt unseres Herrn Christus,
Weil er ihr Haupt war[53].

Das Herabkommen des Hauptes zu den Füßen ist also eine Umschreibung für die Erniedrigung, d.h. die Kreuzigung, die stattfindet, weil das Rad zu den Füßen gelaufen war, d.h. die Herrlichkeit Gottes sich erniedrigt hat und mit ihr, was auf dem Rad gekommen war, d.h. der dort inthronisierte Logos, der Sohn Gottes (cf. Phil 2,8). Die hier vorgenommene Umschreibung der Kreuzigung wird bildlich dargestellt in den apokryphen Petrus-Akten 38, wo die Kreuzigung Petri kopfunter beschrieben wird[54].

17–22: Die Verse 5–16 beschreiben auf eine symbolische Weise die Inkarnation des Logos, sein Leben und seine Kreuzigung, und es ist daher wahrscheinlich, daß die übrigen Verse dieser Ode die nächsten Ereignisse der Heilsgeschichte enthalten. Vers 17 sagt, daß der Brief ein Gebot enthielt, daß alle Länder sich versammelten, und spielt auf Stellen wie Joh 11,52; 12,32; Act 1,8; 2,39; Ephes 2,14–16, Phil 2,10 an, die alle auf verschiedene Weise von der einigenden Kraft des Wortes Gottes in der Verkündigung reden. Im Lichte der vorhergehenden Verse kommen auch alttestamentliche Stellen, wie Jes 2,2–4 und Ps 67 in Betracht.

1966, c.IV, vergleicht das Kreuz mit einer „Brücke über den Tod, damit darauf die Seelen vom Reich der Toten ins Reich der Lebenden hinübergehen (können)"; für eine gnostische Interpretation des Weges vide Newbold, art. cit., 186f.

[53] St. Gero, The Spirit as a Dove at the Baptism of Jesus, NT 18,17–35, interpretiert Ode 24,1 als die Quelle – obwohl in verstümmelter Form – von Mk 1,10, der Geschichte der Taufe Jesu. M.E. hat Ode 24,1 ff. nichts mit der Taufe Jesu zu tun, sondern bezieht sich auf „apokalyptische" Ereignisse, die anknüpfen bei einer christologischen Exegese der Sintflutgeschichte. Ich hoffe das demnächst detailliert darzulegen.

[54] Lipsius-Bonnet, Acta Apostolorum Apocrypha I,94–97; Hennecke-Schneemelcher II,220f.; cf. Ephräm Syrus, Carmina Nisibena 59,2; Yousif, Le symbolisme de la croix, 222.

Speziell Jes 2,2–4 spielt eine wichtige Rolle bei Justinus und Irenäus, die darstellen, daß es nach der Inkarnation ein neues Gesetz gibt, das alle Völker durch die Verkündigung des Evangeliums vereinigt[55].

18: Dieser Vers enthält ein Wortspiel mit ryš', das Kopf eines Briefes bedeuten kann, aber auch Haupt = Messias und Anfang und damit zurückverweist auf die Spekulationen über den Anfang der Welt und die Rolle des Sohnes Gottes im Schöpfungsprozeß[56]. Es ist nicht ungereimt anzunehmen, daß Vers 18 dadurch eine apologetische und anti-häretische Tendenz bekommt in der Betonung der Identität des wahren Sohnes des höchsten Vaters, der von Anfang der Welt an da war, mit dem Gekreuzigten[57].

Im ganzen Passus sind weiter zwei Sachen sehr auffallend. An erster Stelle die alttestamentlichen Ausdrücke: das Wort Gottes wird ein Gebot (pwqdn', ein hapax in den Oden), das alle Länder vereinigt; dadurch erbt der Sohn Gottes alles und nimmt es in Besitz, ein Ausdruck, der immer im AT verwendet wird für die Inbesitznahme des verheißenen Landes (Deut 1,8; 4,1 etc.); und das Wort Gottes wird eine große Tafel, beschrieben vom Finger Gottes, ein Bild, das immer für die Tafeln des mosaischen Gesetzes verwendet wird. Das Evangelium wird so eine Nova Lex, die bis in Ewigkeit bleibt, und die Trinität bekannt macht[58]. Auf diese Weise umfaßt die 23. Ode die ganze Geschichte von Anfang bis in Ewigkeit.

An zweiter Stelle ist diese alttestamentliche Terminologie mit einer anti-jüdischen Tendenz verbunden. Das Gebot ist für die Länder, der Sohn Gottes erbt alles und nimmt es in Besitz, die Absicht der vielen (= der Juden) scheitert, und die Verfolger werden schlaff. Mit den Verfolgern sind auch die Juden gemeint, wie sich aus Ode 42,5 ergibt, wo der Christus spricht:

Es starben alle meine Verfolger,
Und es suchten mich die, die auf mich hofften, weil ich lebendig bin.

---

[55] Justinus, Dial. 11,1; 24,1, wo eine anti-jüdische Tendenz ans Licht kommt; Irenäus, Adv. Haeres. IV,34,4; V,17,4 enthält einen Anklang an Eph 2,14–16; Irenäus, Demonstr. 86,87; cf. Daniélou, Théologie, 218 f.; 303 ff.; F. Loofs, Leitfaden zur Dogmengeschichte, 303.

[56] Cf. Daniélou, Théologie, 221 über die Bedeutung und Funktion von κεφαλή und ἀρχή.

[57] Für anti-häretische Tendenzen in den Oden Salomos cf. Drijvers, Die Oden Salomos und die Polemik gegen die Markioniten im syrischen Christentum, Symposium Syriacum 1976, OrChrA 205, Roma 1978, 39–55; idem. The 19th Ode of Solomon. Its Interpretation and Place in Syrian Christianity, wird demnächst in ALUOS erscheinen.

[58] Cf. Daniélou, Théologie, 216 ff.; Ephräm Syrus, Hymnus de Ecclesia 44,13–21, ed. E. Beck, CSCO, S. 84–85, Louvain 1960, redet sehr ausführlich vom Evangelium als neuen Tafeln.

Es ist ein weitverbreiteter Gedanke in der syrischen Theologie, daß durch die Kreuzigung die Juden verworfen wurden und die Völker die Gnade und Auserwählung bekamen. Ephräm, Comm. Diatessaron XXI,14,19 sind dafür gute Beispiele[59].

Wie das Rad als Symbol der göttlichen Herrlichkeit auf Joh 1,14 verweist, so ist der letzte Teil der Ode in gewissem Sinne eine Ausführung von Joh 1,15–17. Der Täufer betont, daß der Christus vor ihm gewesen ist: „Denn er war als erster vor mir (cf. der Messias als Anfang und Haupt) . . . Denn das Gesetz ist durch Mose gegeben worden, die Gnade und die Wahrheit ist durch Jesus Christus gekommen." Die Antithese von Moses und Jesus Christus wird im letzten Teil von Ode 23 vollständig ausgeführt!

Der letzte Vers der Ode knüpft ganz folgerichtig an Joh 1,18 an: „Niemand hat Gott jemals gesehen; der einzige Sohn, der im Schoße des Vaters ist, der hat Kunde (von ihm) gebracht." Es wundert nicht, daß diese Kunde Gottes, die nur durch das Evangelium als Nova Lex zustande kommt, im letzten Vers der Ode trinitarisch ausgeführt wird. Der Brief, der inkarnierte Logos, macht Gott bekannt durch das geschriebene Wort Gottes (die große vom Finger Gottes beschriebene Tafel), dessen Verständnis Sache des Heiligen Geistes ist. Wiederum gibt es eine genaue Parallele bei Irenäus, Demonstr. 26: „„. . . dans le désert, Moïse reçoit de Dieu la loi, le Décalogue, sur les tables de pierre écrites par le doigt de Dieu (Ex 31,18) – et doigt de Dieu est ce qui sort du Père – dans le Saint-Esprit."[60] Es gibt darum keinen Grund, die Erwähnung des Sohnes und des Heiligen Geistes als eine spätere doxologische Zufügung zu betrachten, wie Daniélou es tut im Nachfolge von P. Battifol[61]. Vielmehr kommen wir mit dieser trinitarischen Formel in die Nähe der früh-antiochenischen Trinitätstheologie, wie sie z. B. Theophilus, Ad Autol. II,10 repräsentiert, der auch beim Johannesprolog anschließt[62].

Schlußfolgerungen

Die Analyse der 23. Ode Salomos hat gezeigt, daß sie eine sehr kohärente Struktur aufweist, in welcher die Heilsgeschichte vom Anfang bis

[59] Ed. L. Leloir, Saint Éphrem. Commentaire de l'évangile concordant, XXI,14: Expansae erant manus Moysis, et extendit ea Deus pandendo, donec collaberentur inimici eorum (sc. Israelitarum) (Ex 17,8–14). Extenderunt isti (sc. Iudaei) manus Filii eius (sc. Dei) super crucem, et quia egerant contrarium illi (beneficae extensioni manuum), fecit eis etiam contrarium illi (beneficae) extensioni manuum suarum; collapsi sunt, et erectio iterum non fuit eis.

[60] Irénée de Lyon, Démonstration de la prédication apostolique, ed. L. M. Froidevaux, SC 62, 1959, 73 und Anm. 2.

[61] Daniélou, Théologie, 161, Anm. 1.

[62] Cf. Daniélou, Théologie, 220; G. Kretschmar, Studien zur frühchristlichen Trinitätstheologie, Tübingen 1956, 27–33.

Ende dargestellt wird und die auf einer höchst reflektierten ‚sophisticated‘ Auslegung des Johannesprologs unter Heranziehung anderer biblischer Perikopen und Gedanken beruht. Das Ganze zeigt einerseits eine starke Übereinstimmung mit den theologischen Gedanken des Justinus, Irenäus und Theophilus, also mit Kreisen, die Verbindungen zu Antiochien haben, andererseits finden sich manche der verwendeten Bilder nur in den Schriften Ephräms des Syrers wieder und sind dort in ausgeführter Form anzutreffen. Das trifft besonders für das Bild des Rades, aber auch für die christologischen Gedanken zu. Die Ode weist antijüdische Elemente auf, was sie mit großen Teilen der alt-syrischen Literatur verbindet, und zeigt Bekanntschaften mit philosophischen Systemen, die Einfluß auf die Apologeten und namentlich Justinus und Irenäus gehabt haben. Vor allem aber findet sich in dieser Ode, wie in den anderen, eine symbolisch-typologische Schriftauslegung, die sich auf den Gedanken der Einheit der Heilsgeschichte stützt und die sich genau so bei Ephräm findet[63].

Die 23. Ode Salomos – und die ganze Sammlung! – läßt sich deshalb am besten in die erste Hälfte des dritten Jahrhunderts datieren, also zwischen den Schriftstellern des zweiten Jahrhunderts im Umkreis Antiochiens und Ephräm Syrus im vierten Jahrhundert. Eine spätere Entstehungszeit kommt auch noch in Betracht, da die ersten Zeugnisse der Oden Lactantius und die Pistis Sophia sind – rund 300 A.D. – und Cyrillus von Jerusalem und Ephräm Syrus im vierten Jahrhundert die meisten Parallelen zu den Oden aufweisen[64]. Die 23. Ode macht überdies klar, daß die ganze Sammlung der 42 Oden das wichtigste Bindeglied zwischen Ephräms Theologie und exegetischen Methoden und der antiochenischen Theologie des zweiten und dritten Jahrhunderts ist und daß sie deshalb fast die einzige bekannte Vorstufe und Quelle der Ephrämschen Theologie bildet.

Die Kreise, denen die Oden entstammen, sind schwieriger zu bestimmen. Dem Charakter der 23. Ode entspricht es am besten, ihren Ursprung in gelehrten Kreisen zu suchen, wo ihr Verfasser unter Aufwand all seiner philosophischen, theologischen und exegetischen Kenntnisse

[63] Ephräms Exegese ist in dieser Hinsicht niemals genau untersucht worden; als Ersatz dient gewissermaßen R. Murray, Der Dichter als Exeget: der Hl. Ephräm und die heutige Exegese, ZKTh 100, 1978, 484–494; auch L. Leloir, Doctrines et méthodes de S. Éphrem d'après son commentaire de l'évangile concordant, CSCO, Sub 18, Louvain 1861, schenkt diesen geistesgeschichtlichen Beziehungen keine Aufmerksamkeit; sie bleiben auch unbeachtet von T. Kronholm, Motifs from Genesis 1–11 in the genuine Hymns of Ephrem the Syrian, Lund 1978.

[64] J. Rendel Harris/A. Mingana, The Odes and Psalms of Solomon, II,40ff.; 61ff.; cf. A. J. Wensinck, Ephrem's Hymns of Epiphany and the Odes of Solomon, Expositor Ser. 8,3, 1912, 108–112; Rendel Harris, Ephrem's Use of the Odes of Solomon, Expositor 1912, 113–119.

das Kerygma auf eine symbolische Weise gestaltete, die nur dem Anschein nach poëtisch und unlogisch ist, in Wirklichkeit aber alle Feinheit besitzt, die auch das Thema Kerygma und Logos kennzeichnet. Sie sind deshalb nur für eine Elite bestimmt, sowohl in unserer Zeit als zweifelsohne auch in der Zeit ihrer Entstehung.

Leo C. Ferrari

From Pagan Literature to the Pages of the Holy Scriptures Augustine's Confessions as Exemplary Propaedeutic*

As far as can be ascertained, the Confessions as a whole was composed between 397 and 401[1]. It is instructive to recall that not a hundred years had elapsed since 313 when the Edict of Milan had granted official tolerance to Christianity, thus bringing to an end some two hundred and fifty years of persecutions. As subsequent events proved, the Edict marked the turning of the tide, with Christianity coming increasingly under imperial patronage, to the corresponding detriment of the pagan cause.

However, while the various pagan cults may have been hamstrung by lack of imperial patronage and their accustomed access to public funds, yet paganism remained very much alive in Augustine's time as an all-pervasive cultural influence. It found expression in popular attitudes and in time-sanctioned customs, and above all, in a more permanent manner, in the accumulations of centuries of pagan literature.

Too often that literature encouraged moral decadence, as Augustine realised in retrospect. Moreover the danger was greater, the earlier that one was exposed to its immoralities. It is understandable therefore that in the first book of the Confessions (where Augustine's earliest schooling comes under consideration), there is an extensive moral criticism of that literature and of the learning that aimed to immerse young pupils in its false values.

From the viewpoint adopted in this study[2], that pagan learning of Augustine's early years serves as the terminus a quo of the Confessions. The

---

* The author wishes to express his indebtedness to the Deutscher Akademischer Austauschdienst through which he first came to know the work of Professor Carl Andresen.

[1] See pp. 45–54 in Solignac's 'Introduction aux Confessions' in the Bibliothèque Augustinienne 1962 edition of the Confessions (vols. 13 and 14 in the series Oeuvres de Saint Augustin). Many of Solignac's observations have been found most useful at other points in this study.

[2] From years of poring over the pages of Augustine's complicated Confessions the au-

terminus ad quem then becomes the Holy Scriptures to which, after his conversion, he devoted the rest of his life. It is fitting therefore that the Confessions should close with the extensive commentary on the opening verses of Genesis[3]. Seen as above, the Confessions is an account of Augustine's personal pilgrimage from the literature of paganism to the pages of the Holy Scriptures, in the words of the title of this study. Yet literature also intervenes decisively along the way, as will be seen.

Meanwhile, it is important of point out that while Augustine's conversion involved a complete embracing of the Holy Scriptures as God's inspired word, the transformation did not as a corollary result in the total rejection of pagan literature as the work of the devil. While this reaction had manifested itself more than once in the preceding tradition[4], except for the ritual of polemics[5] Augustine is not to be numbered among such extremists. He did not therefore see the confrontation in terms of a simple either-or choice.

Significantly enough for present purposes, the question of pagan learning vis-à-vis the Scriptures had come explicitly under Augustine's consideration just prior to the writing of the Confessions. The topic is dealt with at some length in the De doctrina christiana[6]. Augustine's conclusion was that while pagan learning had much of use to offer the christian cause, that learning was, of its nature, far inferior to knowledge of the Holy Scriptures, which alone led to eternal salvation[7]. An important proviso in the use of pagan learning was that the contaminations of immorality and superstition had to be first removed. Apart from such contaminations, the words of Augustine in the middle of the prooemium of the same work were words which could be applied to the entire range of pagan literature: "imo vero et quod per hominem discendum est, sine superbia discat."

---

thor has come to regard it as a rich tapestry in which many motifs can be uncovered, depending upon which particular thread one wishes to follow. The present study is basically concerned with books in the Confessions. For studies of other themes by the author, the reader is referred to the following: Augustinian Studies, 1971, 1974, 1975, 1976, 1977, 1978 and 1979. At the time of writing, the last three are still in press. See also Recherches Augustiniennes 1977.

[3] It is beside present purposes to raise the much-discussed question of the unity of the Confessions. However, in its own way, the present study would seem to provide further justification for the extensive biblical exegesis in the last three books of the work; or at least make that exegesis seem less incongruous.

[4] See E. Kevane, Paideia and Anti-Paideia; The Prooemium of St. Augustine's De doctrina christiana, Augustinian Studies 1 (1970) 153–180. Cf.: U. Duchrow, Zum Prolog von Augustins De doctrina christiana, VigChr 17 (1963) 165–170.

[5] The most prominent example to come to mind is the total condemnation of pagan culture in the first ten books of the De civitate Dei.

[6] Op. cit. II, xvii, 27–xlii, 63.

[7] Op. cit. II, xlii, 63.

The few preceding considerations have attempted to indicate the relevant context within which the Confessions was written and to suggest the legitimacy, on Augustine's own terms, of the viewpoint taken here. To the best of my knowledge, there is nothing in the Confessions nor in the works preceding it, to gainsay the present perspective. Indeed, as will be seen, rather is there much to encourage it.

As one of the great classics in our literary tradition the Confessions has endured for close to sixteen centuries. Part of the reason for this is that it is a work of great ingenuity which appeals to many different kinds of people. Indeed, what Augustine wrote of the Holy Scriptures in his Confessions can well be applied to this work itself: "verbis apertissimis et humillimo genere loquendi se cunctis praebens et exercens intentionem eorum, qui non sunt leves corde, ut exciperet omnes populari sinu."[8]

Yet, notwithstanding the widespread appeal of the Confessions, when one recalls the general context of the time in which it was composed, there was one important stratum of that society for which it held primary appeal. This stratum was composed of educated people steeped in the literature of paganism and who were at any of the various stages through which Augustine had passed in the process of his conversion. From this viewpoint, bearing in mind the confrontation between the two worlds of literature, the Confessions can be seen as a most timely tactical weapon in marvelous accord with the exigencies of the age.

In the earlier De doctrina christiana Augustine had indicated how pagan literature could be purified and used for christian purposes as has been noted. What was not broached there (being foreign to the intent of the work) was any attempt at suggesting how educated pagans, steeped in that literature, might come to a saving knowledge of the Scriptures of the Christians. Yet Augustine possessed a great kinship with those people, having once been among their ranks. Perhaps this realisation lay at the source of the Confessions – being itself a first-hand account by one who had made the transition. Under this aspect, the work has the character of exemplum, as indicated in the title of this study. However, it would be a gross misunderstanding to see the Confessions merely as a first-person account of a conversion, with the aim of the work being to convince educated pagans to delve into the Scriptures. Familiar as this approach may be in the modern world, it was utterly foreign to the mind of Augustine. Indeed, as if to warn against this kind of merely human approach, Augustine recounts one such venture on his own part, at the age of nineteen. As an inquisitive student, he wanted to see what the Holy Scriptures were like – "Institui animum intendere in scripturas sanctas et vi-

[8] Conf. VI, v, 8. The text used here is that of Skutella as revised by Juergens and Schaub and published in Stuttgart (Teubner), 1969.

dere, quales essent." (Conf. III, v, 9). However, since he lacked true humility at that time, the venture was ill-fated. He merely abandoned the inquiry with the superficial opinion that the style was not worthy to be compared with that of Cicero – "[illa scriptura] . . . visa est mihi indigna, quam Tullianae dignitati conpararem". (Ibid.).

In Augustine's mature theological perspective man could *not* convert man to full acceptance of the Holy Scriptures as the highway to eternal salvation. God *alone* could bring this about, so that salvation came *entirely* from God, as Augustine had determined in a work written just about the time he commenced the Confessions[9]. On the other hand, God did not have angels trumpeting his directives from heaven, but made use of human agencies for instructing his chosen ones[10]. This indeed, is the theme of the story of Augustine's own conversion as recounted in the Confessions. It was also the raison d'être of the Confessions itself. He had confessed his past sins in the hope that divine grace would waken the hearts of his readers to a great love of God:

Nam confessiones praeteritorum malorum meorum, quae remisisti et texisti, ut beares me in te, mutans animam meam fide et sacramento tuo, cum leguntur et audiuntur, excitant cor, ne dormiat in desperatione et dicat: 'non possum', sed evigilet in amore misericordiae tuae et dulcedine gratiae tuae[11].

Seen under this last-mentioned aspect, the story becomes more than an exemplum involving only the author. As more than one scholar has pointed out, inasmuch as the Confessions recounts the workings of God on the soul of man, the account takes on a certain universality[12]. But, as such, being concerned with teaching (albeit implicitly), the manner of those workings, the story becomes didactic in character. Furthermore, as was noted, the work aims (through divine intervention) to stir the heart of the reader "ne dormiat in desperatione et dicat: 'non possum'." Its intended character for the reader is therefore that of a preliminary instruction on the workings of divine grace which (hopefully) the reader's heart

---

[9] Ad Simplicianum; De diversis quaestionibus, I, Q. ii (on Romans ix, 10–29). Cf.: Solignac, op. cit., introduction, pp. 33–36.

[10] De doctrina christiana, prooemium, 6–7.

[11] Conf. X, iii, 4. For the genesis and various significations of confessio, see: J. Ratzinger, Originalität und Überlieferung in Augustins Begriff der Confessio, Revue des Etudes Augustiniennes 3 (1957) 375–392, especially p. 384 onwards. See also: Solignac, op. cit., pp. 9–12.

[12] The most obvious manifestation of this universality is the constant manner in which Augustine's own account of his spiritual pilgrimage is subsumed to classical and spiritual images. See: G. N. Knauer, Peregrinatio animae, Zur Frage der Einheit der augustinischen Konfessionen, Hermes 85 (1957) 216–248; as also: Leo C. Ferrari, The Theme of the Prodigal Son in Augustine's Confessions, Recherches Augustiniennes 12 (1977) 105–118.

will accordingly be opened to receive. For this reason has the expression "exemplary propaedeutic" been used in the title of this study.

As has been intimated, Augustine saw the way to salvation as consisting in a full and humble acceptance of the Holy Scriptures. It is in them that the God-fearing man seeks to know the divine will: "homo timens Deum, voluntatem ejus in Scripturis sanctis diligenter inquirit."[13] Furthermore, for Augustine, the widespread acceptance of those same Scriptures in the world of his time was a manifest sign that it was through those writings that God desired all people to seek him. Consequently, the following passage from the Confessions must have given the educated pagan reader pause for thought:

Ideoque cum essemus infirmi ad inveniendam liquida ratione veritatem et ob hoc nobis opus esset auctoritate sanctarum litterarum, iam credere coeperam nullo modo te fuisse tributurum tam excellentem illi scripturae per omnes iam terras auctoritatem, nisi et per ipsam tibi credi et per ipsam te quaeri voluisses[14].

It can be said therefore, that for the reader of the Confessions, Augustine's God was above all the God of The Book. Further, as the very events of history had amply demonstrated, the Holy Scriptures were invested with an authority which none could resist. This was a pregnant point for all men of good will, but especially for members of the educated class. Consequently, for them above all, the Confessions served as an example in the dilemma created by the disintegration of their culture on the one hand, and the rise of Christianity on the other. Like those readers, the author had once been deeply immersed in the literature of paganism. For them especially the Confessions recounted the author's interpretation of how God had led him from the morass of pagan literature to the solid ground of God's truth which was to be found only in the Holy Scriptures – "homo timens Deum, voluntatem ejus in Scripturis sanctis diligenter inquirit."

Again, as the pages of the Confessions amply testify, a prominent feature of the pilgrimage contained therein, is the emphasis placed upon the phenomenon of God's intervention through books. Significantly too, and in accord with Augustine's temperate attitude to pagan culture as observed above, that intervention occurred even through the books of the pagan tradition. It can be said therefore, that not only is the Confessions a pilgrimage (in a Plotinian fashion) from the many books of human

---

[13] De doctrina christiana III, i, 1.

[14] Conf. VI, v, 8. The theme of the irresistible authority of the Scriptures is treated at some length here, beginning in the previous paragraph. Cf.: Conf. XII, xxvi, 36; as also the recurring image of the Scriptures as firmamentum auctoritatis from Conf. XIII, xv, 16 to the end of the work.

authorship to the One Book of divine inspiration, but also that books serve as important directives along the way. To the illiterate (books being magical things) this phenomenon would have been impressive. To the educated pagans of good will, it also implicitly contained much food for thought.

Next, before considering God's intervention through books, as recounted in the Confessions, a few preliminary observations are in order.

In the first place, it is not question of books *per se* being the favoured medium of divine intervention. Obviously there are books which corrupt and mislead, as was pointed out by Augustine in regard to the studies of his earliest years. Yet in reviewing those ravages, Augustine displayed a moderation which would have appealed to educated pagans of moral integrity. He did not condemn pagan literature *in toto.* He praised the language in itself, saving his condemnations for the errors which the words contained; errors which were propagated among the young: "non accuso verba quasi vasa lecta atque pretiosa, sed vinum erroris, quod in eis nobis propinabatur."[15]

Two other notable places in the Confessions where books seem to have been instrumental in misleading Augustine were in the case of the Manichees and also of the art of astrology. Examining Augustine's language in both cases, one can detect the important role that books played in his attraction to both of those aberrations from the path of truth[16].

A second preliminary observation on the subject of divine intervention through books, in the Confessions, concerns the necessity of proper dispositions on the part of the reader. "*Quid mihi proderat?* – What did it profit me?" – these word of self-reproach recur in the closing chapter of the fourth book of the Confessions. The context is that of the sharp intelligence which was Augustine's and the ease with which he understood even the most difficult things. Consequently, by dint of avid reading he had acquired a vast amount of knowledge. On the other hand, in retrospect he saw himself as no better a person for all the book-learning he possessed, because he remained the slave of error and of evil desires. Here was a lesson of obvious applicability to the literati of his day.

Chief among those desirable inner dispositions on the part of the reader of a book was the basic virtue of humility. As Augustine says repeatedly of his first and unsuccessful venture into the Holy Scriptures at the age of nineteen, above all it was humility that he lacked (Conf. III, v,

---

[15] Conf. I, xvi, 26. Actually, Augustine's criticism of his early education extends from Conf. I, xii, 19 to xix, 30. See also Solignac, op. cit. pp. 659–661 in vol. 13.

[16] Thus, in the case of the Manichees, Augustine writes how they pretended to teach the truth in their many books and big tomes – libris multis et ingentibus (Conf. III, vi, 10). Likewise, on another occasion, it was discovered that he was dedicated to studying the books of the astrologers – libris genethliacorum esse me deditum (Conf. IV, iii, 5).

9, passim). Without this quality, mere reading of the Scriptures profited nothing. The reason for this is to be seen from another place in the Confessions where Augustine is writing of God's word as revealed in the Holy Scriptures:

Sic in evangelio per carnem ait, et hoc insonuit foris auribus hominum, ut crederetur et intus quaereretur et inveniretur in aeterna veritate, ubi omnes discipulos bonus et solus magister docet[17].

This passage explains in precise Augustinian terms why the mere reading of the Scriptures, of itself avails nothing. Unless the reader is subject to the divine master within him, he will be taught nothing[18]. Accordingly, several pages prior to the above extract, Augustine prays: "placeat in conspectu misericordiae tuae invenire me gratiam ante te, ut aperiantur pulsanti mihi interiora sermonum tuorum." (Conf. XI, ii, 4). And only by possessing the humility exemplified in that inner master (Christ) does one become subject to him: "ubi enim erat illa aedificans caritas a fundamento humilitatis, quod est Christus Iesus?" (Conf. VII, xx, 26). Accordingly, Augustine concludes that the Scriptures were written in a humble style in order to veil their secrets from the proud (Conf. III, v, 9). Such was indeed the manner of operating of the God who resisted the proud and gave his favours to the humble (Proverbs iii, 34). The applicability of this to the proud scholars of Augustine's day was all too obvious, and therefore only apt to be seen by the more discerning of them.

Coming next to the salubrious episodes in the Confessions where books have expedited the author's spiritual pilgrimage, the famous encounter with the Hortensius of Cicero can well be described as Augustine's first conversion[19]. Indeed, as he himself testifies, that book first turned his heart towards God: "ille vero liber mutavit affectum meum et ad te ipsum, domine, mutavit preces meas et vota ac desideria mea fecit alia." (Conf. III, iv, 7). Further, its effect on him was such as to set his youthful soul on fire for God himself: "Quomodo ardebam, deus meus, quomodo ardebam revolare a terrenis ad te." (Conf. III, iv, 8).

Consistently with Augustine's attitude to pagan learning (as already outlined in the De doctrina christiana), the Hortensius episode was therefore a shining example, not only of pagan literature being used for

---

[17] Conf. XI, viii, 10. Here, one is reminded of the mysterious origin, from deep within the mind, of the doctrinae liberales (Conf. X, ix, 16). Regarding the Bible, see: U. Duchrow, Sprachverständnis und biblisches Hören bei Augustin, (Hermeneutische Untersuchungen zur Theologie 5) Tübingen (Mohr) 1965, especially ch. v.

[18] This divine master within, is Christ, by whom we are taught all things – this is the surprising conclusion of the early De magistro, chapters xi–xiv.

[19] Cf.: Maria Peters, Augustins erste Bekehrung, Harnack-Ehrung, Beiträge zur Kirchengeschichte, Leipzig, 1921, pp. 195–211. As Peters remarks of the Hortensius episode (p. 208): 'Augustin erlebt eine *subita conversio,* die alle Aktivität seiner Seele wachruft.'

christian purposes, but also of it having been found inspiring in the most sacred sense of the word. But there was yet another moral in the story for Augustine's learned contemporaries, in that the Hortensius did not try to convince its reader to follow this or that school of the deceitful philosophers, but to search out wisdom itself, whatever it might be. Nevertheless despite its momentous impact upon him, Augustine could not give the book his unqualified approval, for it lacked the saving name of Christ. (Ibid).

Judging from several later references to it, the Hortensius episode was not only most intense, but also most enduring in its influence upon Augustine's subsequent life[20]. What is interesting to remark is that his newly aroused fervour availed him little in his subsequent unsuccessful venture into the Scriputres, mentioned above. Indeed, the perceptive reader would tend to derive the warning that spiritual fervour without humility was a dangerous asset, for next thing the young Augustine found himself a fervent member of the heretical sect of the Manichees (Conf. III, vi, 10), with whom he was destined to spend about the next ten years of his life[21]. So much then for an unfortunate effect of the Hortensius episode.

Less well-known than that encounter is another conversion-story of the Confessions, involving what may be termed secular literature in the pagan tradition. The account concerns the conversion of Alypius from his addiction to the bloody games of the Circus (Conf. VI, vii, 12). He happened to come into the classroom as Augustine was commenting on a passage from the book of studies, when it occurred to him to use the games of the Circus as an illustration, availing himself also of the opportunity to pour sarcasm on that popular form of "amusement." Thinking that Augustinc had him personally in mind, Alypius was immediately and permanently converted from that addiction.

This episode was again instructive for the educated pagan reader of the Confessions, in that a conversion was effected on the basis of a secular book of studies. Furthermore, as Augustine explicitly states, he clearly saw the reform as the work of God, using himself (all unknowingly) as an instrument: "ut aperte tibi tribueretur eius correctio, per me quidem illam sed nescientem operatus es." (Ibid.). It is interesting to remark that a similar imputation is not found in regard to the Hortensius. Notwithstanding its powerful effect upon Augustine, he did not explicitly describe it as God-given. As he says of the discovery of the book – he

---

[20] Cf. etiam: Conf. VI, xi, 18 and VIII, vii, 17. Two of Augustine's early works also contain evidence of the impact of the Hortensius upon him: De beata vita i, 4 and Soliloquia I, x, 17.

[21] For an unusual explanation of Augustine's initial involvement with the Manichees, see: Leo Ferrari, Halley's Comet of 374 AD; New Light upon Augustine's Conversion to Manicheism, Augustiniana 27 (1977) 139–150.

merely came upon it in the course of his studies: "usitato iam discendi ordine perveneram in librum cuiusdam Ciceronis." (Conf. III, iv, 7). Reservations about divine intervention in this case may be due to two short-range disadvantages to which the episode seems to have led – disillusionment with the Scriptures and the involvement with the Manichees.

The case was far otherwise with the famous "libri Platonicorum" which Augustine explicitly claimed were brought to his attention by God himself in order to prepare him for reading the Holy Scriptures. Accordingly Augustine says of those books: "in quos me propterea, priusquam scripturas tuas considerarem, credo voluisti incurrere." (Conf. VII, xx, 26. Cf.: Conf. VII, ix, 13). Liberated from a crass materialism by those books and shorn of his former pride, he was at last prepared to seek the will of God in the Holy Scriptures, which he then seized upon with great eagerness (avidissime) (Conf. VII, xxi, 27). Consequently, the "libri Platonicorum" were of vital importance to any educated reader of the Confessions who was attempting to follow in the author's footsteps.

Yet there was another episode involving a book, by which event Augustine was also prepared for that entry upon the Scriptures. The encounter was with the mysterious Ambrose, Bishop of Milan, where Augustine was then residing. Whenever Augustine and his companions went to the Bishop's residence to seek his spiritual guidance, they always found him reading a book in complete silence, seemingly totally oblivious of his surroundings (including the visitors). Though they went often – "saepe, cum adessemus" (Conf. VI, iii, 3) and sat silently for long periods – "sedentesque in diuturno silentio" (Ibid.), the Bishop never seemed to notice them; an experience which obviously intrigued the curious Augustine (Ibid.). In any case, he soon found himself in the Sunday congregations listening intently to the Bishop expounding upon the Scriptures. To his surprise, Augustine found that they could be interpreted in a manner quite different from that which he had learned as a Manichee (Conf. VI, iii, 4–iv, 6).

When Augustine said that he seized most eagerly upon the Holy Scriptures, he added a further specification – "*et prae ceteris apostolum Paulum* – and especially the writings of the Apostle Paul." (Conf. VII, xxi, 27). It was these above all which were to accompany him on the last stages of the pilgrimage that culminated in his conversion. It was a book of Paul's writings lying on his table that surprised the visiting Ponticianus and elicited from him the edifying story of his two friends who had been converted from the world and its cares by reading a book on the life of the Egyptian monk, Antony (Conf. VIII, vi, 14–15). Following the visit of Ponticianus, Augustine entered into the very severest form of self-reproach over his own spiritual lethargy. This struggle with himself culminated in the now-famous garden-scene of Milan, which found Augustine finally converted after reading (in response to a heavenly command) the first passage that his eyes alighted on in the above-mentioned volume of Paul (Conf. VIII, xii, 29).

As to the rest of the Confessions, for present purposes the most notable concern with books is the prolix exegesis of the opening verses of Genesis which occupies most of books twelve and thirteen. Genesis was the first of the Holy Scriptures, to which, through his probings and preachings, Augustine was to devote the rest of his life. Hopefully that life would lead to the final rest of the Eternal Sabbath. Understandably too, the exegesis of Genesis terminates the Confessions with meditations upon the same subject-matter.

With the extensive commentary on Genesis the spiritual pilgrimage upon which Augustine has been leading his reader through the preceding pages of the Confessions has at last reached its goal. It has been seen to be a journey which started from the uncertainties and errors of books composed by mere humans and yet being often guided along the way by divine directives making use of such books. The goal of the pilgrimage has been seen to be the full and humble acceptance of The Book whose Author was God himself. As many passages in the closing book of the Confessions remind the reader, that other Book had been spread out over all mankind, like the very heavens themselves, so that God's will would be discernible to all, until the end of time:

Aut quis nisi tu, deus noster, fecisti nobis firmamentum auctoritatis super nos in scriptura tua divina? Caelum enim plicabitur ut liber et nunc sicut pellis extenditus super nos[22].

---

[22] Conf. XIII, xv, 16. Cf.: P. Courcelle, Recherches sur les Confessions, 1968 (nouvelle édition), p. 25, n. 1.

William H. C. Frend

The Fall of Macedonius in 511 – a Suggestion

The deposition and exile of the Patriarch Macedonius (496–511) marks a watershed in the reign of the emperor Anastasius (491–518). Up to circa 507, the emperor, though personally more inclined to anti-Chalcedonian than Chalcedonian views of the nature of Christ, had done nothing to upset the policies set out by his predecessor Zeno (474–491). The latter's Henotikon of 28 July 482, while declaring that Christ was "one", had not denounced the Council of Chalcedon as such, but only those who "at any time either Chalcedon or at any other synod whatsoever", concluded otherwise[1]. On this compromise, the ecclesiastical unity of the eastern provinces of the Roman empire had been maintained. The schism with Rome, originally the result of personal and disciplinary conflict rather than doctrinal division between the Patriarch Acacius and Pope Simplicius was deeply regretted, but was not considered damaging enough to outweigh the value of consensus among the eastern patriarchs and bishops centred on the Henotikon[2]. The latter proved that uneasy compromises, so long as they accepted the Theotokos and Cyril's Twelve Anathemas, might work in the eastern part of the empire.

If the majority in Anastasius' dominions were anti-Chalcedonian in outlook, the population of the capital leaned toward a stricter adherence to the Chalcedonian formulae. The "two nature" Christ may not have been readily understood, but events in the eighteen month usurpation of Basiliscus 475–476) had shown that where the Twenty-eighth Canon of Chalcedon was concerned, patriarch and populace would act as one. Un-

---

[1] For the complete text see E. Schwartz, Codex Vaticanus graecus 1431; Eine anti-chalkedonische Sammlung aus der Zeit Kaiser Zenos, Abh. der bayer. Akad. der Wiss., Phil.-Hist. Kl, Abt. 32.6, München, 1927, No 75. Incomplete texts are preserved in Zacharias Rhetor, Hist. Eccl. v. 8 (ed. E. W. Brooks, CSCO, Scriptores Syri 5 and 6, Louvain, 1919–24), Evagrius, Hist. Eccl. (ed. J. Bidez and L. Parmentier) iii.14, and Liberatus., Breviarium (ed. Schwartz) xvii, 113–7.

[2] See Frend, Eastern Attitudes to Rome during the Acacian Schism = Studies in Church History xiii, ed. L. R. D. Baker, 1976, 69–81.

der no circumstances, Zeno found on his return to his capital in August 476, could Chalcedon be renounced[3].

Acacius' successors as patriarchs, Fravitta († 490), Euphemius 490–496 and Macedonius himself, were all Chalcedonian in outlook. The patriarch of the Constantinople was by now the most important and influential person after the emperor himself and Euphemius had enhanced his position in 491 by insisting that before he crowned him emperor, Anastasius should deliver to him a confession of orthodox faith. In the long run, this could work to the advantage of the Byzantine Church-state, for once accepted by the patriarch, the emperor's orthodoxy could not be denied, and his control over the administration of the Church made that much more acceptable. Anastasius, however, suspected of Manichaean leanings and having a strong distaste for the Chalcedonian Definition, regarded this pledge of orthodoxy as infringing his authority[4]. When Euphemius refused to hand the document over to him he turned against him. In addition, Euphemius' pro-Chalcedonian leanings brought him into trouble with his colleagues in the east. He tried to enlist the support of Pope Felix iii (483–92) despite the schism between their sees, to bring pressure on Athanasius ii, patriarch of Alexandria to tone down his anti-Chalcedonian stance[5]. The plan miscarried. Felix would not co-operate, and Athanasius found in his colleague of Jerusalem, Sallustius (d 494), an ally against Euphemius. They accused him jointly to the emperor of heresy. The incident showed that the patriarchs of Constantinople would never be able to rid themselves entirely of the dilemma whether to co-operate with Rome or Alexandria. Euphemius, however, survived this blow, but was removed finally in the summer of 496, on the charge of being involved with the Isaurian faction at court, a legacy of Zeno's time from which Anastasius was bent on ridding himself. Despite popular clamour, he was exiled to the monastery of the Euchaites, the home of the relics of St Theodosius in the Black Sea province of Helleno-Pontus[6].

The pretext of Euphemius' removal may have been political, but the real causes were to be found in issues of ecclesiastical power and theo-

---

[3] For the restoration of the ecclesiastical status quo after the return of Zeno and vindication of the prerogatives of the see of Constantinople, see Cod. Just. 1.2.16 of 17 December 476.

[4] For the events, see L. Duchesne, L'Église au vi[e] Siècle, Paris 1925, Ch 1; G. Bardy, La Politique religieuse d'Anastase, in Histoire de l'Eglise, edd. A. Fliche and V. Martin, iv: De la Mort de Théodose à l'Election de Grégoire le Grand, 1948, Part ii, Ch ii; and above all, E. Schwartz, Publizistische Sammlungen zum Acacianischen Schisma, Abh. der Bayer. Akad. der Wiss., Phil.-Hist. Abt. NF 10, 1934 (= PS).

[5] Zacharias Rhetor, HE vii.i (Brooks, p. 13).

[6] Theodore Lector, HE (ed. Hansen GCS, Berlin 1971), 449B–457B (p. 126–8).

logy that dominated the east Roman world at this time. A similar combination was to be the undoing of his more illustrious successor, Macedonius (496–511).

The contemporary evidence for the events that led up to the exile of Macedonius, also to the monastery of the Euchaites, on the night of 6/7 August 511 is difficult to interpret. It involves a more intricate web of ecclesiastical and political intrigue against a background of profound theological controversy than was usual even at this period of Byzantine history. Our authorities tend to emphasize either the political or the ecclesiastical aspects of the crisis. None attempt a full and balanced picture. The difficulties of the problem have also affected the judgment of recent critics, to the extent even of attempting to deny the importance of the theological background to the events. To claim, for instance, that no debate between Macedonius and Severus took place and that no doctrinal point was involved in their discussion of Jn 19,34 is to misunderstand the mental climate of the period[7]. All argument over Scriptural texts had a doctrinal purpose. Our object here, is to disentangle the political and doctrinal issues involved in Macedonius' fall, and to suggest in addition, that differences over the interpretation of the liturgy may have contributed also to accentuate the doctrinal controversy, until it could only be solved by the retirement of Macedonius or his rival Severus, from the fray.

Macedonius was a man of similar outlook to Euphemius, but more flexible. He was nephew of the former pro-Chalcedonian patriarch of the capital, Gennadius (458–71)[8]. He was, however, prepared to accept letters of communion from the Alexandrian patriarch, John Mula (497–505) and make the most of the détente signalled by the accession of Anastasius ii to the Papacy in November 496[9]. The restoration of communion with Rome and its maintenance with Alexandria on the basis of mutual acceptance of the Henotikon was his aim. He was supported by the Empress Ariadne and a considerable section of the emperor's court. No further concession to Monophysitism in Syria and Egypt was desired.

For twelve years, until 507, Macedonius' policy succeeded admirably. The Henotikon was officially accepted everywhere in the east, while the Laurentian Schism in Rome prevented Pope Symmachus intervening as

---

[7] Thus, L. R. Wickham, Journ. Theol. Stud., NS 24, 1973, p. 598, "no doctrinal point was involved".

[8] Theodore Lector, HE 458 VB (Hansen, p. 129).

[9] Theodore Lector says Macedonius signed the Henotikon (456 VB), but wished also to send his Synodical Letter to Pope Anastasius ii, but was prevented by the emperor (461 B). He also attempted to heal the rifts between various monasteries in Constantinople. John Mula signed the Henotikon without any additions (see Schwartz, PS, 238, n. 1).

Gelasius had done, to further the exclusive claims of his see on the Latin-speaking Balkan provinces of the empire. A change, however, took place in 507 from an unexpected quarter. In that year, the Bishop of Mabboug (Hierapolis), Xenaias (Philoxenus), arrived in Constantinople. Philoxenus had been bishop since 485, during which time he had sought to transform the province of Euphratesia of which Mabboug was the capital, from being largely pro-Nestorian into a stronghold of anti-Chalcedonian sentiment. His policy brought him many enemies, among whom were some of the chief citizens of Mabboug and Flavian ii, Patriarch of Antioch (498–512). Philoxenus had been in the capital in support of the anti-Chalcedonian cause as far back as 482, and now he arrived, partly it would seem, to clear himself from calumnies that his loyalty had been suspect during the Persian war of 502–5, and partly to stir up trouble for Flavian[10]. The latter accepted the Henotikon as the foundation for doctrinal teaching, while Philoxenus regarded it as a somewhat inconvenient stepping-stone towards complete rejection of the Christology of the Council of Chalcedon.

At Constantinople, however, he found Macedonius of the same opinion as Flavian. He refused point-blank to condemn Diodore of Tarsus and Theodore of Mopsuestia, and the "Eastern Fathers", Ibas of Edessa, Theodoret of Cyrrhus, and their colleagues[11]. That was to say that, if Philoxenus intended to push his attacks against the Antiochene school of theologians accepted at the Council of Chalcedon, together with the Tome of Leo and the two-nature Christology, he would receive no help at the capital.

Macedonius gained his point, but at the expense of becoming associated with views which were far from those of the emperor who had encouraged Philoxenus to come to the capital[12]. A rift was opening similar to that which destroyed Euphemius. At this moment, Anastasius found a spiritual adviser more congenial to him. Severus, future Patriarch of Antioch (512–8) arrived in the capital in 508, entirely independently of Philoxenus. He was accompanied by some 200 anti-Chalcedonian monks from Palestine. His mission concerned the affairs

---

[10] Years later when in exile, Philoxenus recalled the charges made against him during the Persian War (502–5) before the leading citizens of the province. "Omitto quae adversus me tempore belli persici apud optimates molitus est praedictus Flavianus haereticus et quae mihi acciderunt Edessae et in regione Apameensium et Antiochenorum, cum essem in monasterio beati Mar Bassi et in ipsa Antiochia." (Letter to the Monks of Senoun, ed. A. de Halleux, CSCO, Script Syri, 98–9, Louvain 1963, p. 94–5).

[11] Macedonius refused to see him, see Theodore Lector, HE 470 Θ (p. 134). For his refusal also to condemn Diodore and Theodore, and his veneration even of the memory of Nestorius (!), see Zacharius Rhetor, HE vii 7.

[12] Theodore Lector, ibid.

of his monastery at Maiuma, the port of Gaza in southern Palestine. He was having trouble with his Patriarch, Elias of Jerusalem (494–516) who was a Henoticist with similar views as Flavian's[13]. He accepted Chalcedon as an orthodox Council and had enforced his views on most of the monasteries in Palestine; in this, he had had the energetic support of St Sabas, a missionary among the Saracen tribes as well as a monastic leader. When circa 507 Elias turned his attention to the monasteries of the Phoenician coastal plain, and used as his agent a certain Nephalius[14], who had been converted from strong anti-Chalcedonian to equally strong pro-Chalcedonian views, the monks at Maiuma believed that the very existence of their monastery was in peril, and chose Severus to plead their cause to the emperor.

They could not have chosen better. Severus (circa 467–538) is one of those rare religious reformers whose ideas were formed in one culture and yet proved perfectly acceptable to adherents of another[15]. Though his work inspired the theology of the Jacobite Syrian Church, Severus himself was born into a wealthy landowning family of Pisidia. He wrote exclusively in Greek and felt himself naturally at home in the theological language of the Cappadocian Fathers. He had been destined for a legal career, and shown little commitment to Christianity during his studies at Alexandria and Berytus until circa 488 when he came under the spell of Peter the Iberian, a convinced anti-Chalcedonian of force of character and piety. After a period of study in Romanus' monastery in the Palestinian wilderness near Eleutheropolis, he was ordained presbyter and became de facto leader of Peter's old monastery at Maiuma[16]. It was thence that he came to Constantinople as representative of the monks.

Here, he found himself engaged in literary and doctrinal as well as legal controversies which kept him in the capital for three years. His early works were directed against Eutychians and Apollinarians; then, in 509 he began a major work against an opponent who was basing his advocacy of the two nature Christology on the works of Cyril of Alexandria. He had collected no less than 244 proof-texts aimed at demonstrating that

---

[13] Elias was prepared to condemn Diodore and Theodore along with Nestorius and Eutyches, but he upheld the Council of Chalcedon (Theodore Lector, HE 473 B).

[14] Regarding Nephalius, see Zacharias Scholasticus, Vita Severi (ed. M. A. Kugener, PO 2.1, Paris 1907), p. 100. I regard the writer of the Hist. Eccl. and the writer of the Vita Severi as different people (see Rise of the Monophysite Movement, p. 369).

[15] For a sketch of Severus' life, together with the dating of his Cathedral Homilies, see M. Brière, Patrologia Orientalis (= PO), 29.1, pp. 9–72, and also my account and assessment in The Rise of the Monophysite Movement, Cambridge 1972, pp. 201–15 and 221–30.

[16] I can find no explicit contemporary statement that Severus was hegoumenos (abbot) of Maiuma.

Cyril could be legitimately interpreted in a Chalcedonian sense. This was a challenge to Severus, for whom every word of Cyril "could be considered canonical"[17]. In his Philalethes he set out to show that however defined, Christ was One; Cyril never separated the body that suffered from the Word. "The Fathers have taught us", wrote Severus, "that God the Word, the Unique One begotten by the Father without beginning, eternally, impassibly and incorporeally, did in the last times for our salvation take flesh of the Holy Spirit and of the holy Theotokos and ever – Virgin Mary, flesh consubstantial with us, animated by an intelligent, reasoning soul"[18]. This is what Cyril taught, and had the Council of Chalcedon accepted Cyril's interpretation of the hypostatic union, it would have confessed one incarnate nature of God the Word, and would not have defined that the one Christ existed in two natures. Both the Tome of Leo and the Definition of the Council of Chalcedon were heretical.

This is what the emperor wanted to hear. Gradually, Severus began to assume an influence over him. The process was aided by the refusal of Flavian of Antioch to remain in communion with John of Nikiou, who became Patriarch of Alexandria in 505 when the latter denounced Chalcedon[19]. Under pressure from Philoxenus, however, Flavian trimmed his sails. He was prepared not only to denounce the Antiochene theologians of the previous century and even the "two-natures" formula as well, probably in 510[20].

Personalities, however, were involved, and Philoxenus was not satisfied. Both he and Flavian appealed to the emperor. The latter now invited Severus to act as arbitrator. Severus' "Formula of Satisfaction" (τύπος τῆς πληροφορίας) of 510/11 accepted the Henotikon, but denounced the Tome of Leo, the formula "in two natures", and the works of Diodore of Tarsus and his followers. Chalcedon was passed over in silence, on the assumption that it could be retained simply as the instrument through wich Nestorius had been condemned[21].

---

[17] Severus, Letter to Stephen, Bishop of Tripolis, 513–18 (= Ep. 1.9 in Sixth Book of The Select Letters of the Holy Severus of Antioch, ed. E. W. Brooks, London 1903, p. 45).

[18] Philalethes, ed. R. Hespel. CSCO, Script Syri 69, Louvain 1952, p. 107; compare ibid. p. 113. – Meantime, Severus' mission on behalf of his monastery was quickly settled. The emperor ordered the Magister officiorum to see that monks who had already been driven out of their monasteries were restored (Zacharias Schol., Vita Severi, p. 105). See Schwartz, PS, p. 239–40.

[19] Zacharias Schol., Vita Severi p. 113–4.

[20] Evagrius, HE iii.31, quoting the letter written by the Monks of Palestine to Alcison, Bishop of Nicopolis in 516. Philoxenus' personal grudge against Flavian is made evident.

[21] Zacharias Schol., Vita, p. 107. Compare Severus, Letter to Bishop Constantine of Seleucia (= Ep. 1.1 of Select Letters, p. 3–11) and Ep. 1.2 to Solon, Constantine's successor, also Theodore Lector, HE 472 (p. 135), and Victor of Tunnuna, Chron. ad ann. 499. See Schwartz, PS, p. 241, n. 1 and 2.

This was as far as any Byzantine emperor could go towards accepting the Monophysite position without surrendering the title-deeds of the see of Constantinople itself. It was a grave affront to Macedonius. The latter had previously resisted a massive bribe from John of Alexandria, designed to get the emperor to denounce Chalcedon completely, but had been forced to enter into communion with John[22]. He had on the other hand, committed himself to excommunicating Flavian's opponents[23]. His situation was becoming difficult, and now in 510 he saw his influence at court replaced by that of a presbyter, and the emperor accepting a doctrinal formula which he himself regarded as heretical. Had Anastasius not gone back on his pledge accepting Chalcedon signed at the time of his Coronation?

Events in the capital during the first half of 511 brought matters to a head. The emperor's support for Severus' Typos encouraged anti-Chalcedonian monks. The Monophysite modification to the Trishagion, "Holy God, Holy and mighty, Holy and immortal, thou who wast crucified for us, have mercy upon us", was heard in the great church of the capital, according to Theodore Lector, with the emperor's encouragement[24]. There was an immediate reaction by pro-Chalcedonian monks, supported by the populace who threw their opponents out of the church and denounced the emperor as "an enemy of the Church"[25].

The onset of violence forced the rivalry between Macedonius and Severus into the open, and set in motion a train of events that resulted in Macedonius' exile on the night of 6/7 August 511.

The general issue is clear enough. Macedonius accepted the Henotikon in as Chalcedonian a sense as its wording allowed. The Council itself, he regarded as "mother and teacher"[25a]. He was not prepared to condemn the Antiochene theologians who had either been acquitted of heresy at Chalcedon or who had died in the peace of the Church long before, and he was not prepared either, to hand over to the emperor the latter's signed profession of faith. He could rely on the support both of the majority of the populace who disliked the growing Syrian Monophysite influence in the capital, and more important, of the empress Ariadne and an influential part of the court. He was also a venerable and respected figure, a eunuch of irreproachable way of life. His removal was not, therefore, easy to engineer.

---

[22] Theodore Lector, HE 477 M. For his refusal before see Zacharias, Vita 113.

[23] Ibid 479 M. He pointed out to the emperor that the Antiochenes could not be excommunicated without an ecumenical council presided over by the Bishop of "Great Rome" (ibid, 474 B).

[24] Ibid. 483 MB (p. 137).

[25] Ibid. 486 MB.

[25a] Ibid. 477 M (p. 136).

For once Evagrius, usually well informed, is unhelpful. An Antiochene and a Melkite writing in the reign of Maurice (582–602) he had no liking for Severus. To him, Macedonius was the victim of gross calumny and intrigue, and he sees his refusal to hand over to Anastasius his pledge to maintain the faith inviolate as the cause of the rupture[26]. The two Latin chroniclers, Marcellinus Comes and Victor of Tunnuna, are more perceptive. Victor (sub anno 501) says that Anastasius violently removed from the church, Macedonius and other clergy who refused to denounce the Council of Chalcedon, and sent them into exile[27]. Marcellinus (sub anno 511), makes the same point, though adding that the Patriarch was the victim of snares and false accusations made by his enemies to the emperor[28].

Theodore Lector takes up the story. After the riots caused by the attempted use of Monophysite addition to the Trishagion, the emperor summoned the patriarch to the imperial palace. There, he obliged him to sign a deed in which he renewed his adherence to the Henotikon, and his acceptance of the Councils of Nicaea and Constantinople, but passed over in silence Ephesus and Chalcedon[29]. Ephesus was not so serious an omission, for the Council had declared that the faith was contained in Nicaea and elaborated at Constantinople. The Theotokos also was confessed in the Henotikon, which could be held to have rendered Ephesus 1 redundant. The omission, however, of Chalcedon was significant. It demonstrated again, the drift of the emperor's and Severus' thoughts. "Bury Chalcedon", – "forget about it", except for its condemnation of Nestorius and Eutyches and the essential Twenty Eighth Canon.

The truce was short-lived. Macedonius had second thoughts about the wisdom of his act, went to the monastery of Dalmatius and there affirmed solemnly his adhesion to the acts and decisions of the Council of Chalcedon. In response, the emperor demanded the return of his own confession of faith, and eventually gained possession of it from the cathedral of Santa Sophia by subterfuge[30].

The "blow by blow" account of the final seventeen days of Macedonius' patriarchal rule, given by the presbyter Simeon of Amida, describes excellently the build-up of indignation against the Patriarch engineered by the emperor and some of his advisers, until his deposition

---

[26] Evagrius, HE iii.32.

[27] Chron., ed. Mommsen MGH, AA.11 (Chron. Minora ii), p. 193.

[28] Chron., ibid, p. 97.

[29] Theodore Lector, HE 487 M.

[30] Ibid. 488 M, Evagrius, HE iii.32 (concerning the emperor's profession of faith); compare Zacharias Rhetor, HE vii.8 (Simeon's letter, parag. 1–5).

and exile became a matter of course. Anastasius is shown to have been furiously angry at Macedonius' activities in the monastery of Dalmatius. "Do you not see what this Jew is doing with us? Having denounced before myself and before your grace the synod (Chalcedon) and the term 'prosopa' (as applicable to Christ), he has gone without any need to the monastery and there spoken things contrary to the truth and lied to God, even before me and you? Is this good?"[31] So, Anastasius played on the feelings of his immediate councillors, and he received the reply he was looking for from the Patrician Clementius. "He who has lied to God, God Himself will reject from his priesthood" (July 27). The final stages were to implicate Macedonius in civil charges, first of responsibility for the death or injury of those who had sung, "who was crucified for us" in the Trishagion, and secondly, an accusation of conspiracy against the emperor, in that he had named him on a libellus as a "Manichee and Eutychian"[32]. In the end, all Macedonians could hope for was pity on account of his old age and safe conduct into exile.

In this circumstantial account, Severus is not mentioned, and yet had it not been for Severus, it would hardly have been possible for the emperor to have rid himself of so popular and respected a Patriarch. Nor would Macedonius have been forced into his blunder of signing a libellus omitting mention of Chalcedon, unless his position had already been seriously undermined. Severus himself, his biographers, John of Beit-Aphthonia and Zacharias Scholasticus, and the Carthaginian deacon, Liberatus († circa 566), throw light on the intricacies of the theological discussions which eventually rendered Macedonius' position untenable.

All agree that Severus was mainly responsible for Macedonius' dismissal. Liberatus says this happened "through Severus the monk", Macedonius being accused of being a Nestorian, "tamquam Nestorianus ergo culpatus"[33]. The hagiographic Life of Severus by John of Beit Aphthonia credits Severus with suggesting a test question to be put to him by the Patrician Celer, whether he acknowledged as One, that Person of the Trinity who had become man without change, and who was born of Mary, and if he recognized that she who had born Him was the Theotokos[34]. Macedonius is said to have stated that he would never confess this even if the emperor were to threaten to cut out his tongue; thereupon he was exiled. Zacharias Scholasticus is not specific about the nature of the controversies, but provides the important fact that Severus had a debate with Macedonius on the subject of doctrines (δόγματα) be-

---

[31] Zacharias Rhetor, HE vii.8 (p. 29, line 13).

[32] Ibid. p. 30, line 16, referring to events on 1 August.

[33] Liberatus, Breviarium (ed. Schwartz, xviii.134, p. 133).

[34] John Beit Aphthonia, Vita Severi (ed. Kugener, PO 2,3), p. 236–7.

fore judges instituted by the emperor, and that the upshot was the removal of Macedonius. The next incident he relates is the emperor's invitation to Severus to remain in the Capital as the new Patriarch's aide in the administration of the Church there[35]. The debate must therefore have taken place shortly before the onset of the final crisis documented by the presbyter Simeon, i.e. some time just before 21 July 511[36].

Liberatus and Severus himself reveal something of the intricacy and also the significance of these debates. For Liberatus, the charge against Macedonius was that he had falsified Scripture by altering the text of 1Tim 3,16. "He who appeared in the flesh was justified in Spirit", from ὅς to Θς, to give the meaning that "God appeared through flesh", i.e. that in some way the flesh was separate from the Godhead, a view which could be construed as Nestorian[37].

Severus himself does not mention this, but concentrates on a more important crux interpretis, namely the true meaning John 19,34. This text, as Wiles has pointed out, was one that demanded some kind of symbolic interpretation, and that this had been universally recognized[38]. Whereas, however, in the west the tendency was to equate the water and blood that flowed from Christ's side with the baptisms of water and martyrdom, the east had sought a wider-ranging soteriological meaning. Origen, for instance, linked the newness of Christ's tomb with the ability of his corpse to give out streams of water and blood like a living body. This was a new kind of dead man and given therefore a new tomb[39]. In his letter to Count Oecumenius which contained no reference to the controversy with Macedonius, and might date therefore to circa 510/11 before the crisis became acute, Severus cites the text among evidences aimed at proving that the One Word Incarnate performed both God-and-man-befitting

---

[35] Zacharias Schol., Vita Severi, p. 109.

[36] For the date, 20 July 511, see H. Bacht, Die Rolle des orientalischen Mönchtums, in Das Konzil von Chalkedon, edd. A. Grillmeier and H. Bacht, Würzburg, 1951–3, ii. p. 281. To claim that no such debate took place (Wickham, loc. cit, p. 598) is unjustified. Bacht, however, makes the Trishagion rather than the Scriptural texts the subject of controversy (p. 280–1), I think, perhaps, mistakenly. Zacharias says simply "δόγματα", (p. 109).

[37] The text reads in Liberatus, "Hoc tempore Macedonius Constantinopolitanus episcopus ab imperatore Anastasio dicitur expulsus, tamquam euangelia falsasset et maxime illud apostoli dictum: qui apparuit in carne, iustificatus est in spiritu. hunc enim [mutasse] ubi habet qui, hoc est Oς monosyllabum Graecum, littera mutata O in Θ uertisse et fecisse Θ̄ς, id est ut esset: deus apparuit per carnem". Ch. Moeller, Le chalcédonisme et le néochalcédonisme (Grillmeier/Bacht, op. cit. i p. 652) has inverted the order ("Deus apparuit in carne" en écrivant, "qui apparuit in carne"). This could not have been "Nestorian". The suggestion, however, of the separation of the Godhead from the flesh by substituting Θ̄ς for Ὀς so that God was revealed "through flesh" might conceivably be so, as Liberatus conceded.

[38] M. F. Wiles, The Spiritual Gospel, Cambridge 1960, p. 62.

[39] Origen, Contra Celsum ii.69, and compare ibid ii.36.

acts. "The Word, therefore, who had become incarnate walked upon the sea, and after His death from the wound of the lance caused a stream of salvation to well forth from his side." The Word was always life-giving even though He voluntarily permitted his flesh to walk according to the laws of nature, for He sometimes allowed it even to undergo its own passions[40].

Was there an alternative interpretation? In his letter to Thomas of Germaniceia, Severus makes clear that he had disputed this point in several long sessions with Macedonius. The latter had asserted that in Matthew's Gospel the incident took place *before* Christ's death, the words, "And another took a spear and pierced his side and there came out water and blood"[41], being added to the end of Mt 27,49. Thus, the dead body of Christ did not perform the miracle of providing healing waters for mankind. The body died after the miracle and hence the text vindicated a two-nature rather than one-nature Christology. The lifeless body did not save. The flesh had indeed died[42]. In addition, John Chrysostom had accepted the Matthaean version, and so had Cyril.

Severus was obviously embarrassed[43]. He tried to prove that despite his acceptance of the Matthaean text, John Chrysostom drew out the same lesson as the Fourth Gospel. "But do you mark how their (Jesus' enemies) madness was brought about for our salvation? For after the wound a fountain of life welled forth for us"[44]. Better, however, he was able to find in the Imperial palace a copy of Matthew's Gospel that had been discovered in the reign of Zeno in Cyprus, "buried with the holy Barnabas" which did not contain the offending passage[45]. This was convincing evidence that the addition to Matthew was a falsification, and that Macedonius was quoting falsified texts against him!

After his victory over Macedonius and consecration as Patriarch of Antioch (Nov 512), Severus regarded Jn 19,34 as a key text, providing evidence for Christ's conquest of death. In a sermon delivered at Antioch on Ascension Day in 513[46], he claimed that the passage was to be interpreted as a demonstration to the powers on high, why "this voluntary

---

40 Severus, Letter to Oecumenius (PO 12.2, ed. E. W. Brooks, p. 183).

41 For the manuscript justification of this addition, see Parallel Greek and English Testament, Oxford 1882, p. 134.

42 This is how I interpreted the argument in my Rise of the Monophysite Movement, p. 218. For the miraculous significance of the pure water flowing from Christ's dead body, see Origen, Contra Celsum ii.36 (Severus did not relish his alliance with Origen on this matter.) See Letter 108 to Thomas of Germaniceia, p. 270).

43 Severus, Letter 108 (PO 14, ed. E. W. Brooks, pp. 266–9).

44 Ibid. 269.

45 Ibid. 266.

46 Homily, No. 24, "On the Ascension" (PO 37.1, ed. M. Brière and F. Graffin, Brepols, Turnhout 1975, p. 139).

death was incarnate, this death that was living, that which was in corruption yet free from corruption", how Christ did not experience the corruption of death, but from his blood blazed forth the glorious rays of divinity.

Was it only a text to be cited in homilies? It may also have found a place in a liturgy familiar to Severus. In the Liturgy of the Syrian Jacobites, the priest breaks bread, makes the sign of the Cross and says, "Thus truly did the Word of God suffer in the flesh and was broken on the cross. And his soul was severed from his body, albeit his Godhead was in no wise severed from his soul or from his body. And he was pierced in his side with a spear and there flowed out blood and water a propitiation for the whole world and his body was stained therewith and for the sins of the circle of the world the Son died upon the cross. And his soul came and was united to his body and he turned us from an evil conversation to the good and by the blood of his cross he reconciled and united and knit heavenly things with the things of earth and the people with the peoples and the souls with the body"[47]. Solemn words that reproduced Severus' teaching in liturgical language.

Liturgies are conservative and sometimes contentious documents[48]. Their word carry deep significance in worship. As Severus had found with the addition to the Trishagion, alterations would be resisted bitterly. How could it be possible for two incompatible interpretations to be attributed to the same key verse of Scripture sung at the celebration of the Eucharist? And if Macedonius' interpretation rested on a falsification of Scripture was this not heinous? Was not Macedonius a Nestorian? Severus won his point. On night 6/7 August 511, Macedonius heard from Celer, the magister officiorum, that "the lord of the world" had ordered his exile and he must follow his predecessor to the monastery of the Euchaites[49].

Behind this deadly hair-splitting, lay the fact that even the Henotikon had proved inadequate to bridge the gap between Severan Monophysitism and Chalcedon. Syria and Egypt were beginning to part company with Constantinople. There was no possibility of compromise so long as the debate ranged over what Cyril said or did not say. Only a generation later, when Leontius of Jerusalem evolved a dynamic in Chalcedonian theology by replacing static Platonic idealism by a belief that Word's manhood actively leavened the whole of mankind and mediated salvation through the union of the divine with the human, was

---

[47] Cited from F. E Brightman, Liturgies Eastern and Western, Oxford 1896, p. 97.

[48] Thus neatly stated by Schwartz (PS 241). „In den Kämpfen der kirchlichen Parteien war die Liturgie eine beliebte Waffe."

[49] Zacharias Rhetor, HE vii.8 (Brooks, p. 32). Theodore Lector, HE 492 MB (p. 139).

progress possible[50]. By then, however, a Monophyssite hierarchy existed, and it was too late.

The deposition of Macedonius marked the culmination of a conflict between two static systems of theology between which no agreement ultimately was possible. It also had far-reaching political consequences. Anastasius was never forgiven by the populace of the capital. In November 512 the great riots over the Trishagion broke out, to be followed shortly afterwards by Vitalian's revolt. Thenceforth, the compromise represented by the Henotikon became increasingly unreal. The possibility of ultimate division between Monophysites and Chalcedonians throughout the east moved nearer. Without the heat generated by intractible controversies narrowed down to minutiae of scriptural interpretation Macedonius might have survived and the last years of Anastasius' reign continued on a more peaceful course, more favourable to the lasting union of the different components of the Byzantine empire.

As Carl Andresen has so often shown in his long and distinguished career as a scholar in the field of early Christianity, an apparently trivial disagreement often conceals profound underlying ecclesiastical issues. And thus it was with the fall of the patriarch Macedonius in August 511.

---

[50] Thus, J. Meyendorff, Christ in Eastern Christian Thought, St. Vladimir's Seminary Press, New York 1975, p. 76–9.

Olof Gigon

Lactantius und die Philosophie

Die christlichen Literaten lateinischer Sprache, die wir aus den ersten 350 Jahren der Kaiserzeit kennen, stellen geistesgeschichtlich ein eigentümliches, – oder soll man sagen: überraschendes? – Problem. Es handelt sich nämlich keineswegs um Leute, die am Rande der zeitgenössischen Gesellschaft und Literatur leben, bemühte Christen, die sich, so gut es geht, zum Worte melden, sondern im Gegenteil: jedenfalls die hervorragendsten unter ihnen repräsentieren geradezu die literarische Avant-garde und lassen mit ihrem schriftstellerischen Können ihre nichtchristlichen Konkurrenten, soweit wir diese kennen, weit hinter sich zurück.

Dies setzt ein mit Tertullian, der frei über eine erstaunliche Fülle von Stilmitteln verfügt und diese gezielt einzusetzen weiß je nachdem, ob er gegen Häretiker polemisiert oder Nichtchristen die christliche Philosophie vorführt oder eine erbauliche Ansprache an fromme Frauen hält oder schließlich zuhanden der christlichen Gemeinde ein theologisches Problem erörtert. Nach ihm zu nennen ist Arnobius, der offensichtlich als markanter Vertreter einer ebenso originellen wie vorübergehenden literarischen Modeströmung des späten 3. Jh. n. Chr. begriffen werden muß. Ihm steht schließlich Lactantius gegenüber, den Diokletian als Redelehrer nach Nikomedien berufen hatte und der mit einzigartiger Virtuosität einen klassizistischen, an Cicero geschulten Stil beherrscht hat und sich auch in den Sachen selber in weitestem Umfang durch Cicero hat orientieren lassen.

Doch gerade Lactantius weist sich im höchsten Grade als reiner Literat aus dadurch, daß in seiner großen Einführung in die christliche Lehre die sprachliche Gewandtheit in einem verwirrenden Gegensatz steht zu seiner Unfähigkeit, einen Gedankengang klar, exakt, lückenlos und konsequent vorzutragen. Die Institutiones divinae geben sich, wie der Titel anzeigt, als ein Handbuch mit wissenschaftlichen Ansprüchen und zu praktischem Gebrauch. Sie lesen sich obenhin leicht. Sie fesseln außerdem dadurch, daß sie niemals in bombastische Rhetorik oder in zudringliche Erbaulichkeit verfallen. Versucht man jedoch, irgendein Kapitel auf seinen inneren Zusammenhang hin zu analysieren, so bemerkt man bald, wie sprunghaft da argumentiert wird, Zusammengehöriges auseinandergerissen wird, unentbehrliche Überleitungen einfach fehlen und der Leser nicht selten im unklaren darüber bleibt, worauf der Verfasser eigentlich hinauswill. Dabei ist er keineswegs uninformiert, scheint das Oeuvre Ciceros aufs beste zu kennen, ebenso Seneca (freilich in einer Auswahl, die nicht die uns erhaltene ist), desgleichen Lukrez (vielleicht mit einem Kommentar, dem er die oft vorzüglichen Informationen über Epikur verdankt), am Rande auch Varro und natürlich die Klassiker der lateinischen Dichtung. Doch es kommt ihm weit mehr auf eine gepflegte Darstellung an als auf eine übersichtliche und sachgerechte Diskussion. Es besteht auch die Gefahr, seine Leistung in eine falsche Perspektive zu rücken, wenn man sie als das Werk eines „Apologeten" faßt und Lactantius als einen von leidenschaftlicher Gläubigkeit bewegten Vertreter der unter Diokletian ein letztes Mal systematisch verfolgten christlichen Kirche sieht. Gerade dies ist er nicht. Er weiß zwar von Verfolgungen und kennt Pamphlete gegen die Christen, aber persönlich scheint er kein Ungemach erlitten zu haben, und das stärkste an ihm ist gewiß nicht der trotzige Bekennermut, sondern die überlegene Sicherheit, mit der er seine ciceronische Bildung auszuspielen weiß. Er ist sich durchaus bewußt, besser klassizistisches Latein zu können als alle seine Gegner. Auf diese seine Stärke vertrauend glaubt er, mit den Sachen eher läßlich umgehen zu können.

Dies sei an einem Beispiel erläutert, das auch gerade von den Sachen her ein besonderes Interesse verdient, am dritten Buch der Institutiones, das sich mit der antiken Philosophie befaßt. Einen Kommentar dazu zu liefern, ist nicht meine Absicht, so notwendig ein solcher wäre. Es sollen nur einige charakteristische Artikulationen herausgehoben werden.

Das Prooemium trägt Gedanken vor, wie sie an solcher Stelle wohl schon öfters formuliert worden waren. Der Verfasser kann sich zwar niemals mit der Gewandtheit Ciceros messen, wünschte sich aber doch eine hinreichende Eloquenz, um die Gegner zu widerlegen und die Wahrheit ans Licht zu bringen. Denn erfahrungsgemäß glauben die Leute gerne einer sprachlich schön dargebotenen Lüge, – um so mehr müßten sie der mit Beredsamkeit vertretenen Wahrheit glauben; außerdem sollen die Philosophen durch ihre eigenen Waffen geschlagen werden (3,1,2). Da wird der Leser ein erstes Mal stutzen; gewiß ist es ein uraltes Verfahren, einen Philosophen durch sich selbst zu widerlegen; wir können aber auch nicht umhin zu konstatieren, daß die Waffen der Philosophie gerade nicht die Eloquenz waren, sondern ihre Sachargumentation, die man gegen sie selbst kehren kann. So meint es Lactanz selber in 3,4,2, dann 3,4,9 und 5,8. An unserer Stelle 3,1,2, wo nur von der Beredsamkeit gesprochen wird, dieses Verfahren anzukündigen, ist schief. Es folgt die Überlegung, daß die Wahrheit des rhetorischen Schmuckes überhaupt nicht bedarf, da sie sich selbst genügt; da wirkt ein Vergleich ein, den wir bis auf Xenophon Mem. 2,1,21 ff. zurückverfolgen können. In 3,1,5 muß eine Anspielung auf eine nicht identifizierbare Situation Ciceros vorliegen, der einmal eine schlechte Sache vertrat und durch einen mediocris causidicus besiegt wurde.

In 3,1,6 haben wir einen manifesten Gedankensprung. Es feht die Überlegung, daß die Philosophen, wenn nicht durch ihre Eloquenz, so doch durch die Solidität ihres Wissens sich durchzusetzen vermögen. Doch dies läßt der Verfasser nicht gelten. Er anerkennt zwar ausdrücklich, daß ihr ganzes Streben, wie es der menschlichen Natur entspricht, auf das Erkennen der Wahrheit gerichtet war; doch ihr Streben war erfolglos, da sie nicht wußten, wo und wie die Wahrheit zu suchen und zu finden ist. Es ist ein hübsches Beispiel, wie ein antiker Ansatz (die Aporetik in Ciceros libri Academici) kombiniert wird mit der christlichen These, daß die Wahrheit nur bei Gott zu finden sei.

Bemerkenswert ist sodann 3,1,11–14. Von den divinae litterae war die Rede, also dem NT, dessen schlechter Stil den christlichen Literaten immer wieder zu schaffen gemacht hat. Hier wird nicht ungewandt erklärt, Gott habe es nicht nötig, das, was er sagen wolle ausführlich zu diskutieren; seine Sache ist es nicht argumentari, sondern als oberster Richter pronuntiare. Da muß irgendeine Beziehung zu Poseidonios Frg. 178 Edelst.-Kidd bestehen, wohl wiederum über Cicero. Der Mensch dagegen ist auf das Argumentieren angewiesen, damit die Wahrheit unter den Menschen sich durchsetze. 3,1,14–16 greift ausdrücklich auf, was in § 6–8 angedeutet war. Die Philosophen selbst pflegen einzugestehen, daß der Mensch nichts wissen könne; man brauche also nur diese ihre eigene Behauptung ernst zu nehmen. Da stehen wie oben Ciceros libri Academici im Hintergrunde.

Etwas unerwartet wird als erstes das Wort Philosophie diskutiert. Erweist sich die damit gemeinte Sache als nichtig, so ist damit der Philosophie überhaupt „der Kopf abgeschlagen". Auch der Vergleich der Philosophie mit einem lebenden Organismus ist alt. Für Lactanz bezeichnend ist es, daß er ihn gleich doppelt auswertet: der Begriff Philosophie ist wie der Kopf, ohne den der übrige Körper nicht existieren kann; außerdem zeigt der Dissensus, von dem von 3,3,10 an unter verschiedenen Aspekten die Rede ist, daß es sich gar nicht um einen kohärenten Organismus, sondern nur um disiecta membra handelt.

Die Argumentation selber vereinigt in größter Knappheit mehrere Überlegungen. Ein erster Komplex (§ 3–6) zeigt, daß die Philosophie als Liebe zur Weisheit selbst die Weisheit nicht ist. Denn wenn die Liebe zu irgendeiner Techne dazu führt, daß man sich diese Techne aneignet und dann eben nicht mehr Liebhaber der Techne, sondern Technite heißt, so ist es bei der Philosophie anders; sie heißt ein für alle Mal Liebe zur

Weisheit, woraus zu folgern ist, daß sie nie über das Suchen hinaus zum Besitze der Weisheit gelangt. § 5 artikuliert einen Einwand: Die Philosophen besitzen die Weisheit und nennen sich bloß aus Bescheidenheit Liebhaber der Weisheit. Dieser Einwand wird entkräftet durch das (aus Cicero ?) entnommene Beispiel des Pythagoras, der im Sinne der letzten Endes auf Herakleides Frg. 87/88 Wehrli zurückgehenden Tradition derjenige ist, der nicht nur das Wort Philosophos erfunden, sondern es auch ausdrücklich so verstanden hat, daß der Mensch niemals zur Weisheit selbst gelangen könne, also sich mit dem Suchen der Weisheit begnügen müsse.

Ein zweiter Komplex (§ 7–10) zeigt, daß man auch das Suchen der Weisheit nicht gelten lassen könne. Der Grundgedanke ist einfach der, daß ein Suchen, das niemals ans Ziel kommt, offensichtlich schon im Ansatz falsch ist; sonst müßte nämlich in der langen schon verflossenen Zeit das Ziel längst erreicht worden sein (beiläufig eine hübsche Parallele, die indiziert, daß wir es mit einem Gedanken zu tun haben, den Lactanz schon irgendwo in der Tradition vorgefunden hat: Arist. Pol. 1264a 1–5).

Den Schluß bildet eine Disjunktion: Man mag philosophieren oder nicht, weise wird man in keinem Fall; wenn man nicht philosophiert, wird man es von vorne herein nicht, und wenn man philosophiert, wird man es auch nicht; denn da ist schon ein Suchen, das eingestandenermaßen nicht zum Ziele kommt, verkehrt. Die Disjunktion wirkt primitiv. Sie erweckt den Eindruck, künstlich (aber wohl kaum von Lactanz selbst) als Gegenstück zu der bekannten Argumentation des ciceronischen Hortensius, auf die Lactanz selber 3,16,9 anspielt, konstruiert zu sein.

Der letzte Satz des Kapitels greift die entscheidende These wieder auf. Die Überzeugung des Pythagoras, es sei dem Menschen unmöglich, zur Weisheit zu gelangen, muß begründet werden.

Kap. 3 setzt ganz neu ein mit der These, in der Philosophie könne es nur Wissen oder Meinen geben. Merkwürdig kurz und apodiktisch erklärt § 2/3, der Mensch habe nicht wie Gott ein ihm angeborenes und unmittelbares Wissen, sondern jedes Wissen sei ihm durch die Sinnesorgane vermittelt. Das ist, doxographisch etikettiert, ein Bekenntnis zur aristotelischen gegen die platonische Position. Ohne daß Lactanz sagt, in welcher Absicht er diese These hier vorträgt, geht er in § 4 über zu fünf systematisch angeordneten Beispielen naturphilosophischer Aitiologie und zeigt in § 5–7, daß es in diesem Problembereich kein Wissen geben könne. Der Beweis ist denkbar einfach der: Wie wir über eine ferne Stadt, die wir nie gesehen und von der wir nur den Namen gehört haben, lediglich beliebige Vermutungen äußern können, so auch über die soeben erwähnten Probleme. Also haben nach § 7 Sokrates und die Akademiker mit der Behauptung recht, daß es kein Wissen geben könne, also nur das Meinen übrig bleibe.

Der ganze Abschnitt ist für die Arbeitsweise des Lactanz höchst charakteristisch. Fürs erste erfährt der Leser nicht, daß mit Kap. 3,4 eine Auseinandersetzung mit der gesamten Naturphilosophie beginnt, die in 6,20 endet, worauf völlig systematisch die Prüfung der Ethik einsetzt (7,1–13,3) und an diese sich ganz knapp ein Hinweis auf den dritten Teil der Philosophie, die Logik, anschließt (13,4/5). Von einer Ankündigung, daß nun die drei Teile der Philosophie hinter einander kritisch untersucht werden sollen, ist nirgends die Rede. Doch dies ist nicht alles. Darauf, daß es mit den fünf naturphilosophischen Aitiologien eine besondere Bewandtnis hat, wird der Leser erst zu Kap. 5,2 aufmerksam, wo mitgeteilt wird, es gebe viele kosmische Erscheinungen, die durchaus begriffen werden könnten, so die Bahnen von Sonne, Mond und Planeten. Das Entscheidende ist demnach dies. Bei den fünf Phänomenen handelt es sich ausnahmslos um solche, bei denen die Wahrnehmungsorgane keine eindeutigen Data liefern. Der Mensch ist in diesen Fällen genau so auf unverbindliche Vermutungen angewiesen wie im Falle der fern abgelegenen Stadt, die er nie gesehen hat. D.h. die Gesamtheit der kosmisch-astronomischen Phänomene teilt sich in solche, die mit dem Auge zuverlässig beobachtet werden können (wie die Gestirnbahnen) und andere, bei denen keine solche Beobachtung möglich ist (wie Größe und Gestalt der Planeten). Konsequenterweise müßte sich also die Kosmologie in zwei scharf unterschiedene Bereiche gliedern, den einen, in dem ein durch die Sinne vermitteltes Wissen möglich ist, und den andern, in dem der Mensch über ein bloßes Meinen nicht hinausgelangt.

Doch diese Distinktion interessiert Lactanz nicht. Er deduziert aus den Fällen, die nur ein Vermuten erlauben, unbekümmert, daß der Mensch überhaupt keine Wissenschaft besitzen könne. Die Gegeninstanzen wiederum werden dadurch neutralisiert, daß Lactanz Kap. 5,1–4 behauptet, das Wissen von den Gestirnbahnen sei ein Ergebnis des bloßen usus (Empeiria), sei also ein Wissen, wie es der populus haben könne, nicht aber ein philosophisches Wissen, wie es der Akademiker Arkesilaos gefordert habe. Die Behauptung ist erstaunlich, wenn wir an die große Tradition der antiken mathematischen Astronomie denken. Wir müssen indessen mit der Möglichkeit rechnen, daß Lactanz sich für seine, seinen besondern Absichten optimal entgegenkommende These durch Epikur hat anregen lassen, der eine gewisse Brauchbarkeit der Astronomie nicht geleugnet haben wird, aber von seinem Standort aus alles Interesse daran hatte, diese Astronomie nicht als Sache exakter Wissenschaft, sondern bloßer Empeiria zu deklarieren. Lactanz mag diese Überlegungen stillschweigend benutzt haben, um (wie wir noch sehen werden) auch die Aporetik des Arkesilaos zu widerlegen.

Wir kehren zurück zu Kap. 3,8, wo die Diskussion des Meinens einsetzt, nachdem sich das Wissen kurzerhand als unmöglich erwiesen hatte.

Was nun folgt, ist recht bedacht, absonderlich verschroben. Wissen und Meinen waren einander gegenübergestellt; die Antithese hat nur einen Sinn, wenn das Meinen sich selbst als ein Meinen versteht, also als ein unbegründetes, unverbindliches und damit jedem Einspruch wehrlos ausgeliefertes Vermuten. Lactanz argumentiert indessen so, als ob das Meinen selbst den Anspruch erhebe, Wissen zu sein, und so wird der Einwand gegen die Möglichkeit eines Wissens von Dingen, die wir nicht unmittelbar wahrnehmen, einfach wiederholt. Wir können, wie oben schon, vermuten, daß eine Stadt, die wir nie gesehen haben, auf bestimmte Weise zu charakterisieren sei; doch wer uns widerspricht, ist nicht zu widerlegen. Eine Entscheidung unter den verschiedenen Vermutungen ist unmöglich. Die drei Möglichkeiten werden lässig skizziert: Entweder sind alle Vermutungen falsch, oder eine ist richtig, ohne daß wir sagen können, welche, oder jede einzelne hat teils Falsches, teils Wahres (3,11/12). Von 3,13 an biegt der Gedanke in eine Art von Sorites ein: Was von der fernen Stadt gilt, gilt schließlich genau so von jedem beliebigen Ort, an dem wir uns nicht selber befinden und selber sehen und hören, was vorgeht. Philosophisch gesehen haben wir es mit einer These zu tun, die in verdünntester Form mit (aristotelischen und) epikureischen Doktrinen zusammenhängt. Alles Wissen ist durch Wahrnehmung vermittelt, und wo diese aussetzt, verbleibt nur ein nichtiges Meinen.

Wir dürfen aber trotzdem überrascht sein, daß nun als Gegenstück zu Sokrates und den Akademikern, die die Möglichkeit des sichern Wissens bestritten haben, Zenon und seine Stoiker auftauchen (4,1/2) als diejenigen Philosophen, die das Meinen verworfen haben. Gewiß haben sie dies getan, aber evidentermaßen in einem ganz andern Sinne, als es Lactanz hier angibt. Die Stoa hält mit Platon daran fest, daß ein wirkliches Wissen möglich sei, und fordert vom Weisen, daß er unbeirrbar dieses Wissen bewahre und sich nicht zu einem fragwürdigen Meinen verführen lasse. Wenn Platon als den Gegenstand solchen Wissens das immer und überall mit sich selbst identische Seiende der Idee bestimmt und Zenon nach seiner berühmten Definition (SVF 1,59) den Eindruck von einer Sache, der so beschaffen ist, daß er nur von eben dieser Sache herrühren könne und von keiner anderen, so ist letzten Endes der Unterschied zwischen den beiden Bestimmungen nicht allzu groß, auch wenn man die eine als „idealistisch“, die andere als „materialistisch“ zu etikettieren pflegt. Man erkennt dann aber auch die Absurdität des lactanzischen Schemas. Wenn es in einem gewissen Sinne zutrifft, daß die aporetische Akademie unter Berufung auf Sokrates die Möglichkeit des Wissens bestritten hat, weil „Gott allein weise ist", so handelt es sich bei der Stoa in keiner Weise darum, die Möglichkeit des Meinens zu verwerfen (was soll das heißen?), sondern ausschließlich darum, darauf aufmerksam zu machen, daß der Weise das Wissen festhalten müsse und niemals zum Meinen abgleiten dürfe. Lactanz schiebt zwei durchaus verschiedene Positionen unbekümmert neben einander. Ihm kommt es nur darauf an, so rasch als möglich zur totalen Destruktion der (Natur-)philosophie zu gelangen.

Kap. 4,2 beginnt, mit demselben Ziel, eine andere Argumentation. Es ist diejenige aus dem Dissensus philosophorum, eine Argumentation, die aus durchsichtigen Gründen historisch in dem Augenblick einsetzte, in welchem Aristoteles und Theophrast ihre Aufarbeitung der älteren Philosophiegeschichte vollendet hatten. Lactanz geht hier recht gewandt vor.

Angesichts der Vielzahl der Doktrinen ist es ausgeschlossen, daß alle recht haben können. Die Wahrheit wird bei einem Einzigen sein müssen. Nun aber behauptet jede einzelne Doktrin, sie sei die Wahrheit, und alle übrigen gingen in die Irre. Dem steht einmal entgegen, daß die Mehrheit in der Regel eher recht hat als die Minderheit oder gar ein Einzelner, und sodann, daß niemand fähig ist, sich selbst richtig zu beurteilen.

Es bleibt also nur die Alternative, daß entweder alle recht haben (was in sich absurd ist) oder daß sich alle gegenseitig vorwerfen, sie befänden sich im Irrtum, was darauf hinausläuft, daß sich alle gegenseitig zugrunde richten. Bemerkenswert ist der Vergleich mit den „Sparti poetarum" (4,9). Er ist nicht ein persönlicher Einfall des Lactanz; er kann dies um so weniger sein, als sich, soweit ich sehe, in der erhaltenen lateinischen Literatur kein brauchbarer Beziehungspunkt anbietet. Wir wissen nicht, an wen wir bei diesen „poetae" zu denken haben. Lactanz wird den Vergleich im Kontext einer Diskussion des Dissensus philosophorum schon vorgefunden haben; man mag an einen verlorenen Text Ciceros oder an einen solchen Senecas denken.

4,11 verweist auf die von Cicero hervorgehobene Tatsache, daß Arkesilaos als erster planmäßig den Dissensus philosophorum herausgearbeitet und als Beweis dafür benutzt hat, daß dem Menschen kein sicheres Wissen möglich sei. Lactanz folgert daraus (in flüchtiger Anspielung auf den Gegensatz von Academia vetus und Academia nova), daß nur zwei Typen der Philosophie vorhanden seien, der eine, der Wissen beansprucht, und der andere, der die Möglichkeit von Wissen bestreitet. Wiederum sind nur drei Positionen denkbar: der Sieg des einen oder des andern Typus oder ein unentschiedenes Gleichgewicht zwischen den beiden Typen; doch mit diesem Gleichgewicht wird ein Widerspruch der Philosophie in sich selber statuiert, und an diesem Widerspruch muß die Philosophie als solche zugrundegehen (4,12–13).

Ohne indessen auf diese Konfiguration näher einzugehen, greift Lactanz in 4,14 unerwartet auf 3,2–3 zurück und konstatiert von dort aus summarisch, daß der Mensch kein ursprünglich ihm eigenes Wissen besitzen könne, da ein solches Wissen nur Gott zukomme (der weiß, ohne auf die Vermittlung der Wahrnehmungsorgane angewiesen zu sein). Also hat Arkesilaos recht – und dennoch auch wieder nicht. Denn nun beginnt in 5,1–3 die Gegenbewegung, von der bisher überhaupt nicht die Rede war. Der Mensch besitzt ein Wissen, und zwar dasjenige, das einerseits in den Wahrnehmungsdata eine solide Basis besitzt und andererseits für das Überleben des Menschen praktisch unentbehrlich ist.

Aber es ist, wie wir weiterhin erfahren, ein Wissen aus dem usus, also der Empeiria, die eben nicht die Episteme der Philosophen ist, sondern jedermann aus dem Volke zur Verfügung steht. Arkesilaos ist also insofern gar nicht widerlegt. Denn Lactanz selbst hebt hervor, daß das hier gemeinte Wissen durchaus nicht dasjenige ist, das Arkesilaos als ein unerreichbares ausgeschaltet hatte.

So gelangen wir schließlich mit dem Ende von Kap. 5 in eine geradezu halsbrecherische Situation.

Die allgemeine Voraussetzung, mit der begonnen und geschlossen wurde, ist die, daß ein von der Wahrnehmung und Erfahrung unabhängiges Wissen nur bei Gott ist. Das menschliche Wissen reicht nur soweit, als seine Autopsie durch Wahrnehmung zu gelangen vermag.

Damit fallen alle jene Teile der Kosmologie weg, die nicht durch Wahrnehmung und Erfahrung abgesichert sind, sondern dem beliebigen Vermuten überlassen bleiben.

Was übrig bleibt, ist dann allerdings nur ein Resultat von Wahrnehmung und Erfahrung und kann darum nicht als Wissenschaft in dem hier angenommenen philosophisch strengen Sinne gelten. Dies kann man aus den lässig-gewandten Formulierungen des Lactanz als ein leidlich kohärentes Ganzes deduzieren. Doch der Verfasser gibt nicht nur nicht zu erkennen, daß seine Polemik nur die spekulativen Teile der Naturphilosophie trifft; er belädt diesen Zusammenhang noch mit zwei Theoremen, die für ihn unmittelbar gar nicht relevant sind. Das eine ist der Dissensus der Philosophen, ein Phänomen, das keineswegs nur die Naturphilosophie, sondern, wie sich zeigen wird, auch die Ethik angeht, und schließlich auch den dritten Teil der Philosophie, die Logik, tangiert. Das andere ist die Polarität zwischen Wissen und Meinen. Ohne jede Rücksicht auf Nuancen konstruiert Lactanz, wie wir bemerkt haben, eine Argumentationsfolge, die aus der Ablehnung der spekulativen Kosmologie durch Sokrates und die Akademie die generelle Ablehnung jeder verläßlichen Wissenschaft deduziert, und aus der stoischen Warnung, der Weise dürfe sich nicht dem bloßen Meinen hingeben, sondern sich an das

Wissen halten, eine generelle Ablehnung auch des Meinens, wo dann in der Tat nichts mehr übrig zu bleiben scheint.

Auf Schritt und Tritt werden hinter den Wendungen des Lactanz schattenhaft ernsthafte Philosopheme erkennbar. Doch der Verfasser hat weder die Selbstdisziplin, bei irgendeinem dieser Philosopheme zu verweilen und es in seinen Voraussetzungen und Konsequenzen zu exponieren, noch kümmert er sich um den inneren Zusammenhang der Philosopheme im Ganzen. Er begnügt sich damit, Gedanken, die ihm auf sein Ziel hin zu konvergieren scheinen, aneinanderzuhängen; von einem artikulierten Problemfortschritt ist nicht die Rede.

Dies bestätigt sich auch weiterhin.

Kap. 6 hat die Absicht, eine Rekapitulation zu bieten mit dem Ziel, die Philosophie in jeder Form zu destruieren. Faktisch läuft dies auf den Nachweis hinaus, daß die Dogmatiker irren, weil man nicht alles wissen kann, und ebenso die Aporetiker, weil man nicht nichts wissen kann. Was übrig bleibt, ist ein begrenztes Wissen, ein Wissen, das, sofern es sich auf Wahrnehmungsdata zurückzieht, ein peripatetisch-epikureisches Kolorit hat, sofern es durch Nützlichkeit und Unentbehrlichkeit für das Überleben des Menschen ausgezeichnet ist, an bestimmte frühsokratische, vor allem kynische Traditionen anknüpft. Lactanz erreicht sein Ziel freilich nur dadurch, daß er dieses Wissen kurzerhand als nichtphilosophisch (5,3/4 und wieder 6,19: communis scientia) deklariert. 6,1–8 schreitet leidlich kohärent voran, § 5 weist zurück auf 3,4–7 und § 6 kann mit 5,1–2 zusammengenommen werden.

Mit 6,8: videlicet beginnt etwas Neues. Unerwartet wird festgestellt, daß die Philosophie erst vor kurzem begonnen habe, rasch herangewachsen sei und nun schon im Greisenalter und dem Ende nahe sei; da wirkt eine These ein, auf die Lactanz in 16,12–15 mit Zitaten aus Ciceros Hortensius, Lukrez und Seneca zurückkommt.

Eine abermalige Widerlegung des Arkesilaos scheint an 3,5 anzuknüpfen, geht aber in Wirklichkeit ganz anders vor. Was hier umständlich und unklar eingeführt wird, ist nichts anderes als das uralte Argument der περιτροπή, das schon bei Platon greifbar ist: Wer behauptet, daß man nichts wissen könne, nimmt entweder sich selbst als Wissenden aus oder schließt sich selber in das universale Nichtwissen ein; dann kann man aber nicht einmal wissen, ob man nichts wissen könne.

6,16 wiederum knüpft teils an 3,4–7 und 5,1–3 an. Der Mensch weiß nicht nichts, sondern nur das nicht, was ihm verborgen ist. War aber die Grenze zwischen Wissen und Nichtwissen bisher determiniert durch die Grenze der unmittelbar eigenen Erfahrung und Wahrnehmung, so wird sie hier anders formuliert. Unwißbar bleibt das, worüber uns niemand belehren kann (was mit 3,13–15 zusammenhängen wird; es gibt niemanden, der auf der Sonne gewesen ist und uns aus eigener Anschauung sagen kann, wie groß sie ist usw. vgl. 3,4) und das, was wir nicht zu erforschen brauchen, weil wir es doch nicht wissen können; damit scheint nur nochmals dasselbe gesagt zu werden, obschon der Verdacht berechtigt ist, daß Lactanz auf 2,8 zurückgehen will, wo ganz allgemein die Ergebnislosigkeit jahrhundertelangen Philosophierens (daß 2,8: tot temporibus mit 6,8: paucis ante temporibus nicht recht harmoniert, liegt auf der Hand) zum Beweis dafür dient, daß in der Philosophie Ergebnisse überhaupt nicht zu erwarten sind. 6,19 folgert noch einmal, daß man nicht nichts wissen kann und auch nicht alles; sinnvoll ist es, zu lernen, was man wissen kann, nicht aber zu lernen, daß man nichts wissen kann. Dann aber wirkt die endgültige Folgerung bedenklich grob. Aus eben der Tatsache, daß man nicht alles wissen kann und auch nicht nichts, wird ohne Begründung summarisch deduziert, daß philosophia omnis extincta est. Warum das „Etwas wissen" keine Philosophie sein soll, ist nicht einzusehen, es sei denn, man definiere die Philosophie so, daß sie nur alles oder nichts zu wissen beansprucht. Mag sein, daß Lactanz eine solche Definition kennt und stillschweigend voraussetzt. Es kann aber ebensogut sein, daß er einen nuancierten Gedankengang für seine Zwecke selbständig und brutal umgebogen hat.

Zu Beginn von Kap. 7 erfahren wir zu unserem Staunen, daß bisher nur von einem Teil der Philosophie, nämlich der Naturphilosophie die Rede war, und nun zum zweiten Teil übergegangen werden soll. Unerwartet ist auch die Behauptung, daß die Naturphilosophie nur oblectatio bringt (das Wort klingt ciceronisch), die Ethik dagegen auch utilitas; immerhin entspricht dies der Feststellung von 5,1 ff., daß dasjenige Wissen, das uns für das Leben nützlich ist, eben nicht Philosophie ist.

7,2–4 formuliert ein Paradoxon nicht ohne Eleganz: In der Naturphilosophie ist es viel schwieriger, zu sicherem Wissen zu gelangen, als in der Ethik; umgekehrt ist in der Ethik ein Irrtum viel gefährlicher als in der Naturphilosophie. Stammt die Formel von Lactanz selber oder hat er sie schon bei Cicero oder Seneca vorgefunden?

Ohne weitere Umschweife wird dann, was nahe genug lag, zu einer Doxographie der Lehren vom höchsten Gute, vom Telos, übergegangen. Zehn Doktrinen werden vorgeführt. Für die ersten fünf stehen Lust und Schmerz im Mittelpunkt: 1. Epikur bestimmt als Telos die voluptas animi, 2. Aristippos die voluptas corporis. 3. Kalliphon und Deinomachos kombinieren honestas (also „Arete") mit der voluptas. 4. Diodoros nennt die privatio doloris, 5. Hieronymos das non dolere. Die zweite Gruppe wird eröffnet 6. von den Peripatetikern mit der Lehre von den drei Gütern (die bekanntlich Aristoteles selbst NE 1098 b 12 ff. schon als eine ältere Lehre kennt). Es folgt 7. Herillos mit der scientia, 8. der Stoiker Zenon mit der Formel cum natura congruenter vivere, dann 9. andere Stoiker mit virtutem sequi und als letzter 10. Aristoteles mit honestas und virtus.

Die Frage, wie diese Liste zustande gekommen ist, kann erst beantwortet werden, wenn wir auch die Kritik 8,5–42 überblickt haben. Klar ist zunächst nur dies, daß in einem gewissen Umfang irgendeine Form der aus Cicero wohlbekannten divisio Carneadea (vgl. besonders De fin. 5,16–23) zugrunde liegen muß.

Daß zunächst diese Liste zu denselben Hinweisen auf den hoffnungslosen Dissensus philosophorum Anlaß gibt, wie wir sie oben in 4,2–11 fanden, verwundert nicht. Es ist wohl auch nicht so merkwürdig, daß wir hier zum ersten Male in unserm Kontext einem Ausblick auf die christliche Lehre begegnen (8,1–2), freilich so allgemein, daß der Leser, der nicht schon von vorn herein über den Standort des Verfassers informiert ist, kaum erraten kann, wer und was da gemeint ist.

Die Kritik an den Doxai beginnt mit einer These aus letztlich aristotelischer Tradition (NE 1098a3ff.). Gesucht wird ein Ziel der Praxis, das dem Menschen allein zukommt, also ihm nicht mit den Tieren gemeinsam ist.

Unter diesem Gesichtspunkt wird zunächst zu unserer größten Verwunderung, und ohne Namensnennung, Epikur abgelehnt. Auch wenn man in der Ausdeutung der animi voluptas als securitas (worin der für Epikur wichtige Begriff der ἀσφάλεια steckt) und gaudium (was man auf χαρά zurückführen möchte) gute Informationen erkennen darf, so ist es doch höchst befremdlich, wie ein solches Telos kurzerhand als „communis omnibus" bezeichnet werden kann. Hier hat Lactanz offensichtlich eine differenzierte Kritik, die seinen Absichten nicht genug entgegenkam, durch einen gewaltsamen Kurzschluß ersetzt. Dies wird um so deutlicher, als nun die Kritik an Aristippos ebenfalls darauf hinausläuft, daß er zwischen Mensch und Tier keinen Unterschied mache; diese Kritik ist alt und teilweise legitim, sie einfach auf Epikur zu übertragen, ist grobe Verzerrung.

Doch sogar die Kritik an Aristippos ist sonderbar. Sie schildert keineswegs, wie man erwarten könnte, das Leben des Wüstlings, der hemmungslos jedem Genuß und jeder Bequemlichkeit nachjagt. Die voluptas, um derentwillen man weder Hunger noch Durst noch Kälte noch den Tod scheut, ist nicht die des Lebemanns, sondern die des rabiat und verzweifelt Verliebten, und man wird folgern, daß § 7–8 schief aus einem Raisonnement „sokratischen" Typs übernommen ist: „Wenn man schon bereit ist, für eine vulgäre voluptas alles zu opfern, wieviel mehr sollte man bereit sein, alles für die virtus zu opfern". Die Doktrinen 3 und 4 werden komplementär kritisiert: Wer die privatio doloris schätzt, muß also zuerst krank werden, um das Telos richtig würdigen zu können; wer aber das non dolere sucht, erstrebt ein Ziel, das er niemals aus eigener

Kraft erreichen kann, da kein Mensch davor gesichert ist, krank zu werden und Schmerz zu empfinden. Die fünfte Doktrin wird summarisch damit abgetan, daß es unmöglich sei, zugleich die honestas und die voluptas zu erstreben. Eine Begründung wird nicht gegeben. Nuancierter wird mit der peripatetischen Dreigüterlehre umgegangen. Die Erklärung, daß die körperlichen und die äußeren Güter dem Menschen mit dem Tiere gemeinsam sind, war zu erwarten. Es bleiben die seelischen Güter. Hier begnügt sich Lactanz mit der auffallend vagen Bemerkung: quae ipsa, quae sint, magna contentio est (vgl. Cicero, Hortensius Frg. 56 ed. Straume). Da kann man der Vermutung nicht ausweichen, daß er in seiner Vorlage eine ausführliche Erörterung vorfand und gestrichen hat. Auf die Peripatetiker folgt nun nicht Herillos, sondern der Stoiker Zenon. Die Kritik an dem cum natura consentanee vivere geht von einer sinnvollen Disjunktion aus: Was ist da unter natura zu verstehen? Ist es die dem Menschen mit dem Tiere gemeinsame Natur, dann fällt dieses Telos unter das Urteil von § 3–4; ist eine andere, dem Menschen eigentümliche Natur gemeint, nun, da leistet sich Lactanz wieder einen Kurzschluß: diese andere Natur ist durch virtus bestimmt, was einen Ausweg zu eröffnen scheint, und dennoch wird sofort wiederholt, daß jedes Tier secundum naturam suam vivit. Die Reduktion ist so kraß, daß man beinahe eine Textverderbnis vermuten möchte. Doch eine Erklärung wird durch § 32–37 nahegelegt. Dort wie an unserer Stelle operiert Lactanz durcheinander mit den zwei Bedeutungen, die das griechische ἀρετή immer, und das lateinische virtus zuweilen und in Anlehnung an das Griechische gehabt hat: Entweder ist die vollkommene Verwirklichung der dem Menschen eigentümlich zukommenden ethischen Qualitäten gemeint oder aber die optimale Leistungsfähigkeit irgendeines Lebewesens oder Werkzeugs, das auf bestimmte Leistungen hin angelegt oder verfertigt ist. In dem einen Sinne kann virtus nur vom Menschen, in dem andern Sinne auch von jedem Tiere ausgesagt werden. Lactanz scheint dieses Spiel mit den zwei Bedeutungen schon vorgefunden und übernommen, aber nicht durchschaut zu haben.

Es folgt Herillos, dessen These mit auffallender Ausführlichkeit diskutiert wird. Der Grund ist, daß hier dasjenige Telos in die Nähe kommt, das Lactanz selber für sich teilweise anerkennt. Es ist, wie wir noch sehen werden, zunächst bestimmt als Synthese von scientia und virtus, beide freilich noch durch anderes überhöht.

Von der scientia ist jedenfalls nicht zu bezweifeln, daß sie dem Menschen eigentümlich zukommt. Die Kritik konzentriert sich auf zwei Punkte (ich gehe nicht auf alle Details ein): Erstens ist alle Wissenschaft ein Mittel zum Zweck. Wer wissen will, erwartet einen fructus scientiae, – und dieser Gewinn kann sehr verschieden sein. Zweitens kann nicht jedes beliebige Wissen als ein Telos gelten. Da das Wissen von den causae rerum naturalium keine Glückseligkeit verschafft, kann nur das Wissen von den bona ac mala (§ 30) in Frage kommen. Doch das Wissen allein genügt nicht. Aristotelisierend wird erklärt, man könne wissen, was das Gute sei und dennoch (natura cogente! Woher kommt dies? Epikur?) schlecht leben. Also muß die virtus dazukommen, und so kommt das Ergebnis in Sicht. Die gesuchte sapientia ist virtus und scientia. Konsequenterweise wird nun von der virtus gesprochen, freilich ohne daß darauf aufmerksam gemacht wird, daß in der Liste unter Nr. 9 die virtus als die Lehre quorundam Stoicorum bezeichnet worden war. Hier wird an ihrer Stelle Cicero erwähnt (von dem im übrigen Lactanz durchaus weiß, daß er nicht Stoiker, sondern Akademiker war). Die Kritik bringt die Doppelbedeutung von virtus massiv heraus. Die virtus wird nicht als das Ziel bezeichnet, sondern als die Fähigkeit, zum Ziele zu gelangen. Zugleich aber soll sie doch auch das Ziel selber sein, was mühelos zu der Absurdität führt, ut virtus per se ipsam perveniat ad se ipsam (§ 35). Damit gilt als bewiesen, daß die virtus für sich allein nicht das Telos sein kann.

Es verbleibt als letzter, deutlich als Nachzügler, da systematisch die beiden wichtigsten Doktrinen diejenige des Herillos und diejenige Ciceros waren, Aristoteles. Man sieht sofort, daß honestas hier anders als in 7,7 und 8,15 nicht die Übersetzung von ἀρετή, sondern von τιμή ist. Daß die ἀρετή und die εὐδαιμονία notwendigerweise auch τίμιον ist, läßt sich aus NE 1101b10ff. folgern, obschon mir jedenfalls kein anderer doxographischer Text bekannt ist, der das τίμιον derart in den Telosbegriff des Aristoteles hineinnimmt. Die Widerlegung ist nicht schwer. Lactanz zitiert eine Definition der honestas (die möglicherweise als eine Reminiszenz aus Ciceros De rep. V verstanden werden darf) und kann daraus folgern, daß eine virtus, die honestas, also äußere Anerkennung fordert, sich vom schwankenden Urteil der Leute abhängig macht; sie muß jedoch ihren Wert in sich selbst besitzen.

Damit sind die zehn Doktrinen geprüft. Ich konstatiere hier nur zwei Dinge, einmal, daß die Forderung, das Telos müsse ein proprium des Menschen sein, gegen die Mehrzahl, aber nicht gegen alle Doktrinen wirksam ist, und sodann, daß, wie erwähnt, zwei Doktrinen der Wahrheit evident am nächsten kommen: diejenige, die die scientia und diejenige, die die virtus ins Zentrum stellt. Der Kritik will nun mit Kap. 9 der positive Aufbau gegenübertreten. Drei Forderungen sind an das wahre Telos zu stellen: daß es dem Menschen exklusiv eigen ist, daß es nur die Seele und nicht den Körper angeht (dies war bisher nicht thematisiert und läuft auf die in 8,14 und 39 erwähnte Forderung hinaus, daß es in nostra potestate sein muß), endlich, daß es nur durch scientia und virtus zu erlangen ist.

9,4–12,36 versucht den Weg zu demjenigen Guten, das alle Forderungen erfüllt, abzuschreiten. Der Leser, der eine kohärente Argumentation erwartet, sieht sich jedoch wiederum vor einer unübersichtlichen Masse verschiedener Gedankenkomplexe, deren jeder seine besondere Tradition hat und die nur dürftig miteinander verbunden sind. Es ist nur der gleichmäßig gekonnte Stil, der über die Inkohärenzen hinwegtäuscht.

Eingesetzt wird mit einem Apophthegma des Anaxagoras, das uns griechisch bei Aristot. EE 1216a1ff. erhalten ist. Mit fast völliger Sicherheit ist anzunehmen, daß Lactanz es aus Ciceros Hortensius übernommen hat; Cicero versteckt sich hinter dem: admirantur omnes ac philosopho dignam (vocem) iudicant.

In ungewöhnlich boshafter Polemik interpretiert Lactanz dies so, daß Anaxagoras sich damit begnügt hätte, mit seinen körperlichen Augen den körperlichen Kosmos anzustaunen, anstatt über den Kosmos hinweg an den Schöpfer des Kosmos zu denken (§ 4–13).

Ziemlich abrupt führt dies zum nächsten Schritt: der Mensch ist dazu geboren, Gott zu verehren und ihm zu dienen. Damit kommt eine neue Dimension in den Blick. Das zeigt sich auch daran, daß völlig unvermittelt von der iustitia gesprochen wird. Sie taucht auch später mehrfach auf (9,19; 12,18; 13,7 und 13), aber immer ohne Bindung an den Kontext; wir werden vermuten, daß Lactanz diese Stellen eingearbeitet hat, um den Leser auf das sechste Buch De iustitia vorzubereiten.

§ 15–18 führt die Polemik gegen Anaxagoras weiter, und § 19 schließt mit der Begriffskette: der rechte Gebrauch der ratio hominis ist die humanitas, diese ist iustitia, diese ist pietas und diese endlich ist dei parentis agnitio. Dies ist eine recht summarische Beweisführung; Lactanz fühlte sich wohl abgesichert durch Cicero, an dessen De nat. deor. 1,3–4 und De legg. 1,25 unser Text spürbar anklingt.

Damit sind wir beim Stichwort religio angelangt, und nicht ohne Umständlichkeit wird in 10,1–6 nachgewiesen, daß die religio das einzige ist, was der Mensch unbestreitbar allen Tieren voraushat (sonderbar ist § 6: alle Lebewesen haben ratio, die Tiere jedoch nur ad vitam tuendam, der Mensch auch ad vitam propagandam. Was soll das heißen? Entweder hat Lactanz Unsinn geschrieben oder wir müssen mit einer Verderbnis bzw. Lücke im Text rechnen; wir werden außerdem nicht vergessen, daß nach 8,24 auch die scientia dem Menschen vorbehalten war). Es folgt ein Cicero-Zitat, dann merkwürdig verschroben § 9 eine anonyme Polemik gegen Epikur. Nicht weniger merkwürdig ist, daß von den idem ipsi (strenggenommen also den Epikureern!) behauptet wird, sie würden den Menschen ermahnen, den Geist eben dorthin zu richten, wohin auch sein Antlitz von Natur gerichtet sei. Die Mahnung ist nach Lactanz richtig, aber nur wenn sie besagt, daß man Gott dienen solle; denn die andere

Ausdeutung, daß man die Himmelserscheinungen erforschen solle, fällt nach 3,4–7 und 8,29 dahin.

Es ist vielleicht nicht überflüssig zu betonen, daß der Gegensatz zwischen dem Tiere, das den Kopf zur Erde gebeugt hält, und dem Menschen, der nach oben zu blicken bestimmt ist, längst vor Lactanz in der philosophischen Protreptik ausgenutzt worden ist, zusammen mit der spielerischen Etymologie, daß ἄνθρωπος das Wesen sei, das zum ἄνω θρεῖν bestimmt sei.

Kap. 11 setzt ein mit der aus dem Cicero-Zitat De legg. 1,24 deduzierten These, daß der Mensch nach dem consensus generis humani die Religion zu üben habe. Dieselbe Stelle bei Cicero deutet aber auch an, daß der Mensch vielfach nicht wisse, wie er sie ausüben solle. Der Mensch irrt also, und wie dies möglich ist, will Lactanz nun erklären. Dogmatisch wird zuerst statuiert, daß der Mensch seiner Natur nach zwei Dinge anstrebe, religio und sapientia; der Irrtum entsteht dann, wenn das eine auf Kosten des anderen erstrebt wird, also religio ohne sapientia (was zum Polytheismus führt) oder sapientia ohne religio (§ 1–5).

Mit § 6 beginnt ausdrücklich ein völlig anderer Gedankengang. Anders als in 9,1 wird nun die formale Forderung gestellt, daß das summum bonum allen (Menschen, natürlich nicht den Tieren) zugänglich sein muß. In raschem, aus reicher Tradition schöpfendem Beweise wird gezeigt, daß weder die voluptas, noch die divitiae, noch regnum ipsum der Forderung genügen. Die virtus scheint es zu tun. Doch sie wird stärker noch als in 8,36 als die Fähigkeit, Ungemach zu ertragen, aufgefaßt. Dieses Ertragen wiederum kann nicht ohne Lohn bleiben. Es erhebt sich also die Frage nach diesem Lohn. Die vorhin genannten unzulänglichen Güter voluptas, divitiae, potentatus, dazu gloria, honos, memoria nominis (man sieht, wie die drei klassichen Güter ἡδονή, πλοῦτος, τιμή dahinterstehen) werden noch einmal erwähnt. Keines befriedigt. § 13 ergänzt § 6 durch drei weitere allgemeine Anforderungen. Das höchste Gut muß (1) dem Menschen nicht weggenommen werden können, (2) der virtus eigentümlich sein und (3) vollkommen in dem Sinne, daß es weder gemehrt noch gemindert werden kann. Eine alte Tradition ist auch da erkennbar, für uns zurückgehend zum mindesten bis auf Aristoteles NE 1095b25–26, 1097b16–20 und 1106b9–14. Auf dieser Basis wird in Kap. 12 ein weiteres Mal nach dem Telos gesucht, und wieder wird von anderen, bisher so nicht thematisierten Voraussetzungen ausgegangen.

Der Mensch hat Qualitäten, die nur der Seele, solche, die nur dem Körper, und solche, die Körper und Seele gemeinsam eigentümlich sind. Zur dritten Gruppe gehört erstaunlicherweise (und trotz 9,1) die virtus. Herausgehoben wird die besondere virtus der Tapferkeit, die sich auf beiden Ebenen im Kampfe bewährt und den Sieg sucht. Der Körper hat seine Gegner, die als bekannt vorausgesetzt werden, die Seele die ihrigen, nämlich die cupiditates, vitia, peccata. Was der körperliche Kampf zu erreichen sucht, ist das körperliche, also zeitliche Leben. Folgerichtig wird der Gegenstand des seelischen Kampfes das seelische, also das ewige Leben sein. Damit ist das letzte und entscheidende Stichwort gewonnen, die immortalitas, die sich auf Grund dieses einfachen, uns mehr als primitiv anmutenden Analogieschlusses als das Telos der menschlichen virtus erweist.

Kaum ist das Stichwort genannt, folgen die Traditionsbelege, der auffallendste an der Spitze, der Sokratiker Eukleides von Megara; die exquisite Information kann kaum aus Ciceros Lu. 129 stammen, sondern wird einem uns verlorenen Texte Ciceros entnommen sein. An Eukleides schließt sich Seneca an, dann mit leichter Kritik die Stoiker, dann überraschenderweise Epikur, dessen Kyr. Dox. 1 vage zitiert und unbekümmert auch für den Menschen in Anspruch genommen wird.

12,18 ist eine erste allgemeine Synthese. Die Unsterblichkeit ist weder für ein Tier erreichbar noch für den Körper, und zu gewinnen nur durch scientia (die mit der cognitio dei gleichgesetzt wird) und durch virtus (als die nun abermals die iustitia erscheint).

Auf alter Tradition (vgl. Aristoteles bei Iambl. Protr. p. 46,8ff. Pist.) beruht auch § 19–21: So mühevoll das Leben ist, so klammert sich doch jedermann an eben dieses Leben, und zwar Menschen und Tiere (wie ohne Rücksicht auf 8,3–4 u.a. gesagt wird). Um so höher wird man ein Leben schätzen, das ohne Ende und ohne Mühen ist; zum Duktus des Gedankens kann man das zu 8,7–9 Bemerkte vergleichen: es ist wiederum ein typisch „sokratischer“ Stil.

Nicht weniger traditionsreich ist das Nachfolgende, der Hinweis auf die Helden der Vorzeit, die ihr zeitliches Leben in der Hoffnung auf ein anderes Leben geopfert haben. Zwei Griechen und zwei (drei) Römer werden genannt; beachtlich ist, daß in dem uns erhaltenen Cicero zwar Menoikeus (Tusc. disp. 1,116) Kodros (id.) und die beiden Decii (Par. Stoic. 12; Cato 74; De off. 1,61; 3,16) erscheinen, nicht aber Curtius. Die Liste, die man nicht auseinanderreißen wird, stammt also aus einem uns verlorenen Texte.

§ 23 formuliert allgemein. Alle Verachtung der zeitlichen Güter muß auf dem Hintergrund eines Strebens nach einer vita solida et perpetua begriffen werden. § 24 deutet an, daß auch philosophische Gedankengänge zu demselben Ziele führen. Die Philosophen hätten dies wissen sollen, mindestens diejenigen, die nicht die Seele zusammen mit dem Körper untergehen lassen (wie in 8,5; 10,9 wird auch hier ohne Namensnennung auf Epikur angespielt; anders bezeichnenderweise 12,15–17). Dabei ist höchst charakteristisch, wie nun von den caelestes animae und vom reverti ad deum, id est ad originem suam die Rede ist.

Dies klingt an mehrere Stellen Ciceros an (etwa Tusc. disp. 1,44), ist aber mit der orthodoxen christlichen Theologie kaum vereinbar.

Mit § 28 kommen wir zur Synthese von scientia und virtus (8,31; 9,1) zurück. Ähnlich wie in 11,1–5 wird erklärt, die Philosophen hätten bald das eine, bald das andere festgehalten und damit immer nur einen Teil der Wahrheit erfaßt. Scharf und in klassischer Tradition formuliert Lactanz, daß die scientia uns über das Ziel und den Weg belehrt, die virtus dagegen die Fähigkeit verleiht, auf diesem Wege zum Ziel zu gelangen.

Wieder anders orientiert ist schließlich 12,30–35. Eine Gleichung scheint intendiert zwischen scientia = sapientia (11,2) = philosophia und virtus = religio = cultus deorum. Dann wird das Motiv von 10,10–14 angeknüpft. Es gilt das Telos oben zu suchen, nicht unten. Manche Philosophen haben dies gesehen und dennoch nicht die Konsequenzen gezogen (§ 32/33), was nur auf die Stoiker gehen kann. Generell ist es allerdings gerade erstaunlich, wie Lactanz die platonische (teilweise auch aristotelische und sogar stoische) Tradition, die der Seele die Unsterblichkeit in Aussicht stellt, völlig zu ignorieren scheint, obschon der ganze Abschnitt voll ist von Wendungen, die an Cicero erinnern; man darf wiederum an Tusc. disp. 1,44 denken, obschon faktisch Lactanz vor allem vom verlorenen Hortensius angeregt sein dürfte. Der Polemik zuliebe behauptet er unverfroren, das wahre Telos, nämlich die Unsterblichkeit, sei nur in derjenigen Doktrin verankert, die er selber vertritt, und sonst in keiner anderen. Das Bedürfnis, sich an die antike, vor allem ciceronische Tradition anzulehnen, und der Wille, sich strikte von ihr abzusetzen, halten sich da auf eine eigentümliche Weise die Waage.

Methodisch korrekt beginnt Kap. 13 mit der Feststellung, daß es jetzt notwendig sei, die Unsterblichkeit der Seele zu beweisen; doch dies verschiebt er auf das letzte Buch seines Werkes (VII, 8ff.). Der Interpret hätte nun (was an dieser Stelle nicht mehr geschehen kann) zu prüfen, wieweit die Darlegungen des siebenten Buches organisch an das anschließen, was hier in 3,12 vorgetragen wurde.

Wir lassen dies und bemerken nur, wie formlos der Übergang vom zweiten Teil der Philosophie, der Ethik, zum dritten und letzten Teil, der Logik, vollzogen wird. Offenbar ist es geradezu die Absicht des Literaten Lactanz, die Übergänge von einem Hauptpunkt zum anderen möglichst unpedantisch fließend zu gestalten, wie er auch im Innern der einzelnen Abschnitte mit der größten Läßlichkeit den einen Komplex an den anderen anschließt.

Als letztes sei auf die Reihenfolge hingewiesen, in der Lactanz die drei Teile der Philosophie behandelt: Physik, Ethik, Logik. Sie ist nicht selbstverständlich, wie Sextus Emp. Adv. Log. 1,16–23 zeigt. Lactanz mag die Physik vorangestellt haben, teils ihres besonderen Ranges wegen, teils wohl auch, weil er der Meinung war, ihre Destruktion sei besonders dringend, aber auch besonders leicht; denn da stellte die ältere philosophische Tradition von der Sokratik an reiches Material zur Verfügung. Die Logik konnte, wie 13,4–5 zeigt, mit äußerster Knappheit abgemacht werden. Auch da wirken „sokratische" Gedankengänge ein, wenn apodiktisch erklärt wird, die Philosophie habe nicht zu lehren, wie man gut reden könne, sondern wie man gut leben solle. Es bleibt die Ethik, und da erkennen wir exemplarisch, wie die antike Philosophie und der neue Glaube einander entgegenkommen. Spezifisch christliche Wendungen sind in dem ganzen Abschnitt Kap. 7–12 überaus selten. Ein Kommentar wäre zweifellos in der Lage zu zeigen, wie auf Schritt und Tritt Cicero, Seneca, dann bemerkenswert gute Informationen über Epikur (der in der Tat eine noch nicht hinreichend geklärte Sonderstellung einnimmt, – wie umgekehrt auch die Vernachlässigung der platonischen Tradition ein sonderbares Problem darstellt), endlich auch ein durchschnittliches Handbuchwissen die Darlegungen des Autors alimentieren. Die Materialien, die er benutzt, sind nicht selten höchst interessant und bedeutend. Die Art wie er sie benutzt, ist die des Literaten, der sich seiner sprachlichen Meisterschaft voll bewußt ist, die philosophischen Probleme zu Ende zu denken weder fähig noch willens ist, aber gerade darum ein Werk geschaffen hat, das dem kultivierten Leser seiner Zeit genau das bot, was er erwarten mochte: Eine Darstellung der neuen Lehre, die das Neue spürbar machte, ohne doch den Zusammenhang mit der überwältigend reichen philosophischen Tradition Griechenlands und Roms zu verleugnen und ohne den Leser mit Subtilitäten und pedantischen Distinktionen zu belästigen. Eine solche Lehre konnte der Gebildete annehmen, ohne befürchten zu müssen, er werde gezwungen, den Kontakt mit seiner eigenen geistigen Vergangenheit abzubrechen.

Ob die Leistung des Lactanz in diesem Sinne eine geglückte ist, ist natürlich eine andere Frage. Man kann leicht den Eindruck haben (und schon Augustin mag ihn gehabt haben), daß da weder die Philosophie noch das Christentum zu seinem Rechte käme. Es ist eben die Synthese eines Literaten, der weder Philosoph noch Theologe gewesen ist. Das hindert nicht, daß sie oft genug dazu beigetragen haben mag, den Gebildeten unter den Verächtern des Christentums einen Weg zur Annahme des neuen Glaubens, der so viel von der antiken Philosophie zu absorbieren fähig war, zu eröffnen. Und dies ist geschichtlich gesehen kein geringes Verdienst.

Hermann Goltz

Ivan der Schreckliche zitiert Dionysios Areopagites

Ein Baustein zur Theorie der Autokratie

Eines der Tore der patristischen Tradition, wo der spätantike *Logos,* in zwar umstrittener Metamorphose, doch unübersehbar und mit kaum abzuschätzenden Folgen in den Bereich des christlichen *Kerygmas* tritt, ist das Corpus Dionysiacum (CD)[1]. Die reiche und vielgestaltige, aber zumeist stiefmütterlich behandelte ostkirchliche Traditions- und Auslegungsgeschichte dieses Corpus erhält bekanntlich ihren entscheidenden Akzent in den hesychastisch-palamitischen Streitigkeiten des 14. Jh., welcher bei den slavischen Athoniten und Parteigängern des Gregorios Palamas den letzten Anstoß gibt, das gesamte CD samt den Scholien ins Kirchenslavische zu übertragen[2]. Neben der bedeutenden Tradition von

---

[1] Vgl. dazu die unter der Obhut des hier Geehrten erarbeitete verdienstvolle Dissertation von Bernhard Brons, Gott und die Seienden. Untersuchungen zum Verhältnis von neuplatonischer Metaphysik und christlicher Tradition bei Dionysius Areopagita, Göttingen (1976) (= Forschungen zur Kirchen- und Dogmengeschichte; Bd. 28), ebenso vom selben Autor, Pronoia und das Verhältnis von Metaphysik und Geschichte bei Dionysius Areopagita: Freiburger Zeitschrift für Philosophie und Theologie 24 (Freiburg 1977), S. 165–186. Eingebettet in einen weiteren Rahmen habe ich das Thema des vorliegenden Beitrags berührt in einem Mai 1978 als Vortrag für das Institut für Russische Literatur der Akademie der Wissenschaften der UdSSR (Puschkin-Haus, Leningrad), Sektor für Altrussische Literatur, konzipierten Artikel „Božestvennyj Dionisij na eretikov. Odna stranička iz istorii areopagitskogo korpusa u Grekov i Slavjan" (= Ὁ θεῖος Διονύσιος πρὸς αἱρετικούς. Eine Seite aus der Geschichte des areopagitischen Korpus bei den Griechen und Slaven). Der Aufsatz soll (russisch) in einem Sammelband des genannten Instituts veröffentlicht werden. – Auch an dieser Stelle sei es mir gestattet, der Russischen Orthodoxen Kirche für die ausgezeichnete Arbeitsmöglichkeit in den Geistlichen Akademien, den verschiedenen Bibliotheken und Handschriftensammlungen der Sowjetunion zu danken, die ich durch eine Einladung des Moskauer Patriarchats erhielt, wobei ich besonders Seiner Eminenz, dem Metropoliten von Berlin und Mitteleuropa, Philaret, Exarch des Moskauer Patriarchen, für besondere Unterstützung und Fürsorge in Dankbarkeit verbunden bin.

[2] Zu der Person des Übersetzers, des nicht nur für die serbische Kirchengeschichte wichtigen serbischen Athoniten Isaija, vgl. den trotz einiger notwendiger Nachträge immer noch wesentlichen Aufsatz von Vladimir Mošin, Žitie starca Isaii, igumena Russkago mo-

Dionysios-Auszügen in den griechisch-slavischen Florilegien verschiedensten Genres ist für den ostslavisch-russischen Bereich ein starkes Interesse am Gesamttext des CD slavicum spätestens im 15. Jh. zu beobachten. Da sich Novgoroder Häretiker bei der Begründung ihrer Ansichten offensichtlich auch auf den Areopagiten stützten, sieht sich der Novgoroder Erzbischof Gennadij in einem Brief vom Februar 1489[3] unter anderen nach dessen Werken um. Nahezu alle von Gennadij in dem Brief genannten Werke gingen im 16. Jh. in das grandiose Sammelwerk des Moskauer Metropoliten Makarij, in die sogenannten „Makarievskie Velikie Četii Minei" („Große Lese-Menäen des Makarij") ein. Das CD ist in seiner kirchenslavischen Übersetzung (vollendet 1371) unter dem 3. Oktober, dem (ostkirchlichen) Tag des Hl. Dionys, in den gewichtigen 12 Monatsbänden zu finden[4]. Die heute im historischen Museum in Moskau aufbewahrte sogenannte „Zaren-Kopie" (carskij spisok) dieser Großen Lese-Menäen war speziell für die Bibliothek Ivan IV. Vasil'evič („Groznyj") abgeschrieben worden und dürfte dem Zaren auch bei der Lektüre des „božestvennyj Dionisij" (des „göttlichen Dionysios") gedient haben. Daß die Areopagitica zum geistlichen Lesestoff Ivans gehörten, steht außer Zweifel, denn in dem weithin berühmt gewordenen Briefwechsel des Zaren mit seinem emigrierten Heerführer und Kritiker der Groznyjschen selbstherrlich-tyrannischen Herrschaftsmethoden, dem Fürsten Andrej Kurbskij[5], findet sich im ersten „Sendschreiben" an

nastyrja na Afone: Jubilejnyj sbornik russkago archeologičeskago obščestva v korolevstve Jugoslavii III (Belgrad 1940), S. 125–167 (Die vita des Starzen Isaija, Hegumen des russischen Klosters auf dem Athos).

[3] Vgl. dieses für die russische Theologie- und Literaturgeschichte wichtige Sendschreiben an den ehemaligen Erzbischof von Rostov, Ioasaf, bei N. A. Kazakova/Ja. S. Luŕe, Antifeodal'nye eretičeskie dviženija na Rusi XIV – načala XVI veka, Moskau–Leningrad 1955 (Antifeudale häretische Bewegungen im Rußland des 14.–Anfang 16. Jh.), Beilage 16, S. 315–320.

[4] Vgl. die partielle Druckausgabe dieser Großen Lese-Menäen. Das CD slavicum im Band: Velikie Minei Četii, dni oktjabŕ 1–3, Santpeterburg 1870. Diese Ausgabe, die zahlreiche Fehler sowohl der späteren handschriftlichen Tradition als auch der Herausgeber enthält, außerdem den Kommentar-Text auf ungünstige Weise dem Gesamttext einverleibt, daß es auch zu Verwechslungen von Grundtext und Kommentar wie bereits in der Hss-Tradition kommt, erfüllt nicht das Desiderat einer kritischen Ausgabe des CD slavicum.

[5] Neben den verschiedenen Übersetzungen der Groznyj-Kurbskij-Korrespondenz weise ich hier besonders hin auf: Der Briefwechsel Iwans des Schrecklichen mit dem Fürsten Kurbskij, ed. G. Stählin, Leipzig 1921. Allerdings ist hier in Hinsicht auf die für uns wichtigen Dionys-Zitate eine andere Textanordnung zu beobachten als in der heute maßgeblichen Ausgabe der Sendschreiben Groznyjs (Ed. D. S. Lichačev/Ja. S. Luŕe, Poslanija Ivana Groznogo, Moskau–Leningrad 1951), auf die wir uns stützen. (Das erste Sendschreiben Groznyjs an Kurbskij bei Lichačev/Luŕe, Poslanija, S. 9–138; die verschiedenen Redaktionen S. 9–71, 71–124, 124–138.) Die hier zu beobachtende Zitatanordnung (Karpus-Vision vor dem Zitat des Hauptstückes der ep. VIII) wird auch den Erörterungen

Kurbskij (1564) als gewaltiges Zitat nahezu der gesamte „Brief an den Therapeuten Demophil", der im CD als ep. VIII überliefert wird. Selbst für den nicht zu Unrecht oft als lärmend und vielrednerisch empfundenen Stil dieser Groznyjschen Epistel ist ein solches exorbitantes Zitat äußerst ungewöhnlich. Abgesehen von den hier nicht behandelten umstrittenen textkritischen Fragen, dürfte es aufschlußreich sein, nach der Funktion eines solchen unikalen Zitates zu fragen, somit im einzelnen nach den mit diesem implizit gegebenen „Botschaften" für den Empfänger Kurbskij, daneben auch nach dem umstrittenen Bildungstyp, der hinter einem solchen Zitat stehen dürfte, und – nicht zuletzt – nach dem für die areopagitische Aulegungs- und Wirkungsgeschichte wichtigen „zarischen" Verständnis des CD, das aus diesem Zitat-Argument recht deutlich hervortritt.

Dazu ist es zunächst notwendig, sich – sehr knapp – an Stellung und Funktion dieser ep. VIII ad Demophilum im CD zu erinnern[6].

Dieses Schreiben stellt sozusagen die praktische Anwendung der in den areopagitischen Schriften „de coelesti hierarchia" und „de ecclesiastica hierarchia", im weiteren Sinne in „de divinis nominibus" entwickelten Theorie der Hierarchie dar. Im Streit um die Bußgewalt zwischen Priester- und Mönchtum, der die byzantinischen Jahrhunderte durchzieht[7], wird der Mönch Demophil im Sinne der im CD entwickelten Sicht des Mönchtums als „perfekter hierarchischer Passivität"[8] wegen seiner subversiven Tätigkeit gegen die priesterliche Hierarchie kritisiert. Der Skopos dieser hierarchischen Kritik „von oben" besteht darin, daß man auch bei Fehlern und Ungerechtigkeiten der übergeordneten Instanzen nicht gegen die Ordnung, gegen die Struktur der Hierarchie bei der Korrektur dieser Defekte zu handeln habe. „Denn wenn (auch) ἀκοσμία und ἀταξία unter dem Göttlichsten herrschen, Regeln und Gesetze übertreten werden, so hat es doch keinen Sinn, im Interesse Gottes (ὑπὲρ θεοῦ) die von (demselben) Gott stammende Ordnung umzustür-

---

R. G. Skrynnikov's zugrunde gelegt (vgl. ders., Perepiska Groznogo i Kurbskogo. Paradoksy Ėdvarda Kinana, Leningrad 1973, S. 72–77).

[6] Im einzelnen bei H. Goltz, Hiera Mesiteia. Zur Theorie der hierarchischen Sozietät im Corpus areopagiticum. Erlangen 1974 = Oikonomia. Quellen und Studien zur orthodoxen Theologie, Bd. 4, S. 136–141; bei B. Brons, Sekundäre Textpartien im Corpus Ps.-Dionysiacum? Literarkritische Beobachtungen zu ausgewählten Textstellen, Göttingen 1975 (= Nachrichten der Akademie der Wissenschaften in Göttingen, Philol.-Hist. Klasse; Jg. 1975, Nr. 5), besonders S. 123 (25)–131 (33), eine ähnliche Interpretation der ep. VIII, aber mit m. E. problematischen textkritischen Schlußfolgerungen, die hier zu erörtern den vorgegebenen Rahmen sprengen würde.

[7] Immer noch erfrischend, trotz oder vielleicht gerade wegen der durchschimmernden protestantischen Typologie: K. Holl, Enthusiasmus und Bußgewalt, Leipzig 1898.

[8] Zum Problem der Einordnung des Mönchtums in die kirchliche Hierarchie bei Dionys s. H. Goltz, Hiera Mesiteia, S. 114–146.

zen. Denn Gott ist nicht in sich geteilt. Wie denn würde seine Königsherrschaft (sonst) festbestehen?"[9] Es ist sehr wichtig an dieser Stelle zu sehen, daß Dionysios versucht, seinen vom Zwang des idealen Systems diktierten ‚Donatismus'[10] in einem übergeordneten law-and-order-Denken aufzufangen. Schon hier deutet sich an, daß die Übernahme der ep. VIII in das zarische Sendschreiben von einem ausgezeichneten Verständnis dieses Briefes als einer der idealen Theorie notwendigen praktischen Apologie der hierarchischen Herrschaftsstruktur zeugt.

Gegen die Möglichkeit eines solchen abstrahierenden Verständnisses der ep. VIII und somit auch der unterirdischen systematischen Spannungen im CD durch Groznyj wurde in jüngerer Zeit behauptet, daß die Zitationstechnik und die damit verbundene Argumentiertaktik des Zaren, wie sich besonders bei einem solchen langen Zitat zeige, im Unterschied zu dem Brief- und Zitierstil Kurbskijs keine deutliche gedankliche Richtung zeige, gelegentlich sogar sinnlos werde. Und damit nicht genug, sondern durch diese unterschiedlichen Schreibmanieren schimmere der Gegensatz zweier tief unterschiedener Bildungstypen hindurch. So urteilt der dänische Gelehrte Bj. Nørretranders, daß die kurzen, treffenden Zitate Kurbskijs „humanistische" Bildung offenbaren, die von dem entgegengesetzten traditionellen „Byzantinismus" Groznyjs unterschieden sei: Kurbskij schieße mit „scharfen Pfeilen", während Groznyj „granitne Felsbrocken" schleudere. Der Zar wolle Kurbskij nicht an einer bestimmten Stelle treffen, sondern ihn unter dem massiven Gewicht seiner Autoritäten begraben. Deshalb werde die Zitation Groznyjs gelegentlich so lang, daß der Ausgangspunkt noch vor dem Ende vergessen sei[11].

Untersuchen wir also die Richtigkeit dieser Entgegensetzungen am Beispiel des längsten Zitates Groznyjs, am Zitat des areopagitischen Briefes an Demophil einschließlich der Karpus-Vision! Allerdings wird es bei dieser Analyse nicht möglich sein, die inhaltliche Frage, wie Ivan den Areopagiten für sich auslegt, hinter die Frage nach Stil und Bildungstyp zurückzustellen. Gerade in dieser bisher vernachlässigten Verbindung der Einzelfragen dürfte ein neues Urteil über diese Detailfrage der Groznyjschen Epistolographie möglich sein. Ebenso kann un-

---

[9] Vgl. MPG 3, 1088 C.

[10] Vgl. bereits bei dem katholischen Gelehrten J. Stiglmayr die lapidare Notiz in dessen Übersetzung der ep. VIII in Bibliothek der Kirchenväter, Zweite Reihe, Bd. 2 (München 1933), S. 180 Anm. 1, ebenso die Bemerkungen bei B. Brons, Sekundäre Textpartien, S. 130; H. Goltz, Hiera Mesiteia, S. 139. Wichtiger jedoch als diese kirchen- und dogmengeschichtliche Analogie scheint mir zu sein, daß Dionys dieses Extrem benutzt, um um so sicherer zum entgegengesetzten Standpunkt zu gelangen.

[11] Vgl. Bj. Nørretranders, The Shaping of Czardom under Ivan Groznyj, Copenhagen 1964, S. 31.

sere Analyse nicht in diskursiver Reihenfolge, etwa zunächst Betrachtung der „inhaltlichen“ Seite und darauf die „formalen“ Erwägungen, vorwärtsschreiten, sondern bereits in der formalen Analyse werden sich die für unser Thema wichtigsten Einsichten auch in die Groznyjsche Dionys-Exegese ergeben.

Zunächst fällt auf, wenn wir die beiden Zitatblöcke in der Reihenfolge der maßgeblichen russischen Ausgabe betrachten, daß Groznyj das erste Zitat, die Karpus-Vision, bruchlos in sein Sendschreiben einbaut, indem er die Anrede in der 2. Person sg., die Überleitungsworte zur Vision, in den Brief – als direkte Anrede Kurbskijs – übernimmt: „i ašče choščeši i božestvennago videnia svjatago nekoego muža v"spomjanem", i da ne posmeešisja, istinu bo chošču resči“[12]. Mit dieser unmittelbaren Anrede, die den Adressaten Kurbskij mit einem Schlag an die Stelle des subversiven „Therapeuten“ Demophil setzt (ϑεραπευτής in der kirchenslavischen Version übrigens „rab“ = Knecht, Sklave [!])[13], ergibt sich ein überraschend mehrschichtiges und in sich stimmiges *Identifikationssystem.* Nicht nur erscheint Kurbskij als Demophil, sondern er wird wie dieser in der Vision mit dem den Sündern gegenüber zu strengen Karpus identifiziert. Nachdem also diese Identifikationskette Kurbskij-Demophil-(Poli-)Karp[14] auf diese Weise für den Kenner Kurbskij eingeführt worden ist, kann das nachfolgende umfangreiche Zitat aus der ep. VIII unmittelbar mit dem Namen „Demophil“ als Anrede an Kurbskij einsetzen[15], der nun weiß, daß dies hier sein konventioneller Name ist, oder entsprechend, daß Demophil den Kurbskij des Areopagiten darstellt. Unter der Namenschiffre „Demophil“ wird das „wahre“ Wesen Kurbskijs für Groznyj in den zeitlosen τύπος des unbedacht und „von unten“ seine Stimme erhebenden Kritikers der Macht dechiffriert. Mit Hilfe von Dionisij macht sich Groznyj auf die Weise der hierarchischen Theorie die machtpolitische Situation transparent. Die weiteren Übernahmen der in der ep. VIII enthaltenen direkten Anreden an Demophil, z. B. σὺ δὲ, ὡς τὰ γράμματά σου δηλοῖ etc. (= ty že, jakože pismena tvoja javljajut")[16], bestätigen diese Identifikationstechnik und setzen weiter den

[12] Vgl. D. S. Lichačev/Ja. S. Luŕe, Poslanija, S. 57, Zeile 19ff.; MPG 3, 1097 B: καὶ εἰ βούλει, καὶ ϑείας ὁράσεως ἁγίου τινὸς ἀνδρὸς ἐπιμνησϑήσομαι · καὶ μὴ γελάσῃς, ἀλήϑειαν γὰρ ἐρῶ.

[13] Vgl. Velikie Minei Četii okt. 1–3, SPb 1870 (im folgenden VMČ), Sp. 750; MPG 3, 1084 A.

[14] In den bekannten Handschriften des ersten Groznyjschen Sendschreibens ist der Name „Karpos“ (Karp im Slavischen) in Polykarpos (Polikarp) umgewandelt, vielleicht in Verbindung mit dem Adressaten des vorhergehenden Briefes im CD „An den Hierarchen Polykarp“ (vgl. MPG 2, 1077 B; VMČ Sp. 742) und anklingend an den Namen eines russischen Asketen, des Hl. Polikarp, Archimandrit im Kiever Höhlenkloster (12. Jh.).

[15] Vgl. Lichačev/Luŕe, Poslanija, S. 63, Zeile 29; MPG 1088 A, Zeile 8.

[16] MPG 3, 1088 B; VMČ Sp. 753 unten.

Brief, den Demophil an Dionys gesandt haben soll, mit dem Brief Kurbskijs an den Zaren gleich.

Auch das Identifikationssystem, in welches sich der Zar selbst stellt, ist mehrschichtig und von bemerkenswerter Ambivalenz. Nicht nur tritt er in der Pose des doctor hierarchicus, des Kirchenvaters und der ersten Autorität nach der Bibel auf, der mit dem Feuerkopf Demophil korrespondiert, sondern er stellt zur gleichen Zeit sowohl den von Demophil-Kurbskij zu Unrecht mißhandelten reuigen *Sünder* als auch den von dem hierarchischen Rebellen in seiner Funktion gehinderten *Priester* dar[17]. Diese doppelte Selbstidentifikation Groznyjs ist bedenkenswert: Sie zeigt möglicherweise, wie Ivan das eigene, nicht nur von anderen empfundene Dilemma zwischen Humanität und autokratischem Machtgebrauch mit Hilfe des areopagitischen Exempels aufzuheben trachtet, – eine zarische Variante des simul iustus ac peccator.

So dürfte bereits in dieser scheinbar formalistischen Frage nach dem Verhältnis von Text und Zitat, nach der beziehungsreichen Poetik des „Briefes im Brief" ein plötzlicher Einblick in die komplizierte Geisteswelt Groznyjs möglich sein. Der zarischen Etikette ist hier kein Abbruch getan, da die Technik des Zitats das Bedeutete gleichzeitig verdeckt und offenbart. So ist das andererseits recht bombastische Schreiben Ivans auch eine mehr oder weniger verdeckte „confession", eine Beichte, daß er durchaus der Sünder sei, als welchen Kurbskij ihn sieht[18]. Was daran byzantinisch ist und was hier bereits auf die Neigung kommender Jahrhunderte hinweist, ein stilisiertes Seelenleben dem Leser als „confessions" darzubieten, wage ich nicht zu sagen. Aber Groznyj ist kein Rousseau, Grozny sieht sich gleichzeitig – immer in dem vorliegenden Identifikationssystem – als „Priester" der Macht. Und auch die exaltierte Weise, den Gegner zu schmähen, ihn unmittelbar nach dieser verdeckten Beichte wieder als „Hund"[18a] zu titulieren, ist Ausdruck des plötzlichen Perspektivwechsels, bedingt durch den Wechsel der Identifikationen – vom Büßer Ivan in das Haupt der Staatshierarchie und in die dazugehörige, mit animalischer Fluch-Topik durchsetzte herrische Rede. Aber diese reale Macht ist im Umkehrspiegel der geistigen Auseinandersetzung nicht Groznyjs eigentliches Argument, um dem Vorwurf Kurbskijs zu entgehen. Das wird durch das Identifikationssystem im Zitat der Karpus-Vision sehr deutlich. Groznyj identifiziert sich im Gegensatz zu Kurbskij-Demophil-(Poli-)Karp mit den elenden Sündern und Läste-

---

[17] Vgl. MPG 3 und VMČ ebd.

[18] Im zweiten Briefe Groznyjs an Kurbskij findet sich sogar ein offenes Sündenbekenntnis des Zaren, was unsere Interpretation stützt. Vgl. D. S. Lichačev/Ja. S. Luŕe, Poslanija, S. 208f.

[18a] Vgl. D. S. Lichačev/Ja. S. Luŕe, Poslanija, S. 59, Zeile 5.

rern des Heiligen, die durch allerhöchstes und persönliches Eingreifen Christi – für den Visionär (Poli-)Karp-Demophil-Kurbskij unerwünscht und unerwartet – in einer apokalyptischen Szenerie vor dem ihnen bereits sicheren Schlund der Hölle gerettet werden. So lautet die ‚Botschaft' Groznyjs an Kurbskij im Klartext: „Ich, Groznyj, der größte Sünder, stehe unter der besonderen Gnade Christi, die mir wider meine Taten und wider Erwarten meiner Feinde beim Jüngsten Gericht angesichts der sicheren Hölle zuteil werden wird." Und der strenge (Poli)karp-Demophil-Kurbskij wird – entsprechend dem Schlußteil der Karpus-Vision – nicht nur durch die Gnade Christi beschämt, sondern zugleich auch noch durch Christus bedroht, daß er, der Gerechte, in die höllische Schlangengesellschaft expediert werde, derweilen der gerettete Sünder Groznyj (laut Groznyjs Identifikationssystem) in der Gemeinschaft „mit Gott und den guten und menschenliebenden Engeln" weilt.

So viel in Kürze zur Groznyjschen Poetik des „Briefes im Brief". Man könnte natürlich abkürzend und wichtige Details übergehend sagen, daß hier nichts anderes begegnet, als die alltägliche Sicht- und Denkweise des mittelalterlichen Menschen, der in bestimmten τύποι die Zeiten miteinander verklammerte und erklärte. Selbstverständlich wurzelt auch die Argumentiertaktik Groznyjs in dieser Denkweise der typologischen Perspektive. Gewöhnlich stützt sich das mittelalterlich-christliche Denken auf eine festumrissene biblische Konfiguration, welche, vom Alten Testament herkommend, auf ihren neutestamentlichen Sinn dechiffriert wird. Groznyj geht es aber weder um Fragen des alt-neutestamentlichen typologischen Zusammenhangs der οἰκονομία Gottes, noch greift er sich hier, wie etwa der Areopagite oder Demophil, zur Illustration geeignete „Vorschattungen" aus dem Alten Testament heraus (wiewohl diese nun – via Zitat – eine weitere Identifikationsebene im Briefe des Zaren bilden). Ivan erkennt vielmehr in der Problematik der ep. VIII des CD und in deren Argumentiertaktik einen – in Abstraktion vom kirchlich-hierarchischen Element – entsprechend gelagerten und gut übertragbaren Streitfall. Wenn man angesichts dessen von einer Typologie der Hierarchie sprechen darf – bereits der Areopagite gibt uns das Recht dazu – und auch von einer Typologie des hierarchischen Dilemmas samt der dazugehörigen theoretischen Lösungsversuche „von oben", so ist Ivan in diesem Sinne ein bemerkenswert eigenständiger Typologe.

Und da Ivan das Problem – mit einem gewissen sachlichen Recht bei diesem sich perpetuierenden Dilemma hierarchischer Struktur – typologisch behandelt, tritt der persönliche Anlaß, die persönliche Kontroverse hier einen Augenblick zurück, besser: sie wird von der Typologie auf einen „zeitlosen", vielnamigen Nenner gebracht. In extremer Konsequenz des zarischen typologisch-strukturalistischen Denkens wird, vordergründig, gar nichts „Eigenes" mehr geboten, sondern Ivan befleißigt sich der ihm möglichen „Objektivität", des Zitats, des – sit venia verbo – *totalen Zitats*. So wird durch diese eigenartige Reflexion über Macht und Kritik das vorliegende Brief-Genre gesprengt; und nicht zuletzt dürfte hier einsichtig werden, daß man Groznyj nicht vom humanistisch-epistolographischen Ehrenkodex her ein stilistisches Urteil sprechen darf.

Dieses vielschichtige Zitat-System wird dadurch ergänzt, daß Groznyj einen Text zitiert, der auch im slavisch-russischen Bereich nur kommentiert überliefert worden ist. Bei den vorliegenden sicheren Anzeichen der intensiven geistlichen Lektüre des CD durch Ivan gibt es auch nicht den geringsten Anlaß, an den Scholien-Kenntnissen des Zaren zu zweifeln, zumal die Anordnung der Scholien des Dionys-Textes in der ostslavischen handschriftlichen Tradition und so auch in den zarischen Großen Lese-Menäen ein Mitlesen geradezu erzwingt (im Gegensatz zu der Marginalscholien-Tradition der griechischen und südslavischen Dionys-Hss.)[19]. So gesellt sich zu dem oben betrachteten Identifikationssystem das *System* des beiden gebildeten Korrespondenten gegenwärtigen *Kommentars*. Die sonst sichtbaren und vom Text durch verschiedenste graphische Praktiken abgesetzten Scholien verwandeln sich durch ihre dem Leser bewußte Abwesenheit in einen „Text zwischen den Zeilen", in einen „podtekst"[20], wie man es in der russischen Literaturwissenschaft nennt. Der Kommentar ist in den Grundtext wieder aufgesogen worden, und dessen Worte – äußerlich unverändert – stehen bedeutungsschwerer neben den durch ihre Leere signalartig wirkenden margines.

Wichtig für das Verständnis des Briefes an Demophil-Kurbskij dürften aus den Scholien für Groznyj folgende zwei Gedanken gewesen sein[21]: Die Scholien ziehen die Linien des Insubordination-Problems noch weiter aus. Ein Priester ist, auch wenn er sündigt, nicht von einem Diakon oder Mönch zu korrigieren, – so auch Dionys –, viel weniger aber noch – fährt der Kommentar fort – von einem λαϊκός – (slav.) ljudin". Und wenn bereits ein Priester nicht in dieser insubordinatorischen Weise korrigiert werden darf, um wieviel weniger erst ein Bischof, so der

---

[19] Vgl. die frühen serbischen Redaktionen der Werke des Dionisij mit Scholien, z. B. im Moskauer Historischen Museum, Sammlung des Voskresenskij-Novoierusalimskij Kloster, N° 75, in der Leningrader Öffentlichen Bibliothek, Sammlung Hilferding N° 46, oder in der Nationalbibliothek Wien ÖNB – cod. slav. 14 (letztere Hs. nur vermittelt zur Kenntnis genommen durch G. Birkfellner, Glagolitische und kyrillische Handschriften in Österreich, Wien 1975 (= Schriften der Balkankommission. Linguistische Abteilung 23. Österreichische Akademie der Wissenschaften. Philos-hist. Klasse), S. 139–141.

[20] Zu übersetzen etwa „untergründiger Text".

[21] Zum folgenden vgl. MPG 4, 548 AB und VMČ, Sp. 745/55 (4. und 5.).

Kommentar. Mit diesen Ergänzungen dürften für die Groznyjsche Aspektstruktur erst die richtigen Maßstäbe geschaffen sein. Groznyj, der Archiereus der Staatshierarchie, tritt dem aus dieser Hierarchie gestürzten – auch im politischen Sinne: – ljudin" Kurbskij entgegen, der in der Perspektive Ivans so tief gestürzt ist, daß er ihn nur noch ganz klein und häßlich erblickt. Und in dem mitlaufenden Scholien-„podtekst" fällt letztlich auch das Schlüsselwort für die Verhaltensweise eines solchen zum „Laien" degradierten Kritikers der Hierarchie: ταῦτα δὲ δίχα αἱρέσεως – sia že krome eresi – das ist doppelte, das ist die totale Häresie[22]! Kurbskij-Demophil-(Poli)karp wird so zum politischen Haeresiarchen stilisiert, der gegen wichtigste Dogmen des Groznyjschen Glaubens an die Autokratie steht. Und wir finden den božestvennyj Dionisij, den „göttlichen Dionys" in der eleganten Umfunktionierung im zarischen Sendschreiben zwar auf einer anderen Ebene, doch an derselben Front wie so oft im griechisch-slavischen Bereich: na eretikov, gegen die Häretiker[23].

Auch die persönliche Hoffnung des Sünders Ivan, wie er sich selbst zu verstehen gibt, auf Rechtfertigung und Rettung durch Christus selber, erfährt in Verbindung mit dieser Art der politischen Publizistik eine nicht zu übersehende Metamorphose: Sie gerät zur geistvollsten politisch-theologischen Demagogie, die die Rechtfertigung des Sünders durch die Gnade Christi zur Rechtfertigung gegenüber den eigenen politischen Kritikern ummünzt, die die routinierte und stilisierte Selbstkritik unter der Hand zur Selbstrechtfertigung werden läßt. In dieser durch Dionisij gewonnenen, programmatisch zwiespältigen Pose tritt Ivan vor Kurbskij. Selbstsicherheit und -überzeugung in dieser Pose mag der Zar auch ein wenig aus dem CD gewonnen haben. Wie Dionys selbst sagt und wie es auch im Kommentar zur ep. VIII heißt, ist eben dieser nicht von unten kritisierbare Hierarch „Prophet und Lehrer der göttlichen Urteilssprüche"[24], und Ivan ist sogar, wie ersichtlich, Prophet und Lehrer der göttlichen Urteilssprüche, die über ihn selbst ergehen werden.

Nach den Erkenntnissen der Herrschaftssoziologie fehlt bei dieser bereits hier recht geschlossen wirkenden Groznyjschen Theorie der Autokratie nur noch die stilisierte intelligible Spitze: Der charismatische Autokrat als der Mystiker, der eigentlich in einer anderen, höheren Welt weilt, und nur aus hierarchischer Güte als Abbild des menschenliebenden Gottes in die Niederungen der materiellen Welt hinabsteigt. Aber auch dafür gibt es überraschende Spuren in den offiziellen Dokumenten Ivan Groznyjs: Verschiedene zarische Sendschreiben aus den letzten

---

[22] Ebd.
[23] Vgl. das oben Anm. 1 genannte Thema meines Leningrader Vortrages.
[24] MPG 4, 548 B; VMČ Sp. 755.

Jahren seines Regimes an europäische Herrscher werden durch das wörtliche Zitat des Anfangs der areopagitischen Schrift „de mystica theologia", das Gebet an die „überwesentliche, übergöttliche und übergute Dreifaltigkeit" eingeleitet[25]. Wie dort aus dem Zusammenhang ersichtlich wird, sieht sich Ivan als Zar von Gnaden gerade dieser mystischen Übergottheit und als Myste, wie es in den Staatsurkunden weiter heißt, der zu der „übernichterkennbaren und überlichten und äußersten Höhe" strebt[26]. Mit dieser ungewöhnlichen areopagitischen Terminologie dürfte Groznyj die mystisch-theologische Konsequenz seiner Ansichten über die Autokratie und den autokratischen Herrscher unübersehbar und in verblüffendem Zusammenhang mit seiner persönlichen Väterlektüre angedeutet haben.

Über den Tagesanlaß hinaus, will mir scheinen, hat das CD im Rußland des XVI. Jh. einen wesentlichen Beitrag zum Selbstverständnis und zur Rechtfertigung des absoluten Herrschers geliefert. Und dies im Blick auf das System des Areopagiten nicht zufällig. Heißt es, wohl im Hinblick auf das den areopagitischen Kosmos total durchwaltende hierarchische Prinzip, in der grundlegenden Studie René Roques' resümierend: „Il osa trop, mais l'audace était belle"[27], so muß man hinzufügen, daß gerade dieses „Zuviel", gerade diese „schöne Kühnheit" des spätantiken Logos einen der Kristallisationspunkte abgab für die mittelalterlichen politisch-theologischen Theorien. Und dies war ebenfalls nicht das Ende der Wirksamkeit des Areopagiten, betrachtet man nur das Kerygma des absolutistischen, zentralisierten Staates bei Groznyj. Denn der Übergang zu dieser Staatsform bedeutete auch für Rußland den Anbruch der Neuzeit. Und es ist nicht überraschend, daß im theoretischen Bereich das rational-legale, funktionalistische System des Areopagiten

---

[25] Der Verweis durch Ja. S. Luŕe (der seinerseits diesen interessanten Fall nicht weiter verfolgt zu haben scheint), Poslanija S. 617, auf I. N. Ždanov, Sočinenija, t. 1, SPb. 1904, S. 81–170 die Arbeit „Sočinenija carja Ivana Vasil'eviča" (Die Werke Ivan Vasil'evičs), S. 115 Anm. 1. Dort das ein wenig fehlerhaft durch Ždanov von Karamzin übernommene Zitat des Anfangs der „Mystischen Theologie" und Verweis auf ein sehr ähnliches Zitat des Anfangs der „Mystischen Theologie" in einem anderen offiziellen Schreiben Ivans. (Vgl. N. M. Karamzin, Istorija gosudarstva rossijskago, t. 9, SPb 1821, besondere Paginierung der Anmerkung S. 229 f. Anm. 625 – Bei Ždanov 635! –; Pamjatniki diplomatičeskich snošenij drevnej Rossii s deržavami inostrannymi, SPb. 1851, Teil 1, Bd. 1, Sp. 613/14. Tatsächlich handelt es sich bei dem Text um den Anfang der „Mystischen Theologie" in der Übersetzung des Isaija mit interessanten Zufügungen und leichter Wortumstellung (genauer Textvergleich in einer von mir z. Z. erarbeiteten größeren Untersuchung über das CD slavicum). Durch die Zufügungen wird deutlich, daß Ivan mit diesem Zitat auch seine und die russische Orthodoxie unterstreicht, gegen die heterodoxen fürstlichen Adressaten. Auch hier streitet der göttliche Dionys gegen die Häretiker!

[26] Vgl. MPG 3, 997 A.

[27] Ders., L'Univers Dionysien. Structure hiérarchique du monde selon le Pseudo-Denys, Paris 1954 (= Théologie, t. 29), S. 339.

auf entsprechende Bestrebungen stößt, die bis weit hinein in die neueste Geschichte reichen, ist doch der Absolutismus eine unbedingte Vorstufe etwa der geordneten Verwaltung und der „Gleichheit vor dem Gesetz" etc. in der bürgerlichen Gesellschaft[28].

Und was die angeblichen groben Felsbrocken betrifft, die Ivan-Polyphem, laut der deutlichen Typologie Bj. Nørretranders', ohne genaues Ziel zu nehmen, in die Richtung des listig-humanistischen Kurbskij-Ulysses warf[29], so möchte ich anders allegorisieren: Dem Exulanten Kurbskij, der in seiner Exilsituation „frei" im Reich des Geistes herumflattert, stellt in eben diesem Reiche der zarische Vogler mit dem großen und feinmaschigen Netz seiner grüblerischen Gedanken nach (was natürlich nicht hindert, daß er nebenher auch mit Steinen wirft). Und schon der berühmte Spott in Kurbskijs Antwort über die vielen Worte des Zaren macht deutlich, daß er das geistige Netz gar nicht sehen wollte, welches der Zar für ihn gestrickt hatte.

Damit kommen wir zu einer letzten Bemerkung über die angeblich nicht zu vereinbarenden Bildungstypen Groznyjs und Kurbskijs. Für das Verhältnis der Groznyjschen Bildung zu der Kurbskijs ist m. E. nicht der an sich bereits schiefe Gegensatz von „Byzantinismus" und Humanismus charakteristisch, sondern der unterschiedliche ‚Sitz im Leben' der beiden Briefeschreiber, woraus die unterschiedlichen *Taktiken* der Argumentation erwachsen. Die eine, Groznyjs, ist die des Generalstabchefs, der aus seiner übergreifenden Perspektive und einem Mehr an Information nicht selten Einzelaktionen befiehlt, die Freund und Feind nicht immer gleich verständlich sein müssen. Hinzu kommt, um im militärischen Bilde zu bleiben, daß für große Militärmaschinerien mit gut geregeltem Nachschub und Mannschaftsreserven die Materialschlacht eine typische Erscheinung ist. Kompanie für Kompanie wird ins Treffen geschickt, Myriaden von Zitaten ziehen in Swiftscher Weise zum Kampf aus, rekrutiert in der umfangreichen zarischen Bibliothek, mit dem letzten Schliff durch die knižniki, die Gelehrten des Hofes, versehen. Und die andere Taktik, Kurbskijs, ist die bewegliche des zahlen- und mate-

---

[28] Zu diesen hier nur angedeuteten größeren Zusammenhängen vgl. auch die Bemerkungen bei C. F. v. Weizsäcker, Der Garten des Menschlichen. Beiträge zur geschichtlichen Anthropologie, München/Wien, 3. Aufl. 1977, S. 63–90, besonders S. 66ff. Aufschlußreich dürfte auch sein, daß ein moderner Kenner von Hierarchie in ihrer verschiedensten heutigen Ausprägung, der dieses System pragmatisch unter bewußter Absehung von Dionys (!) beschreiben will, in die Darstellung der Struktur wichtigste areopagitische Elemente aufnimmt (vgl. H. Dombois, Hierarchie. Grund und Grenze einer umstrittenen Struktur, Freiburg/Basel/Wien 1971). Pointiert dürfte man vielleicht sagen: Auch Dionys entginge sich selber nicht bei einem solchen Unterfangen, denn es handelt sich hier nicht um literarische Eigenarten, sondern um einen strukturellen Idealtyp, der auch ohne jegliche Tradition – dann vielleicht noch klarer – stets wieder auftaucht.

[29] Vgl. oben und Anm. 11.

rialmäßig unterlegenen Gegners, der – einmal da, einmal dort auftauchend – den Gegner zu verwirren und zum Rückzug zu bringen versucht.

Und zum Beschluß, auch dies wird dem Zaren bei der Lektüre des „göttlichen Dionys" eingeleuchtet haben, ist der „gründlich-ausführliche heilige Lehrvortrag"[30] ein Charakteristikum hierarchischer Belehrungsweise nach unten.

[30] MPG 3, 121 D. – Die Richtigkeit der in dieser Miszelle vorgetragenen Ansichten zu den Dionys-Zitaten Groznyjs im ersten Sendschreiben an Kurbskij ließe sich auch noch auf dem Wege eines umfangreicheren Vergleichs mit dem Kontext des gesamten Briefes erhärten. Dieser Vergleich befindet sich in meiner zur Zeit entstehenden Habilitations-Schrift „Das Corpus areopagiticum in der slavischen Kirchen- und Theologiegeschichte". Das Resultat der Untersuchung wird durch diese Überprüfung nicht verändert, vielmehr finden sich – durch den gesamten langen Brief verstreut – immer wieder die Argumente, die Ivan dann gegen Schluß seines Schreibens in seinem Dionys-Zitat bündelt.

Alois Grillmeier S.J.

„Christus licet uobis inuitis deus"

*Ein Beitrag zur Diskussion über die Hellenisierung der christlichen Botschaft**

„Hellenisierung der christlichen Botschaft" ist seit der Reformation ein vieldiskutiertes Thema, das bis in unsere Gegenwart akut geblieben ist[1]. Zunächst war damit eine Kritik an der abendländischen Scholastik ausgesprochen, die in eins ging mit der Kritik am Papsttum und den kirchlichen Institutionen. Mehr und mehr sah man das reine Evangelium überlagert von Schichten, welche durch Platonisierung, Aristotelisierung, Stoisierung der christlichen Theologie gebildet worden seien. Den Ausdruck der „Hellenisierung" des Christentums hat vor allem Adolf von Harnack in seinem dreibändigen „Lehrbuch der Dogmengeschichte" zum Schlagwort gemacht. Für ihn war das christliche, näherhin das altkirchliche und katholische Dogma „das Werk des griechischen Geistes auf dem Boden des Evangeliums"[2]. Seine Grundthese begründete er damit, daß die griechischen Begriffe und das geistig-griechische Instrumentar, die in der Antike zur Deutung des Evangeliums herangezogen wurden, nicht nur reines Instrumentar geblieben, sondern mit dem Inhalt der Urbotschaft selber verschmolzen sind. Geschichte des Dogmas wird damit zur Geschichte des Gegensatzes zwischen dem „reinen Evangelium" und dem „katholischen Dogma", das für Harnack nichts anderes war als das „Christentum im Verständnis der Antike"[3].

---

* Vorliegender Beitrag ist hervorgegangen aus einer Gastvorlesung beim Fachbereich Katholische Theologie der Universität Regensburg am 7. 7. 1978. Für manche Anregung danke ich Herrn Dekan Prof. Dr. N. Brox.

[1] Siehe die Studie von W. Glawe, Hellenisierung des Christentums in der Geschichte der Theologie von Luther bis auf die Gegenwart (Berlin 1912; ND Aalen 1973); A. Grillmeier, Hellenisierung–Judaisierung des Christentums als Deuteprinzipien der Geschichte des kirchlichen Dogmas, in: ders. Mit ihm und in ihm. Christologische Forschungen und Perspektiven (Freiburg–Basel–Wien [2]1978) 423–488; dazu ders., Jesus Christus in Palästina, Hellas und anderswo. Zum Problem der Hellenisierung der Botschaft von Jesus Christus auf den Konzilen der griechisch-byzantinischen Reichskirche, in: Lebendige Seelsorge 28 (1977) 16–26.

[2] A. von Harnack, Lehrbuch der Dogmengeschichte I (Tübingen [5]1931) 20.

Der methodische und inhaltliche Anspruch des Hellenisierungsproblems ist seit der Zeit A. von Harnacks derart gewachsen, daß es unmöglich ist, hier einen adäquaten Überblick über den Stand der Frage und die noch anstehenden Aufgaben zu vermitteln. Es muß ja zugegeben werden, daß Hellenisierung stattfand, ja stattfinden mußte, wenn die christliche Botschaft von den Griechen verstanden und innerlich angenommen werden sollte. Auf die Begegnung des Christentums mit dem hellenischen Geist kam es besonders an. Sie mußte sich vor allem im antiochenischen und alexandrinischen Bereich, in den damaligen geistig-kulturellen und wirtschaftlichen Zentren der römisch-hellenistischen Welt vollziehen.

Nach allzu simpler Vorstellung war schon beim ersten Übertritt des Evangeliums in den antiochenischen Raum die Entscheidung zu Ungunsten des urgemeindlichen Verständnisses der Botschaft von Jesus Christus gefallen. D.h. die hellenistischen Vorstellungen bemächtigten sich der Gestalt Jesu und machten ihn zum Soter, zum Kyrios, zum Gottessohn, auf jeden Fall zu einem der zahllosen θεῖοι ἄνδρες, welche die griechische Geistesgeschichte in all ihren Schichten kannte. Eine Christologie von oben sei an die Stelle der Jesulogie oder der Christologie von unten getreten. Dieses Geschehen hat sich nach einer weitverbreiteten Vorstellung so selbstverständlich und einlinig vollzogen, daß gar nicht die Frage auftaucht, ob denn die angeblich so schnell und entschieden vollzogene Verkleidung der Urbotschaft bei den geistig entscheidenden Schichten auch ankommen konnte. Hatten die hellenistischen Philosophen ihre eigentlichen Schwierigkeiten gegenüber den Christen nicht gerade deshalb, weil diese den gekreuzigten Nazarener als Gott und Kyrios, oder als den wahren Basileus und Imperator der Welt hinstellten[4]? Diese Frage ist gewiß von Bedeutung für eine allzu leicht gemachte Annahme: der Glaube an Jesus von Nazaret als Gott, Sohn Gottes und Kyrios sei im Interesse der Anpassung der christlichen Botschaft an das griechische Verständnis überhaupt erst *entstanden*. Tatsächlich ist aber die supponierte Angleichung aus Opportunismus mehr und mehr zur ausgesprochenen Provokation für die griechische Intelligenz geworden. Die christliche Botschaft ist zwischen die Mühlsteine von Mythos und Logos gekommen. Ohne eine in sich gefestigte Eigenart wäre sie bald zerrieben worden. Dies ist das Problem, das im ersten Teil vorgestellt werden soll.

---

[3] Ebd. 21.

[4] Vgl. H. Cancik, Christus Imperator. Zum Gebrauch militärischer Titulaturen im römischen Herrscherkult und im Christentum, in: H. von Stietencron (Hrsg.), Der Name Gottes (Düsseldorf 1975) 112–130.

In dem Maße, als der Glaube an Jesus, den Kyrios und Sohn Gottes, die Kritik der Philosophen auf den Plan rief, im selben Maße mußten die Christen sich nach außen und nach innen, vor der griechisch-heidnischen und der innerchristlichen Intelligenz rechtfertigen. Der Druck von dieser Seite ging einher mit der Notwendigkeit, sich mit dem Judentum auseinanderzusetzen, welches die Christen als Verräter an der atl. Religion betrachtete. Letztlich ging es also um den sowohl von den Juden wie den griechischen Philosophen vertretenen Monotheismus, der durch das Bekenntnis zu Christus als Gott in Frage gestellt war. Konnte in der Auseinandersetzung mit dem Judentum vom AT her argumentiert werden, wie der Dialog Justins mit dem Juden Tryphon zeigt, so forderte die Diskussion mit den Griechen eine Darstellung des christlichen Glaubens in philosophischer Sprache und dessen Konfrontierung mit dem griechisch-religiösen Weltbild. Um die Deutung dieser Begegnung geht es im zweiten Teil. Hier soll darauf aufmerksam gemacht werden, daß Hellenisierung nicht ein Augenblicksereignis sein konnte und kann, sondern nur als *Prozeß* sich vollziehen konnte, und zwar ein Doppelprozeß, einmal mit einer vorlaufenden Hellenisierung, dann einer rücklaufenden Enthellenisierung. Denn so notwendig sich die christlichen Theologen auf das griechische Welt- und Gottesbild und die Sprache der Philosophen einlassen mußten, so wenig konnte dies ohne Selbstkritik verschiedenen geistigen Anspruchs abgehen.

I. Jesus der Gekreuzigte und Auferstandene zwischen Mythos und Logos

1. Die Begegnung der christlichen Botschaft mit der heidnischen Volksreligion

Bevor wir auf die Konfrontation des Christentums mit dem hellenischen Geist eingehen, worauf der Hauptakzent liegen soll, sei darauf verwiesen, daß sich diese Begegnung zunächst zwischen den christlichen Missionaren und der hellenistischen Volksreligion vollzogen hat, oder auf der Ebene eines schlichten Kerygmas und des einfachen Volksglaubens. Dies wenigstens in der größeren Breite.

Durch die Forschungen von Martin P. Nilsson[5] und A.-J. Festugière[6] ist diese Volksreligion erst in deutlicheren Konturen sichtbar geworden.

---

[5] Martin P. Nilsson, Geschichte der griechischen Religion = Hdb. d. AW V 2 1. Bd. (München [1]1941; [2]1955) 742–782; 2. Bd. ([2]1961) 185–309; ders., La religion populaire de la Grèce antique (Paris 1954) = franz. Übers. von: Greek Popular Religion (New York 1940); É. des Places, La religion grecque. Dieux, cultes, rites et sentiment religieux dans la Grèce antique (Paris 1969) 147–153.

[6] A.-J. Festugière, Aspects de la religion populaire grecque, in: Revue de Théologie et de Philosophie, IIIe série, XI (1961) 19–31.

Nilsson hat gezeigt, daß die Ausdehnung der Macht und des Ruhmes der griechischen Polis dazu geführt hat, daß die großen Götter hoch über dem gemeinen Volke thronten, wie dies auch in der ägyptischen Religion der Fall war. Die kleinen Leute aber brauchten einen Gott, der ihnen nahe war, also Götter, die ihnen im täglichen Lebenskampf helfen konnte. Sie brauchten einen Kult, der auch dem Emotionalen seinen Platz einräumte. Dieses Volk war geneigt, überall das Göttliche zu entdecken, wie A.-J. Festugière betont[7]. Es war bereit, an die Macht und Allwissenheit des Gottes und sein göttliches Erscheinen auf Erden zu glauben. Es sei nur an die Begegnung von Paulus und Barnabas mit der kleinasiatischen Volksreligion zu Lystra und Derbe erinnert. Nach der Heilung eines Gelähmten durch Paulus rief die Menge laut auf lykaonisch: „Götter sind in Menschengestalt zu uns herabgekommen" (Apg 14,10). Barnabas war für sie Zeus, Paulus als Sprecher der Gott Hermes. „Nur mit Mühe brachten sie . . . die Volksmenge davon ab, ihnen Opfer darzubringen" (Apg 14,18). Es mochte also leicht sein, Jesus als Sohn Gottes und Kyrios einer Welt zu verkünden, deren Einstellung nach A.-J. Festugière darauf gerichtet war, Vertrauen zu haben auf den Gott, dem man dient, sich erkenntlich zu zeigen für die Gaben, die er schickt, ihn zum Freund (philos) zu haben bis hin zu religiöser Intimität, in Festesfreude und in Enthusiasmus seinen Kult zu begehen und so den rechten Trost für den Alltag zu finden[8].

Wir müssen hier darauf verzichten, die Frage zu behandeln, wie sich das christliche Kerygma der Urgemeinde gegenüber der heidnischen Volksfrömmigkeit definitiv verhalten hat. Wir können auch nicht auf die Gestalt der christlichen Volksfrömmigkeit eingehen, die sich relativ schnell auch literarisch ausgeprägt hat[9]. Es gab ein vulgär-christliches Bild von Jesus, dem Sohn Gottes[10], und eine sehr beachtliche Schicht, die einen einfachen Glauben bekannte und ihre eigenen Schwierigkeiten mit der théologie savante, mit den christlichen Philosophen und Theologen hatte. N. Brox hat ihr eine wichtige Studie gewidmet[11], die für die Auseinandersetzung um das II. Vaticanum von eigenartiger Aktualität

---

[7] Nach der Zusammenfassung des eben zitierten Artikels bei É. des Places, a.a.O. 152.

[8] A.-J. Festugière, a.a.O. 20–24.

[9] Man kann dafür wenigstens einen Teil der frühchristlichen anonymen und pseudonymen Literatur benennen. Vgl. N. Brox (Hrsg.), Pseudepigraphie in der heidnischen und jüdisch-christlichen Antike = Wege d. Forschung 484 (Darmstadt 1977), darin besonders die Artikel von F. Torm (111–148), G. Bardy (163–184) und W. Speyer (195–263). N. Brox spricht von einer „Trivialform der Literatur" (334).

[10] Siehe den Versuch einer kurzen Darstellung bei A. Grillmeier, Christ in Christian Tradition (London & Oxford [2]1975) 53–76.

[11] Vgl. N. Brox, Der einfache Glaube und die Theologie, in: Kairos N.F. 14 (1972) 161–187; J. Lebreton, Le désaccord de la foi populaire et de la théologie savante, in: RHE 19 (1923) 481–506; 20 (1924) 5–37.

ist. Das Thema von der Hellenisierung muß uns vor allem zur Gruppe der Vertreter des griechischen Logos führen. Hier kam es rasch zur Konfrontation.

2. Die Konfrontation zwischen christlicher Botschaft von Jesus, dem gekreuzigten Sohn Gottes, und dem griechischen Logos

Die wichtigste Gruppe, mit der wir es in der Zeit vom ersten bis zum dritten christlichen Jahrhundert zu tun haben, ist die der sogenannten Mittelplatoniker als dem Mittelglied zwischen der alten Akademie Platos und den Neuplatonikern. Die Eigenart des mittleren Platonismus ist erst seit Mitte des 19. Jhs. in den Blick gekommen (E. Zeller, Fr. Überweg, K. Praechter) und in seiner Bedeutung für die christliche Theologie mehr und mehr erforscht worden, besonders durch W. Theiler[12], C. J. de Vogel[13], H. Dörrie[14] und andere Forscher[15]. Nach H. Dörrie handelt es sich um eine Gruppe von Anhängern Platos außerhalb der Akademie. Sie wollte, gestützt auf den geschriebenen und nicht mündlich tradierten Plato, zu dem zurückfinden, was er gelehrt habe. Man sucht „durch eigenes Lesen – vor allem des Timaios – zu Informationen zu gelangen, welche die Akademie nicht geben konnte oder wollte"[16]. Dieser mittlere Platonismus ist nach H. Dörrie etwa in der Zeit zwischen 70 v. Chr. und 40 n. Chr. festgelegt worden und hat seine Bedeutung für die christliche Theologie so recht erst mit Origenes bekommen, obwohl sein Einfluß schon bei den Apologeten vorher festzustellen ist. Was er an dogmata enthielt, sei in etwa an dem zu erkennen, was der Jude Philon von Alexandrien an platonischem Gut besessen habe, eine Feststellung, die für die frühchristliche Theologie besonders wichtig ist.

---

[12] W. Theiler, Die Vorbereitung des Neuplatonismus (Berlin ¹1934; Zürich–Berlin ²1964); ders., Forschungen zum Neuplatonismus (Berlin 1966).

[13] Cornelia J. de Vogel, Philosophia, Studies in Greek Philosophy, Part I (Assen 1970), bes. Kap. 15, 335–416; dies., A la recherche des étapes précises entre Platon et le Néoplatonisme, in: Mnemosyne 4. s. 7 (1954) 111–122; dies., Problems concerning Later Platonism: Mnemosyne 4. s. 2 (1949) 197–216; 299–318.

[14] H. Dörrie, Platonica minora = StudTestAnt VIII (München 1976), besonders B. Zum Platonismus vor Plotin: 154–296; C. Zu einzelnen Platonikern vor Plotin: 297–360.

[15] Siehe ebd. 524–548: Bibliographischer Bericht über den Stand der Forschung zum Mittleren und Neueren Platonismus. Zu beachten ist bes. Vb, 539–542: Zu einzelnen Kirchenlehrern in ihren Verhältnissen zu Platon und zum Platonismus; ferner E. P. Meijering, God Being History. Studies in Patristic Philosophy (Amsterdam–Oxford–New York 1975) 1–18: Zehn Jahre Forschung zum Thema Platonismus und Kirchenväter.

[16] H. Dörrie, Logos-Religion? Oder Noûs-Theologie? Die hauptsächlichen Aspekte des kaiserzeitlichen Platonismus, in: J. Mansfield and L. M. de Rijk (Hrsg.), Kephalaion. Studies . . . offered to Prof. C. J. de Vogel (Assen–Van Gorcum 1975) 115–136, 118; sehr erhellend ist ders., Der Platonismus in der Kultur- und Geistesgeschichte der frühen Kaiserzeit: Platonica Minora 166–210.

Die Substanz dieses Platonismus bildet ein stets verfügbarer Schatz an Zitaten und Metaphern, die nicht der ganze Platon waren, wohl aber eine als aussagekräftig angesehene Auswahl aus ihm. Darauf gründeten alle Versuche, zu einer Systematik der platonischen Philosophie zu kommen. Doch bildeten sich zwei verschiedene Haltungen gegenüber dem so gewonnenen und gehüteten platonischen Erbe heraus.

Die eine Haltung war geprägt von dem Programm, gesicherte Erkenntnis vom Göttlichen zu gewinnen. Diese Erkenntnis sollte zugleich zur soteria der erkennenden Seele werden. Ihr konnte dadurch die Erhaltung über das gegenwärtige Leben hinaus gesichert werden. Dieser Haltung oder Einstellung entsprach als Methode die via analogiae, d.h. der Aufstieg zu höherem Wissen durch Analogieschlüsse aus dem, was durch die Erfahrung gewonnen war: „Da Gott sich dieser Welt durch den Logos, ja als Logos mitteilt, ist es für den, der diesen habitus einnimmt, subjektiv wie objektiv gleich wichtig, den Logos, wo immer er sich halbverborgen manifestiert, aufzufinden . . .“[17]

Dazu gab es aber eine gegensätzliche Haltung. Sie lehnte die via analogiae als Methode ab, verzichtete auf „Anschaulichkeit“, auf „Platons Mythen“, hielt sich an Aristoteles und ging „eine logisch determinierte, von Anschaulichkeit freie via negationis“, die schließlich in einem „geradezu schroffen Monismus“ geendet habe[18]. Was mit diesem Monismus gemeint ist, wird uns noch näher beschäftigen.

Das aus der ersten Haltung sich ergebende System nennt H. Dörrie die „Logos-Religion“, das aus der zweiten abgeleitete die „Noûs-Theologie“. Beide standen sich als Extreme mit vielen Mittelformen gegenüber. Bevor wir auf die je verschiedene Bedeutung dieser Richtungen für die frühchristliche Theologie eingehen, stellen wir in deren Verhalten zum Christentum ein Gemeinsames fest: die dezidierte Absage an die christliche Verkündigung von einem menschgewordenen und gekreuzigten Gott, vor allem an die Überzeugung der Christen von der Gegenwart des ungeteilten göttlichen Logos in einem konkreten Menschen wie Jesus von Nazaret. Dies gilt selbst für die so fromme Gruppe, wie sie die Vertreter der Logos-Religion darstellten. Aus den bekannteren Platonikern des 2. christlichen Jahrhunderts zählt H. Dörrie dazu: Plutarch von Chaironeia, Cassius Longinos, vor allem aber Kelsos von Alexandrien[19]. Er ist für uns besonders wichtig, weil wir die gravamina, die er den Chri-

---

[17] H. Dörrie, Logos-Religion? Oder Noûs-Theologie, a.a.O. 124.

[18] Ebd. 125–127.

[19] Ebd. 130. Zu Kelsos siehe C. Andresen, Logos und Nomos. Die Polemik des Kelsos wider das Christentum = AKG 30 (Berlin 1955); dazu H. Dörrie, in: Platonica minora 263–274; ferner ders., Die platonische Theologie des Kelsos in Auseinandersetzung mit der christlichen Theologie, auf Grund von Origenes, c. Celsum 7,42 ff., Platonica minora 229–274.

sten gegenüber vorbrachte, aus deren Widerlegung durch den großen Alexandriner Origenes kennen. Warum haben diese Philosophen besondere Schwierigkeiten, die Inkarnation des Logos in Jesus von Nazaret anzunehmen? Eigentlich sollte man bei ihnen eine besondere Offenheit gerade gegenüber dieser Botschaft der Christen erwarten. H. Dörrie beschreibt ihre Einstellung so: exoterische Haltung, Öffnung zum Publikum, didaktische Rücksichtnahme, Anschaulichkeit, Analogie, Offenheit für die Logos-Lehre der Stoa und ihre Idee von der Logos-Allgegenwart, Nähe zur Gnosis, in jedem Fall: grundsätzlich religiöse Einstellung. Ihre Verehrung gilt dem „immanenten Logos". Ihr Gottesbild zeigt einen der Welt zugewandten Gott. Er teilt sich ihr durch seinen Logos mit, dies in Natur, Geschichte und in allem, was in Kultus und Bildung „kontinuierlich" ist. Aber gerade dieses Wort „kontinuierlich" erlaubte ihnen die Einigelung in ihr System: „Aus der enzyklopädischen Beherrschung des gesamten Bildungserbes wurde ein ganzes Arsenal von Argumenten gewonnen, die gegen diejenigen zu richten waren, die da behaupteten, eine historisch fixierte Herabkunft des Logos in der Person Christi habe alle früheren Manifestationen des Logos entwertet und aufgehoben"[20]. Diese Gruppe der Mittelplatoniker hatte sich ein geschlossenes Gebäude der griechischen Paideia errichtet, das für alles offen war, nur nicht für die novitas christiana, das Erscheinen nämlich des ganzen und ungeteilten Logos in einem ungebildeten und schließlich gekreuzigten Menschen. Ihnen genügten die doxographisch verarbeiteten Platontraditionen[21]. Wir haben genügend Zeugnisse für dieses dezidierte mittelplatonische Nein gegen den inkarnierten Logos, besonders aber von dem schon genannten Kelsos von Alexandrien, ferner die Fragmente zweier Schriften des Neuplatonikers Porphyrios „Gegen die Christen" und „De regressu animae" (Rückkehr der Seele) (um 233–300); Kunde davon gibt uns die Schrift Aduersus nationes des Arnobius des Älteren, aus der Zeit der Diokletianischen Verfolgung oder kurz darauf (304–310); endlich kennen wir die Meinung einzelner Neuplatoniker, die Ambrosius von Mailand in der nur fragmentarisch erhaltenen Schrift De philosophia bekämpft hat. In einer vorzüglichen Studie hat P. Courcelle diese Quellen ausgewertet[22].

---

[20] H. Dörrie, Logos-Religion? Oder Noûs-Theologie? (oben Anm. 16) 124; in diesem Zusammenhang ist beachtenswert H. Blumenberg, Kritik und Rezeption antiker Philosophie in der Patristik. Strukturanalysen zu einer Morphologie der Tradition, in: Studium Generale 12 (1959) 485–497; bes. 487: „. . . die Philosophie . . . war in der hellenistischen Welt weithin zu der Art und Weise geworden, in der man ‚Wirklichkeit' verstand, sich auf sie beziehen und berufen konnte, und in der festgelegt war, wie man dies zu tun hatte."

[21] Zu den Quellen siehe H. Dörrie, Platonica minora (oben Anm. 14 u. 15) 526–529.

[22] P. Courcelle, Anti-Christian Arguments and Christian Platonism: from Arnobius to

Um die Entschiedenheit der Ablehnung der christlichen Verkündigung von Christus anschaulich zu machen, seien einige Stellen entweder wörtlich zitiert oder ausgewertet:

a) Kelsos von Alexandrien

Im ersten Teil seines Logos Alethes kämpft er gegen die Christen vom Standpunkt des Judentums aus. Er läßt einen Juden auftreten, der nachweisen möchte, Jesus sei nicht göttlich geboren, von Gott nicht bestätigt worden, durch keine Taten ausgewiesen, körperlich nicht wie ein Gott beschaffen und überhaupt nicht der erwartete Messias. Typisch mittelplatonisch ist der Vorwurf gegen den – wie Origenes sagt – „Stifter der Gemeinschaft, durch die wir Christen sind". Er lautet so: „Dieser hat *erst vor ganz wenigen Jahren* diese Lehre eingeführt und ist von den Christen für den Sohn Gottes gehalten worden."[23]

Im vierten Teil verteidigt Kelsos die heidnische Staatsreligion und verübelt es den Christen, daß sie einen geschichtlich-endlichen Menschen als Gott verehren und sich so an dem einen Gott vergehen: „Wenn sie nun keinem andern dienten außer dem einen Gott, so hätten sie vielleicht den anderen gegenüber eine unangreifbare Lehre; nun aber verehren sie diesen, der *erst vor kurzem erschienen ist,* ganz übermäßig und glauben trotzdem, sich gar nicht an Gott zu vergehen, wenn auch sein Diener verehrt würde."[24]

Das Ärgernis des Kelsos an Christus ist also: er ist „erst vor kurzem erschienen"; er war ein einfacher, ungebildeter Handwerkerssohn; dennoch hat er versucht, als Wundertäter und Lehrer aufzutreten; er ist aber als Verbrecher entlarvt und gekreuzigt worden. Dieses Leben hat also gar nichts Göttliches an sich (C. Cels. VI 75). Der Glaube an Christus als Gottessohn ist die Zerstörung des wahren Gottesbegriffs und erweist die Christen als verachtenswerte Menschen. Man könnte mit ihnen reden, wenn sie nicht die Einzigkeit Gottes leugneten und in Gott einen Sohn annähmen, der zudem Mensch geworden sei. In der Verehrung eines Menschen, der als Urheber eines Aufruhrs verurteilt worden ist, bringen sich die Christen in Widerspruch zu den Lehren des Römischen Reiches (C. Cels. VIII 14). Wir sehen daraus, daß Kelsos die eigentliche Vorstellung von Christus als dem menschgewordenen Gott nicht so versteht wie die Christen selber. Dies ist zu beachten, wenn man meint, die Vorstellung von einem Gottessohn aus griechischen Ideen ableiten zu können.

St. Ambrose, in: A. Momigliano (ed.), The Conflict between Paganism and Christianity in the Fourth Century (Oxford 1963) 151–192.

[23] Origen., C. Cels. I 26: GCS O.W. I,77, 28–78; deutsch nach P. Koetschau, Des Origenes acht Bücher gegen Celsus = BKV 52 (München 1926) 36.

[24] Origen., C. Cels. VIII 12: GCS O.W. II,229, 11–15; deutsch nach BKV 53,311. Zum Ganzen siehe C. Andresen, Logos und Nomos (ob. Anm. 19) 79–107, bes. 89ff.

b) Die Gegner des Arnobius des Älteren

Aus den von Arnobius zitierten Texten zeitgenössischer Philosophen ergibt sich, daß es auch für diese Gruppe, die er auswertet, ein unannehmbarer Widerspruch war, einen Menschen als Gott oder Sohn Gottes zu bezeichnen und anzubeten, besonders einen Gekreuzigten[25]. Den Evangelisten, diesen zweitklassigen Menschen, fehle die antiquitas[26]. Dieser Vorwurf wird von Philosophen erhoben, die Arnobius seinerseits als viri novi bezeichnet, worunter nach P. Courcelle der Neuplatoniker Pophyrius, der scharfe Christengegner, mitgemeint ist. Dieser wirft dem Christentum vor, kaum 400 Jahre[27] alt zu sein und doch den Anspruch zu erheben, der Weg zu universaler Rettung zu sein und die alten Religionen durch fremde und barbarische Riten ersetzen zu können. Warum sollte der oberste Gott so lange, ja bis in die allerjüngste Zeit gewartet haben, bevor er Christus als Erlöser vom Himmel gesandt habe[28]? Die Christen sperrten sich also vor den anderen alteingesessenen Religionen und verweigerten den alten Göttern ihrer Landsleute den Kult. Diese müßten sich darum weigern, die christlichen Schriften zu lesen. Der Senat tue recht daran, wenn er sie vernichten lasse, da sie die schuldige Achtung vor den nationalen Traditionen verletzten[29]. Ähnlich wie Kelsos findet es auch Porphyrios unverständlich, daß nach dem Glauben der Christen die Gottheit eine körperliche Gestalt hätte[30]. Die Idee der Fleischwerdung Gottes widerspricht also dem griechischen Logos, dem griechisch-rationalen Denken. Griechisch ist vielmehr das, was Porphy-

[25] Hier werden die von P. Courcelle (ob. Anm. 22) 166–174 angegebenen Belege verwertet; Arnobius, Adv. nat I 36.41 = Courcelle, Anm. 19, mit weiteren Hinweisen auf Tertullian, Apol. XXI,3; Lactantius, Inst. IV 16,1 (vgl. S. 168).

[26] P. Courcelle, a.a.O. 154 mit Hinweis auf Arnobius, Adv. nat. I 57: Sed antiquiora, inquitis, nostra sunt ac per hoc fidei et ueritatis plenissima (170, Anm. 33).

[27] P. Courcelle, a.a.O. 155 mit Anm. 55 (172); Arnobius, Adv. nat. II 71: Ante quadringentos annos religio, inquit, uestra non fuit. Ebd. zur Zahl 400, die nicht in 300 korrigiert werden muß. Ders., Les Sages de Porphyre et les „Viri novi" d'Arnobe, in: Revue des Études Latines 31 (1953) 257–271; siehe auch die Hinweise in Henning J. Lehmann, Per Piscatores. Studies in the Armenian version of a collection of homilies by Eusebius of Emesa and Severian of Gabala (Aarhus 1975) 152f., mit Anm. 127. Die Fragmente des Porphyrius sind gesammelt von A. von Harnack, Porphyrius „Gegen die Christen". 15 Bücher, Zeugnisse, Fragmente und Referate, in: AAWB 1916. – Dazu: Neue Fragmente des Werkes des Porphyrius „Gegen die Christen": SPAW 1921, 266–284.

[28] P. Courcelle, a.a.O. 155, mit Anm. 56 (172) mit Hinweis auf Arnobius, Adv. nat. II 66.69.72; ebd. mit Anm. 57 (172) mit Hinweis auf Arnobius, Adv. nat. II 74.75.

[29] Ebd. 155f. mit Anm. 63 (173) mit Hinweis auf Arnobius, Adv. nat. III 7 . . . cumque alios audiam mussitare indignanter et dicere, oportere statui per senatum, aboleantur ut haec scripta quibus Christiana religio comprobetur et uetustatis opprimatur auctoritas . . .; ibid. IV 36.

[30] Arnobius, Adv. nat. III 12 (= Courcelle 173, Anm. 65): . . . tamquam formas tribuamus et nos deo: hoc enim putatur in eorum litteris dici et uelut re certa atque auctoritate firmari . . .

rios den Christen empfiehlt, nämlich statt der göttlichen Verehrung Christi und ihrer magischen Praktiken den philosophischen Weg zum Heil zu gehen, den Weg der Reinigung der geistigen Seele. Dadurch könne diese „Tochter Gottes“ aus sich und ohne Hindernis aufsteigen zur Wohnung ihres Vaters[31].

c) Ambrosius von Mailand

Aus seinen Zitaten ergibt sich ein ähnliches Beispiel von der Einstellung der heidnischen Intelligenz gegenüber den Grundlehren des Christentums[32].

Ergebnis

Diese geistige Lage ist für die sog. Hellenisierungsthese doch wohl zu beachten. Angenommen, daß die urchristliche Gemeinde in Jerusalem und die ersten Missionare im griechisch-hellenistischen Bereich noch nichts von einem wahren Sohn Gottes und seiner Menschwerdung gewußt hätten, angenommen, daß sie Jesus von Nazaret nur als „Sohn Gottes“ im übertragenen Sinn der alttestamentlichen Königsterminologie betrachtet hätten, so wären sie von den hellenistischen Voraussetzungen her vielleicht dazu gekommen, Christus als θεῖος ἀνήρ zu betrachten, also als einzigartigen Wundertäter und Mann überirdischer Begabungen, nicht aber als präexistenten Sohn Gottes, der in Wahrheit Fleisch geworden sei. Dies gilt, wenn wir von der griechisch-asiatischen Volksreligion ausgehen. Von ihr her hätte ein Mythos aufgebaut werden können, wenn die christliche Botschaft so unerfüllt war, daß sie auf fremde Gehalte angewiesen war. Was ist eine Botschaft wert, die sich bei der ersten Berührung mit fremden Vorstellungen so schnell innerlich verwandeln läßt?

Entscheidend ist aber die Haltung der griechisch-hellenistischen Intelligenz. Selbst wenn der Glaube an einen menschgewordenen Sohn

---

31 P. Courcelle, a.a.O. 156: "The doctrine of the soul professed, according to Arnobius, by the viri novi is none other than that of the 'sages' to whom Porphyry attributes the discovery of a philosophical way of salvation, superior to the theurgical methods of the magi, the way of the Etruscans, and, naturally, to the way of Christ. As opposed to the magi, who sought the purification of the 'pneumatic' soul, the way of the 'sages' achieved the purification of the 'intellectual' soul, so that the soul, daughter of God, could return by herself and without hindrance to her Father's dwelling."

32 Vgl. P. Courcelle, a.a.O. 157–166 mit zahlreichen Quellenverweisen. Ambrosius ist nach C. einer der besten Zeugen dafür, wie die antichristliche Polemik und die christliche Position selbst sich in der Zeit nach dem politischen Sieg des christlichen Reiches entwikkelt hätten. Freilich müßten auch noch Augustinus und der Ambrosiaster hinzugenommen werden (157, mit 174, Anm. 75). In seiner Auseinandersetzung mit Symmachus habe Ambrosius in der toleranten Relatio des Römers doch die porphyrianischen Auffassungen erkannt, wonach Christus zwar einer unter den übrigen Weisen, aber nicht Gott sei. Denn – so Porphyrius – ein Gott sterbe nicht; Christus aber sei am Kreuz gestorben.

Gottes erst auf außerpalästinensichem Boden und in Anpassung an die Volksreligion entstanden wäre, er wäre ebenso rasch unter dem Druck der heidnisch-hellenistischen Theologie verschwunden, wozu das Judentum der Diaspora bereitwillig mitgeholfen hätte. Arnobius hat ein vielsagendes Wort: „Christus licet uobis inuitis deus!“[33] „Christus ist Gott auch wider eueren Willen“! Hätte sich vielleicht dem niederen Volk gegenüber eine Mythisierung empfehlen können, der kritischen jüdischen und heidnischen Intelligenz gegenüber mußte sich dann eine möglichst rasche und radikale Entmythologisierung nahelegen, wie Kelsos es ja auch angedeutet hat. Mit euch könnte man reden, wenn ... Wenn also die christliche Verkündigung nur Stilmittel, nicht aber echter Glaube gewesen wäre, für den es sich lohnte, sogar zu sterben, wie die alten Märtyrerakten bekunden. Der römische Staat hat dazu geholfen, das christliche Bekenntnis zu prüfen[34].

II. Hellenisierung und Enthellenisierung als innerchristlicher Prozeß

Die Christen mußten aber versuchen, ihren Glauben an Jesus Christus als den gekreuzigten Gott und Heilsbringer der heidnischen Welt annehmbar zu machen. Wenn dies nach der damaligen geistigen Lage – wie gezeigt – nicht auf dem Wege ungeprüfter Mythisierung geschehen konnte, so vielleicht durch eine Deutung mit den Mitteln eben des griechischen Logos. Ließ sich die christliche Botschaft nicht in die Sprache der Philosophen übersetzen, selbst wenn sie für diese nur reine Torheit war (vgl. 1.Kor 1,23)? Zwei Probleme standen dabei im Vordergrund: (1) Klärung des christlichen Glaubens an den einen Gott als den Vater, den Sohn und den Heiligen Geist und dessen Versöhnung mit dem atl. Glauben an den einen Gott, zu dem sich auch Jesus bekannte, mit dem Monotheismus des Judentums und dem damals herrschenden philosophischen Monotheismus der Griechen oder der hellenistischen Theologie[35]. Davon abhängig war (2) die Frage nach der Menschwerdung des Sohnes Gottes, die ebenfalls dem griechischen Geist verständlich gemacht werden sollte. Letztere Frage müssen wir hier leider zurückstel-

---

[33] Arnobius, Adv. nat. II 60: CSEL 4, p. 96, lin. 14.

[34] Dies wegen der die Römer provozierenden Aussage, daß der eigentliche rex und imperator der Christen Christus sei. Die Zeugnisse dafür siehe bei H. Cancik, Christus Imperator (oben Anm. 4) 119–121. Der Sprecher der Märtyrer von Scili in Afrika (um 180 n.Chr.) sagt: cognosco domnum meum, regem regum et imperatorem omnium gentium, und meint damit wohl Christus.

[35] In diesem Zusammenhang sei verwiesen auf die Studie von F. Hahn, Das Bekenntnis zu dem einen Gott im Neuen Testament, in: M. Bodewig, J. Schmitz, R. Weier (Hrsg.), Das Menschenbild des Nikolaus von Kues und der christliche Humanismus. Festgabe f. F. Haubst zum 65. Geburtstag = MFCG 13 (Mainz 1978) 281–291.

len. Die Grundprinzipien zu ihrer christlichen Lösung waren aber schon mit der kirchlichen Lösung der ersten Frage angedeutet, dies also auf dem Konzil von Nikaia, dessen gewaltige historische Bedeutung für das Gottes- und Weltbild uns hier besonders beschäftigen muß.

1. Der Anspruch an eine christliche reflexe Theologie

Die Forderung, ein christliches Gottes- und Weltbild aufzubauen, war von außen und von innen her unüberhörbar erhoben. Wie ihr entsprechen, ohne eine eigene Philosophie, ohne begriffliche und systematische Eigenmittel? Der Weg Philos, der einer Umsetzung des Glaubens des Judentums in hellenistische Sprache und Denkformen, empfahl sich auch für die Christen, besonders für die von Alexandrien. Philos Ergebnisse konnten von den Christen um so leichter verwertet werden, als diese mit dem Juden das AT gemeinsam hatten und seine allegorische Auslegungsmethode übernehmen konnten.

Der christliche Philo ließ nicht lange auf sich warten. Klemens von Alexandrien, der „erste christliche Gelehrte" († vor 215) entwarf die christliche Lehre als „die wahre Gnosis", „die wahre Philosophie" und als umfassende „Paideia". Er stellte Christus als den eigentlichen Paidagogos hin, was besonders die Platoniker ansprechen sollte[36].

Origenes († 253/54) machte im Anschluß an die Systematik der Stoiker den Versuch, die christliche Verkündigung unter drei großen Perspektiven zu erfassen, nämlich in der Dreiteilung: Gott – die vernunftbegabten Geschöpfe – die Welt. Der philosophische Unterricht der damaligen Zeit, besonders bei den Stoikern, kannte drei Teile: Logik, Ethik und Physik. Letztere war die Wissenschaft von der Welt und von Gott, eine Einheit also von „Physik" und „Theologie". „Physik" in diesem weiteren Sinn enthielt oft die Frage nach Gott, der Welt und den Menschen. Unter dem Titel „Peri archōn" oder die „Prinzipien" sammelte man die Meinungen der Philosophen über diese Fragen. Dies war auch schon den christlichen Autoren vor Origenes, vom 2. Jh. an, vertraut[37]. Origenes aber schuf als erster ein christliches „Peri archōn"[38].

---

[36] Vgl. H.-I. Marrou/Marguerite Harl, Clément d'Alexandrie, Le Pédagogue Livre I = SC 70 (Paris 1960). Introduction de H.-I. Marrou, S. 7–97, besonders 20f., 42 (zum Hellenismus des Klemens); W. Völker, Der wahre Gnostiker nach Clemens Alexandrinus = TU 57 (Berlin–Leipzig 1952) 98–109, bes. 99: „Wie ein roter Faden zieht sich das Paideusis-Motiv durch alle seine Schriften, und wie Gott der große Pädagoge ist, der auf mancherlei Wegen seine Ziele erreicht, so auch der Logos." Ferner S. R. C. Lilla, Clement of Alexandria. A Study in Christian Platonism and Gnosticism (Oxford 1971), bes. 113–117, 158–163, 199–212.

[37] Dies nach Marguerite Harl, Structure et cohérence du Peri Archôn in: Origeniana. Premier colloque international des études origéniennes (Montserrat, 18–21 sept. 1973) di-

Christlich: das bedeutete, daß nur „eine“ archē, ein Prinzip anzunehmen ist, nämlich der dreifaltige Gott. Der Alexandriner nahm also einen griechisch-schulphilosophischen Rahmen, füllte ihn aber mit typisch christlichen Abhandlungen. Das Thema „Gott“ z.B. ist ganz nach dem Plan der christlichen Katechese abgehandelt. Typisch ist folgende Zielangabe zur Frage über den Heiligen Geist:

„Hier scheint es mir angebracht, zu untersuchen, was der Grund dafür ist, daß einer, der durch Gott ‚wiedergeboren wird‘ (vgl. 1.Petr 1,3) zum Heil, des Vaters, des Sohnes und des heiligen Geistes bedarf und das Heil nicht empfängt, wenn nicht die Trinität vollständig ist; und daß es nicht möglich ist, des Vaters oder des Sohnes teilhaftig zu werden, ohne den heiligen Geist. Bei dieser Erörterung ist es nun erforderlich, das besondere Wirken des heiligen Geistes und das des Vaters und des Sohnes abzugrenzen.“[39]

Darlegungen des christlichen Glaubens aus der Zeit vor Origenes, die wie dieser von dem Taufbefehl nach Mt 28,19 ausgehen, erklären im Anschluß daran das göttliche Wirken zum Heil der Menschen unter dem Thema der sog. Oikonomia. Darunter umgriff man die Schöpfung der Welt und des Menschen, die Geschichte des Heils in beiden Bünden, die Menschwerdung Gottes in Christus, die Bildung der Kirche. Diese Themen sind aber bei Origenes nicht das strukturbildende Prinzip, obwohl sie nicht fehlen. Sein neuer Schritt besteht darin, daß er dem Thema „Welt“ einen bis dahin unbekannt weiten Raum zuteilt.

Noch etwas ist in diesem Zusammenhang zu beachten: Die christliche Verkündigung war damals, zu Ende des 2. und Anfang des 3. Jhs. schon so weit reflektiert, daß ein überzeugter christlicher Denker wußte, daß alle theologische Reflexion ihre Norm am Glaubensbekenntnis und der regula fidei finden mußte. Origenes im Osten und Tertullian im Westen, die beiden führenden Männer in der damaligen Zeit, betonten dies in sehr interessanten Texten ausdrücklich. Die Zeit war aber gekommen,

---

rigé par H. Crouzel, G. Lomiento, J. Rius-Camps = Quaderni di „Vetera Christianorum“ 12 (Bari 1975) (11–32) 21–22, mit Hinweis auf E. von Ivánka, Zur geistesgeschichtlichen Einordnung des Origenismus (BZ 44, 1951), jetzt in ders., Plato christianus (Einsiedeln 1964) 109–125. Kurze Wiedergabe der Ergebnisse von M. Harl bei A. Grillmeier, Mit ihm und in ihm (^{2}1978) 611–618.

[38] M. Harl, a.a.O. 22: »Une difficulté est cependant soulevée à propos du pluriel employé dans ce titre: Origène enseigne-t-il plusieurs *archai?* S'agit-il d'une hiérarchie d'*archai* (Père, Fils, Esprit, puissances angéliques)? En l'absence de texte précis sur ce point, nous préférons dire qu'Origène, qui professe une seule *archè* (Dieu trine, – la matière étant créée –), emploie le titre de façon formelle, les mots ›*peri archôn*‹ désignant de façon traditionelle un traité de ›physique‹ (›de Dieu et du monde‹), quelle que soit la solution proposée au problème du (ou des) ›principe(s)‹.«

[39] Origenes, De princ. I 5: Übersetzung nach H. Görgemanns u. H. Karpp, Origenes, Vier Bücher von den Prinzipien = Texte z. Forschg. 24 (Darmstadt 1976) 169.

auf diesem Fundament ein christliches Gottes- und Weltbild zu entwerfen! Ein großes Thema, das durch den Glauben an den einen Gott, den Vater und den Sohn und den Heiligen Geist, christlich motiviert war und sich in Verbindung mit dem Schöpfungsglauben eindeutig von den Griechen abhob[40], das aber schon bei Origenes in z. T. gefährlicher spekulativer Annäherung an die Philosophen, Stoiker und Platoniker, durchexerziert worden ist! Damit ergibt sich in der griechisch-christlichen Theologie das erste Beispiel eines vorlaufenden Prozesses der Hellenisierung, d.h. eines sich Einlassens auf die griechische Denkwelt. Geschah dieses Mitgehen aber ohne Hemmungen, ohne Korrekturen, ohne Reflexion und Diskussion im innerchristlichen Bereich? Allzu leicht vergißt man bei dem Reden von „Hellenisierung" diese Frage. Unsere Aufgabe soll es sein, sowohl den vorlaufenden Prozeß des Sich-Einlassens als auch den rücklaufenden der Diskussion und der Prüfung am Beispiel der Entwicklung auf das Konzil von Nikaia hin darzustellen.

2. Der christliche Monotheismus im Prozeß der Hellenisierung und der Enthellenisierung

a) Der vorlaufende Prozeß

Je tiefer sich in der christlichen Überzeugung der Glaube an Jesus Christus, den Sohn Gottes, oder der Glaube an den einen Gott, den Vater, den Sohn und den Heiligen Geist, ausprägte, desto dringender stellte sich das Problem der Rechtfertigung des Bekenntnisses zum einen Gott, das die Christen trotz ihres seit Theophilus von Antiochien eingeführten Wortes von der Trias, der „Dreiheit"[41], mit den Juden und angesichts des philosophischen Monotheismus der Griechen festhalten wollten.

[40] Zum Thema, ob die Philosophen zur Annahme einer creatio ex nihilo gekommen seien, siehe Kl. Kremer, Die neuplatonische Seinsphilosophie und ihre Wirkung auf Thomas von Aquin = Studien z. Problemgeschichte der antiken und mittelalt. Philosophie 1 (Brill 1966) Anhang z. 2. Auflage S. 530–533. Während Kr. für die Annahme einer Lehre der creatio ex nihilo bei den Neuplatonikern ist, ist nach W. Beierwaltes, Proklos. Grundzüge seiner Metaphysik (Frankfurt/M. 1965) 137 u.ö. die Vorstellung einer creatio ex nihilo nicht nur mit neuplatonischem und Proklischem Denken inkompatibel, sondern mit dem griechischen Denken im allgemeinen. Zur Frage siehe auch R. E. Witt, Albinus and the History of Middle Platonism (Amsterdam 1971) 119–120. Daß es auch für christliche Theologen nicht so leicht war, zur Idee von der creatio ex nihilo vorzustoßen, zeigt die gründliche Studie von G. May, Schöpfung aus dem Nichts. Die Entstehung der Lehre von der creatio ex nihilo = AKG 48 (Berlin–New York 1978), besonders im 4. Kap.: Christliche und platonische Kosmologie (120–150), und im 5. Kap.: Die kirchliche Lehre von der creatio ex nihilo (151–182).

[41] Theophilus Ant., Ad Autol. II 15: SC 20 (Paris 1948) 138 (Diese Dreiheit ist: ὁ θεός, ὁ λόγος αὐτοῦ, ἡ σοφία αὐτοῦ).

Kein Problem hat die Christen in ihrer zweitausendjährigen Geschichte so bedrängt wie dieses.

Vom damaligen politischen, philosophischen und religiösen Weltbild her ergeben sich verschiedene und ungleichwertige Möglichkeiten, das Dilemma von Einheit und Unterschiedenheit in Gott zu bewältigen, wobei Origenes schon die sehr kluge Bemerkung machte, daß Einheit und Unterschiedenheit nicht auf derselben spekulativen und bekenntnismäßigen Ebene auszusagen seien[42]:

(a) Vom politischen Weltbild des römischen Kaiserstaates und seiner Beamtenorganisation her versuchte Tertullian zu zeigen, daß die Einheit des (obersten) Herrschers nicht in Frage gestellt sei durch die Vielzahl der Beamten, die überall den einen Kaiser repräsentieren und die eine Herrschaft zur Geltung bringen[43]. Eusebius von Caesarea konstruierte diese Idee zu einer politischen Theologie durch[44].

(b) Ein anderes Modell bot die Stoa mit ihrer monistischen Pneuma- und Logoslehre. Sie kannte den Rhythmus von Ausdehnung und Zusammenziehung dieses Pneumas. Einen freilich nur undeutlichen Versuch, dieses Modell auf die christliche Trias anzuwenden, finden manche Forscher bei Tertullian[45]; energischer wurde ein solcher von den Monarchianern und besonders dem Arianer Candidus gemacht[46].

(c) Viel aussichtsreicher schien sich aber das platonisch-mittelplatonische Schema vom gestuften Gottes- und Weltbild zu empfehlen. Die mittelplatonische Problematik kreiste nämlich um das Thema von der Einheit und Vielheit des Seienden, von Sein und Werden, dies im Anschluß an bestimmte Platonstellen, wobei der Bericht über die Weltentstehung in Platons Timaios (27 a–52 b) eine besondere Rolle spielte. Einige Hinweise auf dieses gestufte Weltbild seien gegeben, um Chancen und Verlegenheiten der christlichen Theologen in etwa beurteilen zu

---

[42] Origenes, Entretien d'Origène avec Héraclide 2: SC 67 (Paris 1960) 58–59: (Nachdem Or. von der Gottheit des Sohnes und seiner realen Unterschiedenheit vom Vater gesprochen hat, sagt er:) »Puisque cependant nos fréres sont choqués de l'affirmation qu'il y a deux Dieux, le sujet doit être traité avec soin, et il faut montrer sous quel rapport ils sont deux et sous quel rapport les deux sont un Dieu unique. Aussi bien, les Écritures nous ont enseigné de multiples cas ou deux choses forment une unité.«

[43] Es handelt sich um die Lehre von der Monarchia, die in der Gotteslehre Tertullians eine große Bedeutung hat. Vgl. Apol. 24,3: CChr.SL I 133,14 ss; Adv. Prax. III 1–6: CChr.SL II 1161–2; K. Wölfl, Das Heilswirken Gottes durch den Sohn nach Tertullian = AnGr 112 (Roma 1960) 43–49.

[44] Siehe R. Farina. S.D.B., L'impero e l'imperatore cristiano in Eusebio di Cesarea. La prima teologia politica del cristianesimo (Zürich 1966).

[45] Tertullian, Adv. Prax. 9.

[46] Vgl. P. Hadot, Typus. Stoïcisme et Monarchianisme au IVe siècle d'après Candide l'Arien et Marius Victorinus: RThAM 18 (1951) 177–187, mit Hinweis auf Pseudathanasius, Or IV c, Arian. 13 (Stegmann 57,3).

können, dies im Anschluß an eine sehr bedeutsame Untersuchung von Fr. Ricken[47]:

Im Didaskalikos des Mittelplatonikers Albinos begegnet uns die Vorstellung vom obersten transzendenten Gott, der – im Anschluß an Aristoteles – als sich selbst denkender Nous konzipiert ist. Von Tim 28 c her konnte er den Titel patēr bekommen, weil er Ursache von allem ist. Wir sehen, daß „Vater" in weiterem Sinn gefaßt ist. Der erste Nous nun weckt die Weltseele und wird so Ursache eines „kosmischen Nous", der seinerseits die gesamte Physis in der sichtbaren Welt ordnet. Bei Albinos ist also die Dreiheit gegeben: der oberste Gott als patēr, die Weltseele in der Mitte, als dritte Größe der „kosmische Nous"[48].

Numenios hat als zweite Größe den platonischen „Demiurgen" und bezeichnet ihn als „zweiten Gott" (δεύτερος θεός). Zwischen der ersten und der zweiten Hypostase besteht ein Teilhabe- und Unterordnungsverhältnis. Der oberste Gott ist das Gute selbst, eins mit der Ousia, mit dem Sein. Der Demiurg, der Nachahmer des ersten und obersten Gottes ist auch Gott, aber nur analog, in depotenzierter Form. Oberster erster und unterer zweiter Gott verhalten sich darum auch wie Sein und Werden[49], was an das sog. platonische Liniengleichnis erinnert, das er im Staat 6 (509dff.) vorträgt und im Tim 29c stark straffend wiederholt: „Sein verhält sich zu Werden, wie Wahrheit zu Mutmaßung."[50] Die Folgerungen für die auszubauende Offenbarungstheologie lassen sich leicht ziehen, falls dieser angedeutete Subordinatianismus auch auf christlicher Seite angewandt wird[51].

Zunächst kommt es darauf an zu betonen, daß in der vornizänischen Theologie tatsächlich Kategorien des platonischen Zwischenbereichs auf den johanneischen Logos und auf das heilsökonomische Schema von Vater-Logos-Pneuma übertragen wurden, freilich immer mit einer ge-

---

[47] Fr. Ricken, Nikaia als Krisis des altchristlichen Platonismus: ThPh 44 (1969) 321–341; vgl. C. Andresen, Justin und der mittlere Platonismus: ZNW 44 (1952/53) 157–195; H. B. Timothy, The Early Christian Apologists and Greek Philosophy exemplified by Irenaeus, Tertullian and Clement of Alexandria (Assen 1973).

[48] Fr. Ricken, a.a.O. 324f.

[49] Ebd. 325.

[50] Zum Liniengleichnis vgl. H. Dörrie, Logos-Religion? Oder Nous-Theologie (oben Anm. 16) 118f.

[51] Siehe das interessante Fragment aus Kelsos bei Origenes, C. Cels. VII 45, (wozu Or. dann Stellung nimmt): „Es gibt Sein und Werden; jenes ist mit dem Geiste, dieses mit den Augen erkennbar. Mit dem Sein verbunden ist die Wahrheit, mit dem Werden Irrtum. Bei der Wahrheit nun ist Wissenschaft, bei dem Gegenteil Meinung." Kelsos spricht im Zusammenhang von der Lehre der Christen vom „Geist", der von Gott herabkomme, um (den Menschen) die göttlichen Dinge vorher zu verkünden. Es könne keine neue Mitteilung Gottes gemeint sein, sondern nur der im Menschen seit eh und je wirkende Geist. Übersetzung nach P. Koetschau, BKV, 53, 267f.

wissen Bemühung, die kosmologisch-platonische Sicht durch heilsgeschichtliche Perspektiven zu ergänzen. Fr. Ricken sagt aber dezidiert: „Es kommt uns darauf an herauszustellen, daß sie (die vornizänischen Theologen) das kosmologische Seinsverständnis des Mittelplatonismus übernommen haben und damit die ständige Gefahr gegeben war, daß das zur Deutung des Kerygmas herangezogene Denkschema die ihm innewohnende Dynamik entfalte und die christliche Heilsbotschaft entstelle."[52]

Diese Gefahr wurde in drei Versionen spürbar, deren Hellenismus noch einigermaßen gebändigt zu sein schien, bevor er schließlich eindeutig durchbrechen konnte.

Die erste Version war bei den Apologeten vor Origenes gegeben[53]. Für sie ist Gott zwar seit Ewigkeit logosbegabt, logikos. Dieser „logos" bekommt aber seine eigene Subsistenz aus freiem Entschluß Gottes, noch vor der Erschaffung der Welt. Damit ist der Schritt von der obersten unteilbaren Einheit in die Vielheit getan. Denn dieser von Gott hervorgebrachte Logos enthält die vielen Logoi der Dinge in sich. Man sieht, daß ein echt mittelplatonisches Prinzip auf den johanneischen Logos angewandt ist. Welcher Unterschied besteht aber, so muß man sich fragen, zwischen der Hervorbringung des einen Logos mit den vielen Logoi und der eigentlichen Erschaffung der vielen Dinge, deren Urbilder er in sich enthält? War mit der Hervorbringung des einen Logos also schon das erste Stadium des Schöpfungsprozesses eingeleitet?

Die zweite Version, die des Origenes, wies einen bedeutsamen Unterschied auf: Er lehrte nämlich die ewige Zeugung des Logos, was über alles von den Philosophen her Vorgegebene hinausging und ein wesentlich christliches Element enthielt[54]. Dennoch blieb auch diese Version dem kosmologischen Rahmen eingeordnet, und darin lag die hellenistische Virulenz. Denn Origenes beweist die Ewigkeit des Logos aus der Bezeichnung Gottes als Schöpfer, was in sich echt biblisch, aber doch seiner spekulativen Verfälschung fähig war. Origenes sah sich vor ein Dilemma gestellt: „Wenn Gott von Ewigkeit her Schöpfer ist, muß es von Ewigkeit her Geschöpfe geben. Daß die reale Schöpfung wie Gott ewig sei,

---

[52] Fr. Ricken, a.a.O. 326.

[53] Ebd. 328 mit Hinweis auf Justin, Dial. 61,1; Tatian, Or. 5,1; Athenagoras, Suppl. 10,2f.; Theophilus Ant., Ad Autol. 2,22; vgl. auch H. B. Timothy, The Early Apologists and Greek Philosophy (oben Anm. 47) 81–98 (Epilogue).

[54] Fr. Ricken, a.a.O. 328; Origenes, De princ. I Praef. 4: Görgemanns-Karpp 89: „Jesus Christus . . . vor jeder Schöpfung aus dem Vater geboren", wo aber Hieronymus statt „natum" gelesen haben will „factum". Vgl. ebd. Anm. 9. Origenes lehrt die Zeugung des Logos aus Gott und verbindet dies mit dem Titel „prototokos" (Kol 1,15): C. Cels. VI 17; VII 16,65. Joh-Komm. XXVIII 18, §§ 159–161; aber auch mit dem Sohnes-Titel. Vgl. noch C. Cels. V 37; VI 19; VII 70; Joh-Komm. II 2 § 17; X 6, § 23.

lehnt Origenes ab."[55] Seine Lösung war in sich genial: Gott kann von Ewigkeit her Schöpfer sein, „weil die Geschöpfe in ihrem idealen Sein immer im Logos waren (De princ. 1,4,3 f.). Der Logos muß von Ewigkeit her bestehen, weil Gott von Ewigkeit her einen Bezugspunkt braucht, auf den er in seinem Schöpfersein bezogen ist"[56]. Es muß aber auch der andere Pol des Dilemmas beachtet werden: Gäbe es keine Schöpfung – und in der Tat ist sie bei Origenes auch nicht notwendig – gäbe es auch nicht die Notwendigkeit des Bezugspunktes für Gott. D.h. wie die Welt sein und nicht sein kann, so kann auch der Logos sein und nicht sein. Er wäre kontingent. Nur ein dreiviertel Jahrhundert weiter, und diese Folgerung wird offen gezogen.

Dazu half allerdings noch mehr eine dritte Version der Deutung des Gott-Logos-Verhältnisses. Sie war verbunden mit der Bezeichnung des Logos als Weltseele. Damit war die Einordnung der Logos-Idee in die Kosmologie perfekt und die soteriologische Sicht des Johannesprologs völlig verdeckt. Denn als „Weltseele" wurde der Logos zum weltimmanenten Prinzip, da er als Form, Bewegungs- und Ordnungsprinzip des Kosmos anzusehen war.

Bei allen drei Versionen ergab sich also eine Überbetonung der kosmologischen Funktion und Stellung des Logos, die zwar im Johannesprolog nicht fehlt, aber doch der heilsökonomischen Funktion eindeutig untergeordnet ist. Aus der spekulativen Verknüpfung vom Hervorgang des Logos mit der Weltschöpfung konnte bei den vornizänischen Theologen leicht der Gedanke an die Erschaffung des Logos selbst gefolgert werden. Die Übernahme einer sprachlichen Unterscheidung aus der mittelplatonischen Theologie hat diesen Prozeß gefördert. Es handelt sich um den Doppelausdruck ἀγένητος-γενητός. Wie ist er zu übersetzen? „Für griechisches Denken beziehen sich beide Wörter auf dieselbe Sache: das ungewordene, unvergängliche und ideale Sein, dem die Welt des Entstehens, Vergehens und der Doxa entgegengesetzt ist. Die Apologeten folgen diesem philosophischen Sprachgebrauch."[57] Dies konnte ohne Komplikation für die Christen geschehen, solange damit einfach das Göttliche als das Absolute in Gegensatz gesetzt war zum Gewordenen. Es war der Gegensatz von Gott und Welt.

Doch ging es den christlichen Theologen darum, in diese Gegenüberstellung hinein die vom Kerygma her gegebenen Differenzierungen zu stellen, einmal statt „geworden-ungeworden" zu sagen: „geschaffen-ungeschaffen" und zu fragen, ob diese Unterscheidung auf das Verhältnis von Vater und Sohn (und Geist) angewandt werden dürfe. Fällt also der Logos auch unter die strikte Unterscheidung von agenetos und genetos, wenn es übersetzt würde mit „ungeschaffen-geschaffen"? Wir sehen

---

[55] Fr. Ricken, a.a.O. 328. [56] Ebd. [57] A.a.O. 329.

also, daß der biblisch-christliche Schöpfungsbegriff eine Verschärfung in die von den Philosophen übernommene Terminologie bringen mußte.

Diesen Schritt zu tun entschloß sich der alexandrinische Presbyter Arius, der von Bischof Alexander von Alexandrien mit einer Art gehobener Seelsorge an der Baukalis-Kirche betraut worden war. Er widmete sich vor allem der Erklärung der Heiligen Schrift und hatte großen Zulauf. Ab 318, wie wir annehmen dürfen, trug er seine besonderen Lehren vor, die nichts anderes bedeuteten als die entscheidende Krise für den Versuch der vornizänischen Theologen, den Mittelplatonismus auf das christliche Kerygma anzuwenden[58]. Für Arius ist – wenn auch erst für das Jahr 327 – bezeugt[59], daß sein Ausgangspunkt der Taufbefehl von Mt 28,19 war. Er wollte ihn aber offensichtlich so deuten, daß der christliche Monotheismus den Forderungen der Philosophen angeglichen werden könnte. Dies zeigt ein längeres Fragment aus der Thaleia.

„Die Blasphemien des Arius“[60]

1 Der Gott selbst (αὐτὸς . . . ὁ θεός), wie er ist, west unaussprechlich (ἄρρητος) für alle.
2 Er allein hat weder seinesgleichen, noch einen (ihm) Ähnlichen, noch einen von gleicher Herrlichkeit.
3 Wir nennen ihn den Ungewordenen (ἀγέννητον) wegen des wesenhaft Gewordenen (τὴν φύσιν γεννητόν);
4 diesem jauchzen wir zu als dem Ursprunglosen (ἄναρχον), dessentwegen, der einen Ursprung hat (διὰ τὸν ἀρχὴν ἔχοντα),

---

[58] Zur Arius-Frage siehe die Literatur bei A. Grillmeier, Christ in Christian Tradition (²1975) 219–248; dazu G. C. Stead, The Thalia of Arius and the Testimony of Athanasius, in: JThS 29 (1978) 20–52; ders., Divine Substance (Oxford 1977) 223–266; ferner unten Anm. 75. – Stead bespricht alle aus Athanasius zu erhebenden Arius-Fragmente, bes. den hier analysierten Text, dessen Skandierung er untersucht. Er bietet auch einige Textvorschläge, kennt aber offensichtlich nicht die Vorschläge von F. Scheidweiler (unten Anm. 60). Er meint, daß die Darstellung der Theologie des Arius neu erarbeitet werden müsse: “We should not underestimate Arius. There is no need to think of him as a great theologian; but he would have caused little trouble in the Church if he had been the contemptible figure which Athanasius would like us to see.” Vielleicht hilft der Hinweis auf den philosophischen Hintergrund des Arius, seine geschichtliche Stellung ein wenig deutlicher zu sehen.

[59] Vgl. Arius u. Euzoius an Kaiser Konstantin (Ende 327): H.-G. Opitz, Athanasius Werke III 1,2 (Berlin–Leipzig 1935) Urk. 30, § 3.

[60] Arius, Thaleia, Fragm. aus Athan., De syn. 15,3: Opitz II 1,9, p. 242–243; Stead, JThS 29 (1978) 48–50; F. Scheidweiler, Zur neuen Ausgabe des Athanasios, in: ByZ 47 (1954) (73–94) 87f. Überlegenswert sind folgende Vorschläge: Opitz 242,22 (= hier V. 14): statt θεός lies: λόγος; siehe dazu Stead 28, wo eine Tabelle zum Vorkommen von υἱός und λόγος bei Arius gegeben ist. Opitz p. 243,2 (hier V. 20): statt ὁ πατὴρ lies: οὐ π. Opitz p. 243,4 (hier V. 22): μονογενὴς θεός ἐστι καὶ ἑκάτερος ἀλλότριος τούτων. Die letzte Entscheidung muß den Herausgebern vorbehalten bleiben.

5 wir verehren ihn als den Ewigen dessentwegen, der in der Zeit geworden ist.

6 Der Ursprunglose (ἄναρχος) setzte den Sohn als Anfang (ἀρχήν) der Gewordenen

7 und bestimmte sich zum Sohn den, den er als Kind gemacht hatte;

8 dieser hat nichts Gotteigenes in dem, was ihm der Hypostase nach eigen ist,

9 denn er ist (ihm) nicht gleich und ihm auch nicht wesenseins (ὁμοούσιος).

10 Der Gott aber ist weise, weil er selbst der Lehrer der Weisheit ist.

11 Genügend (sicher) ist der Nachweis, daß der Gott allen unsichtbar (ἀόρατος) ist;

12 er selbst ist unsichtbar allen, die durch den Sohn sind, und dem Sohn selber.

13 Ausdrücklich werde ich aber sagen, wie dem Sohn der Unsichtbare sichtbar ist:

14 ensprechend der Kraft und dem eigenen Maß, mit dem der Logos schaut,

15 kann der Sohn den Vater sehen, wie es Rechtens ist.

16 Es gibt also eine Trias, nicht aber von gleichen Ehren, denn ihre Hypostasen sind einander nicht vermischt;

17 denn die eine hat gegenüber der anderen unendlich mehr an Ehre.

18 Dem Wesen nach ist der Vater dem Sohn gegenüber fremd (ξένος κατ᾿ οὐσίαν), da Er ursprungslos west.

19 Wisse, daß die Monas war, die Dyas aber nicht war, bevor sie ins Dasein trat.

20 Solange der Sohn nicht ist, ist der Gott nicht Vater.

21 Zuvor war der Sohn nicht (trat aber ins Dasein durch den väterlichen Willen);

22 er ist der einziggewordene Gott (μονογενὴς θεός ἐστι), und jeder der beiden ist dem anderen fremd.

23 Die Weisheit wurde Weisheit durch den Willen des weisen Gottes.

24 Sie wird durch unzählige Benennungen (ἐπινοίαις) erkannt, wie Geist, Macht, Weisheit;

25 Glanz Gottes, Wahrheit und Bild und Logos ist er.

26 Wisse, daß er auch Abglanz und Licht zubenannt wird.

27 Der Stärkere (ὁ κρείττων) kann wohl einen Gleichen neben dem Sohn hervorbringen,

28 einen Erhabeneren aber oder Stärkeren oder Größeren jedoch nicht.

29 Durch Gottes Willen hat der Sohn dieses Alter und diese Größe;

30 seine Existenz aus Gott ist bestimmt durch ein seit wann (ἐξ ὅτε) und ein von wem (ἀφ οὗ) und ein von da ab (ἀπὸ τότε);

31 obwohl ein starker Gott, kann er den Stärkeren nur unvollständig preisen.
32 Um zusammenzufassen: der Gott west für den Sohn als Unaussprechlicher (ἄρρητος),
33 Er ist nämlich für sich, was er ist, das heißt unsagbar (ἄλεκτος),
34 so daß der Sohn nichts von dem Gesagten adäquat auszusagen versteht.
35 Ihm ist es nämlich nicht möglich, den Vater aufzuspüren (ἐξιχνιάσαι), der für sich selber ist.
36 Auch der Sohn selbst hat seine Wesenheit nicht gesehen,
37 da er als Sohn in Wirklichkeit nur durch den Willen des Vaters besteht.
38 Wem ist es also gestattet zu sagen, daß der, der aus dem Vater ist,
39 den, der ihn hervorgebracht hat, erkennen und begreifen kann?
40 Es ist doch klar, daß der, der einen Anfang hat, den Anfangslosen, so wie er ist,
41 nicht umgreifen und nicht erfahren kann.

Auf den ersten Blick erkennen wir eine stark negative Theologie, die dazu reizt, dieses Fragment aus Arius in die Tradition der Noûs-Theologie hineinzustellen, wie sie H. Dörrie aufgezeigt hat. Es kann sich nur um einen Versuch handeln; er bedarf – soll er endgültig annehmbar sein – noch eingehender Arbeit. Es geht zunächst um den „obersten Gott" und dann um das Verhältnis dieses Gottes zum Logos oder Sohn.

Wir gehen am besten aus von V.19, der vom Gegensatz zwischen der Monas und der Dyas spricht. Mit der Dyas ist nicht die Zweizahl der Hypostasen gemeint, sondern die Dyas als das Prinzip der Zweiheit = Vielheit. Die Monas des Arius verträgt keine „Zweiheit". Denn die Dyas bedeutet in mittelplatonischen Kreisen Unvollkommenheit, Materie, die Welt der Sinne, die linke Hand im Gegensatz zur rechten, das Weibliche im Gegensatz zum Männlichen[61]. Erst der niedrigere Gott trägt nach Numenios die Zweiheit und damit die Vielheit und damit die Depotenzierung in sich. In seinem Glaubensbekenntnis, das im Brief an Bischof Alexander enthalten ist, schließt Arius aus, daß es in dem einen Gott zwei gleich ewige Urprinzipien, zwei gleich unerschaffene archai geben könne. Der Vater oder „der Gott" einfachhin verträgt nicht die geringste Differenzierung. Er ist die absolute Monade und das Urprinzip von allem, und damit auch „der Gott vor allem", d.h. nur die Monade ist ewig. Wohl hat Arius für die drei Namen des Taufbefehls die Bezeichnung von „drei Hypostasen"[62], aber im Grunde verträgt eine so betonte

[61] Vgl. G. C. Stead, The Platonism of Arius: JThS 15 (1964) (16–31) 19.

[62] Siehe H.-G. Opitz III 1,1, Urkunde 6, p. 13 § 4; vgl. hier den Thaleia-Text V. 16; A. Grillmeier, Christ in Christian Tradition (^{2}1975) 226–227.

Monas keine connumeratio, weil die „Zweiheit" erst mit der Hypostase des Ersterschaffenen beginnt. Wahrscheinlich spielt hier die alexandrinische Redeweise von den drei Hypostasen eine Rolle. Im Gegensatz zu Origenes aber lehrt Arius keine Gemeinsamkeit zwischen ihnen, weder im Wesen, noch in der Ehre (VV.16 u. 17). Nach Alexander von Alexandrien und Athanasius wollte Arius den Sohn nur „mißbräuchlich" als (Gottes) Logos und Sophia bezeichnet haben[63]. Das kann „Interpretation" sein, die aber unseren Versen hier entspricht. (VV. 23–26). Sie sagen ein Analogie-Verhältnis zwischen beiden Hypostasen aus. Es ist aber wohl zu beachten, daß Origenes darin eine Wesensgemeinschaft zwischen dem Vater und dem Logos gegeben sieht. Arius betont dagegen, daß diese Aussagen nur möglich sind auf Grund der Schöpfungstat des „weisen Gottes" (V.23). Das Analogie-Verhältnis löst sich in negative Theologie auf. Denn zwischen der ersten und der zweiten Hypostase bleibt die grundsätzliche „Fremdheit" (ἀλλότριος) (V.22)! Die creatio ex nihilo bedeutet für Arius ein theologisches Strukturelement, welches mehr die Andersheit als die Gemeinschaft beider Hypostasen zur Geltung bringt. Dies sei noch etwas deutlicher herausgehoben:

(a) Ontologisch: Nach den VV. 3–6 wird das Verhältnis zwischen der ersten und der zweiten Hypostase nicht aus einer positiven Seinsgemeinsamkeit bestimmt, sondern betont aus den Gegensätzen: ungewordengeworden; ursprungslos – einen Ursprung habend (der nur in der creatio besteht); ewig – zeitlich. Es erfolgt keine Mitteilung irgendeines Seins, das dem eigentlichen Gott „eigen" oder „wesenseigen" ist oder auch nur eine Ähnlichkeit begründen könnte. Jede Gemeinsamkeit im Wesen fällt dahin (V. 9). Wenn es stimmt, daß die zweite Hypostase bei Arius wirklich nur „mißbräuchlich" Gottes Logos und Sophia heißen kann – und tatsächlich ist „Logos"-„Sophia" einfachhin das Wesen der ersten Hypostase, das nicht mitgeteilt werden kann –, so kann auch die Sohnesbezeichnung nur im „übertragenen" Sinn gelten. Gott kommt ja die Bezeichnung „Vater" erst auf Grund der *Erschaffung* des Sohnes zu (V. 20 mit Korrektur)[64].

Man darf wohl annehmen, daß die Betonung der Erschaffung des „Sohnes" (VV. 3–6; 19–21) jegliche Seinsgemeinschaft ausschließt. Die Ablehnung aller Emanationsvorstellungen[65] kann Arius damit tatsäch-

---

[63] Alexander von Al., Brief an alle Bischöfe, in: Opitz III 1,1, Urk. 4 b, p. 7,23–8,2: Da der Sohn Geschöpf ist und eines der geschaffenen und gewordenen Dinge, καταχρηστικῶς δὲ λέγεται λόγος καὶ σοφία. Im Apparat weist O. hin auf die Parallele bei Athanas. De decr. Nic. Syn. 6,1: A.W. II 1,3, p. 5,1 in. 29. Zur Kritik siehe G. C. Stead, JThSt 29 (1978) 34.

[64] Vgl. die VV. 6–9.

[65] Siehe H. Dörrie, Logos Religion? Oder Noûs-Theologie? (oben Anm. 16) 130. Arius ist wohl in die 2. Kolumne einzureihen. Siehe unten.

lich besser begründen als die Mittel- und Neuplatoniker, die Gegner solcher Vorstellungen sind. Sie findet sich ja auch ausdrücklich bei ihm[66]. „Erschaffensein aus dem Nichts“ heißt nicht in Seinsgemeinschaft zum Schöpfer hin existieren, sondern in einem uneinholbaren Abstand von ihm und in absoluter Fremdheit (VV. 18.22).

Gewiß gibt Arius dem Ersterschaffenen des Vaters einen Vorrang gegenüber den anderen Geschöpfen. Denn diese gehen ja von dem ersthervorgebrachten Schöpfungsmittler aus: Er ist ihre archē, ihr Prinzip des Entstehens (V. 6). Sicher nimmt Arius mit den Mittelplatonikern an, daß im Logos die Logoi aller übrigen Dinge in ihrer Ganzheit enthalten sind. Darum kann Gott über ihn hinaus keinen „Erhabeneren“ oder „Stärkeren“ oder „Größeren“ schaffen (V. 28), höchstens einen anderen Logos von derselben Qualität, einen „Gleichen neben dem Sohn“ (VV. 27–28). Wenn er diesen Logos oder Sohn nach Joh 1,18 als μονογενὴς ϑεός bezeichnet, so ist dies nach den eben angegebenen Worten eigentlich nicht zu rechtfertigen. Man wird es wohl übersetzen müssen mit „faktisch einzig*gewordener* Gott“, der also im Bereich des Erschaffenen tatsächlich der Erste ist, aber einen Gleichen neben sich haben könnte. Immerhin betonen die Arianer gern mit Kol 1,15 (πρωτότοκος πάσης κτίσεως) den Vorrang des Logos vor den übrigen Geschöpfen[67], weisen ihn aber dezidiert in die Grenzen des Endlichen, zeitlich und der Seinsqualität nach (V. 29). Man könnte an eine analoge Nachbildung der sogenannten Theilerschen Reihe[68] bei Arius denken, wenn er, wie die Philosophen, präpositionale Bestimmungen des Seins des Logos vornimmt: „Sein Bestehen aus Gott ist bestimmt durch ein ‚seit wann‘, ein ‚von wem‘ und ein ‚von da ab‘ (V. 30)“[69].

(b) Gnoseologisch: Der Seinsgraben zwischen dem Vater und Sohn, ausgehoben durch das Faktum des Erschaffenseins des Logossohnes, wirkt sich auch erkenntnismäßig aus. Der Vater (ho theos) ist „unaussprechlich für alle“ (ἄρρητος ἅπασιν) (V. 1). Ausdrücklich wird der Sohn nachher miteingeschlossen (V. 32). Die göttliche Monade wird ganz im Sinne der Noûs-Theologen in sich verkapselt. Denn so „unaussprechlich“ ist Gott, daß er das, „was er ist, ganz in sich“ ist, „so daß der Sohn nichts von dem Gesagten voll begreifen, verstehen und aussagen

---

[66] Vgl. Arius ... an Alexander v. Al.: Opitz III, 1,1, Urk. 6,3, p. 12,1in. 10–11: Ablehnung der Emanationslehre des Valentinus.

[67] Dies ergibt sich aus Opitz III 1,1, Urk. 6,2, p. 12,1in. 7–9 (Glaubensbekenntnis des Arius): γεννήσαντα υἱὸν μονογενῆ πρὸ χρόνων αἰωνίων ... κτίσμα ϑεοῦ τέλειον. Oder Urk. 2 § 4, p. 3,1in. 1–5: Der Sohn ist aus dem Willen und Wollen des Vaters vor allen Zeiten, ϑεός, μονογενής, ἀναλλοίωτος, aber aus dem Nichts geschaffen (1in. 5).

[68] Vgl. W. Theiler, Die Vorbereitung des Neuplatonismus (Berlin 1930) 13–35; A. Grillmeier, Christ in Christian Tradition (^{2}1975) 222–224.

[69] Siehe aber die textkritischen Vorschläge bei F. Scheidweiler: BZ 47 (1954) 87/88.

kann" (V. 34). Dies ist eine bewußte Absage an Mt 11,27 und an Joh 1,18. Der Vater ist auch für den Sohn „unsichtbar" (V. 12). Er kann darum auch nicht „Bild des unsichtbaren Gottes" genannt werden, es sei denn mit ausdrücklicher Betonung der Ungleichheit der eikon gegenüber dem Urbild[70]. Der „Vater" ist für den „Sohn" so verborgen, daß ihn dieser bei aller Bemühung nicht „aufspüren" könnte (ἐξιχνιάσαι: V. 35); er bleibt ἀνεξιχνίαστος, wie nach Irenäus, Adv. haer. I 2,2 Valentin gesagt hat. Seine Wesenheit ist auch vom Sohn nicht geschaut worden (V. 36; vgl. V. 18: fremd dem Wesen nach). Dem entspricht dann auch die Unfähigkeit des Sohnes, den Vater adäquat anzubeten (V. 35).

(c) Offenbarungs- bzw. heilstheologisch: Die unmittelbare Folge davon ist, daß Arius keine Offenbarungstheologie begründen kann. Da der Vater unaussprechlich und ganz für sich west, kann ihn der Sohn auch nicht offenbaren und aussagen (V. 34, zusammen mit VV. 1. 32–33. 38–41). Wohl ist für Arius der oberste Gott identisch mit dem „Gott des Gesetzes und der Propheten" und dem Gott des Neuen Bundes; er nennt ihn den einzigen Herrscher, Richter, Ordner und Lenker der Schöpfung[71]. Die ntl. Vermittlung aber zwischen dem Vater und der Welt, wie sie besonders im johanneischen Sohn und Logos als dem wahren Offenbarer gegeben ist, ist so verengt, daß keine adäquate Offenbarung des Vaters mehr angenommen werden kann. Man wird an das platonische Liniengleichnis erinnert, das schon oben erwähnt wurde. Kelsos hat es den Christen entgegengehalten, um den von ihnen erhobenen Offenbarungsanspruch zu bekämpfen und ihnen jede Wahrheitserkenntnis abzusprechen[72]. Origenes hat demgegenüber eine Antwort, die Arius nicht hätte geben können.

„Der allmächtige Gott nimmt den Glauben des ungebildeten Mannes ebenso wohlgefällig an[73], wie die verständige Frömmigkeit der besser Unterrichteten, wofern nur beide ihre Gebete mit Danksagung zu dem Schöpfer der Welt emporsenden, und zwar durch den, der als ‚Hohepriе-

---

[70] Siehe R. Cantalamessa, Il Cristo Immagine di Dio nelle discussioni teologiche del quarto secolo, in: Teologia, Liturgia, Storia (Brescia 1977) 29–38.

[71] So im Glaubensbekenntnis ... an Alexander von Al.: Opitz III 1,1, Urk. 6 § 2, p. 12,1in. 5–7.

[72] Origenes, C. Cels. VII 45: Übers. von P. Koetschau in BKV ²Bd. 53, 267: „Es gibt Sein und Werden; jenes ist mit dem Geiste, dieses mit den Augen erkennbar. Mit dem Sein verbunden ist Wahrheit, mit dem Werden Irrtum. Bei der Wahrheit nun ist Wissenschaft, bei dem Gegenteil Meinung. Und zu dem geistig Erkennbaren gehört die Denkkraft, zu dem, was sichtbar ist, die Sehkraft. Das geistig Erkennbare wird vom Verstand, das Sichtbare vom Auge erkannt."

[73] Diese Feststellung ist für Origenes – im Gegensatz zu den Philosophen – wichtig. Vgl. zu diesem Problem N. Brox, Der einfache Glaube und die Theologie, in: Kairos N.F. 14 (1972) (161–187) 180–184.

ster' (vgl. Hebr 2,17) den Menschen die reine Gottesverehrung dargetan hat . . . Wer aber außer andern Lehren von dem Göttlichen Wort auch dies gelernt hat und ausführt, ‚geschmäht zu segnen, verfolgt auszuhalten, verleumdet zu trösten' (vgl. 1.Kor 4,12.13), der dürfte wohl die Schritte seiner Seele auf den rechten Pfad gelenkt haben und seine ganze Seele reinigen und in Bereitschaft setzen, nicht um allein mit Worten ‚Sein' und ‚Werden' und ‚geistig Erkennbares' von ‚dem Sichtbaren' zu scheiden und ‚die Wahrheit' mit ‚dem Sein' zu verknüpfen, vor ‚dem mit dem Werden verbundenen Irrtum' aber auf alle Weise zu fliehen, sondern um (tatsächlich), wie er es gelernt hat, nicht auf die Dinge, die zum ‚Werden' gehören und ‚sichtbar' und deshalb ‚zeitlich' sind, zu schauen, sondern auf die, welche höher stehen, mag man sie nun ‚Sein' nennen wollen oder, weil sie nur geistig erkennbar sind, ‚unsichtbar' oder, weil sie ihrer Natur nach außerhalb der sinnlichen Wahrnehmung liegen, ‚nicht sichtbar'."[74]

Man sieht klar, daß Arius die Worte über die Stellung des Logos zu Gott, wie Origenes sie äußert, nicht mitvollziehen kann. Er hat den Subordinatianismus des Alexandriners einseitig aufgelöst.

Der Hellenisierungsprozeß hat unverkennbar in Arius einen Höhepunkt erreicht. Das griechische Gottes- und Weltbild ist bewußt übernommen und dies im Sinne einer verändernden Überformung des Taufkerygmas. Sosehr der biblisch-christliche Schöpfungsbegriff betont wird[75], er dient in diesem Fall nur noch dazu, den Abstand zwischen Vater und Sohn noch schärfer zu akzentuieren, als es durch die Übernahme der Unterscheidung von der Monas und Dyas und deren Anwendung auf das Vater-Sohn-Verhältnis schon geschehen ist. Der konsequente Rationalismus der Eunomianer oder der zweiten Generation der Arianer wird diese Ansätze noch weiter ausbauen und den griechischen Logos zum Richter über das christliche Kerygma machen. Noch eines ist zu Arius zu bemerken: sosehr er Rationalist in der Übernahme des Schemas der Noûs-Theologen ist, so eindeutig kehrt er in der Deutung der Inkarnation zur Mythologie zurück. Logos und Mythos sind in eigenartiger Weise bei ihm verbunden. Man kann nämlich mit genügender Sicherheit nachweisen, daß Arius in Jesus von Nazaret keine menschliche Seele angenommen hat. Anstelle dieser Seele war der vor den Zeiten er-

---

[74] Origenes, C. Cels. VII 46: Übers. P. Koetschau in BKV², Bd. 53, 269.

[75] Hier, mit geringen Abänderungen, nach der Übersicht bei H. Dörrie, Logos-Religion? Oder Noûs-Theologie? (oben, Anm. 16) 130. D. verweist noch nicht auf Arius. Vgl. A. Grillmeier, Die Einzigartigkeit Jesu Christi und unser Christsein. Zu Hans Küng, Christ sein, in: ThPh 51 (1976) (196–243) 228–232, wo einige Hinweise auf diese geistesgeschichtliche Einordnung des Arius gegeben werden, die nun ausführlicher begründet sind bei Fr. Ricken, Zur Rezeption der platonischen Ontologie bei Eusebeios von Kaisareia, Areios und Athanasios, in: ThPh 53 (1978) (321–352) 337–343.

sterschaffene Logos[76]. Christus ist das fleischgewordene höchste Engelwesen, dessen sittliche Bewährung im Fleische Gott vorhergeschaut und mit der Gabe der Sündelosigkeit belohnt hat.

b) Die Wende von Nikaia (325)

Arius hatte ein Zeichen gesetzt. Er zwang die Kirche, sich grundsätzlicher auf das eigene Kerygma zu besinnen und den seit der Begegnung ihrer Botschaft mit dem griechischen Logos angelaufenen Prozeß des Sich-darauf-Einlassens zu überprüfen. Wie wir gesehen haben, wurden in der vornikänischen Zeit gewisse Prämissen für die arianische Lösung und Folgerung geschaffen. Stimmte dieses consequens nicht, so mußten eben die Prämissen überprüft werden. Damit mußte sich aber die Konfrontation mit dem griechischen Geist verschärfen. Besinnung auf das Eigene forderte eine Enthellenisierung dort, wo man in der Hellenisierung zu weit gegangen war. Sollte dies nicht zu einem Verlustgeschäft werden, so durfte es sich nicht um reine Rücknahme handeln. Vielmehr mußte ein neuer Prozeß einsetzen oder weitergeführt werden, der zum tieferen Besitz des Eigenen führte. Sein Ausgangspunkt war das Konzil von Nikaia. Es kann als eine Wende bezeichnet werden, obwohl das Neue zunächst nur in globo oder sogar nur in nuce errungen wurde. Es ließ sich aber im wesentlichen noch im Verlauf des vierten Jahrhunderts ausbuchstabieren. In kurzen Strichen sei diese Wende für das Gottes- und Christusbild, für das Verhältnis von Gott und Welt skizziert.

aa) Das Gottes- und Christusbild

Mit der Gleichsetzung von Gott mit der spekulativ-mathematischen Monade der Philosophen hatte Arius das Gott-Vater-Bild der Evangelien verraten und Gott in eine unendliche Ferne gerückt. Nikaia bekannte sich auch zum einen Gott, aber einem Gott voll Leben, zum Gott, der in einem Vater, Sohn und Heiliger Geist ist. Das Konzil hatte mit der alten Überlieferung den Mut von Vater und Sohn in Gott zu sprechen, dies aber in einer Weise, daß wohl eine Differenzierung oder Mitteilung des Göttlichen ausgesagt wird, nichts aber aus der Einheit des göttlichen Seins hinausführt: Gott von Gott, wahrer Gott vom wahren Gott, gezeugt nicht geschaffen, eines Wesens mit dem Vater. Das biblische Wort vom „Sohn“ erhält seinen Rang zurück; die Logos-Bezeichnung, noch in dem Glaubensbekenntnis des Eusebius von Caesarea, das er dem Konzil vorlegte, zu finden, wird zurückgestellt[77]. Der alte Gegensatz von agen-

[76] Näheres bei A. Grillmeier, Christ in Christian Tradition ([2]1975) 238–245.

[77] Vgl. Aug. Hahn. Bibliothek der Symbole und Glaubensregeln der alten Kirche (Breslau 1897) § 123, p. 131–132 (Eusebius) und den Text von Nikaia: Conciliorum Oecumenicorum Decreta (Bologna 1973) p. 5.

netos und gennetos, von Arius im strikt griechischen Sinn übernommen, erhält eine neue Deutung: Vater und Sohn stehen sich als Ungezeugter und Gezeugter gegenüber, nicht als Ungewordener und Gewordener. Die mittelplatonische Unterscheidung wird überstiegen. Die Hervorbringung des Sohnes, des Ebenbildes des Vaters, bedeutet keinen Seinsabfall, sondern Mitteilung des ungeteilten göttlichen Seins. Damit war vieles erreicht:

(1) Für das Gottesbild selbst: der unhaltbare Kompromiß der vor-nikänischen Theologen, welche eine *Stufung* in Gott zwischen dem Vater und seinem Logos annehmen wollten, ist ausgeschaltet. Im Sinne von Nikaia gibt es in Gott wohl eine Differenzierung, aber keine Grade im Gottsein. Der christliche Gottesbegriff – in Abhebung vom jüdischen und vom griechischen – wird sichtbar. Daß dies mit einem griechischen, unbiblischen Worte, dem ὁμοούσιος, ausgesprochen wurde, kann somit nicht als Hellenisierung ausgelegt werden, zumal es den Vätern des Konzils durch ausdrückliche Ablehnung durch Arius[78] nahegelegt worden war. Wohl stand noch eine schwere Aufgabe bevor, die Origenes schon geraume Zeit vorher formuliert hatte: man mußte zeigen, auf welche Ebene die Einheit und Einzigkeit Gottes und auf welcher die Unterscheidung in Gott zu suchen war. Daß wiederum griechische Begriffe und griechische Seinslehre zu Hilfe gerufen wurden – dies eigentlich erst ab Mitte des vierten Jahrhunderts mit der *Unterscheidung* von Ousia und Hypostasis[79] –, ist alles noch Antwort auf Arius und seinen Hellenismus. Die tiefen christlichen Einsichten in das Gottesbild, welche sich die Kirche erarbeitete, sind nicht an diese Begriffe als solche gebunden, wie Gregor von Nazianz zum Abschluß des arianischen Streits in einer bedeutsamen Predigt am Vorabend des Konzils von Konstantinopel ausgeführt hat[80].

(2) Für die Begründung des Heils in Christus: Wir haben oben von der Frage des Origenes gehört, wie das Heil der Menschen sich zum Glauben an den einen Gott, den Vater, den Sohn und den Heiligen Geist, verhalte. Dies war die eigentliche Frage der Zeit vor und nach Nikaia, es war die Frage des Jahrhunderts. Ihre Beantwortung durch Nikaia, wenigstens in bezug auf den Sohn, wurde von den Vätern, vor allem von Athanasius, als die eigentliche Leistung des Konzils angesehen. Ist der Logos nicht wahrer Gott und wesenseiner Sohn, dann ist unsere Unsterblich-

---

[78] Siehe den oben angeführten Text aus der Thaleia des Arius, V. 9.

[79] Vgl. M. Simonetti, La crisi Ariana nel IV secolo = Studia Ephemeridis »Augustinianum« 11 (Roma 1975) 251–312, 353–377.

[80] Vgl. H. Dörrie, Die Epiphanias-Predigt des Gregor von Nazianz (Hom. 39) und ihre geistesgeschichtliche Bedeutung, in: Kyriakon. Festschrift Joh. Quasten, ed. by P. Gransfield and J. A. Jungmann I (Münster i.W. 1970) 409–423.

keit und unsere Auferweckung nicht wahrhaft gesichert. Ist der Heilige Geist nicht wahrer Gott, so sind wir nicht echt des göttlichen Wesens teilhaftig, wie Athanasius in den Briefen an Serapion aufzeigt[81].

Darin liegt wiederum eine tiefe Auseinandersetzung mit dem Platonismus und eine echt christliche Überwindung eines bei ihm ungelösten Problems. Es ist das Problem der Selbstmitteilung Gottes. Was als obere Manifestation des Einen in der Vielheit hervorgeht, ist noch vollkommen. „Aber die Qualität der Vollkommenheit überträgt sich nicht auf die Wesen unterhalb der Weltseele; sie müssen als Teil-Wesen – μερικὰ ζῷα – aufgefaßt werden. Und der Umstand, daß sie Teile in einem Ganzen sind, wird als hinreichender Grund für ihre Unvollkommenheit erkannt. Der Ausdruck Teil-Wesen – μερικὸν ζῷον – erhält im Platonismus einen starken Akzent des Wertwidrigen; das nicht Geteilte oder Unteilbare ist wertpositiv. Aber die Spekulation der Platoniker hat sich nie darauf gerichtet, warum gerade an dieser Stelle die Unvollkommenheit in Gestalt des μεριστόν in dieser Welt einbricht, die doch nach ihrer Begründung nur vollkommen sein kann, und die (ungeachtet ihrer Unvollkommenheiten) wieder und wieder als die beste unter allen möglichen Welten verteidigt worden ist.“[82] Justin hatte eigentlich darauf schon die christliche Antwort gegeben, nämlich die, daß mit Jesus Christus das ganze, unteilbare Logosprinzip in die Welt gekommen sei[83]. Sosehr einen bei der griechisch-christlichen Vergöttlichungslehre ein ungutes Gefühl überkommen mag, so steckt doch eigentlich nur dies dahinter: Gott teilt sich im Sohne und im Heiligen Geist als ganzer Gott mit (vgl. Röm 8,32), was um so weiter vom Platonismus weg ist, als sich der Begriff der Unendlichkeit Gottes seit Gregor von Nyssa und Hilarius von Poitiers positiv gefüllt hat[84]. Bei Arius dagegen wäre das „hauptsächliche, nie überwundene Dilemma des Platonismus“[85] auch für die Christen akut geworden: schon die erste „Mitteilung“ Gottes, die Erschaffung des „Sohnes“ hätte in die Endlichkeit geführt. Die Möglichkeit, Gott als Gott zu begegnen, schneidet Arius schon für den „Sohn“, a fortiori für die Geschöpfe des „Sohnes“ ab.

---

[81] Athanasius, ep. 1 ad Serap. 21–24: PG 26, 581 A–588 C.

[82] Nach H. Dörrie, Der Platonismus in der Kultur- und Geistesgeschichte der frühen Kaiserzeit, in: ders., Platonica minora (166–210) 204.

[83] Justin, Apol. II 10,1: Goodspeed 85: διὰ τοῦ τὸ λογικὸν τὸ ὅλον τὸν φανέντα δι' ἡμᾶς Χριστὸν γεγονέναι, καὶ σῶμα, καὶ λόγον καὶ ψυχήν. Zur Erklärung siehe C. Andresen, Logos und Nomos (oben Anm. 19) 336–344. Weitere Lit. bei A. Grillmeier, Christ in Christian Tradition ([2]1975) 91–94.

[84] Näheres bei E. Mühlenberg, Die Unendlichkeit Gottes bei Gregor von Nyssa. Gregors Kritik am Gottesbegriff der klassischen Metaphysik = FKDG 16 (Göttingen 1966); J. M. McDermott, Hilary of Poitiers: The Infinite Nature of God, in: VigChr 27 (1973) 172–202.

[85] H. Dörrie, Der Platonismus (oben Anm. 82) 204.

Das erschließt uns eine weitere Perspektive, die sich aus Nikaia ergeben kann, die grundsätzlich christliche Fassung des Gott-Welt-Verhältnisses.

bb) Das Gott-Welt-Verhältnis

Zum christlichen Gottesbild gehört auch die entsprechende Deutung des Gott-Welt-Verhältnisses. Arius hat etwas entscheidend Christliches übernommen, die biblische Lehre von der Schöpfung. Das bedeutet eine Klärung der Emanationsproblematik. Indem er aber diese Schöpfungslehre anwandte auf das subordinatianisch begriffene und mittelplatonisch gedeutete Vater-Sohn-Verhältnis, hat er nicht nur das christliche Verständnis der Selbstmitteilung Gottes, sondern auch des Gott-Welt-Verhältnisses überhaupt verändert. Der „Sohn" des (obersten) Gottes, bei ihm gleichgesetzt mit der Dyas, ist schon eine geschöpflich begrenzte Mitteilung Gottes, eine endliche Setzung des göttlichen Willens. Dieser „Sohn" ist selbst begrenzter Demiurg für die Hervorbringung aller unter ihm angesiedelten Wesen und Dinge. Damit ist die Welt einem begrenzten Wesen ausgeliefert. Der „Sohn", dem der „Vater" fremd und unaufspürbar ist, ist mehr als eine Trennung von Gott denn als eine Vermittlung zu ihm hin begriffen. Damit erfährt das mit dem biblischen Schöpfungs- und Geschichtsverständnis gegebene Verhältnis von Gottes Transzendenz und Gottes Welt-Immanenz eine einseitige Belastung. Die Transzendenz ist – im Sinne der griechischen Noûs-Theologie – unchristlich übersteigert. Von einer wahren Welt-Immanenz kann man kaum sprechen. Der monadische Gott des Arius ist von der Sorge für die vom ersterschaffenen Sohn hervorgebrachte Welt entlastet. Er sorgt sich nur um den Demiurgen selbst[86], und dies nur wie von ferne. Auch die „Inkarnation" dieses „Sohnes", sein Einwohnen in einer menschlichen Sarx, ist keine Vermittlung wahrer göttlicher Immanenz in Welt und Geschichte.

Von Nikai aus wird erst so recht das im Johannesprolog und im Kolosserbrief grundgelegte Gott-Welt-Verhältnis neu sichtbar, und zwar in mehrfacher Hinsicht: (1) Gott der Vater ist der Pantokrator und Schöpfer aller sichtbaren und unsichtbaren Wesen und Dinge, dies aber (2) durch den ihm wesenseinen Sohn, der mit ihm wahrer Gott vom wahren Gott ist. Damit ist die uneingeschränkte Gottes-Unmittelbarkeit der Welt gegeben (vgl. Hebr 1,3). (3) In der Annahme einer menschlichen Existenz tritt eben dieser wahre Sohn Gottes in die Welt und in die Geschichte ein. Die Inkarnation des Sohnes ist Offenbarung, nicht Verdekkung des wahren Gottes, ist uneingeschränkte Selbstmitteilung Gottes.

---

[86] G. Bardy, Recherches sur Saint Lucien d'Antioche et son école (Paris 1936) 265. Zur Erklärung siehe A. Grillmeier, Christ in Christian Tradition, ([2]1975) 241f.

Röm 8,32 (mit seinem Sohn hat uns Gott alles geschenkt) erhält durch Nikaia sein ganzes Gewicht für die Deutung der Geschichts-Immanenz Gottes.

cc) Das Nicaenum und das Verhältnis von Oikonomia und Theologia

Der Ausgangspunkt der vornikänischen Theologie war die ntl. Darstellung der einen oikonomia Gottes, der seinen Sohn und den Geist seines Sohnes in die Welt gesandt hat (vgl. Gal 4,4–6; Röm 8). Sie blieb so lange auf diesem biblischen Boden, als sie darin die rückhaltlose, uneingeschränkte Selbstmitteilung Gottes sah. Unbiblische Ingredienzien begannen einzufließen, als die christlichen Theologen, bedrängt von der Frage des „Monotheismus", diese Selbstmitteilung Gottes des Vaters im Sohn und im Heiligen Geist nach mittelplatonischen Stufungen zu messen begannen. Damit ergab sich die Versuchung, in Gott selbst Stufungen anzunehmen. Die ersten Reflexionen von der Oikonomia aus auf die Theologia wurden gewiß nicht leichtsinnig und aus bloßem philosophischem Interesse gemacht. Origenes hat uns dies gezeigt (siehe oben). Dennoch waren sie von philosophischen Schemata her belastet, was dann zur Krisis in Arius geführt hat. Man erkannte, daß damit das überkommene Verständnis der ntl. Heilsökonomie zerstört war. Die Antwort war das neue Bild von der inneren Verbindung von Oikonomia und Theologia. Die von Origenes gestellte Frage nach dem Zusammenhang von Heil und dem Glauben an die Trinität hat zu Nikaia und dann zu Konstantinopel 381 ihre Antwort gefunden.

Schluß

Besinnen wir uns nochmals auf das, was damit an Perspektiven für das Hellenisierungsproblem erschlossen sein kann:

1. Von Hellenisierung kann man noch nicht reden, wenn man griechische Sprache vernimmt und griechische Begriffe in den Dienst der Verkündigung der christlichen Botschaft gestellt sieht. Die Anwendung des griechischen θεός oder κύριος auf Christus, die schon im NT gegeben ist[87], muß zunächst von der Selbsterfahrung der christlichen Gemeinde mit Christus her beurteilt werden. Griechische Sprache und Begriffswelt ist auch gegenüber dem genuinen Gehalt urgemeindlicher Vorstellungen nicht von vornherein unter Verdacht zu nehmen. Jede Sprache hat für das Evangelium ihre Vorteile und Nachteile.

---

[87] Zu „Kyrios" ist zu beachten J. A. Fitzmyer, Der semitische Hintergrund des neutestamentlichen Kyriostitels, in: Gg. Strecker (Hrsg.), Jesus Christus in Historie und Theologie. Neutestamentliche Festschrift f. Hans Conzelmann zum 60. Geburtstag (Tübingen 1975) 267–298.

2. Um die Frage zu beantworten, ob das Evangelium beim Betreten des griechischen Bodens umgebildet worden ist, suchten wir hinzuweisen auf die Verschiedenheit von Situationen, welche die Hellenisierung einerseits begünstigen, anderseits aber auch erschweren oder korrigieren können. Konnte auf der Ebene der Vulgärreligion sich aus missionarischen Gründen vielleicht eine eindrucksvolle Darstellung der Transzendenz des „Heilsbringers Jesus von Nazaret" mit Hilfe der Bezeichnung „Gott" oder „Kyrios" empfehlen, so ganz und gar nicht auf der Ebene, auf der das Evangelium vom Gekreuzigten und Auferweckten dem griechischen Logos, der hellenistischen Intelligenz, der kritischen Theologie dieser Zeit und ihrem geistig-kulturellen Selbstbewußtsein begegnete. Die Verkündigung von einem inkarnierten, gekreuzigten Sohn Gottes und die Forderung, ihn als wahren Basileus und Imperator der Menschen anzuerkennen, war – von außen gesehen – keine Empfehlung des Christlichen, sondern eine Provokation gegenüber der griechischen Kultur und der römischen Macht. Sie durchzustehen forderte von den Christen eine stete Selbstbefragung auf die wahren Inhalte ihrer Verkündigung. Die philosophische Kritik am Christentum und die römische Verfolgung sind der Beweis dafür.

3. Um sich zu rechtfertigen, mußten die christlichen Theologen aber versuchen, ihre Botschaft in das griechisch-römische Weltbild einzuordnen, was einen Prozeß von mehreren Jahrhunderten erforderte. In diesem Prozeß haben wir eine gegenläufige Bewegung festgestellt. Es fand Hellenisierung statt. Sie rief aber eine große Krisis hervor, die zu einer Revision der ersten Phase der christlichen Theologie und in wichtigen Punkten zu einer Enthellenisierung führte. Nikaia bedeutete die Wende, die aber erst um 380 zur vollen Auswirkung kam. Nur wenn dieser Prozeß in seiner Gesamtheit analysiert wird, läßt sich ein Urteil über seine innere Eigenart bilden. Wir sind weder mit der methodischen Reflexion, noch mit der inhaltlichen Analyse der Vorgänge am Ende[88].

4. Aus den vorliegenden Ausführungen mag sich wohl schon ergeben haben, daß selbst in einer skizzenhaften Analyse dieser ersten Phase der Begegnung der christlichen Theologie mit dem griechischen Logos die Eigenbewegung sowohl des christlichen Gedankens als auch der griechischen Gottes- und Weltdeutung auseinandergehalten werden kann. Die Eigenart des Christlichen, und damit seine beste Empfehlung, liegt in seiner Lösung des Problems von Gottes Welttranszendenz und Weltimmanenz, worum die Griechen vergeblich gerungen haben; es liegt in der

[88] Gute methodische Hinweise sind schon zu finden bei H. Blumenberg, Kritik und Rezeption (siehe oben Anm. 20); ferner bei G. Madec, La christianisation de l'hellénisme. Thème de l'histoire de la philosophie patristique, in: Ch. Kannengiesser et Y. Marchasson (Hersg.), Humanisme et foi chrétienne (Paris 1976) 399–406.

zu Nikaia erschlossenen Einheit von Theologia und Oikonomia, von Gottes Sein und Selbstmitteilung, von Gott, Schöpfung und Geschichte. So „hellenistisch" die Darbietung des Christlichen aussehen mag, den Inhalt konnte der griechische Logos nicht schaffen, er konnte höchstens helfen, ja er mußte dazu in Dienst genommen werden, ihn zu übersetzen und „griechisch" zu formulieren[89]. Kann man nicht auch von einer Christianisierung des Hellenischen reden, wie man von einer Hellenisierung des Christlichen spricht?

---

[89] Es sei erlaubt, noch einen letzten Hinweis anzufügen. Manche Befürworter der Hellenisierungsthese (besonders für die Lehre von der Präexistenz und Gottheit Christi oder die sog. Zwei-Naturen-Lehre) meinen darauf insistieren zu können, daß solche Vorstellungen sich bei den Griechen deshalb einstellen konnten, weil man geneigt sein konnte, die Ideen für real zu nehmen. Das wurde zwar vertreten, man muß aber fragen, ob in einem solchen Ausmaß, daß christliche Theologoumena davon getragen sein konnten. H. Dörrie, Der Platonismus in der Kultur- und Geistesgeschichte der frühen Kaiserzeit, in: Platonica minora 201, benennt dafür Cassius Longinos, der daran festgehalten habe, „daß die Ideen eigene transzendente Wesenheiten sind, die gesonderte Existenz besitzen – αὐϑυπόστατα. Das war eine der Konsequenzen, die sich aus der Drei-Prinzipien-Lehre, aber auch aus der Definition der Idee nach Xenokrates ergeben. Plotin dagegen sah sich genötigt, diese beiden altüberkommenen Bestandteile des Dogmas zu opfern; seine Formel lautete ὅτι οὐκ ἔξω τοῦ νοῦ τὰ νοητά". Man kann obige Spekulationen getrost aufgeben. Sie bieten für das Verständnis der Genesis des Christusbildes nichts. Bestehen bleibt jedoch die Frage nach der Bedeutung der griechischen Seinslehre, der aristotelischen Logik usw. für die Darstellung der christlichen Lehre. Siehe den oben Anm. 75 genannten Aufsatz von Fr. Ricken.

Ilsetraut Hadot

Ist die Lehre des Hierokles vom Demiurgen christlich beeinflußt?

In seinem Aufsatz „Christlich-neuplatonische Beziehungen“[1] stellt Karl Praechter die Lehre der alexandrinischen Neuplatoniker und insbesondere das theologische und ethische System des in der ersten Hälfte des 5. Jh. lebenden Philosophen Hierokles als christlich beeinflußt dar[2]. Ganz allgemein grenzt er damit die „alexandrinische Richtung“ des Neuplatonismus von der kompromißlos dem Heidentum treu gebliebenen „athenischen Richtung“ ab[3], und er stützt diese seine These hauptsächlich auf die folgenden drei Beobachtungen, die er an Hand des philosophischen Systems des Hierokles anstellen zu können meint:

1. Im Gegensatz zu den Positionen der Neuplatoniker vor ihm (Plotin, Porphyrius, Jamblich), ist die höchste Wesenheit im theologischen System des Hierokles der Demiurg, womit unter christlichem Einfluß auf den vorplotinischen Platonismus zurückgegriffen wird.

2. Die Auffassung des Hierokles von der Materie ist deutlich christlich beeinflußt und unterscheidet sich von der der athenischen Neuplatoniker.

---

[1] In: ByZ 21, 1912, S. 1–27; Neuabdruck in Karl Praechter, Kleine Schriften, hg. v. H. Dörrie, Hildesheim–New York 1973.

[2] Diese These, die trotz der eigenen Vorbehalte Praechters nie ernstlich überprüft worden ist, hat die Grundlage für mannigfaltige weitere philosophiehistorische Hypothesen abgegeben und ihren jüngsten Niederschlag in der Dissertation Theo Kobuschs „Studien zur Philosophie des Hierokles von Alexandrien“ (Epimeleia, Bd. 27), München 1976, gefunden, wo gleich zu Anfang (S. 25) in einer Aufzählung der Aspekte, unter denen die Philosophie des Hierokles betrachtet werden soll, die folgende These zu lesen ist: „Die Philosophie des Hierokles hat in ihren wesentlichen Zügen einen vorneuplatonischen Charakter; sie ist durchsetzt mit christlichen Elementen.“

[3] K. Praechter, a.a.O., S. 2: „Während die Athener im Anschluß an Jamblich den hellenistischen Polytheismus in engste Verbindung mit ihrer philosophischen Lehre setzten und auf dieser Grundlage den bis ins feinste gegliederten Bau einer *theologia* aufführten, die nach ihrer ganzen Anlage mit dem Christentum keine Vereinigung eingehen konnte, hielten die Alexandriner in der Hauptsache an älteren Formen des Platonismus fest, ohne sich freilich dem Einfluß der großen athenischen Schulleiter, bei denen sie in die Lehre gingen, völlig zu entziehen.“

3. Hierokles' Theorie von der Heimarmene biegt die traditionellen Elemente der griechischen Schicksalslehre so um, „daß sich ein Bild der Weltleitung ergibt, das christlichen Anschauungen vom göttlichen Weltregimente nahesteht“[4].

In meinem als Einleitung zu meiner kritischen Ausgabe des Epiktetkommentars des Simplikios gedachten Buch „Le problème du néoplatonisme alexandrin: Hiéroclès et Simplicius“[5] habe ich bereits ausführlich zu den beiden letzten Punkten Stellung genommen und gezeigt, daß die Auffassung des Hierokles von der Materie in wesentlichen Punkten nicht nur dem christlichen Standpunkt widerspricht, sondern darüber hinaus grundsätzlich mit dem der athenischen Schule übereinstimmt, und daß ebenfalls die Darlegungen des Hierokles zum Verhältnis von Vorsehung und Heimarmene keine Abweichungen von den athenischen neuplatonischen Lehrmeinungen aufweisen. Was die erste der drei angeführten Beobachtungen Praechters angeht, so habe ich auch diese in der genannten Arbeit einer gründlichen Kritik unterzogen, aus der ich hier einen Punkt herauszugreifen und ausführlicher zu behandeln gedenke.

Rufen wir uns noch einmal die Ausführungen Praechters in die Erinnerung zurück: „Jedem, der vom außeralexandrinischen Neuplatonismus her an Hierokles herantritt, fällt in erster Linie die große Einfachheit seines Systems der göttlichen Wesenheiten auf. Schon Plotin hatte über den Nus, der ihm der Demiurgos, der Weltschöpfer ist, das Hen gesetzt. Bereits sein Schüler Amelios zerspaltete den Nus in drei Noes und einen dreifachen Demiurgos, und die weitere Entwicklung der neuplatonischen Lehre kennzeichnet sich als eine fortschreitende Zerlegung und Vervielfältigung der obersten Wesenheiten . . . Ganz anders Hierokles. Seine höchste Wesenheit ist der Demiurgos. Er ist der durchaus theistisch aufgefaßte Schöpfer, Ordner, Gesetzgeber und Leiter der Welt. Er ist ho theos schlechthin. Über ihm steht weder das Hen noch sonst eine Hypostase, er ist das einzige überweltliche Wesen, der theos theōn . . . Den n ächsten Rang nach ihm behaupten sofort die enkosmioi theoi, die Sterngötter.“[6] Wir sind jedoch in der glücklichen Lage, einen Text zu besitzen, der zweifelsfrei die Tatsache herausstellt, daß der Demiurg für Hierokles nicht die oberste Wesenheit seines theologischen Systems darstellt. Es handelt sich um eine Stelle aus dem Kommentar

[4] K. Praechter, a.a.O., S. 20.
[5] Paris 1978 (Études Augustiniennes).
[6] K. Praechter, a.a.O., S. 3.
[7] Die beiden Verse lauten: „Bei dem, der unserer Seele die Tetraktys gegeben hat, / die Quelle der nieversiegenden Natur . . .“

des Hierokles zum Carmen aureum, die ich im folgenden ungekürzt übersetze und die die Verse 47 und 48[7] erklärt[8]:

„Gleichzeitig aber stellt er (d. h. der Verfasser des Carmen aureum), indem er die Vereinigung der vortrefflichsten (ethischen) Grundhaltungen durch einen Schwur heiligt, eine theologische Erörterung an und legt dar, daß die Tetrade, die Quelle der immerwährenden Weltordnung, identisch mit dem Demiurgen-Gott ist. Inwiefern nun dieser Gott die Tetrade ist, kannst du klar aus dem auf Pythagoras zurückgeführten Hieros Logos ersehen, in welchem jener Gott als Zahl der Zahlen besungen wird. Wenn in der Tat alles Seiende aufgrund seines ewigen Wollens existiert, dann hängt auch klärlich die in jeder Form des Seienden befindliche Zahl von der in ihm befindlichen Ursache ab, und die erste Zahl befindet sich dort. Denn von dorther stammt das Hiesige. Das vollendete Intervall der Zahl aber ist die Dekade; denn derjenige, der weiterzählen will, kehrt wieder zur Eins, Zwei und Drei zurück und zählt eine zweite Dekade durch, bis die Zwanzig voll ist, und auf dieselbe Weise eine dritte, auf daß er die Dreißig ansage, und so immer fort, bis daß er nach Aufzählung der 10. Dekade bei der Hundert anlangt. Und wiederum auf dieselbe Weise zählt er 110 auf, und er kann so, durch die Wiederholung des Dekadenintervalls, bis ins Unendliche fortschreiten. Die Potenz (dynamis) der Dekade aber ist die Tetrade, denn vor der bis in alle Einzelheiten sich entfaltenden Vollendung, die sich in der Dekade findet, läßt sich eine gewisse geeinte Vollendung in der Tetrade erkennen. Durch die Addition nämlich (der Zahlen) von der Monade aufwärts bis zur Tetrade erhält man als Gesamtsumme die Dekade, denn 1 + 2 + 3 + 4 ergibt die Dekade. Und die Tetrade ist die arithmetische Mitte zwischen Monade und Hebdomade, ist sie doch gewissermaßen um die gleiche Zahl größer, um die sie übertroffen wird: sie bleibt einerseits um eine Triade hinter der Hebdomade zurück und geht andererseits um eine Triade über die Monade hinaus. Die Besonderheiten aber der Monade und der Hebdomade sind die vortrefflichsten und ausgezeichnetsten: Die Monade faßt als Prinzip jeglicher Zahl deren aller Potenzen (dynameis) in sich zusammen, und die Hebdomade, da sie mutterlos und Jungfrau ist, besitzt die Würde der Monade in sekundärer Weise. Sie wird nämlich weder von irgendeiner der Zahlen innerhalb der Dekade gezeugt (wie die Vier aus 2 mal 2 und die Sechs aus 2 mal 3 und die Acht aus 2 mal 4 und die Neun aus 3 mal 3 und die Zehn aus 2 mal 5), noch zeugt sie selbst eine der innerhalb der Dekade befindlichen Zahlen (wie die Zwei die Vier und die Drei die Neun und die Fünf die Zehn). In der Mitte zwischen der ungewordenen Monade und der mutterlosen Hebdomade liegend, faßt die Tetrade gleichermaßen die Potenzen (dynameis) der Zeugenden und der Gezeugten in sich zusammen, denn als einzige der Zahlen innerhalb der Dekade ist sie sowohl von einer Zahl gezeugt worden, als sie auch selbst eine Zahl zeugt: Die Dyade, indem sie sich verdoppelt, zeugt die Te-

---

[8] Hierokles, In Carmen aureum, S. 87, 16–89, 18 Köhler.

[9] Zu diesem allen Neuplatonikern ab Jamblich bekannten apokryphen Hieros Logos vgl. A. Delatte, Etudes sur la littérature pythagoricienne, (Bibliothèque de l'Ecole des Hautes Etudes, Bd. 217) Paris 1915, S. 191ff.

trade, und die Tetrade ergibt durch Verdoppelung die Acht. Und die erste Andeutung von Festigkeit[10] findet sich in der Tetrade: der Punkt nämlich ist der Monade analog, die Linie der Dyade (denn sie führt von etwas zu etwas hin), und der Triade kommt die Fläche zu (denn das Dreieck ist die elementarste Form der geradlinigen Figuren). Das Feste aber gehört der Tetrade zu, denn die erste Pyramide stellt sich in der Tetrade dar, indem ihr die Drei als Dreiecksbasis zugrunde liegt und die Eins als Spitze hinzugefügt ist. Und es finden sich vier Fähigkeiten des Urteils in den Seienden: Geist (Nus), Wissen, Meinung, Sinneswahrnehmung. Alles Seiende nämlich wird vermittels des Geistes, des Wissens, der Meinung oder der Sinneswahrnehmung beurteilt. Und ganz allgemein bindet die Tetrade alles Seiende an sich: sie ist die Zahl der Elemente, der Jahreszeiten, der Lebensalter, des Zusammenwohnens[11]. Und es ist unmöglich, etwas zu nennen, was nicht von der Tetraktys als Wurzel und Prinzip abhängt. Die Tetrade ist nämlich, wie wir sagten, der Demiurg, die Ursache aller Dinge, der intelligible Gott, die Ursache des himmlischen und wahrnehmbaren Gottes. Die Kenntnis dieses Gottes ist den Pythagoreern von Pythagoras selbst vermittelt worden, bei dem der Verfasser des Carmen aureum schwört, weil die Vollendung der Tugend uns bis zur Wahrheitserleuchtung hinanführt."

Soweit Hierokles. Das Entscheidende dieses Textes, mit dem wir uns mitten in der von der Alten Akademie bis zum Ende des Neuplatonismus reichenden Tradition der sogenannten pythagoreischen Zahlenspekulation befinden, liegt darin, daß Hierokles den Demiurgen mit der Tetrade identifiziert. Wie wir noch sehen werden, ist diese Identifikation charakteristisch für die philosophiegeschichtliche Mittelstellung des Hierokles zwischen Jamblich und Proklos, wie ich sie andernorts ausführlich belegt habe[12]. Vorerst aber wollen wir ein wenig bei den traditionellen Elementen der pythagoreischen Zahlenspekulation verweilen, wie sie uns in unzähligen anderen, teils früheren, teils späteren Texten parallel zum Hierokles-Text überliefert sind.

Beginnen wir mit der Rolle der Dekade als ‚vollendetes Intervall der Zahlen' (πεπερασμένον διάστημα): die Zehn ahmt die Vortrefflichkeit der Eins, durch deren Addition man sämtliche Zahlen erhält, insofern nach, als ihre fortgesetzte Addition die Grundlage des von den Griechen und Römern benutzten Dezimalsystems darstellt. „Die Zehn ist für die

---

[10] Gemeint ist die Festigkeit der Körper und damit die Dreidimensionalität.

[11] Was hier gemeint ist, geht aus einer Parallelstelle bei Theon von Smyrna, Expositio rerum math., S. 97, 21–24 Hiller hervor, wo es in einer Aufzählung aller in der Natur auftretenden Vierergruppen folgendermaßen heißt: „Die siebente Tetraktys ist die der Gemeinschaften. Der Ursprung und gleichsam die Monade ist der Mensch, die Dyade das Haus, die Triade das Dorf, die Tetrade die Stadt, denn ein Volk setzt sich aus diesen zusammen."

[12] Vgl. I. Hadot, Le problème du néoplatonisme alexandrin: Hiéroclès et Simplicius, Études Augustiniennes, Paris, 1978.

Unendlichkeit der Zahlen eine Grenze", so schreibt Philon[13], „um die wie um einen Wendepunkt herum sie (d.h. die Zahlen) sozusagen eine Kehrtwende vollführen und zurückkehren." Der früheste Beleg findet sich bei Speusipp[14]. Weitere Parallelen finden sich in den pseudaristotelischen Problemata[15], bei Anatolius[16] und Theon von Smyrna[17], in den Theologumena arithmetica[18], in den Placita des Aetius und bei Calcidius[19], bei Sextus Empiricus[20], Syrianus[21] und Johannes Lydus[22]; bei Macrobius erscheint nur die Bezeichnung der Zehn als „vollendete Zahl"[23].

[13] Philon, De opif. mundi, 47.

[14] Speusipp, Über die pythagoreischen Zahlen, in: [Jamblich], Theolog. arithm., S. 83, 6–9 de Falco: „Es ist nämlich die Zehn eine vollendete Zahl, und rechtmäßig und naturgemäß kommen die Hellenen und überhaupt alle Menschen auf diese unter allen Umständen beim Zählen zurück ohne es zu wollen (οὐδὲν ἐπιτηδεύοντες)."

[15] Probl., 15,3,910b 33ff.: „Weshalb zählen alle Menschen, Barbaren sowie Hellenen, bis zur Zehn .. und wiederholen von da ab?"

[16] Anatolius in: [Jamblich], Theolog. arithm., S. 86, 2–5 de Falco (= Anatolius, Sur les dix premiers nombres, S. 39 Heiberg dans: Annales internationales d'histoire. Congrès de Paris 1900, 5e Section, Histoire des Sciences, Paris 1901): „Die Dekade ist Umkreis und Grenze jeglicher Zahl. Um sie wie um einen Wendepunkt herum vollführen sie bei ihrem langen Rennen eine Kehrtwende und kehren zurück. Und ferner ist sie für die Unendlichkeit der Zahlen eine Grenzmarke." Man bemerke die Übereinstimmung des Vokabulars in diesem Text, dem schon zitierten Philon-Text (S. 261f.) und dem Zitat aus Joh. Lydus, Anm. 22.

[17] Theon von Smyrna, Expositio rerum math., S. 99, 17–20, Hiller: „... über die Dekade hinaus gibt es keine Zahl, da wir bei der Vermehrung immer wieder zur Monade, Dyade usw. zurückkehren."

[18] [Jamblich], Theolog. arithm., S. 27, 12ff. de Falco: „Die Dekade ist nämlich Maß und vollendete Grenze jeglicher Zahl, und nach ihr gibt es keine einzige natürliche Zahl mehr, sondern alle sind Zahlen aus zweiter Hand und reihen sich serienweise aneinander bis ins Unendliche gemäß der Teilhabe an der Dekade."

[19] Aetius, Placita, 1,3,8: „Bis zur Zehn zählen alle Hellenen, alle Barbaren, um, bei ihr angekommen, wieder zurückzukehren." Calcidius, In Tim., 35, S. 84, 5–11, Waszink: „Nam perfectus quidem numerus est decem ideo, quod a singularitate orsi usque ad decem numerum numeramus, residua vero numeratio non tam numeratio est quam eorundem numerorum, quibus ante usi sumus in numerando, replicatio; undecim enim et duodecim et ceteri tales nascuntur ex praecedentium replicatione."

[20] Sextus Empiricus, Adv. Math., 4, S. 133, 20ff. Mau: „Diese (d.h. die vierte Zahl = die Zehn) ist die vollendete Zahl, da wir, nachdem wir auf sie zugeeilt sind, wieder zur Eins zurückkehren und von neuem zu zählen anfangen."

[21] Syrianus, In metaph., 149, 26ff. Kroll: „Die Dekade nämlich ahmt diese (sc. die uranfängliche Monade) nach; was nämlich die Monade im Verhältnis schlechterdings zu allen Zahlen ist, das ist die Dekade im Verhältnis zu den ihr nachfolgenden Dekaden, Hundertschaften und Tausendschaften. Deshalb wird sie auch ‚Monade aus zweiter Hand' genannt." Vgl. auch Asklepios, In metaph., S. 37, 14–15, Hayduck.

[22] Joh. Lydus, De mens., 3,4, S. 38, 17–22, Wünsch: „Die Dekade ist Umkreis und Grenze jeglicher Zahl. Um sie wie um einen Wendepunkt herum vollführen die Zahlen bei ihrem langen Rennen eine Kehrtwende und kehren zurück. Von der Monade an zählen wir bis zu ihr und nur bis zu ihr, und bei ihr stehen bleibend kehren wir zur Monade zurück."

[23] Macrobius, In somnium Scip., 1,6,76, S. 32, 24, Willis: „... decas, qui et ipse perfec-

Ein zweites, häufig überliefertes und kommentiertes Element der sogenannten pythagoreischen Zahlenspekulation ist die Auffassung der Tetrade als potentielle Dekade: τῆς δὲ δεκάδος δύναμις ἡ τετράς, schreibt Hierokles[24]. Ich übersetze δύναμις hier mit ‚Potenz', da wir in einigen Paralleltexten die Gegensatzpaare δύναμις-ἐνέργεια und δύναμις-ἐντελέχεια vorfinden[25], aber es ist klar, daß bei den Platonikern in Umwertung dieser aristotelischen Begriffspaare die δύναμις zugleich Mächtigkeit und Kraft ist und gegenüber der ἐνέργεια die größere Seinsrealität besitzt: „Das was der Monade am nächsten steht, besitzt die größere Vollendung, und je kleiner die Quantität (τὸ ποσόν), desto größer ist die Kraft (δύναμις)", sagt Proklos[26] wohl in Anlehnung an die von ihm und anderen Neuplatonikern vielzitierten vier Verse des pythagoreischen Hymnos an die Zahlen[27], die den Hervorgang der Tetrade aus der Monade und der Dekade aus der Tetrade beschreiben.

Als Begründung der Feststellung, daß die Tetrade die Potenz der Dekade ist, wird von Hierokles die Tatsache angeführt, daß die Summe der Zahlen von eins bis vier zehn ergibt, Detail, das einzeln oder in Verbindung mit der Qualifikation der Tetrade als potentielle Dekade ebenfalls häufig parallel überliefert wird[28]. Wir müssen übrigens gleich hier fest-

---

tissimus numerus est . . ." und 1,6,11, S. 20, 19–20, Willis: „. . . quem (scil. denarium) primum limitem constat esse numerorum."

[24] Hierokles, In Carmen aureum, S. 88, 5ff. Köhler.

[25] Philon, De opif. mundi, 47: „Das, was die Dekade aktuell (ἐντελεχείᾳ) ist, das ist die Tetrade, so scheint es, in Potenz (δυνάμει)." [Jamblich], Theolog. arithm., S. 58, 15, de Falco: „. . . die Zahlen von der Monade bis zur Tetrade sind in Potenz (δυνάμει) die Zehn, aktuell (ἐνεργείᾳ) aber ist dies die Dekade."

[26] Proklos, In Tim., 1, S. 432, 22–23, Diehl. Vgl. auch die beiden dieser Stelle voraufgehenden Sätze: „Die Tetrade hat alles in sich, was auch die Dekade enthält, aber die erstere in einer geeinten Weise, die letztere in geteilter Weise, und die Dekade enthält alles, was die Tetrade enthält, aber aufgrund der Tatsache, daß sie es in geteilter Weise enthält, ist sie weniger vollkommen als die Tetrade." Vgl. Proklos, a.a.O., 2, S. 207, 28ff.

[27] Vgl. Proklos, In Tim., 1, S. 316, 19–24; 2, S. 53, 2–7 (hier wird die Tetrade des Hymnos mit der Tetraktys unserer Stelle aus dem Carmen aureum identifiziert); 3, S. 107, 14–17, Diehl. Syrianos, In metaph., S. 106, 17–21 Kroll, zitiert 5 Verse: „Ausgehend von der unversehrten Tiefe der Monade, bis daß sie (d.h. die göttliche Zahl bei ihrem Fortschreiten) ankommt / bei der hochheiligen Tetrade. Diese aber gebar die Allmutter / die alles in sich aufnehmende, die ehrwürdige, die allen Dingen eine Grenze setzt, / unerbittlich, unermüdlich. Heilige Dekade nennen sie / die unsterblichen Götter und die erdgeborenen Menschen."

[28] Philon, De opif. mundi, 47 (im Anschluß an den in Anm. 25 zitierten Text): „Wenn sie jedenfalls der Reihe nach die Zahlen von der Monade bis zur Tetrade addieren, werden sie die Dekade hervorbringen . . ."Anon., Vita Pyth., in: Photius, Bibl., cod. 249, Bd. 7, S. 127 Henry (439a): Und da sie (d.h. die Pythagoreer), ausgehend von der Monade und der Dyade, alles auf Zahlen zurückführten, bezeichneten sie auch alles Seiende als Zahlen; die Zahl aber wird durch die Zehn vollständig gemacht; die Zehn aber ist die Summe der (ersten) vier der Reihenfolge nach aufgezählten Zahlen, und deshalb nannten sie die Gesamtzahl Tetraktys." Hermeias, In Phaedrum, S. 90, 30–91, 6 Couvreur: „Von anderen Ge-

stellen, daß Hierokles Tetraktys, Tetrade und Vier identifiziert, d.h., daß für ihn nicht, wie z.B. für Sextus Empiricus, die Tetraktys die Summe der vier ersten Zahlen, also die Zehn, darstellt[29].

Im engen Anschluß daran erfolgt bei Hierokles die Feststellung, daß die Tetrade die arithmetische Mitte zwischen Monade und Hebdomade darstellt[30], wobei die Erwähnung von Monade und Hebdomade ihm Gelegenheit gibt, auch deren Eigenschaften kurz zu umreißen. Für alle die nun folgenden Einzelheiten: die Monade als Prinzip jeglicher Zahl[31], die

---

sichtspunkten aus weihen sie die Tetrade dem Dionysos, weil sie als erste alle Harmonien in sich begreift . . . und weil in ihr alle Zahlen enthalten sind. Die Tetrade ist nämlich die Wurzel aller Zahlen, weil durch Addition (der Zahlen) von der Monade bis zu ihr hin die Zehn zustande kommt, die Zehn aber die Gesamtzahl ist; und überhaupt nennt ihn (d.h. den Dionysos) die Theologie ‚vieräugig' und ‚viergesichtig'." [Jamblich], Theolog. arithm., S. 20, 1–7 de Falco: „In der natürlichen Vergrößerung bis zur Tetrade hin erscheint alles im Kosmos Vorhandene in gleichzeitiger Vollendung, sowohl im ganzen als auch im einzelnen, und ebenso das in der Zahl, kurz das in allen Naturen Befindliche. Vorzüglich und in besonderer Weise zur Harmonie der Vollendung beitragend ist der Umstand, daß die Dekade, die als Maßstab und Verbindungsglied fungiert, aus ihr (d.h. der Tetrade) und den ihr vorangehenden Zahlen resultiert, aber auch der Umstand, daß die Körperwerdung und die Dreidimensionalität bei ihr zur Vollendung gelangt." Simplikios, In categ., p. 44, 9–10 Kalbfleisch: „. . . und die Dekade ist in der Tetrade enthalten, denn eins, zwei, drei und vier ergeben zusammengenommen die Zehn." Joh. Lydus, De mens., 2,9, S. 30, 15–16 Wünsch: „Denn wenn sie der Reihe nach die Zahlen von der Monade bis zur Tetrade addieren, erhalten sie die Zehn."

[29] Sextus Empiricus, Adv. Math., 4,3, S. 133 Mau: „Tetraktys aber wurde von ihnen (d.h. den Pythagoreern) die aus den ersten vier Zahlen zusammengesetzte ‚vierte Zahl' genannt. Eins nämlich und zwei und drei und vier ergeben zehn." Vgl. auch Anm. 28 das Zitat aus der anonymen Vita Pythagorae. Für Hierokles vgl. S. 87, 17 Köhler, wo er für den im Text des Carmen aureum verwendeten Terminus ‚Tetraktys' ohne weiteres ‚Tetrade' setzt, und S. 89, 11–14 Köhler. S. 88, 7–27 gebraucht er unterschiedslos die Begriffe Tetrade oder Vier, Dyade oder Zwei etc. Über die übliche Verwendung der Begriffe ‚Tetraktys' und ‚Tetrade' bei den griech. Autoren des zweiten nachchristlichen Jahrhunderts zusammenfassend F. Sagnard ‚La Gnose Valentinienne et le témoignage de Saint Irénée, Paris, 1947, S. 334ff.

[30] Hierokles, In Carmen aureum, S. 88, 10–13.

[31] Vgl. Jamblich, In Nicomachi arithm. introd., S. 15, 18–25 Pistelli: „Und das erstaunlichste, zugleich der Monade eigentümlich und Beweis dafür, daß sie noch keine Zahl ist, ist, daß sie nur von der einen Seite, nicht von beiden Seiten (von Zahlen) umgeben ist; sie ist nur die Hälfte der Dyade und begnügt sich mit diesem einen Nachbarn. So werden alle Arten des Geraden und Ungeraden in Potenz in ihr gemeinschaftlich angetroffen, wie in einer Quelle oder in einer beiden gemeinsamen Wurzel, die notwendigerweise unteilbar ist im Gegensatz zu allen anderen. Vgl. auch a.a.O., S. 11, 1–17, S. 81, 23–24. Vgl. [Jamblich], Theolog. arithm., S. 1, 1–12 de Falco: „Die Monade ist das Prinzip der Zahlen . . . denn alles wird von der alles in Potenz enthaltenden Monade geordnet. Diese enthält nämlich, noch nicht aktuell, aber keimhaft, alle die in sämtlichen Zahlen und auch in der Dyade befindlichen Proportionen in sich . . ." Vgl. auch a.a.O., S. 26, 20ff. Vgl. Macrobius, In somnium Scip., 1,6, S. 19, 24–27 Willis: „unum autem quod μονάς id est unitas dicitur et mas idem et femina est, par idem atque impar, ipse non numerus sed fons et origo numerorum." Vgl. Syrianos, In metaph., S. 140, 7–9 Kroll: „Sooft sie (d.h. die Pythagoreer) aber sagen,

Bezeichnung der Hebdomade als jungfräulich und mutterlos, da sie als einzige der Zahlen innerhalb der Dekade weder von einer Zahl gezeugt sei noch eine andere gezeugt habe[32], die Tetrade als Prinzip der Körperlichkeit[33], finden sich zahlreiche Belegstellen bei anderen Autoren.

---

daß die Monade die Art der Arten sei, so bezeichnen sie damit das herrscherliche Prinzip, das in sich alle in den Zahlen vorhandenen Arten vorwegnimmt . . ." Vgl. auch a.a.O., S. 149, 17 ff. Vgl. Joh. Lydus, De mens., 2,6, S. 22, 10–12. Vgl. Hermeias, In Phaedrum, S. 141, 15–17 Couvreur.

[32] Vgl. Philon, De opif. mundi, 99–100: „So erhaben ist die Heiligkeit, mit der die Natur die Hebdomade ausgestattet hat, daß sie unter allen innerhalb der Dekade befindlichen Zahlen einen außergewöhnlichen Rang einnimmt. Von diesen nämlich zeugen die einen, ohne selbst erzeugt zu sein, die anderen sind teils gezeugt, zeugen aber nicht, und wieder andere sind sowohl Gezeugte als auch Zeugende. Als einzige läßt die Hebdomade sich keiner dieser Klassen zuweisen. Diese Behauptung soll nun bewiesen werden: Die Eins zeugt der Reihe nach alle anderen Zahlen, ohne selbst von einer Zahl gezeugt zu sein. Die Acht wird aus zwei mal vier gezeugt, zeugt aber selbst keine innerhalb der Dekade befindliche Zahl. Die Vier wiederum gehört beiden Klassen, den Zeugenden sowohl als den Gezeugten, an; sie zeugt nämlich, indem sie sich verdoppelt, die Acht, und wird selbst durch die Verdoppelung der Zwei hervorgebracht. Nur die Sieben ist, wie bereits gesagt, von Natur so beschaffen, daß sie weder selbst zeugt noch gezeugt ist. Aus diesem Grunde assimilieren die anderen Philosophen diese Zahl der mutterlosen Nike und Jungfrau, von der man sagt, sie sei aus dem Haupte des Zeus hervorgegangen, die Pythagoreer aber dem Lenker des Universums." Der hier anschließende Text Philons, der zwei Lenker des Universums unterscheidet, die Sonne und einen noch „ehrwürdigeren Herrscher und Lenker", muß im Lichte von Joh. Lydus, De mens., 2,6, S. 22, 5–12 Wünsch betrachtet werden, welche Stelle auch das nun nachfolgende Zitat aus Joh. Lydus, De mens., 2,12, S. 33, 8–16 Wünsch näher zu erklären in der Lage ist: „Die Pythagoreer aber weihen die Hebdomade dem Lenker des Alls, d. h. dem Einen, und Zeuge dafür ist Orpheus, der folgendermaßen spricht: ‚Die Hebdomade, die der fernhin treffende Herrscher Apollon liebte.' Wir haben schon gesagt (S. 22, 6 ff. Wünsch), daß das Eine auf mystische Weise Apollon genannt wird, da es weit entfernt von den Vielen (ἄπωθεν τῶν πολλῶν), d. h. allein ist. Mit Recht jedenfalls nannte Philolaos die Zahl Sieben mutterlos, denn als einzige ist sie von Natur so beschaffen, daß sie weder zeugt noch gezeugt ist." Vgl. [Jamblich], Theolog. arithm., S. 71, 3–10 de Falco: „Sie nennen die Hebdomade Athene, Kairos und Tyche. Und zwar Athene, weil sie, ähnlich der Jungfrau des Mythos, gewissermaßen Jungfrau und unverehelicht ist; denn sie ist weder von einer Mutter – das ist die gerade Zahl –, noch von einem Vater – das ist die ungerade Zahl –, gezeugt worden, außer daß sie aus dem Scheitel des Allvaters hervorgegangen ist, was so viel heißt wie, daß sie aus dem Haupt der Zahlen, der Monade, hervorgegangen ist; und sie ist wie Athene in gewisser Weise unweiblich; weiblich aber ist die leicht teilbare Zahl." Vgl. Macrobius, In somnium Scip., 1,6,11, S. 20, 14 ff. Willis: „nulli enim aptius iungitur monas incorrupta quam virgini. huic autem numero id est septenario adeo opinio virginitatis inolevit ut Pallas quoque vocitetur. nam virgo creditur, quia nullum ex se parit numerum duplicatus qui intra denarium coartetur, quem primum limitem constat esse numerorum: Pallas ideo quia ex solius monadis fetu et multiplicatione processit, sicut Minerva sola ex uno parente nata perhibetur." Vgl. Calcidius, In Tim., 36, S. 85, 1–18 und Proklos, In Tim., 1, S. 151, 11–18; 2, S. 95, 5 u. S. 236, 17–20 Diehl.

[33] Vgl. Philo, De opif. mundi, 49: „Es gilt aber noch ein anderes, sehr erstaunliches Vermögen der Tetrade darzustellen und zu überdenken. Sie zeigt nämlich als erste die Natur des Festen, während die Zahlen vor ihr dem Unkörperlichen geweiht sind. Der Eins entsprechend wird der in der Geometrie so bezeichnete Punkt eingeordnet, entsprechend

Wofür sich aber, soweit ich sehe, keine andere Parallele findet, das ist die Gleichsetzung der Tetrade-Tetraktys mit dem Demiurgen, und dieses Detail ist daher innerhalb des zitierten Passus allein geeignet, über die philosophiegeschichtliche Stellung des Hierokles Auskunft zu geben. Wir haben nämlich zusätzlich noch das Glück, den mit der Tetrade-Tetraktys identifizierten Demiurgen genau bezeichnet zu finden, so daß wir uns für die bei sonstigen Erwähnungen eines Demiurgen in neuplatonischen Texten sogleich zu erhebende Frage, welcher der möglichen Demiurgen gemeint sei und welcher Seinsstufe er angehöre, nicht erst nach einer Antwort umzuschauen brauchen. Es handelt sich, wie Hierokles ausführt, um den Demiurgen als Schöpfer der ewigen Weltordnung[34], der, selbst intelligibler Gott, Ursache des himmlischen und wahrnehmbaren Gottes ist[35]. Damit ist aber der Demiurg des platonischen Timaios mit aller wünschenswerten Deutlichkeit gekennzeichnet unter gleichzeitigem Aufweis seiner Zugehörigkeit zu einer bestimmten Seinsstufe, dem Nus. Es ist derselbe Demiurg, dessen Struktur von Hierokles weiter oben[36] als triadisch dargestellt wurde, den er im selben Zusammenhang als unmittelbare Ursache der triadischen Hypostase der vernünftigen Seelen bezeichnet und den er etwas weiter unten[37] mit dem Zeus des von ihm kommentierten pythagoreischen Carmen aureum identifiziert. Beide Details, die triadische Struktur des Demiurgen als Schöpfer einer triadischen Seelenhypostase, und seine Gleichsetzung mit Zeus, finden

---

der Zwei die Linie, da nämlich die Dyade durch das Überfließen des Einen, die Linie aus dem Überfließen des Punktes entsteht. Die Linie aber ist eine Länge ohne Breite. Kommt die Breite hinzu, entsteht die Fläche, die entsprechend der Triade eingeordnet wird. Der Fläche aber fehlt im Hinblick auf die Natur des Festen eine Einheit, die Tiefe, nach deren Hinzufügung zur Triade die Tetrade entsteht. Deshalb trifft es sich, daß diese Zahl etwas Großes ist, die uns von der unkörperlichen und intelligiblen Substanz zur Erkenntnis des dreidimensionalen Körpers geführt hat, des seiner Natur nach ersten Wahrnehmbaren.“ Vgl. Philon, a.a.O., 98. Vgl. Macrobius, In somnium Scip., 1,6,36, S. 24f. Willis. Vgl. [Jamblich], Theolog. arithm., S. 20, 1–7 de Falco, zitiert in Anm. 28. Vgl. auch a.a.O., S. 29, 10–12. Vgl. Joh. Lydus, De mens., 4,64, S. 115, 14–17: „Diese Zahl nun ist das erste Viereck und gleichzeitig Tetraktys, aber sie zeigt auch als erste die Natur des Festen. Zuerst ist nämlich der Punkt, dann die Linie, dann die Fläche, dann das Feste, was der Körper ist.“ Vgl. Syrianos, In metaph., S. 150, 29–32 Kroll. Vgl. Proklos, In Euclid., S. 97, 18ff. Friedlein: „. . . aber erinnern wir uns der im echtesten Sinne pythagoreischen Ausführungen, die den Punkt als der Monade analog setzen, die Linie der Dyade, die Fläche der Triade und das Feste der Tetrade.“

[34] Hierokles, In Carmen aureum, S. 87, 17–19 Köhler.

[35] Hierokles, In Carmen aureum, S. 89, 13–14 Köhler. Der Terminus νοητός (intelligibel) bezeichnet in diesem Zusammenhang nicht die höchste Stufe innerhalb der Hypostase des Nus, sondern, wie dies auch noch im späten Neuplatonismus vorkommt, ganz allgemein die Zugehörigkeit zu dieser Hypostase.

[36] Hierokles, In Carmen aureum, S. 10, 2–21 Köhler. Vgl. I. Hadot, op. cit., S. 93ff.

[37] Hierokles, In Carmen aureum, S. 105, 4ff. Köhler.

sich auch bei Jamblich, Proklos und anderen Neuplatonikern wieder[38], wobei aber dieser Zeus, wie ich bereits andernorts ausführlich dargelegt habe[39], keineswegs die oberste Rangstufe im neuplatonischen Pantheon einnimmt. Ebenso beweisen alle Aussagen des Hierokles, die sich auf die mit dem Demiurgen identifizierte Tetrade-Tetraktys beziehen, daß letztere seiner Auffassung nach eine Mittelstellung in dem pythagoreischen Zahlensystem einnimmt und eine der Monade gegenüber untergeordnete Rolle spielt: Das, was die Dekade in ihrer bis in alle Einzelheiten sich entfaltenden Vielheit darstellt, das ist die Tetrade in einer mehr vereinheitlichten Seinsart, die aber, was die Vereinheitlichung oder Einfachheit betrifft, weit hinter der Monade zurückbleibt, die das herrscherliche Prinzip aller Zahlen ist und diese alle keimhaft in sich begreift. Die Monade, die selbst keine Zahl ist, ist Prinzip der Zahlen und nicht nur Zahl der Zahlen wie die Tetrade. Wir haben hier ohne allen Zweifel das neuplatonische Prinzip der Entfaltung einer ontologischen Stufe aus der anderen vor uns, wobei jeweils die höhere Stufe die ihr nachfolgende an Einfachheit und Seinsrealität übertrifft. Derselbe Tatbestand erhellt aus der Aussage des Hierokles, daß die Tetrade die Potenz des Zeugenden und des Gezeugten in sich zusammenfaßt, da sie als einzige Zahl innerhalb der Dekade sowohl von einer Zahl gezeugt worden ist als auch selbst eine andere Zahl zeugt. Auch diese Stelle zeigt mit aller wünschenswerten Deutlichkeit, daß der Demiurg-Tetrade bereits eine abgeleitete Hypostase darstellt: er ist bereits gezeugt von einer höheren Hypostase und zeugt seinerseits eine andere, niedrigere Hypostase. Dieselbe Realität wird noch einmal mit der dritten Charakterisierung der Tetrade durch Hierokles bezeichnet: die Tetrade zeigt die erste Andeutung von Festigkeit, mit anderen Worten, die Seinsstufe des Demiurgen ist die erste der abgeleiteten Hypostasen, in denen das Prinzip der Körperlichkeit keimhaft zutage tritt, das sich dann, Hierokles zufolge, von der vom Demirgen geschaffenen dreiteiligen Hypostase der vernünftigen Seelen an abwärts, erst in immateriellen, dann in zunehmend materialisierten Formen manifestiert[40]. Dieses letzte Beispiel beweist ebenfalls, daß außer der Monade auch noch die Dyade und die Triade als in der Hierarchie über dem Demiurgen befindliche ontologische Stufen anzusehen sind: auf den Punkt als Analogie zur Monade folgt die Linie (= Analogon zur Dyade), auf die Linie die Fläche (Dreieck = Analogon zur Triade), auf die Fläche der Körper (Viereck oder Pyramide mit

---

[38] Zur triadischen Struktur des Demiurgen bei Jamblich vgl. den ausgezeichneten Aufsatz von W. Deuse, Der Demiurg bei Porphyrios und Jamblich, in: Die Philosophie des Neuplatonismus, hrsg. von Clemens Zintzen, Darmstadt 1977, S. 238–278. Zur triadischen Struktur des Demiurgen bei Hierokles vgl. I. Hadot, op. cit., S. 92–98.

[39] Vgl. I. Hadot, op. cit., S. 112ff.

[40] Vgl. I. Hadot, op. cit., S. 98–106.

Dreiecksbasis als Analogon zur Tetrade). Das System des Hierokles kennt also mit Sicherheit zwischen der Monade und der Hypostase des seinerseits triadisch strukturierten Demiurgen noch mindestens zwei weitere ontologische Seinsstufen. Als wahrscheinlich aber ist anzunehmen, daß nicht einmal die Monade das oberste Prinzip für Hierokles dargestellt hat. Der Vergleich mit anderen Neuplatonikern läßt uns zu dieser Schlußfolgerung kommen. So identifiziert Calcidius[41] die Monade mit dem ersten Intellekt oder Demiurgen des Timaios, aber andere Stellen seines Timaios-Kommentars machen es deutlich, daß dieser Intellekt für ihn nicht die oberste Wesenheit, das Urprinzip, darstellt[42], sondern nur den zweiten Platz in der Rangordnung einnimmt. Von Jamblich wissen wir, daß auch er die zweite Wesenheit seines theologischen Systems als Monade bezeichnet, nur ist sie für ihn nicht mehr mit dem platonischen Demiurgen identisch[43]; sie ist „Prinzip und Gott der Götter, aus dem Einen hervorgegangene Monade, vor allem Sein befindlich und

---

[41] Calcidius, In Tim., 39, S. 88, 12ff. Waszink.

[42] Calcidius, In Tim., 176, S. 204, 3ff. und 188, S. 212, 21ff. Waszink. Ganz ähnlich bezeichnet für Macrobius der Terminus Monade hauptsächlich die zweite Wesenheit, wenngleich er auch zur Kennzeichnung der ersten Gottheit verwendet werden kann. Vgl. Macrobius, In somnium Scip., 1,6,7–9, S. 19f. Willis: „unum autem quod μονάς id est unitas dicitur et mas idem et femina est, par idem atque impar, ipse non numerus sed fons et origo numerorum. haec monas initium finisque omnium, neque ipsa principii aut finis sciens, ad summum refertur deum, eiusque intellectum a sequentium numero rerum et potestatum sequestrat, nec in inferiore post deum gradu frustra eam desideraveris. Haec illa est mens ex summo enata deo, quae vices temporum nesciens in uno semper quod adest consistit aevo, cumque utpote una non sit ipsa numerabilis, innumeras tamen generum species et de se creat et intra se continet . . . vides ut haec monas orta a prima rerum causa usque ad animam ubique integra et semper individua continuationem potestatis obtineat."

[43] Jamblich, De myst., 8,2, (S. 261,9–262,8 P.) S. 195f. des Places: „Vor allem wahrhaft Seienden und vor den Prinzipien des Universellen ist ein Gott, das Eine (ἔστι θεὸς εἷς), der früher ist als selbst der erste Gott und König und der unbewegt in der Einsamkeit seines Eins-Seins verharrt. Mit ihm ist weder ein Intelligibles (νοητὸν) noch irgend etwas anderes verknüpft. Er steht da als Modell für den Gott, der sein eigener Vater ist (αὐτοπάτωρ), der sich selbst hervorbringt (αὐτόγονος), der sich selbst der einzige Vater ist (μονοπάτωρ) und der das wahre Gute ist. Denn er ist etwas Größeres und Erstes und Quelle aller Dinge und Fundament der ersten Intelligiblen (νοουμένων), die die Ideen sind. Von diesem Einen ausgehend bringt sich der sich selbst genügende Gott selbst zum Vorschein, weswegen er sowohl sein eigener Vater und sein eigenes Prinzip (αὐτάρχης) ist. Er ist nämlich Prinzip und Gott der Götter, aus dem Einen hervorgegangene Monade, er ist vor dem Seienden und Prinzip des Seienden. Aus ihm nämlich gehen die Substantialität und die Substanz hervor, weswegen er ‚Vater der Substanz' (οὐσιοπάτωρ) genannt wird. Denn er ist das Sein vor dem Seienden, Prinzip des Intelligiblen (νοητῶν), weswegen er auch als ‚Prinzip des Intelligiblen (νοητάρχης) bezeichnet wird." Vgl. hierzu den Kommentar von Saffrey-Westerink, Proclus, Théologie Platonicienne, Bd. 3, Paris 1978, S. XXXI–XXXIII. Diese Monade ist offenbar als mit dem Einen identisch anzusehen, das nach dem Bericht des Damaskios im System des Jamblich den zweiten Platz nach dem Unaussprechlichen einnimmt. Möglicherweise hat Damaskios seine eigene Terminologie der Schilderung des jamblichischen Systems zugrunde gelegt.

Prinzip des Seins . . . Prinzip des Intelligiblen". Zwischen dieser Monade als zweiter Wesenheit und dem die intellektuelle Triade verkörpernden Demiurgen weist das ontologische System des Jamblich noch zwei weitere Stufen auf: die „Triade des Intelligiblen" und die „Triade des Intelligiblen und Intellektuellen"[44]. Innerhalb eines solchen Systems hätte der Demiurg als vierte der abgeleiteten ontologischen Stufen gut als Tetrade bezeichnet werden können, eine Möglichkeit, die um so mehr Wahrscheinlichkeit für sich beanspruchen kann, als die Tetrade in der Darlegung Jamblichs zum Thema der Seelenzahlen dieselbe Funktion innehat wie sein Demiurg: sie faßt alle vorangegangenen Stufen in einer neuen Einheit zusammen und enthält in sich bereits die Keime eines neuen geordneten Kosmos[45]. Ein ähnliches, wenn nicht sogar dasselbe System, muß auch für Hierokles vorausgesetzt werden, wenn man seine Identifizierung der Tetrade mit dem Demiurgen verstehen will.

Hat schon Hierokles im Vergleich mit Calcidius dem Demiurgen des Timaios einen niedrigeren Platz in seinem theologischen System angewiesen, so geht Proklos noch einen Schritt darüber hinaus. Für ihn ist der Demiurg des Timaios nicht mehr Tetrade, sondern Dekade[46] und nimmt nicht mehr, wie bei Jamblich, den ganzen intellektuellen Raum ein, sondern befindet sich auf der untersten Stufe der intellektuellen Götter[47]. Die Monade dagegen bildet bei ihm die Spitze der intelligiblen Götter und die Tetrade, die Ursache der intellektuellen Götter, bildet die

---

[44] Vgl. W. Deuse, op. cit., S. 273–275, vgl. auch S. 266f.

[45] Vgl. Proklos, In Tim., 2, S. 215, 5ff. Diehl: „Der göttliche Jamblich preist nach Kräften die Zahlen als fähig an, gewisse wunderbare Besonderheiten hervorzubringen. Er nennt die Monade Ursache der Selbigkeit und der Vereinheitlichung, die Dyade den Choregen des Hervorschreitens (προόδων) und der Unterschiede, die Triade den Urheber (ἀρχηγόν) der Rückwendung (τῆς ἐπιστροφῆς) des Hervorgeschrittenen, die Tetrade die wahrhaft alle Harmonien in sich Enthaltende, da sie alle Proportionen in sich begreift und eine zweite geordnete Welt in sich hervorleuchten läßt, die Enneade Schöpferin wahrer Vollendung und der Ähnlichkeit, da sie, aus Vollendetem hervorgegangen, selbst vollendet ist und an der Natur des Selben Anteil hat, die Ogdoade . . ., so daß man auf jeder Seite der Tetrade das Bleibende, das Hervorschreiten und die Rückwendung vorfindet, auf der einen Seite aus erster Hand, auf der anderen Seite in abgeleiteter Weise. Denn die Enneade ist verwandt mit der Monade, da sie ein neues Eines ist, und die Ogdoade mit der Dyade, da sie die aus letzterer resultierende Kubikzahl ist, und die Eikosiheptade ist aus demselben Grunde mit der Triade verwandt. Jamblich führt also das Bleiben, den Hervorgang und die Rückwendung in die einfacheren Wesenheiten mit Hilfe der vor der Tetrade befindlichen Zahlen, in die zusammengesetzteren mit Hilfe der auf die Tetrade folgenden Zahlen ein. Die in der Mitte liegende Tetrade aber besitzt, da sie quadratisch ist, das Bleiben, da sie eine gerad-gerade Zahl ist, das Hervorschreiten, da sie mit allen von der Monade ausgehenden Proportionen erfüllt ist, die Rückwendung. Dies sind also die Symbole der göttlichen und unaussprechlichen Dinge." Vgl. hiermit W. Deuse, op. cit., S. 262–269.

[46] Proklos, In Tim., 1, S. 316,12–317,5 Diehl.

[47] Proklos, In Tim., 1, S. 311,1–312,26 Diehl.

Grenze des „väterlichen Abgrundes“[48]. An anderer Stelle identifiziert Proklos die Tetrade mit dem Modell des Demiurgen, dem intelligiblen Lebewesen (νοητὸν ζῷον)[49].

Wir sehen also, daß sich Hierokles, was seine Lehre vom Demiurgen und ihre philosophiegeschichtliche Stellung betrifft, etwa in der Mitte zwischen Calcidius und Proklos befindet, daß sie ferner, wie auch seine Seelenlehre, ein bereits reich gegliedertes ontologisches Stufensystem wie das des Jamblich voraussetzt. Warum aber, so kann man nun fragen, hat Hierokles die über dem Demiurgen des Timaios befindlichen Hypostasen nur flüchtig und andeutungsweise erwähnt, statt sie ausführlich und in allen Einzelheiten zu erläutern?

In aller Kürze möchte ich hierzu folgendes antworten: Von den insgesamt sieben Büchern der Abhandlung des Hierokles „Über die Vorsehung“ sind uns nur zwei kurze, zusammen nicht einmal zwanzig Seiten umfassende Auszüge von der Hand des Photios erhalten. Wenn Photios darin keine über dem Demiurgen befindlichen Wesenheiten erwähnt, so sagt diese Tatsache noch nichts darüber aus, ob auch Hierokles hierüber Schweigen bewahrt hatte. Was aber seinen Kommentar zum Carmen aureum betrifft, so hatte Hierokles zwei Gründe, die gegen eine ausführliche Behandlung seines theologischen Systems innerhalb dieses Kommentars sprachen. Zum ersten war die im Carmen aureum erwähnte oberste Gottheit Zeus als Haupt der Kultgötter, und dieser Zeus war in keinem der zeitgenössischen neuplatonischen Systeme oberhalb des Nus eingestuft worden. Hierokles sah sich daher bei der Interpretation des Carmen aureum nicht veranlaßt, über diese Stufe hinauszugehen. Zum anderen wendet sich der Kommentar des Hierokles zum Carmen aureum an ausgesprochene Anfänger auf dem Gebiet des philosophischen Studiums[50]. Es wäre daher vom pädagogischen Standpunkt aus gesehen völlig verfehlt gewesen, diese Anfänger mit einer ins einzelne gehenden Darstellung des komplexen neuplatonischen Systems zu belasten. Hierokles spricht übrigens selbst am Ende seines Kommentars von den methodischen Einschränkungen, die er sich auferlegen zu müssen glaubte: „Dies ist nun unsere Erklärung des Goldenen Gedichts. Sie enthält eine bescheidene Übersicht über die pythagoreischen Lehren. Es war in der Tat nötig, bei meinen Erklärungen weder bei der Knappheit des

[48] Proklos, In Tim., 1, S. 311,1–312,26 Diehl.

[49] Proklos, In Tim., 1, S. 432,14–26 Diehl. Es versteht sich bei der Beschaffenheit des neuplatonischen Systems von selbst, daß der Demiurg als unmittelbarer Ausgangspunkt für die Schöpfung des Kosmos unter anderen Gesichtspunkten auch als Monade bezeichnet werden konnte. So findet sich bei Proklos ebenfalls die Reihe Demiurg (Zeus) = Monade – Seele (Dionysos) = Tetrade – Welt = Dekade: vgl. In. Tim., 2, S. 233,20–25; 2, S. 207,28–31 Diehl; In rempubl., 2, S. 169,20–170,10 Kroll.

[50] Vgl. hierzu I. Hadot, op. cit., S. 160–164.

Goldenen Gedichtes zu verharren (auf diese Weise wären in der Tat viele der vortrefflichen Ermahnungen im dunkeln belassen worden), noch den Kommentar auf den Bereich der gesamten Philosophie auszuweiten (das wäre für das gegenwärtige Vorhaben eine zu gewaltige Aufgabe gewesen). Vielmehr schien es mir angebracht, meine Erklärungen auf ein für das Verständnis des Goldenen Gedichtes nötiges Maß zu beschränken und in ihnen nur diejenigen der Grunddogmen zu entwickeln, die zu einer Exegese des Gedichtes passen."[51]

Wenn sich nun aber, wie ich es hier in aller Kürze, andernorts[52] ausführlich darzulegen versucht habe, die Lehre des Hierokles vom Demiurgen wie auch seine gesamte Philosophie folgerichtig und nahtlos der allgemeinen Entwicklung des Neuplatonismus einpaßt, dann kann nicht länger die Rede davon sein, daß Hierokles sich christlichem Einfluß unterworfen habe. Diese Feststellung gilt übrigens nicht nur für Hierokles, sondern ganz allgemein für die Vertreter der sogenannten alexandrinischen Schule, Ammonios, Simplikios, Olympiodor. Wenn man von einem Einfluß des Christentums auf die neuplatonische Philosophie sprechen kann, dann scheint mir dies nur insoweit möglich zu sein, als die ständige feindliche und sich immer mehr zuspitzende Auseinandersetzung mit dem Christentum die Neuplatoniker zu einer schärferen Profilierung ihrer Philosophie und namentlich zu einer immer stärkeren Hinwendung zu Offenbarungsbüchern wie den Chaldäischen Orakeln und theurgischen Praktiken geführt haben mag. Doch dies ist nur eine Vermutung und geht über das objektive Aussagbare bereits hinaus.

---

[51] Hierokles, In Carmen aureum, S. 121,19–122,1 Köhler.

[52] I. Hadot, op. cit. (vgl. Anm. 12).

Pierre Hadot

La Présentation du Platonisme par Augustin

A plusieurs reprises, Augustin propose dans son oeuvre des résumés de la doctrine platonicienne. Ces résumés sont très significatifs par les structures conceptuelles qui s'y manifestent et par la lumière qu'ils jettent sur la conception qu'Augustin, surtout dans ses premières oeuvres, se faisait non seulement du platonisme, mais aussi du christianisme. Je n'ai pas la prétention d'analyser ici tous les détails intéressants qui devraient retenir l'attention, à la lecture de ces résumés. Je voudrais seulement proposer à leur sujet quelques réflexions générales qui, je pense, prolongeront celles que notre cher ami C. Andresen a développées, il y a quelques années, sur l'horizon de la culture philosophique du jeune Augustin[1].

Selon la méthode des manuels scolaires de l'époque, Augustin présente la doctrine platonicienne selon un schéma ternaire, celui des parties de la philosophie: physique, logique, et éthique. Dans le Contra Academicos[2], en conformité avec le thème général du livre, le résumé que propose Augustin insiste sur l'opposition entre la vérité et la vraisemblance. La physique platonicienne consiste à reconnaître que le monde sensible a été fait à l'image du monde intelligible[3], conformément à la doctrine du Timée[4]; le monde sensible n'est donc que semblable au monde véritable qui est le monde intelligible, il n'est donc que vrai-semblable, veri similis. Il en résulte qu'en logique, il faudra apprendre à distinguer entre l'opinion, qui n'est que vraisemblable, et la vérité[5]. L'opinion est engendrée dans l'âme par les sensations venant du monde sensi-

[1] C. Andresen, Gedanken zum philosophischen Bildungshorizont Augustins vor und in Cassiciacum, dans Augustinus, t. XIII, 1968, p. 77–98.

[2] Contra Academicos, III, 17,37.

[3] Contra Academicos, III, 17,37: »Illum verum, hunc veri similem et ad illius imaginem factum.«

[4] Timée, 30d–31a.

[5] Contra Academicos, III, 17,37: »Et ideo de illo in ea quae se cognosceret anima veluti expoliri et quasi serenari veritatem, de hoc autem in stultorum animis non scientiam, sed opinionem posse generari.«

ble, la vérité au contraire se découvre à l'âme grâce à la purification et à l'illumination qui proviennent du monde intelligible. Enfin, en ce qui concerne l'éthique, il résulte, en vertu de la même opposition, que les vertus »politiques«, pratiquées dans la perspective unique du monde d'ici-bas, ne sont que des semblants de vertus, si on les compare aux vertus des sages, inspirées par la vérité du monde intelligible[6]. On trouve ici un souvenir de l'opposition que Platon, dans le Phédon[7], institue entre la vertu vraie et la vertu politique, cette dernière n'étant qu'une habitude sans conscience philosophique.

Dans le De vera religione[8] Augustin insiste sur la difficulté que l'homme éprouve à se détacher du sensible. La logique nous enseigne à reconnaître que les images des choses sensibles ont rempli notre âme d'erreur et de fausses opinions et qu'il faut guérir notre âme de cette maladie. La physique nous apprendra que toutes les choses naissent, meurent et s'écoulent, n'ayant d'existence que grâce à l'être véritable du Dieu qui les a façonnées. Se détournant des choses sensibles, l'âme pourra fixer son regard sur la Forme immuable qui donne forme à toutes choses et sur la Beauté »toujours égale et en tout semblable à elle-même«, que ni l'espace ne divise ni le temps ne transforme[9]. On reconnaîtra ici évidemment une allusion à la Beauté chantée par Diotime dans le Banquet[10]. L'éthique, enfin, nous fera découvrir que seule l'âme rationnelle et intellectuelle est capable de jouir de la contemplation de l'éternité de Dieu et d'y trouver la vie éternelle. Ce n'est qu'une âme libérée de l'amour des choses transitoires, de la vie de plaisir, des images des choses sensibles, qui peut contempler la Forme et la Beauté éternelles. Alors que le Contra Academicos parlait encore d'un monde intelligible, le De vera religione remplace cette notion imprécise par une hypostase: la Forme ou la Beauté éternelle.

---

[6] Contra Academicos, III, 17,37: »Quidquid tamen ageretur in hoc mundo per eas virtutes, quas civiles vocabat, aliarum verarum virtutum similes, quae nisi paucis sapientibus ignotae essent, non posse nisi verisimile nominari.«

[7] Phédon 82 a–b: la meilleure migration dans un corps animal est réservée à ceux qui ont pratiqué la vertu sociale et politique, que les hommes appellent tempérance et justice, mais qui provient de l'habitude et de l'exercice, sans intervention de la philosophie et de l'intelligence. Cf. Phédon 68 d. Dans son traité »Sur les Vertus« (I,2), Plotin ne dit nulle part que les vertus »politiques« ne sont que vraisemblables. Il évoque la ressemblance aux gens vertueux (I,2,7,27), mais dans un contexte assez différent de celui que nous trouvons chez Augustin. Cette allusion aux vertus politiques semble donc venir à Augustin d'une tradition différente de celle de Plotin. L'expression »vertu vraie«, en opposition aux vertus »politiques« se trouve en Phédon 69 b. En face de cette vertu vraie, la vertu politique n'est qu'une skiagraphia (69 b).

[8] De vera religione, III,3.

[9] De vera religione, III,3: »Et eodem modo semper se habentem atque undique sui similem pulchritudinem, nec distentam locis nec tempore variatam sed unum atque idem omni ex parte servantem.«

[10] Banquet, 211 a–b.

Les résumés donnés dans le livre VIII de la Cité de Dieu et dans la Lettre 118 achèvent cette évolution en identifiant clairement cette Forme et cette Beauté avec Dieu, conçu comme Sagesse. Au livre VIII de la Cité de Dieu[11], le contenu de la physique platonicienne est présenté comme une ascension de l'âme, à travers les formes de plus en plus parfaites, jusqu'à la Forme immuable qui »est« et qui est source d'être précisément parce qu'elle est immuable. La logique platonicienne[12] s'oppose au sensualisme des épicuriens et des stoïciens: comment le sage pourrait-il percevoir sa propre beauté avec les yeux du corps? Ne faut-il pas admettre une lumière propre aux âmes, lumière qui n'est autre que Dieu? Quant à l'éthique platonicienne, elle consiste à placer le bien de l'homme non dans la jouissance du corps, non dans la jouissance de l'âme, mais dans la jouissance de Dieu. C'est à jouir de Dieu que celui qui aime Dieu trouvera son bonheur[13].

La Lettre 118 présente le platonisme surtout dans la perspective de la définition du bien suprême. Mais, comme dans la Cité de Dieu, Dieu y apparaît clairement comme l'objet des trois parties de la philosophie: pour la physique, il est la sagesse qui constitue les causes des choses; pour la logique, il est la sagesse qui fonde la certitude du raisonnement; pour l'éthique, il est la sagesse en laquelle se trouve le terme extrême du bien[14]. La Lettre 118 développe explicitement un élément doctrinal qui n'était qu'implicitement contenu dans les autres résumés. Entre la Forme immuable et les formes sensibles changeantes, entre la vérité et l'opinion, entre le Bien éternel et les biens transitoires, il existe une réalité intermédiaire qui peut précisément se tourner vers l'un ou l'autre de ces extrêmes: c'est l'âme humaine[15]. D'une part, elle change dans la mesure où elle est mêlée au monde sensible et qu'elle doit raisonner et progresser pour gagner plus d'être. Mais d'autre part elle découvre qu'elle peut participer à l'immutabilité de la Forme première, dans la mesure où, illuminée par celle-ci, elle aperçoit la vérité qui habite en elle et apprend à se connaître elle-même.

Ces résumés du platonisme ont donc une structure fondamentale identique. Ils se fondent tout d'abord sur la tripartition de la philosophie en physique, logique et éthique. Cette division ne correspond pas ici à une théorie pédagogique concernant le programme d'enseignement de la

[11] De civ. dei, VIII,6.

[12] De civ. dei, VIII,7.

[13] De civ. dei, VIII,8.

[14] Epist., 118,3.20: »Tantum illud adtende, quoniam Plato a Cicerone multis modis apertissime ostenditur in sapientia non humana sed plane divina unde humana quodam modo accenderetur, in illa utique sapientia prorsus immutabili atque eodem modo semper se habente veritate constituisse et finem boni et causas rerum et ratiocinandi fiduciam.«

[15] Epist., 118,3,15.

philosophie et la manière de l'appliquer. Il s'agit plutôt d'un moyen de systématisation qui révèle les aspects fondamentaux de la réalité: la physique correspond à l'ordre de l'être, l'éthique à l'ordre de la vie, la logique à l'ordre de la pensée. L'être de l'âme, la vie de l'âme, la pensée de l'âme, c'est-à-dire son aspect physique, son aspect éthique, son aspect logique, découlent de l'être divin, de la vie divine, de la pensée divine[16].

Chaque partie de la philosophie présente aussi, verticalement, une structure ternaire. La physique distingue trois niveaux ontologiques: la Forme ou Beauté immuable, l'âme qui est à la fois muable et immuable, enfin le monde sensible, totalement voué au changement. La logique distingue, elle aussi trois niveaux noétiques: la vérité ou connaissance purement intelligible propre à la sagesse divine, la connaissance de l'âme, qui peut être ou intelligible ou sensible, enfin la connaissance sensible. L'éthique, pour sa part, place l'âme humaine entre le Bien suprême et les biens transitoires.

On a donc finalement le schéma suivant qui rassemble les données des différents résumés:

Physique	Logique	Ethique
Dieu comme Être, Forme, Beauté, principe de l'être	Dieu comme Vérité, Intelligence, principe de la certitude	Dieu comme Bien, principe de la vraie vertu et de la jouissance de l'âme
Âme, comme être intermédiaire	Âme, comme connaissance intermédiaire	Âme, comme liberté intermédiaire
Monde sensible, muable	Opinion	Biens sensibles, vertus «vraisemblables«

Quelle est donc l'origine de ces résumés du platonisme? Disons tout de suite que l'on ne connaît aucune source littérale précise à laquelle Augustin aurait puisé sa présentation systématique du platonisme. Quelques détails laissent supposer qu'Augustin a lu certains résumés scolaires du platonisme: il emprunte à Cicéron[17], peut-être à Apulée[18], à Calcidius[19] sans doute, mais aussi probablement à bien d'autres[20]. Faut-il ex-

[16] Cf. P. Hadot, Être, vie et pensée chez Plotin et avant Plotin, dans Les Sources de Plotin, Entretiens sur l'Antiquité Classique, t.V, Vandoeuvres-Genève (Fondation Hardt), 1960, p. 124.

[17] Par exemple, De vera religione, III,3: »Cetera nasci, occidere, labi« est un souvenir de Cicéron, Orator, 10.

[18] Par exemple l'opposition entre le monde intelligible et le monde sensible dans Apulée, De Platone, 1,6,193–194 et 9,200, peut avoir inspiré Contra Academicos, III, 17,37.

[19] Cf. C. Andresen, art. cit., p. 93–95.

[20] Par exemple, en De civ. dei, VIII,9, les allusions aux écoles ionique et italique de phi-

clure l'utilisation d'une source néoplatonicienne sous prétexte que ces résumés ignorent l'existence d'une hypostase antérieure à l'Intelligence et définissent le premier principe comme Être, Forme, Sagesse, Beauté, sans faire allusion à l'Un? Il faut être très prudent dans ce genre d'affirmations[21]. Un doxographe néoplatonicien peut très bien avoir lui-même simplifié la présentation du platonisme pour des raisons pédagogiques. D'autre part, Augustin lui-même a pu opérer cette simplification. Il ne faut pas exclure non plus l'hypothèse de modèles chrétiens. On trouve des résumés du platonisme par exemple chez Eusèbe de Césarée[22]. Il a pu en exister d'autres. Toutefois, si Augustin a pu puiser ici ou là tel ou tel élément, la systématisation d'ensemble paraît bien être son oeuvre. Notamment on ne retrouve nulle part ailleurs, sauf dans un court passage isolé de Clément d'Alexandrie[23], l'idée selon laquelle Dieu serait l'objet commun des trois parties de la philosophie. Augustin attribue, il est vrai, cette idée à Cicéron. Mais il est bien évident que Cicéron n'a jamais fait allusion à une telle doctrine. Ici encore nous rencontrons l'extraordinaire faculté de systématisation qui est propre à Augustin. Il trouve le mot sapientia chez Cicéron dans un contexte platonicien, et il en conclut que Cicéron a enseigné que la sagesse divine était le point de convergence de la physique, de la logique et de l'éthique[24].

Cette systématisation permet à Augustin d'identifier le contenu du platonisme avec le message chrétien. Tout d'abord, si Dieu peut être l'objet commun de la physique, de la logique et de l'éthique, c'est qu'il

---

losophie et aux philosophies barbares, font partie de la tradition doxographique, cf. Diogène Läërce, Vit. phil., VIII,1 et Proemium 1–2.

[21] Cf. Ilsetraut Hadot, Le problème du néoplatonisme alexandrin: Hiéroclès et Simplicius, Paris, 1978, p. 189–191: un néoplatonicien peut très bien simplifier son néoplatonisme pour des raisons pédagogiques.

[22] Eusèbe de Césarée, Praepar. Evangel. livre XI, dans lequel on trouve d'une part des résumés de la doctrine de Platon, comme celui d'Atticus (XI,2,1–6) ou d'Aristoclès (XI,3,1–10), d'autre part une présentation de la philosophie hébraïque qui est calquée sur celle du platonisme (XI,4,1–8,1).

[23] Clément d'Alexandrie, Strom., IV,162,5: »En tant qu'ousia, Dieu est le principe du topos physique, en tant que Bien, il est principe du topos éthique, en tant qu'intellect, il est le principe du topos logique.« On trouve ici en principe la synthèse augustinienne, mais la perspective trinitaire n'est pas envisagée.

[24] Cf. pour le texte, plus haut, n. 14. Augustin fait allusion, en fait, à une citation de Platon (Phèdre, 250 d 3) qui se trouve dans Cicéron, De finibus, II,52: »Oculorum, inquit Plato, est in nobis sensus acerrimus, quibus sapientiam non cernimus. Quam illa ardentis amores excitaret sui!« Augustin argumente tacitement de la manière suivante: si les yeux ne peuvent voir la sagesse, c'est qu'elle est d'ordre intelligible, qu'elle est la sagesse divine. Cette sagesse divine, si on pouvait la voir, éveillerait dans les coeurs des hommes, un amour ardent. Donc il s'agit de Dieu, et Cicéron citant Platon fait allusion à l'éthique (ardentis amores), à la logique (quibus sapientiam non cernimus, cf. De civ. dei, VIII,7: on ne peut voir par les yeux du corps la beauté de la sagesse) et à la physique (opposition entre la sagesse invisible et la vision sensible).

est Trinité. Le platonisme a entrevu les propriétés des trois personnes divines. La physique découvre le Père, cause de l'être, la logique révèle le Fils, Vérité et Intelligence, l'éthique se tourne vers l'Ordre et l'Amour de l'Esprit-Saint. Cette référence trinitaire explique pourquoi dans le Contra Academicos et dans le livre VIII de la Cité de Dieu, la logique se trouve placée entre la physique et l'éthique[25]. Cette disposition particulière à Augustin s'explique par la doctrine trinitaire d'Augustin qui lie l'Intelligence au Fils, l'Amour et la Vie à l'Esprit-Saint[26].

D'une manière plus générale encore, le contenu de ces résumés du platonisme reste présent à l'esprit d'Augustin lorsqu'il s'agit de formuler les vérités fondamentales du christianisme. Par exemple, au livre XII des Confessions[27], lorsqu'Augustin énonce les quatre axiomes directeurs qui doivent présider à toute exégèse de la Genèse, il reprend tout simplement le schéma de la physique platonicienne. Premièrement, il y a une réalité immuable et éternelle qui est Dieu. En second lieu, tout ce qui est muable est l'effet de Dieu. En troisième lieu, il y a un milieu entre le muable et l'immuable, plus exactement, parmi toutes les choses changeantes, il y en a une qui participe à l'immutabilité divine, lorsqu'elle triomphe du changement en se tournant vers Dieu; c'est ce qu'Augustin appelle le »ciel du ciel«. En quatrième lieu, la mutabilité des choses suppose une matière sans forme. On pourrait penser que ces quatre vérités fondamentales, ainsi formulées, sont des évidences[28] rationnelles, c'est-à-dire qu'elles proviennent d'une illumination de l'âme par le Maître intérieur. Mais Augustin laisse bien entendre qu'il s'agit là de vérités révélées d'une manière extrinsèque, c'est'à'dire énoncées expressément dans l'Écriture[29]: Dieu les a criées à l'oreille de son coeur[30]. Pourtant, il est indéniable que ces quatre vérités correspondent exactement au

[25] Cette place est très rare. On trouve dans Eusèbe de Césarée (XI,5,1), à propos de la philosophie hébraïque, l'ordre éthique-logique-physique. Mais habituellement, dans les résumés platoniciens, on trouve l'ordre: éthique-physique-logique ou l'ordre physique-logique-éthique. Cf. sur ce thème, E. Bréhier, Sur l'ordre des parties de la philosophie dans l'enseignement néoplatonicien, dans ses »Etudes de Philosophie antique«, Paris 1955, p. 215–217.

[26] Voir toutes les variations sur ce thème dans De civ. dei, VIII,4: »Causa naturarum, lumen rationum, finis actionum«; VIII,9: »Principium naturae, veritas doctrinae, felicitas vitae«; VIII,10: »Principium nostrum, lumen nostrum, bonum nostrum«; VIII,10: »causa constituendae universitatis, lux percipiendae veritatis, fons bibendae felicitatis.« En VIII,4, la Trinité est évoquée dans la formule: »Unum verum optimum Deum sine quo nulla natura subsistit, nulla doctrina instruit, nullus usus expedit« et Dieu est défini comme »causa subsistendi, ratio intellegendi, ordo vivendi«. Cf. De civ. dei, XI,25; De trinitate, VI,10,12.

[27] Conf., XII,11,11–12,15; XII, 15,18–22.

[28] Cf. Conf. XII, 11,11 où manifestatio signifie »évidence«.

[29] Il emploie volontairement pour les énoncer un vocabulaire tiré de l'Ecriture.

[30] Conf., XII,11,11.

contenu des résumés du platonisme que l'on trouve dans le Contra Academicos ou dans le De vera religione.

Cette identification entre le platonisme et le message chrétien n'est pas seulement implicitement reconnaissable dans certains passages de l'oeuvre d'Augustin, mais elle est explicitement affirmée dans le De vera religione et dans la Lettre 118. Platon, nous dit Augustin, a bien découvert la vérité et la réalité du monde intelligible, mais il a été incapable de faire admettre cette vérité par la masse des hommes, parce que cette masse des hommes était prisonnière de la connaissance sensible. Seul le Christ a été capable de persuader les hommes de la réalité du monde intelligible et des conséquences logiques et morales qui résultaient de cette vérité fondamentale. C'est précisément qu'il était la Vérité incarnée et qu'il n'a pas hésité à s'adresser aux sens de l'homme par des actions miraculeuses. C'est de cette manière qu'il leur a révélé la vérité qui est au-dessus des sens[31]. Le contenu du platonisme est donc identifié au contenu du message du Christ. Le thème, en lui-même, n'est pas nouveau: sous différentes formes et en faisant appel à différents modèles d'explication, il était traditionnel dans l'Eglise. Mais, me semble-t-il, il n'avait jamais été présenté avec autant de force avant Augustin. Pour souligner le paradoxe, on pourrait l'exprimer de la manière suivante: le christianisme apparaît, dans cette perspective, comme une sorte de platonisme pour le peuple, c'est-à-dire qu'il devient en quelque sorte le moyen de répandre dans la masse une connaissance qui, jusque là, n'avait été réservée qu'à une petite élite[32]. Nous touchons ici au problème central de toute l'histoire humaine: comment faire que la Raison, idéalement universelle, devienne concrètement et effectivement universelle? Pour Augustin, seul le christianisme peut assurer ce règne universel de la Raison[33] qui, jusqu'alors, n'avait de sens que pour un petit groupe de sages platoniciens.

Vus dans cette perspective, les résumés du platonisme par Augustin apparaîtront comme un effort sans cesse renouvelé pour formuler en

---

[31] De vera religione, III,3–7 Epist. 118,3,20 et 4,32–33.

[32] Cf. De civ. dei, X,32,1, l'affirmation du De regressu animae de Porphyre: »Nondum receptum in unam quandam sectam quod universalem contineat viam animae liberandae« et X,32,2: »Haec est igitur animae liberandae universalis via . . .« Cf. sur ce thème, E. König, Augustinus Philosophus, München 1970, p. 143–144.

[33] Le christianisme n'apporte pas seulement une universalité réelle, il permet aussi à la Raison de se systématiser grâce à la révélation de la Trinité. Comme le dit excellemment H. Blumenberg (Paradigmen zu einer Metaphorologie, Bonn 1960, p. 42) à propos de Lactance: „Die Offenbarung bringt also gar nicht essentiell neue Wahrheiten, sie bringt nur die Sicherheit der Unterscheidung und damit die Möglichkeit der ‚systematischen' Integration der sporadischen Partikel." Dans la perspective augustinienne, la division des trois parties de la philosophie n'atteint toute sa rigueur systématique qu'à la lumière des rapports nécessaires qui existent entre les personnes divines.

termes identiques platonisme et christianisme. Cet effort de systématisation est en même temps pour Augustin un moyen d'élucider les principes directeurs de sa propre pensée. On remarquera, à ce sujet, combien toute la pensée augustinienne repose sur un petit nombre de principes très simples: l'être véritable ne change pas; ce qui change ne peut qu'être inférieur et dérivé; l'âme humaine doit se tourner vers ce qui ne change pas et se détourner de ce qui change. Il serait intéressant de montrer comment les détails de la doctrine augustinienne sont déduits de ces principes. Qu'il nous suffise pour le moment de retenir cette simplicité de structure de la philosophie augustinienne. Les raffinements du néoplatonisme, par exemple la distinction entre l'Un et l'Intelligence, ne jouent aucun rôle dans cette synthèse. Augustin ne les ignore pas, mais il les juge ou les éprouve comme inutiles dans l'économie de sa propre pensée. Notamment toutes les considérations sur la genèse du monde intelligible, qui ont une telle importance dans la pensée plotinienne, sont complètement laissées de côté. Disons donc, pour conclure, que si les rapprochements de détails entre doctrines néoplatoniciennes et doctrines augustiniennes peuvent être intéressants, ils ne doivent pas nous cacher la structure très simple des axiomes qui dominent toute la pensée augustinienne. La grandeur d'Augustin a été d'avoir su développer toutes les conséquences des principes traditionnels, dont la banalité n'était qu'apparente, et surtout d'avoir su leur donner un contenu nouveau, grâce à une expérience chrétienne de plus en plus intense.

Robert Hanhart

Jüdische Tradition und christliche Interpretation

Zur Geschichte der Septuagintaforschung in Göttingen[1]

„Es fehlt in unserem Jahrhundert nicht an vielen durch Gelehrsamkeit und Scharfsinn hervorragenden Männern, die in der Erkenntnis dessen, was die griechischen Übersetzungen zu Textkritik und Exegese des Alten Testamentes beitragen können, den lobenswerten Plan faßten, mit der gleichen Intention, mit der sich bis heute die Arbeit der Textkritiker um die Bücher des Neuen Testaments verdient gemacht hat, sich auch um den griechischen Text der alten Übersetzer des Alten Testaments zu mühen und bis zu den Quellen vorzudringen, aus welchen auch in unserer Zeit die richtigen Lesarten allein gewonnen werden können.

Aber obwohl so viele und so bedeutende Forscher nicht ohne Erfolg sich dieser Arbeit hingegeben haben und, indem sie teilweise schon die frühen Übersetzungen in andere Sprachen, die von der griechischen des alexandrinischen Kanons gemacht worden sind, zu Hilfe nahmen, teilweise sich der Konjekturalkritik bedienten, teilweise das von den älteren Herausgebern vorgelegte Material auf Grund von in Verstecken der Bibliotheken ausfindig gemachten sorgfältig kollationierten Handschriften kritisch überprüften, den griechischen Übersetzungstext des Alten Testamentes seiner ursprünglichen und unversehrten Gestalt wieder näher brachten, muß jeden seine eigene Erfahrung darüber belehren, daß durch ihre Arbeit noch keine in jeder Hinsicht vollkommene Edition dieser Übersetzung erreicht worden ist.

Denn einerseits ist noch immer eine Fülle an wertvollsten noch nicht untersuchten Handschriften in den Bibliotheken verborgen, deren gegenwärtige Kollation in einem eigens dafür eingerichteten Institut für

[1] Der Vortrag wurde am 19. August 1977 anläßlich des 9. Kongresses der International Organization for the Study of the Old Testament in Göttingen gehalten. Seine zufälligen Aspekte mögen mit dieser Situation entschuldigt werden. Dem Jubilar sei er gewidmet als dem Mitglied der Septuaginta-Kommission der Akademie der Wissenschaften in Göttingen und als dem Forscher, dessen Leben sich der Reihe der gezeichneten Gestalten eingliedert und dessen Werk sich mit dem ihren in mannigfacher Weise berührt.

die kritische Bewertung dieser ältesten Ausgaben von größtem Nutzen sein wird, anderseits aber wird es durch die Hilfsmittel und durch die Methode, derer sich die genannten Gelehrten bedient haben, nie erreicht werden können, daß die griechischen Übersetzungen von allen Fehlern befreit werden können, ohne daß auch die Zitate und Anspielungen der griechischen Kirchenväter zu Hilfe gerufen werden, durch deren Überlieferung viele zerstörte Stellen so leicht wieder hergestellt und glücklich emendiert werden können, daß es geradezu verwundern muß, daß in unserer Zeit nur wenige leben, die darum bemüht sind, diese Überlieferung beizuziehen und sorgfältig auszuwerten."

Diese drei Sätze wurden nicht in unserer Zeit geschrieben. Sie stammen von Johann Friedrich Schleusner, dem großen Lexikographen der Septuaginta, und wurden im Jahre 1795 in einer Abhandlung geschrieben, die er, als er nach fünfjähriger Tätigkeit in Göttingen nach Wittenberg wechselte, der vor der dortigen Universität gehaltenen Antrittsrede voranstellte[2].

Verhüllend übertragen ist nur der Ausdruck für den Ort, an welchem damals eine neue Edition der Septuaginta auf Grund neuer Kollationen in Angriff genommen wurde: „in einem eigens dafür eingerichteten Institut". Hier steht in Schleusners Text: „an dem Ort, an dem unter Leitung von Holmes, dem Engländer, die Handschriften kollationiert werden"[3]: Oxford.

Setzen wir an dieser Stelle aktualisierend „Göttingen" ein, dann mag sich beim Betrachter zunächst – vielleicht verbunden mit der schwermütigen biblischen Reminiszenz ματαιότης ματαιοτήτων, τὰ πάντα ματαιότης – der Eindruck der ewigen Wiederkehr einstellen. Blickt er aber genauer hin, dann erschließt sich ihm ein erstes rohes Gerüst der Geschichte der Septuaginta-Forschung.

I

Der Stand dieser Wissenschaft erscheint in dieser Zeit, vor nunmehr 182 Jahren und einem Tag, hinsichtlich der *Textgeschichte* bestimmt durch das Verlangen nach vollständiger Erfassung der Überlieferung an griechischen Handschriften, frühen Übersetzungen und biblischen Zitaten im Schrifttum der Kirchenväter. „Die in jeder Hinsicht vollkommene Edition eines jeden Buches", – omnibus numeris absoluta harum versionum editio –, die als Postulat den damals vorliegenden Textausga-

---

[2] Observationum nonnularum de patrum graecorum auctoritate et usu in constituenda versionum graecarum Veteris Testamenti lectione genuina, Pars I, Vitembergae 1795, S. 6–8.

[3] „Collatione, quae Holmesio, Anglo, moderante nunc instituitur."

ben gegenübergestellt wird, erscheint auf Grund des vollständigen Vergleichs dieser drei Zeugengruppen, vor allem durch die Beiziehung der bis dahin vernachlässigten Textform der Zitate, mit den Mitteln innerer Kritik, der Frage nach dem allein möglichen Sinn einer Aussage im Kontext, erreichbar und als nächstliegendes Ziel erfordert.

Diese Möglichkeit ist in dieser Zeit noch nicht in Frage gestellt: Der alttestamentliche Text, der in den Zitaten der griechischen Kirchenväter überliefert wird, vermittelt Schleusner allein die Hoffnung, „zerstörte Stellen wiederherzustellen"[4]; die von Hieronymus um 400 n. Chr. überlieferte textgeschichtliche Tatsache der Existenz von drei Textformen der Septuaginta, der palästinensischen (origeneischen), der antiochenischen (lukianischen) und der alexandrinischen (hesychianischen)[5], ist in dieser Zeit für die Frage nach der Textherstellung der Septuaginta noch kein Problem. Textherstellung bedeutet in dieser Zeit nicht Gewinnung eines postulierten vorrezensionellen Textes durch Erkenntnis der Rezensionsprinzipien, sondern Gewinnung eines portulierten ursprünglichen Textes dieser Übersetzung *mit Hilfe* dieser Rezensionen, deren Intention grundsätzlich mit der der Texthersteller identisch erscheint: die Korrektur vorgegebener verderbter Überlieferung. Es ist nicht das Rezensions*prinzip*, das den Texthersteller von den frühen christlichen Rezensoren unterscheidet. Schleusner sieht in seiner Zeit das gleiche und grundsätzlich mit gleichen Mitteln zu lösende textgeschichtliche Problem vor sich, vor dem sich mehr als eineinhalb Jahrtausende früher Origenes gesehen hatte, als er in seinem Matthäuskommentar schrieb:

„(Zu unserer Zeit) lag eine große Uneinheitlichkeit zwischen den einzelnen Handschriften des Septuagintatextes vor, hervorgerufen einmal durch Unachtsamkeit der Abschreiber, dann durch das Wagnis bewußt vorgenommener Textverbesserungen, endlich durch Eingriffe derer, die durch willkürliche Emendation was ihnen richtig schien hinzugefügt oder ausgemerzt hatten."[6]

---

[4] S. 9. Immerhin: es ist die Zeit, in der die Frage nach dem Verhältnis der Zitate in den hellenistisch-jüdischen und frühen christlichen Schriften zur Textform der Septuaginta zum ersten Mal gestellt wird; vgl. C. F. Horneman, Specimen exercitationum criticarum in versionem LXX interpretum ex *Philone,* I Gottingae 1773, II Hauniae 1776, III Hauniae 1779. L. T. Spittler, De usu versionis Alexandrinae apud *Josephum,* Gottingae 1779. F. A. Stroth, Beyträge zur Kritik über die LXX Dollmetscher, aus *Justin* dem Märtyrer und andern Kirchenvätern, in: J. G. Eichhorns Repertorium für Biblische und Morgenländische Litteratur, Leipzig, II 1778, S. 66–125, III 1779, S. 213–258, VI 1780, S. 124–163.

[5] Prologus in libro Paralipomenon, Biblia Sacra iuxta Latinam Vulgatam Versionem VII, Romae 1948, S. 4.

[6] „Νυνὶ δὲ δηλονότι πολλὴ γέγονεν ἡ τῶν ἀντιγράφων διαφορά, εἴτε ἀπὸ ῥαθυμίας τινῶν γραφέων, εἴτε ἀπὸ τόλμης τινῶν μοχθηρᾶς τῆς διορθώσεως τῶν γραφομένων, εἴτε καὶ ἀπὸ τῶν τὰ ἑαυτοῖς δοκοῦντα ἐν τῇ διορθώσει προστιθέντων ἢ ἀφαιρούντων" (ad Matth. XV 14).

Auch das Rezensionsprinzip des Origenes, den postulierten ursprünglichen Text der Septuaginta durch Vergleich mit der Hebraica veritas über das Mittelglied der späteren textgetreueren jüdischen Übersetzungen des 2. Jh. n. Chr. wiederzugewinnen, erscheint Schleusner nicht als solches für die Textherstellung ungeeignet, sondern lediglich auf Grund der fehlerhaften Tradition, vor allem des späteren Verlustes, der falschen Setzung und der falschen Interpretation der aristarchischen Zeichen, zur Ursache weiterer Textverderbnis geworden[7].

Das textgeschichtliche Problem früher Rezensionen als Ursache früher Text*transformation* und die Erkenntnis ihrer Rezensions*prinzipien* als Kriterium für die Gewinnung eines hinter ihnen liegenden *ursprünglichen* Textes tritt erst 70 Jahre später in Erscheinung. Es ist das Problem, das mit der These der antiochenischen oder lukianischen Rezension zuerst 1861 von Antonio Maria Ceriani ausgesprochen, 1867 von Fr. Field übernommen und um die gleiche Zeit, wahrscheinlich unabhängig von ihnen, auf Grund einer Untersuchung der Bibelzitate bei Chrysostomus auch von Paul Anton de Lagarde gesehen worden ist[8].

Und mit der Erkenntnis dieses Problems war noch nicht notwendig die textkritische Konsequenz erkannt und gegeben, durch Erkenntnis und Ausgrenzung der Rezensionselemente zu einem in sich einheitlichen vorrezensionellen Text vorzudringen. Es dürfte das von Origenes beschworene Chaos der Textverderbnis die Ursache dafür gewesen sein, daß derjenige von den drei genannten Textforschern, der die These von der lukianischen Rezension überhaupt für eine kritische Edition des Septuagintatextes auszuwerten versuchte, Lagarde, zunächst nur die Textformen der drei Rezensionen selbst glaubte wiederherstellen zu können, ein Versuch, der ihm hinsichtlich der lukianischen Rezension weitgehend mißlang, weil er die hier damals schon vorhandene Überlieferung teilweise falsch interpretierte[9], und den er hinsichtlich der hesychianischen Rezension nicht, wie er behauptete, „weil sich keine Hand geregt hat, mir die Ausführung dieser Absicht zu ermöglichen oder auch nur zu erleichtern“[10], bald aufgeben mußte, sondern weil die Bruchstückhaftigkeit der Überlieferung diesen Versuch damals verbot, wie sie ihn heute noch verbietet.

---

[7] S. 4f.

[8] Vgl. A. Rahlfs, Septuaginta-Studien III, 1910, S. 80, Anm. 1 (Nachdruck 1965, S. 440f.); P. A. de Lagarde in ThLZ 1 (1876) 605; A. Ceriani, Le recensioni dei LXX e la versione latina detta Itala, in: Rendiconti del Reale Istituto Lombardo di scienze e lettere, Serie II, Vol 19, Mailand 1886, S. 206–213.

[9] Vgl. Ernst Hautsch, Der Lukiantext des Oktateuch, Mitteilungen des Septuaginta-Unternehmens 1 (1909) 1–28 (= NGG, Phil.-hist. Kl. 1909, S. 518–543).

[10] ThLZ 1 (1876) 605; vgl. Septuaginta-Studien I. Teil, Göttingen 1891, S. 3 (der Kgl. Gesellschaft der Wissenschaften am 7. Juni 1890 vorgelegt).

Die am schönsten von Walter Bauer formulierte textkritische Konzeption selbst, durch Erkenntnis und Ausgrenzung der Rezensionselemente, deren starre Zuordnung zu den drei Rezensionen der drei Kirchenprovinzen zugunsten eines „der lebendigen Wirklichkeit in höherem Maße entsprechenden"[11] Prinzips preisgegeben wurde, zu einem einheitlichen vorrezensionellen Text vorzudringen, ist erst das Werk der auf Schleusner und Lagarde folgenden dritten und vierten Generation und ihrer Epigonen, von Alfred Rahlfs (1865–1935), Lagardes einzigem Schüler, der den Grundstein legte, und Joseph Ziegler, der das Werk hinsichtlich der Propheten vollendete (1939–1957) und hinsichtlich anderer Teile des alexandrinischen Kanons in Angriff nahm.

II

Der Stand der Septuaginta-Wissenschaft erscheint nach dem Dokument Schleusners in dieser Zeit hinsichtlich des Problems der *Entstehung* der Septuaginta bestimmt durch die noch unreflektiert aus der Legende des Aristeasbriefes erschlossene Hypothese eines mit den damaligen Mitteln philologischer Arbeit entstandenen, in sich einheitlichen Übersetzungswerks. Das ist der „alexandrinische Kanon", die „versio Graeca Alexandrina", die Schleusner als in sich einheitliches und aus diesem Grunde mit den verfeinerten Mitteln der philologischen Methode seiner Zeit wiederherstellbares literarisches Dokument ebenso selbstverständlich voraussetzt wie alle seine Zeitgenossen.

Zum Problem geworden und reflektiert war die Frage nach der Entstehung der Septuaginta erst – hier aber bereits radikal – hinsichtlich der Frage nach dem ursprünglichen Zweck und der Intention dieses Übersetzungswerks. Hier standen der unkritisch übernommenen Konzeption der Aristeaslegende, nach der die Septuaginta ihre Entstehung der enzyklopädischen Kultur- und Religionspolitik der Ptolemäer verdankt, die aber in völligem Einverständnis mit der jerusalemischen und der alexandrinischen Judenschaft wirksam war, in diametralem Gegensatz gegenüber: einerseits die späthumanistische kritische Konzeption Joseph Justus Scaligers (1540–1609) und Humphrey Hodys (1659–1707), nach der die einzige Ursache dieser Übersetzung das gottesdienstliche Anliegen der der Sprache der Väter verlustig gegangenen ägyptischen Diaspora war[12], anderseits die kritische Konzeption Johannes Light-

[11] W. Bauer, Alfred Rahlfs, in: NGG Jahresbericht über das Geschäftsjahr 1934/35, S. 60–65 (= A. Rahlfs, Septuaginta-Studien I–III, Nachdruck 1965, S. 11–16).

[12] „Igitur Septuaginta interpretum paraphrasis Graeca, est, non auctore Philadelpho, sed Iudaeorum suadente utilitate conscripta, qui parum Hebraice sciebant, Graece autem loqui et scribere ab ipsis Regibus cogebantur." (Epistola XIV. Gilb. Seguino, ohne Datum [ca. 1574], in: J. J. Scaliger, Epistolae, Leiden 1627, S. 100f.; vgl. auch J. J. Scaliger, The-

foots (1602–1675), nach der die Übersetzung durch den Zwang des ptolemäischen Oberherrn und unter innerem geistigem Widerstand der dazu gezwungenen Judenschaft auf die Weise realisiert wurde, daß durch die Übersetzungsweise, deren erste Stufe hier schon im Sinn der These von Tychsen-Wutz als eine reine Transkription des hebräischen Textes in griechischer Schrift vermutet war, dem außerisraelitischen Bereich der hellenistischen Welt bewußt die genuine Glaubensaussage Israels verborgen und vorenthalten wurde[13].

Die Septuaginta als *missionarisches* Dokument für das ihrem Zeugnis wesensverwandte hellenistische Weltverständnis – das traditionelle, legendäre Bild des Aristeasbriefes –, die Septuaginta als *apologetisches* Dokument der um die Wahrheit ihres Glaubensbekenntnisses ringenden griechisch sprechenden Judenschaft in der hellenistischen Diaspora – das auf der frühesten historischen Kritik der antiken Überlieferung beruhende kritische Bild des Späthumanismus – und die Septuaginta als *polemisches* Dokument der ihr Glaubensgut durch verhüllende Aussage der heidnischen Umwelt bewußt vorenthaltenden Judenschaft in der Zerstreuung – das auf den rabbinischen Nachrichten über die Verfluchung dieser Übersetzung gründende Bild der gleichzeitigen christlichen Rabbinismusforschung –, diese drei in ihrer konsequenten Fassung und Durchführung sich gegenseitig ausschließenden Konzeptionen über die Entstehung der Septuaginta standen in dieser Zeit eher friedlich nebeneinander. Das Problem Schleusners waren sie nicht. Kaum daß sein berühmterer Zeitgenosse und Kollege Johann Gottfried Eichhorn (1752–1827) einmal brummen konnte: „Ich weiß nicht, wie die Gelehrten so einstimmig um einiger unbedeutender Stellen im Talmud willen glauben können, daß den Juden in Palästina die griechische Übersetzung ein Greuel gewesen sei ...“ Das ging gegen Lightfoot[14], dürfte aber schwerlich als eine Auseinandersetzung mit seiner These zu bezeichnen sein. Und die Alternative der beiden anderen Möglichkeiten, die Konzeption des Aristeasbriefes nach seiner ursprünglichen Intention und seine späthumanistische historisch-kritische Interpretation, war ihm nur hinsichtlich der Frage nach den legendenhaften Elementen, nicht hinsichtlich der Frage nach der geistesgeschichtlichen Alternative ein Pro-

saurus Temporum, Eusebii Pamphili Caesareae Palaestinae Episcopi Chronicorum Canonum omnimodae historiae libri duo, Leiden 1606, Jahr Abrahams 1734 [nach der Amsterdamer Ausgabe von 1658, S. 132–135]). Erste Andeutungen in dieser Richtung und damit der Unechtheitserklärung des Aristeasbriefes liegen vor bei Juan Luis Vives in seinem (indizierten) Kommentar zu Augustin, De civitate Dei, Basel 1522.

[13] Joh. Lightfoot, Horae Hebraicae et Talmudicae, Addenda ad Cap. XIV. 1 Cor., Leipzig 1684, S. 262–288.

[14] In bestimmtem Sinne auch noch gegen Scaliger; vgl. die Anm. 12 genannte Stelle im Thesaurus Temporum.

blem, und darum im Grunde kein Problem: der Aristeasbrief ein in Palästina oder in Ägypten „ausgehektes" Märchen.

Die Äußerung Eichhorns steht in einer Abhandlung „Über die Quellen, aus denen die verschiedenen Erzählungen von der Entstehung der alexandrinischen Übersetzung geflossen sind" geschrieben, die vor heute 200 Jahren, 1777 im ersten Band seines „Repertorium für Biblische und Morgenländische Litteratur" erschien[15].

Sein *Argument* gegen Lightfoots These von der Verwerfung der griechischen Übersetzung des Alten Testaments durch die Juden in Palästina lautet: „Und doch bedient sich das Neue Testament beständig der 70 Dollmetscher, welches den allgemeinen, nicht erst seit kurzem eingeführten, sondern schon Jahrhunderte her gewöhnlichen, Gebrauch der Septuaginta voraus sezt." Seine *Interpretation* der alten Überlieferung über die Entstehung der Septuaginta besteht in der heute oft vergessenen These, daß zwei ursprünglich selbständige jüdisch-hellenistische Traditionen, der Aristeasbrief, der die legendären Einzelzüge der Ereignisse auf der Insel Pharos überliefert, und Philo, der das Theologumenon von der göttlichen Inspiration der Übersetzung beisteuert, erst in christlicher Zeit vereinigt worden seien, von Justin dem Märtyrer, der beide Traditionen unreflektiert übernahm, und von Epiphanius, der sie „in ein Ganzes zusammenwob"[16].

Eichhorns Argument gegen Lightfoots These von der Verwerfung der Septuaginta durch das Judentum der hellenistischen Zeit ist wenig beweiskräftig. Wenn diese These verworfen werden muß – und sie *muß* verworfen werden –, dann kann das nicht aus dem Grunde gechehen, weil die neutestamentlichen Zeugen das Alte Testament in der Gestalt der Septuaginta übernahmen und damit eine jahrhundertealte Verbreitung der Septuaginta auch in Palästina gegeben wäre – für die neutestamentlichen Zeugen dürfte die reine Existenz einer solchen Übersetzung, gleichgültig in welcher Verbreitung und in welcher Bewertung unter der zeitgenössischen Judenschaft, Grund genug für ihre Übernahme gewesen sein –; dann kann das nur aus dem Grund geschehen, weil Wesen und Charakter dieses Übersetzungswerks gegen die postulierte Intention sprechen, dem außerisraelitischen Bereich die genuine Glaubensaussage Israels zu verbergen[17]. Und Eichhorns Interpretation der alten Überlieferung ist an einem Punkt aus dem Grund heute nicht mehr halt-

[15] S. 266–280; S. 276 Anm. d.

[16] S. 280. Die Unterscheidung beider Traditionen ist später oft vergessen und das philonische Verständnis der Übersetzung als Inspiration schon dem Aristeasbrief zugeschrieben worden; vgl. z.B. H. Karpp, „Prophet" oder „Dolmetscher", in: Festschrift für Günther Dehn, 1957, S. 103–117.

[17] Vgl. VT 12 (1962) 139–163.

bar, weil er, gestützt auf die Justin zugeschriebene, damals weithin noch als echt anerkannte Cohortatio ad Graecos, das christliche Dogma von der Inspiration der Übersetzung schon in der Zeit der Apologeten ansetzt: Dieses Dogma setzt die Vollendung dieser Zeit, die endgültige Abgrenzung des christlichen alt- und neutestamentlichen Kanons, das Ende der Zeit der Urliteratur und den Beginn der christlichen Literatur voraus und ist, wie die Werke des Clemens von Alexandrien und des Origenes zeigen, ein wesensbestimmendes Element für den Beginn dieser neuen geistesgeschichtlichen Periode: der von Christen für Christen geschriebenen Literatur.

Aber Eichhorn hat mit diesem Argument und mit dieser Interpretation vor nunmehr 200 Jahren zwei zentrale Themen der Septuagintaforschung angesprochen und ihrem richtigen Verständnis den Weg gewiesen, die, deutlicher erfaßt, für die spätere Zeit hinsichtlich der Frage nach der Entstehung der Septuaginta die gleiche Bedeutung haben sollten, wie hinsichtlich der Frage nach ihrer Geschichte Cerianis, Fields und Lagardes Hypothese der lukianischen Rezension:

Sein Argument und seine Interpretation setzt letztlich die Anerkennung der späthumanistischen Konzeption über die Entstehung der Septuaginta in der Gestalt durch, daß dieses Übersetzungswerk für das hellenistische Judentum gleicherweise wie für die urchristliche Kirche die einzige Bedeutung und Intention hatte, die genuine Glaubensaussage Israels der griechisch sprechenden Welt in ihrem ursprünglichen Gehalt weiterzugeben. Hellenisierung und Verhüllung der alttestamentlichen Aussage sind gleicherweise unangemessene Kategorien für die Wesensbestimmung der Septuaginta.

Wir haben diese Bedeutung der Septuaginta als die innere Zuordnung von Abbild und Urbild bestimmt[18]. Das bedeutet nichts anderes, als daß die Septuaginta sowohl im hellenistischen Judentum als auch bei den urchristlichen Zeugen in ihrer Bedeutung und Intention, der griechisch sprechenden Welt das alttestamentliche Zeugnis zu bewahren, von Anfang an ihrem hebräischen Original notwendig zugeordnet blieb, und dieses nach dem Maß, wie es einem jeden griechisch Sprechenden gegeben war, für ihr richtiges Verständnis voraussetzte. Diese Konzeption ist es, die zusammen mit der durch die Hypothese der lukianischen Rezension ermöglichten Annäherung an den vorrezensionellen Text nicht nur die seit nunmehr 100 Jahren getane kritische Arbeit am Text der Septuaginta bestimmt, sondern auch die *exegetische* und *theologische* Arbeit an diesem Text.

---

[18] Vgl. ThEx 140 (1967) 38–64, VT 12 (1962) 139–163.

III

Das im Anfang zitierte Programm Schleusners hat neben der textgeschichtlichen und der geschichtlichen unausgesprochen auch eine *theologische* Komponente. Man wird ihrer erst dann deutlicher gewahr, wenn man an das denkt, was das Bleibende seiner Forschungsarbeit ausmacht: Konzeption und Ausführung seines lexikographischen Werks.

Schleusner hat sich über die Konzeption dieses Werks kaum je theoretisch geäußert; sie war durch den Gegenstand gegeben. Seine lexigraphische Disposition ist von seinem Vorgänger Johann Christian Biel übernommen, auf dessen 1779 in Haag erschienenem Novus Thesaurus Philogogicus, sive Lexicon in LXX et alios Interpretes es beruht. Die lexikographische Ordnung lautet: (1) Allgemeine Bedeutung des Wortes, (2) Hebräisch-aramäische Äquivalenz, (3) Besondere Bedeutung und Äquivalenz in den späteren jüdischen Übersetzungen, Aquila, Symmachos und Theodotion, (4) Bedeutungsunterschied zwischen kanonischem Übersetzungstext und apokryphem ursprünglich griechischem Text, (5) Bezug zur außeralttestamentlichen Gräzität, zuerst zum Neuen Testament, als Zweites zur frühchristlichen biblischen Lexikographie, zuletzt zur zeitgenössischen und älteren Profangräzität.

Schleusners eigenes Werk besteht in der differenzierten lexikographischen Realisierung dieser Disposition, welche zuerst auf der eigenen Vorarbeit eines das Gewicht auf die apokryphen Schriften legenden Spicilegium eines Lexikons zur Septuaginta 1784 und eines in Göttingen entstandenen zweibändigen Lexikons zum Neuen Testament beruht, das 1792 in Leipzig erschien. Das ausgeführte Lexikon zur Septuaginta, Novus Thesaurus philologico-criticus sive Lexicon in LXX et reliquos interpretes Graecos ac scriptores apocryphos Veteris Testamenti, entstand während seiner akademischen Tätigkeit in Wittenberg, unter den Mühsalen der Befreiungskriege, der Schließung der Universität durch Napoleon 1815, den Verlust von drei Häusern und des größeren Teils seiner Bibliothek durch Brandschatzung, einer darauf folgenden Fieberkrankheit, „quam neurodem medici vulgo appellare solent“[19], und erschien zuerst in Leipzig im Jahre 1820[20].

Die *theologische Konzeption,* die dem zuerst von Schleusner realisierten lexikographischen Prinzip zu Grunde liegt, besteht in drei einander notwendig zugeordneten Theologumena: (1) Die genuine Aussage der Septuaginta ist nur im Licht der Aussage des Originals, der notwendigen Äquivalenz zwischen Urtext und Übersetzungstext erkennbar. (2) In ih-

[19] Praefatio vom 4. Februar 1820, ed. London 1829, S. VIII.

[20] Die weiteren Editionen: Glasgow 1822, London 1829.

rer Begrifflichkeit spiegelt sich bereits das kanonische Prinzip des Alten Testaments, die Unterscheidung von kanonischem und außerkanonischem Schrifttum wider, das sich in starkem Maße überschneidet mit der Unterscheidung von in die griechische Sprache übersetzter und ursprünglich griechisch geschriebener Aussage. (3) Die Beziehung zwischen biblischem und außerbiblischem Gebrauch der einzelnen in der Septuaginta überlieferten Begriffe kann nur dann richtig bestimmt werden, wenn zuerst die Bedeutungsmöglichkeiten im Kontext der Septuaginta selbst erkannt sind.

Die Erkenntnis, die in dieser Konzeption vom Wesen der Septuaginta *theologisch* der Konzeption entspricht, die wir hinsichtlich der *Geschichte* dieses Textes im Postulat der hinter den Rezensionen liegenden ursprünglichen Einheit, hinsichtlich seiner *Entstehung* im Glaubensanliegen der der Sprache der Väter verlustig gegangenen Judenschaft zu sehen glaubten, besteht zuerst in dem mit dieser lexikographischen Disposition vorausgesetzten Postulat, daß es der geschriebene Übersetzungstext der Septuaginta in seiner notwendigen inneren Zuordnung zum geschriebenen Text des hebräischen Originals ist, in dessen Licht das Wesen der Zeit von Entstehung und Geschichte der Septuaginta allein erkannt werden kann, und nicht eine vorgefaßte Konzeption vom Wesen dieser Zeit, von der her sich Text und Überlieferung der Septuaginta ihrer Bedeutung und Intention nach bestimmen ließe.

Diese Erkenntnis muß zuletzt nach drei Aspekten der Septuagintaforschung hin verdeutlicht werden, die in den vergangenen 150 Jahren nach dem Erscheinen der letzten Ausgabe von Schleusners Lexikon der Septuaginta, 1829, im Mittelpunkt der Forschung standen.

1. Dieser Zeitraum setzt ein mit dem Geburtsjahr Paul Anton de Lagardes, dessen 150. Geburtstag sich am 2. November 1977 jährte. Es ist zugleich das Todesjahr Eichhorns und das Jahr der Vollendung der Edition von Holmes-Parsons. Blickt man von diesen gezeichneten Anfängen her heute zurück auf das, was an Lagardes vielgestaltigem und auch zerrissenem Werk in den Bereich der Septuagintaforschung fällt, die vornehmlich in den beiden letzten Jahrzehnten seines Lebens, von seiner Konzeption der Hypothese der lukianischen Rezension um 1870 bis zu seinem Tod 1891 Gegenstand seiner Arbeit war[21], dann ist es nicht zuerst das Vorläufige der textkritischen Realisierung dieser Konzeption, sein von Ernst Hautsch 1909 nachgewiesener Irrtum hinsichtlich der Bestimmung lukianischer Zeugen[22], die dem heutigen Betrachter fragwür-

[21] Vgl. A. Rahlfs, Paul de Lagardes wissenschaftliches Lebenswerk, Mitteilungen des Septuaginta-Unternehmens 4,1, 1928, vor allem S. 66–86.

[22] Vgl. Anm. 9.

dig erscheinen muß – in dieser Hinsicht wird die gewaltige Kärrnerarbeit, die er geleistet hat, oft unterschätzt und das Maß der seither erreichten Korrektur oft überschätzt, wird ihm die Einsicht in die Grenzen der Einheitshypothese, die gerade er immer gesehen hat, unberechtigterweise immer wieder abgesprochen –; fragwürdig erscheint zuerst das Unbestimmte der Beziehung seiner textgeschichtlichen Konzeption zu seinen theologischen Voraussetzungen.

Deutlich und klar ist zwar seine textgeschichtliche Konzeption ausgesprochen – am deutlichsten in den noch vor der Schwelle seiner tieferen Auseinandersetzung mit dem Problem der Septuaginta stehenden, im Jahre 1863 in Göttingen erschienenen „Anmerkungen zur griechischen Übersetzung der Proverbien“:

„Über den Archetypus des masoretischen Textes würden wir nur durch Konjektur hinausgelangen können, wenn uns nicht die griechische Version des Alten Testaments die Möglichkeit verschaffte, wenigstens eine schlechte Übersetzung eines einer anderen Familie angehörenden Manuskripts zu benutzen. Es versteht sich selbst heutzutage leider noch nicht von selbst, daß die Septuaginta nur in ihrer ursprünglichen Gestalt zur Kritik unserer masoretischen Diaskeuase angewandt werden darf. Wollen wir über den hebräischen Text ins Klare kommen, so gilt es zunächst die Urform der griechischen Übersetzung zu finden. Ehe diese vorliegt, darf die ägyptische Rezension nicht zur Kontrolle der palästinensischen benutzt werden. Ehe aber eine solche Kontrolle vorgenommen worden ist, hat niemand das Recht, die Überlieferung als fest und bekannt anzusehn. Alle Untersuchungen über das Alte Testament schweben in der Luft, wenn sie nicht auf den möglichst beglaubigten Text zurückgehen. Die Wissenchaft verlangt mehr als Einfälle und beiläufige Bemerkungen: ihr Wesen ist die Methode.“[23]

Unklar erscheint aber die theologische Konsequenz, die er selbst aus dieser textgeschichtlichen Prämisse zieht, undeutlich erscheint in seinem Werk die theologische Konzeption, die man zunächst als die allein mögliche und notwendige Konsequenz dieser Prämisse sehen zu können glaubt. Das gilt zuerst hinsichtlich der Realisierung der textgeschichtlichen Prämisse selbst. Sie erscheint, ohne daß Lagarde es ausspricht, in Frage gestellt durch eine letztlich theologisch begründete Vorstellung von Beschaffenheit und früher Geschichte des postulierten vorrezensionellen Septuagintatextes:

„Die griechische Übersetzung des Alten Testaments ist zuerst von den Judenchristen geändert worden, welche ihre Ideen in dieselben hineintrugen; . . . was und wie die Nazarener an dieser wichtigen Urkunde gesündigt haben, läßt sich jetzt schwer feststellen, da Gleichgültigkeit und

[23] S. 2 (= Mittheilungen I, 1884, S. 20).

Beschränktheit späterer Zeiten die Schriften der ältesten Väter haben untergehen lassen; daß was geschah, *vor* der Anerkennung einer Sammlung neutestamentlicher Schriften geschah, ist ohne weiteres gewiß: das Bedürfnis, im Alten Testamente christliche Anschauungen ausgedrückt zu finden, mußte notwendig erlöschen, sowie man sein Denken und Empfinden an ursprünglich-christliche Bücher anzulehnen in den Stand gesetzt war."[24]

Das ist textgeschichtlich auch beim Vertreter der Einheitshypothese letztlich wieder die Resignation vor dem wüsten Meer der vorrezensionellen Überlieferung des griechischen Alten Testaments, theologisch aber eine Voraussetzung, die nur dazu verführen mußte, das, was man als die unverfälschte und unveränderte Überlieferung der Septuaginta zu sehen glaubte, irgendwo hinter dem zu suchen und nach bestimmten Kriterien wiederherzustellen, was uns durch die christliche Tradition der Septuaginta gegeben ist. Was dabei verwundert, ist nur, daß jenes selbstgesehene Korrektiv eines alten hebräischen Textes nicht zuerst als solches dafür in Anspruch genommen wurde, das Gemeinsame zwischen Original und Übersetzung zu erkennen und so *das* Überlieferungsgut herauszustellen, das sich rein textgeschichtlich als von jeder judenchristlich oder anders begründeten Textänderung frei erweisen ließ.

So entstand die These von einer unüberbrückbaren Kluft zwischen der Textform der christlichen Rezensionen und der postulierten vorchristlichen Urform der Septuaginta, die schon zu Zeiten Lagardes durch die erhaltene Überlieferung selbst hätte widerlegt werden können.

Verhängnisvoll war diese These nicht zuerst hinsichtlich der konsequenten Trennung des Textcharakters der christlichen Rezensionen von der postulierten vorchristlichen ursprünglichen Textform – auch seine Botschaft vom 2. Oktober 1883 an Wilhelm I., mit seiner Edition der Librorum Veteris Testamenti Canonicorum graece pars prior vom Jahre 1883 „dem ersten deutschen Kaiser" den Text vorlegen zu können, „welchen der Erste, der das alte Testament in einen deutschen Dialekt übersetzte, der gothische Bischof Ulfilas, seiner Übertragung zu Grunde gelegt hat", den Text, der auch der „von allen slavischen Kirchen anerkannte" gewesen sein dürfte[25], klingt mehr nach einer captatio benevolentiae als nach einem Theologumenon; doch brachte sie ihm zunächst nur den kaiserlichen Ankauf von neun Exemplaren „behufs Überweisung an die evangelisch-theologischen Seminare der preußischen Universitäten"[26] ein –; verhängnisvoll war diese These aber hinsichtlich ihrer Konsequenz für die vorchristliche griechische Überlieferung des Alten Testaments.

---

[24] A.a.O.

[25] 1885; s. Mittheilungen III, 1889, S. 237.

[26] A.a.O. S. 239.

Denn hier blieb es nun nicht dabei, daß der finstere und teilweise willkürlich noch verfinsterte Bereich der vorrezensionellen Überlieferung als der nun doch allein vorgegebene Gegenstand der Textarbeit anerkannt und durch die Mittel philologischer Kritik, soweit es eben möglich war, aufgehellt wurde, sondern es wurde eine zeitlose religionsphilosophische Konzeption – „der ewige Menschengeist wird von einmal Geschehenem nicht befriedigt"[27] – für die Erhellung dieses Bereiches in der Weise in Anspruch genommen, daß vermittels ihrer an Stelle des nun doch aus dieser Zeit, sei es auch teilweise in rezensioneller Umdeutung, Überlieferten eine Überlieferung als noch erkennbar und wiederherstellbar postuliert wurde, der gegenüber das *faktisch* Überlieferte, sei es jüdischer, sei es christlicher Herkunft, als Verzerrung und Verkümmerung erschien: Dem Alten Testament in seiner überlieferten Textform, das als eine tendenziöse Auswahl deklariert wurde, den Evangelien, deren dürftige Gestalt nur als der negative Beweis der Größe ihres Gegenstandes bedeutsam erschien, den Zeugnissen des Paulus, der diesen Gegenstand durch ihm von Haus aus fremde alttestamentliche Vorstellungen vollends seiner ursprünglichen Intention entäußerte, wurde eine fiktive Überlieferung gegenübergestellt, als damals existent erklärt und als heute wiederherstellbar postuliert, die frei von diesen behaupteten Schwächen und Entstellungen war, ein messianisches Urepos, das seine letzte Gestalt in den „östlich vom Jordan gelegenen Landstrichen" gewonnen hätte, das heute noch bruchstückhaft bekannt, und „in einzelnen seiner Theile als Legende über das Abendland und zu den Muhamedanern gedrungen" wäre, „aus dem die ältere Exegese des alten Testaments reichlich geschöpft hat", „ein ganz einziges Werk", „dessen Wiederherstellung aller Mühe werth wäre"[28].

Das waren und sind keine guten Prämissen für den nüchternen Versuch, vorsichtig dem ältesten Text der Septuaginta näherzukommen.

2. Die zweite Hälfte dieses Zeitraums der letzten 150 Jahre ist mitgeprägt durch die Targum-Hypothese Paul Kahles. 1907 erschien die Abhandlung, in der sie letztlich ihren Ursprung hat, August Schroeders Greifswalder Dissertation De Philonis Alexandrini Vetere Testamento, 1915 Kahles erste Schrift, in der er diese Konzeption entwickelte: Untersuchungen zur Geschichte des Pentateuchtextes.

Man wird an dieser Konzeption einer ursprünglichen Vielheit der Übersetzungstexte, blickt man auf die Einheitshypothese Lagardes zu-

---

[27] Deutsche Schriften, „Über das Verhältnis des deutschen Staates zu Theologie, Kirche und Religion" (1. Aufl. Anfang 1873), 5. Aufl. der Deutschen Schriften (ed. A. Rahlfs und E. Schröder 1920) S. 67.

[28] Lagarde, Deutsche Schriften S. 54; vgl. auch „Die Religion der Zukunft" (Ostern 1878), ebda S. 249.

rück, als deren diametrale Gegenposition sie gemeinhin verstanden wird, mit der sie aber doch eines gemeinsam hat: die weitgehende Resignation hinsichtlich der Erkennbarkeit und Feststellbarkeit der vorrezensionellen Textformen, ein bedeutsames Moment hervorheben müssen: Was hier an vorrezensionellen Textformen, das bedeutet hier: an ursprünglich selbständigen, erst durch einen sekundären Akt textgeschichtlicher Berührung in einem bestimmten Maß vereinheitlichten Übersetzungen, Targumen, postuliert wird, das bleibt an dem Kriterium orientiert, von ihm her in seinem Wesen bestimmt und vor jeder Orientierungslosigkeit bewahrt, welches das einzige Kriterium für das richtige Verständnis der griechischen Überlieferung des Alten Testamentes ist und bleibt: dem Urbild des hebräischen Originals, dessen Abbild eine jede griechische Übersetzung ist. Es bedeutet hinsichtlich der daraus folgenden geistesgeschichtlichen Bestimmung des Ursprungs, daß die auf Scaliger zurückgehende richtige historisch-kritische Interpretation des Aristeasbriefes, nach der der Ursprung der Übersetzung im Glaubensanliegen der hellenistischen Judenschaft liegt, von der Konzeption her selbst notwendig, vor einer jeden anderen geistesgeschichtlichen Bestimmung bewahrt erscheint.

Man wird als Zweites in dieser textgeschichtlichen Konzeption eine geistesgeschichtliche Analogie zu einer theologischen These sehen dürfen, deren grundsätzliche Richtigkeit sich heute nicht mehr in Frage stellen läßt. Es ist die These, nach der die biblischen Zeugnisse nach ihrer im alt- und neutestamentlichen Kanon überlieferten Gestalt das Ergebnis eines Prozesses der Vereinheitlichung darstellen, hinter der eine anfängliche Vielheit und Fülle sich oft widersprechender Aussagen und divergierender Überlieferungen steht – es sei nur an die Autoritäten erinnert, in deren Werk diese Konzeption ihre endgültige Formulierung gefunden hat, Julius Wellhausen und Walter Bauer, dessen im Jahre 1934 erschienene Abhandlung über Rechtgläubigkeit und Ketzerei in mancher Beziehung als die neutestamentliche Analogie zur alttestamentlichen Konzeption Wellhausens gesehen werden dürfte.

Man wird in dieser textgeschichtlichen Konzeption, wenigstens nach der von Kahle immer vertretenen Gestalt, nach der die Vielheit der Übersetzungen schon in vorchristlicher Zeit zur relativen Einheit eines in Jerusalem für die ägyptische Diaspora sanktionierten Übersetzungstextes zusammenwuchs, dessen Legitimation die Aristeaslegende dokumentiert, als Drittes auch in textgeschichtlicher Hinsicht eine These sehen dürfen, die sich dem Postulat der Wiederherstellbarkeit der ältesten, vorrezensionellen Textform durchaus nicht versperrt. An der Stelle der postulierten einheitlichen Übersetzung bei Lagarde, Rahlfs und ihren Nachfolgern steht hier der durch den Prozeß des Zusammenwachsens verschiedener Übersetzungen entstandene, als solcher aber gleicherweise einheitliche Text. Die philologischen Mittel seiner Wiederherstellung sind letztlich die gleichen wie die der „Einheitshypothese“. Denn auch sie kennt als Kriterium der Textherstellung kein starres System der Übersetzungstechnik und Wortäquivalenz. Die Mittel der Textherstellung sind bei jedem Buch je nach seinem Übersetzungscharakter verschieden.

Fragwürdig ist die Konzeption Kahles allein aus dem Grund – und darin besteht der Unterschied zur theologischen Konzeption Wellhausens und Bauers von der im Kanon vereinigten alt- und neutestamentlichen Überlieferung –, daß sich die erhalten gebliebene Überlieferung der Texte selbst gegen diese Deutung sperrt. Dieser Befund läßt sich auch nicht mit der Feststellung bestreiten, die Vielheit der Übersetzungen sei aus dem Grund heute nicht mehr dokumentiert, weil „die Juden, nachdem das Christentum Staatsreligion geworden war, mit Erfolg bestrebt gewesen sind, das gesamte griechische Schrifftum, das einmal bei ihnen vorhanden gewesen sei – mit ihm die griechischen Bibeltexte – zu vernichten“[29]. Wenn die wenigen griechischen Bibeltexte vorchristlicher jüdischer Herkunft, die trotz dieser Tatsache erhalten geblieben sind, trotz ihrer rezensionellen Elemente, eindeutig die unrezensierte Textform der in den christlichen Handschriften überlieferten Septuaginta voraussetzen – und dieser Befund läßt sich nicht bestreiten[30] –, dann darf die Spärlichkeit der Überlieferung nicht mehr als spekulatives Argument für den Verlust einer Vielheit von Übersetzungen in Anspruch genommen werden[31], dann ist gerade die Spärlichkeit der beste textgeschichtliche Beweis für die allgemeine Anerkennung und Verbreitung eines einheitlichen Übersetzungstextes schon in dieser frühen Zeit.

3. Das ist die neue textgeschichtliche Voraussetzung der zweiten Hälfte dieser letzten 150 Jahre. Der „neuen Aera“ der Hexaplaforschung, deren Beginn Eduard Schwartz vor 75 Jahren in Kardinal Mercatis Entdeckung der Psalter-Hexapla in der Biblioteca Ambrosiana zu

[29] P. Kahle, Der gegenwärtige Stand der Erforschung der in Palästina neu gefundenen hebräischen Handschriften, in: ThLZ 79 (1954) 81–94; 89.

[30] Vgl. hierzu OLZ 73 (1978) 39–45.

[31] So Kahle a.a.O. Der Befund der neueren Entdeckungen ältester Septuagintahandschriften jüdischer und christlicher Herkunft erweist immer deutlicher den Vorwurf der Schriftverfälschung als Mittel apologetischer und polemischer Argumentation im Streitgespräch zwischen Juden und Christen, wie er vor allem in Justins Dialog mit Tryphon dokumentiert ist (vgl. hierzu: C. Andresen, Die Kirchen der alten Christenheit, 1971, S. 79–81) als kurze – und relativ späte – Episode. Alter, Bedeutung und Verbreitung dieses Theologumenons in der Auseinandersetzung zwischen Judentum und frühem Christentum ließen sich dann postulieren, wenn sich die in der letzten Zeit gefundenen ältesten Septuagintatexte jüdischer und christlicher Herkunft wesentlich voneinander unterschieden und Aussagen enthielten, welche die Ursache dieses gegenseitigen Vorwurfs gewesen sein könnten.

Mailand sah[32], darf die neue Aera der Erforschung des ältesten Septuagintatextes gegenübergestellt werden, die vor 25 Jahren, mit der Entdeckung der Zwölfprophetenrolle von Murabbaʿât am 27. August 1952 angebrochen ist[32a].

Diese beiden forschungsgeschichtlichen Zäsuren bedeuten für die Textgeschichte der Septuaginta: Das Postulat einer ältesten in sich einheitlichen Textform, die in der Überlieferung der christlichen Septuagintahandschriften noch erkennbar und annähernd wiederherstellbar ist, ist durch die Dokumentation selbst – nicht nur für den Pentateuch, sondern auch für die prophetischen Schriften – als richtig erwiesen. Das Dokument der Psalterhexapla erweist die Grenzlinie zwischen vorrezensionellem Septuagintatext und erster christlicher Rezension gerade dadurch, daß der von Origenes in der fünften Spalte hergestellte Text der Septuaginta noch frei ist von seinem differenzierteren Rezensionssystem vermittels der aristarchischen Zeichen, nicht als eine unüberbrückbare Kluft zwischen verwildertem vorrezensionellem und von ihm unterschiedenem rezensionellem Text, sondern als eine leise Korrektur innerhalb der Kontinuität der Textgeschichte. Das Dokument der Zwölfprophetenrolle versetzt die Existenz der ältesten, in sich einheitlichen Textform um Jahrhunderte zurück. Das Postulat des Verhältnisses von Urbild und Abbild zwischen Original und Übersetzungstext in der Zeit des hellenistischen Judentums und des Urchristentums ist durch den Rezensionscharakter der Zwölfprophetenrolle und der seither gefundenen, zum Teil noch älteren jüdischen Septuagintatexte dadurch bestätigt, daß das einzige Rezensionsprinzip, das diese Texte kennen, das der Angleichung an das hebräische Original ist. Diese nunmehr dokumentierte überlieferungsgeschichtliche Tatsache wird der kommenden Forschung den Weg weisen müssen.

Für diesen Weg bedarf noch eine letzte forschungsgeschichtliche Analogie im Zeitraum dieser letzten 150 Jahre der Erinnerung. Am Anfang dieses Zeitraums steht die letzte Edition von Schleusners Lexikon zur Septuaginta. Am Anfang der letzten 50 Jahre, 1928, steht die erste Edition von Walter Bauers Wörterbuch zum Neuen Testament. Was das Werk des am 8. August 1877 Geborenen für die Septuagintaforschung bedeutet, läßt sich heute noch kaum ermessen. Es dürfte aus vielen

[32] Zur Geschichte der Hexapla, NGG, Phil.-hist. Kl., 1903, S. 693–700. G. Mercati, D'un palimpsesto Ambrosiano contenente i salmi esapli . . ., in: Atti dell' Academia di Torino 31 (1895/96) 655–676; A. Ceriani, Frammenti esaplari palinsesti dei salmi nel testo originale, scoperti dal dott. ab. G. Mercati, in: Rendiconti dell' Istituto Lombardo, Serie II, Mailand 1896, S. 406–408; Psalterii Hexapli reliquiae cura et studio I. Card. Mercati editae, 1958; Osservazioni I, ed. G. R. Castellino, 1965.

[32a] Ed. D. Barthélemy, Les devanciers d'Aquila, VT. S X, 1963.

Gründen berechtigt sein, in diesem Werk die neutestamentliche Analogie zur lexikographischen Arbeit Schleusners an der griechischen alttestamentlichen Überlieferung zu sehen. Wir nennen als tertium comparationis nur die Disposition, nach der im Licht des vorgängigen Vergleichs mit dem Wortgut der Septuaginta erst die Wortbedeutung im Neuen Testament im Ausblick auf den profangriechischen Gebrauch erfragt und differenziert wird. Die Forderung der vorgängigen Erkenntnis jener ersten Berührung zwischen hebräischer und griechischer Überlieferung, die sich in der Septuaginta manifestiert, ist es, die Bauers neutestamentliche lexikographische Arbeit gleicherweise vor einer – zeitgeschichtlich durchaus gegebenen – Orientierungslosigkeit bewahrte, wie es ein Jahrhundert zuvor bei Schleusner geschah.

Eduard Reuß hat Schleusner 1906 mit dürren Worten vorgeworfen, daß seine lexikographische Methode des konsequenten Vergleichs mit dem hebräischen Original „das Lexikon zur griechischen Bibel . . . einem großen Teile nach nur zu einem Verzeichnis von allem denkbaren exegetischen Unsinn und Quidproquo“ werden ließ und auf diese Weise „auch an diesem Sohne seiner Zeit“ zeige, „wie wenig die philologische, mechanische Handlangerarbeit für sich allein die Wissenschaft fördern mag, wenn nicht der historische Blick das Verständnis der Dinge, wie sie sich im Geiste eines anderen, fernen Geschlechts darstellten, jenen Mühen untergeordneter Art die rechte Weihe giebt und die Erforschung der Ideen der Wörter die Leuchte vorträgt“[33].

Hinsichtlich des Urteils über „jene Mühen untergeordneter Art“ dürfte Schleusner selbst mit dem Thema einer seiner vielen in Göttingen und Wittenberg gehaltenen Predigten geantwortet haben: „Über die fehlerhafte Gewohnheit, den moralischen Werth menschlicher Handlungen aus ihren sichtbaren Folgen zu beurtheilen.“[34] Hinsichtlich des Urteils über die philologische Methode ist Eduard Reuß Schleusner gegenüber eindeutig ungerecht. Das Aufwerfen von Scheinproblemen durch die falsche Bestimmung von Äquivalenz zwischen Original und Übersetzung, das ist ein Vorwurf, der innerhalb dieses Zeitraums am allerwenigsten Schleusner gemacht werden darf. Hinsichtlich des Urteils über Schleusners theologische Konzeption aber dürfte die Frage berechtigt sein, ob es nicht gerade die damalige Geringschätzung und teilweise Fehleinschätzung jener „Handlangerarbeit und Mühen untergeordneter Art“ gewesen ist, der Versuch, die Leuchte der Ideen den *Wörtern* voranzutragen, statt von der Leuchte der Wörter die *Ideen* bestimmen zu lassen, der es bewirkte, daß jene Weihe, die der historische Blick in den

---

[33] In: RE, 3. Aufl., 17 (1906) 618f.

[34] Vgl. J. Fr. Schleusner, Sammlung einiger öffentlicher Religionsvorträge, Göttingen 1788.

Geist eines anderen, fernen Geschlechts schaffen sollte, so oft eine Weihe war, die den Zeugnissen und damit der Historie so *wenig* gemäß, so sehr den Ideen verpflichtet schien, die von den Tendenzen der jeweiligen „Söhne ihrer Zeit" her gegeben waren.

Alasdair Heron

The Holy Spirit in Origen and Didymus the Blind: A Shift in Perspective From the Third to the Fourth Century

Among those fourth century theologians who inherited and built upon the foundations laid by Origen, a special place belongs to Didymus the Blind (313–398), the last outstanding head of the catechetical school in Alexandria. His position was uncompromisingly Nicene orthodox: in this he stands with Athanasius and the Cappadocians over against such other heirs of Origen as Eusebius of Caesarea. Eventually however the shadows which gathered around Origen's name clouded his reputation as well, and he (or at least some of his teachings) was included in the condemnation of Origen associated with the Fifth Ecumenical Council in 553. Partly no doubt as a result of this, the greater part of his writings was lost; the only major work to survive intact was Jerome's Latin translation of his De Spiritu Sancto[1]. A good number have fortunately been recovered in modern times, most notably, the various commentaries found among the Toura papyri. There are also grounds for regarding as his both the large work De Trinitate[2] first ascribed to him two hundred years ago by Mingarelli, and the fourth and fifth books of the Adversus Eunomium of Basil[3].

One reason for the eclipse of his reputation may well have been the fact that very shortly after his death his name was dragged into the bitter

---

[1] MPG 39, 1031–1086. On the MS tradition and variant readings see L. Doutreleau, Étude d'une Tradition Manuscrite: Le «De Spiritu Sancto» de Didyme, in P. Granfield/J. A. Jungmann (ed.), Kyriakon (Festschrift Johannes Quasten), Münster, 1970, vol. I, pp. 352–389.

[2] MPG 39, 269–992; also Didymus der Blinde: De trinitate, Buch I, herausgegeben und übersetzt von Jürgen Hönscheid, Beiträge zur Klassischen Philologie, Heft 44, Meisenheim am Glan, 1975. On the question of authorship may I refer to my 1972 Tübingen dissertation, Studies in the Trinitarian Writings of Didymus the Blind. His Authorship of the Adversus Eunomium IV–V and the De Trinitate.

[3] MPG 29, 671–768. The concluding section (768B–774) does not belong to Books IV–V.

personal battle between Jerome and Rufinus. Both men had known and admired him; Rufinus had studied with him for several years, and Jerome, in addition to translating the De Spiritu Sancto, had heaped fulsome praise upon him[4]. Didymus however had been a staunch defender of Origen's thought; and once Jerome came to launch his attack on Rufinus' translation of the De Principiis he accused Rufinus of drawing on Didymus' favourable reinterpretations of Origen to order to cover up sundry errors in it[5]. While Jerome was careful to insist that Didymus was orthodox, at least in respect of the Trinity[6], the charge that he was too favourable towards Origen seems most to have influenced subsequent attitudes to him.

These links between Origen, Didymus, Jerome and Rufinus suggest that it may be useful to consider some of the points of similarity and contrast between Didymus' De Spiritu Sancto as preserved for us by Jerome and the De Principiis, which is for the most part only available in Rufinus' translation. The chief aim in doing so is to ask how far Didymus may in fact have depended on Origen, and in what ways he may have departed from him. Beyond that, such a comparison may help to pave the way for further study of Didymus' own thought, and of the change in theological perspective from Origen to his fourth century successors, and even perhaps cast some light on Rufinus' handling of the De Principiis. To his end, I should like to focus on one particular (but central) feature of the De Spiritu Sancto: the way in which Didymus grasps and formulates the contrast between the being of God and that of creatures.

Divine and Creaturely Being in the De Spiritu Sancto

The fact that the De Spiritu Sancto survives only in Jerome's translation, which was completed ca. 387, raises two preliminary questions. First, how far is the translation reliable? Second, when was the original work composed? The first can be answered with reasonable confidence. Jerome appears to have been almost painfully precise in his rendering,

---

[4] E.g. in his preface to the De Spiritu Sancto; De Vir. Ill. 109; Ep. 68 ad Castrutium. Jerome's various references were collected by Mingarelli in his De Didymo Veterum Testimonia, reprinted in MPG 39: a clear change in tone can be observed after the controversy with Rufinus, though Jerome continued to mention Didymus with (critical) respect.

[5] See especially Adv. Rufinum II 16, which says of Didymus: et in ipsius περὶ ἀρχῶν, quos tu interpretatus es, libros breves dictavit commentariolos, quibus non negaret ab Origene scripta, quae scripta sunt; sed nos simplices homines non posse intelligere quae dicuntur; et quo sensu in bonam partem accipi debeant, persuadere conatur. Hoc duntaxat de Filio et Spiritu Sancto . . .; from Adv. Ruf. I 6 and II 11, Jerome suspected that Rufinus had actually used some of this material.

[6] Adv. Ruf. II 16: . . . pro Didymo, qui certe in Trinitate catholicus est.

anxious to reproduce the Greek as accurately as possible, even including explanatory comments where it might have been easier to paraphrase (1044C; 1048A; 1075D), retaining Greek terms (1069D; 1081D), and generally using the most literal Latin equivalents throughout. Moreover he makes it clear in his preface that his noble motive was to show how other Latin writers (and by this he means Ambrose in particular) had made unacknowledged borrowings from Greeks, and that his work is to be taken as a translation, not as something of his own. It is also perhaps significant that although Jerome made great play with the inaccuracies of Rufinus' work on the De Principiis, Rufinus does not seem to have felt able to hurl the same charge back at him in respect of the De Spiritu Sancto. (He did claim in his preface to the De Principiis that he had followed Jerome's example in improving minor blemishes *in Origen;* but that is a different matter!) Given Jerome's brilliance as a translator, his avowed motive, and the internal evidence of the text, we may feel confident that it is reliable[7].

The question of the original date of writing is more difficult. It has commonly been estimated as in the 370s, and so as being roughly midway between Athanasius' Letters to Serapion and the Council of Constantinople (358/9 and 380/1 respectively), and perhaps a little earlier than Basil's De Spiritu Sancto (ca. 375). More recently the suggestion has been advanced that it should be placed much earlier, even before the Letters to Serapion[8]. In that event it would claim to rank as the first full-scale defence of the divinity of the Holy Spirit; and this in turn would demand a re-evaluation of Didymus' originality and significance. The arguments in favour of this redating are not however very strong[9], and on balance the period around 370 seems more probable. At any rate, the immediate context is the debate about the Holy Spirit which followed hard on the heels of the Arian controversy.

The central theme of the work is that the qualities and nature of the Holy Spirit are identical with those of the Father and the Son, and differ toto caelo from those of all created beings. Didymus' conception of the character of this contrast between divine and creaturely being is thus fundamental to the entire argument. It is expressed by him in a variety of

---

[7] See the detailed analysis of E. Stolz, 'Didymus, Ambrosius, Hieronymus', ThQ 87 (1905), pp. 371–401.

[8] E. Staimer, Die Schrift „De Spiritu Sancto“ von Didymus dem Blinden von Alexandrien, Diss., Munich, 1960, pp. 118–133.

[9] My reasons for abandoning Staimer's early dating, which I had earlier accepted, are given in my paper, Zur Theologie der „Tropici“ in den Serapionbriefen des hl. Athanasius: Amos 4.13 als pneumatologische Belegstelle presented at the Kyrios Athanasios-Tagung in Berlin in 1973, but unfortunately not yet published.

ways; and this, together with the fact that he never pauses to give a single, fully systematic exposition of it, can at first sight obscure what is in fact a remarkably unified and coherent pattern of thought. On closer examination, however, the pieces fall neatly into place and combine to supply a structured framework within which he is able to work out his case. This framework is one which he himself patently accepts without question, and to which he appeals without hesitation; it supplies what may be called his metaphysical frame of reference, and is constitutive for his theology. While a full account of his positions and arguments would have to look at other aspects as well – most notably his use of Scripture and the dogmatic issues under debate – this pattern presents us with at least one of the bases for his thought. In a nutshell, he emphasises an absolute contrast between God and creatures; but on the ground of that contrast he also sketches a kind of correlation in which the divine fullness of being fills those creatures who participate in God. The different aspects of this contrast and correlation must be laid out in more detail to bring out its particular character.

Underlying all that Didymus says is first of all a twofold contrast between the being of God and that of creatures. God 'is simple and of an uncompounded and spiritual nature, and has neither ears nor organs with which he sends forth a voice, but is a unique and incomprehensible substance, not composed of members or parts.' (1064B) This does not apply to any created being, not even the invisible (1037A). Similarly, God is infinite, whereas all created beings have a nature which is circumscribed and limited, the visible by place and the invisible by the nature of their being (1037C). There is thus a distinction among creatures between the visible and the invisible (1035C); but more radical still is the ultimate ontological contrast between God and creatures of all kinds. From the nature of this fundamental contrast follow three other differences which he specially emphasises.

(a) God *is* by his very nature goodness, holiness, wisdom and so on. What he has, he is by definition: there is no room in his 'simplicity' for any attribute or quality which is not inherent in his own being, not simply an aspect of himself. God 'makes those good to whom he imparts himself, himself not having been made good by another, but subsisting (sc. as good)' (1036D). The Son 'is sanctity' (1038C), 'is himself . . . the fullness of all good things' (1077C). The Holy Spirit is 'the fullness of the gifts of God', 'substantially good', 'the substance of sanctification' (1036A). Creatures on the other hand do not possess holiness, goodness or wisdom out of their own substance or nature, but 'through communication' from another (1038C; 1052A). Even 'the angels are holy by participation in the Holy Spirit and by the indwelling of the Only-begotten Son of God, who is holiness and the communication of the Father . . . not of their own substance . . . but by participation in the Holy Trinity' (1038C).

(b) Because God possesses his attributes by his very nature, he cannot lose them or be deprived of them: they belong to him immutably and unchangeably. Any being on the other hand which must receive qualities from elsewhere – and such are all creatures – is necessarily capable of change and alteration (1035C). What is unchangeable is eternal; what is mutable, creaturely; and so no creature is unchangeable or eternal (1044Df). What can be altered must also have been made and have a beginning, whereas what is incorruptible is also eternal (1083Df). So Didymus repeatedly asserts of all three divine persons that they are incorruptible, immutable, unalterable (e.g. 1035C; 1036C; 1041A; 1055C; 1077C; 1080B), while every creature is by nature mutable (1036C). This was indeed the reason why the devil could fall (1083C), while the angels who did not remained loyal through obedience, not because of inherent incapacity to change (1044Df).

(c) A third point of difference, closely bound up with the preceding ones, is, in Jerome's terminology, that the nature of God is capabilis, that of creatures is capax. Jerome himself seems to have felt that these expressions would be less than transparent to his Latin readers, for he added a word of explanation at 1044C.D: 'He calls capabilis a substance which is received by several others, and gives them a part in itself; and capax one which is filled through the communication of another substance, and which, receiving another substance (sc. into itself) is itself not received (sc. by another).' From another of his comments at 1083D it appears that the Greek word rendered as capabilis was μετοχικός: 'that which can be participated in'. It may be that in the De Spiritu Sancto Didymus also used the very similar term μεθεκτός; for at least two passages in the work are closely paralleled by statements in the De Trinitate in which μεθεκτός is used[10]. In either case, what is being spoken of is the concept of μέθεξις, of 'participation' in the Platonist sense. The link between the capax/capabilis distinction and the others we have indicated is brought out by Didymus at 1036Df:

'Everything which is capax of any good thing from outside itself is distinct from that (sc. divine) substance; and such are all the creatures. But God, since he is good, is the fountain and source of all good things. Thus

---

[10] Cf. especially De Spiritu Sancto 1044D: Capabili quippe statim inconvertibile, et inconvertibili aeternum est consequens with De Trinitate 369B: ἕπεται γὰρ τῷ μεθεκτῷ τὸ ἄτρεπτον· καὶ τούτῳ τὸ ἄκτιστον, ὅ ἐστιν καὶ ἄναρχον; also the (less close) parallel between De Spir. S. 1082C and De Trin. 529A. The De Spiritu Sancto was manifestly used as a source for the De Trinitate (whether or not Didymus was the author of the latter) and there are so many parallels that it would be possible to attempt a partial reconstruction of at least some passages in the original Greek by drawing upon the De Trinitate.

he makes good those to whom he imparts himself, himself not having been made good by another, but subsisting (sc. as good). Hence he is capabilis, but not capax. So too the Only-begotten Son . . . is capabilis, but not capax . . . the invisible creation . . . is not capabilis, but capax; for if it were capabilis it would not be capax of any good thing, but would subsist by itself as simple, but (sc. in fact) it is in receipt of goodness from elsewhere.'

Similarly he argues that the Holy Spirit is not capax (1036A) but capabilis – and therefore uncreated (1044C).

The capax/capabilis distinction in effect sums up and focuses all the other differences between divine and creaturely being and is indeed pivotal in Didymus' entire argument. It also shows that his concern was not merely to contrast the being of God and of creatures, but also to establish a connexion between them. Because the nature of the Father, Son and Holy Spirit is capabilis, creatures, who are by contrast capaces, may receive and participate in the divine being itself, and so share in the qualities which are inherent in God, but which they must receive from without themselves. This connexion in no way blurs or diminishes the distinction between God and creature; rather it reflects the character of the distinction, which accordingly has a positive rather than a merely negative function. The positive connexion is brought out by Didymus in a variety of ways. The metaphors of 'fountain' (1036A; 1036D; 1073C) and 'fullness' (1036A; 1040BC; 1077C) applied to the divine persons implicitly underline the fact that created beings are in and by themselves 'empty', but that the divine gifts overflow to them from the being of God. A whole range of verbs and verbal nouns is employed to stress the positive action and initiative of God in bestowing these gifts – e. g. attributor bonorum, sanctificationis attributor et creator, sanctificator, all applied to the Holy Spirit in 1035Df. In particular facere (1036D; 1037A; 1037B; 1052A) and compounds (efficere – 1040BC; 1052A; 1078A; perficere – 1038C; 1078A; effector – 1035C) and capere (1040C; 1044D; 1078C) and compounds (accipere – 1036A; 1051Df; 1052A; 1052B; receptatrix – 1037A) serve to emphasize the very different respective roles of God and of creatures who must be *made* holy, good and wise by him.

This making holy, good and wise is not simply a matter of some external operation of God upon creatures, nor of the mere infusion of qualities into them. It is a genuine participation in God, enabled by a genuine communication of himself, a real 'indwelling' in created beings. The angels 'are holy by participation in the Holy Spirit, and by the indwelling of the Son of God, who is sanctity and the communication of the Father . . . through participation in the Holy Trinity.' (1038C); and the same language of communication, participation, filling and indwelling is used throughout the work of created beings in general (e.g. 1035C;

1039C; 1040BC; 1054C; 1055C; 1078A; 1078C). God who is capabilis can be really and substantially present in his creatures. That is itself a mark of his divinity, and in particular of the divinity of the Holy Spirit (1054Cf), who shares with the Father and the Son this ability to 'indwell the soul and mind of man' (1082C). The weight placed by Didymus upon this point is indirectly shown by the fact that at 1082Cf he takes up an objection apparently made by a hearer to his previous development of the argument at 1054Cf. Does not Scripture say that the devil too enters into the hearts of creatures? He goes to some lengths to demonstrate that any devilish 'indwelling' is purely metaphorical; that of the Father, Son and Holy Spirit by contrast is to be taken literally.

This presence and indwelling of God is not automatic, nor, once given, is it impossible to lose it. Creatures are mutable, and can fall away; this was the reason for the fall of the devil and his angels (1083C). So too of men: 'The Holy Spirit is only put into those who turn away from their faults and follow after the choir of virtues and live according to these virtues, and through them by faith in Christ. But if then through gradual negligence they begin to turn to what is worse, then they stir up the indwelling Holy Spirit against themselves, and turn him who gave him to enmity.' (1075C) There is a certain vagueness here as to whether the gift of the Spirit or the turning away from faults comes first, and that vagueness is characteristic of Didymus. He can speak sometimes as if the mortification of the flesh (1069C) or the overcoming of mental 'perturbations' (1061C.D) are preconditions for the gift of the Spirit; but he can also ascribe mortification (1070B) or the conquering of perturbation (1068B) to the Spirit himself. Nor is clarity greatly increased when he comments that 'those who have often received the benefits of God know that they have achieved them more by his grace and mercy than by their own efforts' (1071C)! But Didymus is not in fact concerned with the issues which would only arise sharply with Pelagius; he is describing the dynamic of an ongoing interaction rather than the priorities in its beginnings. In that context, he gives special prominence to two motifs: the *pure heart* and *being worthy,* which appear repeatedly (e.g. 1042B; 1055A; 1056A; 1058C; 1063BC; 1064A). 1066AB brings them both out very clearly:

'The Spirit glorifies the Son, presenting him and making him openly known to those who are worthy to recognise and see him with a pure heart, and so to know him as the splendour of the substance and the Image of the invisible God. Again, the Image shows himself to pure minds, and glorifies the Father . . . The Father too reveals the Son to those who have deserved to attain the goal of knowledge . . . the Son himself gives the Holy Spirit to those who have prepared themselves to be worthy of his gift.'

The ultimate goal of this participation in the Trinity is 'blessed and eternal life among the sons of God' (1070BC), but it also brings a host of different gifts adapted to the individual (1041A). A whole catalogue of these gifts could be compiled from the De Spiritu Sancto's numerous references not only to virtue, benefits and good things in general, but also more specifically to such as sanctification, goodness, love, faith, grace, justice, fortitude, prophecy and ministry. Two in particular seem however to lie especially close to Didymus' heart: knowledge of divine truth, and the peace and joy which that knowledge brings. Sapientia, scientia and veritas are mentioned frequently, and the resultant peace and gladness are several times described. One passage from 1068B illustrates both:

'Just as it is the fault of the fleshly to be wise about the things of the flesh, to think about those things which are corporeal, so by contrast it is the strength of the spiritual always to think upon the things which are heavenly and eternal, and to speak of those things which are of the Spirit. But the wisdom of the flesh . . . kills . . . whereas the wisdom of the Spirit gives tranquillity of mind, and peace, and life eternal to all who possess it. When they have received it they will have all perturbations and all kinds of faults, and the very demons themselves . . . beneath their feet.'

Similarly, in a passage as near to purple as he ever comes in praising the gift of salvation, the note of knowledge is once more predominant (1073Df):

'"He himself redeemed them, and bore them up, and exalted them." (Isa. 63,9) For he bears up and exalts the saved, and raises the redeemed on high upon the wings of virtue, and through erudition and knowledge of the truth. Not only for one day or two, but for all the days of eternity he dwells in them and with them, giving them life to the very end of the age, being himself the author of their salvation. Enlightening their hearts all the days of the age, he does not allow them to wander in the darkness of ignorance and error.'

This knowledge, however, is not something merely intellectual or theoretical in an abstract sense. It is rather a fruit of the divine indwelling, a participation in him in whom knowledge itself subsists (1061Bf):

'The Holy Spirit, who comes in the name of the Son, sent by the Father, will teach everything to those who are complete in the faith of Christ – everything which is spiritual and intellectual, and in brief all the mysteries of truth and of wisdom. He will teach, not like a teacher or the master of a discipline which he himself has learnt from elsewhere . . . but being himself, so to speak, the art and doctrine and wisdom, and the Spirit of truth, he invisibly insinuates into the mind the knowledge of divine things.'

So we are brought back to the starting-point. Truth and, we may add, reality, subsist in God and are ultimately identical with him. The goal set before created beings is participation in that truth and reality in which their being is grounded and their destiny to be discovered. And it is because the Holy Spirit is himself the indwelling substance of divine truth that his own divine status is to be affirmed.

Didymus and Origen

This brief survey of the pattern of Didymus' thought may serve to show the extent of his debt to the concepts and categories of Hellenistic philosophy, especially those of the Platonist traditions. The comparison and distinction between levels of being, the emphasis on knowledge and truth, above all the centrality of the concept of participation by which the gulf between time and eternity is bridged – all these are manifestations of that Greek spirit which, in Harnack's words, conceived and constructed Christian dogma on the ground of the Gospel. But this is only one side of the story: the other is the extent to which Christian thinkers, Didymus among them, modified and adapted the fruits of Hellenism in order to build a distinctively Christian theology. The character of this two-way interaction as illustrated by Didymus' work can best be seen by comparing him with Origen, who represents not only an earlier stage in the same process, but also the primary source for Didymus' own thought.

The resemblances between Didymus and Origen are both numerous and striking. Almost every point that we have quoted from Didymus can be paralleled from Origen, and a detailed study of the whole of the De Spiritu Sancto in the light of Origen's works could certainly uncover many more similarities. It is not possible within the limited space of this paper to demonstrate this in detail; but for the sake of example these points may be noticed from the De Principiis:

The being of God is 'simple' (I 1.6).

The Father, Son and Holy Spirit possess their attributes substantially, whereas creatures only receive good qualities as 'accidents' (I 8.3).

All creatures are accordingly changeable (I 2.4), whereas the Father, Son and Holy Spirit are not (I 3.4).

Creatures are all capax of good and evil (I 7.2) whereas the Father, Son and Holy Spirit do not receive anything from without (I 8.3).

The reception of good gifts by creatures is enabled by the presence of God himself. Holiness is given by participation in the Spirit (I 1.3); the Father and the Son indwell those who are capaces of them (I 1.2); participation in holiness, wisdom and divinity – i. e. in the Trinity – is full blessedness (I 6.2).

This participation is granted only to the 'worthy' and may be withdrawn if they prove 'unworthy' (I 3.7).

Among the gifts specially emphasized are those of 'spiritual' as opposed to 'mortal' knowledge (I 1.9), and of gladness and peace (II 7.4).

It is apparent that Didymus has inherited from Origen not only specific points of detail, but the whole framework of thought which we have outlined. He has not, however, adopted the whole of Origen's teaching on the Trinity and the Holy Spirit, but only one side of it. For Origen combined this perspective with others which were to some degree in tension with it. Didymus has in effect constructed a complete system out of one part of Origen's, and so eliminated these tensions.

The tensions in Origen's teaching are well known, and need only the most summary mention here. Along with the line of thought just sketched, which draws a sharp line between the Trinity and all other reality, there is another which also distinguished gradations of being and of reality within the Trinity itself: the Father alone is absolutely good, while the Son is the image of that goodness, but not himself good *simpliciter* or absolutely (Justinian, Ep. ad Menam; cf. De Princ. I 2.13; where Rufinus seems drastically to have altered the meaning); the Spirit may even have been created through the Son (De Princ. I 3.3). Here it seems that the model of 'participation' is being applied by Origen to the relations between the divine persons[11], though not in quite the same fashion as when he deals with the connexion between any or all of them and creatures. Consonant with this, he also seems to have distinguished different kinds or degrees of 'participation' in the Father, Son and Holy Spirit by different levels of created being. In the schema outlined in De Princ. I 3.5, the Father ist the source of *all* being, the Son of *rational* being, and the Spirit as acting only in those 'who are turning to better things and entering upon the ways of Christ Jesus'. As the following chapters show, participation in the Holy Spirit then leads on to a higher degree of participation in the Son, and so ultimately in the Father. Rufinus again seems to have softened the subordinationist implications in his translation, but they are faithfully expressed by Justinian (ibid.): '. . . so then according to this, the power of the Father is greater than the Son and the Holy Spirit, and the Son's than the Holy Spirit . . .' To complicate matters further, two other places in Rufinus' translation seem to contradict this restriction of the Spirit's sphere of operation by saying that 'every

[11] Cf. D. L. Balás, 'The Idea of Participation in the Structure of Origen's Thought. Christian Transposition of a Theme of the Platonic Tradition', in H. Crouzel/G. Lomiento/J. Rius-Camps (ed.), Origeniana (record of the 1973 Origen colloquium at Montserrat) = Quaderni di "Vetera Christianorum" 12, Bari, 1975, pp. 257–275.

earthly and corporeal being' (I 3.4) or 'every rational creature' (II 7.2) participates in him.

In Didymus, these other perspectives have effectively disappeared. Certainly, occasional traces of them can still be found. At 1055A he remarks that 'in another place (sc. in Scripture) the nature of every rational creature is said to be the habitation of the Saviour.' But this is not in line with his general approach, nor even with the particular context; for the argument here (from 1054Cf) is that *the whole Trinity* dwells *in believers*. Again, an echo of Origen's understanding of the relations between the divine persons may perhaps be heard when he says at 1065Cf: 'The Son is said to receive from the Father those things in which he himself subsists. For the Son is nothing other than those things which are given to him by the Father, and the Spirit is no other substance than that which is given to him by the Son.' There too, however, the context makes it clear that what is meant is the opposite of any subordinationism: giving and receiving in the Trinity do not involve either diminution or change, but the sharing of the one divine substance. Throughout, Didymus' concern is not to *distinguish* but to *equate* both the gifts brought by and the indwelling of all three persons, to insist that where one is, all are, and that to participate in one is to share in all, as he emphasizes at 1069BC:

'Wherever the Holy Spirit may be, there too is Christ, and from wherever the Spirit of Christ should depart, from there Christ also departs . . . If one wished to express the converse one might say: If anyone is Christ's so that Christ is in him, then the Spirit of God is in him. And this must also be taken in the same way about God the Father. If anyone does not possess the Spirit of God, he is not God's. Again, if one wished to express the converse, one might say: If anyone is God's, the Spirit of God is in him . . . All of these prove the inseparable and indivisible substance of the Trinity.'

Here the distinctions drawn by Origen between the different levels of divine being and spheres of divine action have been wiped out; the concept of participation has been restricted in scope to the relation between the Trinity and created beings; the hierarchical cosmology, pivoting on the Logos/Son, which is fundamental to Origen's system, has been quietly left aside; pneumatology, which in Origen was a secondary or even tertiary sub-centre, has been brought into the very heart of the doctrine of God, and the understanding of the Trinity re-minted on that basis. Another stage has been reached in the modification and adaptation of the heritage of Hellenism in working out the implications of the Gospel. This could not be achieved without a price; there is no comparison for depth or range between Didymus' theology and Origen's. Others, more creative than Didymus, were perhaps able to preserve more of the richness of Origen in the reconstruction of dogmatic theology. In his own way, however, Didymus provides us with a clear illustration of the way in which thought moved, and had to move, from Origen into the fourth century.

In conclusion I would like to hazard two suggestions. The first has to do with Didymus' motive in departing so far from Origen while yet in other ways remaining so close to him. It is of course true that by Didymus' day the Arian controversy had rendered some of the elements in Origen's system suspect and unusable. This does not seem to me, however, to be a sufficient explanation, though it is part of the answer. It does not adequately take account of the fact that Didymus himself seems to have believed that he was loyally following Origen, and that Origen's teaching was defensible[12]. It seems to me more probable, though it may appear paradoxical, that the key to Didymus' departure from Origen lies precisely in his dependence upon him. He built on that aspect of Origen's thought which he himself found most congenial, and interpreted Origen from that standpoint. By drawing on Origen's understanding of the Holy Spirit as the indwelling master, the source and power of divine sanctification, and making that the starting-point for his own reflection, he came to emphasize in a way that Origen could not have done the divinity of the Spirit and the equality of the Trinity. Should we wish to probe further into his reasons for taking this approach, the clue may lie in another respect in which he seems to have abandoned the teaching of his predecessor. Origen believed that all spiritual beings, apart from the pre-existent soul of Christ, were involved in the primordial fall (De Princ. I 8.1). Didymus by contrast believed that the blessed angels stood fast in loyal obedience to the Trinity (1045Af). Some light on this may be cast by De Trinitate 588Bf, which makes it clear both that the cult of the angels was widespread in Egypt, and that the author (whom I believe to have been Didymus himself) venerated them and indeed prayed to them. While he is careful to draw a sharp distinction between the Holy Spirit and the angels – that indeed is the theme and occasion of the prayer – may it not be that in both angelology and pneumatology for him, as for so many others in so many areas, lex orandi was lex credendi? that a spirituality centred and focused on the Holy Spirit was what led this heir of Origen to the recognition that in the Spirit is nothing less than the truth and reality of God himself?

My second suggestion must be more briefly and even more tentatively formulated. In view of the similarities and differences we have seen between Didymus and Origen, and in view also of some of Jerome's hints that material from Didymus found its way into Rufinus' translation of the De Principiis, in addition to what we already know about the weaknesses

[12] Cf. Jerome, Adv. Ruf. II 16 (quoted supra, n. 5).

of Rufinus' work[13], it might seem appropriate to look in that translation not only for general 'orthodox improvements' of Origen's thought, but quite specifically for points which may echo the voice of Didymus himself. Particularly in the areas of the Trinity and the Holy Spirit, it would not be surprising if such were to be found[14].

[13] Two recent studies which supplement work done earlier, especially that of Robinson, Koetschau and Bardy, are included in Origeniana: J. M. Rist, The Greek and Latin Texts of the Discussion on Free Will in De Principiis, Book III (pp. 97–111), and H. Crouzel, Comparaisons précises entre les Fragments du Peri Archon selon la Philocalie et la Traduction de Rufin (pp. 113–121). For Jerome's hints that Rufinus used Didymus' reinterpretations, cf. supra, n. 5.

[14] The apparent widening of the possibilities of participation in the Holy Spirit at I 3.4 and II 7.2 is at least *prima facie* suspicious. Both statements are rather vague, so that whatever else we have here, it is most probably not a clear statement of Origen's original meaning. All that II 7.2 can in fact mean, if one looks at the rest of the sentence, is that every rational creature is *potentially capable* of participating in the Spirit, not that all in reality *do:* cf. I 8.3., where the problems of accurate speech about this are discussed. But more than mere clumsy translation may have been going on. Such an extending of the Spirit's activity, however, would scarcely be in line with the way in which Didymus appears to have transposed Origen's thought, at least so far as the De Spiritu Sancto suggests. More likely candidates might be passages such as I 3.4, which speaks of the Holy Spirit belonging in unitate trinitatis, id est patris inconvertibilis et filii eius because et ipse semper erat spiritus sanctus. Could a little gentle Procrustean pressure have been applied here to an originally less enthusiastically trinitarian text? If so, it may be that some of the points of similarity between 'Origen' and Didymus reflect not so much Origen's influence on Didymus as Didymus' on Rufinus. The possibility should at least be kept in mind!

Robert Joly

Notes pour le Moyen Platonisme

I. Justin et Juncus

Plutarque et Atticus ne sont pas les seuls platoniciens connus à défendre l'interprétation littérale du Timée, c'est-à-dire la création du monde dans le temps[1]. Il y a aussi Harpocration[2], Galien[3] et, en outre, les anonymes qui inspirent les doxographies de Sénèque[4] et de Diogène Laerce[5].

Le plus souvent oublié est sans doute Justin, et cela tient au fait que les historiens de la philosophie antique, malgré l'exemple donné par notre Jubilaire[6], n'ont pas encore assez l'habitude de prospecter la patristique[7] et d'en intégrer les données à leur documentation païenne.

Justin a été philosophe platonicien avant sa conversion et, dans son dialogue avec le Vieillard qui le convertira, la question qui nous intéresse est abordée:

[1] G. Vlastos défend avec beaucoup de force la thèse que c'est là la vraie pensée de Platon: Creation in the Timaeus: is it a Fiction? in Philosophical Review, 1964, repris dans K. E. Allen (éd.), Studies in Plato's Metaphysics, Londres, 1965, p. 401–419. Cf. aussi, en dernier lieu, W. K. C. Guthrie, A History of Greek Philosophy, vol. V, Cambridge, 1978, p. 275, 301 et 366 sq.

[2] Cf. J. Dillon, The Middle Platonists, Londres, 1977, p. 259.

[3] Galien lui-même a varié sur ce problème (cf. P. Kraus et R. Walzer, Galeni Compendium Timaei Platonis (= Plato Arabus, I) Londres, 1951, p. 11 sq), mais selon lui, la pensée de Platon est d'admettre un commencement temporel du monde; cf. aussi A.-J. Festugière, Etudes de philosophie grecque, Paris, 1971, p. 492 sq. (repris de la REG, 1952).

[4] Lettres à Lucilius, 58,28.

[5] III, 71. L'étude de Cl. Moreschini, La posizione di Apuleio e della scuola di Gaio nell'ambito del medioplatonismo, in Annali delle Scuola Normale Superiore di Pisa, II, 33, 1964, p. 28–39 est fondamentale et, sauf erreur, l'auteur n'omet que Sénèque et Justin. Tout récemment, H. Chermiss, Plutarch's Moralia, XIII, p. 176 sq. consacre au sujet une note très dense. L'ommission du témoignage de Sénèque porte Cherniss à croire que Plutarque est le premier platonicien connu à prendre cette position; Justin et Juncus sont omis également. Ces deux derniers n'apparaissent pas non plus dans l'étude intéressante de M. Baltes. Die Weltentstehung des platonischen Timaios nach den antiken Interpreten, Leyde, 1976.

[6] Justin und der mittlere Platonismus in ZNW, 1952–3, p. 157–195.

«On ne doit pas dire non plus que (l'âme) est immortelle; car si elle est immortelle, évidemment elle est aussi non engendrée.
– Elle est, en effet, non engendrée et immortelle, suivant certains philosophes appelés platoniciens.
– Dis-tu aussi que le monde est non engendré?
– Il en est qui le disent, mais je ne suis toutefois pas de leur avis . . .»[8]

Il n'y a aucune raison de penser que cette doctrine serait uniquement celle de Justin devenu chrétien[9]; nous avons ici l'affirmation explicite d'une divergence dans le platonisme de l'époque et l'aveu par Justin de sa position personnelle: du même côté que Plutarque.

Mais il y a encore Juncus (Ἴουγκος), dont on parle vraiment très peu depuis que Ueberweg-Praechter lui ont consacré quelques lignes[10], et qui va nous retenir davantage.

Finalement, l'interprétation littérale du Timée est peut-être autant attestée dans le moyen platonisme que l'interprétation de Xénocrate (ou de Crantor), qui a pour elle surtout Eudore, Albinus, Taurus et, de façon plus ambiguë, mais réelle, Apulée[11]. Celse connaît les deux interprétations[12] tandis que Hippolyte et Severus attestent des tentatives de conciliation[13]. N'oublions pas que Proclus, citant à ce propos Plutarque et Atticus, ajoute «et beaucoup d'autres platoniciens»[14].

Revenons un instant au Vieillard de Justin.

J'ai montré ailleurs[15] que le Vieillard chrétien du Dialogue, sous des dehors et un ton de simplicior archaïsant, s'exprime et discute de part en part comme un philosophe platonicien. Dans tout ce qu'il affirme, il n'y a qu'une seule idée, en V, 4–6, à savoir «la mortalité de certaines âmes, qui soit incompatible avec le platonisme et, à l'époque, c'est déjà un archaïsme chez les chrétiens»[16].

J'ajoutais cependant que le Timée lui-même évoque, très théoriquement et sans l'adopter, la possibilité pour le temps et le ciel de se dissou-

---

[7] J. Dillon l'a laissée délibérément de côté (cf. p. 420), mise à part une notice sur Valentin.

[8] Traduction Archambault, p. 29.

[9] A quel point Justin converti reste fidèle au platonisme, C. Andresen l'a bien montré dans son célèbre article cité n. 6; cf. aussi mon livre Christianisme et Philosophie, ch. I et II.

[10] Ueberweg-Praechter, Geschichte der Philosophie. Das Altertum, Berlin, 1926[12], p. 552 et 176.

[11] Cf. Moreschini, O.1. p. 32 sq. – Une revue plus complète chez M. Baltes, O.1., ch. III a, p. 83 sqq.

[12] Origène, Contre Celse, VI, 52 a.

[13] Cf. Moreschini, O.1. p. 38 sq.

[14] In Timaeum, p. 276, 31–277,1 Diehl (= Atticus, fr. 19 des Places, mais qui traduit πολλοί par «plusieurs»).

[15] Christianisme et Philosophie. Etudes sur Justin et les apologistes du 2e siècle, Bruxelles, 1973, p. 59, 61 sq., 72.

[16] P. 59.

dre[17], de sorte que «c'est encore bien une certaine exégèse du Timée qui se rapprocherait le plus, dans la philosophie grecque, de la foi chrétienne du vieillard . . .»[18].

Si on pouvait admettre que certains platoniciens ont professé la mortalité de l'âme, il n'y aurait plus, à vrai dire, qu'une nuance entre eux et le Vieillard de Justin.

C. Andresen a rappelé trois textes qui iraient dans ce sens[19], mais deux d'entre eux peuvent s'interpréter plus naturellement d'une autre manière[20]. Par contre, la doxographie d'Hippolyte est très explicite[21] et sur ce point, l'argument de Young, tiré de la position de Severus, est loin d'être contraignant[22].

C'est ici que Juncus va nous permettre de faire peut-être un pas de plus.

Stobée nous a conservé d'un certain Ἴουγκος quatre extraits d'un περὶ γήρως[23]. Ce Juncus n'est pas connu par ailleurs, mais est à situer probablement au 2ème siècle de notre ère[24]. Ces extraits, environ 18 pages, sont relativement banals, mais ne laissent cependant aucun doute sur l'appartenance platonicienne de l'auteur[25].

Or, dans le 4ème extrait se trouvent quelques lignes bien intéressantes, qu'à ma connaissance, seul l'éminent spécialiste C. Moreschini a signalées rapidement[26]:

πάντα μὲν ὅσα γίγνεται καθ' ἡντινοῦν αἰτίαν ἀνάγκη λυθῆναι · τὸ γὰρ ἀίδιον καὶ ἄφθαρτον μόνῳ θείῳ προσήκει, τὸ δὲ ὑπὸ τεχνίτου συστὰν ἔκ τινος ὕλης προσδέχεται φθοράν, ὁπότε καὶ φυτοῖς ἅπασι καὶ λίθοις καὶ σιδήρῳ μεταβολὴν ἴσμεν ξυμβαίνουσαν ὁμοίαν θανάτῳ · δένδροις μὲν καὶ τοῖς ἐξ αὐτῶν ξύλοις σηπεδόνα, λίθοις δὲ διάλυσιν, σιδήρῳ δὲ ἰόν. φασὶ δὲ καὶ τὸν κόσμον

---

17 Timée, 38b.

18 P. 62.

19 Justin und der mittlere Platonismus, p. 162, n. 19. Il s'agit du fr. 7 d'Atticus, p. 62, 10sq. des Places; Contre Celse III, 22 et Hippolyte, I 19,10.

20 Cf. M. O. Young, Did some Middle Platonists deny the Immortality of the Soul, in HThR, 68,1, 1975, p. 58–60.

21 I 19,10: οἱ δὲ σύνθετον καὶ γενητὴν καὶ φθαρτήν.

22 O.1., p. 60.

23 Stobée, éd. Wachsmuth-Hense, t. V, p. 1026–1031; 1049–1052; 1060–1065; 1107–1109.

24 Ueberweg-Praechter, p. 552.

25 Ueberweg-Praechter signalent explicitement la doctrine de l' ὁμοίωσις Θεῷ, p. 1027,2; d'autres passages sont aussi nets: la définition de la mort, p. 1050,16; «la partie pure et divine, de l'âme», p. 1062, 11sq; la ψυχὴ ὥσπερ καθ' ἑαυτὴν γιγνομένη, p. 1062,15, citation implicite du Phédon, 67c et l'eschatologie de la page 1109 etc., sans compter le passage qui va nous retenir.

26 O.1., p. 39: «Anche lo sconosciuto Iunco . . . sostiene che il cosmo è stato creato; sostiene però che esso perirà secondo i suoi voleri. Difficile inquadrare meglio questa dottrina all' apparenza estranea al platonismo». Le texte se trouve p. 1107, 19–1108,9.

αὐτόν, διότι ἐγένετο, κατὰ γνώμην μέντοι τοῦ ποιήσαντος θεοῦ λελύσθαι ποτὲ ἐκ μέρους καὶ αὖθις λυθήσεσθαι εἴς τε πῦρ καὶ ὕδωρ.

Il s'agit bien ici de la mortalité du monde, la notion même de mort étant exprimée à côté de φθορά et de λύσις. Il ne faut pas comprendre qu'il serait question d'un anéantissement au sens propre du terme, mais d'une disparition du monde en tant que tel: le verbe λελύσθαι est celui qu'utilise aussi Platon dans le Timée[27]. La fin du texte cité montre que cette doctrine est un compromis entre la doctrine du Timée et la cosmologie stoïcienne de mondes successifs, disparaissant par ἐκπύρωσις ou κατακλυσμός.

Certes, la phrase qui concerne le monde commence par φασί: «On dit même que . . .», mais cela ne veut pas dire que Juncus rapporte ici une opinion sans intérêt. S'il y était hostile, il aurait pu se passer de la mentionner ou marquer son désaccord. Mais surtout, la justification invoquée, διότι . . ., est clairement platonicienne et constitue une référence évidente au Timée[28]. Il s'agit donc manifestement d'une opinion platonicienne et c'est ici ce qui importe.

On voit bien en quoi Juncus (ou ceux dont il se fait l'écho) va plus loin que Plutarque, Atticus et d'autres: pour ces derniers, comme pour Platon, le monde n'est ni immortel ni incorruptible de nature, mais il est cependant tel parce que Dieu le veut[29]. Il n'empêche: Platon a fait allusion en 38b à la possibilité pour le monde d'être dissous et, en isolant 41a fin, δι' ἐμοῦ γενόμενα ἄλυτα ἐμοῦ γε μὴ θέλοντος, de son contexte, Juncus croit pouvoir intégrer à son platonisme une doctrine de mondes successifs, c'est-à-dire mortels.

C. Moreschini trouve que cette doctrine paraît étrangère au platonisme[30]. Son origine est, en effet, assez clairement stoïcienne, mais nous voyons aussi que les points de départ de son intégration au platonisme se trouvent dès le Timée, auquel Juncus se réfère visiblement. D'autre part, la doxographie d'Hippolyte, en I, 19,4, affirme que, d'un point de vue, le monde est ἀγένητος et ἄφθαρτος, mais que, d'un autre point de vue, il est γενητός et φθαρτός.

Si nous comparons maintenant ces lignes de Juncus au texte de Justin, nous constatons que le même passage du Timée, 41ab, joue un rôle décisif dans les deux cas et qu'il est même cité explicitement par Justin en V, 4. Ensuite, le principe platonicien mis en avant par Juncus: τὸ γὰρ ἀΐδιον καὶ φθαρτὸν μόνῳ τῷ θείῳ προσήκει a son équivalent presque textuel chez le Vieillard[31]: μόνος γὰρ ἀγέννητος καὶ ἄφθαρτος ὁ θεός

[27] Timée, 41a–b.
[28] 41a: ἐμοῦ γε μὴ ἐθέλοντος; 41b: τῆς ἐμῆς βουλήσεως . . .
[29] Timée, ibid.
[30] Cf. la note 26.
[31] A partir de V, 4, ὅσα γάρ . . . jusqu'à V, 6, ἁπάντων αἴτιον, c'est le Vieillard qui parle; cf. Christianisme et Philosophie, p. 52 sqq.

ἐστι (V, 4). Enfin, alors que le Vieillard admet la mortalité de certaines âmes, Juncus admet que le monde est λυτός.

Ce dernier parallèle n'est pas aussi lointain qu'on pourrait le croire. Certes, Juncus n'admettrait pas, semble-t-il, la position du Vieillard, et Atticus, qui pense que le monde est créé, n'admet pas la création parallèle de l'âme[32]. Par contre, Plutarque lie très fort les deux problèmes: quand il parle du monde, il s'agit avant tout de l'âme du monde, et l'âme individuelle ne saurait avoir un destin différent[33]. La doxographie d'Hippolyte admet parallèlement les deux thèses: le monde ἄφθαρτος et φθαρτός (19,4) et l'âme ἄφθαρτος (pour certains platoniciens) et φθαρτή (pour d'autres) (19,10). Le Dialogue de Justin, en V, 1[34], lie très fort les deux questions.

Entre l'immortalité donative[35] du monde et de l'âme selon Plutarque et Justin d'une part, et la mortalité de certaines âmes selon le Vieillard d'autre part, la mortalité du monde selon Juncus vient donc réduire une distance qu'on pouvait juger énorme. Cela ne transforme bien entendu pas le Vieillard de Justin en pur platonicien, mais cela montre que le seul point doctrinal par lequel le Vieillard semblait bien se trouver aux antipodes du platonisme, n'est lui-même pas impensable comme tendance radicale d'un moyen platonisme créationniste et éclectique.

II. Justin, Dialogue, I, 4–5

Je ne m'attendais certes pas à ce que mon livre Christianisme et Philosophie[36], et notamment son premier chapitre, soit admis sans discussion. L'étonnant pour moi, c'est que, jusqu'à présent, la discussion soit venue sur un point où je ne l'attendais guère. J. Pépin a publié un article Prière et Providence au 2e siècle (Justin, Dialogue, I, 4)[37], qui revient sur le tableau que trace Justin de la philosophie grecque au ch. I, avec une interprétation différente d'un détail ponctuel: l'allusion à la prière à la fin de I, 4: ἐπεὶ οὐδ'ἂν ηὐχόμεθα αὐτῷ δι'ὅλης νυκτὸς καὶ ἡμέρας. Cette étude a été suivie d'un article de J.C.M. van Winden[38], qui entérine avec

---

[32] Cf. Christianisme et Philosophie, p. 58.

[33] Id., p. 58 sq. et J. Dillon, O.1., p. 207.

[34] P. 28 Archambault, citée supra, p. 1.

[35] Le P. des Places, Atticus, Fragments, Paris, 1977, p. 22, n. 6, me fait dire: «Plutarque, allié d'Atticus sur la création du monde, ne partageait pas sa foi en l'immortalité de l'âme». Il faut s'entendre: pour Plutarque, l'âme n'est, pas plus que le monde, immortelle de nature; elle est quand même immortelle, parce que c'est la volonté de Dieu.

[36] Cf. note 15.

[37] Dans Images of Man in Ancient and Medieval Thought. Studia G. Verbeke, Louvain, 1976, p. 111–125.

[38] Le portrait de la philosophie grecque dans Justin, Dialogue 1 4–5, in VigChr 31, 1977, p. 181–190.

empressement tout l'essentiel du précédent, en le citant abondamment, mais qui s'intéresse spécialement à la structure d'ensemble de I, 4–5 et à l'honnêteté de Justin, que j'aurais mise en cause.

Il me faut revenir sur ces questions, car je ne crois pas pouvoir suivre mes interlocuteurs. L'élucidation de cette page reste évidemment essentielle pour l'ensemble du prologue du Dialogue avec Tryphon, prologue dont plus personne ne peut aujourd'hui méconnaître l'importance pour l'histoire du moyen platonisme.

*

Et tout d'abord le thème ponctuel de la prière. Je ne m'y étais guère attardé, tout en interprétant le raisonnement elliptique de Justin de la manière suivante: «il n'y a pas de providence pour les hommes pris individuellement, sinon les chrétiens n'auraient pas besoin de prier jour et nuit, c'est-à-dire sans être exaucés»[39]. J. Pépin m'objecte: «Il se pourrait, comme l'imagine R. Joly, que les philosophes aient tiré argument, non du fait de la prière chrétienne, mais de l'expérience de sa vanité; rien pourtant dans le texte ne favorise cette interprétation; de plus, les nombreux exemples anciens, païens ou chrétiens, attestent que la vanité des prières n'est pas invoquée comme argument pour ou contre la providence individuelle, mais donnée pour la conséquence absurde qu'entraînerait le rejet d'une telle providence»[40], sur quoi M. van Winden renchérit joyeusement: «cet argument est une invention de M. Joly»[41].

Tout cela m'étonne beaucoup. En effet, j'avais cité en note[42] le texte d'Origène, Contre celse II, 13: «. . . et les péripatéticiens qui disent que les prières et les sacrifices à Dieu n'ont pas d'effet»: c'est bien là, si je ne me trompe, le thème de la vanité des prières. D'autre part, j'avais noté aussi[43] que le texte de Justin favorise cette interprétation par l'insistance insolite du détail δι'ὅλης νυκτὸς καὶ ἡμέρας.

Mais quelle autre exégèse nous propose-t-on? Après avoir écarté l'identification Providence – εἱμαρμένη proposée par M. van Winden[44], J. Pépin écrit: «le fait de la prière chrétienne démentirait la croyance à une providence individuelle en ce sens qu'une providence de cette sorte, si elle existait véritablement, rendrait toute prière superflue; elle accom-

[39] O.l., p. 20.
[40] O.l., p. 120.
[41] O.l., p. 187.
[42] P. 20, n. 45.
[43] P. 20: «La pointe du raisonnement se trouve dans les derniers mots . . .».
[44] An Early Christian Philosopher. Justin Martyr's Dialogue with Trypho Chapters one to nine, Leyde, 1971, p. 33. J'avais fait de même, p. 19; je n'y reviens pas, car M. van Winden rend les armes sur ce point: son article, p. 186.

plirait en effet nos désirs sans que nous ayons à les formuler et avant même que nous le fassions; que si les chrétiens s'appliquent pourtant à prier, c'est le signe que fait défaut cette providence qui prendrait de vitesse la prière»[45].

Deux raisons font que je ne puis me rallier à cette interprétation.

Tout d'abord, «prendre de vitesse la prière» ou plus loin, p. 121, «prévenir leur prière» postule que la prière serait toujours digne d'être exaucée, ce qui ne peut être le cas. Les textes de Maxime de Tyr[46] et d'Origène[47] que J. Pépin invoque à l'appui de son interprétation font au contraire allusion tous les deux à la possibilité d'une prière incongrue.

Ensuite et surtout, s'il est pensable dans l'abstrait qu'une providence individuelle, «si elle existait véritablement, rendrait toute prière superflue», il est par contre tout à fait évident que sa non-existence rendrait beaucoup plus sûrement encore toute prière superflue[48] et si on ajoute «que si les chrétiens s'appliquent pourtant à prier . . .», il reste à se demander ce qu'on peut bien attendre d'une prière qui ne serait entendue d'aucune providence individuelle. J. Pépin, partant du raisonnement de Maxime de Tyr, croit pouvoir en déduire en pure logique l'argument même de Justin: «Maxime conclut que, s'il y a une providence individuelle, la prière est inutile ($p \supset q$); la loi de l'implication des propositions garantit que l'on ne dit rien d'autre quand on dit: si la prière n'est pas inutile, il n'y a pas de providence individuelle ($\bar{q} \supset \bar{p}$). Autre présentation de ce dernier énoncé: il n'y a pas de providence individuelle, sans quoi les chrétiens ne prieraient pas continuellement; c'est l'argumentation rapportée par Justin . . .»[49] L'ennui, c'est que Maxime ne présente pas seulement $p \supset q$, mais tout autant $\bar{p} \supset q$ et, dans ce cas, $\bar{q}$ impliquera p!

Sur le plan de la psychologie religieuse, faire de la prière la preuve de l'inexistence d'une providence individuelle est un paradoxe énorme et de surcroît, le raisonnement se révèle sans consistance logique. Il faut donc y renoncer et maintenir une interprétation beaucoup plus naturelle et, quoi qu'on en dise, commune[50]: ce qui est impliqué dans le texte de Justin, c'est l'inverse, à savoir que la prière, mais bien sûr, une prière qui a

---

[45] O.1., p. 120.

[46] P. 57,12–58,17 Hobein.

[47] De oratione V, p. 309,1–10 Koetschau.

[48] J'avais fait état de cette objection contre M. van Winden; cf. mon livre, p. 19, fin. Il semble que cette phrase soit restée lettre morte pour mes deux interlocuteurs: c'est pourquoi j'insiste quelque peu.

[49] O.1., p. 122.

[50] J. Pépin, à propos du traité Sur la prière, V, d'Origène, écrit: «On y apprend que, parmi ceux qui admettent la providence et placent Dieu à la tête de l'univers, le rejet de la prière est rare . . .», p. 122. Les textes de Némésius, 42 et 44, cité par M. van Winden, An Early Christian Philosopher . . ., p. 38–39, vont dans le même sens.

des chances d'être exaucée, est une preuve de la providence individuelle et que, par conséquent, la prière, si elle n'est jamais exaucée, prouve la non-existence de cette providence.

*

Revenons maintenant à l'ensemble de cette page de Justin. Il sera plus commode de redonner ici la traduction du § 4:

«. . . Mais la plupart (οἱ πλεῖστοι) ne se soucient même pas de savoir s'il y a un Dieu ou plusieurs; s'ils exercent ou non leur providence sur chacun d'entre nous, tout comme si cette connaissance ne contribuait pas à notre bonheur. Bien plus (ἀλλὰ καὶ), ils essayent de nous convaincre que Dieu s'occupe de l'univers dans son ensemble, des genres et des espèces; mais de moi, de toi et de chacun en particulier, il n'en va pas de même, car autrement nous ne le prierions pas jour et nuit . . .»[51]

Comme de part et d'autre de ἀλλὰ καί, l'idée est très différente et qu'à la fin du § 5 apparaît une autre catégorie de philosophes (ἄλλοι δέ τινες .. .), Hyldahl avait proposé de corriger ἀλλά en ἄλλοι[52] et, pour une fois, je l'avais résolument suivi. M. van Winden avait maintenu le texte transmis, et J. Pépin lui donne raison, avec l'argument suivant: le point de vue de Justin est principalement celui du moraliste; or, les conséquences morales de l'agnosticisme et de la négation de la providence individuelle sont les mêmes.

Il est bien vrai que si Justin se contentait de mettre sur le même pied au point de vue des conséquences morales l'agnosticisme (ou plutôt une indifférence totale pour la question) et la négation de la providence individuelle, il n'y aurait rien à redire au texte reçu. Mais ce texte prête aux mêmes philosophes à la fois l'indifférence complète et l'affirmation de la providence générale: c'est bien là une contradiction insurmontable[53] que la très légère correction de Hyldahl permet de lever.

Contrairement à mes deux interlocuteurs[54], je pense toujours que ἄλλοι καί est du grec excellent, pour le style comme pour l'idée: le καί

---

[51] Traduction Archambault, légèrement modifiée.

[52] N. Hyldahl, Philosophie und Christentum. Eine Interpretation der Einleitung zum Dialog Justins, Copenhague, 1966, p. 99.

[53] Ce qui est attesté, par contre, c'est parfois une certaine hésitation entre les deux formes de providence, générale et individuelle, chez des stoïciens notamment (cf. J. Pépin, p. 117 sq.). A ce propos, je n'ai pas accusé Justin de faire de la providence individuelle un monopole de la foi chrétienne: j'ai écrit, p. 20, que le commentaire de M. van Winden, p. 38, suggérait une telle idée. Il reste que Justin, ne serait-ce que comme platonicien, devait forcément savoir que «la croyance à une providence individuelle connaissait tant de vogue» (Pépin, p. 118) dans la pensée grecque, mais qu'il ne le laisse deviner à aucun moment dans toute cette page: c'est bien là un des traits fort partiaux de cette diatribe.

[54] M. van Winden, An Early . . ., p. 35; J. Pépin, p. 112, n. 5.

porte sur ἡμᾶς, «même nous, les chrétiens», ce qui est bien dans le ton de cette page polémique[55].

M. van Winden va maintenant beaucoup plus loin que dans son livre. Pour lui, non seulement il n'y a pas trois catégories de philosophes, mais même plus deux: οἱ πλεῖστοι est le sujet de l'ensemble, jusqu'à la fin du § 5[56]; les ἄλλοι δέ τινες s'opposent aux οἵ γε de la phrase précédente: «On pourrait remplacer οἵ γε par ὧν γε ἄλλοι μέν; les ἄλλοι δέ τινες s'opposeraient alors à ces ἄλλοι μέν, et ὧν porterait sur οἱ πλεῖστοι»[57]. Le conditionel atteste heureusement que nous sommes ici en pleine philologie-fiction. Pour que cette exégèse s'impose, il faudrait en effet que οἵ γε soit l'équivalent de ὧν γε ἄλλοι μέν, mais cela n'existe pas. Autre conséquence: «il y a dans ce passage une césure claire avant πῶς γάρ;»[58]. Le seul ennui, c'est que πῶς γάρ; n'est pas une formule de césure, mais une formule de continuité.

Je maintiens donc que Justin distingue dans cette page trois catégories de philosophes: les πλεῖστοι, indifférents au problème du mono- ou du polythéisme comme à celui de la providence individuelle; d'autres, partisans d'une providence seulement générale. C'est pour ces deux catégories que Justin montre, au début du § 5, les conséquences identiques en ce qui concerne l'immoralité. La troisième catégorie est ensuite introduite par ἄλλοι δέ τινες.

Quels sont les philosophes visés?

En ce qui concerne la première catégorie, J. Pépin propose d'y voir «une composante cyrénaïque». Il part d'un texte de Clément d'Alexandrie[59] qui vise la secte gnostique de Prodicos, rapprochée, à propos du rejet de la prière, des cyrénaïques. Nous sommes là dans un contexte antignostique érudit et ponctuel, qui me semble fort éloigné des πλεῖστοι de Justin. D'autre part, le rejet de la prière est loin d'être propre aux cyrénaïques, comme le montre déjà la note 58 de J. Pépin. Un autre texte concernant Aristippe sur le même sujet[60] contient une comparaison médicale comme le passage de Maxime de Tyr que J. Pépin avait invoqué plus haut[61]. Mais la comparaison médicale est extrêmement fréquente et banale dans tout l'hellénisme[62], si bien qu'il serait aventureux de se fon-

---

[55] Cf. mon livre, p. 16, fin.

[56] C'est pourquoi M. van Winden voudrait bien traduire οἱ πλεῖστοι par «les philosophes en général»; on y verrait un portrait-amalgame formé de touches de provenances diverses.

[57] Le portrait . . ., p. 185.

[58] Id., ibid.

[59] Stromates VII 7, 41,1, p. 31, 3–5 Stählin.

[60] Gnom. Vat. 32; J. Pépin, p. 124, n. 58.

[61] Cf. note 46.

[62] Pour Platon, cf. mon article Platon et la médecine, Lettres d'Humanité, XX, Bulletin G. Budé, 1961, p. 436 sqq. Pour Aristote, cf. G. E. R. Lloyd, The role of medical and biolo-

der sur ce rapprochement. Enfin, un troisième témoignage, de Sextus Empiricus[63], dit des cyrénaïques: παραπέμπειν δὲ τὸ φυσικὸν καὶ τὸ λογικὸν ὡς μηδὲν πρὸς τὸ εὐδαιμόνως βιοῦν συνεργοῦντα, ce que J. Pépin rapproche ingénieusement des termes de Justin à propos des πλεῖστοι: ὡς μηδὲν πρὸς εὐδαιμονίαν τῆς γνώσεως ταύτης συντελούσης. Malheureusement, cette rencontre n'est pas non plus déterminante, car la formule est, elle aussi, banale à l'époque[64].

Je pense plutôt que les πλεῖστοι visent en vrac les athées connus comme tels ou, plus encore, assimilés dans la polémique: les épicuriens, certains stoïciens comme Panétius[65] et, si l'on y tient, les cyrénaïques.

La deuxième catégorie vise nettement les péripatéticiens[66], mais aussi des stoïciens, car la position très religieuse d'Epictète n'est pas celle de toute la secte[67]. C'est aux stoïciens que Justin pense plus précisément dans la phrase qui commence par οἵ γε, le γε restrictif pouvant préciser qu'auparavant, il ne visait pas que les stoïciens.

Quant à la troisième catégorie, avec ὑποστησάμενοι ἀθάνατον καὶ ἀσώματον τὴν ψυχήν, elle ne peut viser que des platoniciens.

Que ce tableau de la philosophie grecque soit fort polémique, outrancier et injuste, je pense que c'est une évidence et M. van Winden est bien près de l'admettre lui aussi[68].

C'est le cas tout spécialement à propos des première et troisième catégories. Que la majorité des philosophes grecs soient indifférents à ces problèmes théologiques majeurs est clairement faux. Que des platoniciens, au nom de l'apathie et de l'immortalité de l'âme, pensent que le mal n'est pas puni et qu'on n'a nul besoin de Dieu, cela est rigoureusement démenti par tout ce que nous savons de l'histoire du platonisme.

On peut sans doute comprendre Justin dans ce dernier cas: ce qu'il dit de certains philosophes convient parfaitement à certaines sectes gnostiques et il aura admis, selon un schéma bien connu, que l'origine de ces

---

gical analogies in Aristotle's ethics, in Phronesis, 13, 1968, p. 68–83. Cela ne s'arrêtera plus par la suite . . .

[63] Adv. math. VII, 11.

[64] Cf. Stoïcorum Veterum Fragmenta, t. III, p. 28, 1. 30: διχῶς δὲ λέγεσθαι ἀδιάφορα · ἅπαξ μὲν τὰ μήτε πρὸς εὐδαιμονίαν μήτε πρὸς κακοδαιμονίαν συνεργοῦντα ... (= Diogène Laerce, VII 104); cf. aussi III, 29, 24; 33,1; 33,38 sq. et 34,12; cf. Epicure, Lettre à Ménécée, 134: ⟨οὐκ⟩ οἴεται μὲν γὰρ ἀγαθὸν ἢ κακὸν ἐκ ταύτης πρὸς τὸ μακαρίως ζῆν ἀνθρώποις δίδοσθαι; Cicéron, De finibus, I 27,71 et Atticus, cité par J. Pépin, p. 115; τῶν εἰς εὐδαιμονίαν συντελούντων, formule que l'on trouve aussi, presque textuellement, chez [Andronicus] περὶ παθῶν, 30: τῶν εἰς εὐδαιμονίαν συντεινόντων, éd. Glibert-Thirry, Leyde, 1977, p. 241,33.

[65] Cf. mon livre, p. 40, n. 142.

[66] Cf. M. van Winden, An Early . . ., p. 36–38.

[67] J. Pépin, O.1., p. 116 sq.

[68] Le portrait . . ., p. 189.

sectes était à chercher dans un certain platonisme. Mais comprendre n'est pas justifier: le procédé est cavalier et bien typique de l'outrance de toute cette page.

Cherchant à comprendre cette outrance, j'ai proposé ceci: «Justin, qui sait fort bien ce qu'il accorde au platonisme, donne ici des gages à la faction antiphilosophique, qui devait constituer la grande majorité des chrétiens de l'époque»[69]. M. van Winden m'objecte que, dans ce cas, «Justin ne pourrait guère échapper à l'accusation d'être malhonnête»[70]. Je n'ai rien insinué de tel, et ce n'est pas par prudence. Il y aurait contradiction chez Justin, et peut-être malhonnêteté, si c'était la même philosophie qui était visée dans ce chapitre I et défendue plus loin dans la discussion avec le Vieillard. Mais ce que Justin défend là, c'est son platonisme, que nous pouvons identifier comme proche de celui de Plutarque, ce n'est pas le péripatétisme, le stoïcisme, etc., ni la variété de platonisme laxiste qu'il invente allègrement en I,5. Il est d'ailleurs assez vain, me semble-t-il, de poser la question de moralité: les textes nous permettent si peu d'atteindre le fond des consciences[71].

M. van Winden ne voit «aucune opposition entre ces deux parties du dialogue»[72]: toutes deux sont antiphilosophiques. C'est nier un contraste extrême entre une charge outrancière et une discussion où Justin ne se rend que très tard et sur une question si secondaire que sa capitulation en paraît tout à fait artificielle[73].

Il lui semble aussi que c'est mon «peu de bienveillance» à l'égard de Justin qui m'a «égaré»[74]. Mais en réclamant de la bienveillance de la part de l'historien, M. van Winden montre en réalité le bout de l'oreille. En fait, la bienveillance est aussi nuisible à l'histoire que la malveillance, et comme, en matière de patristique, elle a toujours été dominante dans le passé, sans avoir disparu du tout aujourd'hui, les ravages de son apologétique camouflée en érudition sont autrement considérables. Le métier de philologue, d'historien des idées exige que l'on fasse de son mieux pour se dégager autant que possible de tout parti pris, de toute affectivité, de tout préjugé doctrinal. C'est toujours très difficile pour tout le monde, mais il vaut mieux le savoir et, parfois, y penser.

---

[69] O.1., p. 18–19.

[70] P. 190.

[71] Ira-t-on s'en prendre à Pierre Nautin et lui reprocher de mettre en cause l'honnêteté d'Origène, parce qu'il écrit, dans son admirable ouvrage Origène. Sa vie, son oeuvre, Paris, 1977, p. 347: «Ainsi, quoi qu'il dise dans sa lettre à Jules l'Africain, ce n'est pas en vue de la controverse qu'Origène a composé les Hexaples. S'il invoque ce motif, c'est simplement parce qu'il était le plus propre à répondre aux critiques qui lui étaient adressées . . .»

[72] P. 190.

[73] Cf. mon livre, p. 66–74.

[74] P. 190.

Franz Heinrich Kettler

Origenes, Ammonius Sakkas und Porphyrius

1. Die angebliche Verwechselung des Origenes durch Porphyrius

H. Dörrie[1] und R. Goulet[2] haben sich unabhängig von einander für eine schon von Zeller[3] vertretene These eingesetzt: Porphyrius habe in seiner Schrift „Gegen die Christen"[4] den Theologen Origenes mit einem gleichnamigen und gleichzeitigen heidnischen Platoniker verwechselt[5]. Der letztere sei wirklich Schüler des Ammonius Sakkas gewesen, während der bekannte christliche Theologe nur infolge der besagten Verwechselung mit der neuplatonischen Schule verquickt worden sei. Origenes der Christ müsse Schüler eines *christlichen* Lehrers mit dem gleichen Namen Ammonius gewesen sein; die Gleichheit des Namens beider Ammonii und ihrer beiden Origenes genannten Schüler sei die Ursache dieser Verwechselung gewesen. Kurzum: der christliche Theologe Origenes soll nach dieser Annahme weder ein Schüler des Begründers der neuplatonischen Schule gewesen sein, noch dieser überhaupt angehört haben, weil Neuplatonismus und Christentum zwei ganz verschiedene und in sich geschlossene Größen seien, so daß man nur entweder der einen oder der anderen hätte angehören können und keinesfalls beiden gleichzeitig[6]. Auf die gleiche Lösung des Problems kommt letztlich auch Goulet hinaus[7], wenn auch nach sorgsamer Abwägung des Für und Wider. Läßt sich diese von Zeller inaugurierte These wirklich halten?

---

[1] TRE Art. Ammonios Sakkas, Bd. 2 (1978) S. 465,37ff. (im folgenden „Dörrie" zitiert).

[2] Porphyrius, Ammonius, les deux Origène et les autres (RHPhR 57 (1977) S. 471–495, bes. S. 484–488).

[3] Philosophie der Griechen, 6. unv. Aufl. der Ausg. v. 1902, Bd. 3,2, Darmstadt 1963, S. 513ff.

[4] Zitat aus dieser als Ganzes nicht mehr existierenden Schrift des Porphyrius bei Eusebius h. e. VI, 19,4–8 (S. 558, 14–560,17 Schwartz).

[5] Dörrie S. 465,37–40; Goulet S. 486 u. 489.

[6] Andernfalls „macht man" nach Dörrie S. 467,33–39 Ammonius Sakkas und den christlichen Theologen Origenes „zu Doppelagenten"; Origenes würde dann „ein Doppelleben geführt" haben.

[7] Goulet S. 488–494.

Deren Verfechter scheinen mir zu übersehen, daß die von ihnen angenommene Verwechselung gar nicht denkbar ist. Porphyrius sagt nämlich im Zusammenhang seiner Darlegung, daß er Origenes (und zwar den christlichen Theologen Origenes, von welchem er spricht) in seiner Jugend persönlich kennengelernt habe[8]. Wenn Porphyrius aber den Christen Origenes persönlich kannte, dann ist angesichts seiner dezidierten Christenfeindschaft gar nicht denkbar, daß er diesen Christen mit einem heidnischen Platoniker verwechselt haben könnte. Auf dieses m.E. durchschlagende Gegenargument habe ich schon einmal aufmerksam zu machen versucht[9]. Man sollte aber auch bedenken, daß Origenes als überragender christlicher Lehrer für seine gebildeten Zeitgenossen gar nicht verwechselbar war, zumal er in der Regierungszeit des Alexander Severus und der Kaiserin-Mutter Julia Mamaea sogar Verbindung zum Kaiserhof hatte und damals nach Eusebius[10] vorübergehend sogar zu Vorträgen an den Hof beschieden wurde.

2. *Das Zusammentreffen des Origenes mit Porphyrius*

Goulet hat die Frage angeschnitten, wann und wo die persönliche Begegnung des jungen Porphyrius mit Origenes stattgefunden haben könne, auf die sich Porphyrius in seiner Schrift „Gegen die Christen"[11] bezieht. Goulet vermutet mit Recht, daß beide sich in Cäsarea oder Tyrus, dem letzten Wohnsitz des Origenes, getroffen haben können. Porphyrius ist nach seiner eigenen Aussage 234 n.Chr. geboren[12] und anscheinend vor 305 gestorben[13]. Origenes muß 185 n.Chr. geboren sein, weil er beim Märtyrertod seines Vaters (i.J. 202) noch nicht ganz 17 Jahre alt war[14]; außerdem kann er erst 254 gestorben sein, weil er erst nach Vollendung seines 69. Lebensjahres heimgegangen ist[15]. Sein Tod kann daher nicht schon in die Zeit des Gallus (251–53) fallen, was Eusebius irrtümlicherweise in seiner Kirchengeschichte[16] angibt, sondern erst in das

---

[8] Eus. h.e. VI, 19,5f., S. 558,23–26 Schwartz: „Diese widersinnige Methode" (nämlich: „die jüdischen Schriften" allegorisch auszulegen) „möge man am Beispiel eines Mannes kennenlernen, mit dem auch ich in meiner Jugend zusammengetroffen bin, nämlich an Origenes, der in hohem Ansehen stand und (auch) noch heute durch seine hinterlassenen Schriften in gutem Rufe steht . . ." (Übers. v. H. Kraft 1967, hier von mir etwas modifiziert).

[9] Epektasis (Daniélou-Festschrift) 1972, S. 332.

[10] H.e. VI, 21,3f., S. 568,4–12 Schwartz.

[11] Bei Eus. h.e. VI, 19,5, S. 558,23f. Schwartz.

[12] Vgl. Vit. Plot. 4,23 und dazu R. Beutler, Art. Porphyrios in: PRE 22,1, 1953, Sp. 276.

[13] Ebd. Sp. 278.

[14] Eus. h.e. VI, 2,12, S. 522,16 Schwartz.

[15] Eus. h.e. VII, 1, S. 636,8 Schwartz.

[16] Eus. h.e. VII, 1, S. 636,7f. Schwartz.

Jahr 254, also in den Anfang der Regierungszeit des Gallienus[17]. In der Quelle, aus welcher Eusebius seine fehlerhafte Angabe „unter Gallus" entnahm, (oder vielleicht schon in der Vorlage dieser Quelle) mag Gallienus mit Gallus verwechselt oder beim Abschreiben in „Gallus" korrumpiert worden sein. Die Regierungsjahre des Gallienus wurden bekanntlich nicht erst vom Antritt der Alleinherrschaft dieses Kaisers an gezählt, sondern bereits vom Antritt seiner Mitregierung mit seinem Vater Valerianus (d.h. vom Jahre 253) an. Das Zusammentreffen von Origenes und Porphyrius hat wohl um 252/53 stattgefunden und daher vermutlich in Tyrus, weil Porphyrius nach seiner eigenen Angabe als νέος ὢν ἔτι mit Origenes zusammenkam, womit wohl ein Alter von ca. 18–20 Jahren gemeint sein dürfte. Porphyrius nennt uns die philosophischen Werke, mit denen der Origenes, mit dem er zusammentraf, „stets" beschäftigt gewesen sei, nämlich abgesehen von Plato auch noch mit Numenius, Cronius, Apollophanes, Longinus, Moderatus, Nicomachus, Chäremon und Cornutus[18]. Der philosophische Teil der damaligen Bibliothek des Origenes muß also, abgesehen von Plato selbst, in erster Linie aus platonischen, pythagoräischen und stoischen Autoren bestanden haben. Man gewinnt aus dieser detaillierten Beschreibung den Eindruck, daß Porphyrius anläßlich seines Besuchs von Origenes auch dessen Bibliothek persönlich kennen lernte. Das „stets" ist natürlich nicht im Sinn von „ausschließlich" aufzufassen und dürfte in diesem Fall ironischen Beigeschmack haben, da es sich bei dem Besitzer der Bibliothek um einen christlichen Theologen handelt und dazu noch um eine Persönlichkeit, die Porphyrius keineswegs schätzte und verehrte, wie sich im folgenden noch zeigen wird.

3. Der Übertritt des Ammonius zum Heidentum und dessen vermutliche Folgen

Wenn Ammonius Sakkas vom Christentum zum Heidentum übertrat (was uns Porphyrius[19] ausdrücklich versichert) oder gar exkommuniziert wurde[20], dürfte die Schule des Ammonius ursprünglich christlich gewesen sein. Dafür spricht auch die Tatsache, daß der nachmalige alexandrinische Bischof Heraklas schon fünf Jahre lang bei Ammonius Philoso-

[17] So auch J. P. Kirsch, Kirchengeschichte, Bd. 1 (1930), S. 273, während die offensichtlich irrtümliche Datierung des Eusebius h.e. VII, 1 leider in der heutigen Kirchengeschichtsschreibung immer noch überwiegt.

[18] Schrift des Porphyrius gegen die Christen bei Eus. h. e. VI, 19,8, S. 560,4–6 Schwartz.

[19] Eus. h.e. VI, 19,7, S. 560, 4–6 Schwartz.

[20] Was angesichts des Versuchs von Origenes (Eus. h.e. VI, 19,12–14, S. 562,8–20 Schwartz), sich wegen seiner Hörerschaft bei dem ominösen „Lehrer der philosophischen Wissenschaften" zu rechtfertigen, durchaus möglich ist.

phie studiert hatte, bevor Origenes Schüler des Ammonius wurde[21]. Origenes führt das bekanntlich später zur Rechtfertigung seiner eigenen Schülerschaft bei Ammonius[22] an. Der Übertritt des Ammonius zum heidnischen Griechentum dürfte zu einer itio in partes der Mitarbeiter und Hörer geführt haben; gewiß werden nicht alle Angehörigen seiner Schule diesen Schritt gebilligt haben und dem Ammonius auf seinem Wege nachgefolgt sein. An die Spitze derer, die Christen bleiben wollten, könnte nun der christliche Ammonius-Schüler Origenes getreten sein, während der bei Ammonius selbst verbleibende Teil seiner Schule mit der Zeit einen spezifisch heidnischen oder gar antichristlichen Charakter bekam, so daß Plotin und dessen Schüler Porphyrius aus ihr hervorgehen konnten. Trotz dieser konfessionellen Differenzierung der beiden aus der Schule des Ammonius hervorgegangenen Gruppen muß, wenigstens zunächst, noch das Bewußtsein ursprünglicher Zusammengehörigkeit auf beiden Seiten erhalten geblieben sein, wie der im folgenden zu skizzierende Fortgang der Entwicklung zeigt. Andernfalls hätten zwei so gegensätzliche Charaktere wie Origenes und Porphyrius gar kein Interesse mehr aneinander nehmen können.

4. Die Zusammenkunft von Origenes, Longinus und Porphyrius

Im Timaeus-Kommentar des Proclus sind uns Teile eines Protokolls überliefert, das von einem philosophischen Lehrgespräch der drei Platoniker über Platos Timaeus herstammt[23]. Wann dieses Lehrgespräch stattgefunden hat, läßt sich noch ungefähr errechnen. Der Origenes dieses Gesprächs befindet sich offenbar in einem angeschlagenen Gesundheitszustand; Porphyrius scheint sich über das Schwitzen, Erröten und die laute, unbeholfene Stimme des Origenes lustig zu machen[24]. Daher werden wir hier wohl den alten, während der Decianischen Verfolgung grausam gemarterten und deshalb in gesundheitlicher Hinsicht angeschlagenen Origenes vor uns haben, während Porphyrius wegen seiner

---

[21] Eus. h.e. VI, 19,13, S. 562,12–17 Schwartz.

[22] Ebd.

[23] Es handelt sich um die bei Proclus überlieferten Fragmente 8 (zu Tim. 17c); 9 (zu Tim. 19b); 10 (zu Tim. 19d); 11 (zu Tim. 19e); 13 u. 14 (zu Tim. 20e–21a); 15 (zu Tim. 21c) und 16 (zu Tim. 24c) bei K. O. Weber, Origenes der Platoniker, München 1962, S. 6–11. Der ursprüngliche Gesprächscharakter und die Tatsache, daß Porphyrius Protokoll geführt hat, lassen sich am deutlichsten aus Fragment 10 erkennen. Bei dem *Kern des Bestandes* kann es sich nicht um katenenartig zusammengetragene Lehrmeinungen handeln, sondern nur um eine Aufzeichnung des wesentlichen Inhalts von Gesprächen und von einigen Begleiterscheinungen derselben. Allerdings lehnt der Herausgeber auf S. 47 seines Buches den Gedanken an eine zugrundeliegende Debatte ab. – Das Protokoll ist vermutlich aus dem Erbe des Porphyrius über Jamblichus in den Besitz des Proclus gelangt.

[24] Fragment 10, S. 7,5ff. Weber.

nicht sehr taktvollen Äußerungen gegenüber dem alten Origenes kaum mehr als etwa 20 Jahre alt gewesen sein dürfte; er bekundet den gleichen Haß gegenüber Origenes wie in seiner Schrift „Gegen die Christen“[25]. Aus all diesen Umständen ist zu schließen, daß auch diese Zusammenkunft während der letzten Lebensjahre des Origenes stattgefunden hat und daher mit dem bereits geschilderten Besuch des jungen Porphyrius bei dem alten Origenes in zeitlicher und örtlicher Hinsicht zusammenfallen dürfte. Longinus und Porphyrius werden nach Tyrus gereist sein, weil Longinus wohl den alten Origenes noch einmal sehen wollte, den er nächst dem Ammonius Sakkas zu seinen ehemaligen Lehrern zählte[26]. Es ist klar, daß der alte Origenes, zu dessen Ehrung hier offenbar ein kleines Platoniker-Treffen stattfand, auch selbst Platoniker und nicht nur christlicher Theologe gewesen sein muß. Letzteres aber geht auch aus den beiden philosophischen Schriften des Origenes hervor, welche dem Theologen allerdings seit Zeller[27] durchweg abgesprochen und einem vermeintlichen heidnischen Doppelgänger zugeschrieben werden. Die in den letzten Lebensjahren des Origenes („unter Gallienus“) verfaßte Schrift „Daß allein der König Schöpfer ist“[28] war aber offensichtlich das Werk eines Christen und wohl gegen den überpersönlichen Gottesbegriff des „Einen“ bei Plotin gerichtet, während die frühere philosophische Schrift des gleichen Origenes „Über die Daimones“[29] ein Lieblingsthema auch des Theologen Origenes hier nach seiner philosophischen Seite hin entfaltet haben dürfte. Bekanntlich sind von beiden Schriften leider nur deren Titel erhalten. Die Zusammenkunft des Longinus und Porphyrius mit Origenes hat zur Voraussetzung, daß letzterer nicht nur christlicher Theologe, sondern zugleich auch Platoniker war, was im buntscheckigen Zeitalter der Spätantike durchaus möglich gewesen sein dürfte.

5. Die gegensätzliche Bewertung der Epen Homers von seiten des Origenes und des Porphyrius

Die Identität des Theologen Origenes mit dem gleichnamigen Platoniker dürfte auch aus der gleichen Stellungnahme beider zu der Frage

---

[25] Bei Eus. h.e. VI 19,7 S. 560, 6–11.

[26] Vit. Plot. 108, S. 44 Harder.

[27] S. o. S. 322.

[28] Vit. Plot. 19, S. 3 Harder. Origenes trat damit zwar für den mittelplatonischen Gottesbegriff und die Lehre des Ammonius ein. Aber auch als christlicher Theologe sieht er nur in Gott Vater den Schöpfer im Vollsinn und in der 2. Person der Trinität den Mittler der Schöpfung. Seine diesbezügliche Auffassung entspricht der archaischen, vornizänischen Form der kirchlichen Trinitätslehre (vgl. das Apostolicum) und darf daher nicht an der späteren nizänischen Orthodoxie gemessen werden.

[29] Vgl. das Register zu Contra Celsum s. v. daimon.

hervorgehen, ob Homer nach der Auffassung von Plato zu den wirklichen Dichtern zu zählen sei oder nicht. Diese Frage wird während des Lehrgesprächs von Longinus bei der Lektüre von Timaeus 19d angeschnitten und dann von Porphyrius und Origenes leidenschaftlich diskutiert[30]; dabei tritt Origenes, der sich bei seinem angeschlagenen Gesundheitszustand schwertut, sichtlich erregt und mit lauter Stimme für Homer ein. Er rühmt die Gestaltungskraft Homers und dessen realistische Schilderung von Kämpfen, sei es nun von solchen unter Göttern oder unter Menschen[31]. Porphyrius hält dem Origenes entgegen, daß Homer allerdings den Leidenschaften Größe zu verleihen und den Unternehmungsgeist zur Aufgeblasenheit und zu eitlem Tun anzureizen vermöge; Homer sei jedoch außerstande, den Geist von seinen Leidenschaften zu befreien und ihn zu einem tätigen philosophischen Leben anzuleiten[32].

Im Gegensatz zu Porphyrius tritt sowohl der christliche Theologe Origenes als auch der gleichnamige, vermeintlich von diesem zu unterscheidende Platoniker für Homer ein. Der letztere macht geltend, daß Homer zur dichterischen Schilderung von Heldentaten durchaus fähig sei; wessen Sprache sei erhabener als die von Homer, der sogar die Götter in Streit und Kampf zu schildern vermöge und dessen Dichtkunst sich auch dabei voll bewähre[33]? – Der christliche Theologe Origenes äußert sich besonders in Contra Celsum positiv über Homer. Dort preist er diesen als den besten unter den Dichtern[34]; er nennt ihn bewundernswert[35], weil Homer die Personen seiner Dichtungen lebenswahr reden und handeln lasse, jeweils ihrer Rolle gemäß[36]. An anderer Stelle wird die Warnung des Odysseus vor den Sirenen durch Hermes sogar mit dem Bußruf Jesu verglichen (!)[37]. Allerdings ist die Geschichte vom Turmbau zu Babel nach Origenes viel älter als die Epen Homers und die Wissenschaft der Hellenen[38]. Unvoreingenommenen Hörern muß auch Mose älter als Homer erscheinen[39]. Anderwärts zitiert Origenes Il. I 70 zum Beweis dafür, daß echte prophetische Gaben mitunter auch bei heidnischen Wahrsagern vorkommen[40]. Der Satz aus Contra Celsum, daß Plato den

[30] Fragment 10, S. 7 Weber.
[31] Ebd. S. 7 Z. 5–11.
[32] Ebd. S. 8 oben Z. 12–14.
[33] Ebd. S. 7 unten Z. 5–11.
[34] C. Cels. VII, 6, Bd. 2, 158,12 GCS.
[35] C. Cels. IV, 91, Bd. 1, 363,17 GCS.
[36] C. Cels. VII, 36, Bd. 2, 187,10–14 GCS.
[37] C. Cels. II, 76, Bd. 1, 198,15–27 GCS.
[38] C. Cels. IV, 21, Bd. 1, 290,21f. GCS.
[39] C. Cels. IV, 21, Bd. 1, 290,21 GCS.
[40] C. Cels. IV, 55, Bd. 1, 328,26 GCS.

Homer als Verderber der Jugend aus seiner Politeia ausgeschlossen habe[41], ist nach Wifstrand[42] interpoliert.

Origenes sucht als spätantiker Denker seinen christlichen Glauben mit dem Platonismus zu vereinen. Beide haben ihn geprägt und bilden gemeinsam die Basis seiner christlichen Existenz und Lehre.

---

[41] C. Cels. IV, 36, Bd. 2, 307,13ff. GCS.

[42] Bull. Soc. Roy. Lund 1939, S. 28 (vgl. Chadwick, Origen Contra Celsum, 1953, p. 212).

Bernhard Kötting

Martyrium und Provokation

Es kommt in der Geschichte der Religionen gar nicht so selten vor, daß Einzelne oder auch eine ganze Gruppe den Angehörigen einer anderen Religionsgemeinschaft ihre Einschätzung und ihre Verachtung durch Worte und auch durch Taten zum Ausdruck bringen. Gelassenheit, Duldsamkeit und Maßhalten sind nicht jedermanns Sache. Verspottung, Verachtungsgesten, Beleidigungen und verletzende Worte, Beschädigung und Zertrümmerung „heiliger" Gegenstände sind die Vorstufen der Machtanwendung, die die schwächere Gruppe in Todesgefahr bringt. Viele haben gemeinhin die Vorstellung, daß es in der Zeit der Bedrängung der christlichen Gemeinden durch den Gesetzes- und Machtapparat des römischen Staates nur eine Verspottung und Verhöhnung christlicher Kultpraxis durch heidnische Angreifer, eine Zerstörung und Beschlagnahme christlicher Kulträume durch die römischen Staatsorgane gegeben habe; die Christen dagegen seien nach ihrem Verhalten einzuordnen in eine relativ kleine Gruppe von Standhaften, eine größere von Abgefallenen und eine dritte Schar von solchen, die auf kirchlichen Rat hin eine eventuell gegebene Möglichkeit ausnutzten, während der akuten Verfolgung zu fliehen und in Verstecke auszuweichen.

Es hat nun auch direkte Provokationen der Heiden durch Christen gegeben; von einer bestimmten Art soll hier gehandelt werden. Die Bilder und Statuen der Götter, und zwar nicht nur die bedeutenden und geringeren Kunstwerke in den Tempeln der Städte, sondern ebenso die einfachen und kunstlosen Darstellungen der Flur- und Waldgötter in den Kapellen und Heiligtümern auf dem Lande an den Wegkreuzungen reizten manche Christen. Heißsporne beschädigten oder zertrümmerten sie, sei es aus fanatischem Eifer, weil sie in ihnen den Sitz der Dämonen sahen, der schlimmsten Widersacher des wahren Glaubens, sei es aus einem Überlegenheitsbewußtsein, das mit der wachsenden Zahl der Christen, die sich im Laufe des 3. Jh. stark vermehrte, die Überzeugung wachsen ließ, daß diese Relikte einer falschen Religion verschwinden müßten.

So ganz selten müssen sich solche Provokationen nicht ereignet haben, denn noch während der letzten großen Verfolgung, die unter Diokletian

(284/305) anhob, sah sich die Synode von Elvira (1. Jahrzehnt des 4. Jh.) veranlaßt, ihre deutliche Ablehnung einer solchen Provokation zu bekunden: „Wenn jemand Götterbilder zerschlägt und dabei getötet wird, dann darf er nicht in die Zahl der Märtyrer aufgenommen werden; denn davon steht nichts im Evangelium und es ist auch zur Zeit der Apostel nicht vorgekommen."[1]

Die Apologeten des 2. Jh. kommen immer wieder darauf zu sprechen, daß die Götterbilder Werk von Menschenhänden, tote Gebilde seien und keine Macht besäßen, Spötter zu strafen. Da mag auch schon in dieser Zeit mancher „mutige" Christ die Probe aufs Exempel gemacht haben. Vielleicht hat Celsus von solchen kühnen Attacken vernommen oder sie befanden sich bereits im Reservoir antichristlicher Beschuldigungen. Origenes geht nämlich darauf ein: „Was Celsus den Christen in den Mund legt, hat er entweder von keinem Christen gehört oder höchstens von einem ungesitteten und ungebildeten Christen aus der großen Menge. Er läßt sie nämlich sagen: ‚Siehe ich trete heran zu dem Standbild des Zeus oder des Apollon oder irgendeines anderen beliebigen Gottes und lästere und schlage es und er rächt sich gar nicht an mir'."[2] Zum Erweis dessen, daß wahre Christen sich weder in Worten noch in Taten an den Götterbildern vergehen dürfen, bringt Origenes Stellen aus dem Alten wie aus dem Neuen Testament bei. Für den Christen ist nämlich das Gebot verpflichtend: „Götter sollst Du nicht schmähen."[3] Hierbei ist es sehr interessant, daß Origenes den Text der LXX zugrunde legt, der das in der hebräischen Grundschrift stehende ‚elohim' mit ‚ϑεοί' übersetzt[4]. Weitere Gründe für die Duldung der Götterbilder zieht der große Alexandriner aus den Sätzen des Neuen Testamentes: „Segnet und fluchet nicht"[5] und „die Lästerer . . . werden das Reich Gottes nicht erben."[6]

Die Verhöhnung oder gar die Zerstörung eines Götterbildes verletzte gerade das religiöse Empfinden der einfachen Leute und trug sehr dazu bei, die Christen mit dem Vorwurf des Atheismus zu belegen. Die Be-

---

[1] Synode v. Elvira can. 60 (2,10 Bruns; Hefele-Leclercq 1,255): „Si quis idola fregerit et ibidem fuerit occisus, quatenus in evangelio scriptum non est neque invenietur sub apostolis unquam factum, placuit in numerum eum non recipi martyrum."

[2] Origenes, contra Celsum 8,38 (GCS Orig. 2,253).

[3] Ex 22,27: „ϑεοὺς οὐ κακολογήσεις."

[4] Aus dem Zusammenhang geht jedoch hervor, daß hier der Gott des Volkes Israel gemeint ist: „Elohim (Götter/Gott) sollst du nicht schmähen und die Führer deines Volkes sollst du nicht verwünschen." Vgl. dazu auch Apg 23,5, wo Paulus den zweiten Teil des Gebotes auf den Hohenpriester bezieht. Um so erstaunlicher bleibt die Argumentation des Origenes.

[5] Röm 12,14.

[6] 1.Kor 6,10.

schädigung oder die Vernichtung einer Statue galt als Religionsfrevel[7]. Diagoras von Melos, der Atheist, verbrannte ein hölzernes Herkulesbild, um damit sein Essen zu kochen[8]. Nero, dieser Frevler, ließ zur Bestreitung seiner Ausgaben kostbare Götterbilder einschmelzen, darunter selbst die der römischen Penaten; Galba suchte das wiedergutzumachen[9]. Auch gegen die Juden wurde der Vorwurf erhoben, Götterbilder vernichtet zu haben; mochte der Vorfall auch lange zurückliegen[10]. Die verschiedene Beurteilung der Behandlung der Götterbilder schuf so ein ausgesprochenes Reizklima.

Die Affekthaltung vieler Christen gegen Götterkult und Götterbild, die hier und da zu tätlichen Angriffen gegen die Statuen führte, wurde von konkreten und drastischen Vorschlägen radikaler und rigoroser Apologeten getragen. Minucius Felix läßt den heidnischen Gesprächspartner noch ganz allgemein über die Christen urteilen: „Die Tempel verachten sie als Grabmäler; die Götter machen sie lächerlich; über die Opfer spotten sie."[11] Tertullian spricht viel deutlicher; er setzt voraus, daß der wahre Christ gegen den Tempel bläst und ausspuckt[12]. Dieser Verachtungs- und Beleidigungsgestus wird in seiner verletzenden Schärfe erst deutlich auf dem Hintergrund der heidnischen Praxis, das Götterbild innerhalb oder außerhalb eines Tempels durch eine Kußhand zu ehren[13]. Mann kann auch an die heidnische Kultsatzung erinnern, die das Ausspucken im Heiligtum verpönte[14]. Später mag der kräftige Gestus des Anspuckens auch als Metapher gebraucht worden sein, denn es ist schlecht vorstellbar, daß Eusebius an einen realen Vorgang denkt, wenn er einen Bischof (wahrscheinlich er selbst) in einer Predigt bei ei-

---

[7] W. Nestle, Art. Asebieprozesse: RAC 1,736. Daß Blitze Tempel und Statuen nicht verschonten, war für heidnische Philosophen ein Argument gegen den Vorsehungsglauben, für die christlichen Apologeten ein Erweis der Ohnmacht der Götter; vgl. Lactantius, div. inst. 3,17,9/15 (CSEL 19,229/31) u. a. W. Speyer, Art. Gewitter: RAC 10 (im Druck).

[8] Clemens Al., protrept. 2,24,2 (GCS Clem 1,18). Dieser Frevel wird in der Literatur oft erwähnt; vgl. B. Keil in Hermes 55 (1920) 63/7.

[9] Sueton, Nero 32,4.

[10] Josephus Fl. contra Apion. 1,249f. (5,43 Niese).

[11] Minucius Felix, Oct. 8,4 (FIP 8,23).

[12] Tertullian, de idol. 11,7 (CChr.SL 2,1111). Zur Textherstellung und Interpretation dieser Stelle vgl. F. J. Dölger, Heidnische Begrüßung und christliche Verhöhnung der Heidentempel = Antike und Christentum 3 (1932) 192/203. Dölger macht deutlich, daß Tertullian mit ‚despuere' ein wirkliches ‚Ausspucken' und mit ‚exsufflare' ein ‚verachtendes Anblasen' meint und nicht nur ein ‚allgemeines Verachten' und ein ‚Wegblasen des Opferrauches'.

[13] Plinius, nat. hist. 28,2,25 (4,284 Mayhoff); Apuleius, apol. 56 (63 Helm).

[14] Dölger, a.O. 202; Gregor von Nazianz hebt an seiner Mutter Nonna als besonders rühmenswert u. a. hervor, daß sie im Gotteshaus nicht auf den Boden spuckte (or. 18,9f. [PG 35,996]; vgl. F. J. Dölger, Nonna = Antike und Christentum 5 (1936) 44/51).

ner Kirchweihe sagen läßt, daß „heute die Kaiser den toten Götzen ins Gesicht spucken“[15].

Der Kanon 60 der Synode von Elvira setzt ein Prüfungsverfahren voraus, bevor die Kirche jemand, der während einer Verfolgung den Tod erlitten hatte, in das Verzeichnis ihrer Blutzeugen aufnahm. In den großen Verfolgungen seit der Mitte des 3. Jh. konnte es schwierig werden, wegen der relativ großen Zahl von Konfessoren und Märtyrern in den großen Gemeinden, die Motive des Einzelnen zu überprüfen. In der Diskussion um den Wert des Blutzeugnisses, der von gnostischen Gruppen in Frage gestellt wurde und die Erlaubtheit der Flucht, die von der Kirche empfohlen, aber von manchen als Feigheit und Flucht vor dem Feinde interpretiert wurde[16], kam manche Unsicherheit auf, und die Kirche mußte handfeste Regeln aufstellen, wenn sie auch nicht überall anerkannt wurden. Besonnenheit wurde gefordert; niemand solle sich in die Verfolgung stürzen, gemäß der Bitte im Vaterunser: „Führe uns nicht in Versuchung.“[17] Jede Art von Herostratentum war verpönt; dazu zählt sicher die Provokation durch Zerstörung von Götterbildern. Für die Sorgfalt, die die Kirche bei der ‚Probatio‘ des Martyriums walten ließ, sprechen einige Berichte. Cyprian empfahl, ein Verzeichnis des „dies natalis“ der Märtyrer anzulegen, Vorgänger der späteren Kalendarien und Martyrologien; in Ergänzung dazu meinte er, daß in dieses Verzeichnis auch die Namen von solchen Personen aufzunehmen seien, die im Kerker vor der Hinrichtung starben; auch wenn sie nicht gefoltert worden seien, handele es sich um echte Märtyrer[18]. Die Aufnahme der „echten Märtyrer“ in das kirchliche Verzeichnig bekräftigt Cyprian dadurch, daß er am Jahrgedächtnis das Opfer darbringt[19].

Nicht alle Gläubigen hielten sich an diese Vorschrift, auch in Karthago nicht. Das zeigt der Bericht des Optatus über den Beginn des Donatismus[20]. Danach hat der spätere Bischof Cäcilian als Archidiakon der ‚frommen‘ Lucilla einen Verweis erteilt, weil sie vor dem Genuß der Eucharistie die Reliquie eines unbekannten, also sicher nicht anerkannten Märtyrers zu küssen pflegte. Ob des Tadels war sie erzürnt; sie wurde nach der Wahl Cäcilians zum Bischof seine erbitterte Gegnerin[21]. Wann

---

[15] Eusebius, h.e. 10,4,16 (GCS Eus. 2,867).

[16] B. Kötting, Die Stellung des Konfessors in der Alten Kirche = Jb. f. Antike und Christentum 19 (1976) 11/14.

[17] Petrus Alexandrinus, ep. can. 9 (MPG 18,484).

[18] Cyprian, ep. 12,1f. (CSEL 3,2,502f.).

[19] Cyprian, ep. 39,3 (CSEL, 3,2,583).

[20] Optatus 1,16 (CSEL 26,18f.).

[21] Vgl. F. J. Dölger, Das Kultvergehen der Donatistin Lucilla von Karthago = Antike und Christentum 3 (1932) 245/52. Danach ist ‚vindicatus‘ oder ‚probatus‘ der genaue Terminus für die Kultlizenz eines Märtyrers. Die „passiones martyrum“ dürfen auch im

und auf welche Weise der ‚unbekannte Märtyrer' der Lucilla den Tod erlitten hat, kann Optatus nicht mitteilen; er stand ja nicht in dem Verzeichnis der Gemeinde von Karthago. Setzt man die Grundformen der späteren Entwicklung des Märtyrerkultes im nordafrikanischen Raum[22] erlaubterweise schon im 1. Jahrzehnt des 4. Jh. an, so spricht manches dafür, daß es sich bei dem „Märtyrer" der frommen Lucilla um einen Mann handelte, der sich selbst gestellt oder gar durch Zertrümmerung eines Götterbildes die Heiden gereizt hatte. Beide Handlungsweisen schlossen von der kultischen Verehrung als Märtyrer aus. Wie kritisch die Situation bei der Entfernung von Götterbildern während der letzten Verfolgungszeit auch im privaten Bereich werden konnte, beleuchtet der Kanon 41 von Elvira: „Christen dürfen in ihren Häusern keine Götterbilder haben. Wenn sie aber Angst haben vor ihren Sklaven, dann sollen sie sich selbst nicht am Kult beteiligen; wenn sie das nicht beachten, sollen sie aus der Kirche ausgeschlossen werden."[23] Selbst auf seinem Privatbesitz konnte ein Christ also nicht ohne Gefahr Götterbilder entfernen oder gar zerstören. Die heidnische Dienerschaft, vor allem die Landarbeiter hingen verständlicherweise am hergebrachten Kult der „nahen Götter". Für sie bedeutete das Christentum mit seiner Bildlosigkeit religiöse Verarmung. Weshalb der Herr Furcht haben konnte vor seinen Sklaven, wird nicht näher erläutert. Konnten sie ihn bei der heidnischen Behörde als Christen anzeigen? Mußte er fürchten, in der Dunkelheit verprügelt oder gar erschlagen zu werden? Es ist wohl nicht auszuschließen, daß der Kanon 60 auch an solche Grundbesitzer denkt, die in unüberlegtem Eifer durch Entfernung oder Zerstörung der Götterbilder ihre Sklaven reizten und dabei das Leben einbüßten.

Nach der Änderung der Verhältnisse seit dem Jahre 311 konnte im römischen Reich einem Christen, der ein Götterbild zerschlug oder ein Heiligtum beschädigte, kein regulärer Strafprozeß mehr drohen; daß im fanatischen Gegenzug im günstigen Moment Racheakte und Lynchjustiz in Erscheinung traten, ist leicht begreiflich. So wurde nach dem Umschwung unter Julian (361/3) in Heliopolis (Baalbek) ein Diakon Cyrill getötet, der unter Julians Vorgänger Konstantius viele Götterbilder zerstört hatte; er wurde von ergrimmten Heiden umgebracht[24]. In Sufes in

Gottesdienst vorgelesen werden (Breviarium Hipponense 36 [CChr. SL 149,43]; Reg. Eccles. Carthag. exc. 46 [186]).

[22] Dem Wildwuchs in der Märtyrerverehrung suchte man eine deutliche Absage zu erteilen; Reg. Eccl. Carthag. exc. 83 (CChr.SL 149,204 f.); nur wo die Gebeine eines Märtyrers ruhen oder an der Stelle seines Martyriums darf eine Memoria errichtet werden, nicht jedoch auf Träume oder Offenbarungen hin; vgl. Conc. Carthag. 525 (H) (ebd. 266).

[23] Synode v. Elvira can. 41 (2,7 Bruns; Hefele-Leclercq 1,245).

[24] Theodoret, h.e. 3,7,2/4 [GCS 44 (19)], 182 f.

Nordafrika kamen 60 Christen ums Leben bei einem Volksaufstand (i. J. 399) aus Anlaß der Zerstörung eines Herkulesbildes[25].

Die Bischöfe billigten das offizielle Vorgehen gegen die Götterbilder und Tempel[26], wandten sich aber hier und da doch gegen einen auftretenden Fanatismus[27]. Damit fand aber in der Kirche eine andere Beurteilung der Personen Eingang, die noch zur Zeit des Konzils von Elvira durch ihren Übereifer sich den Titel eines Märtyrers verscherzt hatten. Die neue Zeit, die die Bedrängnis der Verfolgung nicht mehr erlebt hatte, setzte in der Beurteilung der Vergangenheit andere Wertmaßstäbe, – wie es zu allen Zeiten geschieht. Der vorsichtige Augustinus tut erst einen halben Schritt. Er meint, daß auch diejenigen, die im Auftrag der Regierung Götterbilder zerstören und dabei ums Leben kommen, nur „den Schatten eines Märtyrers" erlangt haben[28]. Die bei der Zerstörung des Herkulesbildes in Sufes umgekommenen Christen werden von ihm auch nicht andeutungsweise „Märtyrer" genannt[29], in späteren Verzeichnissen werden sie aber unter diesem Titel aufgeführt[30].

Die Neubewertung wird deutlich bei Theodoret, der über den Beginn der Christenverfolgung im Perserreich unter Jezdegerd I. (399/420) berichtet, der zunächst den Christen gegenüber sehr tolerant war. Ein Bischof namens Abdas zerstörte in übel angebrachtem Eifer einen Feuertempel. Der Perserkönig verlangte, daß der Bischof das zerstörte Pyreum neu errichtete[31]. Dieser weigerte sich, wurde hingerichtet und der König ordnete als Vergeltungsmaßnahme die Zerstörung der christlichen Kirchen an; damit begann eine lange Verfolgung. Theodoret lobt nun die Standhaftigkeit des Bischofs Abdas, tadelt aber wegen der Zerstörung des Feuerheiligtums seinen Übereifer. Dabei beruft er sich auf Paulus, der in Athen kein Götterbild zerstört habe (Apg 17,16); der Apostel habe den Athenern nur ihre Unwissenheit vorgehalten und ih-

---

[25] Augustinus, ep. 50 (CSEL 34,2,143). Vgl. F. v. d. Meer, Augustinus der Seelsorger (1951) 62/71.

[26] Z.B. Augustinus, sermo 24,6 (MPL 38,165); zur Zerstörung des berühmten Sarapisbildes in Alexandrien vgl. A. Lippold, Theodosius d. Gr. u. seine Zeit (1968) 74 f. u. Anm. 137 (Literatur).

[27] Augustinus, ep. 91,10 (CSEL 34,2,434 f.); vgl. zu dem ganzen Vorgang der Entfernung der heidnischen Tempel und Bilder F. W. Deichmann, Christianisierung II = RAC 2,1228/34. J. Geffcken, Der Ausgang des griechisch-römischen Heidentums (1929) 178/97.

[28] Augustinus, ep. 185,3,12 (CSEL 57,11): qualemcumque umbram hominis martyrum.

[29] Augustinus, ep. 50 (CSEL 34,2,143).

[30] Martyrologium Romanum 30. Aug. = ActaSS Propyl. Decembris 369.

[31] Vgl. dazu als Parallele die Forderung Theodosius' d. I. an den Bischof von Kallinikon, die von Christen zerstörte Synagoge wieder aufzubauen; Ambrosius, ep. 40,6 (MPL 16,1103). Vgl. F. J. Dölger, Kaiser Theodosius d. Gr. und Ambrosius in einer Auseinandersetzung zwischen Predigt und Messliteratur = Antike u. Christentum 1 (1929) 54/7.

nen dann die Wahrheit gepredigt. Deshalb war die Zerstörung des Feuertempels eine unzeitgemäße Tat. Gleichwohl möchte Theodoret dem Abdas wegen seiner Standhaftigkeit doch die Märtyrerkrone zuerkennen[32].

Auch das Schwanken und Zögern in der Zuerkennung des Märtyrertitels hörte nach einiger Zeit auf. Nur von wenigen Martyrien besitzen wir zeitgenössische Berichte. In einigen Fällen darf aber die Echtheit des Blutzeugnisses angenommen werden wegen des frühen Kultes, der an der Stelle der Hinrichtung oder am Grabe nachweisbar ist. Zum Kultgedenken am Jahrestag des Todes gehörte schon früh die Lesung der Passio. Dürftige Überlieferung wurde im heroisierenden Stil zu dramatischem Geschehen ausgebaut. Verfasser und Hörer vergaßen dabei die strenge Haltung der Märtyrerzeit, die im Kanon 60 von Elvira ihren Niederschlag fand. Wagemut, Angriffslust und Kühnheit fanden Bewunderung und ließen die frühchristliche Mahnung vergessen, daß man nur mit Zittern und Zagen zum Martyrium schreiten dürfe, weil niemand aus eigener Kraft, sondern nur mit Gottes Gnadenhilfe standhalten könne. Diesen Wandel sollen einige Beispiele deutlich machen.

In Tipasa in Nordafrika wurde eine vierzehn Jahre alte Christin namens Salsa gegen ihren Willen von ihren heidnischen Eltern mitgenommen zum Fest des Gottes Dragon. Als am Abend alle Festteilnehmer des Weines voll waren und schliefen, schlich sie in das Heiligtum des Gottes, nahm dem Bildnis den Kopf und warf ihn ins Meer, in dessen Nähe sich das Heiligtum befand. Als sie beim zweiten Mal auch die Körperteile der Gottheit holte und sie mit Gepolter über die Felsen ins Meer rollen ließ, wurde sie gefaßt, von der aufgebrachten Menge in Stücke gerissen und selbst ins Meer geworfen[33]. Wenn das Martyrium in der letzten Verfolgung stattgefunden hat, so ist die Passio etwa 100 Jahre später anzusetzen, als man von den wirklichen Bedrohungen des Lebens nur noch vom Hörensagen wußte. Salsa wurde als Blutzeugin gefeiert, ihr Grab durch eine Kirche hervorgehoben. Ungewöhnlich viele Christen suchten und fanden dort ihre Ruhestätte (sepultura ad sanctos)[34]. Das Verbot der Provokation war aus dem Gedächtnis der Gläubigen entschwunden; die Mahnungen zur Besonnenheit gehörten einer vergangenen Epoche an[35].

---

[32] Theodoret, h.e. 5; 39,1/4 (GCS 44,342f.).

[33] Die Passio S. Salsae ist noch nicht in den ActaSS publiziert; sie ist veröffentlicht in: Catalogus Codicum hagiographicorum latinorum in Bibliotheca nationali Parisiensi 1 (Bruxelles 1889) = SHG 2,344/52. DACL 15,2344f. (dort weitere Literatur). Erwähnt wird die Heilige im Martyrologium Hieronymianum unter dem 10. Okt. (ActaSS Propyl. Nov. 549).

[34] St. Gsell, Les monuments antiques de l'Algérie 2 (1901) 323/31; DACL 15,2366/2401.

[35] Cyprian, ep. 81 (CSEL 3,842): quietem et tranquillitatem tenete, nec quisquam ve-

Von Soldaten konnte man in der Retrospektive schon eher ähnliche „heldenhafte“ Taten erwarten. So berichtet die Passio des hl. Theodor, daß er während der Bedenkzeit, die ihm nach dem ersten Verhör gewährt wurde, den Tempel der Göttermutter in Amasea in Pontus, wohin das Martyrium verlegt wurde, anzündete und dafür die Todesstrafe erlitt[36]. Theodor gehört zu den hochverehrten Soldatenmärtyrern[37]; sein Grab in Euchaita war eine der am meisten besuchten Wallfahrtsstätten Kleinasiens[38].

In Zornesaufwallung, nicht mit vorsätzlicher Überlegung, handelte Valentina aus Cäsarea, als sie dem Richter Vorwürfe machte wegen der grausamen Folterung einer Mitchristin. Sie wurde festgenommen und zum Altar geführt, um zu opfern, und sie stieß dann mit dem Fuß den Altar samt dem brennenden Feuer um[39]. Ähnliches berichtet Prudentius von der jungen Blutzeugin Eulalia von Merida[40]; vielleicht ist es hier schon literarischer Topos. Das würde den Weg der Beurteilung vom Verbot in der harten Wirklichkeit bis zum phantasievollen Einflechten eines solchen Ruhmesblattes in die Märtyrerkrone in gefahrloser Zeit gut abschließen[41].

---

strum aliquem tumultum fratribus moveat. Ähnlich Clemens Al. strom. 7,66,4 (GCS Clem. 3,47 f.): Der wahre Gnostiker stürzt sich nicht in die Gefahr, sondern folgt der Vernunft, die ihm nahelegt, der Gefahr auszuweichen.

[36] ActaSS IV. Nov. 29/39; c. 3 (32) berichtet über das Anzünden des Tempels; 2. Passio ebd. 39/45; c. 6 (41).

[37] H. Delehaye, Les legendes grecques des Saints militaires (Bruxelles 1909) 11/43; 151/201.

[38] B. Kötting. Peregrinatio religiosa (1950) 160/6.

[39] Eusebius, mart. Palaest. 8,7 (GCS 9,2,926).

[40] Prudentius, Perist. 3,72 f. (CChr. SL 126,280): Daemonicis inimica sacris idola protero sub pedibus.

[41] E. Le Blant, Les persécuteurs et les martyrs (Paris 1893) 123/38. DACL 10,2381/4; 14,1379 f.

Andreas Lindemann

Paulinische Theologie im Brief an Diognet

Eine der gängigen Thesen zur ältesten Kirchengeschichte lautet, im frühen Christentum sei die paulinische Theologie zunächst überwiegend mißverstanden und dann im zweiten Jahrhundert beinahe völlig vergessen worden[1]. Es habe wohl hier und da noch gewisse Erinnerungen an Paulus gegeben, doch handele es sich dabei fast ausschließlich um äußerliche und ganz formale Anspielungen auf einzelne Aussagen der Paulusbriefe ohne wirklich theologisches Gewicht. Von einer wirklichen Paulus-Rezeption könne erst bei Marcion (und bei einigen Gnostikern) gesprochen werden – wo freilich die paulinische Theologie nur noch in pervertierter Gestalt zu finden ist. Symptomatisch für die bewußte Verdrängung der Paulus-Tradition in der „katholischen" Kirche des 2. Jahrhunderts seien die Schriften der Apologeten, die in der Tat weder implizit noch explizit Bezugnahmen auf paulinische Sätze oder auf die paulinische Theologie im ganzen enthalten.

Dieses Bild scheint mir zwar in dieser Form jedenfalls zu einseitig zu sein[2]. Richtig ist aber zweifellos, daß sich die Beschäftigung mit Paulus im 2. Jahrhundert überwiegend auf eine eher formale Anerkennung des Apostels beschränkt hat und daß eine selbständige Aneignung und Verarbeitung der paulinischen Theologie in dieser Zeit nur selten begegnet. Einer der Texte, wo dies offenbar gelang, ist der Diognetbrief (Dg), eine anonyme Schrift mit apologetischer Tendenz, die einem uns unbekannten Mann namens Diognet[3] gewidmet ist. Dieser „Brief" enthält zwar

[1] In besonderer Zuspitzung findet sich diese Position jüngst bei S. Schulz, Die Mitte der Schrift. Der Frühkatholizismus im Neuen Testament als Herausforderung an den Protestantismus, 1976. Vgl. aber auch schon W. Schneemelcher, Paulus in der griechischen Kirche des 2. Jahrhunderts, ZKG 75, 1964, 1–20; K. Beyschlag, 1. Clemens 40–44 und das Kirchenrecht, in: Reformatio und Confessio (Festschrift W. Maurer), 1965, 9–22; C. K. Barrett, Pauline Controversies in the Post-Pauline Period, NTS 20, 1974, 229–245.

[2] Vgl. meine Arbeit „Paulus im ältesten Christentum. Das Bild des Apostels und die Rezeption der paulinischen Theologie in der frühchristlichen Literatur bis Marcion" (BHTh 58, 1979).

[3] Versuche, „Diognet" zu identifizieren, sind m. E. zwecklos (s. auch unten Anm. 9).

keine Erwähnung des Heidenapostels, aber es finden sich in relativ großem Umfang Gedanken und Formulierungen, die als Anspielungen auf die paulinischen Briefe (und daneben auch auf das johanneische Schrifttum) anzusehen sind.

Wie ist dieser Befund zu bewerten? Kann man tatsächlich sagen, der Vf. des Dg sei „bei Paulus in die Schule gegangen", wie es C. Andresen formuliert hat[4]? Dann wären die Anspielungen auf Paulus unmittelbarer Ausdruck des theologischen Standorts dieses Autors. Oder muß man dem überaus negativen Urteil zustimmen, das J. Geffcken über Dg fällte? Der Vf., so meinte Geffcken, habe „dieses leichte Machwerk" nur entworfen, um „einem Freunde schnell seine Gedanken über das Christentum" zusammenzuschreiben – „kein einziger dieser Gedanken ... ist eine Idee oder gar pensée; dem Bedürfnis des Augenblicks genügend stellt er allerhand Landläufiges in zierlicher Form zusammen"[5]. Dann wären die an Paulus anklingenden Textstellen also nur ein Beleg dafür, daß sich der Vf. unter anderem eben auch ein paar Grundbegriffe der Paulusbriefe oberflächlich angelesen hat, ohne sie jedoch durch eigenes Denken auch tatsächlich zu verarbeiten.

Die Arbeit am Dg wird außerordentlich erschwert durch die Tatsache, daß die für eine Exegese üblicherweise zunächst notwendige Bestimmung seines kirchen- und theologiegeschichtlichen Standorts kaum möglich ist. Wir kennen ja nicht nur den Vf. und den Adressaten nicht, sondern wir sind vor allem auch über Abfassungszeit und Abfassungsort nicht informiert. Zwar haben gerade deshalb die „Einleitungsfragen" insbesondere in der älteren Forschung eine ganz erhebliche Rolle gespielt; aber es ist bis jetzt nicht gelungen, eine allgemeine Zustimmung findende historische Einordnung des Dg vorzunehmen. Ist er zeitlich verhältnismäßig früh anzusetzen, so daß er als ein Zeuge für eine alte – sei es oberflächliche, sei es tiefgreifende – Paulus-Rezeption in der Kirche anzusehen wäre? Oder ist Dg relativ spät entstanden, so daß sein „Paulinismus" einfach eine Reaktion auf die um 200 erfolgende offizielle kirchliche „Kanonisierung" des Paulus und seiner Briefe wäre?

Es gilt gegenwärtig als wahrscheinlich, daß Dg „um 200" entstanden

---

[4] C. Andresen, Art. Diognetbrief, RGG³ II, 1958, 200.

[5] J. Geffcken, Zwei griechische Apologeten, 1907, p. XLI f. Geffcken räumt ein, daß Dg als rein schriftstellerische Arbeit seinem Vf. ein gutes Zeugnis ausstellt (vgl. hierzu vor allem E. Norden, Antike Kunstprosa vom VI. Jahrhundert v. Chr. bis in die Zeit der Renaissance II, ⁷1974, 513; Nordens sehr positives Urteil wird in praktisch allen Arbeiten zum Dg zustimmend zitiert); aber gerade diese Tatsache dient dazu, ihm die theologische Eigenständigkeit und vor allem Ernsthaftigkeit um so nachdrücklicher abzusprechen: „Es ist eine literarische Arbeit, kein natürlicher Ausbruch des Herzens in Haß und Liebe, überall Pfeile, nirgends ein Schwert. Die rhetorischen Pointen bedeuten diesem Autor alles, er schwelgt in der Form, als ob er sich freute, daß ein Christ so schreiben ... könne."

ist[6], wobei jedoch nach wie vor Abweichungen um etwa 50 Jahre nach oben und unten diskutiert werden[7]. M.E. ist Dg, wie die folgenden Überlegungen zur Paulus-Rezeption zeigen werden, vermutlich eher in die Mitte als gegen Ende des 2. Jahrhunderts zu datieren; doch läßt sich hier Sicherheit keinesfalls gewinnen. Der Abfassungsort des Dg bleibt m.E. vollends im Dunkel – die oft geäußerte Vermutung, Dg sei in Alexandria geschrieben, läßt sich weder beweisen noch widerlegen.

Es fällt bereits bei einer ersten Lektüre des Dg auf, daß sich in dem Text, obwohl er von zahlreichen paulinisch klingenden Wendungen durchzogen ist, weder ein gekennzeichnetes Zitat noch eine explizite oder implizite Erwähnung des Apostels findet[8]. Verbirgt sich dahinter möglicherweise ein latentes Bestreben des Vf., sein zweifellos vorhandenes paulinisches Erbe zu leugnen? Das ist angesichts der ganz offenkundigen „Paulinismen" äußerst unwahrscheinlich. Eher könnte der gewiß auffällige Befund mit dem Zweck des Dg zusammenhängen: Der Gesprächspartner, dem hier Informationen über das Wesen des christlichen Glaubens vermittelt werden sollen, ist ein Heide; es wäre kaum sinnvoll, würde sich der Vf. in diesem Gespräch auf christliche Autoritäten berufen, die dem Diognet ja zunächst durchaus gleichgültig sein konnten und die ihm überdies vermutlich völlig unbekannt waren[9].

Für die Frage nach dem Einfluß der paulinischen Theologie bedeutet dieser Sachverhalt, daß man sich nicht darauf beschränken kann, allein diejenigen Textstellen zu analysieren, die mehr oder weniger deutlich als direkte literarische Anspielungen gelten können; vielmehr ist auch zu prüfen, wie sich die Theologie des Dg insgesamt zur paulinischen Tradition verhält.

---

[6] Vgl. Andresen a.a.O. (Anm. 3).

[7] Die Vorschläge reichten ursprünglich von „vor 70" bis (im Extremfall) ins 16. Jahrhundert; vgl. die Übersicht bei H. I. Marrou, A Diognète. Introduction, édition critique, traduction et commentaire, SC 33, 1951, 242f.

[8] Dg 11f., wo Paulus, wenn auch nicht namentlich, so doch ausdrücklich als ὁ ἀπόστολος erwähnt ist (12,5), halte ich für sekundär. Hier hat ein Späterer versucht, das allzu offenkundige Selbstbewußtsein des Vf. dadurch abzuschwächen, daß er ihn sich als ἀποστόλων μαθητής (11,1) bezeichnen ließ; in diesen Rahmen paßt dann auch ein explizites Pauluszitat. – Die Tatsache, daß Dg nachträglich redaktionell bearbeitet wurde, zeigt im übrigen, daß man kaum sagen kann, die Kirche habe Dg – angeblich wegen seiner Paulus-Benutzung – „totgeschwiegen" (so R. Brändle, Die Ethik der „Schrift an Diognet". Eine Wiederaufnahme paulinischer und johanneischer Theologie am Ausgang des zweiten Jahrhunderts, AThANT 64, 1975, 235). Die schlechte handschriftliche Überlieferung, auf die in diesem Zusammenhang auch verwiesen wird, findet sich auch bei anderen Schriften jener Zeit.

[9] Es ist hier ohne Bedeutung, ob „Diognet" tatsächlich existiert hat, oder ob die Anrede in Dg 1 literarische Fiktion ist. Jedenfalls begreift sich der Vf. als im Gespräch mit „Heiden" stehend, und diese Situation bestimmt die theologische und literarische Tendenz seiner Schrift.

Der Vf. beginnt seine Schrift im Anschluß an die Einleitung (Kap. 1) mit einer Polemik gegen die heidnischen Religionen (Kap. 2). Dabei bedient er sich der traditionellen Mittel jüdischer Apologetik[10], was ihn freilich nicht daran hindert, dann umgekehrt mit Hilfe einer „philosophischen Theologie" den jüdischen Kult nachdrücklich zu verwerfen (Kap. 3f.). Weder hier noch dort werden Inhalt oder Form der Argumentation von paulinischen oder überhaupt von spezifisch christlichen Elementen bestimmt.

Das ändert sich, sobald der Vf. in Kap. 5 zu seinem eigentlichen Thema kommt, der Darstellung der christlichen Existenz. Zwar wird auch dieser Abschnitt in 5,1–4 mit einer in der apologetischen Literatur üblichen Feststellung eingeleitet, nämlich der Aussage, die Christen unterschieden sich prinzipiell nicht von allen anderen Menschen – es sei denn durch ein besonders hohes Maß an Ehrbarkeit (5,4). Doch bei dieser eher vordergründig zu nennenden Darstellung der christlichen Moral bleibt der Vf. nicht stehen. In 5,5–17 gibt er eine Beschreibung der paradoxen Existenz der Christen in der Welt: Sie sind, wie es gleich zu Beginn in 5,5 besonders plastisch heißt, „Fremde in ihrer Heimat". Hier zeigt sich ein deutlicher Einfluß paulinischen Denkens – weniger freilich in den Formulierungen, um so mehr aber in der Sache. Die Aussagen von Dg 5,5ff. lassen sich mit dem vergleichen, was Paulus etwa in den ὡς-μή-Sätzen von 1.Kor 7,29–31 zum Ausdruck gebracht hatte: Die Christen gehören zu dieser Welt und stehen ihr dabei doch zugleich als Freie gegenüber. Allerdings besteht ein deutlicher Unterschied zwischen beiden Texten: Der in 1.Kor 7 betonte eschatologische Horizont (V. 31b: παράγει γὰρ τὸ σχῆμα τοῦ κόσμου τούτου) fehlt im Dg.

Ist also die Nähe von Dg 5,5–7 zu 1.Kor 7 womöglich doch nur Zufall? Offenbar nicht. Denn die in 5,8 folgende zusammenfassende Feststellung, die Christen existierten einerseits zwar ἐν σαρκί, andererseits aber nicht κατὰ σάρκα, erinnert unmittelbar an paulinische Aussagen (vgl. 2. Kor 10,3, ferner Röm 8,12f.). Mit dem Ausdruck ἐν σαρκὶ τυγχάνειν kennzeichnet der Vf. die menschliche Existenz in ihrer Vorfindlichkeit, so wie sie auch von den Christen gelebt und erfahren wird; die Wendung κατὰ σάρκα ζῆν bezieht sich auf die Preisgabe an die Macht der σάρξ, die von den Christen verweigert wird. Hier befindet sich der Vf. des Dg in direkter Nähe zu einer Grundbestimmung der paulinischen Anthropologie[11], wobei weniger der m. E. eindeutig vorhandene Rückgriff auf die paulinische Terminologie bedeutsam ist als vielmehr die hier sichtbar

---

[10] Die Götzenpolemik Dg 2 entspricht alttestamentlichen Aussagen (vgl. Jes 44,9–20; Weish 13,10–19); es handelt sich um feste Topoi der antiheidnischen Apologetik. Vgl. als ältestes christliches Dokument das „Kerygma Petri" (Hennecke-Schneemelcher, Neutestamentliche Apokryphen II, ³1964, 61f.) und letztlich schon Röm 1,25.

[11] Vgl. R. Bultmann, Theologie des Neuen Testaments, UTB 630, ⁷1977, 236–238.

werdende sachliche Übereinstimmung zwischen Paulus und dem Vf. des Dg. Die dem Paulus entlehnte These von 5,8 ist für den Vf. nicht ein isoliertes Zitat, sondern sie hat im Gegenteil grundlegende Bedeutung für seine Anthropologie und zugleich für seine Paränese. Sie bildet nämlich den theologischen Bezugsrahmen für die im Kontext aufgeführten einzelnen Verhaltensweisen: Was in 5,5–7 (und dann auch in 5,9f.) geschildert wird, das ist das Resultat jener in 5,8 formulierten grundsätzlichen Bestimmung der christlichen Existenz überhaupt: ἐν σαρκί, aber nicht κατὰ σάρκα[12].

Paulinischer Einfluß wird in Kap. 5 nochmals in Vers 11–16 sichtbar, wo von der Leidenserfahrung der Christen gesprochen wird. Das was der Vf. hier sagt, berührt sich eng mit 2.Kor 6,9f., auch wenn Paulus dort allein an die apostolische Existenz denkt, während im Dg die paradoxe Situation der Christen in der Welt überhaupt gemeint ist[13]. Entscheidend ist auch hier, in welchen theologischen Horizont der Vf. den „Peristasenkatalog" gestellt hat: Es heißt in 5,14b, daß die Christen „gelästert und zugleich gerechtfertigt" werden (βλασφημοῦνται, καὶ δικαιοῦνται), wobei das Stichwort δικαιοῦν durchaus „theologisch" gemeint zu sein scheint – „gelästert" werden die Christen von den Menschen, „gerechtgesprochen" werden sie von Gott[14]. Sicherlich wäre es falsch, wollte man aus dieser Verwendung von δικαιοῦν bereits auf eine volle inhaltliche Rezeption der paulinischen Rechtfertigungslehre schließen; aber es ist doch auffällig, daß der Vf. das dem menschlichen religiösen Urteil über die Christen widersprechende „Gottesurteil" überhaupt mit dem Begriff δικαιοῦν bezeichnet.

Der paulinische Einfluß auf Dg zeigt sich dann in besonderem Maße in dem in Kap. 8 entfalteten Gottesverständnis. Hier wird mit großem Nachdruck der philosophische Gottesbegriff abgelehnt und das Reden

---

[12] Von daher erweist sich die Formulierung Χριστιανοὶ ἐν κόσμῳ οἰκοῦσι, οὐκ εἰσὶ δὲ ἐκ τοῦ κόσμου (Dg 6,3), die zunächst wie eine Zusammenfassung von Joh 17,11.14.16 aussieht, als eine selbständige Fortführung des in 5,8 ausgesprochenen Grundgedankens. – C. Andresen, Die Kirchen der alten Christenheit, RM 29, 1/2, 1971, 26 hebt am Dg „die intellektuellere Verarbeitung der innerweltlichen Situation des Christentums" hervor; sein Urteil, es sei hier die „Weltfremdheit so stark verinnerlicht . . ., daß man von dem Konzept einer ‚inneren Emigration' sprechen könnte", vermag ich angesichts von Kap. 5 und 6 jedoch nicht zu teilen.

[13] Vgl. auch Dg 5,15 mit 1.Kor 4,12, wo sich dieselbe Tendenz zeigt.

[14] βλασφημοῦνται und δικαιοῦνται können nicht dasselbe logische Subjekt haben. Anders H. G. Meecham, The Epistle to Diognetus. The Greek Text with Introduction, Translation and Notes, 1949, 112, der paraphrasiert: „Justified (in the sight of men)." Aber von welchen Menschen werden die Christen gerechtgesprochen? J. Geffcken, Der Brief an Diognetos, 1928, 19 meint, δικαιοῦνται sei hier – anders als in 9,4 – „natürlich nicht im paulinischen Sinne . . ., sondern ganz einfach als Gegensatz zu βλασφημοῦνται zu verstehen"; doch er fährt dann fort: „Die Verleumdung wird durch Gottes (sic!) Gerechtigkeit in hohen Ruhm der Christen verwandelt."

von Gott statt dessen ganz auf die Offenbarung konzentriert (8,5: αὐτὸς δὲ ἑαυτὸν ἐπέδειξεν). Auf der Seite des Menschen steht dabei „allein" der Glaube (8,6: ἐπέδειξε δὲ διὰ πίστεως, ᾗ μόνῃ θεὸν ἰδεῖν συγκεχώρηται), d.h. der Vf. formuliert hier expressis verbis eine Theologie des „sola fide". Gewiß: Dieses sola fide bezieht sich nicht auf die Rechtfertigung, sondern auf das „Erkennen" bzw. „Sehen" Gottes; aber entscheidend ist doch gar nicht, ob Dg mit Paulus rein formal und im Wortlaut übereinstimmt, sondern entscheidend ist die hier tatsächlich bestehende Übereinstimmung zwischen beiden in der Struktur ihres theologischen Denkens: Für den Apostel wie für den Vf. des Dg ist das Mittel des Zugangs der Menschen zu Gott „allein" die πίστις.

Begreift man 8,5f. als Überschrift zum folgenden Abschnitt 8,7–11, so erhalten die dort aufgeführten „philosophischen" Gottesprädikate einen neuen, „kerygmatischen" Akzent: Sie erweisen sich, trotz der zunächst philosophischen Begrifflichkeit, als Aussagen, die nach der Intention des Vf. allein im Kontext des Redens von Gottes Offenbarung zu verstehen sind. Unterstrichen wird dies auch durch das Argumentationsgefälle des Textes: Am Anfang, in 8,7f., steht der jüdisch-hellenistische Gottesbegriff im Vordergrund – Gott ist verstanden als der menschenfreundliche und langmütige Schöpfer. In 8,9 jedoch werden diese Aussagen ganz in den Horizont der Christologie gerückt: Gott beginnt das Gespräch mit seinem Sohn (παῖς), und erst durch diesen Sohn wird nun Gott selbst wirklich offenbar (8,11). Vielleicht ist Dg 8,7–11 am besten zu verstehen, wenn man den Text gleichsam von rückwärts liest: Es steht für den Vf. fest, daß Gott nicht erkannt wird ohne die Offenbarung seines Sohnes (8,9–11); und das bedeutet, daß die in 8,7f. genannten Gottesprädikate im Sinne der Theologie des Dg nicht etwa allgemein vorgegeben sind und nur noch nachträglich auch noch auf den „christlichen Gott" bezogen werden. Vielmehr meint der Vf., daß sich diese Gottesprädikate immer schon der göttlichen Selbstoffenbarung in seinem Sohn verdanken (διὰ τοῦ ἀγαπητοῦ παιδός 8,11), ohne die Gott dem Menschen schlechterdings verborgen ist (8,10). Gleichwohl ist es verständlich, daß der Vf. seine Argumentation in der jetzt vorliegenden Weise (und eben nicht „von rückwärts") entwickelt hat: Anscheinend aus „didaktischen" Gründen beginnt er mit den seinem heidnischen Gesprächspartner prinzipiell bekannten Aussagen über Gott, um ihn von dort aus dann zur Offenbarung zu führen, die für ihn die alleinige Grundlage all dieser Aussagen ist[15].

Der Vf. hat sich in diesem Zusammenhang offenbar bewußt einer

[15] Man könnte in Anlehnung etwa an Kategorien der Hermeneutik R. Bultmanns sagen, daß der Vf. des Dg beim „Vorverständnis" einsetzt, das Diognet von Gott hat, um dann von daher das wirkliche Gottesverständnis zu entwickeln.

(deutero)paulinischen Form bedient, nämlich des Revelationsschemas, wie es in Kol 1,26f. und dann vor allem in Eph 3,5 und 3,9f. begegnet; man kann jedoch kaum sagen, daß er einen dieser Texte direkt zitiert hätte[16]. Er begriff das Revelationsschema offenbar als eine Möglichkeit, den Glauben an die in der Geschichte sich ereignende Offenbarung Gottes mit dem Gedanken der Ewigkeit Gottes (8,8!) widerspruchslos zu verbinden. Indem er in 8,11 den Gottesbegriff dann ganz von der Christologie her deutete und damit zugleich die Offenbarung selbst soteriologisch interpretierte, übernahm er eine fundamentale Position der paulinischen Theologie (vgl. in der Sache etwa Gal 4,4), ohne doch in der Terminologie paulinisch zu reden[17].

Die Absicht (und auch die Fähigkeit) des Vf., paulinische Gedanken systematisch ausformuliert weiterzugeben, zeigt sich mit besonderer Deutlichkeit in Kap. 9 – ja, man könnte fast sagen, daß sich der Vf. in diesem Kapitel geradezu darum bemüht hat, eine zusammenfassende Darstellung der „Theologie des Paulus" zu geben.

In 9,1 widmet er sich zunächst ausführlich dem bereits in der Einleitung Dg 1 anvisierten Problem, warum Gott sich denn erst jetzt geoffenbart und die Zeit der Sünde so lange toleriert habe[18]. Seine These lautet, Gott sei bisher „geduldig" gewesen (ἀνεχόμενος) – eine Aussage, die an Röm 3,25f. erinnert (vgl. vor allem V. 26: ἐν τῇ ἀνοχῇ τοῦ θεοῦ)[19]. Doch zusätzlich zu dem Hinweis auf die „Geduld" Gottes bringt der Vf. noch einen zweiten Aspekt ins Spiel: Gott habe, so sagt er, zeigen wollen, daß die Menschen unfähig seien, aufgrund eigener Werke Gerechtigkeit zu erlangen; in diesem Zusammenhang ist ausdrücklich vom einstigen καιρός der ἀδικία und vom gegenwärtigen καιρός der δικαιοσύνη die Rede. Charakteristisch für die Position des Vf. ist es nun, daß er die nähere Bestimmung der vergangenen und der gegenwärtigen Existenz nicht etwa, wie es doch naheliegend sein könnte, an ethischen Maßstäben orientiert, sondern daß er an dieser Stelle nun die Rechtfertigungslehre aufnimmt. Die beiden dabei von ihm formulierten jeweils dreigliedrigen Aussagereihen sind sorgfältig paarweise aufeinander bezogen:

---

16 Anders R. Brändle, Das Mysterium des christlichen Gottesdienstes. Anmerkungen zur Ethik des sogenannten Diognetbriefes, StPatr XIII/2, TU 116, 1975, 133, der meint, der Vf. greife hier unmittelbar auf Eph zurück.

17 Die Aussage „Gott πάνθ' ἅμα παρέσχεν ἡμῖν, καὶ μετασχεῖν τῶν εὐεργεσιῶν αὐτοῦ καὶ ἰδεῖν καὶ νοῆσαι" ist in der Begrifflichkeit völlig unpaulinisch.

18 Das ist ein besonderes Problem; vgl. Dg 1: Diognet soll erfahren, τί δή ποτε καινὸν τοῦτο γένος ἢ ἐπιτήδευμα εἰσῆλθεν εἰς τὸν βίον νῦν καὶ οὐ πρότερον.

19 Vgl. E. Molland, Die literatur- und dogmengeschichtliche Stellung des Diognetbriefes, ZNW 33, 1934, 309: „Wer könnte Rm 3,21–26 besser interpretieren?"

ἐν τῷ τότε χρόνῳ (ἐλεγχθέντες)	νῦν
ἐκ τῶν ἰδίων ἔργων	ὑπὸ τῆς τοῦ θεοῦ χρηστότητος
ἀνάξιοι ζωῆς	ἀξιωθῶμεν

Der Vf. spricht also nicht von schlechten („einst") und guten („jetzt") Werken, sondern er stellt die „eigenen Werke" des Menschen und Gottes χρηστότης einander gegenüber. Außerdem unterstreicht er durch die auffallend unterschiedliche Verwendung der Stichworte ἀνάξιος bzw. ἀξιοῦν pass., daß der Mensch auf der einen Seite („einst") uneingeschränkt als Schuldiger dasteht, daß er aber auf der anderen Seite („jetzt") keineswegs aufgrund eigenen Tuns „würdig" geworden ist, sondern allein durch Gottes Güte.

In 9,2 wird dieser Aspekt weiter vertieft: Unsere ἀδικία, so schreibt der Vf., hatte ausschließlich κόλασις und θάνατος nach sich gezogen – Gott hingegen hat anstelle von Haß und Vergeltung seine Güte und seine Macht (näherhin interpretiert als φιλανθρωπία und ἀγάπη[20]) offenbart. Auch hier interpretiert und entfaltet der Vf. die theo-logische Aussage sogleich durch die Christologie. Zwar bedient er sich dabei nicht paulinischer Begriffe, sondern verwendet die gemeinchristliche Redeweise von Christus als dem Sühnopfer (αὐτὸς τὸν ἴδιον υἱὸν ἀπέδοτο λύτρον ὑπὲρ ἡμῶν); doch in seiner besonderen dialektischen Akzentuierung (τὸν ἅγιον ὑπὲρ ἀνόμων κτλ.) erweist sich sein Denken letztlich wiederum als primär von Paulus her bestimmt.

Daß dies alles nicht etwa Zufall ist, sondern daß die Nähe des Dg zu Paulus vom Vf. bewußt gewollt ist, zeigt der Abschnitt 9,3–5. Hier begegnet die paulinische Rechtfertigungslehre erstmals nicht nur implizit und angedeutet, sondern hier ist sie bewußt terminologisch ausformuliert – und zwar ohne daß sich der Vf. womöglich auf ein formales Zitat o. ä. beschränkt hätte.

In 9,3 beginnt der Gedankengang mit der als rhetorische Frage formulierten These, allein Christi Gerechtigkeit sei imstande gewesen, unsere Sünden zu „verbergen". Dieser Satz erinnert in seiner Struktur deutlich an die paulinische Soteriologie, er ist aber im Wortlaut durchaus unpaulinisch. In 9,4 jedoch folgt ein nun auch in der Formulierung zutiefst paulinischer, freilich wieder als rhetorische Frage angelegter Satz: Allein durch Christus vermochten wir gesetzlosen und gottlosen Menschen gerechtfertigt zu werden. Ähnlich wie sich in 8,6 ein ausdrückliches sola fide (s. o.) fand, so begegnet hier ein expressis verbis festgestelltes „solus

---

[20] P. Stuhlmacher, Gerechtigkeit Gottes bei Paulus, FRLANT 87, 1964, 12 kritisiert, daß Dg nicht von der δικαιοσύνη θεοῦ, sondern „hellenisierend von Gottes χρηστότης καὶ δύναμις bzw. seiner ὑπερβαλλούσῃ (!) φιλανθρωπία καὶ ἀγάπη" spricht. Aber sind die *sachlichen* Differenzen wirklich so groß?

Christus" (. . . ἐν μόνῳ τῷ υἱῷ τοῦ θεοῦ). Und dabei ist sowohl in 8,6 wie auch hier in 9,4 von besonderer Wichtigkeit nicht die Tatsache, daß die vom Vf. gebrauchten Vokabeln paulinisch sind bzw. auch bei Paulus begegnen. Wichtig ist vor allem, daß sich der Vf. in der Sache an Paulus orientiert hat. Die Rechtfertigungsaussage in 9,4 ist ja nicht einfach ein formal im wesentlichen korrektes Paulus-Referat, sondern durch sie soll das in 9,1–3 Gesagte inhaltlich zusammengefaßt und dabei christologisch akzentuiert werden: Die in 9,1 geschilderte Situation des Menschen in der Zeit vor dem Kommen des Sohnes wird in 9,4 als Gesetzlosigkeit und Gottlosigkeit beschrieben und damit theologisch qualifiziert (vgl. dazu Röm 5,6), die Ankunft des Sohnes (9,2) wird nun als Rechtfertigung begriffen. Charakteristisch ist auch hier das Gefälle der Argumentation: Der Vf. hat nicht etwa eine ihm vorgegebene quasi „dogmatische" Formel, eben die Rechtfertigungsaussage, nun einfach nachträglich interpretiert, sondern die in 9,4 formulierte Rechtfertigungsaussage bildet im Gegenteil die von ihm selbst geschaffene Zusammenfassung und damit den begrifflichen Rahmen für das zuvor von ihm Gesagte.

Die starke sachliche Bindung an Paulus zeigt sich auch in 9,5: Nach einer dreifachen Interjektion (ὢ τῆς γλυκείας ἀνταλλαγῆς κτλ.) folgt in 9,5b eine Interpretation des Heilsgeschehens, die in ihrer theologischen Struktur deutlich an Röm 5,15ff. erinnert[21]: ἀνομία μὲν πολλῶν ἐν δικαίῳ ἑνὶ κρυβῇ. Wie aber verhalten sich Dg 9,5 und Röm 5,15ff. sachlich zueinander? Die Argumentation des Paulus ist bestimmt von der Adam-Christus-Typologie: In den beiden „Typen" Adam und Christus sind jeweils alle von ihnen repräsentierten Menschen enthalten, d.h. die Aussage über den einen impliziert zugleich eine Aussage über die zu ihm gehörende Menschheit. Dabei steht es für Paulus fest, daß die Adam-Menschheit und die Christus-Menschheit einander nicht etwa einfach entsprechen; vielmehr wird die erste von der zweiten bei weitem überboten, weil sie den Tod, jene aber das Leben bringt (vgl. das stark betonte πολλῷ μᾶλλον in 5,15.17)[22]. Paulus geht also von einem mythologisch entworfenen Bild aus, korrigiert es dann aber sogleich von der Sache her, um die es ihm eigentlich geht: Die in Christus erschienene Gnade. Der Vf. des Dg hat dies dann noch einmal in charakteristischer Weise abgewandelt: Er streicht das mythologische Bild ganz und behält nur den Gedanken der Repräsentation bei; das Paradoxon der Heilstat Christi zeigt er darin, daß er betont, der Eine (= Christus) rechtfertige die Vielen (= die Gottlosen)[23]. Sollte, wie es wahrscheinlich ist, der Vf. des Dg

---

[21] Vgl. schon Geffcken, a.a.O. (Anm. 14), 25.

[22] Vgl. dazu R. Bultmann, Adam und Christus nach Römer 5, in: Exegetica. Aufsätze zur Erforschung des Neuen Testaments (hg. von E. Dinkler), 1967, 424–444, vor allem 436–438.

[23] Die Erwähnung „Adams" bzw. der adamitischen Menschheit fehlt ganz – offenbar

Röm 5 gekannt haben, so könnte man geradezu von einer bewußten Tendenz zur Entmythologisierung sprechen: Der Vf. hätte den paulinischen Text nicht einfach nur „zitiert" oder referiert, sondern er hätte die Adam-Christus-Typologie auf ihre soteriologische Bedeutung hin interpretiert, auf die allein es ihm ankam.

E. Molland hat mit Blick auf Dg 8,11–9,5 also sicher zu Recht festgestellt, man stehe hier „tatsächlich einem Verfasser gegenüber, der Paulus verstanden hat und seine Soteriologie in einer stark persönlichen Weise und in selbständigen Wendungen reproduziert"[24]; Molland fügte allerdings sogleich einschränkend hinzu, an einer wichtigen Stelle bestehe eine Differenz: Im Unterschied zu Paulus sei für den Vf. des Dg das Gesetz offenbar „nie ein existenzielles Problem" gewesen; „er weilt erbaulich bei den paulinischen Gedanken, und es ist charakteristisch, daß er zwar die Rechtfertigungslehre korrekt reproduziert, aber daß die Versöhnung eine viel größere Rolle bei ihm spielt"[25]. Diese Beobachtung trifft zu: Der paulinische Gesetzesbegriff ist im Dg kaum oder gar nicht rezipiert. Allenfalls in 9,1 wird, wie schon erwähnt, der Gedanke der vom Menschen durch Erfüllung des Gesetzes angestrebten eigenen Gerechtigkeit jedenfalls angedeutet; aber dabei begreift der Vf. die Zeit vor dem Kommen des Gottessohnes völlig undialektisch einfach als Zeit der menschlichen Ungerechtigkeit, ohne die Frage der Möglichkeit der Gesetzeserfüllung überhaupt zu diskutieren.

Man könnte angesichts dessen also durchaus sagen, daß der Vf. einen entscheidenden Aspekt der paulinischen Rechtfertigungslehre und der paulinischen Theologie insgesamt offenkundig nicht verstanden hat. Doch man muß immerhin berücksichtigen, daß auch die Rechtfertigungsaussage des Paulus in Röm 3 vom Gedanken der Verfallenheit des Menschen an die Sünde (1,18–3,20) her begründet ist, daß also dem Gesetzesverständnis des Dg ähnliche Aussagen immerhin auch bei Paulus begegnen.

Das paulinische Denken besitzt für den Vf. des Dg nicht nur im Bereich des Gottesverständnisses und der Christologie grundlegende Bedeutung; vielmehr bezieht er sich auf Paulus auch im Zusammenhang der ethischen Aussagen, wie das abschließende Kap. 10 zeigt. Ebenso

---

deshalb, weil dem Diognet mit der Einführung einer ihm unbekannten zusätzlichen Gestalt nach Ansicht des Vf. kaum gedient gewesen wäre.

[24] Molland, a.a.O. (Anm. 19), 309f. Vgl. zu Dg 9 auch Brändle, a.a.O. (Anm. 8), 65–72. Molland hält diesen Befund für „höchst merkwürdig, denn damals [sc. im 2. und 3. Jahrhundert] wurden die paulinischen Hauptgedanken meistens nicht verstanden oder bei Marcion so urgiert, daß etwas anderes daraus wurde" (a.a.O., 310). Dieses Urteil trifft jedenfalls in dieser Einseitigkeit m.E. nicht zu; vgl. die oben in Anm. 2 genannte Arbeit.

[25] Molland, a.a.O. (Anm. 19), 310. Er vergleicht das Verhältnis des Dg zu Paulus mit dem Verhältnis der „lutherischen kirchlichen Pietisten . . . zu der lutherischen Kirchenlehre".

wie Paulus bindet der Vf. das ethische Handeln der Christen an die zuvor erfahrene Liebe Gottes (10,4). In 10,5 heißt es dann weiter, es sei für den Christen unmöglich, den Schwächeren zu bedrängen und den Niedrigeren zu unterdrücken; diese Aussage ist unmittelbar aus dem Gottesgedanken selbst abgeleitet, denn der Vf. begründet seine Mahnung mit dem Satz, ein solches Verhalten liege ἐκτὸς τῆς ἐκείνου (d.h. Gottes) μεγαλειότητος. Die diesem Gedanken zugrunde liegende theologische Denkstruktur erinnert an Gal 5,22f. 25: Indem Paulus die dort aufgezählten christlichen „Tugenden"[26] als καρπὸς τοῦ πνεύματος bezeichnet, versteht er sie als Wirkungen und damit zugleich als Konkretionen des (göttlichen) Geistes – eine Überlegung, die der Vf. des Dg jedenfalls inhaltlich übernommen hat. Freilich hat er sich auch in bezug auf den Wortlaut dem Gal deutlich genähert, wie der Vergleich zwischen 10,6 (ὅστις τὸ τοῦ πλησίον ἀναδέχεται βάρος) und Gal 6,2 zeigt[27].

Besonders bemerkenswert ist es abgesehen von diesen formalen Analogien, daß der Vf. in Dg 10 auch in der Sache offenbar ganz von Paulus her argumentiert. Er sieht nämlich in gleicher Weise wie der Apostel den „Indikativ" als die Basis des „Imperativs" an, und er läßt dies auch durch den formalen Aufriß seiner Schrift sichtbar werden. Die Konsequenz ist, daß das Christentum im Dg nicht als eine neue Stufe der Moral erscheint, wie es in den eigentlichen apologetischen Texten oft den Anschein hat; im Dg stellt sich das Christentum vielmehr dar als das Bekenntnis zur Offenbarung Gottes in seinem Sohn – freilich als ein Bekenntnis, das dann auch ein bestimmtes ethisches Handeln des Menschen unmittelbar nach sich zieht.

Die Theologie des Dg ist also nicht nur formal, sondern auch und gerade in der Substanz durch Paulus bestimmt. Welche Tiefe dieser Einfluß hat, zeigt der Vergleich des Dg mit der wohl ungefähr zur selben Zeit entstandenen Apologie des Aristides, die praktisch überhaupt keine Bekanntschaft mit paulinischen Briefen oder mit paulinischer Überlieferung aufweist.

Während die Apologie des Aristides primär das Ziel verfolgt, die Absurdität der „Religionen" aufzuweisen, geht es dem Vf. des Dg in erster Linie um eine Darstellung der Inhalte des christlichen Glaubens. Während Aristides vor allem die besonders hervorstechende Moral der Christen herausstellt, überwiegen im Dg deutlich die Aussagen über das christliche Gottes- und Weltverständnis, wobei – wiederum im Unterschied zu Aristides – das Reden von Gott streng an den Offenbarungsgedanken gebunden ist. Es wäre m. E. falsch, diese Unterschiede einfach

---

[26] Vgl. dazu die Ausführungen von D. Lührmann, Der Brief an die Galater, ZBK NT 7, 1978, 90f. und besonders 95.

[27] Vgl. Meecham, a.a.O. (Anm. 14), 134.

mit der Annahme zu erklären, Dg sei jünger als die Apologie des Aristides. R. Brändle führt den im Vergleich zu Aristides auffallend geringen Umfang der Heidenpolemik im Dg darauf zurück, daß sich dessen Vf. „dem Formzwang der apologetischen Tradition ein Stück weit zu entwinden gewußt" habe[28], d.h. er zählt Dg schon zu den Spätformen der christlichen Apologetik. M.E. liegt die entgegengesetzte Erklärung des Befundes näher: Da man nicht den Eindruck hat, der Vf. stehe in einer – und sei es auch nur indirekten – Auseinandersetzung mit einer bereits entwickelten apologetischen Tradition, läßt sich die relative Freiheit in der Form am ehesten mit der Annahme erklären, daß es zur Zeit der Abfassung des Dg den sonst zu beobachtenden „Formzwang" der Apologetik noch gar nicht gab. Die Unterschiede zwischen Dg und Aristides gehen offenbar auf ihre unterschiedliche Haltung der Paulus-Überlieferung gegenüber zurück.

Das zeigt sich, obschon weniger deutlich, auch in dem verglichen mit Aristides stärker auf die Geschichte bezogenen Denken des Vf.: Zwar ist hier wie dort die Menschwerdung des Gottessohnes ein Ereignis in der Zeit (Dg 7,4; Aristid Apol 2,6–8 syr Text [= Apol 15 griech Text]); aber für Aristides sind die drei (nach dem syr Text: vier) Menschheitsgruppen im Grunde doch primär zeitlose „Typen"[29], während für den Vf. des Dg die Offenbarung und damit zugleich die Entstehung des „Christentums" unmittelbar in den Ablauf der Geschichte eingebettet ist (Dg 7–9)[30].

Wie läßt sich diese tiefgreifende Paulus-Rezeption erklären? A. v. Harnack und zuletzt auch wieder R. Brändle haben den „Paulinismus"

---

[28] Brändle, a.a.O. (Anm. 8), 207.

[29] Aristid Apol 2,1 G: τρία γένη εἰσὶν ἀνθρώπων ἐν τῷδε τῷ κόσμῳ. ὧν εἰσὶν οἱ τῶν παρ' ὑμῖν λεγομένων θεῶν προσκυνηταὶ καὶ Ἰουδαῖοι καὶ Χριστιανοί. Der syr. Text unterscheidet Barbaren, Griechen, Juden und Christen.

[30] Zu beachten ist auch der unterschiedliche Stellenwert der Eschatologie. Bei Aristides ist in ethischem Kontext davon die Rede, daß die Christen ἔχουσι τὰς ἐντολάς . . . καὶ ταύτας φυλλάττουσι προσδοκῶντες ἀνάστασιν νεκρῶν καί ζωὴν τοῦ μέλλοντος αἰῶνος (Apol 15,3 G; S: „in der Hoffnung und Erwartung der künftigen Welt"; vgl. auch 15,6: Sie enthalten sich der Unreinheit „wegen der Hoffnung der zukünftigen Vergeltung, die bevorsteht in der anderen Welt" [Text nach G. Ruhbach (Hg.), Altkirchliche Apologeten, TKTG 1, 1966]). Im Dg hingegen ist die eschatologische Aussage einbezogen in den Rahmen der Christologie, indem von Gott in bezug auf Christus gesagt wird (7,5f.): ἔπεμψεν ὡς ἀγαπῶν, οὐ κρίνων. πέμψει γὰρ αὐτὸν κρίνοντα· καὶ τίς αὐτοῦ τὴν παρουσίαν ὑποστήσεται; (Leider hat der Text an dieser Stelle dann eine Lücke.) Vgl. zur Eschatologie des Dg auch Brändle, a.a.O. (Anm. 8), 90–99. Brändle rückt gerade die Eschatologie des Dg besonders nahe an die Gnosis heran (s. dazu unten), wofür ihm insbesondere 10,7 als Beleg dient: Primär gehe es dem Vf. um die (gnostische) präsentische Eschatologie, doch durch die auf die Zukunft bezogenen Ausführungen in 7,3–6 wolle er sich dann doch davon „abgrenzen und dem Mißverständnis, er vertrete eine gnosisähnliche Eschatologie . . ., wehren" (a.a.O., 99). Zu beachten ist jedoch, daß diese präsentische Eschatologie ja auch im Kol und im Eph begegnet, also dem Vf. des Dg als gut paulinisch erscheinen konnte. Die Annahme eines direkten gnostischen Einflusses auf Dg ist nicht notwendig.

des Dg mit der christlichen Gnosis in Zusammenhang gebracht: „Obgleich er auf den gnostischen Kampf nirgends anspielt", so heißt es bei Harnack, „ist seine Theologie doch auf dem Ertrag dieses Kampfes auferbaut", woraus Harnack folgert, Dg gehöre in die Zeit nach Irenäus[31]. Wäre diese Vermutung richtig, so ließe sich der paulinische Einfluß auf Dg relativ leicht erklären: Irenäus hätte durch seine Paulus-Interpretation im antignostischen Kampf Paulus in der Kirche gleichsam wieder „hoffähig" gemacht und es dem Vf. des Dg dadurch ermöglicht, sich – wenn auch ohne ausdrückliche Erwähnung des Apostels – auf diesen zu berufen.

R. Brändle rückt den Vf. des Dg nicht hinter, sondern neben Irenäus und meint, er sei der – abgesehen von Irenäus – „erste nichthäretische Autor, der gegen Ende des 2. Jh. wahrscheinlich unter dem Eindruck der Paulus- und Johannesbegeisterung gnostischer Kreise auf die paulinische und johanneische Tradition zurückgegriffen hat"[32]. Er habe „das Hauptanliegen der Gnosis, die Soteriologie, aufgenommen und sie mit paulinischen Kategorien als Rechtfertigung der ungerechten Menschen durch Gott interpretiert" – sein Interesse für die Ethik stamme hingegen nicht von Paulus, sondern „aus der apologetischen Tradition, der er auch verpflichtet ist"[33].

Diesen Deutungen gegenüber sind Bedenken anzumelden: Zum einen bietet die Geschichte der Paulus-Rezeption im ersten und zweiten Jahrhundert keinen wirklichen Beleg für die Annahme, daß das Paulusverständnis der Gnostiker die nichtgnostische Paulus-Interpretation – sei es positiv, sei es negativ – erheblich beeinflußt hätte[34]; zum andern aber zeigt vor allem der Text des Dg selbst keinerlei charakteristische Berührungspunkte mit der Gnosis – die Bezugnahmen auf Paulus (und auf Joh) sind ja nicht schon für sich genommen Zeichen einer Auseinandersetzung mit der Gnosis oder gar einer Gnosis-Verwandtschaft.

Die Rückgriffe auf Paulus erfolgen im Dg so selbstverständlich, und sie sind so unmittelbar in den Rahmen seiner Theologie eingefügt, daß die Annahme einer gleichsam „von außen" motivierten Paulus-Rezeption überaus unwahrscheinlich ist. Offenbar kannte der Vf. des Dg die paulinischen Briefe und die sich auf Paulus beziehende theologische Tradition aus seiner eigenen Gemeinde[35]; er hielt es nicht nur für sinn-

---

[31] A. v. Harnack, Geschichte der altchristlichen Litteratur bis Eusebius. Zweiter Theil. Erster Band: Die Chronologie der Litteratur bis Irenäus nebst einleitenden Untersuchungen, 1897, 514.

[32] Brändle, a.a.O. (Anm. 8), 234.

[33] Brändle ebenda.

[34] Vgl. wiederum die in Anm. 2 genannte Arbeit.

[35] Gerade auch von daher ist es überaus bedauerlich, daß wir den Entstehungsort des Dg nicht kennen.

voll, sondern geradezu für selbstverständlich, im Gespräch mit Heiden auf den Heidenapostel zurückzugreifen, wenn er auch aus den eingangs genannten Gründen darauf verzichtete, sich ausdrücklich auf ihn zu berufen. Ganz sicher war er nicht der Meinung, er tue etwas Fragwürdiges oder womöglich gar „Ketzerisches", wenn er sich Aussagen der paulinischen Theologie aneignete. Richtig ist aber, daß sich seine Paulus-Rezeption auf einem Niveau bewegt, das vor ihm kein anderer uns bekannter christlicher Autor – die Vf. von Kol und Eph vielleicht ausgenommen – erreicht hat und daß insofern Dg in der ältesten Theologiegeschichte ohne Vorbild ist.

Bernhard Lohse

Beobachtungen zum Paulus-Kommentar des Marius Victorinus und zur Wiederentdeckung des Paulus in der lateinischen Theologie des vierten Jahrhunderts

I

Im vierten Jahrhundert hat die theologische Literatur im lateinischen Westen in vielfacher Hinsicht einen großen Aufschwung erfahren. Sind aus der älteren Zeit im wesentlichen Tertullian, Cyprian oder Novatian zu nennen, die freilich eine außerordentlich große Bedeutung gehabt haben, so wächst die lateinische Literatur des vierten Jahrhunderts mehr und mehr an. Um die Jahrhundertwende haben Männer wie Viktorin von Pettau, Arnobius der Ältere oder Lactanz gewirkt. Seit der Mitte des Jahrhunderts wird die Zahl der christlichen Schriftsteller größer, unter denen etwa Firmicus Maternus und Hilarius von Poitiers hervorragen. Je weiter das vierte Jahrhundert voranschreitet, desto mehr bedeutende Namen finden sich: Marius Victorinus, Ambrosiaster, Ambrosius, Tyconius, Hieronymus, Augustin oder Pelagius. Dabei ist einerseits festzustellen, daß der Austausch mit den griechischen Kirchenvätern rapide anwächst, wobei im ganzen die Lateiner begreiflicherweise die Empfangenden waren. Andererseits jedoch hat die lateinische christliche Literatur seit der Mitte des vierten Jahrhunderts in ganz anderer Weise, als es früher bereits für Tertullian galt, ihre unverwechselbare Eigenart gewonnen, die auch nicht einfach aus der Begegnung mit der griechischen Literatur erklärt werden kann. Diese Eigenart tritt wohl nirgends deutlicher hervor als in dem Paulus-Verständnis, wie es sich im Westen in der zweiten Hälfte des vierten Jahrhunderts ausbildet.

Schon die Zahl der lateinischen Paulus-Exegesen jener Zeit ist imponierend. Der erste Paulus-Kommentar stammt von Marius Victorinus wohl aus der Zeit nach 360[1]; der zweite von Ambrosiaster ist nicht sehr viel späteren Datums, obwohl auch hier eine genaue zeitliche Ansetzung nicht möglich zu sein scheint[2]. Waren von Marius Victorinus lediglich Kommentare zu Gal, Eph und Phil erhalten, obgleich von ihm wahrscheinlich auch andere Paulusbriefe erläutert worden sind[3], so hatte Ambrosiaster das gesamte Corpus Paulinum mit Ausnahme des Hebr exegesiert. Wohl 386 ist sodann ein Kommentar des Hieronymus zu Phlm, Gal, Eph und Tit in Bethlehem verfaßt worden[4]. Etwa 394/395 hat Augustin seine Expositio quarundam propositionum ex Epistola ad Romanos sowie eine sehr knappe Expositio Epistolae ad Galatas verfaßt, um wohl 396 oder 397 das Werk De diversis quaestionibus ad Simplicianum zu schreiben, dessen erstes Buch sich mit Fragen der Exegese des Römerbriefes befaßt. Auf etwa 396–405 ist ein anonymer Paulus-Kommentar zu datieren[5]. Es folgt vor 410 der Paulus-Kommentar des Pelagius. Schließlich ist Augustins Schrift De spiritu et littera zu nennen, die 412 oder allenfalls Frühjahr 413 entstanden ist und hauptsächlich bestimmte Fragen erörtert, welche Paulus im Römerbrief behandelt hat. Außerdem wären manche anderen Theologen zu erwähnen, die – wie vor allem Ambrosius – Paulus zwar nicht kommentiert, wohl aber intensiv gelesen und ausgiebig herangezogen haben.

Bedeutender als die bloße Zahl dieser Paulus-Auslegungen ist jedoch die Kommentierung als solche. Sie hebt sich trotz aller Unterschiede, die zwischen den einzelnen Werken bestehen, grundlegend von den Paulus-Kommentaren des Origenes ab. Hatte für diesen Paulus als der Theologe der geistlich-mystischen Erkenntnis Bedeutung gehabt, der die Reinheit des Lebens lehrt und damit zur Gottesschau anleitet, so sind in den lateinischen Kommentaren unbeschadet aller Differenzen doch im großen und ganzen die Themen der Paulus-Briefe selbst im Mittelpunkt des Interesses gewesen. Verglichen mit Origenes, tritt im Westen generell die Allegorese zurück[6]. Dafür sind Fragen wie die des Gesetzes,

---

[1] Zur Datierung s. O. Bardenhewer, Geschichte der altkirchlichen Literatur, Bd. 3, Freiburg, 2. Aufl., 1923, Neudr. 1962, 465; Christlicher Platonismus. Die theologischen Schriften des Marius Victorinus, übers. P. Hadot und U. Brenke, Zürich/Stuttgart 1967, 58ff.; A. Mutzenbecher, in: Sancti Aurelii Augustini De diversis quaestionibus ad Simplicianum, CCSL XLIV, 1970, XV Anm. 5.

[2] So viel ist sicher, daß Ambrosiaster unter Papst Damasus (366–384) seinen Kommentar verfaßt hat.

[3] S. Bardenhewer, ebd.

[4] Hieronymus unterscheidet sich insofern von den anderen Paulus-Kommentatoren, als er nach seinem eigenen Geständnis in seinem Eph-Kommentar teilweise Origenes gefolgt ist; s. MPL 26, 442 C.

[5] S. H. J. Frede, Ein neuer Paulustext und Kommentar, 2 Bde., in: Vetus Latina 7/8, Bd. I Untersuchungen, Bd. II Die Texte, Freiburg 1973/1974.

[6] Zur Paulus-Kommentierung in der alten Kirche s. E. Benz, Das Paulus-Verständnis in der morgenländischen und abendländischen Kirche, in: ZRGG 3, 1951, 289–309; K. H. Schelkle, Paulus – Lehrer der Väter. Die altkirchliche Auslegung von Römer 1–11, Düs-

der Sünde, der Gnade, des Glaubens, der christlichen Ethik im Zentrum, sosehr hierbei freilich im Westen unterschiedliche Ansichten vertreten wurden.

Diese Hinwendung zu Paulus ist so überraschend und bedeutsam, daß man geradezu von einer Wiederentdeckung des Paulus sprechen muß: „Den antijudaistischen Paulus, den Paulus, der das Gesetz durchbricht und die ‚Gerechtigkeit des Glaubens' aufrichtet, hat erst die abendländische Theologie des vierten Jahrhunderts entdeckt und dann nicht mehr fahren lassen."[7] Die Zentren dieser Paulus-Lektüre waren Rom und Mailand, vielleicht auch Aquileja.

Am Anfang dieser Wiederentdeckung des Paulus steht mit Sicherheit Marius Victorinus. Es fragt sich aber, ob nicht Simplician diese Hinwendung zu Paulus angeregt und herbeigeführt hat. Simplician hat zwar nichts Literarisches hinterlassen, er hat jedoch sowohl für Marius Victorinus als auch später für Ambrosius, dessen Nachfolger als Bischof er wurde, als auch schließlich für Augustin im Zusammenhang von dessen Bekehrung[8] erhebliche Bedeutung gehabt[9].

Was ist die Ursache dieser Wiederentdeckung des Paulus gewesen? Im Blick auf Simplician wissen wir lediglich, daß ihn in der Mitte der 90er Jahre des vierten Jahrhunderts die Auseinandersetzung mit dem Manichäismus beschäftigt hat. Jedenfalls hat A. Mutzenbecher auf Grund von Augustins Schrift De diversis quaestionibus ad Simplicianum die Fragen, welche Simplician Augustin gestellt hat, rekonstruiert und sie in die Auseinandersetzung mit dem Manichäismus hineingestellt. Nach Frau Mutzenbechers Nachweis[10] hatte Simplician um Auskunft über die Frage gebeten, ob zwischen den Aussagen des Paulus über das Gesetz ein Widerspruch bestehe, so daß Paulus das Gesetz der Juden abwerte und nur das Gesetz Christi bejahe. Weiter habe er über den angeblich

---

seldorf 1956; M. F. Wiles, The divine Apostle. The Interpretation of St Paul's Epistles in the early Church, Cambridge 1967.

[7] H. v Campenhausen, Lateinische Kirchenväter, Stuttgart 1960, 152.

[8] Nach Conf. 7,21,27 griff Augustin nach der Lektüre „platonischer Schriften" nach der Hl. Schrift, und zwar vornehmlich nach dem Apostel Paulus; diese Paulus-Lektüre fand vor der Bekehrung statt, also spätestens 386. Wenn Augustin bei seiner Bekehrung durch ein Paulus-Wort so tief getroffen wurde, dann ist eine gewisse Paulus-Kenntnis schon vorauszusetzen (Conf. 8,12,29); dies wird auch dadurch bestätigt, daß unmittelbar vorher Ponticianus, dessen Buch Augustin so beeindruckte, gerade den Apostel Paulus aufgeschlagen hatte (Conf. 8,6,14).

[9] Nach R. Lorenz, Art. Marius Viktorin, RGG 6,1399f., hat Marius Victorinus über Simplician den Mailänder Neuplatonismus und damit Augustin beeinflußt. A. Mutzenbecher, CCSL XLIV, XXII–XXIV, deutet die Möglichkeit an, daß Simplician der Initiator der Wiederentdeckung des Paulus gewesen ist. Da Simplician nichts veröffentlicht hat, läßt sich die Frage der Abhängigkeit nur durch Rückschlüsse vermutungsweise beantworten.

[10] CCSL XLIV, IX–XIV.

freien Willen des Menschen Näheres wissen wollen. Die anderen Fragen Simplicians ergaben sich von alttestamentlichen Aussagen her, nämlich über die Reue Gottes, über die Macht des Bösen oder über die Möglichkeit, daß Gott einen bösen Geist zu seinem Dienst heranziehen könne. Daß Simplicians beide Fragen zur Exegese des Römerbriefes in die Auseinandersetzung mit dem Manichäismus hineingehören, dürfte sicher sein, zumal beide Fragen Topoi betrafen, die schon von Marcion und seinen literarischen Gegnern behandelt wurden[11]. Allerdings muß offenbleiben, ob die Auseinandersetzung mit dem Manichäismus Simplician schon sehr viel früher als zu der Zeit, da er Augustin seine Fragen stellte, intensiv beschäftigt hat. Nach Augustins Bericht[12] hat Simplician dem Marius Victorinus, als dieser sich dem Christentum zuwandte, in Rom nahegestanden; darüber, ob Simplician schon damals intensiver an Paulus interessiert war und ob er etwa dem Marius Victorinus in dieser Richtung Anregungen gegeben hat, können keine begründeten Vermutungen angestellt werden. Auf jeden Fall ist neben den Problemen, die durch den Manichäismus gestellt wurden, „die Affinität, welche Neuplatonismus und Christentum der damaligen Zeit zu haben schienen", nach A. Mutzenbecher ein zweiter Anlaß für das Paulus-Studium gewesen[13].

Diese und ähnliche Fragen können freilich angesichts der Quellenlage nicht mit Sicherheit beantwortet werden. Um so wichtiger ist deshalb eine nähere Beschäftigung mit dem Paulus-Kommentar des Marius Victorinus, weil hier vielleicht durch eine Nachzeichnung von Gedanken und Motiven etwas mehr Licht in das Dunkel jener Wiederentdeckung des Paulus gebracht werden kann.

---

[11] Ebd. X.

[12] Conf. 8,2,3.

[13] A. Mutzenbecher, ebd. XIX. – Wichtig sind in diesem Zusammenhang H. J. Fredes Bemerkungen bei seiner Edition des anonymen Paulus-Kommentars. Nach seiner Meinung hat die Auseinandersetzung mit dem Manichäismus nur geringe Bedeutung für das neue Paulus-Studium gehabt. Wichtiger sei der Neuplatonismus gewesen, der durch die Übersetzungen des Marius Victorinus und in seinen Paulus-Kommentaren Einfluß gewonnen habe. Im übrigen unterscheidet Frede verschiedene Richtungen der Paulusdeutung. „Die Linie, die von diesen Kommentaren (scil. des Marius Victorinus) über Ambrosius, der ihr nur sehr bedingt zuzurechnen ist, zu Augustinus führt, stellt lediglich eine Richtung der Paulus-Interpretation dar, neben der eine andere keineswegs verkümmert, die in der Tradition der älteren Lateiner ihr Interesse an den Themen Sünde und Gerechtigkeit, Vergebung und Buße, Verdienst und Tugend bekundet und ihr Paulusverständnis viel stärker in die Gesamtoffenbarung einbindet und integriert. Sie begegnet in den Kommentaren des Ambrosiaster, des Pelagius und des Hieronymus trotz seiner starken, aber nicht ganz einseitigen Abhängigkeit von den Alexandrinern." Für den von ihm edierten Anonymus sieht Frede als wesentliche Ursache seines Interesses an Paulus „die weitere Öffnung nach Osten, die die Bekannschaft nicht nur mit besseren Texten, als sie dem Westen bis dahin verfügbar waren, zur Folge hatte, sondern auch mit dem höheren theologischen Niveau und der reicher, aber durchaus nicht einseitig entfalteten Exegese" (Frede, Bd. I, 249f.).

II

Bislang hat der Paulus-Kommentar des Victorinus[14] nur verhältnismäßig wenig Aufmerksamkeit gefunden – ganz im Unterschied zu seinen theologischen Schriften und zu seiner Bedeutung für die Annäherung zwischen Neuplatonismus und Christentum. O. Bardenhewer hat nicht mit Unrecht, aber doch recht pauschal geäußert, daß Marius Victorinus sich die Aufgabe gesetzt habe, „möglichst genau die Gedanken des Apostels zu ermitteln. Zu dem Ende wird dem historischen Zusammenhange nachgeforscht, in verschiedenen lateinischen Handschriften Umschau gehalten und auch das griechische Original zu Rate gezogen. Die Allegorese kommt kaum zum Wort. Die praktische Nutzanwendung scheidet völlig aus. Dagegen werden längere dogmatische oder vielmehr philosophische Exkurse eingeflochten, Exkurse, welche die Lehre des Apostels erläutern sollen, häufig aber, um nicht zu sagen in der Regel, sehr fremdartige, auf weit entlegenem Boden erwachsene Philosopheme dem Apostel aufdrängen“[15]. Andere haben den Kommentar des Victorinus vornehmlich an Augustin oder gar an Luther gemessen. So schon R. Schmidt, für den die oft beobachteten Äußerungen über sola fides, mereri usw. im Ganzen der Gedankenwelt des Victorinus völlig isoliert stehen oder zumindest ganz unpaulinisch zu deuten sind[16]. A. v. Harnack hat Marius Victorinus einen „Augustinus ante Augustinum“ genannt[17]. Er meint damit im Anschluß an Ch. Gore, daß Victorinus wesentliche Stücke der neuplatonischen Philosophie für die Erläuterung der christlichen Mysterien verwendet habe. Darüber hinaus habe Victorinus aber auch insofern Augustin vorgearbeitet, als er die Prädestinationslehre stark betont habe und als er auch den Gedanken der Rechtfertigung durch den Glauben entwickelt habe. So habe sich Marius Victorinus in gewisser Weise bereits antipelagianisch ausgedrückt. Auf jeden Fall habe Victorinus auf Augustin einen nicht unerheblichen Einfluß ausgeübt[18].

---

[14] Die beste Ausgabe: Marii Victorini Afri Commentarii in Epistulas Pauli ad Galatas ad Philippenses ad Ephesios, ed. A. Locher, Leipzig 1972. Im folgenden wird diese Ausgabe ohne nähere Angaben nach Seite und Zeilen zitiert; die Fundorte nach Migne, MPL 8, sind hinzugefügt.

[15] Bardenhewer, ebd. 465.

[16] Reinhold Schmidt, Marius Victorinus Rhetor und seine Beziehungen zu Augustin, Diss. theol. Kiel 1895; ders., Art. M.V., RE 20,613f.

[17] A. v. Harnack, Lehrbuch der Dogmengeschichte, Bd. 3, Tübingen, 5. Aufl. 1932, 34 Anm.; s. auch dens., Geschichte der Lehre von der Seligkeit allein durch den Glauben in der alten Kirche, in: ZThK 1, 1891, 82–178, bes. 160.

[18] Harnack, DG 3, 35f.; Ch. Gore, Art. Victorinus, in: Dict. of Christian Biogr. 4, 1887, 1129–1138.

In der einzigen Monographie, die bisher dem Paulus-Kommentar des Victorinus gewidmet worden ist[19], hat W. Karig vorwiegend den Stil sowie die Formgebung untersucht. Im übrigen ist Karig recht knapp auf das Verhältnis des victorinischen Kommentars zur altchristlichen Exegese eingegangen und hat auch einige theologische Gedanken nachgezeichnet. Was die Christologie betrifft, so hat er die Nähe zu neuplatonischen Gedanken betont[20].

P. Hadot hat in seiner Studie über das Leben und die Schriften des Marius Victorinus auch den Paulus-Kommentar kurz untersucht. Er bezeichnet ihn als den am wenigsten bekannten Teil seines Schrifttums[21]. Nach Hadot findet sich in diesem Kommentar eine antijudaistische Tendenz, speziell gerichtet gegen Jakobus und die Symmachianer. Allerdings sei es schwer zu sagen, ob diese Richtung der Symmachianer damals in Rom noch Bedeutung gehabt habe[22]. In der Tat kann man Zweifel gegenüber der Behauptung einer antijudaistischen Tendenz bei Marius Victorinus hegen, ebenso wie auch die These eines Einflusses des marcionitischen Prologes zum Laodicenerbrief[23] problematisch ist.

Schließlich hat W. K. Wischmeyer dem Paulus-Kommentar des Marius Victorinus eine kleine eigene Studie gewidmet[24]. Wischmeyer hat dabei Victorinus im Rahmen spätantiker Kommentare zu deuten versucht. Wie diese, so habe der Paulus-Kommentar des Victorinus den Leser „für eine bestimmte Art der Auslegung" gewinnen und ihn „auf Grund der auctoritas des Auszulegenden zu einem bestimmten Weltverständnis" führen wollen[25]. Dabei sei es Victorinus um eine protreptische Absicht gegangen, wobei er eine „ambivalente Stellung innerhalb und außerhalb der Gemeinde" gehabt habe, die ihm den Zugang sowohl zu den Heiden als auch zur Gemeinde eröffnet habe[26]. Diese „Werbeschrift an neuplatonisch gebildete Nichtchristen in Rom"[27] habe in der neupla-

---

[19] W. Karig, Des Caius Marius Victorinus Kommentare zu den paulinischen Briefen, Diss. theol. Marburg 1924.

[20] Karig, ebd. 92.

[21] P. Hadot, Marius Victorinus, Recherches sur sa vie et ses oeuvres, Paris 1971, 285.

[22] Ebd. 292ff.

[23] So K. Th. Schäfer, Marius Victorinus und die marcionitischen Prologe zu den Paulusbriefen, in: RBen 80, 1970, 7–16; cf. dazu auch Hadot, ebd. 294f., Anm.

[24] W. K. Wischmeyer, Bemerkungen zu den Paulusbriefkommentaren des C. Marius Victorinus, in: ZNW 63, 1972, 108–120. – Ganz anders sind die freilich recht knappen Bemerkungen des Herausgebers: A. Locher, Formen der Textbehandlung im Kommentar des Marius Victorinus zum Galaterbrief, in: Silvae. Festschrift Ernst Zinn, Tübingen 1970, 137–143. Locher stellt in diesem Kommentar „eine ganz intensive Beschäftigung mit dem Text und ein sehr nahes Verhältnis zu ihm" fest (142); bei Marius Victorinus finde sich „die Verbindung gelehrter Bibelkommentierung mit der lebendigen Homilie" (143).

[25] Wischmeyer 110.

[26] Ebd. 111f.

[27] Ebd. 112.

tonischen Tradition ihren bestimmten Platz und stehe Porphyrios am nächsten. Auffallend seien in den Kommentaren die zahlreichen Begriffe für Vorgänge des Erkennens, wie intelligere, sentire, videre, scire. Allerdings habe Victorinus den Preis entrichten müssen, „sein ‚heiles System' in einer Sprache der Vergangenheit auszusprechen, nämlich im Gegensatz zur immanenten Theurgie an die transzendente theologia, i.e. Iesus Christus, die im Kreuz Christi vorgegeben ist, zu glauben"[28]. Bei Victorinus sei somit der „‚Philosoph Paulus' . . . die Autorität für ein ontologisches Schema" geworden[29].

Es hat den Anschein, daß der Versuch, den Paulus-Kommentar des Marius Victorinus zu schnell mit späteren Kommentaren zu vergleichen und ihn zudem in die Geschichte der Begegnung zwischen Neuplatonismus und Christentum hineinzustellen, zunächst einmal zurückstehen sollte hinter dem Bemühen, das zur Kenntnis zu nehmen, was bei Marius Victorinus in seinem Kommentar eigentlich steht. Wie gut oder schlecht er Paulus ausgelegt haben mag, wie sehr er dabei für Spätere als Vorläufer anzusehen ist: dies alles kann erst erwogen werden, wenn hinreichend bedacht worden ist, daß er als erster lateinischer Christ sich Paulus intensiv zugewandt hat. Im folgenden sollen daher einige Dinge, die, wie es scheint, in bisherigen Würdigungen des victorinischen Kommentars zu Unrecht oder einseitig gesagt worden sind, zurechtgerückt werden; ferner soll auf einige Linien hingewiesen werden, die bislang keine hinreichende Aufmerksamkeit gefunden haben. Eine umfassende Würdigung des Paulus-Kommentars des Marius Victorinus bleibt ein Desiderat, das hier nicht erfüllt werden kann.

III

Wie steht es zunächst mit den häufig beanstandeten „philosophischen Exkursen", die den Gedanken des Paulus fremd sind? Solche Exkurse finden sich ohne jeden Zweifel in größerer Zahl. Es lohnt sich freilich, diese Exkurse etwas näher zu betrachten und dabei insbesondere auch auf den Zusammenhang der exegesierten Stellen zu achten.

Zu Phil 2,6–8 findet sich eine Reflexion über die „forma dei": „quid autem sit ‚dei forma'? non figura, non vultus, sed imago et potentia" (85,6f.; 1207B)[30]. Im folgenden verweist Marius Victorinus auf seinen

---

[28] Ebd. 117f.

[29] Ebd. 119.

[30] Zu dieser Thematik s. E. Benz, Marius Victorinus und die Entwicklung der abendländischen Willensmetaphysik, Stuttgart 1932, 226–233. Cf. auch A. Ziegenaus, Die trinitarische Ausprägung der göttlichen Seinsfülle nach Marius Victorinus, München 1972. Nach Ziegenaus steht Marius Victorinus „auf der Schwelle von Hellenismus und Christen-

Epheser-Kommentar, wo er diese Frage ausführlicher behandelt habe; außerdem sei er in anderen Schriften näher auf die „forma dei" eingegangen. Zu der Philipper-Stelle äußert er weiter: „. . . deum esse in eo, quod est ipsum principale esse, esse autem ipsum, quod est principale habere vivere et intellegere. sed intellegere atque vivere forma quaedam est et imago ipsius existentiae. cum igitur existentia deus sit, ut multis probatur, atque id magis, quod supra existentiam est, forma autem existentiae moveri, intellegere, vivere. circumformatur enim et definitur quodammodo, id est in considerationem et cognoscentiam devocatur, quod sit illud esse, quod invisibile est et incomprehensibile vivere intellegitur et intellegere. ita esse pater est. vivere autem et intellegere, quae ista ipsa in eo sunt, quod est esse, quasi forma. Christus ergo dei forma est. vita est enim Christus et cognoscentia et intellectus" (85,9–21; 1207 B/C). Marius Victorinus nimmt also die Aussage des Christus-Hymnus über die „Gestalt Gottes" zum Anlaß, seine stark neuplatonisch geprägte Trinitätslehre über das In- und Miteinander von esse, vivere, intellegere darzulegen. Als eine „historische" Exegese, wie sie Victorinus sonst nachgerühmt wird, kann dieser Exkurs begreiflicherweise nicht gelten. Es ist jedoch festzuhalten, daß der Begriff der „forma dei" für ihn die Veranlassung zu dem Exkurs gab.

Zu Phil 2,9–11 findet sich eine Aktualisierung, die im Sinne des Victorinus sicher das gleiche besagt wie der Exkurs zu Phil 2,6–8, daß nämlich die „catholica disciplina" lehrt, daß sowohl der Vater als auch der Sohn immer dagewesen sind (89,4f.; 1210 A). Etwas später heißt es, daß hinsichtlich des Namens Vater und Sohn untereinander gleich sind (90,14f.; 1211 A).

Zu Phil 3,19 setzt sich Marius Victorinus mit verschiedenen Häretikern auseinander: „Die einen haben nämlich gesagt, daß er (scil. Christus) Mensch gewesen sei, (scil. also) nicht in einem Menschen gewesen sei. Die anderen leugnen, daß er überhaupt im Fleisch geboren sei, andere leugnen, daß er gekreuzigt worden sei" (108,6–8; 1224 C/D). Die Ablehnung derartiger gnostischer bzw. manichäischer Sätze dürfte sich für Victorinus ebenso aus dem Paulus-Text ergeben wie die Aussage über die Gleichewigkeit der Personen der Trinität.

In dem Epheser-Kommentar finden sich die meisten „philosophischen Exkurse". Hierfür ist schon die Bestimmung der summa dieses Briefes von Interesse. Marius Victorinus bezeichnet es als den Inhalt des Epheser-Briefes, „daß sie (scil. die Epheser) die Erkenntnis der Theolo-

tum und übermittelt ihm, von Augustin angefangen, die Kultur der Antike" (6). S. ferner auch G. Huber, Das Sein und das Absolute. Studien zur Geschichte der ontologischen Problematik in der spätantiken Philosophie, Basel 1955.

gie haben, d.h. des Gottes Christi, seines Geheimnisses und seiner Ankunft sowie der übrigen Dinge, welche sich auf diese Erkenntnis beziehen" (123,2–5; 1235 A). Zur summa des Epheser-Briefes gehören jedoch ebenso die Gebote für die Lebensweise in den verschiedenen Ständen, also die Haustafeln. Victorinus fährt fort: „Da dies also zwei Dinge sind, werden wir zuerst alles (universa) über die Theologie, sodann über die Lebensform und die Gebote für die Lebensweise darlegen" (123,9–11; 1235 B). Was das erste betrifft, so sei die summa, „daß Christus, der Sohn Gottes, vor der Welt dagewesen ist und ewig ist und daß er gekommen ist und daß auf ihn die Hoffnung gesetzt ist und daß in ihm die Verheißungen Gottes gegeben sind" (123,18–21; 1235 B/C). Diese knappe, im ganzen treffende Zusammenfassung hindert freilich nicht, daß Marius Victorinus im folgenden eine Reihe von für unser Empfinden höchst eigenartigen Exkursen gibt.

Zu Eph 1,1 stellt er Erwägungen über den Willen Gottes an. Hatte es im Text geheißen, daß Paulus durch den Willen Gottes Apostel sei, so bezeichnet Victorinus Christus als den Willen Gottes im Geist, der Paulus zum Apostel gemacht und ihn im Geist erwählt habe. Christus sei der Wille Gottes oder die Kraft zu tun, was er wolle; Christus aber wolle, was Gott wolle. Von daher müsse man schließen, daß Gott die „potentia, magnitudo, substantia plenitudinis totius" sei, daß aber Christus, d.h. der Logos, der in Christus war, Gottes Wille sei. Gott und sein Wille seien untrennbar und doch gleichsam trennbar (... inseparabilia esse deum et eius voluntatem, et tamen quasi separabilia) (124,22–125, 19; 1236 B–D). Victorinus nimmt hier also erneut Veranlassung, seine neuplatonische trinitarische Spekulation einzutragen; der Sache nach wendet er sich jedoch zugleich gegen den Arianismus.

Zu Eph 1,4 fügt Victorinus einen Exkurs über die „natura animarum" und den intellectus, d.h. die wahre Erkenntnis, ein. Dieser Exkurs entfernt sich besonders stark von dem exegesierten Text. Immerhin mochte Victorinus sich durch die Aussage über die Erwählung vor Grundlegung der Welt berechtigt fühlen, seine Seelenmetaphysik hier zu erwähnen. Durch die Verbindung dieser Seelenmetaphysik mit dem Gegensatz von fleischlich/geistlich ist auch hier eine merkwürdige Einheit von Neuplatonismus und biblischer Tradition entstanden (128,26–132, 31; 1239 A–1242 A).

Zu derselben Stelle findet sich im Anschluß an das Wort von der Prädestination ein Exkurs über substantia/existentia, wodurch die Ausführungen über die Ewigkeit der Seelen ergänzt werden (132,32–133, 25; 1242 A–C).

Zu Eph 1,5–6 wird der Exkurs über die Seelen unter dem Aspekt der „filiorum adoptio" weitergeführt, wobei die Vorstellung von Christus als dem Sohn und der imago die Anknüpfung ermöglicht. Deutlich unterscheidet Victorinus zwischen Christus als dem Sohn und uns als den „adoptati filii" (133,26–134, 24; 1242 D–1243 B).

Zu Eph 1,8 wird erneut der Exkurs über die Seelen fortgeführt, wobei hier der Begriff des „abundare" die Verbindung zwischen neuplatonischen und christlichen Anschauungen herstellt (135,19–136, 32; 1244 A–D).

Zu Eph 1,20–23 findet sich im Anschluß an die Aussage über Christi Auferweckung von den Toten wiederum eine Weiterführung des Exkurses über die Seelen: sie sind, wie Victorinus äußert, durch Christus neu geschaffen (recreatas) und befreit, so daß sie zu ihrem Ursprung zurückkehren und die Sünden beseitigt werden können (144,9–34; 1250 B/C).

Zu derselben Stelle legt Victorinus das Wort „höher als jeder Name" (V. 21) dahin aus, daß Christus über dem Seienden ist (145,27–146, 23; 1251 B–1252 A).

Zu derselben Stelle führt Victorinus bei der Aussage, daß Gott Christus zum Haupt über die ganze Kirche gesetzt habe, aus, daß „viele" unter der Kirche alle Seelen verstehen. Christus selbst sei ja Geist, und so erkennen die Seelen durch ihn Gott, werden selbst geistlich und werden von der Fehlsamkeit befreit, welche der Seele an sich anhaftet (146,33–147, 24; 1252 A–C).

Man mag darüber streiten, ob noch an weiteren Stellen von „philosophischen Exkursen" zu sprechen ist. Naturgemäß gehen Exegese und philosophische Betrachtungen an manchen Stellen ineinander über. Freilich, selbst wenn man eine größere Zahl von Exkursen feststellen möchte, so dürfte sich das Bild im ganzen kaum erheblich verändern. Vielmehr gilt inhaltlich über diese Exkurse, daß sie vornehmlich zwei Themen haben: einmal die von Marius Victorinus entwickelte Trinitätslehre, zum anderen seine Seelenmetaphysik.

Freilich hat Marius Victorinus diese beiden Themen nicht einfach allenthalben in den exegesierten Text hineinzulesen oder aus ihm zu entnehmen versucht. Vielmehr fällt auf, daß er diese Fragen im ganzen nur dort behandelt, wo von dem ausgelegten Text her ein gewisser Anlaß gegeben sein mochte: es sind hauptsächlich einmal der Christus-Hymnus Phil 2, zum anderen Eph 1, die ihn zu solchen Exkursen verleitet haben[31]. Hingegen hat Marius Victorinus sich bei der Auslegung der anderen Texte viel stärker an den unmittelbaren Wortlaut gehalten und diesen zu paraphrasieren unternommen. Insbesondere ist beachtlich, daß sich in dem Galater-Kommentar, wenn ich recht sehe, „philosophische Exkurse" nicht finden. Zugespitzt kann man sagen, daß diejenigen Texte, die von der modernen historisch-kritischen Exegese als nicht-pauli-

---

[31] Wiles, ebd. 102, Anm. 4 sagt mit Recht: "Victorinus does try to show that the pre-existence of souls is implied by the language of Eph. 1,11."

nisch angesehen werden, von Victorinus in seinen Exkursen „erläutert" worden sind. Dabei unterscheidet sich Marius Victorinus etwa von der Paulus-Auslegung des Origenes gerade insofern, als er den Text nicht durchgehend in „mystischer" Weise deutet, wie er ja auch die Allegorese vermeidet, sondern lediglich bei solchen Begriffen oder Sachaussagen, die neuplatonisch-christlichen Spekulationen nahezustehen schienen, diese Exkurse anhängt.

IV

So weit Marius Victorinus sich in seinen Exkursen von dem eigentlichen Sinn des Textes entfernt, so verdient doch Beachtung, daß er sich immerhin das Ziel gesetzt hat, die ursprüngliche Intention der von ihm ausgelegten Briefe herauszuarbeiten. In diesem Zusammenhang ist es aufschlußreich, daß er sich bemüht hat, jeweils die summa der Briefe genau zu bezeichnen.

Was den Gal betrifft, so gibt er gleich zu Beginn als die summa dieses Briefes an: „errare Galatas, quod ad evangelium fidei, quod est in Christo, adiungant Iudaismum corporali intellectu observantes sabbatum et circumcisionem, item cetera opera, quae ex lege perceperant. his rebus motus Paulus scribit hanc epistulam eos volens corrigere et a Iudaismo revocare, ut fidem tantum in Christum servent et a Christo spem habeant salutis et promissionum eius, scilicet quod ex operibus legis nemo salvetur. ut refutet ergo ista, quae adiungunt, confirmare vult evangelium suum. ut autem det auctoritatem evangelio suo, adhibet principia dicens se esse apostolum non ab hominibus neque per hominem . . ." (1,4–15; 1145 D–1147 A). Durch den Hinweis, daß er erst drei Jahre nach dem Empfang der Offenbarung nach Jerusalem gezogen sei, mache Paulus deutlich, daß er sein Evangelium nicht von den Uraposteln überkommen habe, sondern durch den Herrn Jesus Christus selbst (1,17–25; 1147 A). Zu Beginn des zweiten Buches seiner Gal-Auslegung nimmt Victorinus die Frage der summa noch einmal auf: es gehe Paulus darum, daß die Galater den Glauben an Christus und das Evangelium bewahren (35,20–31; 1171 A/B). Paulus habe gelehrt, daß die Meinung falsch sei, „quod ex lege iustificatio et salus speratur". Vielmehr komme alles aus dem Glauben; denn die Verheißung der Befreiung und der Rechtfertigung und des himmlischen Erbes sei dem Abraham samt seinem Samen auf Grund des Glaubens gegeben (35,25–28; 1171 B).

Was den Phil-Kommentar betrifft, so ist die Auslegung zu 1,1–14 nicht erhalten. Da aber auch der Eph-Kommentar eine summa bietet, ist zu vermuten, daß Marius Victorinus ebenfalls seine Phil-Auslegung mit einer Erwägung über die summa dieses Briefes begonnen hat. Welchen Inhalt diese summa gehabt haben dürfte, kann man aus der Erläuterung zu Phil 1,27 erschließen: „tota vitae summa Christiano ista est: in evangelio Christi conversari, ipsum sibi annuntiare et ceteris, in ipso spem habere, omne, quod agat, ex mandatis eius agere. hoc est enim digne in evangelio Christi conversari" (77,28–31; 1202 A). Weiter sagt Victorinus: „Es kann einer gerecht und lauter wandeln, aber das ist zu wenig. Ebenso kann einer im Evangelium Christi wandeln, aber auch dies ist zu wenig. Vielmehr muß es so zusammen genommen werden, daß wir vor allem im Evangelium Christi wandeln, und zwar würdig wandeln. Würdig wandeln aber heißt, nach seinen Geboten leben und das tun, was Christus geboten hat" (77,31–78,1; 1202 A).

Bei der Erklärung des Eph lautet die summa: „ut habeant cognitionem theologiae, id est dei Christi, mysterii ipsius et adventus et ceterorum, quae ad eam cognitionem pertinent. item ad praecepta vivendi Christianis quae maxime pertinent vel omnibus vel singulis convenientia, quibus personis quae frequentissime, continet, quid dominum, quid servum, quid patrem, quid filium, quid maritum, quid uxorem oporteat facere" (123,1–9; 1235 A/B). Inmitten der „philosophischen Exkurse" greift Victorinus die Frage der summa noch einmal auf und äußert im Anschluß an Eph 1,15: „haec enim summa rerum est, haec virtus, hoc mysterium, ut fides in Christum Iesum sit" (140,3f.; 1247 B). Oder zu Eph 2,20 heißt es: „primum, inquam, fundamentum est Christum credere et in eo spem habere et in deum fidem mittere" (159,21–23; 1261 A).

So problematisch auch viele Exkurse des Marius Victorinus als Text-Auslegung sind, so scheint von dem Bemühen um die Feststellung der summa der Briefe her die Aussage nicht berechtigt, daß er eine „ambivalente Stellung innerhalb und außerhalb der Gemeinde" gehabt habe (Wischmeyer). Ob sich Victorinus vornehmlich an neuplatonisch gebildete Nichtchristen in Rom gewandt habe[32], mag füglich bezweifelt werden.

Im übrigen ist es beachtlich, in wie starkem Maße Marius Victorinus trotz aller Grenzen, die seinem Kommentar zweifellos eigen sind, doch bestimmte Gedanken des Paulus aufgenommen und neu formuliert hat. Bei seiner Wiedergabe der Kontroverse des Paulus mit den Galatern sind wesentliche Aspekte des paulinischen Gesetzesverständnisses klar zum Ausdruck gebracht worden. Die Spaltung des Gesetzes, wie sie von Marcion oder den Manichäern Paulus unterstellt wurde, ist abgewehrt. Statt dessen unterscheidet Victorinus zwischen dem fleischlich und dem geistlich verstandenen Gesetz (27,34–36; 1165 D). Fast reformatorisch – wenn man Victorinus mit Späteren vergleichen will – klingt etwa die Aussage: „hoc est fide vivere: a nullo aliud boni sperare quam a Christo

---

[32] Wischmeyer, ebd. 112.

et a deo. hoc est in fide vivere et ‚dei et Christi, qui me dilexit et tradidit se pro me'" (28,22–24; 1166 B). Daß Marius Victorinus an nicht wenigen Stellen vom „sola fide" spricht (s. etwa 30,23; 1167 C. 32,26; 1169 A. 37,13; 1172 B. 69,4; 1195 D. 170,16; 1269 A. 200, 18.26f.; 1290 A/B), ist schon immer aufgefallen[33]. Auf der anderen Seite darf nicht übersehen werden, daß sich auch eine „vulgärkatholische" Linie bei ihm findet. Es wäre falsch, lediglich das eine oder das andere herauszuheben. Gleichwohl gewinnt man nur dann einen Blick für die besondere Leistung des Marius Victorinus, wenn man sich vergegenwärtigt, daß er als erster das „sola fide" gesehen hat.

V

Um die besondere Eigenart des Paulus-Kommentars des Marius Victorinus zu erkennen, muß weiter bedacht werden, in welcher Auseinandersetzung er seine Auslegung vorgetragen hat und welche Absicht ihn dabei vermutlich geleitet hat.

Gelegentlich zeigen sich „Spuren einer antimanichäischen Tendenz" bei Marius Victorinus[34]. Zu Gal 2,19 hat er die Einheit der Gesetzesauffassung bei Paulus (27,20–34; 1165 C) und zu Phil 2,6–8 die Selbstentäußerung bei der Annahme des Fleisches (86,12–18; 1208 B) betont. Zu diesen beiden, von A. Mutzenbecher genannten Stellen könnte man die Auslegung von Phil 3,19 (108,6–8; 1224 C/D. s.o. III) hinzufügen. Allerdings werden die Manichäer namentlich ebensowenig wie die anderen bedeutenden Häretiker der Zeit genannt. Zentral ist die Auseinandersetzung mit manichäischen Vorstellungen bei Marius Victorinus auf jeden Fall nicht. So läßt sich auch aus der antimanichäischen Einstellung bei Marius Victorinus und Simplician nichts Sicheres über ein Abhängigkeitsverhältnis zwischen den beiden sagen.

Um so wichtiger ist freilich die bislang nicht beachtete antiarianische Tendenz im Paulus-Kommentar des Marius Victorinus. Zwar werden auch hier die Gegner nicht namentlich genannt. Doch erfolgt die Auseinandersetzung mit dem Arianismus öfter, so daß man in ihr durchaus eine Absicht des Victorinus bei seiner Abfassung des Kommentars erblicken muß.

Zu Gal 1,1 betont Marius Victorinus gleich: „Christus enim et deus et homo" (2,29; 1147 D), wodurch die Aussage des Paulus, er sei nicht von Menschen und auch nicht durch einen Menschen, sondern durch Jesus Christus und Gott den Vater zum Apostel berufen, eine antiarianische Zuspitzung erhält. Dabei weist Victorinus ausdrücklich darauf hin, daß

---

[33] S. etwa Karig, ebd. 57–87; Benz (o. Anm. 30), 156–159.

[34] A. Mutzenbecher, ebd. XVI mit Belegen in Anm. 4.

einige Paulus anders deuten. Diese meinten nämlich, die Worte „sondern durch Jesus Christus und Gott den Vater" machten einen Unterschied zwischen Gott und Christus. Victorinus betont jedoch, daß er oftmals den Nachweis erbracht habe, daß Christus von Paulus auch „Gott" genannt werde (3,12–19; 1148 A). Damit stellt Victorinus seinen Paulus-Kommentar in den Zusammenhang seiner antiarianischen Schriften.

Zu Gal 3,25–26 betont Marius Victorinus, freilich in engem Anschluß an den ausgelegten Text, die Notwendigkeit des Glaubens, daß Christus Gottes Sohn ist und uns erlöst: „‚omnes enim estis filii dei fide in Christo Iesu'. haec est enim hereditas, ut consequamur vitam aeternam. tunc enim sumus filii dei. sed unde istud? fide in Christo Iesu. tunc fidem in Iesu Christo habemus, id est dum in illum credimus, quod filius dei sit et quod ipse nos salvet, et quod illud mysterium pro nobis egerit, et illa omnia, quae in evangelio diximus" (38,15–21; 1173 A).

Zu Gal 4,4 betont Victorinus erneut, daß Christus „Gottes Sohn" ist (42,6–16; 1176 B/C). Zu den Worten „factum sub lege" hebt er hervor, daß ein Unterschied bestehe zwischen der Aussage, „utrum filium factum . . . an factum sub lege" (43,15f.; 1177 B).

Zu Gal 4,6 unterstreicht Victorinus wieder, daß Christus, da er die Kraft Gottes (virtus dei) sei, selbst Gott sei (44,33–45,7; 1178 B/C).

Zu Phil 2,9–11 heißt es: „catholica disciplina dicit et semper fuisse patrem et semper filium" (89,4f.; 1210 A). Etwas weiter unten: „nomen tamen vel filius vel pater aequalia inter se sunt" (90,14f.; 1211 A).

Zu Phil 4,20 wird Christus sogar als unser Vater bezeichnet: „‚deo', inquit, ‚gloria, deo patri et deo', inquit, ‚nostro', scilicet Iesu Christo, patri nostro" (121,10–12; 1234 C).

Zu Eph 1,17–18 sagt Victorinus: „Wenn wir Miterben mit Christus sind, dann ist Christus auch Gott" (142,14f.; 1248 D).

Aus den angegebenen Stellen läßt sich freilich nicht genau rekonstruieren, welche Richtungen im Arianismus von Victorinus jeweils kritisiert werden. Hier unterscheidet sich der Paulus-Kommentar durchaus von den früheren antiarianischen Schriften des Victorinus, bei denen P. Hadot in überzeugender Weise den genauen Sitz im Leben in den späten 50er und frühen 60er Jahren des vierten Jahrhunderts bestimmt hat[35]. Der Paulus-Kommentar mag dem Victorinus eher Gelegenheit gegeben haben, nach der detaillierten Auseinandersetzung mit den verschiedenen Richtungen des Arianismus, die er vorher geführt hatte, noch einmal aus neutestamentlichen Schriften insgesamt den Nachweis zu führen, daß Christus sowohl Gott als auch Mensch ist.

---

[35] P. Hadot, SC 68/69, passim; Christlicher Platonismus, 33–71.

Diese zweifellos vorhandene antiarianische Tendenz des Paulus-Kommentars darf freilich auch nicht überschätzt und als einzige Veranlassung für die Abfassung der Paulus-Exegese des Victorinus angesehen werden; denn dazu sind diese antiarianischen Auslassungen doch zu vereinzelt und zudem eben auch ohne namentliche Nennung erfolgt. Da freilich die antiarianische Tendenz sehr viel stärker ist als die antimanichäische, wird man ihr jedoch mehr Bedeutung als dieser für den Plan des Kommentars zuschreiben.

Wenn nun aber die Kritik am Arianismus nicht als einziges oder vielleicht nicht einmal als das beherrschende Motiv für die Abfassung des Kommentars anzusehen ist, wo haben wir dann die hauptsächliche Ursache für jene so bedeutsame Wiederentdeckung des Paulus zu sehen, die mit Marius Victorinus beginnt?

Vielleicht findet sich die Antwort auf diese Frage in dem Brief des Marius Victorinus an den Arianer Candidus – eine wohl fiktive Gestalt[36]. Dort zitiert er eingangs Röm 11,33f., um die Schwierigkeit des Erkennens der unerforschlichen Mysterien hervorzuheben, wohingegen das Aussprechen dieser Mysterien unmöglich sei: „Der selige Paulus sagt nämlich: ‚O Tiefe des Reichtums, der Weisheit und der Erkenntnis Gottes! Wie unerforschlich sind die Urteile Gottes und unergründlich seine Wege.‘ Auch Jesajas sagt: ‚Denn wer hat den Sinn des Herrn erkannt, oder wer ist sein Ratgeber gewesen?‘ Du siehst also, welches die Gotteserkenntnis der Seligen ist.“ Weiter heißt es: „Meinst Du vielleicht, jene Schriftzeugnisse seien unnütz? Allein, wenn Du Dich Christ nennst, muß Du die Schrift, welche den Herrn Jesus Christus verkündet, annehmen und verehren.“[37]

Diese Worte erlauben den Schluß, daß Marius Victorinus sich vornehmlich deshalb dem Studium der Schrift oder näherhin des Paulus zugewendet hat, weil er hier die Verkündigung Jesu Christi fand und weil er meinte, daß das grundlegende Zeugnis des christlichen Glaubens anzunehmen und zu verehren sei. Diese einfache, aber im Grunde überzeugende Antwort auf die Frage nach der Veranlassung seines Paulus-Kommentars dürfte erklären, warum Marius Victorinus im ganzen um eine paraphrasierende Wiedergabe des exegesierten Textes bemüht war und dabei auch Erhebliches geleistet hat. Daß dieses Bemühen freilich keineswegs auf Anhieb voll gelungen ist, sondern partienweise ganz Fremdes in den Paulus-Text hineingelesen worden ist, kann nicht bestritten werden.

Wenn Marius Victorinus tatsächlich die Absicht gehabt hat, sich aus

---

[36] So im Anschluß an P. Nautin, M. Meslin und M. Simonetti auch P. Hadot, Christlicher Platonismus, 43.

[37] Ad Cand. 1,12–19 (Christlicher Platonismus 85; SC 68; CSEL 83).

der Schrift über den christlichen Glauben, und zwar besonders auch im Hinblick auf die Auseinandersetzung mit den Arianern, zu vergewissern, dann ist der Ausgangspunkt seines Paulus-Studiums nicht die Auseinandersetzung mit dem Manichäismus gewesen. Für Augustin hingegen waren wieder andere Probleme im Mittelpunkt seines Paulus-Studiums, nämlich die Lehre von Sünde und Gnade sowie die Anthropologie, und zwar im Lichte seiner Erfahrungen mit sich selbst.

So scheint es, daß in der zweiten Hälfte des vierten Jahrhunderts verschiedene Motive in Italien zu der überraschenden Wiederentdeckung des Paulus führten. Marius Victorinus kommt dabei das Verdienst zu, die ersten kräftigen Schritte getan zu haben.

Claudio Moreschini

Tertulliano tra Stoicismo e Platonismo

E' un risultato raggiunto oramai da tempo dalla critica tertullianea, che lo scrittore cartaginese, allorquando si accosta – sia pure con atteggiamento critico, come è ben noto – alla filosofia pagana per dare forma ‹scientifica›[1] alle sue dottrine cristiane, attinge generalmente allo stoicismo. Si possono leggere numerosissimi studi che, in un modo o nell'altro, affrontando questo o quel problema, tracciano la derivazione di Tertulliano dalla filosofia del Portico; il più recente e sistematico, in questo senso (anche se vede tutto il cristianesimo dei primi tre secoli in termini di ‹panstoicismo›), è quello di M. Spanneut[2]. In effetti, è evidente l'origine dallo stoicismo di certe dottrine caratteristiche dello scrittore africano: prima di tutte, quella della corporeità di qualunque cosa esistente (omne quod est, corpus est sui generis, si legge in carn. Ch. 11,4; cf. anche adv. Prax. 7,8; adv. Herm. 35,2; 36,3–4), compresa l'anima (cf. paen. 3,3 sg.; de an. 5,2; 7,1 sg.; adv. Marc. V,15,8), compreso Dio, ché Deus spiritus est (Ioh. 4,24), e lo spirito, come il pneuma stoico, è corporeo (cf. adv. Prax. 7,8)[3].

Ma quale è l'origine di questo stoicismo tertullianeo? Che lo scrittore africano abbia attinto direttamente alle opere dei fondatori della Stoa, è da escludersi: leggere Zenone e Crisippo, agli inizî del terzo secolo d. C., lo potevano solamente gli specialisti, i maestri delle scuole filosofiche greche; avrebbe richiesto notevole tempo e fatica, e sarebbe stato, per Tertulliano, un tipico caso di curiositas, di quella curiosità per le quaestiones indeterminabiles (adv. Marc. I,9,7), che S. Paolo e Tertulliano

---

[1] Sull'atteggiamento di Tertulliano nei confronti della filosofia si è già scritto parecchio in passato, in particolare sul suo presunto irrazionalismo e sulla sua esigenza di una fede ‹semplice›: non è il caso, qui, di riprendere tutte le discussioni. Ci basti osservare che le nostre considerazioni accettano, in via preliminare, le conclusioni alle quali è giunto, sul problema di come Tertulliano valutasse la filosofia, J. C. Fredouille, Tertullien et la conversion de la culture antique, Paris 1972, pp. 201 sgg.

[2] Cf. M. Spanneut, Le stoïcisme des Pères de l'Eglise, Paris s. d.[2].

[3] Il problema della corporeità dello spirito e degli esseri spirituali fu ampiamente dibattuto nei primi secoli del cristianesimo; Tertulliano lo risolve sempre in termini materialistici, in questo seguito da Novaziano, De Trin. 7,39.

stesso non amant (cf. I Tim. 1,4). E' logico concludere, come, del resto, è già stato concluso, che Tertulliano si è servito di manuali (cf., del resto, lo schizzo tracciato in funzione polemica in Apolog. 47,5–8; de an. 43,2). Lo stoicismo, già dal I^ sec. d. C., faceva parte di quella Popularphilosophie, da un lato, o della koiné culturale, dall'altro, si che non meraviglia trovarne tracce anche in Tertulliano[4].

Con la communis opinio, che vede in Tertulliano un seguace delle dottrine stoiche, contrastano, che io sappia, soltanto le osservazioni di J. H. Waszink. In uno studio molto acuto e stimolante[5] il grande studioso di Tertulliano crede di poter rintracciare alcuni elementi del medioplatonismo nella confutazione che lo scrittore cartaginese compone dell'eretico Ermogene, a sua volta ispirato da quella filosofia. Riassumiamo brevemente le pagine che ci interessano. Dopo aver osservato che Tertulliano si è servito dell'opera di Albino nella composizione del De anima (e quindi doveva essere a conoscenza di certe dottrine medioplatoniche)[6], il Waszink interpreta la dottrina della sophia dei, contenuta in adv. Herm, capp. 18–20, quale ipostasi coeterna (ed interna) a Dio. Essendo stabilita (grazie agli studi di C. Andresen)[7] la identità tra la sophia di Tertulliano (o meglio, la interpretazione da parte di Tertulliano, della sophia di Prov. 8) con il logos di Giustino, dial. 61, ed essendo stata rettamente interpretata dall'Andresen la funzione del Logos in Giustino, dial. 62 quale il corrispondente dei pensieri di Dio secondo una dottrina diffusissima nel medioplatonismo (ché Dio crea il mondo mediante il suo Logos, così come il demiurgo si serve delle idee, cioè dei suoi pensieri, quali parametri eterni per la creazione del mondo) – ciò premesso, secondo il Waszink, la discussione tertullianea del problema deriverebbe dalla stessa fonte medioplatonica, ma non attraverso la mediazione di Giustino. La sophia, infatti, non è altro che la summa dei pensieri di Dio, così come – osserva sempre il Waszink – si riscontra questa dottrina in Albino, Didask., cap. 10 (p. 164,35 sgg. Herrmann) e cap. 14 (p. 169,30 sgg.). In questo contesto si può osservare che la interpretazione della

[4] Sarebbe opportuno distinguere con precisione tra lo stoicismo di tipo più rigoroso, limitato, a partire dal II^ sec. d. C., a un numero sempre più esiguo di ‹filosofi›, e lo stoicismo di carattere più divulgativo ma diffuso con crescente ampiezza (e quindi volgarizzato) presso coloro che non sono ‹filosofi›. Allorquando una filosofia diventa parte integrante di una cultura (come, ad esempio, il marxismo nei nostri tempi), diventa di necessità più duttile e meno rigorosa.

[5] Non dedicato, tuttavia, ex professo al nostro problema: cf. J. H. Waszink, Observations on Tertullian's Treatise against Hermogenes, VigChr 9, 1955, pp. 129–147, in particolare pp. 138–141.

[6] Cf. de anima, pp. 41*–42* e 43*844*.

[7] Cf. C. Andresen, Justin und der mittlere Platonismus, ZNW 44, 1952–53, pp. 157–195, in particolare pp. 188–192.

presenza del Sermo in Dio (adv. Prax., cap. 5) non deve essere ricondotta, come normalmente si fa, alla distinzione tra λόγος προφορικὸς e λόγος ἐνδιάθετος, di origine stoica, ma può anche derivare dal medioplatonismo: cf. Albino, Didask., cap. 4 (p. 155,15: τὴν δὲ διάνοιάν φησι τὸν αὑτῆς τῆς ψυχῆς πρὸς αὑτὴν διάλογον, λόγον δὲ τὸ ἀπ' ἐκείνης ῥεῦμα διὰ τοῦ στόματος χωροῦν μετὰ φθόγγου), così come deriva dal medioplatonismo il rifiuto, da parte di Tertulliano, di considerare corporee le qualità (cf. adv. Herm, cap. 36,3; Albino, Didask., cap. 11, p. 166,15), e questo in precisa polemica con gli Stoici.

Ci sembra, dunque, opportuno partire da queste osservazioni per riesaminare in modo più globale la possibilità di un platonismo di Tertulliano; vedere fino a che punto, e in quale ambito esso è stato possibile. Di per sè la koiné culturale greco-latina del II^–III^ sec. d.C. ammette la possibilità di una siffatta compresenza; i testi degli stessi medioplatonici ci rivelano, in sostanza, un dualismo tra la tradizione platonica in ambito teologico cosmologico e un persistente stoicismo in ambito etico; il conterraneo più illustre di Tertulliano, e precisamente Apuleio, è il più chiaro esempio di siffatta condizione culturale, in cui, per effetto di tradizioni filosofiche differenti, è risultato un medioplatonismo che molto ha conservato dello stoicismo; e Apuleio è stato vicino ad Albino tanto quanto lo é stato Tertulliano. La differenza tra i due scrittori africani, differenza che ci impedisce di procedere con speditezza nella valutazione di Tertulliano, risiede, logicamente, nel problema più importante, e cioè nel suo cristianesimo: che cosa la nuova religione poteva permettere di conservare della vecchia cultura? A questo riguardo ci sembra di potere rispondere che lo stoicismo, con il suo panteismo e il suo materialismo non era poi più vicino al cristianesimo (o da esso assimilabile) di quanto non lo fosse il teismo platonico: i risultati della evoluzione del cristianesimo nelle epoche successive, a partire da Lattanzio in occidente, a partire da Clemente Alessandrino in oriente (e cioè in un'epoca assai vicina, anzi, addirittura anteriore, a quella di Tertulliano: il mondo greco è stato, anche in questo campo all'avanguardia) stanno a dimostrare come la vera filosofia pagana che il cristianesimo potesse accogliere nel suo seno era, in realtà, quella platonica. Già a una considerazione di carattere generale, quindi, sembra strano che Tertulliano sia stato germanissimus Stoicus; l'esame più approfondito e minuto di certi contesti e di certe dottrine mostrerà che, appunto, anche Tertulliano è a metà strada tra stoicismo e platonismo. Certamente risente, come già si è detto all'inizio, e come è communis opinio credere (non vogliamo sostituire a un Tertulliano stoico un Tertulliano platonico), dell'insegnamento stoico: uno stoicismo vulgato, quale si può incontrare un po' dappertutto nella koiné culturale di quell'epoca. Ma, accanto ad esso, certe dottrine (e non delle meno significative) possono essere interpretate al di fuori dello stoicismo. Un esempio di questa ambiguità, di questa incertezza del nostro scrittore (incertezza che si può ben giustificare tenendo conto del fatto che egli non era certo un filosofo di professione, e che alle filosofia pagana si rivolgeva solo in modo strumentale) può essere proprio quello del suo atteggiamento esplicito nei confronti di Platone: nel de anima il nostro scrittore polemizza a lungo sia con Platone sia con Albino, perché non accetta la non corporeità dell'anima umana e, soprattutto, la metempsicosi; ma nell'Apologeticum (cf. 17,5) egli conosce la dottrina, di così ampia diffusione in età imperiale[8] del corpo come carcere dell'anima, e soprattutto, non la cita a mo' di dossografia, bensì come dottrina platonica alla quale egli, in quel contesto specifico aderisce. Ma è forse il momento di affrontare più da vicino alcune questioni.

1. E' ben noto il criterio che Tertulliano propone ai pagani per conoscere l'esistenza del Dio dei cristiani: l'anima conosce Dio naturaliter, in quanto è diretta creazione di Dio stesso (cf. test. an. 5,2), è flatus dello spirito di Dio (cf. adv. Marc. II,9), ma siffatta conoscenza ‹innata› viene poi confermata dall'osservazione della bellezza e della perfezione del cosmo, le quali ci attestano inequivocabilmente l'esistenza di un perfetto creatore; infine, essa è coronata dalla rivelazione cristiana, che è la sola che ci possa fornire una conoscenza piena e sicura dell'unico vero Dio, creatore dell'universo e giudice delle azioni umane (cf. apolog. 17,6; test. an. 2,3 sg.). Questa concezione tertullianea è stata generalmente considerata come uno dei capisaldi del suo stoicismo: lo scrittore cartaginese riprenderebbe la dottrina stoica di un dio conosciuto per consensus gentium e la modificherebbe in senso cristiano, in quanto la rivelazione conferma e perfeziona l'idea dell'esistenza di un Dio trascendente, insita per natura in tutti gli uomini[9].

Ora, per quanto riguarda l'argomento cosmologico, della perfezione del creato in generale e dell'uomo in particolare, non vi sono dubbi circa la sua origine dalla Stoa: esso può essere giunto a Tertulliano sia attraverso Cicerone (il cui secondo libro del De natura deorum fu abbastanza diffuso in ambiente cristiano), sia più verisimilmente, attraverso l'apologetica greca: si legge, infatti, in Atenagora, Leg. 16; Teofilo, ad Autol. I,6 (e riappare poi in Min. Felice, Oct. 17). Per quanto riguarda la prova della ‹testimonianza dell'anima›, solitamente si è fatto riferimento alla conscientia, ai sensus communes, tra i quali, appunto, rientrerebbe la

---

[8] Cf. il recente, amplissimo studio di P. Courcelle, Connais-toi toi-même de Socrate à Saint Bernard, Paris 1974–75, pp. 345–380.

[9] La ricchissima bibliografia dedicata a questo problema si può trovare discussa (sia pure in modo un po' farraginoso) nelle pagine di C. Tibiletti (Q.S.F. Tertulliani, De testimonio animae. Introduzione, testo e commento di C. Tibiletti, Torino 1959, pp. 11–52). Cf. anche M. Spanneut, op. cit., pp. 274–288; J. C. Fredouille, op. cit, pp. 344 sgg.; P. Siniscalco, Studi sul De resurrectione di Tertulliano, Roma 1966, pp. 170 sgg.

idea di Dio (cf. test. an. 2,6; de anima 2,1; adv. Marc. I,10,3; I,16,2; resurr. 3,1); i sensus communes, a loro volta, sarebbero l'equivalente delle προλήψεις o κοιναὶ ἔννοιαι stoiche. La nozione dell'esistenza di un Dio trascendente, si osserva, è innata in tutti gli uomini, secondo le dottrine stoiche e secondo gli apologeti greci[10].

Tuttavia, la dottrina tertullianea non può essere identificata tout court con quella stoica: per sottolineare la veracità della nozione innata di Dio lo scrittore africano sostiene più volte (cf. test. an. 5,2; adv. Marc. I,10,3) che siffatta nozione proviene dall'essere l'anima diretta creazione di Dio. Ma tale dottrina è oramai lontana dallo stoicismo, perché, secondo gli stoici, l'anima fa parte del logos universale o, secondo Posidonio, sarebbe discesa dall'etere, da cui avrebbe avuto origine, come insegnava il Somnium Scipionis. In tal modo, per tornare alla dottrina di Tertulliano, il sensus communis dell'esistenza di Dio esisterebbe nell'anima umana ab initio: si è osservato, quindi[11], che il sensus communis assume sostanzialmente la connotazione di un'idea innata di tipo platonico[12], e si è concluso che ‹siamo di fronte a una contaminazione di stoicismo e platonismo, avvenuta nella Stoa più recente›[13]. Non lo stoicismo della dottrina del logos, dunque, e nemmeno la dottrina platonica: Tertulliano stesso, infatti, polemizza con Platone a lungo, respingendo la sua dottrina dell'idea (cf. de anima 18,3; 24). Ma vi è di più. Ha dimostrato perfettamente l'Andresen[14] che la dottrina delle κοιναὶ ἔννοιαι – e più in particolare la dottrina che classifica tra le κοιναὶ ἔννοιαι la idea di Dio e del bene – apparteneva al platonismo del II^ sec. d. C. (cf. Albino, Isag. 6, p. 150,17 sg. Herrmann; Didask. 4, p. 156,17 sg.) e a uno scrittore cristiano influenzato dal platonismo contemporaneo, Giustino (cf. Apol. II,6 e 14). Poiché anche nella dottrina del Logos divino Giustino è stato, per Tertulliano, uno scrittore di indiscussa autorità, come ora vedremo, non ci sarebbe niente di strano che anche per questa dottrina della conoscenza ‹innata› di Dio, che tocca così da vicino gli interessi etico-religiosi dello scrittore cartaginese, Tertulliano si fosse rifatto, pochi anni dopo la sua conversione, a uno degli scrittori più significativi della nuova religione, e che non abbandonerà nemmeno in seguito (ad esempio, nella composizione del primo e del terzo libro dell'Adversus Marcionem). Ancora, in Giustino (Dialogo con Trifone, cap. 93,1) si legge (siamo sempre

---

[10] Cf. Athenag. Leg. 4; 13; 16; Tat., orat. 4: Theoph., ad Autol. I,4–5 Min. Fel., Oct. 17–18 etc.

[11] Cf. Tibiletti, op. cit., pp. 41 sgg.

[12] Sarebbe più esatto dire: ‹del tipo diffuso dal platonismo a partire dal I sec. a.C., verisimilmente ad opera di Antioco di Ascalona.›

[13] Cf. Tibiletti, op. cit., p. 45.

[14] Cf. C. Andresen, op. cit., p. 177.

nell'ambito della conoscenza innata di Dio – e quindi della sua legge) che ogni uomo conosce da solo il suo dovere morale, ma viene corrotto, e impedito dall' attuarlo, dai malvagi costumi e dalle cattive leggi. Questo si legge anche in Albino (Didask. cap. 32, p. 186,20 sg.), osserva ancora l'Andresen[15]; orbene, Tertulliano riprende siffatte considerazioni, allorquando (in forma antitetica) descrive l'anima che, pure in mezzo agli allettamenti e alla corruzione del mondo, riesce a conservare in sè l'idea innata di Dio e della giustizia (cf. apol. 17,5; test. an. 2,7).

2. Nell'ambito della filosofia stoica, e più precisamente della contrapposizione tra λόγος προφορικὸς e λόγος ἐνδιάθετος, viene comunemente interpretata la dottrina tertullianea della generazione del Figlio dal Padre. E non senza motivo, ché la terminologia tertullianea sembra favorire siffatta interpretazione; non sarà fuori luogo, tuttavia, proporre anche a questo riguardo un nuovo esame della questione.

All'inizio della sua attività di scrittore cristiano, il Cartaginese, rivolgendosi a un pubblico pagano, così scrive nell'Apologetico (sono passi ben noti): apud vestros quoque sapientes λόγον, id est sermonem atque rationem, constat artificem videri universitatis. Hunc enim Zeno determinat factitatorem, qui cuncta in dispositione formaverit . . . et nos autem sermoni atque rationi, itemque virtuti, per quae omnia molitum Deum ediximus propriam substantiam spiritum adscribimus, cui et sermo insit pronuntianti, et ratio adsit disponenti et virtus praesit perficienti. Hunc ex Deo prolatum dicimus, et prolatione generatum, et idcirco filium Dei et Deum dictum ex unitate substantiae: nam et Deus spiritus (21,10–11). In questo passo ci interessa il significato di sermo e ratio, termini interpretati normalmente come la rielaborazione cristiana del λόγος προφορικὸς e del λόγος ἐνδιάθετος. Ma noi crediamo che sia nel vero il Braun[16], il quale ritiene insoddisfacente questa interpretazione: secondo il Braun bisogna osservare che Tertulliano ha posto l'accento sullo stretto legame (proprio l'inverso di quanto riteneva la communis opinio) dei due elementi del Logos, che la lingua latina tendeva, invece, a separare. Lungi dal concepire due Verbi divini, o addirittura due stati del Verbo divino, di cui l'uno sarebbe Ragione (λόγος ἐνδιάθετος) e l'altro Parola (λόγος προφορικός), tutto lo sforzo di Tertulliano, al contrario, consiste nel mostrare, partendo dalla distinzione normale tra ratio e sermo, che il Logos della teologia cristiana definisce una realtà complessa, di cui ratio e sermo sono, per così dire, le due faccie, delle quali l'una è il fondo, l'altra la forma. Altrettanto si riscontra nei capp. 5–6 dell'adv. Praxeam: volendo definire la personalità dell'essere divino

---

[15] Cf. op. cit., p. 177.

[16] Cf. R. Braun, Deus Christianorum. Recherches su le vocabulaire doctrinal de Tertullien, Paris 1977², pp. 260–264.

che i Cristiani chiamano sermo, Tertulliano parte dall'affermazione che Dio, essendo rationalis, deve esistere dall'eternità con la sua ratio[17]. Egli ne trova la conferma nel prologo del Vangelo di Giovanni: con una interpretazione semplificatrice i Cristiani hanno l'abitudine di dire che all'inizio il Sermo era in Dio, senza considerare che, in realtà, ab initio in Dio esisteva la ratio, la quale precede senza dubbio il sermo – ma la precede non per un rapporto cronologico, bensì per un rapporto logico: la parola deve la sua esistenza alla ragione, che, essendone la sostanza, si mostra come originaria (ipse quoque sermo ratione consistens priorem eam ut substantiam suam ostendat, cap. 5,3). Non vi sono due realtà distinte, ma una sola, che, concepita come ratio nel suo essere sostanziale, si manifesta nella sua operazione come sermo. Il sermo, infatti, non indica solamente la manifestazione sonora del pensiero, ma anche la sua conformazione nella mente umana: quodcumque cogitaveris sermo est, quodcumque senseris ratio est (cap. 5,6). Abbiamo insistito a lungo nel riferire la opinione del Braun perché ci sembra che essa meglio di tutte colga il significato del Logos tertullianeo: tanto più meraviglia, però, che, nella esattezza di questa interpretazione, il Braun conservi la communis opinio che Tertulliano qui si muova nell'ambito dello stoicismo; ma su questo punto torneremo tra poco.

Nel frattempo osserviamo che la distinzione-unione tra i due aspetti del Logos divino può richiamare, sì, lo stoicismo, ma solo apparentemente: la costruzione teologica tertullianea è ben lontana da esso. E' vero che in apol. 21,10 il Logos-Cristo è accostato al Logos stoico, ma questo accostamento è fatto solo per motivi propagandistici: rivolgendosi a un pubblico pagano, lo scrittore vuole mostrare che la teologia cristiana non è poi quella teosofia barbara e incolta che si vuole dare ad intendere, ma assomiglia, per alcuni rispetti, a quanto hanno pensato anche certi filosofi greci. L'errore, a parer nostro, è stato quello di estendere un esempio fino a farne una analogia di dottrine. Ma soprattutto contrasta con l'ipotesi dei due logoi (e questo non è stato notato a sufficienza dagli studiosi che hanno creduto in un'origine stoica della dottrina tertullianea del logos)[18], il fatto che Tertulliano afferma esplicitamente che il Padre genera (ex prolatione *generatum*) un Logos, e che questo Logos possiede, grazie alla generazione, la sua substantia. Tutto ciò non ha niente a che fare con il λόγος προφορικὸς e il λόγος ἐνδιάθετος. Siffatta generazione non può essere avvenuta nel tempo (e cioè con la creazione del mondo), ché altrimenti il Padre sarebbe stato irrazionale, ma, come si legge in adv.

[17] Cf. adv. Prax. 5,2.

[18] Si è già visto sopra (p. 369), del resto, con il Waszink, che la distinzione tra parola e pensiero non era di uso esclusivamente stoico, se è vero che la si legge anche in Albino, Didask., cap. 4.

Herm. 45,1, . . . primo sophiam conditam, initium viarum in opera ipsius, dehinc et sermonem prolatum, per quem omnia facta sunt. Dunque, il Logos esiste, ‹creato› dal Padre ab initio *(primo condita),* comprendente in sè la successiva creazione del mondo; allorquando questa avvenne, allora il Logos fu proferito *(dehinc).*

E' necessario, a questo punto, una precisazione, che comunque non intendiamo discutere più a lungo, dato che è già stata oggetto di approfondite indagini[19]: il testo di apolog. 21,11, essendo rivolto a dei lettori pagani, è più generico e meno specifico di altri due testi di carattere strettamente teologico, come si può osservare da un confronto che qui di seguito tracciamo:

	Apolog.	adv. Herm.	adv. Prax.
1) generazione ab aeterno		45,1: *primo* sophiam conditam, initium viarum in opera ipsius . . . 18,1: ut necessariam sensit ad opera mundi, statim eam condit et generat in semetipso . . .	6,1: itaque Sophiam quoque exaudi ut secundam personam conditam: ‹Dominus creavit me initium viarum suarum in opera sua ...›, in sensu suo scilicet condens et generans . . . 7,1 conditus (scl. Sermo) *primum* ad cogitatum in nomine Sophiae
2) prolazione	Hunc ex Deo prolatum dicimus et prolatione generatum . . .	45,1: *dehinc* et sermonem prolatum per quem omnia facta sunt.	6,1: *dehinc* adsistentem eam (scl. Sophiam) ipsa separatione cognosce . . . 7,1: *dehinc* generatus (scl. Sermo) ad effectum.

[19] Cf. le ampie discussioni di J. Moingt, Théologie trinitaire de Tertullien, Paris 1966, sopratutto pp. 1019–1062.

Anche un passo analogo (orat. 1,1) non ci conduce affatto alla problematica stoica: Dei spiritus et Dei sermo et Dei ratio riprende la medesima concezione: Cristo, spiritus Dei (cf. I^ Cor. 1,24), è anche il Logos di Dio; sermo rationis et ratio sermonis, che immediatamente segue in quel passo, è un sintagma, tipicamente tertullianeo, che esprime lo stretto rapporto tra sermo e ratio[20].

E' opportuno, a questo punto, esaminare l'uso stoico dei due termini προφορικός ed ἐνδιάθετος. Stando agli indici degli Stoicorum Veterum Fragmenta, risulta che la dottrina del logos interno – logos esterno, pensiero – discorso è di impiego assolutamente secondario nella tematica stoica: Galeno, in Hipp. de med. officina, vol. XVIII B, p. 649 Kühn = SVF II,135 (ἐπεὶ δὲ καὶ τῶν κατὰ φωνήν ἐστί τις λόγος, ἀφορίζοντες οὖν τοῦτον τὸν προειρημένον λόγον οἱ φιλόσοφοι καλοῦσιν ἐνδιάθετον) e Scholia in Hesiodi Theog. 266 = SVF II,137 (Ἶρις δὲ ὁ προφορικὸς λόγος ἀπὸ τοῦ εἴρω τὸ λέγω).

Mi sembra difficile credere che Tertulliano abbia ricavato la sua dottrina del Logos – caposaldo della sua teologia, alla quale ricorrere per difendere la giusta dottrina contro le eresie di Ermogene e dei monarchiani – da quegli oscuri accenni delle discussioni stoiche. Senza dubbio, il passo di adv. Prax. 5,5–6, che sembra favorire l'interpretazione corrente, è stato ottimamente interpretato dal Braun, come si è visto sopra: sono due aspetti del medesimo Logos, ma due aspetti *concomitanti,* cosa che non si ricava dai due passi citati dei SVF (ond'è che non accettiamo, a questo punto, il Braun, che parla di un'origine stoica di questa dottrina tertullianea). Ma, si dirà, Teofilo di Antiochia, a cui probabilmente Tertulliano si è rifatto, parla esplicitamente di logos interno e logos proferito (cf. ad Autol. II,10: ἔχων οὖν ὁ θεὸς τὸν ἑαυτοῦ λόγον ἐνδιάθετον ἐν τοῖς ἰδίοις σπλάγχνοις, ἐγέννησεν αὐτὸν μετὰ τῆς ἰδίας σοφίας ἐξερευξάμενος πρὸ τῶν ὅλων . . .; II,22: . . . τὸν λόγον τὸν ὄντα διὰ παντὸς ἐνδιάθετον ἐν καρδίᾳ θεοῦ. Πρὸ γάρ τι γίνεσθαι, τοῦτον εἶχεν σύμβουλον, ἑαυτοῦ νοῦν καὶ φρόνησιν ὄντα · ὁπότε δὲ ἠθέλησεν ὁ θεὸς ποιῆσαι ὅσα ἐβουλεύσατο, τοῦτον τὸν λόγον ἐγέννησεν προφορικὸν . . .). A questa obiezione noi rispondiamo che la dottrina tertullianea appare ben più complessa e meditata dei poveri accenni di Teofilo[21],

---

20 Questa nostra interpretazione, che segue sostanzialmente quella del Braun, contrasta con quella avanzata da A. Orbe, Hacia la primera teologia de la procesion del Verbo. Estudios Valentinianos, AnGr 99, Roma 1958, pp. 351–361 e seguita anche da M. Simonetti, Studi sull'arianesimo, Roma 1965, pp. 15 sgg. Si osservino le obiezioni dello stesso Braun (op. cit., pp. 263–264) alla interpretazione dell'Orbe.

21 Come osserva giustamente E. Evans: Tertullian's Treatise against Praxeas. The Text edited, with an Introduction, Translation and Commentary by E. Evans, London 1948, pp. 37–38.

sì che non ci sentiamo di affermare che sia vera la derivazione del Cartaginese da Teofilo; in secondo luogo, nemmeno Teofilo ci autorizza a pensare a una derivazione dalla dottrina stoica, ma, se mai, a un tentativo di chiarimento di quanto aveva insegnato Giustino pochi anni prima.

Anche Tertulliano, secondo noi, prende le mosse da Giustino. La contrapposizione-unione di sermo-ratio, così chiaramente delineata in adv. Prax. 5,5–6, prende le mosse, superandola, dalla dottrina di Giustino. Si legga il passo di Dialog. 61: ... ἀρχὴν πρὸ πάντων τῶν κτισμάτων ὁ θεὸς γεγέννηκε δύναμίν τινα ἐξ ἑαυτοῦ λογικήν, ἥτις καὶ δόξα κυρίου ὑπὸ τοῦ πνεύματος τοῦ ἁγίου καλεῖται, ποτὲ δὲ υἱός, ποτὲ δὲ σοφία .. ποτὲ δὲ κύριος καὶ λόγος (cfr. 62: ... ἀρχὴν πρὸ πάντων ποιημάτων τοῦτ' αὐτὸ καὶ γέννημα ὑπὸ θεοῦ ἐγεγέννητο) ... λόγον γάρ τινα προβάλλοντες, λόγον γεννῶμεν, οὐ κατὰ ἀποτομήν, ὡς ἐλαττωθῆναι τὸν ἐν ἡμῖν λόγον προβαλλόμενοι (cfr. 62: τοῦτο ... ἀπὸ τοῦ πατρὸς προβληθὲν γέννημα ...); Taziano, Orat., cap. 5: θεὸς ἦν ἐν ἀρχῇ, τὴν δὲ ἀρχὴν λόγου δύναμιν παρειλήφαμεν. Ὁ γὰρ δεσπότης τῶν ὅλων, αὐτὸς ὑπάρχων τοῦ παντὸς ἡ ὑπόστασις ... μόνος ἦν · καθὸ δὲ πᾶσα δύναμις, ὁρατῶν τε καὶ ἀοράτων αὐτὸς ὑπόστασις ἦν, σὺν αὐτῷ τὰ πάντα ... σὺν αὐτῷ διὰ λογικῆς δυνάμεως αὐτὸς καὶ ὁ λόγος, ὃς ἦν ἐν αὐτῷ ὑπέστησε.

Come si vede, neppure Giustino parla di logos interno/logos esterno, bensì di generazione del Logos dal Padre. Tertulliano riprende da Giustino questa dottrina importantissima, della generazione del Logos, alla quale – non allo stoicismo – vanno ricondotti i concetti di προφορικός, ἐνδιάθετος e prolatio; inoltre, come ha mostrato il Braun[22], chiarisce al lettore latino il doppio significato di Logos infine (e in questo mi sembra che Tertulliano segni un progresso rispetto a Giustino), la generazione del Logos non è dovuta, secondo lo scrittore Cartaginese, alla volontà, ma alla natura del Padre.

Nel raccogliere tutta la razionalità nel Logos (il quale, appunto perché è presente ab aeterno nel Padre, fa sì che il Padre non sia mai stato ἄλογος) l'apologetica greca e Tertulliano sono sulla scia del platonismo e di Filone, sia pure debitamente modificati e cristianizzati. Anche il platonismo e Filone sdoppiano la divinità in un dio supremo, assolutamente trascendente, e in un secondo dio che, pure essendo dio, deriva dal primo, rappresentando di esso soprattutto l'aspetto razionale. L'apologetica greca, appunto perché pienamente e schiettamente cristiana, non parla di una imprecisata derivazione o dipendenza di un dio dall'altro, di un secondo dio dal primo, ma di una generazione di un Figlio dal Padre, e attribuisce, senza possibilità di dubbio, una esistenza personale all'uno e all'altro. Ma è sintomatico che la seconda Persona sia definita Logos –

[22] Cf. op. cit., pp. 260–264.

cioè perfetta razionalità – così come Filone distingue il logos da Dio e per i medioplatonici il secondo dio non sia altro che la χώρα ἰδεῶν. La apologetica greca, insomma, per chiarire la sua teologia, è ricorsa non già allo stoicismo, materialista e panteista, bensì al platonismo; al platonismo ricorreranno anche Clemente Alessandrino e Origene, con risultati tanto più notevoli, sul piano speculativo quanto più acuta era, rispetto agli apologeti, la loro capacità di ragionare sul testo sacro (e in particolare sul Logos del Vangelo di Giovanni), da una parte, e sulla filosofia greca, dall'altra. Al platonismo è ricorso, certo inconsciamente (data la scarsa simpatia che egli nutriva per quella filosofia, come testimonia il De anima), anche Tertulliano: attraverso la mediazione degli apologeti greci, Tertulliano ha ripreso dottrine di aspetto platonico, già cristianizzate da Giustino, e ha chiamato il Figlio sermo e ratio, così come l'apologetica greca si era già avvezzata da tempo a chiamare il Figlio Logos, e ha visto la generazione del Logos nella Sophia condita dal Padre, così come Giustino aveva ipostatizzato la razionalità di Dio, generata dal Padre, ma pur sempre interna ad Esso.

E' sempre in questo ambito, a nostro parere, e non secondo l'insegnamento della filosofia stoica[23], che va collocata la ben nota dottrina tertullianea della razionalità di Dio[24]. Che Dio sia razionale, secondo Tertulliano, corrisponde in primo luogo a una esigenza ovvia: l'essere razionale è senza dubbio superiore all'essere irrazionale, sia sul piano ontologico sia sul piano del giudizio etico. Ma, in secondo luogo, come si è detto sopra, Dio era ab aeterno razionale perché il Padre ab aeterno possedeva dentro di sè il suo Logos. Non vedrei, dunque, in questa dottrina tertullianea una prosecuzione dell'insegnamento stoico (cf. Diog. Laer. VII,147 = SVF II,1021), che Dio è uno ζῷον . . . λογικόν, bensì una dottrina che sviluppa e precisa quella degli apologeti e di Tertulliano stesso, cioè della presenza, all'interno del Padre, del Figlio, cioè del Logos, di una δύναμις λογική.

*

Una riflessione teologica così profonda e così meditata, come quella di Tertulliano, aveva portato il cristianesimo occidentale a un alto livello di rigore speculativo. A tale altezza, tuttavia, non resta il pensiero cristiano dei decenni successivi, che, o è insensibile ai problemi teologici, come in Minucio Felice[25], o riprende in modo troppo schematico e pedissequo

[23] Come, peraltro, pensa ancora il Braun, op. cit., p. 40 nota 2.

[24] Cf. adv. Prax. 5,2; adv. Marc. I,23; II,6; paen. 1,2; de an. 16,1.

[25] Qualunque sia stato il motivo di siffatta insensibilità: cfr. su questo problema il recente studio di M. Muehl, Zum Problem der Christologie im Octavius des Minucius Felix, Rheinisches Museum CXI, 1968, pp. 69–78.

certi punti fondamentali della speculazione tertullianea, come in Novaziano.

Ci siano permesse, a questo proposito, poche e brevi osservazioni. In Minucio Felice lo stesso genere letterario impiegato dallo scrittore, quello del discorso apologetico, lo costringe, si può dire, a tener conto solo dell'Apologeticum di Tertulliano; le altre opere teologiche dello scrittore cartaginese, troppo tecniche, non possono servire allo scopo che Minucio si prefigge, cioè di difendere presso le persone colte la nuova religione. Il cap. 18 dell'Octavius riprende, dunque, il cap. 17 dell'Apologeticum, ma le affermazioni tertullianee di maggior portata teologica e l'eredità del pensiero di Giustino si stemperano in un linguaggio abbastanza generico. Così , chi riconoscerebbe la teologia della generazione del Figlio in una frase come questa: qui (scl. Deus) universa, quaecumque sunt, verbo iubet, ratione dispensat, virtute consummat (Oct. 18,7 = Apolog. 17,1)? Parimenti generico, sul piano di una *Popularphilosophie* stoico-cristiana, è l'affermazione di Oct. 19,2: quid aliud et a nobis (cioè come da Virgilio) deus quam mens et ratio et spiritus praedicatur? Il riferimento contestuale al famoso passo dell'Eneide (VI,724–729) porta a identificare quasi per un naturale corso di pensiero lo spiritus di Minucio con lo spiritus di Virgilio[26].

Per quanto riguarda Novaziano, infine, la sua teologia si muove senza dubbio nell'ambito della teologia tertullianea (in particolare dell'Adversus Praxeam[27]), ma la chiarezza della speculazione del Cartaginese va perduta nella discussione del presbitero romano. «Pur distaccando la generazione del Figlio dalla ‹economia› della creazione ed affermando che egli ‹principium nativitatis ante omne tempus accepit› (Trin. 190) e che ebbe sussistenza personale anteriore alle creazione dell'universo (Trin. 94: ‹in substantia fuit ante mundi institutionem›), Novaziano non giunge ad enunciare la dottrina della generazione eterna del Figlio quale persona sussistente rispetto al Padre eterno generante.»[28] Se non si concepisce una generazione eterna del Logos, si è ben lontani dalla acuta interpretazione, di tipo platonico, di Tertulliano e Giustino, quale si è vista sopra; il Logos eternamente nel Padre e da lui distinto, quale sua razionalità.

Communque sia, non è nostra intenzione ora valutare sul piano della ortodossia e alla luce della più completa speculazione successiva, la vali-

[26] Cfr. Minucius Felix, Octavius. Texte établi et traduit par J. Beaujeu, Paris, Les Belles Lettres, 1964, ad locum.

[27] L'influsso dell'Adversus Marcionem, sebbene finora non adeguatemante indicato dai commentatori, non è stato inferiore, anche se non sul piano più strettamente teologico.

[28] Cfr. V. Loi, in: Novaziano, La Trinità . . . a cura di Vincenzo Loi, Torino 1975, pp. 27–28.

dità dei risultati raggiunti da Minucio Felice e da Novaziano. Vogliamo soltanto osservare che, con Tertulliano, la teologia occidentale si appropria, probabilmente attraverso la mediazione della apologetica greca, di alcuni principi speculativi di origine platonica. Questo rifarsi al platonismo contemporaneo sarà fertile di validi risultati proprio nel cuore della teologia cristiana, e cioè per l'interpretazione della generazione del Figlio. Scomparso (o messo da parte, ad opera della gerarchia ecclesiastica) Tertulliano, la speculazione teologica prosegue, nell'ambiente latino, ad un livello assai più modesto; l'interpretazione di tipo platonico è abbandonata, o perché non si è piu in grado di intenderla e di svilupparla, o perché a si adagia in forme di pensiero tradizionali e non ben chiarite. Solo agli inizi del secolo successivo, con Arnobio e Lattanzio, il platonismo tornerà ad essere un vitale alimento del pensiero cristiano, anche se la situazione, allora, sarà notevolmente mutata. Il platonismo non serve più a elaborare e strutturare la teologia cristiana, ma è una cultura, un atteggiamento spirituale da combattere, identificatosi con un generico monoteismo e una ambigua spiritualità che pervade personalità così diverse, ma tutte ugualmente pagane, come i panegiristi, come Ammiano Marcellino, come Simmaco, come Macrobio. Così avremo, da una parte, la polemica di Arnobio contro i viri novi e l'ostilità di Ambrogio con certi platonici suoi contemporanei; dall'altro lato il platonismo non viene respinto, ma serve a produrre il teismo generico di Arnobio e di Lattanzio, prima delle sintesi geniali di Mario Vittorino e di Agostino. Questa duplicità di atteggiamenti, da parte cristiana, è dovuta al fatto che, dopo Plotino e Porfirio, il platonismo aveva assunto una dimensione culturale assai più ampia e solida, non certo paragonabile a quella delle scuole medioplatoniche, delle filosofie scolastiche del II^ sec. d.C.; aveva rappresentato un pericolo grave, sempre sul piano della cultura e del pensiero. E alla accresciuta importanza culturale della filosofia platonica corrispose, di necessità, una maggiore attenzione della cultura cristiana.

Ekkehard Mühlenberg

Das Vermächtnis der Kirchenväter an den modernen Protestantismus

Hat der heutige Protestantismus Kirchenväter? Man hat gesagt, Schleiermacher sei der Vater des modernen Protestantismus[1]. Das ist richtig in dem Sinne, daß Schleiermacher ein Wendepunkt ist und daß auch die Theologie seit den zwanziger Jahren dieses Jahrhunderts in Auseinandersetzung mit Schleiermacher ihre Eigenart bestimmt hat. Mit noch mehr Recht könnte man Martin Luther den Kirchenvater des modernen Protestantismus nennen. Denn schließlich geht die Abspaltung einer eigenen Kirchenform, nämlich der protestantischen, auf Luther zurück, und es hat sich auch jede Wandlung im Protestantismus immer wieder bemüßigt gefühlt, durch Luther legitimiert zu sein. Das Vermächtnis der Reformation ist Freiheit genannt worden. Freiheit, d.h. Befreiung von den menschlichen Traditionen, also Befreiung von der „Babylonischen Gefangenschaft" der Kirche. Ausgewirkt hat sich dieses Vermächtnis der Freiheit zunächst vor allem in der Abwerfung religiöser Praktiken und Vorschriften, von denen Seligkeit abhängig gemacht wurde. Luther übte auch Kritik an einzelnen Konzilien wie an einzelnen Kirchenvätern, z.B. zog er Augustin einem humanistisch-erasmischen Hieronymus vor. Im Gefolge der Reformation ging der linke Flügel auch so weit, die verkannten „Kirchenväter" auszugraben, ja, auch alle Traditionen zu verwerfen und im humanistisch-romantischem Sinne allein auf die Urkirche – amerikanisch: primitive church – zurückzugehen. Aber es ist, soweit ich sehe, im deutschen Protestantismus nicht die Suche nach den ursprünglichen („primitiven") Formen kirchlicher Gestaltung vorhanden, auch nicht ein Interesse, eine der altkirchlichen Kirchenverfassungen als Selbstlegitimation zu beanspruchen. Wie steht der moderne Protestantismus zu den Kirchenvätern, denen die Kirche diesen Namen als Eigennamen zulegt, also zur Zeit der Alten Kirche?

Adolf von Harnack hatte den genialen Einfall, ein neues methodisches Prinzip zu erheben: Die Befreiung des christlichen Glaubens von den

[1] Überarbeitung eines Gastvortrages vor der Theologischen Fakultät der Universität Göttingen im Wintersemester 1976.

kirchlichen Lehren der Vergangenheit, insbesondere den Dogmen der Alten Kirche. So wie Luther von der katholischen Kirchlichkeit der Alten Kirche befreite (Thema von Albrecht Ritschl), so sei die christliche Religion im Sinne Luthers von dem dogmatischen Überbau katholischer Kirchlichkeit zu befreien[2]. Dogmengeschichte in der Perspektive des Protestantismus ist also kritische Geschichte: Sie zerstört das dogmatische Christentum. Diese Absicht Harnacks ist viel zitiert, oft aber mißverstanden worden. Eine Geschichte der Entstehung des Dogmas zerstört das dogmatische Christentum in dem Sinne, als die Geschichte zeigt, wie Interessen und Anschauungen der nichtchristlichen griechischen Kultur in das Dogma der Alten Kirche eingegangen sind, wie also die altkirchlichen Dogmen Elemente enthalten, die vom Evangelium her nicht verbindlich sein können. Ich ziehe diese Linie des kritisch-zerstörenden bzw. befreienden Elementes zunächst weiter, ehe ich zu Harnack zurückkomme. Harnack meinte, nach Entfernung des dogmatischen Überbaus das Wesen des Christentums, nämlich das Evangelium Jesu und von Jesus wieder freilegen und wirkungsfähig machen zu können. Der nächste Heros kritischer Forschung, Rudolf Bultmann, beseitigte dann gründlich das romantische Phantom eines historischen Jesus, das den Glauben sichern könne. Bultmann, trotz seiner sonstigen Feindschaft gegen die liberale Theologie Harnacks, nimmt die Destruktion des vorgegebenen dogmatischen Überbaus hin und versucht den Rest, den Harnack zu neuer Lebensmacht erwecken wollte, auch zu beseitigen. Glaube ist ein Wagnis, lebt in der Entscheidung; Voraussetzung des Glaubens ist die Verunsicherung, die im Glaubensakt dann jeweils überwunden werden kann. Dieses Prinzip historisch-kritischer Methode wird als theologisch, ja in besonderem Maße als theologisch in der protestantisch-lutherischen Tradition bezeichnet[3].

Verunsichern, Zerstören von ideologischem und sozialem Überbau ist auch weiterhin im Protestantismus wirksam, obwohl nicht hier alleine: in der neuaufblühenden theologischen Ethik als Sozialethik, in Kirchenkritik als Einführung in das theologische Studium.

Wenn protestantisches Prinzip sich in der kritischen Verunsicherung bestätigt und vollzieht – und ich weiß, daß das eine einseitige Feststellung ist, aber trotzdem scheint es mir das zu sein, wo der moderne Prote-

---

[2] Lehrbuch der Dogmengeschichte Bd. 1, Tübingen [4]1909 = Darmstadt 1964, S. 24: „Das Evangelium arbeitet sich seit der Reformation trotz rückläufiger Bewegungen, die nicht fehlen, doch aus den Formen heraus, die es einst annehmen mußte, und eine reine Erkenntnis seiner Geschichte wird auch dazu beitragen können, diesen Process zu beschleunigen." Vgl. auch S. 9 Anm. 1 u. S. 22.

[3] Vgl. G. Ebeling, Die Bedeutung der historisch-kritischen Methode für die protestantische Theologie und Kirche: ZThK 47 (1950) 1–46 = ders., Wort und Glaube, Tübingen [3]1967, 1–49.

stantismus seine Lebendigkeit am sichtbarsten zeigt –, was sollen wir dann mit den Kirchenvätern anfangen? Es ist vorgeschlagen worden, die Kirchenväter auf ihre Rechtgläubigkeit hin zu verhören, d. h. zu untersuchen, wie die Begründer und Führer der Alten Kirche das Wort Gottes für ihre Zeit auslegen und inwiefern sie dabei dem Worte Gottes treu bleiben, m. a. W. sie in ihrem Bezeugen des Kerygmas in ihrer eigenen Zeit zu verstehen[4]. Es ist klar, daß Bezeugen, auch gerade als Lehre, situationsgebunden ist, weil es in eine konkrete Situation hinein geschieht. Das hat Harnack im Prinzip selbst immer anerkannt; denn er sieht und bestätigt, daß die Kirchenväter die größte Leistung in der Geschichte der westlichen Kultur vollbracht haben, weil sie die Antike verchristlichten. Die einzige Frage, die bleibt und die mit Harnack prinzipiell zu bedenken ist, ist die Frage, ob die Form und Gestalt des Lehrzeugnisses der Kirchenväter für uns heute verbindlich ist. Harnack verneint. Daß in Kreisen eines gewissen Barthianismus und lutherisch-konfessioneller Theologie Harnacks Verneinung nicht anerkannt wird, ändert nichts an der Tatsache, daß jede weitere historisch-kritische Untersuchung der Kirchenväter nur wie ein Nachdieseln von Harnack erscheint. Die auf Harnack folgende und auch aus anderen Motiven gespeisten Quellenuntersuchungen haben deutlich gezeigt, daß in allem und jedem die antike Philosophie, vor allem der Platonismus, in geringerem Maße der Stoizismus, ihre Hand im Spiele hat, d. h. die Form und Gestalt der Lehre der Kirchenväter bestimmt. Wäre es die Hauptaufgabe des theologischen Historikers und Philologen, diese kritische Sichtung noch weiter zu treiben, so scheint mir der Arbeitsaufwand nicht der Mühe wert; denn dem modernen Protestantismus sind die Lehren und Dogmen der Alten Kirche nicht so verpflichtend, daß man überhaupt etwas hätte, was man kritisch herausfordern oder verunsichern könnte.

---

[4] So die Aufgabenbestimmung der Dogmengeschichte im Umkreis von Karl Barth bei W. Schneemelcher, Das Problem der Dogmengeschichte. Zum 100. Geburtstag Adolf von Harnacks: ZThK 48 (1951) 63–89; E. Wolf, ‚Kerygma und Dogma'? Prolegomena zum Problem und zur Problematik der Dogmengeschichte: Antwort. K. Barth zum 70. Geburtstag, Zollikon 1956, 780–807; B. Lohse, Epochen der Dogmengeschichte, Stuttgart 1963, 22–25; A. Adam, Lehrbuch der Dogmengeschichte Bd. I, Gütersloh 1965, 28–31. Nicht fehlen dürfen die beiden Überblicke von K. G. Steck, Umgang mit der Dogmengeschichte der Alten Kirche: EvTh 16 (1956) 492–504 und ders., Dogma und Dogmengeschichte in der Theologie des 19. Jahrhunderts: Deutscher Evangelischer Theologentag 1960. Das Erbe des 19. Jahrhunderts. Hrsg. v. W. Schneemelcher, Berlin 1960, 21–66; in ihnen finde ich eine Öffnung auf meine eigene Fragestellung, vermisse aber wegen der Begrenzung auf das Thema „Dogma" eine genauere Einordnung der Rolle der Philosophie. Auf katholischer Seite ist zu nennen der umfassende Aufsatz von A. Grillmeier, Hellenisierung – Judaisierung des Christentums als Deuteprinzipien der Geschichte des kirchlichen Dogmas: Mit ihm und in ihm. Christologische Forschungen und Perspektiven, Freiburg/Basel/Wien 1975, 423–488.

Seit Harnack wird der nicht gerade erfreuliche Zustand, in dem sich die Disziplin der Patristik im Hinblick auf ihre Wertschätzung in der theologischen Debatte befindet, durch den erschreckenden Anblick des „geordneten Schlachtheeres der Migne-Bände“ veranschaulicht, der über 400 Folianten, die eine ganze Regalwand füllen[5].

Die Frage an den Patristiker stellt sich m. E. in dieser Form: Was kann man von den Kirchenvätern lernen, was man sonst nirgendwo lernen kann und was zugleich für einen kirchlichen Theologen heute zu wissen unerläßlich ist? Damit stelle ich eine Doppelfrage: Was kann man von den Kirchenvätern und nur von ihnen in der Geschichte des Christentums lernen? Diese allgemeine Frage schränke ich ein, indem ich weiterfrage: Was muß ein kirchlicher Theologe von den Kirchenvätern wissen, um seine Aufgabe sachgerecht erfüllen zu können? Dazu sollen die folgenden Überlegungen einen Beitrag liefern.

1. Religion in der Spätantike und Christentum als Religion

Das frühe Christentum ist als Religion im Horizont der Spätantike zu verstehen. Es ist nicht selbstverständlich, das frühe Christentum als Religion im Bereich der Spätantike zu verstehen. Denn uns fehlt eine eindeutige Bestimmung von Religion. Uns fehlt nicht nur eine überzeugende Bestimmung von Religion innerhalb der Gegenwartsproblematik, sondern uns fehlt genauso eine Bestimmung dessen, was Religion in der Spätantike ist, in die hinein die christliche Botschaft verkündigt wurde. Ich versuche es mit folgender Bestimmung.

Wesentlich für Religion in der Spätantike sind zwei Elemente:

a) Religion ist die geschuldete Verehrung von übermenschlichen Schutzmächten, deren Manifestationen und Epiphanien man erfahren hat. Ihren Segen, nachdem er sich einmal gezeigt, – im Haus, auf der Seefahrt, im Geschäft, beim Ackerbau, in politischen und militärischen Siegen – diesen Segen möchte man sich erhalten, die Gunst dieser Schutzmacht bewahren, und das tut man, indem man ihnen den schuldigen Respekt erweist und diese Mächte nicht verstimmt. Die Menschen müssen sich den Frieden der Götter, dieser unheimlichen Schutzmächte alles Geschehens, bewahren. Opfer sind der Ausdruck des geschuldeten Respekts, und die angemessene Art des Opfers ist durch die Tradition überliefertes Wissen von Fachleuten, den Priestern.

b) Religion ist damit eine Angelegenheit der Öffentlichkeit, nicht ei-

[5] A. v. Harnack, Was verdankt unsere Kultur den Kirchenvätern?: Aus Wissenschaft und Leben Bd. 2, Gießen 1911, 1–22, ebd. 6f.; vgl. H. Urs v. Balthasar, Zur Geschichte der christlichen Geistigkeit. Patristik, Scholastik und wir: Theologie der Zeit 4 (1939) 65–104.

nes individuellen Gewissensverhältnis zu Gott und deswegen auch ohne ethische Implikationen.

Das frühe Christentum erklärt diese übermenschlichen Schutzmächte für nichtig, ja für dämonisch. Der allzu sinnfällige Ausdruck, den diese göttlichen Mächte in den Altar- und Tempelstatuen fanden, wird verspottet als lebloses Menschenwerk. Gottesverehrung in der Weise von geschuldeten Opfern nach dem geheimen Ritus der Tradition wird abgelehnt. Die latente Furcht vor dem Verlust der Gunst dieser Schutzmächte wird als Aberglaube angeprangert. Weiterhin wird das Bestreben, sich die Gunst der Götter durch vorgeschriebene Religionsriten zu sichern, als Verirrung und dämonischer Wahn verworfen; denn in der Tat stellten die Götter irdische Güter wie gute Ernte, ertragreiche Geschäfte, sichere Seefahrt und vor allem die römisch militärische Macht sicher. Solche Epiphanien und konkreten Manifestationen segensreicher Macht gab es allenthalben; sie werden lokal benannt und dem Götterreich einverleibt. Einheitlich war nur die Verbreitung des römischen Jupiter und die Verehrung des Genius des regierenden Kaisers und seiner Familie, ein Ausdruck der Öffentlichkeit der Religion überhaupt, für die der römische Imperialismus zum Vehikel wurde.

Die Christen weigerten sich, an öffentlichen religiösen Veranstaltungen teilzunehmen; sie verehrten ihren Gott darüber hinaus nicht einmal in der hergebrachten Weise, in der man Götter verehrt, weil sie keine Opfer brachten. Deswegen wurden sie Atheisten genannt, d.h. Volksfeinde, die den Frieden der Götter störten und damit den Bestand des Allgemeinwohles gefährdeten. So konnte ein Christ die Lage charakterisieren durch den Ausruf: „Wenn der Tiber die Mauern überflutet, wenn der Himmel sich nicht rührt, wenn die Erde sich bewegt, wenn eine Hungersnot, wenn eine Seuche wütet, gleich schreit man: Die Christen vor den Löwen“ (Tertullian, Apol. 40,2).

Gegenüber der öffentlichen Religion verbreiteten sich im Kaiserreich die sog. Mysterienreligionen. Deren Götter waren auch Schutzmächte, aber mehr noch Personifikationen göttlichen Lebens, überirdischen Seins und ewiger Substanz. Ihnen gegenüber befand sich das Christentum nicht in der klaren Ablehnung einer Verkehrung, sondern in der Situation der Konkurrenz. Die Mysterien versprachen Anteil an göttlicher Substanz; auch die Christen verkündigten Anteil an göttlichem Leben. Aber soweit ich sehe, vollzog sich die Auseinandersetzung mit den Mysterienreligionen nicht direkt, sondern indirekt, nämlich als Auseinandersetzung mit der philosophischen Deutung der Mysterien.

Philosophische Deutung – philosophische Tradition – mit diesen Stichworten kommen wir der Beschreibung des Prozesses näher, wie sich das frühe Christentum als Religion innerhalb der eigenen Umwelt versteht. Denn die Götterkritik der öffentlichen Religion war von der philosophischen Tradition vorbereitet und wurde von den Christen in gewissem Sinne übernommen. Ebenso vollzog sich die Auseinandersetzung mit den Mysterienreligionen unter Fragestellungen und innerhalb einer Problematik, die die antike Philosophie vorgezeichnet hatte. Teilhabe an göttlichem Leben, Angleichung an Gott, Selbstgestaltung nach dem Guten, das transzendent ist, all dies sind Themen der antiken Philosophie, vor allem eben der platonischen Philosophie. Der antike Religionsbegriff ist damit auf den Kopf gestellt; bei allen Vorbehalten könnte man sagen, daß das frühe Christentum Philosophie zur Religion macht und damit eben erst das begründet, was wir heute in etwa als Religion bezeichnen würden. In diesem Sinne könnte man Karl Barth recht geben, wenn er sagt, daß der christliche Glaube keine Religion ist[6]. Denn das frühe Christentum konstituiert sich nur so als Religion, daß es sich ein neues Religionsverständnis schafft.

Es lohnt sich, diesen Vorgang noch genauer anzusehen. Aristoteles, der Schüler Platons, prägt nach dem Tode seines Lehrers ein Epigramm:

ἐλθὼν δ' ἐς κλεινὸν Κεκροπίης δάπεδον
εὐσεβέως σεμνῆς φιλίης ἱδρύσατο βωμόν
ἀνδρὸς ὃν οὐδ' αἰνεῖν τοῖσι κακοῖσι θέμις·
ὃς μόνος ἢ πρῶτος θνητῶν κατέδειξεν ἐναργῶς
οἰκείῳ τε βίῳ καὶ μεθόδοισι λόγων,
ὡς ἀγαθός τε καὶ εὐδαίμων ἅμα γίνεται ἀνήρ·
οὐ νῦν δ' ἔστι λαβεῖν οὐδενὶ ταῦτα ποτέ.

„Als jemand zu Kekropias (Athens) berühmten Gefilden kam,
errichtete er dort in frommer Ehrfurcht einen Altar für die erhabene Philia
zu Ehren des Mannes, den die Schlechten kein Recht zu loben haben,
der als einziger oder als erster der Sterblichen in aller Klarheit aufwies
durch sein eigenes Leben wie durch methodische Darlegung,
daß der Mensch zugleich glücklich und gut wird.
Jetzt aber ist das keinem jemals mehr zu fassen"[7].

Ich meine, die wesentlichen Elemtente von (antiker und spätantiker) Religion seien alle vorhanden: ein Altar, der andachtsvolle Verehrung ermöglicht, Offenbarung von Göttlichem im Bereich des Menschlichen, eine Offenbarung, die etwas über des Menschen Hoffnung und Bestimmung sagt, eine Art Evangelium. Es mag unhistorisch sein, die Haltung des frühen Christentums zu Christus und die Haltung des Aristoteles zu

[6] Vgl. H. Langerbeck, Paulus und das Griechentum: Aufsätze zur Gnosis. Aus dem Nachlaß hrsg. v. H. Dörries, Göttingen 1967 (AAWG.PH 69), 83–145, ebd. 92 u. 117f.

[7] Carmina Frgm. 2 (Ross); vgl. W. Jaeger, Aristotle's Verses in Praise of Plato: CQ 21 (1927) 13–17 = ders., Scripta minora I, Rom 1960, 339–345.

Plato zu vergleichen. Ich wage es trotzdem, weil so klar werden könnte, wie christlicher Glaube und philosophisch religiöser Ausdruck sich in der Spätantike gegeneinanderstellen. Die religiöse Verehrung gilt nach Aristoteles der Freundschaft, einer abstrakten Idee, die hypostasiert ist. Dieses Phänomen ist typisch für die Spätantike, wo wir Altäre des Friedens, der Gerechtigkeit, der Tugend allgemein finden[8]. Weiterhin ist Plato nur in uneigentlichem Sinne Offenbarer; er hat in seinem Leben etwas verwirklicht, eine Lehre verwirklicht in Leben und Gedanken, daß man glücklich wird allein durch Gutsein. Soll man deswegen Plato nachfolgen oder Plato nachahmen, um das Gleiche zu erreichen? Nein, sagt Aristoteles, damit verfehlte man die Sache. Denn das Gute, welches glücklich macht und Selbstverwirklichung ermöglicht, das ist nicht in Plato anwesend, es ist ihm transzendent. Hätten die frühen Christen sich diesen gewiß höchsten philosophischen Ausdruck von Religion angeeignet, so hätten sie Jesus jährlich in einer Gedenkfeier ehren müssen, anbeten bzw. verehren aber die Liebe oder neue Gerechtigkeit. M.a.W., die Auswirkung vergöttlichen, des Grundes aber, der zu Liebe befähigt und Gerechtigkeit wirkt, unansichtig zu bleiben; ja selbst zuzugeben, daß das, was in Jesu Leben und Lehre sich zeigte, also absolutes Gottvertrauen, in seinem Grund nicht einsichtig, nicht anschaubar, auch nicht verkündbar sei.

Genau die gegenteilige Stoßrichtung nimmt aber die frühchristliche Verkündigung: Nicht die Gemeinschaft wird mit göttlichen Ehren ausgezeichnet und als Macht verehrt, sondern die Gemeinschaft wird als Kirche gelebt, angebetet wird dagegen der Grund, der Gemeinschaft ermöglicht, der in Christus offenbare Gott.

2. *Christlicher Glaube als Umwandlung philosophischer Religion*

Das frühe Christentum bestimmt also die Eigenart seines Glaubens in der Unterscheidung von spätantiker Religiosität, sowohl der heidnischen wie auch der jüdischen[9], und setzt sich an die Stelle der Philosophie, die sie aber gründlich verwandelt. Dieser Vorgang allein ist schon von Bedeutung. Die eigene Eigentümlichkeit wird in Abgrenzung gewonnen, sie ist nicht einfach gegeben. Man kann nicht einmal sagen, das Eigene werde durch neue Abgrenzung aktualisiert, sondern es formt und formuliert sich in der klärenden Konfrontation.

Harnack im thetisch Grundsätzlichen behauptet, daß Religion nicht nur eine Sache des Gefühles und der Tat ist, sondern daß Religion, vor

---

[8] Vgl. H. Mattingly, The Roman Virtues: HThR 30 (1937) 103 ff. und K. Latte, Römische Religionsgeschichte, München 1960 (HAW V.4), 321–324.

[9] Vgl. den Diognetbrief (Ende des 2. Jh.s).

allem die christliche Religion, eine ganz bestimmte Erkenntnis von Welt und Gott impliziert[10]. Aber in der Ausführung der Dogmengeschichte kommt dieser Grundsatz nicht mehr zur Anwendung; er geht in dem Bemühen verloren, die Denkstruktur der altkirchlichen Theologie wie auch des altkirchlichen Dogmas als griechisch zu erweisen, abhängig von griechischer Philosophie. Diese Einsicht, die eigentlich ein Widerspruch zur eigenen Grundthese ist, hat befruchtend und lähmend zugleich gewirkt. Befruchtend, weil sie Quellenuntersuchungen hervorgerufen hat, die erstaunliches Arbeitsmaterial bereitgestellt haben. Kirchenvater um Kirchenvater ist zum Offenbarungseid gezwungen worden, daß seine Theologie von antiker Philosophie durchsetzt ist, manchmal in ganz wörtlichem Sinne durchsetzt, insofern sich Sätze oder Abschnitte als Zitate und Paraphrasen nicht-christlicher Philosophen erwiesen haben. Lähmend wirkte dagegen die Annahme, daß der christliche Glaube sich gängiger nicht-christlicher Ausdrucksformen der Zeit bediente, in die sein lehrmäßiger Inhalt gefaßt wurde – sei es aus apologetischem Interesse, sei es aus der Notwendigkeit, daß jede sprachliche Mitteilung sich der Ausdrucksformen ihrer eigenen Zeit bedient[11]. Diese Annahme, die einen Inhalt von ihrer Ausdrucksform scheidet, nenne ich lähmend, weil sie blind macht für die Gedankenbewegung, die ihr zugrunde liegt: Ein fester Inhalt wird behauptet und halte sich auch durch, nur die Ausdrucksform wandele sich mit der Weltanschauung der Zeitalter.

Neue Bewegung sehe ich in das Verständnisbemühen um die Kirchenväter kommen in dem Augenblick, als man erkennt, daß die christliche Theologie der Kirchenväter an verschiedenen Punkten die vorgegebene Philosophie verändert und verwandelt[12]. Sie macht die Philosophie nicht nur dem eigenen Interesse, einem apologetischem Interesse, dienstbar, sondern biegt sie um, stellt ihre Kernaussagen zuweilen auf den Kopf. Dieser Vorgang ist z.T. thematisiert in dem Stichwort: Praeparatio Evangelii (Eusebius von Caesarea), Vorbereitung des Evangeliums in griechisch-römischem Weltverstehen. Das ist gewiß Apologetik, aber bei den Gescheiteren Apologetik in dem Sinne, daß man sich der eigenen Wahrheit durch das Gespräch mit der nicht-christlichen Philosophie vergewissert. Mehr noch, daß man den Inhalt des Glaubens erst in dem Gespräch gewinnt.

---

[10] Vgl. Lehrbuch der Dogmengeschichte Bd. I, Tübingen [4]1909 = Darmstadt 1964, S. 19, 23 u. 25 sowie Grundriß der Dogmengeschichte, Freiburg [1]1889, 1.

[11] Lehrbuch I, 20.

[12] Die Hauptträger sind: Hal Koch, Pronoia und Paideusis. Studien über Origenes und sein Verhältnis zum Platonismus, Berlin 1932 (AKG 22); J. Daniélou, Platonisme et théologie mystique. Essai sur la doctrine spirituelle de saint Grégoire de Nysse, Paris 1944 und C. Andresen, Logos und Nomos. Die Polemik des Kelsos wider das Christentum, Berlin 1955 (AKG 30).

Es ist nicht zufällig, daß das Moment der weiterführenden Auseinandersetzung mit der griechischen Philosophie gerade zuerst im Hinblick auf den Gottesbegriff dargelegt wurde[13]; erst danach auch in der Christologie, während für den Bereich der Ethik noch alles im argen liegt und fast noch nichts erarbeitet worden ist. Warum zuerst in der Gotteslehre?

a) Gotteslehre

Sollte mein Einstieg bei der philosophischen Religion eines Aristoteles methodisch fruchtbar sein, so ergibt sich als heuristische Einsicht, daß das frühe Christentum genau das für möglich hält, was Aristoteles kategorisch verneint. Aristoteles sagte in dem Epigramm: Plato zeigte als einziger oder erster der Menschlichen in seinem Leben und in methodischer Darlegung, daß der Mensch zugleich glücklich und gut wird. „Jetzt ist das keinem jemals mehr zu fassen." Das frühe Christentum aber behauptete, daß seine Verkündigung von Christus glücklich und gut zugleich macht. Aristoteles (wie insbesondere Plato vor ihm) sagte, nur das Wissen vom Guten habe umwandelnde Kraft, mache gut und schaffe Glückseligkeit; kann man das Gute lehren, von ihm künden und ein Wissen von ihm zeugen? Nein, denn das Gute an sich, der umwandelnde Grund, ist transzendent und entzieht sich begrifflicher wie sprachlicher Fassung. Philosophie kann höchstens vom transzendenten Grund her denken, niemals aber den Grund von Erkennen selbst denken[14]. M. a. W. das Erkennen kann sich nicht zu seinem eigenen Grund übersteigen. Wird der Versuch dennoch unternommen, des Grundes ansichtig zu werden, so ist es entweder eine starre Abstraktion (nämlich zu sagen, was Gott alles nicht ist), oder es ist eine Hypostasierung des Selbst (Neuplatonismus Plotins). Das wird im frühen Christentum sehr genau gesehen, und so gehen die ersten Versuche dahin, die starre Abstraktheit des Grundes, des Gottesbegriffs, aufzulösen und in geschichtliche Bewegung zu überführen. Gott ist als Grund der Welt nicht ein unzeitliches nacktes Prinzip, sondern kann als Gott nur in der Leben gebenden Bewegung verstanden werden. Konkret: Gottes Gutsein, das Welt begründet und erhält, ist nicht ein Prinzip des Ursprungs und allein in seinem Ursprungsein zu erkennen, sondern zu erfahren in den Akten, die die Menschheitsgeschichte zum Guten zurückruft und zurückführt. Der Schöpfer bestätigt sein Herrsein über die Schöpfung, indem er das Gesetz gibt, die Propheten schickt, schließlich sich inkarniert. Gottes Gut-

[13] Vgl. W. Pannenberg, Die Aufnahme des philosophischen Gottesbegriffs als dogmatisches Problem der frühchristlichen Theologie: ZKG 70 (1959) 1–45 = ders., Grundfragen systematischer Theologie, Göttingen 1967, 296–346.

[14] Vgl. Plato, Resp. 505–511.

sein bewährt sich in der Geschichte; die versöhnenden Akte sind der angemessene Ausdruck für das Gutsein des Grundes, weil Gutsein im Gutmachen besteht. Das Aufregende an dieser Beobachtung ist, daß nicht eine vorgegebene sog. biblische Gottesvorstellung der klassischen philosophischen Gottesvorstellung entgegengesetzt wird, sondern daß diese Gedanken innerhalb der Problematik antiker Philosophie selbst erst entwickelt werden, so daß das, was wir annähernd biblische Gottesvorstellung nennen, erst Resultat des Gesprächs mit der antiken Philosophie ist.

b) *Christologie*

Wie sich die Christologie hier einfügt, ist nun leicht zu sehen, und ich werde nur ganz kurz darauf eingehen:
... „glücklich und gut zugleich.
Jetzt aber ist das keinem jemals mehr zu fassen“.

Es ist zu fassen, sagen die frühen Christen, weil es in Christus ansichtig geworden ist. Es ist nicht ansichtig geworden, daß ein beliebiger auserwählter Mensch glücklich und gut zugleich wird, sondern ansichtig geworden ist der Grund, der glücklich und gut macht. Und weil der Grund zu Gutsein und Glücklichsein in Christus ansichtig geworden ist, kann man davon künden, kann man das Gute verkünden und damit die verwandelnde Kraft Gottes sprachlich freisetzen.

Einer der Frühen der Kirchenväterzeit, Justin[15] um die Mitte des 2. Jahrhunderts, sagt also: Den Unterschied des christlichen Glaubens von antiker Philosophie stellt er an Sokrates und Christus dar. Sokrates erkannte die dämonische Kraft des Bösen, er lehrte davon unter seinen Mitmenschen, er starb den Märtyrertod für seine Einsicht. Warum hat er keine Nachfolger, die den Märtyrertod für die Lehre von der Dämonie des Volksglaubens auf sich nehmen, während in der Christenheit sich so viele Märtyrer finden? Antwort: Sokrates fehlte die Kraft des Überzeugens; er hatte nur eine teilweise und nicht genügend klare Einsicht in den Grund des Seins, in das transzendente Gute; Sokrates konnte nur persönlich für seine Einsicht zeugen, der Gegenstand der Erkenntnis aber bleibt der Erkenntnis transzendent. Die Situation der Christenheit ist anders: Kein schwieriges und philosophisches Training ist nötig, um ideelles und intelligibles Sein zu erfassen, sondern der Grund ist in Christus inkarniert, inkarniert in einem Menschen; deswegen kann man davon berichtend künden – folglich kann man überzeugen, weil Augen und Ohren des Grundes, der allein verwandelnde Kraft hat, ansichtig werden können, und weil der Grund nicht ein luftiges Gebilde für das trainierte

---

[15] Apol. II 10.

geistige Auge bleibt. Die Anschaubarkeit des an sich transzendenten Guten ist der Kernpunkt und die treibende Kraft der frühchristlichen Christologie[16].

Auch im Hinblick auf die Christologie der frühen Christenheit ist zu sagen, daß sie ihre Eigenart erst im Gespräch mit der antiken Philosophie gewann und ihr nicht vorgegeben war. Sie ist nicht nur nicht vorgegeben, sondern die Gedankenbewegung selbst, die zur Ausbildung der altkirchlichen Christologie führt, ist von dem Gespräch mit der antiken Philosophie bestimmt.

c) *Ethik*

Noch ein paar Gedanken zur frühchristlichen Ethik, dem noch dunkelsten Kapitel der Patristik[17]. Es liegt nicht nur an erst kürzlich neu erwachtem Interesse an diesem Gebiet, daß so große Unsicherheit in Erkenntnis und Urteil über frühchristliche Ethik herrscht, sondern in der Fachdisziplin spiegelt sich die allgemeine Unsicherheit über Fragen christlicher Ethik wider. Ich kann hier nur allgemein auf Perspektiven eingehen, die die frühchristliche Diskussion über menschliches Verhalten bestimmt, wie ich es zu sehen meine, und bediene mich dabei der Vorstellung „life-style" (Lebensform) zur Verdeutlichung.

Mir scheint, wir haben zwei Phasen zu unterscheiden. Zuerst haben wir es mit einer Diasporamentalität[18] zu tun, die sich durch Abgrenzung bestimmt, danach mit einer verallgemeinernden Verinnerlichung. Als Abgrenzung dient der Bereich der nicht-christlichen Religiosität, in den der Christ nicht hineingleiten darf, will er sich nicht aus der Herrschaft seines Herrn Christus entfernen. Dies ist nicht so unbestimmt, wie es uns in unserer heutigen Situation erscheint, wo eine Abgrenzung gegenüber dem säkularen Bereich nicht recht möglich ist – abgesehen von fundamentalistischen Gruppen in den USA, die die ganze moderne Zivilisation vom religiösen Standpunkt aus interpretieren und ablehnen –, sondern die Kultur und das öffentliche Leben, soziales wie politisches, werden von den frühen Christen religiös interpretiert, d.h. als auf Grundla-

---

[16] Vgl. E. Mühlenberg, Vérité et bonté de dieu. Une interprétation de ‹De incarnatione›, chapitre VI, en perspective historique: Politique et théologie chez Athanase d'Alexandrie. Hrsg. v. C. Kannengiesser, Paris 1974 (ThH 27), 215–230.

[17] Es genüge der Hinweis auf zwei Neuerscheinungen: E. Osborn, Ethical Patterns in Early Christian Thought, Cambridge 1976, und R. M. Grant, Early Christianity and Society, San Francisco 1977.

[18] Vgl. dazu C. Andresen, Die Kirchen der alten Christenheit, Stuttgart 1971 (RM 29, 1/2), 24–27; besonders aufschlußreich sind die gedrängten Ausführungen auf S. 217–224 in dem Aufsatz: Altchristliche Kritik am Tanz – ein Ausschnitt aus dem Kampf der alten Kirche gegen heidnische Sitte: ZKG 72 (1961) 217–262.

gen ruhend, die von dämonischen Göttern getragen sind. Aber es ist nicht nur so, daß die frühen Christen hinter jeder Tätigkeit im öffentlichen Leben die teuflischen Götter antiker Religiosität witterten, sondern die nicht-christliche Öffentlichkeit, vor allem die Regierung des Imperiums, gab das öffentliche Leben in paralleler Steigerung als religiös aus. Der Umbruch, den ich verallgemeinernd Verinnerlichung nennen möchte, fällt mit der öffentlichen Anerkennung der christlichen Religion im römischen Imperium zusammen, ist aber nicht von ihr verursacht, sondern war vorbereitet. Während der Märtyrer seine innere Freiheit zunächst gegen die dämonischen Götter der spätantiken Kultur behauptete, ganz konkret in der Weigerung, an Opferakten teilzunehmen – und da blieb wenig, was man noch öffentlich tun konnte – ist der neue Märtyrer[19] der Kämpfer gegen die inneren Feinde; Bekehrung der zweiten Phase war eine dramatische Absage an das öffentliche Leben, meist die öffentliche Karriere im politischen Leben, und der Rückzug in die Wüste oder hinter Klostermauern. Da entdeckt man, daß die Versucher in die Einsamkeit oder abgeschlossene Gemeinschaft folgten. Denn das Böse ist nicht in dualistischem Sinne draußen, sondern entspringt aus dem Inneren des menschlichen Selbst. Wenn das Böse aus dem Selbst des Menschen gezeugt wird, warum dann überhaupt noch in die Wüste oder in ein Kloster gehen?

Nun, es gilt, das Selbst zu bezwingen; denn Selbstseinwollen ist der Ursprung des Bösen. Der ethische Akt, in dem sich die Bezwingung des Selbst äußert, ist die Demut. Demut ist Angelpunkt christlicher Ethik, wird erfaßt im Gespräch mit der antiken Philosophie. Dieser Vorgang ist eindeutig nachweisbar[20]. Die Fruchtbarkeit, gerade diesen Begriff als die zentrale Tugend zu erfassen, liegt darin, daß sie die Ausweitung der Tugendlehre eines Individuums zu einer ethischen Gemeinschaftslehre ermöglicht, obwohl man zugeben muß, daß diese Möglichkeit auch verfälscht werden kann und verfälscht worden ist. Demut ist eine Praxis, sie verwirklicht sich in der Gemeinschaft des Dienens. Größe wie auch Grenze werden im Mönchtum sichtbar; denn einerseits institutionalisiert die mönchische Disziplin die Demut, andererseits setzt die mönchische Disziplin eine geschlossene Gemeinschaft unter Aufsehern voraus. Der Unterschied der christlichen Demut als des ethischen Grundaktes zur griechischen Bestimmung der Tugend als Gerechtigkeit liegt darin, daß Gerechtigkeit für den Einzelnen und für die Gemeinschaft in analogem Verhältnis stehen bleiben, während Demut aus sich heraus Gemeinschaft bildet und in der Gemeinschaft lebt.

---

[19] Vgl. Athanasius, Vita Antonii cap. 47.

[20] Vgl. A. Dihle über Demut bei Origenes auf Sp. 755–759 im Art. Demut: RAC III (1957) 735–778.

Aristoteles sagte, daß die Bestimmung des Menschen in dem Zugleich von glücklich und gut erfüllt sei. Die frühchristliche Ethik hängt sich an das Wort gut, entnimmt Plato die beiden Nebenbestimmungen von gut, nämlich „Gott ist das Maß aller Dinge" und „Angleichung an Gott"[21]. Um aber die Erhebung zu Gott nicht in eine Selbsterhebung ausarten zu lassen gegen ihre eigene Intention, wird die Offenbarung Gottes in dem inkarnierten Christus als Inhalt gesetzt: Gott offenbart sich als opfernde Liebe, Gott erniedrigt sich in Christus. Glücklich wird der Mensch in der Ausübung der Demut, weil er damit sich selbst realisiert, insofern Selbstrealisierung in der Ausrichtung des Selbst auf Gott besteht. Tugend ist ja nicht eine Übung für etwas anderes, das dann als Lohn winkt, sondern Tugend ist Entfaltung und Gestaltung der menschlichen Bestimmung. Es sollte noch darauf hingewiesen werden, daß die Ethik die Christologie und Theologie voraussetzt.

3. Was kann man bei den Kirchenvätern am besten lernen?

Ich versuche zusammenzufassen. Ausgegangen war ich von der Frage, was man bei den Kirchenvätern besser als sonst irgendwo für das Geschäft der Theologie lernen kann. Ich habe dann ein Bild der Theologie der Kirchenväter entworfen, um konkret ausdrücken zu können, welchen Sachkomplex ich mit dem Stichwort Kirchenväter bezeichne. Mir ist wohl bewußt, daß ich mehr ein Forschungsprogramm skizziert habe, als an Altbekanntes erinnert zu haben.

a) Methode der Theologie

Man kann von den Kirchenvätern lernen, wie Theologie zu betreiben ist. Man kann bei ihnen Methode lernen. Das meinte schon Harnack; ich stimme ihm zu, daß man zuerst einmal davon absehen muß, konkrete Resultate aus der theologischen Arbeit der Kirchenväter in die Gegenwart zu übertragen. Im Fall der Kirchenväter wie in unserer gegenwärtigen Lage ist es das Geschäft der Theologie, im Gespräch mit nicht-christlicher Weltauslegung sich des eigenen christlichen Gedankeninhaltes bewußt zu werden, ihn im Gespräch zu gewinnen und sich im Gespräch seiner Wahrheit zu vergewissern. Daß die Kirchenväter ihre Aufgabe in ihrer Zeit vorbildlich gelöst haben, will ich nicht behaupten, jedenfalls nicht in dem Sinne, daß ihre Lösung von uns einfach zu übernehmen sei. Wenn sich z. B. jemand nach der Mode der Spätantike heute kleiden würde, ist er vielleicht auf einem Maskenball am rechten Platz,

---

[21] Plato, Leges 716 u. Theaet. 176/7.

Georg Pfligersdorffer

„Fremdgespräch“ und „Selbstgespräch“

Es ist eine zu wenig gewürdigte Tatsache, daß die leidenschaftlichsten Prediger in vielleicht nicht ganz seltenen Fällen den an die Zuhörer gerichteten Zuspruch selbst auch in besonderem Maß nötig haben, etwa wenn es sich um die Vermittlung und den Nachweis von Glaubenswahrheiten handelt. Eigene vorhandene Zweifel und Unsicherheiten scheinen in diesem Vorgehen erfolgreich zurückgedrängt und betäubt werden zu können. Die Hinwendung an den Zuhörer bedeutet damit in einem die Hinwendung an sich selbst, und in extremen Fällen mag jene in die Rolle eines bloßen Mittels treten. Die solcherart sich ergebende Beziehung eines „Fremdgesprächs“ zum „Selbstgespräch“ – um diese Ausdrücke als bündige Marken für das Gemeinte in den Vordergrund zu stellen – ist somit der Gegenstand des Folgenden. Einige antike Autoren werden einer einschlägigen Betrachtung unterworfen, die in die Beleuchtung des Anfangs des 10. Buches von Augustins Confessiones münden soll. Eine quellenmäßige Abhängigkeit im strengen Verständnis unter den herangezogenen Texten oder zwischen einzelnen von ihnen anzunehmen oder dies nahezulegen ist dabei in keiner Weise beabsichtigt. Vielmehr soll die Abfolge vergleichbarer Modelle die Erscheinung in ihrer Besonderheit kenntlich machen und dazu dienen, antike Ansätze im Blick auf ihre Entfaltung und Ausformung gerade auch unter der Wirkung der vom Christentum durchdrungenen alten Kultur zu bedenken. Der verehrte Adressat dieser Festschrift ermutigt in der ihm eigenen gelösten und lebendigen Gesprächsbereitschaft dazu, das Nachstehende in dieser skizzenhaften und entwurfsartigen Form vorzulegen. Der Gegenstand enthält ja zudem beträchtliche philosophische Dimensionen, die zu verfolgen die Kompetenz des Verfassers entschieden überschreiten würde; nach dieser Richtung dürften sich allerdings nicht unerhebliche Einsichten erzielen lassen.

Stillschweigende Gesprächshinwendung an sich selbst unter der Außenschicht der Einstellung auf den Zuhörer – dieses Verständnis legt sich vor allem angesichts jener ausgedehnten und damit wohl auch für die Tendenz des Gesamtwerkes bedeutsamen Partie im 3. Buch von Lukrez, De rerum natura nahe, in der in den Versen 417–829 in erdrükkender Dichte ein Beweis auf den anderen folgen gelassen wird, um nur ja die Grundlage der Todesfurcht auszuschließen, eben die Möglichkeit eines Fortlebens der Seele über das Leben des Körpers hinaus und damit die Möglichkeit von Qualen und Strafen für den Menschen in einem unterweltlichen Jenseits. Die Fülle der 28 Beweise, die man gemeinhin seit J. Masson (1907) zählt – nach C. Bailey sind es 29[1] –, läßt den Eindruck entstehen, als würde Lukrez „den Gedanken an ein Weiterleben recht sicher zu ersticken“ hoffen[2]. Im Sinn unserer Ausführungen wäre in Klingners Wortlaut eine Ergänzung vorzunehmen und zu lesen: „vor allem auch bei sich recht sicher zu ersticken“. Marc Rozelaar hatte es 1943 ausgesprochen[3]: Lukrezens eigene Todesfurcht sei hiebei die Triebkraft (ebd. 56), und die „Macht des in ihm hausenden, ihn beunruhigenden Schreckbildes von fortgesetzter Qual nach dem Erdendasein“ spiegele sich in diesem Bemühen wider, andere zu überzeugen (75). Eigene Belehrung und Bestreitung der eigenen Zweifel (76) lägen ihm vor allem am Herzen und das Gedicht sei „letzten Endes zum eigenen Behuf geschaffen“ worden (80).

Wie immer man die Gewichtsanteile zwischen Belehrung der anderen und Werbung unter ihnen für die epikureische Heilslehre und andererseits der eigenen Versicherung und der Selbstvergewisserung bemessen und gegeneinander abwägen mag, so wird man doch über dem „Umwelthorizont“ des Zuspruchs und gegenüber der mitmenschlichen Dimension des Lehrvortrags das eigene Ringen um die Geltung der vermittelten Gehalte keinesfalls übersehen dürfen. Die Wirkung der Todesfurcht auf das Gepräge des Lebens überhaupt ist nicht nur eindrücklich, sondern in einer die quälende Beklemmung des Menschen in der sprachlichen Einkleidung gemäß widerspiegelnden Weise geschildert (3,38f.):

> „von Grund auf trübt sie des Menschen Leben ganz und gar, alles mit der Schwärze des Todes unterlaufend, und läßt keine Freude rein und ungemischt bleiben“[4] –

wer so zu schreiben vermag, ist dabei nicht von Fremdbeobachtung bestimmt, wohl aber fühlt er das eigene Leben durch die Todesfurcht vergiftet und leidet daran[5].

---

[1] Vgl. P. Boyancé, Lucrèce et l'épicurisme, Paris 1963, 161.

[2] Friedr. Klingner, Römische Geisteswelt, 4. Aufl. München 1961, 207.

[3] Lukrez. Versuch einer Deutung, Amsterdam 1943, und ebenso in der vorausgegangenen Dissertation (Amsterdam 1941), mit den gleichen Seitenzahlen für die oben folgenden Verweise.

[4] Funditus humanam qui vitam turbat ab imo
omnia suffundens mortis nigrore neque ullam
esse voluptatem liquidam puramque relinquit.

[5] Dazu Rozelaar 124f.

Eine methodische Beherzigung erscheint hier angebracht. Es ist gewiß der Fall denkbar, daß eine Ausführung bei einem Autor mit keinem Wort ein solches Verständnis ihrer Tendenz, wie es hier zur Debatte steht, ausdrücklich nahelegt. Und doch wäre es eine wohl kaum zu rechtfertigende Selbstbeschränkung der Interpretation und Verkürzung ihrer Möglichkeiten, wollte man einen Aspekt außer acht lassen, weil er entweder nicht explizit im Text greifbar ist oder sich erst bei einem späteren Autor entsprechend formuliert findet, wie dies für unseren Zusammenhang in Senecas 89. Brief der Fall ist. Damit soll natürlich nicht ausgesprochen sein, daß die Anwendung eines solchen Aspekts in einem derartigen Fall bereits auch den Beweis ihrer Richtigkeit in sich enthielte – ein solcher ist, wenn er möglich ist, zweifellos gesondert zu leisten.

Diese Zwischenbemerkung ist etwa besonders angebracht vor der Erwägung der vielleicht ein wenig exponierten, auf jeden Fall aber geistvollen und bestrickenden Auffassung, die Viktor Pöschl 1953 von dem Canidia-Gedicht des Horaz (epod. 17) vorgetragen hat[6]. Sie würde sich für unseren Zusammenhang folgendermaßen auswirken: Auch hier ein „mitmenschlicher Horizont", das Gespräch mit der Hexe Canidia; insofern diese aber „das Symbol des Bösen selbst" ist, „das wie ein Fluch die Seele des Horaz zerstört" und sich als Gesprächsgegenüber aus dem Innern des Dichters gleichsam in das Außen hypostasiert und als ein Dialogpartner Gestalt angenommen hat, handelt es sich um ein – eben objektiviertes – Selbstgespräch, ein nicht nur nacherzähltes und daher aus dem Innern herausgeholtes, sondern um ein in den Außendialog verlegtes „soliloquium". Und was sich Horaz bekenntnishaft[7] vor sich selbst einzugestehen hat, wird dem Dialogpartner gegenüber laut und sogar dann von diesem dem Dichter zugesprochen: jenes in 21–26 – der Verlust von Jugendlichkeit, Gesundheit und unverbrauchter Frische und dazu die qualvolle Ruhelosigkeit –, dieses in allegorischer Form 65–69: Lebensangst, peinigende Sexualität und der Stachel des Einflußstrebens. Pöschl hat diese Deutung der letztgenannten Verse auf Lucr. 3,978 ff. gegründet[8]. Ihm zu folgen mag leichter fallen, wenn man die Brücke von votis (62) zu dem anaphorischen optat (65 und noch zweimal, 67 f.) erwägt: Entgegen seinen vota werde sich sein Leben lange und schleppend hinziehen, und gerade seine quälenden Gebrechen nähren doch den Wunsch nach Beendigung ihrer Wirkung und nach Beschwichtigung ih-

[6] Entretiens sur l'antiquité classique II: L'influence grecque sur la poésie latine de Catulle à Ovide, Vandoeuvres (Genève) 1956, 102–104.

[7] Zu seinem Selbstbekenntnis s. Pöschl 93, wonach seine Dichtung zugleich ein solches und andererseits Lehre sei, und ebendort 104.

[8] A.a.O. 103.

res Elends, das seinem Leben das Gepräge gibt (misero) und weiter geben wird[9].

Die dritte Satire des zweiten horazischen Satirenbuches mit dem stoischen Thema „Jeder Nichtweise ist verrückt“ ist nach O. Weinreichs Ausdruck die „Konkurrenzsatire“ zu Varros Menippea „Eumenides“, die dasselbe Thema behandelt hat. Horazens Dichtung beginnt mit Worten, die wie eine Selbstanrede wirken und die Unergiebigkeit seiner dichterischen Produktion zum Gegenstand haben (1–16a). In diesem Zusammenhang fallen Einzelheiten, die der Dichter von sich kundgibt: u. a. die Neigung zu Weingenuß und Schlaf, die faule Ausrede auf die Ungunst der Umstände, dazwischen der löbliche Vorsatz, besonnen und nüchternen Sinnes gefaßt, dem Saturnalientreiben der Großstadt in das Sabinum zu entfliehen. Letzteres hat sich der Dichter zugute zu halten, und im Tenor der Vorwürfe nimmt es sich aus wie eine Vorwegnahme von etwas, was der Dichter für sich geltend machen könnte – es erscheint diatribenhaft aufgegriffen, um daran erst recht die Ergebnislosigkeit der guten Vorsätze aufzuweisen, womit schließlich die ernste Frage sich aufdrängt, ob überhaupt noch weiteres dichterisches Streben sinnvoll ist. Erst nach dieser Versgruppe erfährt man, daß ein Damasippus diese Worte gesprochen hat, mit dem wohlbegründeten Rat sich zu entscheiden und aus bemerkenswerter Vertrautheit mit dem Dichter, seinem Tun und seinem Sinnen und Trachten (sed unde tam bene me nosti? – auch die intime Kenntnis würde zu einem Selbstgespräch gehören). Damasippus also, stoischer Neophyt nach dem Scheitern seiner bürgerlichen Existenz und nun als Tugendprediger nicht ohne Komik, ist somit – und dies gleich am Anfang – Träger einer Selbstbesinnung Horazens. Dieser ist in eine solche Maske geschlüpft[10] und läßt durch sie das eigene Selbstgespräch laut werden.

Der Hauptteil der Satire enthält den Lehrvortrag des Damasippus mit der Wiedergabe der für diesen so heilsamen und befreienden Ausführungen des Stertinius, eines stoischen Wanderpredigers, der sich zwar, der geschilderten Situation entsprechend, an den seelisch bedrohten Damasippus richtet, aber 77–81 eine weite Zuhörerschaft vor sich

---

[9] 62–69:
sed tardiora fata te votis manent:
ingrata misero vita ducenda est . . .
optat quietem Pelopis infidi pater
egens benignae Tantalus semper dapis,
optat Prometheus obligatus aliti,
optat supremo conlocare Sisyphus
in monte saxum; sed vetant leges Iovis.

[10] Ein „Spiel mit Masken aus künstlerischem oder gesellschaftlichem Reiz“ hat E. Burck, Nachwort und bibliographische Nachträge zu Kießling-Heinzes Satirenband (Berlin 1957) 392 auch für sat. 2,3 erwogen.

wähnt. Wie in Varros „Eumenides“ der Ehrgeiz, die Habsucht, die Genußsucht, der Aberglaube, aber auch Torheiten philosophischer Schulmeinungen aufs Korn genommen werden, so schweben ganz entsprechend bei Horaz Menschengruppen vor, die jeweils von diesen Fehlern geplagt sind, und zwar der Reihe nach die Habsüchtigen, die Ehrgeizigen, Schwelger und Verschwender, Liebestolle und Abergläubische. An Horazens Stelle führt damit Damasippus ein Fremdgespräch mit der Absicht der Besserung und Bekehrung seiner Zuhörer. Daß derlei „nicht nur der Verulkung der jungen Adepten der stoischen Lehre“ dient, „sondern daß Horaz . . . einzelne Lehren der stoischen Ethik ernst nimmt“, hat Burck a.O. als „doch wohl sicher“ festgestellt, in Übereinstimmung mit Pöschl[11], der das Nebeneinander von „scherzhafter Übertreibung“ und „ernstem Kern“ betont[12].

Ist aber die Hinwendung des Fremdgesprächs in einem auch wieder – wie bei Lukrez – Rückwendung an sich selbst? Die am Schluß der Satire von Damasippus gegen Horaz ausdrücklich und ganz persönlich erhobenen Anschuldigungen (308 ff.) lassen keinen Zweifel daran. Sie greifen ja die Typen von vorhin auf und applizieren sie auf Horaz selbst: die ehrgeizige Sucht, den Großen nachzueifern und sie nachzuäffen, großspurige und hochstaplerische Lebenshaltung und endlich die zahllosen Liebesabenteuer werden – neben einem weiteren, im Vorhergehenden nicht eigens berührten Zug – dem Dichter als seine besonderen Gebrechen vorgeworfen. Damit ist Horazens Selbstbekenntnis und Gewissenserforschung im Mund des Damasippus laut geworden, der bereits zu Anfang des Gedichtes die ihn zu seiner jetzigen Rolle disponierende Legitimation der intimen Kenntnis des Dichters zuerkannt erhalten hat. Wie Canidia Horaz seine Fehler nennt und ihm in Aussicht stellt, mit ihnen weiterleben zu müssen (und es sind zum Teil die gleichen Fehler wie die jetzt namhaft gemachten), so ist hier Damasippus Sprachrohr der Zuwendung des Dichters zu sich selbst und der kritischen Beleuchtung des eigenen Ichs. In der gleichen Weise aber ist Damasippus auch Sprachrohr des Fremdgesprächs des Horaz. Gleich einem kynischen Prediger bezieht sich der Dichter „selber in die Sünde“ ein[13], wie es aus den anprangernden Vorwürfen des Damasippus offenbar wird, und er benötigt, wieder nach Pöschl, eben gerade selbst die Lehren und die Weisheit, zu deren Fürsprecher er sich macht; er erprobt die „poetische Therapie“ in der Rückwendung auf das eigene Ich an sich selbst[14].

So ist in der „Damasippus-Schicht“ der stoische Neophyt Träger der beiden Dimensionen, der horizontalen des Fremdgesprächs und der ge-

---

[11] A.a.O. 105.

[12] Vgl. auch 104.

[13] Vgl. Pöschl 105.

[14] A.a.O. 106.

wissermaßen vertikalen der Zuwendung zu sich selbst, und in eben dieser Dimension hängt die genannte Schicht mit dem Dichter selbst zusammen; anhand der anschließend zu besprechenden Partie wird sich die Möglichkeit ablesen lassen, daß eine solche Schicht in sich geschlossen bleibt, was im Fall des Damasippus dann gegeben wäre, wenn er nicht Sprachrohr des Dichters und, von diesem unabhängig, sui iuris wäre. Nur unter der Sehweise der Moralpredigt des Damasippus ergeben sich die Selbstanschuldigungen des Horaz. Aber geradezu mutwillig, wenn nicht unwillig, wird diese Schicht mit dem Hinauswurf des Damasippus (324) außer Kraft gesetzt, als ob der Dichter, dieses Treibens überdrüssig, doch lieber bei seiner reflexionslosen Unbeschwertheit bleiben möchte. (Der Psychologe wird eher an Verdrängung oder auch an Befreiung durch das „Selbst"-Bekenntnis denken wollen.)

Die ausdrückliche Aufforderung, den Zuspruch an die anderen auf sich selbst zurückzuwenden, enthält Senecas 89. Brief mit der Darlegung der Einteilung der Philosophie, worauf die eindringliche Mahnung folgt, über derlei Theoretischem die Charakterbildung als den Zielpunkt philosophischer Beschäftigung niemals zu vergessen und jener alles andere dienstbar zu machen (18). Das eigene Verhalten ist mit aller Strenge nach dieser Devise auszurichten, und man müsse mit aller Kraft zu Felde ziehen gegen das verlangende Begehren in sich selbst und in der Umwelt – wie anders als in einer die Umwelt treffenden und an sie gerichteten Unterweisung? (cupiditates tuas publicasque quantum potes vexa). Die beiden Attribute von cupiditates sind nicht im Sinn einer eher unwesentlichen Feststellung zu nehmen, als ob sie bei Seneca keine anderen als bei den Mitmenschen wären und er sie mit diesen so völlig gemeinsam hätte; nach dem Überwiegen der eigenen Verhaltensdisziplin in den Worten zuvor ist der Übergang aus der eigenen Sphäre (cupiditates *tuas*) in die der Allgemeinheit (cupiditates *publicas*) doch wohl von der intentionalen Einbeziehung der Gemeinschaft zu verstehen, wie ja auch Ende 19 die Notwendigkeit der allgemeinen Unterweisung (*publice* audite) aus der mangelnden Geneigtheit gefolgert wird, daß jeder für sich die Wahrheit gesondert aufnehmen und sich ihr öffnen würde: man will es gemeinsam hören – und sollte das für den Schriftsteller nicht zutreffen und bei ihm anders sein? Eine besondere Seite der Mitmenschlichkeit schwebt hier vor; etwa die größere Motivationskraft einer allgemeinen Ergriffenheit durch die Wahrheit?

In 20–22 werden die Angriffe auf die Laster umrißhaft vorgeführt, gegen avaritia, luxuria und gula, und danach, in 23, ist die Rückwendung auf den Redenden oder den Schreibenden gefordert, der also die geäußerten Vorstellungen in der gleichen Weise nötig hat und offenbar in diesem indirekten Vorgehen sich selbst erfolgssicherer zu Leibe rücken kann: haec aliis dic, ut dum dicis audias ipse, scribe, ut dum scribis legas –

eben alle Schritte und Maßnahmen auf die Dämpfung des Wütens der Leidenschaften abzweckend.

Man könnte sicherlich einwenden, daß in diesen Ausführungen hier trotz der Anrede des Adressaten Lucilius in 18 jedes „Du“ als Seneca selbst, den Schreiber des Briefes, meinend verstanden wurde und damit eine willkürliche Verschiebung der Textgrundlage erfolgte. Nimmt man die Anrede des Lucilius beim Wort, dann ist eben diesem das Fremdgespräch und dessen Rückwendung auf sich selbst, auf Lucilius, aufgetragen: das Modell liegt mit einer Art Parallelverschiebung in der „Lucilius-Schicht“, was aber an den Bezügen überhaupt nichts ändert und im Grunde genommen doch eben eine „Seneca-Schicht“ meint; warum sollte auch Lucilius bis in die Einzelheiten genau entsprechend nach Senecas Anweisungen predigen und schreiben? Es ist eine längst[15] erwogene These, daß Seneca in der Person des Lucilius eigentlich sich selbst anredet.

Der mitmenschliche Horizont kommt auf dem Gebiet der Wahrheitsfindung bereits beim jungen Augustinus in der Zeit vor der Taufe zur Geltung. Das gemeinsame Bemühen um die Wahrheit im Freundeskreis ist ein objektivierender, sichernder Nachvollzug der bereits erfolgten eigenen Wahrheitsfindung mit dem rückwirkenden Ergebnis der Gültigkeit und Besiegelung des schon Gefundenen. Dabei begibt sich Augustinus auf das Niveau der Freunde, das von ihm Erreichte inzwischen beiseite lassend: et ego in philosophia puer sum[16]. Damit ist es denkbar, daß ein Licentius „et Augustinum et ea quae sunt in media philosophia docet“[17]. – Die bewegende Frage lautet: Werden die Freunde zu den gleichen Ergebnissen gelangen? Noch ist die Lehre von der Einstrahlung des göttlichen Wahrheitslichtes nicht formuliert, aber eine Richtung darauf ist in De beata vita bereits deutlich genommen[18], und auf jeden Fall ist der Freund jeweils ein Sprachrohr, ja ein Orakel[19] Gottes, dessen Antwort auf die eigene Frage Augustins diesem vermittelnd, wie Gott auch seine Gebete – in einer direkten Beziehung – täglich aufnimmt: non nimis curo, cum interrogo, per quem mihi ille respondeat, qui me cotidie

---

[15] Seit A. Bourgery 1911; vgl. Antidosis. Festschrift für Walther Kraus, Wien–Köln–Graz 1972, 254.

[16] Aug. ord. 1,13 p. 106,1 Green.

[17] Ebd. p. 105,39.

[18] F. J. Thonnard, Ausg. von De magistro und De libero arbitrio, in: Œuvres de saint Augustin 6 (Paris 1952), 11.

[19] Dies wegen „respondeat“ aus dem gleich oben folgenden Zitat und mit Rücksicht auf die in demselben Kontext ausgedrückte Erwartung Augustins, daß Licentius gar bald einmal Gottes „vates“ sein werde. Man denkt hier außerdem an Cato, der einem Orakel gleichwertig ist bei Lucan 9,564 f.:

Ille, deo plenus tacita quem mente gerebat,
effudit dignas adytis e pectore voces.

querulum accipit[20]. So wird der innere Dialog mit Gott begleitet vom Fremdgespräch mit dem Freund, der eigene Gotteserfahrung besitzt und dem eine solche Bedeutung deswegen zukommt, weil er in gleicher Weise Seelenträger ist; die Gemeinschaft der Freunde, in der sich das Fremdgespräch abspielt, tritt auf diese Weise gleichberechtigt neben die eigene Seele als den Ort der Gesprächsbegegnung mit der göttlichen Wahrheit. Solil. 1,7,5 formuliert Augustinus seine Liebe ausschließlich zu Gott und zur Seele; die Ratio stellt die Frage, ob er denn also seine Freunde nicht liebe? Die Antwort: wie sollte dies zugehen können, da er doch „Seele" liebe? (quo pacto eos possum, amans animam, non amare?) In der Seele, der eigenen und der Freundesseele, findet sich ja die Wahrheit und damit Gott.

Allein aus dem Stück von De ordine wird offenbar, wie Vor-Augustinisches bei Augustinus selbst Erhellung und Vertiefung erfährt und wie auf beiden Seiten sich die Deutung wechselweise bereichern läßt.

In besonderem Maß ist vor allem jenes bei Einbeziehung der ersten fünf Kapitel des 10. Buches der Confessiones der Fall, für die hier freilich nur wenige, für uns bedeutsame Grundlinien nachgezogen werden können, wobei das Zusammentreffen oder die Konvergenz mit schon dargelegten Sachverhalten nicht mehr ausdrücklich vermerkt zu werden braucht.

Der innere Dialog Augustins mit der göttlichen Wahrheit in ihm steht conf. 10,1,1 unter der Perspektive der endzeitlichen Schau von Angesicht zu Angesicht mit der völlig gleichen gegenseitigen Bewältigung von Erkanntem und Erkennendem in dem Bezugssystem Mensch–Gott (nach 1.Kor 13,12): cognoscam te, cognitor meus . . ., sicut et cognitus sum. Der nun angestrebte „Vollzug der Wahrheit" (veritatem facere) findet im Herzen statt. Er besteht in der confessio, und diese ist einerseits das Zusprechen auf Gott hin der Gehalte, deren der confitens sowohl hinsichtlich Gottes als auch hinsichtlich der eigenen sittlichen Verfassung innegeworden ist, und andererseits ein Lobpreis Gottes darob, in Dankbarkeit für gnädig Gewährtes[21]. Dialogpartner der confessio ist Gott, und Partner des Fremdgesprächs in Form der schriftlichen Kundgabe des Wahrheitsvollzuges sind „viele Zeugen" (10,1,1). Jenes Zusprechen auf Gott hin betrifft nun Gehalte, die zuvor von Gott her dem Menschen als Einsichten ermöglicht worden sein mußten, und die multi testes bekommen – in der mitmenschlichen Ebene – Rechtes nur vermittelt auf der Grundlage des von Gott „Insinuierten" und diesem dann Zugesprochenen. Damit ist die fundamentale Bedeutung des inneren

---

[20] Aug. l.l. p. 106,1 ff.

[21] Zum Bedeutungsgefüge überhaupt von „confessio" s. „Augustins Confessiones und die Arten der confessio", in: Salzburger Jahrbuch für Philosophie 14 (1970, 15–28.

Gesprächs gegenüber der Kundgabe nach außen an andere eindeutig festgestellt.

Ist diese aber wirklich nur lautgewordenes „Selbstgespräch“ Augustins, oder liegt in dem Zusprechen an die multi testes vielleicht etwas Stützendes, Beförderndes für die Aussage im inneren Dialog, wenn schon nicht Evozierendes, wie es in diesem von seiten Gottes der Fall ist? Und wenn dies zutrifft, wie kann es sich um eine simultane Einwirkung handeln?

In dem Zusammenhang bei Augustinus fällt die Betonung des Erfordernisses der caritas auf seiten der Zuhörer auf; sie werden durch sie zu einer Einheit zusammengeschweißt (10,3,3 quos conexos sibimet unum facit), sie sind durchdrungen von einem fraternus, non extraneus animus, der, ob er nun Augustinus und sein Verhalten billigt oder ob er es mißbilligt, ihn auf jeden Fall liebt[22]. Danksagung der Brüder für Augustins Fortschritte und Gebet für ihn, auf daß er, was noch nicht erreicht ist, doch noch erlangen möge: ist es nicht das gleiche wie die inhärenten Begleiterscheinungen bei der inneren Rechenschaftslegung Augustins? Die Brüder sind „socii gaudii mei“ und „consortes mortalitatis meae“ (10,4,6), und groß ist ihre Zahl durch die Zeit hin. Im unanfechtbaren Bewußtsein dieser Anteilnahme findet eine in nicht abzuschätzender Weise verstärkte Rückkoppelung auf die confessio coram Deo statt, durchdringt, prägt und intensiviert sie. Non . . . parvus est fructus . . ., ut a multis tibi gratiae agantur de nobis et a multis rogeris pro nobis (10,4,5).

Daß schließlich diese Kundgabe des Wahrheitsvollzuges nach außen mit der Verpflichtung des Bischofs zum Dienst an seiner Gemeinde zusammenhängt, ist ein äußeres, eher zusätzliches Motiv für jene, und die Wirkung davon kann bei der unzulänglichen Kraft des Menschen einzig in der Hand Gottes liegen (10,4,6).

Der Aufweis der Möglichkeit, daß die ausgeführten Modelle zusammengesehen werden können, über die Verschiedenheit der Situationen und der Schriftstellerpersönlichkeiten und über die geistige Zeitenwende hinweg, ist die Absicht dieser Darlegung gewesen.[23]

---

[22] 10,4,5 diligit me – unter den gleichen Paragraphen fallen auch die anderen eben genannten Aussagen.

[23] Peter L. Schmidt hat somit eben im Ansatz unrecht mit dem einen von zwei gegen den Verfasser erhobenen Einwänden, wenn er hinsichtlich der in „Politik und Muße“ (München 1969) vertretenen Auffassung von Cic.rep. 1, 1–13 rügt (Aufstieg und Niedergang der römischen Welt I 4, 1973, 295), daß „ausgerechnet das an ein Lesepublikum gerichtete Proemium als eine Art von innerem Dialog“ interpretiert worden sei. Zu dem anderen Bedenken ist dann bloß auf die in „Politik und Muße“ aufgewiesene Zusammengehörigkeit von Proömium und Einleitungsgespräch hinzuweisen. Mit ersten Einwand fällt auch der zweite.

Adolf Martin Ritter

Zum Homousios von Nizäa und Konstantinopel

Kritische Nachlese zu einigen neueren Diskussionen

Für meinen Beitrag zur Festschrift für C. Andresen dies Thema zu wählen, lag für mich schon aus biographischen Gründen nahe. Waren es doch Studien zum Konstantinopler Konzil[1], die meine Rückkehr aus dem Pfarramt an die Universität, als sein Assistent, veranlaßten. Überdies gaben die Vorbereitungen zur Drucklegung dieser Studien, ihr (zumindest von mir fieberhaft erwartetes) Erscheinen auf dem Buchmarkt und die Reaktionen der Fachwelt den Göttinger Assistentenjahren –wissenschaftlich gesehen – ihr Hauptgepräge und bildeten immer wieder einen bevorzugten Gesprächsstoff auch zwischen Professor und Assistent. Als dann nach anfänglich überwiegend positivem Echo auch kritische Stimmen nicht ausblieben, wurde wohl hin und wieder die besorgte Frage laut, ob es denn bei meinen Aufstellungen bleiben könne. Doch die Versicherung: „Im Prinzip, ja" ließ solche Fragen immer wieder verstummen. Und noch in seiner für die Hand der Studenten gedachten und darum gegenüber Hypothesen i. a. zurückhaltenden Skizze der Geschichte des Christentums von den Anfängen bis zur Hochscholastik[2] hat sich C. Andresen beherzt auf meine Seite gestellt[3]. – Hat er recht daran getan?

I

Am wenigsten würde ich für den mit Herkunft und ursprünglicher Bedeutung des nizänischen homousios zusammenhängenden Fragenkomplex heute noch in Ansruch nehmen, das Richtige getroffen zu haben, und sei es auch nur „im Prinzip". Gewiß habe ich mich seinerzeit mit die-

---

[1] A. M. Ritter, Das Konzil von Konstantinopel und sein Symbol, FKDG 15, Göttingen 1965 (überarbeitete Fassung einer Heidelberger Dissertation von 1962).

[2] Erschienen in der von C. Andresen mitherausgegebenen Grundriß-Reihe „Theologische Wissenschaft", Band 6, Stuttgart 1975.

[3] A.a.O., S. 55f.

sen Fragen nur am Rande, in einem Exkurs, beschäftigt[4]. Aber ich habe doch dazu eindeutig Position bezogen, eine Position, an der ich nun in dieser Form nicht länger festhalte. Am meisten hat mein Verständnis für die Kompliziertheit des Sachverhaltes wohl G. C. Stead gefördert, zuletzt mit seinem Buch „Divine Substance"[5]. In zweiter Linie wären etwa zu nennen R. Hübners Beitrag zur (patristischen) Festschrift für Kardinal J. Daniélou[6] und F. Rickens einschlägige Aufsätze, angefangen mit dem seither vielzitierten Forschungs- und Diskussionsbeitrag von 1969 (bzw. 1970) über „Das Homousios von Nikaia als Krisis des altchristlichen Platonismus"[7]. Inzwischen kann aber auch auf eine zusammenfassende deutschsprachige Publikation hingewiesen werden, die tüchtige Kieler ev.-theol. Dissertation von F. Dinsen über den Homousiosbegriff[8], deren Materialreichtum ebenso zu rühmen ist wie ihre umsichtige Argumentationsweise.

Nach dieser neuerlichen Diskussion wird man in der Tat sagen müssen, daß auch mein forschungsgeschichtlicher Überblick, wie die dort besprochene Literatur überhaupt, viel zu sehr noch im Banne der Zahnschen Deutung[9] stand, derzufolge die Einfügung des homousios in das Nicaenum westlichen Einflüssen (Ossius!) zuzuschreiben, ὁμοούσιος also als Übersetzung des Tertullianschen unius oder eiusdem substantiae, d.h. als Ausdruck der „numerischen Einheit" eines in sich Geschlossenen, eines nur einmal existierenden (göttlichen) Einzelwesens aufzufassen wäre. Statt dessen scheint es inzwischen als durchaus zweifelhaft angesehen werden zu müssen, ob die Frage der „numerischen Identität" von Vater und Sohn auf dem nizänischen Konzil überhaupt

---

[4] A.a.O. (Anm. 1), S. 270–293, bes. 273 ff.

[5] Oxford 1977, bes. Kap. VIII und IX (S. 190–222, 223–266); vgl. aber auch derselbe, „Homousios" dans la pensée de Saint Athanase, in: Ch. Kannengießer (Hg.), Politique et théologie chez Athanase d'Alexandrie, Paris 1974, S. 231–253, bes. 233 ff., sowie bereits die frühen Beiträge: The Significance of the Homousios (in: SP 3 = TU 78, Berlin 1961, S. 397–412) und: Divine Substance in Tertullian (in: JThS, NS 14, 1963, S. 46–66), denen ich seinerzeit leider nicht die ihnen gebührende Aufmerksamkeit geschenkt habe. – Weitere neuere Literatur bei M. Simonetti, La crisi ariana nel IV secolo, Rom 1975, S. 89–94, und A. Grillmeier, Christ in Christian Tradition, I, 2. Aufl. London 1975, S. 268 ff.

[6] R. Hübner, Gregor von Nyssa als Verfasser der sog. ep. 38 des Basilius. Zum unterschiedlichen Verständnis der οὐσία bei den kappadozischen Brüdern, in: Epectasis. Mélanges patristiques offerts au card. Jean Daniélou, publ. par J. Fontaine et Ch. Kannengießer, Paris 1972, S. 463–490.

[7] In: Zur Frühgeschichte der Christologie, hg. von B. Welte, Freiburg 1970, S. 74–99; vgl. jetzt auch F. Ricken, Zur Rezeption der platonischen Ontologie bei Eusebios von Kaisareia, Areios und Athanasios, in: ThPh 53, 1978, S. 321–352.

[8] F. Dinsen, HOMOOUSIOS. Die Geschichte des Begriffs bis zum Konzil von Konstantinopel (381), Theol. Diss. Kiel 1976, bes. S. 83–96, 270–286.

[9] Th. Zahn, Marcellus von Ancyra, Gotha 1867.

zur Debatte gestanden hat und ob man dort mit dem – von Arius[10], nicht etwa seinen „orthodoxen" Gegnern in die Diskussion eingeführten! – ὁμοούσιος mehr im Sinne hatte als das „Kontradiktorium zur arianischen Lehre", dies, daß „der Sohn bei der von den Arianern grundgelegten Zweiteilung des Seienden nicht dem Bereich der Geschöpfe" zugehöre, sondern gleichen göttlichen Ranges wie der Vater sei[11].

Dies ist als These gewiß nicht neu. Und beispielsweise G. C. Stead macht daraus auch gar kein Hehl[12]. Warum auch? Kommt es doch, wie wir alle spätestens als junge Studenten gelernt haben, weniger auf Thesen als auf Argumente an und läßt sich in der Historie ein Erkenntnisfortschritt vielfach nur noch dadurch erzielen, daß für alte Thesen neue (haltbarere) Begründungen gefunden werden[13]. Diese Auffassung hat indessen mit einigen noch immer nicht ausgeräumten Schwierigkeiten zu kämpfen. Die stärkste Stütze für die Annahme, daß es in Nizäa sehr wohl *auch* um das Problem der Einheit von Gott – Vater und Sohn gegangen sei, bleibt, wie auch etwa F. Ricken einräumt[14], die von Marcell von Ancyra in Fr. 81 (Klostermann [= GCS Euseb Bd. 4, S. 202f.]) berichtete Episode. Danach hatte sich der kirchliche Ratgeber Konstantins, Ossius von Corduba, irgendwann vor dem nizänischen Konzil (wahrscheinlich im Verlauf der antiochenischen Vorsynode von 324/325) bei dem Arianer Narcissus von Neronias erkundigt, ob er wie Euseb von Caesarea zwei göttliche οὐσίαι annehme, worauf dieser ihm zur Antwort gegeben habe, er nehme sogar drei οὐσίαι an. Mithin wurden Ossius und über ihn wohl auch Konstantin beizeiten darauf aufmerksam, daß die Mehrheit des origenistisch gesinnten orientalischen Episkopats wohl wie von mehreren Hypostasen, so auch von mehreren οὐσίαι der Gottheit redete und

---

[10] Siehe H. G. Opitz, Urkunden zur Geschichte des arianischen Streites (318–328) = Athanasius Werke III, 1, Berlin 1934, Urk. 6, 3.5; vgl. auch das „Thalia"-Fragment bei Athanasius, De syn. 15, 3.

[11] F. Ricken, a.a.O. (Anm. 7), S. 95.

[12] Vgl. Divine Substance, S. 250ff. (= Homousios, S. 233ff.).

[13] Ich verstehe deshalb auch nicht ganz die Zielrichtung von E. Mühlenbergs Polemik gegen meinen Beitrag „Die Gnadenlehre Gregors von Nyssa nach seiner Schrift ‚Über das Leben des Mose'" (in: Gregor von Nyssa und die Philosophie, hg. von H. Dörrie u. a., Leiden 1976, S. 195–239) in seinem Aufsatz „Synergism in Gregory of Nyssa" (in: ZNW 68, 1977, S. 93–122). Zumindest muß ich insofern mein Unverständnis bekunden, als M. eingangs ausführlich auf die Genealogie des zwischen uns strittigen Problems, auf die Forschungsgeschichte, rekurriert und man den Eindruck gewinnen kann, als solle der Leser von Anfang an auf das Urteil über meinen Versuch eingestimmt werden: nil novi. Dies wird in der Tat von M. behauptet, wenn er dann im „polemischen Anhang", in dem er sich ausdrücklich mit mir auseinandersetzt, an einer Stelle (natürlich rhetorisch) fragt, ob das von mir (kritisch zu Gregor von Nyssa) Vorgebrachte „wirklich so sehr verschieden" sei „von dem bereits vor rund 100 Jahren von W. Herrmann Gesagten" (S. 114). M. konzediert wenig später zwar, es gebe bei mir „ein zusätzliches Element", um jedoch sogleich hinzuzufügen, dies sei von A. Dihle ausgeborgt (S. 115)!

[14] F. Ricken, a.a.O. (Anm. 7), S. 91.

damit für westliche Begriffe die göttliche „Monarchie" aufs schwerste gefährdete. Sollte das für ihre Politik in Nizäa ganz ohne Folgen geblieben sein? Hinzu kommt zu dieser bei Marcell aufbewahrten Nachricht u. a. der „grobe Brief" (Kraft), den Konstantin 8 Jahre nach dem nizänischen Konzil an Arius richtete. Darin insistiert der Kaiser (in an Marcell erinnernder Weise) auf der Einheit der οὐσία des Vaters und des Sohnes, während er den „bösen Glauben" an eine ὑπόστασις ξένη entschieden abweist[15]. D.h. er widerlegt in diesem Brief[16] die (origenistisch-) arianische Drei-Hypostasen-Lehre mit Hilfe der (nizänischen) Gleichsetzung von οὐσία und ὑπόστασις. Es ist allerdings zweifelhaft, ob dieses kaiserliche Schreiben in allen seinen Teilen als authentisch gelten kann. Unzweifelhaft dagegen ist, daß es unter den antiarianisch gesonnenen Bischöfen zumindest bestimmte Kreise (Zahns „Altnizäner") gegeben hat, für die mit dem nizänischen Bekenntnis in der Tat das Bekenntnis zur *einen* οὐσία und ὑπόστασις der Gottheit gemeint war. Das beweisen nicht nur Marcells antiarianische Schriftstellerei in der Zeit nach Nizäa[17], sondern beispielsweise auch das Schreiben des Ossius und Bischof Protogenes' von Serdica an den „geliebtesten Bruder" Julius von Rom aus dem Jahre 342, der Begleit- bzw. Empfehlungsbrief für das (westliche) Serdicense. Um dem Verdacht zu wehren, als solle mit dem Serdicense das nizänische Bekenntnis entthront werden, wird darin gleich zu Beginn festgestellt: „Meminimus et tenemus et habemus illam scripturam quae continet catholicam fidem factam aput Nicaeam: et consenserunt omnes qui aderant episcopi!"[18]

Allein, es läßt sich nicht beweisen, ja es ist, wie ich inzwischen begriffen zu haben glaube, nicht einmal wahrscheinlich zu machen, daß dies alles auch mit der Frage nach Herkunft und ursprünglicher Bedeutung des *homousios* zu tun habe. Und damit wären die angedeuteten Probleme nicht unlösbar.

II

a) Verglichen mit dem nizänischen Konzil ist die epochale Bedeutung der Konstantinopler Synode von 381 zweifelsohne ungleich weniger in

---

[15] Siehe H. G. Opitz, a.a.O. (Anm. 10), Urk. 34,14.

[16] Vgl. auch seinen Brief „An die Nikomedier" (= Opitz, Urk. 27), der ähnliche markellisch klingende Wendungen enthält wie Urk. 34.

[17] Vgl. dazu jetzt auch F. Dinsen, a.a.O. (Anm. 8), S. 76ff., deren Literaturangaben in diesem Falle allerdings sehr dürftig sind. Es fehlen vor allem E. Schendel, Herrschaft und Unterwerfung Christi, BGBE 12, Tübingen 1971, S. 111ff.; M. Tetz, Zur Theologie des Markell von Ankyra, III, in: ZKG 81, 1972, S. 145–194; ders., Markellianer und Athanasius von Alexandrien, in: ZNW 64, 1973, S. 75–121.

[18] Zum Text s. C. H. Turner, Ecclesiae Occidentalis Monumenta Iuris Antiquissima, I,2, Oxford 1939, S. 644.

die Augen springend. Darum verwundert es auch nicht, daß sie immer wieder mehr oder weniger unverhohlen in Zweifel gezogen wird. In welchem Sinne kann diese Synode im Ernst als Schlußpunkt der arianischen Streitigkeiten gelten, wie es die Tradition ja behauptet[19]? Das ist nicht nur deshalb die Frage, weil sie zunächst, aller Merkmale eines „ökumenischen" Konzils scheinbar ermangelnd, lediglich die Parteisynode der „Jungnizäner" um Meletius von Antiochien war und ihre Verhandlungen sich zudem vorwiegend um organisatorisch-kirchenpolitische Fragen drehten[20]. Vielmehr hat es den Anschein, als sei die wesentlich tiefer greifende und folgenreichere Zäsur mit dem Herrschaftsantritt Kaiser Theodosius' I. verbunden, unter dem, wie es in einer jüngst erschienenen Studie über „Kaiserliches Selbstverständnis in der Religionsgesetzgebung der Spätantike" wieder heißt, „eine auf die Durchsetzung des Christentums als Staatsreligion und gegen alle davon abweichenden Religionsgruppen gerichtete Gesetzgebung in voller Schärfe durchbrach"[21]. Zudem hatte Theodosius bald nach seiner Machtübernahme in dem Edikt „Cunctos populos" vom 28. 2. 380 (Cod. Theod. XVI, 1, 2) jedermann kundgetan, was jetzt die Stunde schlug. Es war dies, so hat man gefunden, eine Entscheidung, die „als endgültig begriffen werden" wollte. M. a. W. sei durch sie das kaiserliche Credo „als das einzige im Sinne eines Staatsgesetzes gültige Bekenntnis erklärt" worden und habe sich „der energische Wille des kaiserlichen Gesetzgebers" angeschickt, „die Spaltung, die seit einem halben Jahrhundert die Kirche beunruhigte, ohne Mitwirkung einer Synode allein mit staatlichen Zwangsmitteln beheben zu wollen"[22].

Ich habe versucht, diese in neuerer Zeit namentlich von W. Enßlin nachdrücklich und gewichtig vertretene Auffassung der theodosianischen Religionspolitik und besonders des Ediktes „Cunctos populos" zwar nicht rundweg zu bestreiten, wohl aber an entscheidenden Punkten

---

[19] Vgl. dazu A. M. Ritter, a.a.O. (Anm. 1), S. 209ff.

[20] So bereits Gregor von Nazianz in seinem autobiographischen Gedicht (carm. hist. XI), V. 1513, falls die handschriftlich bestbezeugte Lesart (nämlich θρόνον statt λόγον: vgl. dazu jetzt vor allem Chr. Jungck, Gregor von Nazianz De Vita Sua. Einleitung, Text, Übersetzung, Kommentar, Heidelberg 1974, z. St.) auch als die ursprüngliche anzusehen ist, was ich jedoch (u. a. wegen der m. E. schwierigen Verbindung von εὐσεβής und θρόνος) noch nicht für ausgemacht halte. Aber angenommen, es wäre so, dann besagte dieser Vers, es sei überhaupt die Zielsetzung der Synodalen von 381 gewesen: „zusammenzukommen ὡς πήξοντες εὐσεβῆ θρόνον", d. h. um die Rückgewinnung des hauptstädtischen Thronos für die (im Sinne der Nizäner) „Orthodoxen" abzusichern.

[21] H. H. Anton, Kaiserliches Selbstverständnis in der Religionsgesetzgebung der Spätantike und päpstliche Herrschaftsinterpretation im 5. Jahrhundert, in: ZKG 88, 1977, S. 38–84 (hier: 54).

[22] W. Enßlin, Die Religionspolitik des Kaisers Theodosius d. Gr., SBAW. PPH 1953, S. 27f.

zu problematisieren[23]. Doch ist dieser Versuch, wenn ich nicht irre, unter allem, was ich in meinem Konzilsbuch aufgegriffen habe, am ehesten auf ungläubiges Kopfschütteln, vernehmliche Reserve[24] oder gar, wie bei A. Lippold in seinem Taschenbuch „Theodosius der Große und seine Zeit" und in seinem Theodosius-Artikel im „Pauly-Wissowa", auf entrüsteten Widerspruch gestoßen[25]. Gleichwohl meine ich nach reiflichem Überlegen, an meinen Anfragen an die Enßlinsche Sicht, und zwar nicht nur „im Prinzip", festhalten zu sollen. Darüber hinaus bin ich davon überzeugt, daß die Rekonstruktion dessen, was Theodosius kirchen- und religionspolitisch gewollt, getan und bewirkt hat, und erst recht seine exakte Verortung innerhalb der Entwicklung des Verhältnisses Staat–Kirche von Konstantin bis zu Justinian eine noch immer nicht wirklich bewältigte, dafür aber, wie ich finde, um so reizvollere und dringlichere Aufgabe ist. Zu ihrer Bewältigung bedarf es m. E. außer sensibler interpretatorischer Bemühung um die Texte, einschließlich derer, die in Voraussetzungen und Folgen kaiserlicher Religionsgesetzgebung Einblick nehmen lassen, nicht zuletzt eines gerüttelten Maßes an Common sense[26].

---

[23] A.a.O. (Anm. 1), Exkurs I (S. 221 ff.).

[24] Selbst bei H. Dörries, was z. B. seine Abhandlung über „Konstantinische Wende und Glaubensfreiheit" (= derselbe, Wort und Stunde, I, Göttingen 1966, S. 1–117), in der auch die Polarisierung von Konstantin und Theodosius eine beträchtliche, wenn nicht gar konstitutive Rolle spielt, noch deutlich erkennen läßt (s. bes. S. 46 ff.), während G. Kretschmar in seinem (im übrigen vorzüglichen!) Forschungsbericht „Der Weg zur Reichskirche" (in: VuF 13, 1968, S. 3–44, bes. 40 ff.) die Kontroverse – wohl mit Absicht – nicht einmal registriert.

[25] A. Lippold, Theodosius der Große und seine Zeit, Urban-Tb. 107, 1968; derselbe, Art. Theodosius I., in: PRE Suppl. XIII, 1973, Sp. 837–961, 1043 f. „Entrüstung" scheint u. a. darin spürbar zu werden, daß L. in seiner Kritik die Grenzen der Sachlichkeit mehrfach überschreitet, so etwa, wenn er mir vorhält, auch mir sei es „nicht gelungen", in allen Einzelheiten des Konzilsverlaufs „überzeugend Klarheit zu schaffen" (PRE Suppl. XIII, Sp. 855), als habe ich nicht selbst oft genug betont, daß bei der Rekonstruktion der Vorgeschichte und Geschichte des Konzils von 381 über Vermutungen oder bestenfalls wahrscheinliche Ergebnisse vielfach nicht hinauszugelangen sei; aber hätte ich mir deswegen die Mühe sparen sollen? Ähnlich unsachlich ist es auch, wenn wenig vorher bemerkt wird, entgegen meiner Darstellung sei der Ansatz der Einigungsverhandlungen mit den „Makedonianern" auf die Zeit „nach Meletius' Tod nicht erweisbar" (ebd., Sp. 854); denn dies habe ich weder an der von L. angegebenen Stelle noch sonstwo behauptet, wohl aber, daß es eine Reihe von Gründen gebe, die eine solche Datierung wahrscheinlich machen. Anderes wird dagegen auf schierem Mißverständnis L.s beruhen und sei daher mit Schweigen übergangen.

[26] Zumindest darin, daß sie in ihren Feststellungen und Urteilen i. a. mehr „gesunden Menschenverstand" verrät, dürfte auch die Darstellung N. Q. Kings (The Emperor Theodosius and the Establishment of Christianity, London 1961) derjenigen W. Enßlins überlegen sein, die bei allen ihren unleugbaren Verdiensten doch auch irgendwo ein „typisch deutsches" Buch ist, was ich aber nicht länger ohne weiteres und in jeder Hinsicht als ein Kompliment zu betrachten vermag. Doch – das ist „ein weites Feld"!

Es ist hier jedoch nicht der Ort, auch nur erste Schritte in die genannte Richtung zu tun. Nicht einmal kann und will ich mich hier im einzelnen mit der Kritik A. Lippolds auseinandersetzen. Vielmehr sei lediglich, um es wenigstens nicht einfach bei Behauptungen zu belassen, in aller Kürze angedeutet, aus welchen Gründen vor allem ich dem althistorischen Kollegen gegenüber einstweilen auf meiner Auffassung des Verhältnisses „Kaiser und Konzil" unter der Regentschaft des Theodosius beharre: 1. Wenn Lippold – wie bereits Enßlin – so großen Wert darauf legt, daß es sich bei dem Edikt vom 28. 2. 380 „um ein Gesetz und nicht nur um eine Art kirchenpolitisches Programm" handelte[27], dann ist er damit formal und dem Buchstaben nach ohne Zweifel im Recht. Er hat aber keine überzeugende Erklärung dafür zur Hand, daß dies „Gesetz" sogar im Herrschaftsbereich des Theodosius ohne nachweisbare Folgen blieb und nirgends unzweideutig bezeugt wird[28], so daß man gar daran gedacht hat, der Kaiser habe es überhaupt stillschweigend unter den Tisch fallen und niemals veröffentlichen lassen[29]. Jedenfalls hat Theodosius im weiteren nicht nur die Methoden seines Vorgehens modifiziert[30], sondern auch den mit „Cunctos populos" eingeschlagenen Kurs überhaupt preisgegeben, wenn es denn je seine ernstliche Absicht war, das Prinzip des Glaubenszwanges rigoros anzuwenden und das kaiserliche Kirchenregiment sozusagen auf die Spitze zu treiben. Weder beharrte er dabei, den Kirchenstreit per Gesetz und allein mit staatlichen Zwangsmitteln zu beenden, sondern ließ einer synodalen Lösung Raum; noch hielt er an seiner ursprünglichen einseitigen Orientierung an Rom und Alexandrien als alleinigen Garanten der Rechtgläubigkeit fest, sondern strebte eine Lösung der strittigen Glaubensfragen an, die von der Mehrheit des östlichen Episkopates getragen werden konnte. Wie er auch sonst, ungeachtet eigener fester Überzeugungen und Vorstellungen, eher das Bild des „Zauderers" bot[31] oder, richtiger wohl, des Realpolitikers, der im

---

[27] Theodosius der Große und seine Zeit, S. 139 u.ö.

[28] Darum verliert auch die Tatsache, daß uns nichts von kirchlichen Protesten gegen das in „Cunctos populos" verkündigte Programm bekannt ist (ebd., S. 103), jede Beweiskraft.

[29] A. Ehrhardt, The First Two Years of the Emperor Theodosius I, in: JEH XV, 1964, S. 1–17 (hier: S. 14f.). Die an E. zu richtende Frage wäre nur, ob die „Byzantine autocracy" (ebd., S. 13) bereits zur Zeit des Theodosius so weit ausgebildet war, daß sich jede andere, an dem Charakter von „Cunctos populos" als lex festhaltende Erklärung verbietet.

[30] Gegen A. Lippold, PRE Suppl. XIII, Sp. 849. Richtiger W. Enßlin, a.a.O. (Anm. 22), S. 28, wonach Theodosius „bald (sc. nach der Veröffentlichung von ‚Cunctos populos') in die herkömmliche Bahn der Regelung kirchlicher Fragen einschwenkte".

[31] Dies auch schon der Eindruck Gregors von Nazianz, wie sein autobiographisches Gedicht (carm. hist. XI), V. 1282ff., bezeugt; vgl. dazu A. M. Ritter, a.a.O. (Anm. 1), S. 225f. Allerdings hat H. Chadwick in seiner Rezension meines Buches (in: JThS 19, 1968,

Angesicht einer ohnehin schon verzwickten Situation alle vermeidbaren Risiken und Belastungen scheute. 2. Wenn Lippold nicht zuletzt im Ablauf des Konstantinopler Konzils von 381 allenthalben die straffe Lenkung des Geschehens durch Theodosius zur Auswirkung kommen sieht[32], während er mir eine durchgängige Unterschätzung der kaiserlichen Einflußnahme vorwirft[33], dann zeigt dies womöglich einen Dissens im Methodischen an. Ich hielt es für richtig, mich nicht vorschnell mit der in der Tat naheliegenden und in der Literatur ja auch nur zu bereitwillig aufgegriffenen Erklärung, daß die Synodalen eben unter kaiserlichem Einfluß oder gar „Diktat" gestanden hätten, zufrieden zu geben, sondern ernsthaft auch nach anderen Erklärungsmöglichkeiten Ausschau zu halten, und ich kann darin auch nachträglich nichts Falsches erblikken; im Gegenteil erscheint mir die sorgfältige Prüfung *aller* Erklärungsmöglichkeiten als das methodisch Gebotene! 3. Wenn endlich Lippold besonders in den Lehrdekreten von 381 die „Bekenntnisentscheidung des Kaisers" nachträglich bestätigt und zugleich den Beweis dafür geliefert sieht, daß die Konzilsväter „die Autorität des Kaisers in Glaubensfragen anerkannt und sich die Lenkung durch ihn (haben) gefallen lassen"[34], dann dürfte damit die kirchlich-kirchenpolitische Situation zu Beginn der theodosianischen Herrschaft einigermaßen verkannt sein. Nachdem bereits mit Julian „Apostata" eine Ära staatlicher Kirchenpolitik eingeleitet worden war, in der i.w. „frei von allem staatlichen Einfluß im theologischen Ringen die Gegensätze ausgetragen werden konnten, um nach dem Prinzip des Ausgleichs auf höherer Ebene sich zusammenzufinden"[35], sind es weniger die Synodalen von 381 gewesen, die sich, auch in dogmaticis, der kaiserlichen Autorität fügten. Vielmehr

---

S. 330–332; hier: 332) die dort versuchte Interpretation, „wenn auch zugegebenermaßen mit einigem Zögern", für falsch erklärt. Sein eigener Deutungsvorschlag scheitert jedoch m.E. z.B. an Gregor. Naz. ep. 202 (vgl. dazu nochmals mein Konzilsbuch, S. 226, Anm. 6) und ep. 173 (vgl. ebd., S. 80, Anm. 1), während vom Verständnis des ἀντισῶσαι in V. 1288 wenig oder nichts abhängt. Tenor und Fazit des Gregorschen „character-sketch of Theodosius" (Chadwick) bleiben vielmehr (V. 1303 f.): „Aus solchen Erwägungen (sc. daß in Glaubensdingen aller Zwang ein Übel sei) hielt er, wie mir scheint, mit der Einschüchterung zurück und suchte alle freundlich mitzuziehen, indem er nur seinen Willen kundtat als ungeschriebenes Gesetz der Überzeugung (προθεὶς τὸ βούλεσθ' ἄγραφον πειθοῦς νόμον)", wie hier Chr. Jungck (a.a.O. [Anm. 20]) schön übersetzt hat. Überhaupt scheint sich dessen Auffassung der Verse 1282 ff. von Gregors „De vita sua" mit der meinen sachlich völlig im Einklang zu befinden. Strittig ist allein, ob Gregors Beifall für die von Theodosius geübte Zurückhaltung ganz ehrlich ist. Doch das steht auf einem anderen Blatt, ist jedenfalls von der fraglichen Gregorstelle aus allein nicht zu entscheiden.

[32] Theodosius der Große und seine Zeit, S. 22 u.ö.

[33] Ebd., S. 139, Anm. 25, u.ö.

[34] Ebd., S. 103 u.ö.

[35] C. Andresen, a.a.O. (Anm. 2), S. 53.

hatte sich inzwischen Theodosius der Position der Mehrheitspartei unter den Nizänern des Ostens, die 381 auch die Konzilsmehrheit stellte, angenähert, so daß sich in Konstantinopel eine Übereinstimmung in Glaubensfragen zwischen Kaiser und Konzil, zumindest dessen Majorität, i. a. ungezwungen ergab. Auch sonst zeigt sich bei Lippold eine gewisse Unsicherheit in kirchen- und dogmengeschichtlichen Fragen[36], die der Plausibilität seiner Aufstellungen zur theodosianischen Kirchen- und Religionspolitik insgesamt abträglich ist.

b) Was die Quellen für die Theologie des Konstantinopler Konzils anlangt, so ist eine der wichtigsten in ihrer Echtheit lange Zeit umstritten gewesen, nämlich das sog Nicaeno-Constantinopolitanum (NC). C. Andresen hat den status controversiae auf folgenden knappen Nenner gebracht: „Eine fast hundertjährige Forschungsgeschichte beurteilte zunächst NC als eine zufällige Verbindung von C(onstantinopolitanum) mit dem Konzil von 381 (Hort–Harnack). Später plädierte man dafür, 381 habe man ein eigenständiges Bekenntnis (C) formuliert, das man mit dem N(icaenum) als gleichrangig betrachtete (Ed. Schwartz). Wahrscheinlich ist aber C eine für die Verhandlungen mit den ‚Pneumatomachen‘ auf dem Konzil von 381 entworfene Kompromißformel, die N pneumatologisch erweiterte, aber nicht von der Gottheit des Geistes und seiner Homousia aus taktischen Gründen sprach (Ritter–Kelly)“[37].

Als Andresen dies niederschrieb, hatte jedoch bereits D. L. Holland in einem Aufsatz unter dem Titel "The creeds of Nicea and Constantinople reexamined"[38], einer ausführlichen Rezension des Buches von G. L.

---

[36] So etwa, wenn im Zusammenhang des Referates über Nizäa behauptet wird, dort sei dem homousios arianischerseits das homoiusios (!) „gleichsam schlagwortartig entgegengestellt“ worden (ebd., S. 14); oder wenn es zur Schlußphase der „arianischen Streitigkeiten“ u. a. heißt, in ihr sei „Valens, der zunächst nicaenisch gewesen sein soll, . . . alsbald durch Bischof Eudoxius von Konstantinopel auf eine Glaubensrichtung festgelegt“ worden, „die nicht nur die Wesensgleichheit, sondern auch die Wesensähnlichkeit von Gott Vater und Gott Sohn leugnete (Anhomöer [sic!])“; oder wenn, um ein letztes Beispiel anzuführen, in Anlehnung an eine Formulierung W. Enßlins (a.a.O. [Anm. 22], S. 34 f.) über „das auf der Schlußsitzung am 9. Juli zusammengefaßte Ergebnis der Beratungen“ des Konstantinopler Konzils u. a. gesagt wird: „Kanon 1 enthält (sic!) . . . ein Bekenntnis, das dem Sinne nach ganz der Formel des kaiserlichen Erlasses vom 10. Januar (sc. 381) entspricht und das noch heute als Symbolum Nicaeno-Constantinopolitanum im Gebrauch der ganzen Christenheit ist (sic!)“ (ebd., S. 22 ~ PRE Suppl. XIII, S. 855 unten), was, wenn ich es richtig verstanden habe, – mit Verlaub – barer Unsinn ist.

[37] C. Andresen, a.a.O. (Anm. 2), S. 55 (eine Hervorhebung des Originals ist im Zitat unberücksichtigt geblieben).

[38] In: ChH 38, 1969, S. 1–14, bes. 3–7. Zu dem zweiten in diesem Aufsatz von H. angeschnittenen Problem, dem der „Ahnenschaft“ der Vorlage (n) von N, vgl. (zustimmend) H. von Campenhausen, Das Bekenntnis Eusebs von Caesarea (Nicaea 325), in: ZNW 67, 1976, S. 123–139.

Dossetti, Il simbolo di Nicea e di Costantinopoli (Rom 1967), die Frage neu aufzurollen versucht und entschiedene Zweifel an der neuerdings vor allem von J. N. D. Kelly[39] und mir verteidigten Zugehörigkeit von NC zum Konzil von 381 angemeldet, doch, wie mir scheint, ohne durchschlagenden Grund. Ich will dies in aller Kürze wie folgt belegen: 1. scheint Holland nur solche Aussagen zulassen zu wollen, für die sich die Evidenz des schlüssigen Beweises geltend machen läßt. Andernfalls zielte seine Kritik weitgehend ins Leere. Was aber würde aus der Historiographie, welch verheerende Wirkung für das Bemühen, einem oft genug kärglichen Quellenmaterial ein Höchstmaß an Information abzugewinnen, die Grenzen des Wißbaren, Wahrscheinlichen oder auch nur mit Grund zu Vermutenden so weit wie möglich auszudehnen, müßte davon ausgehen, wenn das zur allgemeinen Maxime würde! 2. Hollands Hauptargument – es ist zugleich, wenn ich nichts übersehen habe, das einzig Neue an seiner Argumentation im Vergleich zu derjenigen von Hort und Harnack[40] – stützt sich auf den seit Caspari und Lebon bekannten Tatbestand, daß das, was man zur Zeit des Konstantinopler Konzils und noch bis weit ins 6. Jh. hinein als „nizänischen Glauben" o. ä. bezeichnete, keineswegs immer N in seiner reinen, ursprünglichen Form war[41]. Er zieht daraus den kühnen Schluß: "If Constantinople was not overly much concerned with the ipsissima verba of N, why should one assume Chalcedon (sc. dessen Akten wir die entscheidenden Informationen über Herkunft und authentischen Wortlaut von C verdanken) to be terribly concerned with historical accuracy vis-à-vis C?"[42] Doch ist darin sowohl ein Denkfehler als auch ein historischer Irrtum enthalten. Der Denkfehler: zwischen dem Desinteresse am genauen Wortlaut, den ipsissima verba von N oder auch C und dem Desinteresse an ihrer exakten Herkunft besteht schwerlich ein logischer Zusammenhang. So wird denn auch kein Theologe des 4. oder 5. Jh.s, der gegebenenfalls mit dem Etikett „nizänischer Glaube" recht großzügig verfahren konnte, den geringsten Zweifel daran gehabt haben, daß „N" in seinem Kern eine eindeutig identifizierbare Größe und, so gesehen, in der Tat das Werk der „318 Väter" von Nizäa sei. Der historische Irrtum: seit Athanasius auf

[39] J. N. D. Kelly, Early Christian Creeds, 3. Aufl. London 1972 (deutsch u. d. T.: Altchristliche Glaubensbekenntnisse, Göttingen 1972), Kap. X.

[40] F. J. A. Hort, Two Dissertations, Cambridge 1876; A. Harnack, Art. Konstantinopolitanisches Symbol, in: RE XI, S. 12–28; vgl. dazu A. M. Ritter, a.a.O. (Anm. 1), S. 135 ff., 148 ff.

[41] Vgl. ebd., S. 183 f., mit Hinweisen auf ältere Literatur.

[42] D. L. Holland, a.a.O. (Anm. 38), S. 4 im Vergleich mit 13 (auch hier sind Hervorhebungen des Originals im Zitat ausgelassen).

der Synode von Alexandrien 362[43] und erst recht sein Nachfolger Kyrill und das I. Ephesinum die Suffizienz von N verfochten, war dieses in ganz anderer Weise als zuvor auch als Formel, nicht mehr nur um seines „Dogmas" willen, wichtig geworden. Auch blieb es bis weit ins 6. Jh. hinein dabei, daß die Situation von N und diejenige von C eben nicht miteinander vergleichbar waren, während alle Anzeichen darauf hindeuten, daß die Lancierung von C in Chalkedon anfangs auf beträchtliche Reserve stieß und kaum zum Ziel geführt hätte, wären an der bona fides derer, die sich – aus welchen Gründen auch immer – für das „Symbol der 150 Väter" von Konstantinopel einsetzten, irgendwelche Zweifel geblieben[44]. 3. hält es Holland wieder für völlig offen, ob C bereits vor dem Konzil von 381, nämlich im „Ankyrotos" des Epiphanius, bezeugt ist oder nicht[45], begründet aber seinen Zweifel nicht näher, so daß auch ich mich auf dies Problem nicht erneut einlassen muß, sondern mit dem Hinweis begnügen kann, daß es inzwischen, durch Forschungen B. M. Weischers, fast zur Gewißheit gemacht sein dürfte, „daß Epiphanios C nicht verfaßt . . . hat . . . Es ist durch Interpolation in den Text des Ankyrotos gekommen. Nur der äthiopische Text gibt den ursprünglichen griechischen Text des ersten Symbols im Ankyrotos wieder: es war das nikäische Glaubenssymbol. Daraus ergibt sich weiter, daß hiermit der bisherige Hauptgrund gegen die Authentizität von C wegfällt . . ."[46].

Mein eigner Beitrag zur Erforschung von Geschichte und Theologie des nizänokonstantinopolitanischen Symbols über Kelly hinaus bestand jedoch in der Hauptsache in dem Versuch, die Stelle zu ermitteln, die die Aufstellung von NC im Rahmen der Konstantinopler Konzilsverhandlungen einnahm. Die Hauptstütze war mir dabei ein längerer Passus im großen autobiographischen Gedicht Gregors von Nazianz (carm. hist. XI, V. 1703–1796), dessen Deutung auf die Einigungsverhandlungen mit den „Makedonianern" und die, wie ich meine, in diesem Zusammenhang erfolgte Aufstellung von NC von der Kritik i. a. günstig aufgenommen worden ist. Nicht so jedoch von Chr. Jungck, der sich, mit einer – als Baseler phil. Diss. geplanten – zweisprachigen, kommentierten

---

[43] S. dazu M. Tetz, Über nikäische Orthodoxie. Der sog. Tomus ad Antiochenos des Athanasios von Alexandrien, in: ZNW 66, 1975, S. 194–222.

[44] Vgl. dazu A. M. Ritter, a.a.O. (Anm. 1), S. 174ff.

[45] Vgl. ebd., S. 162ff.

[46] B. M. Weischer, Die ursprüngliche Form des ersten Glaubenssymbols im Ankyrotos des Epiphanios von Salamis. Ein Beitrag zur Diskussion um die Entstehung des konstantinopolitanischen Glaubenssymbols im Lichte äthiopistischer Forschungen, in: ThPh 53, 1978, S. 407–414. Zur dort (S. 413, Anm. 41) angekündigten kritischen Ausgabe des äthiopischen Textes von Ank. 118–119 mit deutscher Übersetzung und Rekonstruktion des ursprünglichen griechischen Textes s. bereits derselbe, Die Glaubenssymbole des Epiphanios von Salamis und des Gregorios Thaumaturgos im Qērellos, in: OrChr 61, 1977, S. 20–40.

Ausgabe von Gregors „De vita sua" beschäftigt, schon frühzeitig, und zwar in einer Kurzanzeige meines Buches, zu Wort meldete[47] und mir „folgenschwere Übersetzungsfehler" vorwarf. Und obwohl er lediglich zwei Beispiele anführte, die – mich zumindest – von Anfang an nicht überzeugten, sich im übrigen aber mit dunklen Andeutungen begnügte, scheute er sich nicht, seine Anzeige damit zu schließen, daß er es dem Leser anheimstellte, selbst zu entscheiden, wieweit meine Darstellung (n. b. das ganze Buch!) auch unabhängig von meiner „mißglückten Gregor-Interpretation Bestand" habe! Seit vier Jahren nun liegt auch Jungcks Dissertation – gründlich überarbeitet, wie es heißt – im Druck vor[48] und erlaubt somit, sich von den editorisch-interpretatorischen Fähigkeiten ihres Verfassers wie auch von der Haltbarkeit seiner an mir geübten Kritik selbst ein Bild zu machen. Da aber W. D. Hauschild im vorletzten Jahrgang des „Annuarium Historiae Conciliorum"[49] eine ausführliche Besprechung veröffentlicht hat, der ich in fast allem zustimmen kann, genügen hier wenige Bemerkungen: 1. sind es i. w. wieder dieselben beiden „Übersetzungsfehler", an denen Jungck seine pauschale Ablehnung meiner Deutung der fraglichen Gregorstelle aufhängt, indem er die von ihm anders als von mir gedeuteten Verse 1754 und 1756 zum Kernpunkt meiner Beweisführung macht[50], was aber, wie Hauschild richtig gesehen hat, vollkommen willkürlich und haltlos ist. 2. ist mir völlig klar gewesen, daß das ἐν μέσῳ κήρυγμα von V. 1754 auch im Sinne Jungcks (wie schon der bei Migne abgedruckten lat. Übersetzung) gedeutet werden könne, als ich mich seinerzeit gegen diese Deutung entschied, weil es mir der Zusammenhang, weil es schon der unmittelbar vorausgehende Vers (1753: τῇ διπλόῃ … τῶν *διδαγμάτων*) zu verlangen schien. Die wichtigsten Argumente für meine Auffassung der Stelle im Rahmen ihres Kontextes sind noch einmal von Hauschild zusammengestellt worden[51], so daß ich mich hier darüber nicht zu verbreiten brauche. Der zweite „Übersetzungsfehler", das συρφετὸν … χριστεμπόρων in V. 1756 betreffend, basiert in Wirklichkeit auf einer anderen Deutung des Genitivs (gen. auct. statt, wie J. es will, gen. subiect. oder auch epexeget.), die aber, wer wollte das leugnen, genauso gut möglich ist. Dagegen dürfte von der Übersetzung von συρφετός mit „Mischmasch" (Ritter) oder „Kehricht" (Jungck) gar nichts abhängen, da es, wie wohl auch die Baseler Stadtstreicher und „Penner" ad oculos demonstrieren, für das, was da tagtäglich „zusammengekehrt" und zum

[47] In: ThZ 24, 1968, S. 145.
[48] S. o. Anm. 20.
[49] Jg. 9, 1977, S. 213–216.
[50] A.a.O. (Anm. 20), S. 221.
[51] A.a.O. (Anm. 49), S. 215.

„Abfall" getan wird, kennzeichnend ist, daß es außer Dreck auch allerlei Brauchbares, wenn nicht sogar Kostbares enthält. Eben das aber ist mit „Mischmasch" gemeint, wovon Gregor in den beiden folgenden Versen ja auch ausdrücklich spricht. 3. stelle ich so wenig wie Hauschild in Abrede, daß sich Jungck um die Gewinnung eines kritisch gesicherten Textes und um die Deutung der vielfach dunklen Verse von „De vita sua" Verdienste erworben hat. Je mehr er sich aber den kirchengeschichtlich brisanten Partien des Gedichts nähert, um so mehr halten sich Glückstreffer, gelungene und einleuchtende Deutungen, und offensichtliche interpretatorische Fehlleistungen annähernd die Waage. Es ließe sich leicht eine „Blütenlese" zusammenstellen; doch will ich sie ihm, dem Leser wie mir selbst ersparen. Den Grund für seine nicht eben seltenen Fehlgriffe sehe auch ich in „mangelnde(r) Vertrautheit mit der Dogmengeschichte des 4. Jhs."[52], wie sie ihm von Hauschild mit Recht vorgehalten worden ist, dessen Fazit lautet: „Unter Berufung auf Jungck sollte es . . . in Zukunft nicht zulässig sein, die gut begründete Deutung von V. 1703–1765 auf die Auseinandersetzung um das pneumatologische ‚Dogma' des Konzils abzulehnen."[53] Demgegenüber würde ich zwar daran festhalten, daß auch die folgenden Verse bis einschließlich V. 1796 für das „Dogma" von 381 einschlägig sind und berücksichtigt zu werden verdienen; im übrigen aber könnte ich diesem Fazit um so eher zustimmen, als Hauschild den fraglichen Textzusammenhang gleichfalls als Zeugnis für die Aufstellung von NC ansieht[54], wenn er nicht gleichzeitig den Zusammenhang mit den vom Kaiser betriebenen Unionsverhandlungen mit den „Makedonianern" leugnete und dafür „keinen plausiblen Anhalt am Text des Gedichts" entdecken zu können glaubte[55]. Ich dagegen halte diesen Zusammenhang nach wie vor wenn auch nicht für absolut sicher, so doch wenigstens für in hohem Maße wahrscheinlich; und ich sehe dafür auch am Text von „De vita sua", V. 1703ff., insofern einen Anhalt gegeben, als dort von einer Einflußnahme der kaiserlichen „Macht", von Rücksicht auf „Moabiter und Ammoniter" (worunter nach Gregor. Naz. or. 42,18, die „Makedonianer" vom Schlage des Eleusius von Cyzicus zu verstehen sein dürften), ferner von „Wankelmütigkeit" der Konzilsmehrheit und mangelnder „Parrhesie" die Rede ist, um nur das Wichtigste in Erinnerung zu bringen[56]. Überdies läßt sich sehr schwer abschätzen, inwieweit die von Basilius geübte „Ökonomie", wie es der Nazianzener nannte, also die bewußte Zurückhaltung im öffentlichen Bekenntnis der Gottheit und Ho-

[52] Ebd., S. 214.
[53] Ebd., S. 215.
[54] Ebd.
[55] Ebd., S. 216.
[56] Vgl. A. M. Ritter, a.a.O. (Anm. 1), S. 253ff., bes. 258ff.

mousie des Hl. Geistes, von denen auch das NC schweigt, zur Zeit des Konzils von 381 noch immer von erheblichem Einfluß war, während vieles dafür spricht, daß unter den führenden Männern des Konzils (Meletius, den beiden Gregoren, Amphilochius usw.) an und für sich wenig Neigung zu einem Entgegenkommen gegenüber den Pneumatomachen oder gar zu einer Union mit ihnen bestand, erst recht, soweit sie durch Eleusius von Cyzicus repräsentiert wurden[57]. Wie dann ja auch allem Anschein nach der „Tomus" des Konzils eindeutig antipneumatomachisch abgefaßt war[58], woraus folgt, daß es mit der Aufstellung von NC in Konstantinopel seine besondere Bewandtnis gehabt haben *muß*.

c) Dieser (verlorene) „Tomus", dessen wesentlichen Inhalt der Synodalbrief von Konstantinopel 382 (bei Theodoret, HE V, 9,1–18) wiedergibt, wird am ehesten der Theologie des Konzils authentischen Ausdruck verliehen haben, indem es sich darin, wie es scheint, nachdrücklich zum „nizänischen Glauben" als dem Palladium der Orthodoxie bekannte, aber das homousios von Nizäa nun auch ausdrücklich auf den Hl. Geist übertrug, indem es sich ferner gerade auch der „Blasphemie" der mit Anhomöern (Eunomianern) und Homöern (Arianern) auf eine Stufe gestellten Pneumatomachen gegenüber schärfstens abgrenzte und endlich die eigene trinitätstheologische Position in einer Weise entfaltete, die zu irgendwelchen Mißverständnissen, besonders auch im Abendland und unter den „Altnizänern" des Ostens, kaum mehr Anlaß bot[59]. Nachdem sich bereits mit den Ergebnissen der Synodalverhandlungen von Alexandrien (362) ein Ausgleich zwischen (abendländisch-„altnizänischer") Ein- und (morgenländisch-origenistischer) Drei-Hypostasen-Lehre angebahnt hatte und es vor allem der theologischen Arbeit der drei „großen Kappadozier" gelungen war, für diesen Kompromiß eine theoretisch-terminologische Basis zu schaffen, die im Osten zunehmend an Plausibilität gewann, war somit durch Konstantinopel 381 nicht nur ein offizieller Schlußpunkt der „arianischen Streitigkeiten" auch für den Ostteil des Imperium Romanum markiert (Kanon I)[60], sondern auch sachlich insofern ein Abschluß erreicht, als die nunmehr erzielten Resultate die – bis in die Neuzeit hinein nicht mehr ernsthaft in Frage gestellte – Grundlage aller trinitätstheologischen Reflexion blieben.

In den zurückliegenden anderthalb Jahrzehnten nun ist die Forschungsdiskussion einmal mit der Frage nach dem philosophiegeschichtlichen Hintergrund der Analyse des Verhältnisses von οὐσία und

---

[57] Vgl. ebd., S. 71ff.

[58] Vgl. ebd., S. 116ff.

[59] Vgl. ebd., S. 119f. und 303ff.

[60] Vgl. ebd., S. 121ff.

ὑπόστασις bzw. πρόσωπον beschäftigt gewesen, wie sie der von den Kappadoziern erarbeiteten „Lösung" des trinitätstheologischen Problems zugrunde liegt. Nach der mir selbst einmal am meisten einleuchtenden Theorie G. L. Prestiges und J. Lebons[61] wäre hier auf den platonischen „Universalienrealismus" zu verweisen gewesen. Mit dieser Interpretation der kappadozischen οὐσία als real existierender platonischer Idee, an welcher die Einzeldinge partizipieren, glaubte Lebon auch, die Zahn–Harnacksche These vom „Jungnizänismus", der „Neugläubigkeit" der Kappadozier eindeutig widerlegen zu können[62]. Doch ist er inzwischen selbst ins Schußfeld der Kritik geraten und haben sich viele (nicht alle!) seiner Argumente als unhaltbar erwiesen[63]. Statt dessen ist, zuerst von A. Grillmeier in seinem vielbeachteten Aufsatz über das „Scandalum oecumenicum des Nestorios"[64], im Anschluß an Erwägungen von L. I. Scipioni[65], der Versuch unternommen worden, den kappadozischen Hypostasis-Begriff bzw. das Verhältnis οὐσία–ὑπόστασις, wie es von den Kappadoziern für die Deutung von Einheit und Verschiedenheit in der Trinität verwendet worden war, von der stoischen Analyse des ens physicum her verständlich zu machen. R. Hübner hat dem zugestimmt und die Gründe für die stoische Interpretation noch vermehrt, diese Interpretation allerdings auf Basilius beschränkt sehen wollen[66], während Gregor von Nyssa, zumal der Gregor der pseudobasilianischen ep. 38 und der Schrift „Ad Graecos ex communibus notionibus", die οὐσία überwiegend aristotelisch verstanden habe[67].

Und damit ist auch bereits das zweite Problem von zentralerer Bedeutung gestreift, das in der neuesten Forschung zum Homousios von Konstantinopel eine Rolle gespielt hat, die Frage nämlich, ob es überhaupt angängig sei, wie üblich von „der" Trinitätstheologie „der" Kappado-

---

[61] G. L. Prestige, God in Patristic Thought, London 1956; J. Lebon, Le sort du „consubstantiel" nicéen, in: RHE 47, 1952, S. 485ff.; 48, 1953, S. 632ff.

[62] Vgl. bes. RHE 48, 1953, S. 649–655.

[63] S. dazu namentlich R. Hübner, a.a.O. (Anm. 6), bes. S. 474ff.; derselbe, Die Einheit des Leibes Christi bei Gregor von Nyssa. Untersuchungen zum Ursprung der „Physischen" Erlösungslehre, Leiden 1974, S. 73–94 u. ö.; F. Dinsen, a.a.O. (Anm. 8), S. 155ff., sowie bereits die Vorbehalte in meinem o. (Anm. 1) a. Buch, S. 290, Anm. 3.

[64] Vollständiger Titel: „Das Scandalum oecumenicum des Nestorios in kirchlich-dogmatischer und theologiegeschichtlicher Sicht", zuerst erschienen in: Schol 3, 1961, S. 321–356 (hier: 341ff.); in überarbeiteter Form neuveröffentlicht in der Aufsatzsammlung: A. Grillmeier, Mit ihm und in ihm. Christologische Forschungen und Perspektiven, 1975, S. 245–282 (hier: 265ff.).

[65] L. I. Scipioni, Ricerche sulla cristologia del „Libro di Eraclide" di Nestorio (= Paradosis 11), 1956, S. 45–67, 98–109.

[66] A.a.O. (Anm. 6), S. 484ff.

[67] Ebd. S. 470ff.

zier zu sprechen und ihre Grundformel μία οὐσία–τρεῖς ὑποστάσεις einer Einheitsinterpretation zu unterziehen, oder nicht. R. Hübner hat sich entschieden dagegen ausgesprochen und gemeint, die „erstaunliche(n) Unterschiede“, deren man ansichtig werde, sobald man die von den Kappadoziern gegebenen Definitionen von οὐσία und ὑπόστασις aufsuche und sich bemühe, „sorgfältig den jeweiligen philosophischen Hintergrund zu ermitteln und zu vergleichen“, machten es möglich, „den je eigenen Weg dieser Männer zu erkennen, den sie zur Lösung der gemeinsamen Problematik eingeschlagen haben, ihre Anfänge, ihre Rückschläge und ihr Wachstum bei diesem Unternehmen zu registrieren und schließlich unter ihrer Führung Einsichten in die Tragweite theologischer Spekulation zu gewinnen, die einem bei pauschaler Betrachtung durchaus versagt bleiben, aber unschätzbare Hilfe bei der interpretierenden Verwaltung der Tradition leisten können“[68]. F. Dinsen hat dem ebenso entschieden widersprochen. Für sie litt die bisherige Diskussion darunter, daß sie sich zu sehr an den von den Kappadoziern benutzten Vergleichen und Schemata orientierte und deshalb zu sich widersprechenden Ergebnissen (platonische, stoische, aristotelische Einflüsse) führte[69]. Überdies sei nicht immer ausreichend beachtet worden, daß die philosophischen οὐσία-Begriffe für Basilius und seine Freunde erklärtermaßen nur den Wert einer Hilfskonstruktion haben, daß er sich mit den Gregoren darin einig gewesen sei, „daß die göttliche ousia mit keinem dieser drei ousia-Begriffe identisch ist“[70]. Halte man sich weniger an die Bilder als an die klaren Aussagen, so trete die Grundansicht der drei Kappadozier, unbeschadet charakteristischer Unterschiede im einzelnen[71], als i.w. einheitlich vor Augen[72]. Ich meine, es sei im Augenblick noch verfrüht, zu dieser Kontroverse abschließend Stellung zu nehmen. Dazu fehlt es wohl noch an zu vielen Voraussetzungen, vor allem, aber nicht nur, was die Analyse der den Kappadoziern zeitgenössischen philosophischen Literatur anlangt. Ich halte es jedoch nicht für verfrüht, auf das Niveau und die Tragweite dieser Kontroverse hinzuweisen!

Von womöglich noch größerer Tragweite ist, wie man sich am Ende in einer anderen, in der neueren Literatur zur kappadozischen Trinitätstheologie sich abzeichnenden Streitfrage zu entscheiden habe. Vermit-

---

[68] Ebd. S. 464.

[69] A.a.O. (Anm. 8), S. 358 (= S. 159, Anm. 2).

[70] Ebd., S. 250 (= S. 155, Anm. 10).

[71] Vgl. dazu bereits K. Holls berühmte Darstellung der kappadozischen Trinitätstheologie mit seiner (überscharfen) Beleuchtung und Akzentuierung ihrer mannigfachen Differenzen in dem Buch „Amphilochius von Ikonium in seinem Verhältnis zu den großen Kappadoziern“ (1904), S. 116–235.

[72] F. Dinsen, a.a.O. (Anm. 8), S. 350f. i. Vgl. m. 358.

telt namentlich das glänzende Buch von E. Mühlenberg über „Die Unendlichkeit Gottes bei Gregor von Nyssa“[73] den Eindruck, als komme der theoretisch-terminologischen Vorbereitung des trinitätstheologischen Dogmas der alten Kirche durch die Kappadozier auch ein hoher philosophischer Rang zu, so wird eben dies, zumindest in Hinsicht auf die Sauberkeit der Begriffsbildung und die Folgerichtigkeit ihrer Anwendung, von G. C. Stead energisch bestritten. Selbst dem Nyssener, der allgemein, und das schwerlich ohne Grund, als die stärkste spekulative Begabung unter den kappadozischen Freunden betrachtet wird, „fehlen“ danach „die wesentlichen Attribute eines Philosophen, das Streben nach Konsistenz und die Achtung vor der Wahrheit in allen ihren Formen, auch vor der unbequemen und unvorteilhaften Wahrheit“[74]. Und von der vielgerühmten kappadozischen „distinction between ousia and hypostasis, which is presented as fixing the ‚correct‘ sense of the two words“, gilt nach Stead: „(it) draws on textbook logic without mentioning any previous theological analysis of ousia.“[75] Freilich beruht seine Kritik bisher, wie scharfsinnig und kompetent sie auch vorgetragen werden mag, auf einer wohl noch zu schmalen Materialbasis[76], nachdem auch sein wichtiges Buch über „Divine Substance“, anders als zu erwarten stand, mit Nizäa endet und die Diskussionen der zweiten Hälfte des 4. Jh. allenfalls streiflichtartig einbezieht. So wird man mit dem Urteil noch zurückhalten, bis Steads Kritik, wie angekündigt, etwa durch eine Untersuchung des Prosopon-Begriffes im Verständnis der Kappadozier weiter substantiiert worden ist, und im übrigen darauf achthaben, daß über der sachlichen Würdigung, bei der legitimerweise ähnlich kritische Maßstäbe angelegt werden mögen, wie es moderne Philosophen z.B. Platon oder Aristoteles gegenüber tun, der Gesichtspunkt der historischen Gerechtigkeit nicht zu kurz kommt. Es muß verständlich bleiben, daß die von den Kappadoziern erarbeitete „Lösung“ des trinitätstheologischen Problems, unbeschadet möglicher logischer Inkonsistenzen, bis in die Neuzeit hinein weithin überzeugt hat; und es darf nicht verdunkelt werden, daß ihr, gemessen am Maßstab der dem Christentum ihrer Zeit möglichen theologischen Einsichten, mehr Wahrheit und Recht zukommt als den zu ihrer Zeit zu Gebote stehenden Alternativen.

---

[73] FKDG 16, Göttingen 1966.

[74] G. C. Stead, Ontology and Terminology in Gregory of Nyssa, in: Gregor von Nyssa und die Philosophie, 2. Intern. Kolloquium über Gregor von Nyssa . . ., hg. von H. Dörrie u.a., Leiden 1976, S. 107–127 (hier: 126 [englisch = 107]).

[75] G. C. Stead, a.a.O. (Anm. 5), S. 258 (Auszeichnungen des Originals wurden nicht berücksichtigt).

[76] Vgl. dazu auch die Kritik an seinem Anm. 75 zitierten Vortrag (a.a.O., S. 120ff.).

Unberührt von den genannten Kontroversen besteht in der neuesten Forschung, soweit ich sehe, Einmütigkeit darüber, daß die Zahn–Harnacksche These von der „Neugläubigkeit" der Kappadozier und damit auch des Dogmas von Konstantinopel hinreichend widerlegbar ist, also aufgegeben werden muß. Der Sinn der Homousiosformel ist bei ihnen „im Grund kein anderer als bei Athanasius". Es „besteht kein Unterschied in der Sache, sondern nur in der Terminologie"; konkret gesprochen „unterscheidet sich die kappadokische Interpretation des Nizänums von der der Altnizäner nur dadurch, daß sie aus dem Credo nicht die Redeweise ‚μία ὑπόστασις', sondern ‚τρεῖς ὑποστάσεις' herauslesen", daß ihr homousios damit „nicht nur eine antiarianische, sondern auch eine antisabellianische Bedeutung" gewinnt[77].

III

Was hat das alles, so fragen wir zum Schluß, mit dem Thema dieser Festschrift, der Frage nach dem Verhältnis von „Kerygma und Logos" zu tun? Nun, es dürfte wenige Vorgänge der alten Kirchen- und Theologiegeschichte geben, in denen sich die Problematik der geistesgeschichtlichen Beziehungen zwischen Antike und Christentum so sehr verdichtet wie beim Dogma von Nizäa und Konstantinopel. Denn um F. Rickens bekannte Formulierung zu gebrauchen, verband sich damit so etwas wie eine „Krisis des altchristlichen Platonismus", eher eine „Enthellenisierung" als eine „Hellenisierung" (Harnack) des christlichen Kerygmas, sofern mit der – dezidiert unplatonischen – Behauptung der ontologischen Gleichartigkeit und doch Unterschiedenheit der göttlichen Hypostasen (Konstantinopel) festgehalten wurde, daß der Gott des christlichen Glaubens nicht die Monade der Griechen, nicht ein abstraktes, inaktives Konzept, sondern ein lebendiges Wesen ist, dessen Handeln gerade zu seinem Wesen gehört: „die sich ewig an ihr personales Gegenüber verschenkende Liebe"[78].

Ja, wenn E. Mühlenberg mit der Kernthese seines schon erwähnten Buches über die Unendlichkeitstheologie Gregors von Nyssa recht hat, dann ist dieser „Enthellenisierungsprozeß" gegen Ende des 4. Jh. noch wesentlich verschärft worden, indem Gregor im Vollzuge seines Bemühens, das Dogma von der Wesenseinheit (Homousie) des Sohnes (und des Geistes) mit dem Vater plausibel zu machen und gegen die Kritik des – wesentlich mit Hilfe aristotelischer Dialektik argumentierenden –

---

[77] F. Dinsen, a.a.O. (Anm. 8), S. 166; vgl. auch S. 162 sowie bereits die Einleitung m. Anm. 3 (= S. 185f.); S. 166 m. Anm. 9 (= S. 372f.).

[78] F. Ricken, Zur Rezeption der platonischen Ontologie bei Eusebios von Kaisareia, Areios und Athanasios, in: ThPh 53, 1978, S. 352.

Neuarianers Eunomius von Cyzicus zu verteidigen, „als erster Denker die Unendlichkeit Gottes gegen die platonisch-aristotelische Philosophie beweist und in die Theologiegeschichte einführt“[79]. Man wird zwar füglich bezweifeln können, ob es angebracht sei, in diesem Zusammenhang von „Beweisen“ im strengen Sinne zu reden. Aber daß es sich bei Gregors Kritik an Eunomius und dessen philosophischen Prämissen um einen Akt schöpferischer Auseinandersetzung christlicher Theologie mit dem antiken Geisteserbe handelt, bei der sich die Kritik weder nur an Nebensächlichkeiten entzündet oder im rein Postulatorischen stekkenbleibt, noch – ohne alle assimilierende Kraft – auf eine bloß oberflächliche Synthese aus ist, scheint mir E. Mühlenberg gezeigt zu haben. Allerdings bin ich gegen ihn der Meinung, daß mit alledem zwar ein höchst bedeutsamer Anfang gemacht, aber der „Gottesbegriff der klassischen Metaphysik“ schwerlich überwunden worden sei. Ich habe dies in einer Untersuchung zur Gnadenlehre des Nysseners (vor allem) anhand seines „Moselebens“ näher zu begründen versucht[80]. Mühlenberg wiederum hat auf diese „clear-cut provocation“ mit eigenen Reflexionen über „Synergism in Gregory of Nyssa“ geantwortet, die inzwischen auch, erweitert um einen „polemical appendix“, in dem er sich explizit mit mir auseinandersetzt, veröffentlicht worden sind[81]. Doch ist diese Antwort eher polemisch als weiterführend ausgefallen, da bereits der status controversiae falsch dargestellt wird und die Einzelkritik an meiner Argumentation, gelinde gesprochen, recht „selektiv“ verfährt.

Nach Mühlenbergs Meinung ist unser Streit eher in unterschiedlichen „Grundvoraussetzungen“ (basic presuppositions), eher im Methodischen als in unterschiedlicher Exegese bestimmter Texte begründet[82]. Das kann wohl so sein. Aber wie er dies begründet, entstellt es den wahren Sachverhalt, soweit es wenigstens mich betrifft. Beschreibt er doch sein eigenes Vorgehen so: "(it) consists in that the inner consistency of Gregory's anthropology based on his new understanding of God be examined; when this is done one will have to ask what his anthropology contributes for human self-understanding . . .", während ich folgenden Weg beschreite: "He takes Gregory's anthropology and drives it through the screen of Neo-Protestant categories; and he concludes that Gregory's anthropology does not conform to the standard of his categories." Beweis: "Ritter wanted to find 'restitution of grace by Christ', 'grace of the Holy Spirit', 'gift of baptism', 'grace of priesthood', 'prevenient grace';

[79] E. Mühlenberg a.a.O. (Anm. 73), S. 26.
[80] In: Gregor von Nyssa und die Philosophie . . ., hg. von H. Dörrie u. a., 1976, S. 195ff. (vgl. o. Anm. 13).
[81] In: ZNW 68, 1977, S. 93ff. (vgl. ebd.).
[82] Ebd., S. 93 i. Vgl. m. 113.

instead, he finds 'grace as grace of creation', 'Law as gift of god'."[83] Mühlenberg bezieht sich hier auf die Untertitel des eigentlichen Corpus meiner Untersuchung. Man könnte meinen, das seien die „neuprotestantischen Kategorien", durch deren Raster ich Gregors Anthropologie mit aller Gewalt zwänge. In Wahrheit handelt es sich bei allen, auch den letzten beiden, um Formulierungen Gregors selbst, von denen ich ausgehe, um dann zu fragen, was sie besagen und wie sie sich zueinander fügen. Wie ich mich überhaupt, nachweislich, darum bemüht habe, Gregors Gedanken so vorzuführen, wie er sie selbst entwickelt hat, und sie in einem Bezugsrahmen zu belassen, wie er aus seinem Schrifttum selbst zu erheben ist. Daß sich Mühlenberg darüber hat täuschen können, ist schon eine „kritische" Leistung besonderer Art und erweist ihn als einen recht „monologischen" Dialogpartner.[84]

Darum gilt auch von seiner Einzelkritik, daß sie sich auf meine Argumentation eben nicht wirklich eingelassen hat, wovon man sich bei vergleichender Lektüre leicht selbst überzeugen kann. Etwas vergröbernd gesprochen, gleicht sie einem – ganz gewiß gedankenreichen – Spiel mit und Fortspinnen von Einzelmotiven, unter Ausblenden all dessen, was sich nicht (dem eigenen Gedankengang des Kritikers) fügen will. Heraus kommt so eine Gregordeutung, die diesem Autor nicht selten Konsequenzen zuschreibt, die er gezogen haben *könnte*, die – möglichen oder tatsächlichen – Gegeninstanzen zu der gegebenen Deutung aber nicht einmal diskutiert.[85]

Was mich betrifft, bleibt es daher dabei, was ich Mühlenberg bereits früher ausdrücklich, auch schriftlich, konzediert habe: Gregors Unendlichkeitstheologie samt der ihr korrespondierenden Wesensbestimmung der christlichen „Vollkommenheit" als im Vergessen des zuvor Erreichten (vgl. Phil 3,12) bestehender und gleichfalls ins Unendliche fortschreitender προκοπή stellt einen bedeutenden Fortschritt in Richtung auf eine kritische Rezeption des antiken Erbes dar, bleibt aber bei Gregor selbst eher episodisch, ohne allzu weitreichende assimilierende Kraft; sie ist eher ein Anfang als ein Durchbruch.

---

[83] Ebd.

[84] Dasselbe dürfte übrigens auch von seiner „Auseinandersetzung" mit G. Ruhbach in seinem (sehr problematischen) Aufsatz „Gott in der Geschichte. Erwägungen zur Geschichtstheologie von W. Pannenberg" (KuD 24, 1978, S. 244–261, bes. 244 ff.) gelten.

[85] Dafür nur ein Beispiel. Mühlenberg behauptet: „The way Gregory understands προκοπή and τελειότης makes it impossible to acquire a righteousness with which one could step before God and to which one could point in God's judgement" (S. 118). Gregor aber kann etwa von der „unbestechlichen Gerechtigkeit Gottes" sprechen, „die unseren freien Entscheidungen (προαιρέσεσι) nach Verdienst nachfolgt" (De vita Mosis II,86 = GNO 58, 22 f.; vgl. dazu meinen oben, Anm. 13, zitierten Aufsatz, S. 227 f.). Wieso ist das kein Widerspruch?

Willy Rordorf

Christus als Logos und Nomos

Das Kerygma Petrou in seinem Verhältnis zu Justin

Herr Kollege Andresen hat schon darauf hingewiesen, daß Justin vermutlich die im Kerygma Petrou (= KP) enthaltene apologetische Tradition kannte[1]. Obwohl das KP nur fragmentarisch erhalten und darum schwierig zu interpretieren ist[2], soll der Versuch gewagt werden, die Vorstellungen des KP in eine Linie mit der Geschichtstheologie Justins zu stellen, es sozusagen als „Vorläufer" Justins zu verstehen. Damit daraus nicht eine Petitio principii wird, soll die Untersuchung durch weitere zeitgenössische patristische Texte abgestützt werden. Es ist zu hoffen, daß sie dadurch wenigstens einen gewissen Grad von Wahrscheinlichkeit erreicht[3].

I

Es sind vor allem die im KP auftauchenden zwei Begriffe Logos und Nomos[4], auf Christus angewandt, die hier in ihrem Verhältnis zu andern

[1] C. Andresen, Logos und Nomos. Die Polemik des Kelsos wider das Christentum (Arbeiten zur Kirchengeschichte 10), Berlin 1955, 326.

[2] Der Fall liegt grundsätzlich ähnlich beim Alethes Logos des Celsus, der ja auch nur fragmentarisch in der Gegenschrift des Origenes erhalten ist. Aber die winzigen Bruchstücke, die uns vom KP erhalten sind, machen eine Rekonstruktion des Textes und eine Interpretation besonders schwierig.

[3] Die Reste des KP sind gesammelt von E. Klostermann, Apocrypha I (KlT 3), Bonn 1908², 13ff., man wird aber mit Vorteil auch die Neubearbeitung der Stählinschen Clemens-Ausgabe von L. Früchtel in GCS 52, Berlin 1960³, benützen; für Übersetzung und Kommentar war grundlegend E. von Dobschütz, Das Kerygma Petri kritisch untersucht (TU 11,1), Leipzig 1893; J. N. Reagan, The Preaching of Peter: The Beginning of Christian Apologetic, Chicago 1923. Siehe jetzt auch E. Hennecke – W. Schneemelcher, Neutestamentliche Apokryphen II, Tübingen 1964³, 58–63; M. G. Mara, Il Kerygma Petrou, in: Studi e materiali di Storia delle religioni 38, 1967, 314–342; P. Nautin, Les citations de la „Prédication de Pierre" dans Clément d'Alexandrie, Strom. VI. v. 39–41, JThS, n. s. XXV, 1974, 98–105; sowie die sehr sorgfältige und ausführliche Untersuchung von H. Paulsen, Das Kerygma Petri und die urchristliche Apologetik, ZKG 88, 1977, 1–37.

[4] Sie haben ja C. Andresen als Titel zu seinem epochemachenden Buch (s. Anm. 1) gedient.

patristischen Zeugnissen des 2. Jahrhunderts und insbesondere zu den Schriften Justins untersucht werden sollen. M. a. W. soll gefragt werden, ob und inwiefern das KP in diesem Zusammenhang schon Gedanken vorweggenommen zu haben scheint, die wir dann bei andern christlichen Schriftstellern und bei Justin weiter entfaltet finden.

Clemens Alexandrinus sagt insgesamt an drei Stellen, Christus sei im KP als Nomos und Logos bezeichnet worden: Ἐν δὲ τῷ Πέτρου Κηρύγματι εὕροις ἂν νόμον καὶ λόγον τὸν κύριον προσαγορευόμενον (Strom. I,29,182,3); Ὁ Πέτρος ἐν τῷ Κηρύγματι νόμον καὶ λόγον τὸν κύριον προσεῖπεν (Strom. II,15,68,2); Νόμος καὶ λόγος αὐτὸς ὁ σωτὴρ λέγεται, ὡς Πέτρος ἐν Κηρύγματι (Ecl. proph. 58).

Was ist damit gemeint? Da wir den Zusammenhang, in dem das Zitat im KP stand, nicht kennen, ist eine Antwort schwierig. Dobschütz, in seiner grundlegenden Edition des KP[5], verweist auf Jesaja 2,3 als biblische Quelle der Vorstellung: ἐκ γὰρ Σιὼν ἐξελεύσεται νόμος καὶ λόγος κυρίου ἐξ Ἱερουσαλήμ. In der Tat führt Clemens an einer der zitierten Stellen (Ecl. proph. 58) dieses Schriftwort an. Dobschütz erwähnt weiterhin Hermas, Sim. VIII,3,2: ὁ δὲ νόμος οὗτος ὁ υἱὸς τοῦ θεοῦ ἐστιν ὁ κηρυχθεὶς εἰς τὰ πέρατα τῆς γῆς[6]. C. Andresen[7] nennt als weitere Parallele Justins Apologie (I,39,1ff.). Nun besitzen wir aber ein noch weit deutlicheres Zeugnis in der Paschahomilie des Melito von Sardes: ἡ τοῦ νόμου γραφὴ εἰς Χριστὸν Ἰησοῦν κεχώρηκεν, δι' ὃν τὰ πάντα ἐν τῷ πρεσβυτέρῳ νόμῳ ἐγένετο, μᾶλλον δὲ ἐν τῷ νέῳ λόγῳ. Καὶ γὰρ ὁ νόμος λόγος ἐγένετο καὶ ὁ παλαιὸς καινός, συνεξελθὼν ἐκ Σιὼν καὶ Ἱερουσαλήμ (6,41–7,47). Auch hier ist Jesaja 2,3 ausdrücklich zitiert. Wir können also vermuten, daß die Zusammenstellung von Nomos und Logos tatsächlich mit der LXX-Fassung von Jesaja 2,3 zusammenhängt.

Die Parallelisierung von Nomos und Logos ist nun aber in Melitos Paschahomilie in einer ganz bestimmten Perspektive erfolgt: der Nomos wird als „alt“ bezeichnet, und der Logos als „neu“; ja, es wird sogar die Formulierung gewagt, der alte Nomos sei zum neuen Logos geworden. Aus der theologischen Sicht der Paschahomilie interpretiert, will das besagen: das Alte Testament (= der Nomos) ist sowohl in seinen Wortweissagungen wie in seinen geschichtlichen Vorausdarstellungen im Kommen des fleischgewordenen Logos (= Christus) erfüllt, d.h. zu seinem eigentlichen Sinn gebracht. Christus schließt demnach alles in sich: er ist Nomos und Logos zugleich[8].

---

[5] Op. cit., 29.

[6] Ibidem. Vgl. J. Daniélou, Théologie du Judéo-christianisme, Tournai 1958, 216f., der auf die spätjüdischen Thoraspekulationen als Hintergrund hinweist; P. Nautin, art. cit., 101, Anm. 3, kritisiert ihn allerdings in diesem Punkt mit Recht, unter Berufung auf C. Andresen.

[7] Op. cit., 328.

[8] Vgl. O. Perler, Méliton de Sardes, Sur la Pâque (Sources Chrétiennes 123), Paris 1966,

Setzen wir nun einen Text aus Justins Dialog daneben. Wir werden sofort feststellen, daß hier die gleiche Gedankenwelt vorherrscht: Ὁ γὰρ ἐν Χωρὴβ παλαιὸς ἤδη νόμος καὶ ὑμῶν (sc. Ἰουδαίων) μόνων ... Αἰώνιός τε ἡμῖν (sc. Χριστιανοῖς) νόμος καὶ τελευταῖος ὁ Χριστὸς ἐδόθη καὶ ἡ διαθήκη πιστή, μεθ' ἣν οὐ νόμος, οὐ πρόσταγμα, οὐκ ἐντολή[9]. Das heißt also: das auf dem Horeb gegebene Gesetz ist veraltet, in Christus ist das ewige Gesetz gegeben, ja Christus selber ist dieses Gesetz. In der Fortsetzung wird Justin mehrfach auf das neue Gesetz Christi anspielen, das von Jeremias (31,31f.) verheißen war und das will, daß wir Gott nicht einen äußerlichen, sondern einen geistigen Gottesdienst darbringen. Wichtig ist dem Apologeten auch, daß dieses neue Gesetz allen Menschen gilt und daß die Überzeugungskraft dieses Gesetzes viele dazu bewogen hat, dem Götzendienst zu entsagen[10].

Wenden wir uns nun wieder dem KP zu. Da lesen wir: ὥστε καὶ ὑμεῖς ὁσίως καὶ δικαίως μανθάνοντες ἃ παραδίδομεν ὑμῖν, φυλάσσεσθε, καινῶς τὸν θεὸν διὰ τοῦ Χριστοῦ σεβόμενοι· εὕρομεν γὰρ ἐν ταῖς γραφαῖς καθὼς ὁ κύριος λέγει· „ἰδοὺ διατίθεμαι ὑμῖν καινὴν διαθήκην, οὐχ ὡς διεθέμην τοῖς πατράσιν ὑμῶν ἐν ὄρει Χωρήβ". Νέαν ἡμῖν διέθετο· τὰ γὰρ Ἑλλήνων καὶ Ἰουδαίων παλαιά, ἡμεῖς δὲ οἱ καινῶς αὐτὸν τρίτῳ γένει σεβόμενοι Χριστιανοί[11]. Auch hier finden wir das Jeremiazitat an zentraler Stelle[12]. Es soll begründen, warum die Christen Gott nicht mehr auf alte Weise (wie die Juden), sondern auf neue Weise verehren sollen. Clemens führt dieses Zitat aus dem KP als „Schlußstein der Untersuchung" (κολοφὼν τοῦ ζητουμένου) ein. In der Tat weist die Erwähnung der Griechen und Juden zurück auf die Stellen aus dem KP, die Clemens unmittelbar zuvor angeführt hatte und die be-

---

138; R. Cantalamessa, Méliton de Sardes. Une christologie antignostique du IIe siècle, RSR 37, 1963, 1–26, bes. 11ff.; H. Paulsen, art. cit., 24ff. Melito sagt in der Fortsetzung von Christus: ὅς ἐστιν πάντα· καθ' ὃ κρίνει νόμος, καθ' ὃ διδάσκει λόγος (9,59–61). Nach der angeführten Justin-Stelle (Apol. I,39,1.3) ist es auch die Funktion des Nomos, daß er „richtet", und die Funktion des Logos, daß er „unterrichtet". Die Doppelfunktion des Christus als Nomos und Logos liegt übrigens auf der Linie des Johannes-Prologs; cf. Kittel, ThWNT IV, 138f.

[9] Dial. 11,2. Es sei darauf hingewiesen, daß es sich hier um das Kapitel handelt, das die grundsätzliche Diskussion um die Bedeutung des alttestamentlichen Gesetzes in Justins Dialog (Kap. 11–29) eröffnet. Siehe dazu auch E. F. Osborn, Justin Martyr (BHTh 47), Tübingen, 1973, 158ff.

[10] Dial. 24,1 werden Jer 31,31 und Jes 2,3 miteinander verbunden. Unsere einzige Handschrift (Cod. Paris. Graec. 450) interpunktiert übrigens so: ἄλλη διαθήκη τὰ νῦν, καὶ ἄλλος ἐξῆλθεν ἐκ Σιὼν νόμος Ἰησοῦς Χριστός · πάντας ...! Vgl. auch die Zusammenfassung Dial. 43,1.

[11] Strom. VI,5,41,4–6.

[12] Wie bei Justin ist hier im Zusammenhang mit Jer. 31,31f. der Horeb, nicht der Auszug aus Ägypten erwähnt. Eine ähnliche „Korrektur" des Bibeltextes läßt sich bei Irenäus (Adv. haer. IV,9,1 und 33,14) feststellen; vgl. P. Prigent, Justin et l'Ancien Testament, Paris 1964, 237f.

sagen, man solle Gott nicht nach Art der Griechen (nämlich götzendienerisch) und nicht nach Art der Juden (nämlich engeldienerisch) verehren[13]. Es ist die Aufgabe der christlichen Predigt, sowohl Griechen wie Juden – also alle Welt – aus dem Zustand der „Unwissenheit" (ἄγνοια), in der sie sich befinden, herauszuführen; nachher gibt es allerdings keine Entschuldigung mehr, denn kein Mensch wird mehr sagen können: ich habe nichts gewußt[14].

II

Was nun Christus als Logos betrifft, müssen wir von folgendem Fragment des KP ausgehen[15]: Γινώσκετε οὖν ὅτι εἷς θεός ἐστιν, ὃς ἀρχὴν πάντων ἐποίησεν, καὶ τέλους ἐξουσίαν ἔχων . . . ὃς τὰ πάντα ἐποίησεν λόγῳ δυνάμεως αὐτοῦ [τῆς γνωστικῆς γραφῆς][16], τουτέστι τοῦ υἱοῦ[17]. P. Nautin[18] hat bestritten, daß in diesem Fragment eine Anspielung auf Christus als den Logos vorliege[18a]. Clemens habe zwar eine Anspielung solcher Art darin entdecken wollen[19], aber in Wirklichkeit habe er den Text überinterpretiert. ἀρχή mit dem diesem Begriff entsprechenden τέλος meine hier nur „Anfang" und „Ende", und man müsse also übersetzen: „Sachez donc qu'il y a un seul Dieu qui a fait le commencement de toutes choses en étant aussi le maître de leur fin."[20] Auch die Aus-

[13] Der Zusammenhang der Fragmente wird betont von P. Nautin, art. cit., 99ff.; vgl. H. Paulsen, art. cit., 7. Der Pariser Patristiker macht auch wertvolle Anregungen zum Verständnis des Textes. Eine sei hier besonders erwähnt. Eine alte crux interpretum in der Beschreibung des jüdischen Gottesdienstes waren die Worte: σάββατον οὐκ ἄγουσι τὸ λεγόμενον πρῶτον. Man hat sich immer gefragt, was denn der „sogenannte erste Sabbat" bedeuten solle. Nautin schlägt nun vor, zu übersetzen: „Ils ne célèbrent pas le sabbat, qu'ils disent être la première chose (à célébrer)." Ein durchaus beherzigenswerter Vorschlag!

[14] Vgl. Strom. VI,5,43,3 und 6,48,2. Auf die sich hier manifestierenden theologischen Vorstellungen werden wir noch zurückkommen.

[15] P. Nautin, art. cit., 102f., hat recht, Strom. VI,5,39,2–3 als *ein* Fragment aufzufassen. Vgl. übrigens Strom. VI,7,58,1: Εἷς γὰρ τῷ ὄντι ἐστιν ὁ θεός, ὃς ἀρχὴν τῶν ἁπάντων ἐποίησεν, μηνύων τὸν πρωτόγονον υἱὸν ὁ Πέρος γράφει, συνεὶς ἀκριβῶς τό · „ἐν ἀρχῇ ἐποίησεν ὁ θεὸς τὸν οὐρανὸν καὶ τὴν γῆν."

[16] P. Nautin, art. cit., 103, hat wohl recht, wenn er die eingeklammerten Worte als in den Text hineingewanderte Marginalglosse auffaßt. Verlockend ist die Konjektur Klostermanns (M. G. Mara übernimmt sie), ἀρχῆς anstelle γραφῆς zu setzen; aber leider hat diese Konjektur im Text keinerlei Rückhalt. Auch die Konjektur Früchtels: τῆς γνωστῆς διὰ τῆς γραφῆς (W. Schneemelcher übernimmt sie) wirkt künstlich.

[17] Die handschriftliche Überlieferung liest: τοῦ υἱοῦ. P. Nautin, art. cit., 104, will den Text in seinem Sinn „glätten", indem er den Genitiv durch den Dativ ersetzt. Das ist nicht nötig. Siehe das Folgende.

[18] Art. cit., 102 und 103f.

[18a] Entgegen der geläufigen Ansicht der Kommentatoren; vgl. H. Paulsen, art. cit., 21f.

[19] Siehe das Anm. 15 zitierte Clemens-Zitat.

[20] Die Paraphrase Nautins (art. cit., 99, Anm. 4): „C'est Dieu qui fixe la date et les cir-

drucksweise λόγος δυνάμεως αὐτοῦ bedeute nichts weiter als „la parole de sa puissance"; es sei falsch, hier an den präexistenten Christus als Logos zu denken, die in diese Richtung weisenden Worte τουτέστι τοῦ υἱοῦ seien wieder ein erklärender Kommentar von Clemens, sie gehörten nicht dem Text des KP zu.

Die Ausführungen Nautins rufen nach einer kritischen Überprüfung: 1. Es ist mißlich, die Worte ἀρχὴν ἐποίησεν mit „er machte einen Anfang" zu übersetzen. Die Fortsetzung καὶ τέλους ἐξουσίαν ἔχων berechtigt nicht dazu, da hier charakteristischerweise eine andere Konstruktion vorliegt[21]. Zudem haben wir eine so überwältigende Fülle von zeitgenössischen patristischen Zeugnissen, die erkennen lassen, daß der Titel „ἀρχή" für Christus, im Anschluß an Prov. 8,22 und speziell an Gen. 1,1, durchaus geläufig war, daß alles dafür und nichts dagegen spricht, Clemens habe seine Quelle richtig interpretiert, wenn er in ihr eine Anspielung auf den präexistenten Christus fand[22]. 2. Die im gleichen Fragment auftauchende und darum sicher parallele Ausdrucksweise τὰ πάντα ἐποίησεν λόγῳ δυνάμεως αὐτοῦ muß dementsprechend christologische Bedeutung haben; die Argumente, die Nautin dagegen ins Feld führt, sind nicht stichhaltig[23]. 3. Dann kann aber auch die Erklärung τουτέστι τοῦ υἱοῦ durchaus schon im Text des KP gestanden haben[24].

constances de leur mort comme il a fixé celles de leur naissance" geht übrigens am Kern des Gedankens vorbei, wie wir sehen werden.

[21] Die «Parallele» bei Clemens, Ecl. proph. 18, die Natuin, art. cit., 102, Anm. 2, anführt, kann also nicht als solche angezogen werden.

[22] Schon Kol 1,18 wird Christus ἀρχή genannt (vgl. dazu Burney, „Christ as the APXH of the Creation", JThS 27, 1926, 175–176), in der Johannesoffenbarung ἡ ἀρχὴ τῆς κτίσεως (3,14) und ἡ ἀρχὴ καὶ τὸ τέλος (21,6; 22,13). J. Daniélou, op. cit., 219ff., bespricht die ersten patristischen Zeugnisse, die auf derselben Tradition fußen; seine Behauptungen sind nicht so sehr aus der Luft gegriffen, wie uns Nautin glauben machen will (art. cit., 101ff.; vgl. idem, Genèse 1,1–2, de Justin à Origène, in: IN PRINCIPIO. Interprétations des premiers versets de la Genèse [Etudes augustiniennes], Paris 1973, 86f., Anm. 77). P. Prigent, op. cit., 129f., scheint übrigens recht zu haben, wenn er den christologischen Titel ἀρχή weniger auf Prov. 8,22 als auf Gen. 1,1 zurückführt.

[23] Zunächst sagt Nautin, wenn der präexistente Christus hier als Logos bezeichnet wäre, würde man eine Konstruktion mit διά (wie 1.Kor 8,6; Joh 1,3) erwarten. Diese Argumentation steht auf schwachen Füßen. Man kann natürlich ebenso viele Beispiele mit dem bloßen Dativus instrumentalis beibringen. Nennen wir drei: Justin, Apol. I,59,5 (daß hier die 2. Person der Trinität gemeint ist, wird durch 60,7 sichergestellt); Athenagoras, Suppl. 6,3 (vgl. 18,2); Clem. Alex., Strom. I,9,45,5. – Nicht besser steht es um die zweite Behauptung: wenn hier „Logos" Christus bezeichnen sollte, wäre Logos absolut gesetzt, ohne den Zusatz „seiner Kraft". Gerade δύναμις wird aber in christologischen Texten sehr oft mit λόγος parallel gesetzt; ich verweise auf die Stellensammlung in G. W. H. Lampe, A Patristic Greek Lexicon, s. v. δύναμις, § 12 (hinzuzufügen wären Justin, Dial. 128,2, und Apol. I,14,5, dazu der von uns nachstehend zitierte Text Dial. 61,1). Zudem muß hier daran erinnert werden, daß das KP Christus als Logos bezeichnete (siehe oben S. 425). Wo aber sollte die Anwendung dieses Titels eher zu erwarten sein als in protologischen Aussagen?

[24] Dieser Meinung war schon Klostermann im kritischen Apparat seiner Ausgabe, 13.

Die Vorstellung, daß der Logos nicht nur „im Anfang“ bei der Weltschöpfung mitwirkte, sondern geradezu als „Anfang“ der Werke Gottes bezeichnet wird, finden wir auch bei Justin, Dial. 61,1: ἀρχὴν πρὸ πάντων τῶν κτισμάτων ὁ θεὸς γεγέννηκε δύναμίν τινα ἐξ ἑαυτοῦ λογικήν ...[25]. Dieser Text erscheint wie ein Kommentar zu unserm KP-Fragment, denn es kommen in ihm alle entscheidenden Stichworte vor: ἀρχή, δύναμις, λόγος. Und dieses Zeugnis steht nicht einmal vereinzelt da: Justins Schüler Tatian drückt sich ganz ähnlich aus: Θεὸς ἦν ἐν ἀρχῇ, τὴν δὲ ἀρχὴν λόγου δύναμιν παρειλήφαμεν[26].

Ein Detail unseres KP-Fragments verdient noch hervorgehoben zu werden: es wird in ihm angespielt auf die ἐξουσία τέλους, die Gott innehat. Hier ist der heilsgeschichtliche Aufriß offensichtlich: in Christus ist der Anfang gesetzt und das Ende vorgeordnet. Vermutlich liegt dieser Gedanke schon den Stellen der Johannesapokalypse zugrunde, die von Christus als „Anfang und Ende“ sprechen (21,6; 22,13). Deutlich ist diese Linie ausgeführt – übrigens unter Berufung auf die Johannesapokalypse – in der schon zitierten Paschahomilie von Melito: Οὗτός ἐστιν ὁ ποιήσας τὸν οὐρανὸν καὶ τὴν γῆν, καὶ πλάσας ἐν ἀρχῇ τὸν ἄνθρωπον, ὁ διὰ νόμου καὶ προφητῶν κηρυσσόμενος, ὁ ἐν παρθένῳ σαρκωθείς, ὁ ἐπὶ ξύλῳ κρεμασθείς, ὁ εἰς γῆν ταφείς, ὁ ἐκ νεκρῶν ἀνασταθείς, καὶ ἀνελθὼν εἰς τὰ ὑψηλὰ τῶν οὐρανῶν, ὁ καθήμενος ἐν δεξιᾷ τοῦ πατρός, ὁ ἔχων ἐξουσίαν πάντα κρῖναι καὶ σῴζειν, δι’ οὗ ἐποίησεν ὁ πατὴρ τὰ ἀπ’ ἀρχῆς μέχρι αἰώνων. Οὗτός ἐστιν τὸ Α καὶ τὸ Ω. Οὗτός ἐστιν ἀρχὴ καὶ τέλος, ἀρχὴ ἀνεκδιήγητος καὶ τέλος ἀκατάληπτον. Οὗτός ἐστιν ὁ Χριστός (104,801–105,815).

Es ist nun sehr auffällig, daß wir genau die gleiche Serie von christologischen Grund-Sätzen in einem andern Fragment des KP finden, die alle aus dem – recht verstandenen – AT zu erheben sind: ἡμεῖς δὲ ἀναπτύξαντες τὰς βίβλους ἃς εἴχομεν τῶν προφητῶν, ἃ μὲν διὰ παραβολῶν, ἃ δὲ δι’ αἰνιγμάτων, ἃ δὲ αὐθεντικῶς καὶ αὐτολεξεὶ τὸν Χριστὸν Ἰησοῦν ὀνομαζόντων, εὕρομεν καὶ τὴν παρουσίαν αὐτοῦ καὶ τὸν θάνατον καὶ τὸν σταυρὸν καὶ τὰς λοιπὰς κολάσεις πάσας, ὅσας ἐποίησαν αὐτῷ οἱ Ἰουδαῖοι, καὶ τὴν ἔγερσιν καὶ τὴν εἰς οὐρανοὺς ἀνάληψιν πρὸ τοῦ Ἱεροσόλυμα κτισθῆναι, καθὼς ἐγέγραπτο ταῦτα πάντα, ἃ ἔδει αὐτὸν παθεῖν καὶ μετ’ αὐτὸν ἃ ἔσται[27].

Freilich will ich nicht in Abrede stellen, daß es sich trotzdem um einen Kommentar von Clemens handeln kann. Nur würde ich – gegen Nautin – behaupten, daß Clemens mit diesem Kommentar das KP richtig verstanden hat.

[25] P. Nautin, art. cit. (in: IN PRINCIPIO), 60–67, bespricht leider nur die Stellen Apol. I, 56,1–5; 60; 62–64!

[26] Vgl. zu dieser Stelle und den verwandten bei Tatian und Justin den weiterführenden Kommentar von M. Elze, Tatian und seine Theologie, Göttingen 1960, 72–76.

[27] Strom. VI,15,128,1. Vgl. dazu H. Paulsen, art. cit., 22f.

Bei Justin finden wir eine analoge Sicht der Dinge. Zuerst ist die grundsätzliche Stelle Dial. 7,2 zu erwähnen: in den Schriften der Propheten kann jeder, der ihnen Glauben schenkt, alles Nötige finden καὶ περὶ ἀρχῶν καὶ περὶ τέλους[28]. Und zu der Aufzählung der einzelnen von den alttestamentlichen Propheten geweissagten christologischen Fakten lassen sich eine ganze Reihe von Übereinstimmungen mit Justin feststellen. Die „Nennung" des Christus Jesus im AT ist allerdings in zu allgemeiner Form erwähnt, als daß wir damit etwas anfangen könnten[29]. Jedoch Geburt, Leiden, Tod, Auferstehung, Himmelfahrt und Wiederkunft Christi hat auch Justin, und zwar z.T. in denselben Formulierungen wie das KP, im AT vorausverkündet gefunden[30]. Es ist bekannt, daß Justin als erstem christlichen Schriftsteller das Wort παρουσία als Bezeichnung für das „erste" Kommen Christi im Fleisch geläufig ist[31]. Im KP hat er darin also einen Vorläufer[32]. Im KP werden auch θάνατος und σταυρός differenziert. Es ist bekannt, wie sehr Justin bemüht ist, im AT alle möglichen und unmöglichen Typologien für das „Kreuz" zu finden[33]. Auch die Details der Passionsgeschichte, vom KP mit τὰς λοιπὰς κολάσεις πάσας, ὅσας ἐποίησαν αὐτῷ οἱ ᾿Ιουδαῖοι umschrieben, findet Justin im AT geweissagt[34], selbstverständlich auch Auferstehung und Himmelfahrt Jesu.

Eine weitere Übereinstimmung zwischen KP und Justin ist besonders aufschlußreich. Das KP setzt voraus, die Himmelfahrt stehe zeitlich πρὸ τοῦ Ἱεροσόλυμα κτισθῆναι. Es muß sich also um ein letztes Heilsereignis handeln, das auch vom AT angekündigt ist[35]. Die Herausgeber des

---

28 J. C. M. van Winden, An Early Christian Philosopher. Justin Martyr's Dialogue with Trypho Chapters One to Nine (Philosophia Patrum 1), Leiden 1971, 114, geht leider nicht näher auf diesen Text ein.

29 Die Einleitung über die verschiedenen Grade der Deutlichkeit des prophetischen Wortes verbietet es wohl, die „Nennung" des Christus Jesus nur in der typologischen Entsprechung Jesus–Josua finden zu wollen, obwohl gerade diese Entsprechung bei Justin eine große Rolle spielt; vgl. P. Prigent, op. cit., 134ff., und J. Daniélou, Sacramentum Futuri. Etudes sur les origines de la typologie biblique (Études de Théologie Historique), Paris 1950, 206ff. – Justin spricht sich übrigens oft aus über die „Gleichnis"-Sprache des AT: vgl. Dial. 36,2; 52,1; 68,6; 77,4; 90,2; 97,3; 113,6; 114,2; 115,1; 123,8. αὐτολεξεί findet sich in Apol. I,32,1; 33,1; 59,1. Vgl. dazu auch H. Paulsen, art. cit., 28ff.

30 Erwähnen wir nebenbei, daß das christologische Bekenntnis in Dial. 85,2, das dem gleichen Aufriß wie das KP folgt, ebenfalls die „vom Volk der Juden" veranlaßte Kreuzigung Jesu rügt.

31 Vgl. C. Andresen, op. cit., 323; L. W. Barnard, Justin Martyr, Cambridge 1967, 158ff.

32 Vgl. noch Ignatius, Philad. 9,2; dazu H. Paulsen, Studien zur Theologie des Ignatius von Antiochien (FKDG 29), Göttingen 1978, 66f.

33 Vgl. P. Prigent, op. cit., 172ff.; J. Daniélou, Etudes d'exégèse judéo-chrétienne (Les Testimonia) (Théologie historique 5), Paris 1966, 68ff.

34 Vgl. J. Daniélou, ibidem, 28ff.

35 Ihm entspricht das parallele μετ' αὐτὸν ἃ ἔσται im Fragment des KP.

Textes haben sich auf alle mögliche Weise bemüht, den Text zu „verbessern"[36]. Dabei bietet er überhaupt keine Schwierigkeiten, wenn man ihn im Lichte der in den ersten Jahrhunderten in christlichen Kreisen weit verbreiteten chiliastischen Hoffnung liest, wofür gerade Justin ein hervorragender Zeuge ist[37]. In dieser Hoffnung spielt das neuerbaute Jerusalem eine große Rolle. Hören wir Justin: Ἐγὼ δέ, καὶ εἴ τινές εἰσιν ὀρθογνώμονες κατὰ πάντα Χριστιανοί, καὶ σαρκὸς ἀνάστασιν γενήσεσθαι ἐπιστάμεθα καὶ χίλια ἔτη ἐν Ἰερουσαλὴμ οἰκοδομηθείσῃ καὶ κοσμηθείσῃ καὶ πλατυνθείσῃ, ὡς οἱ προφῆται Ἰεζεκιὴλ καὶ Ἠσαίας καὶ οἱ ἄλλοι ὁμολογοῦσιν[38]. Nach der Johannesapokalypse (Kap. 21–22) soll das himmlische Jerusalem vom Himmel herab auf die Erde kommen[39]. Beide Vorstellungen lassen sich mit dem Verb κτισθῆναι des KP verbinden[40].

III

Was ist das Resultat unserer Untersuchung? Ich wollte nicht beweisen, daß Justin gute Stücke seiner Theologie aus dem KP bezogen hat; ich wollte nur zeigen, daß im KP schon einige Vorstellungen präsent zu sein scheinen, die dann bei Justin erst richtig zum Tragen kommen. Es handelt sich um den heilsgeschichtlichen Aufriß, den Herr Kollege Andresen in seinem eingangs erwähnten Buch so treffend herausgearbeitet hat. In der Paschahomilie Melitos haben wir ähnliche Vorstellungen gefunden[41].

Zum Abschluß soll das noch einmal an einem zentralen Thema gezeigt werden: am Begriff vom „dritten Geschlecht", das die Christen darstel-

---

[36] Dobschütz schlug vor, κριθῆναι zu lesen, Potter (gefolgt von W. Schneemelcher) καθαιρεθῆναι oder ληφθῆναι.

[37] Vgl. W. Rordorf, Sabbat und Sonntag in der Alten Kirche (Traditio Christiana 2), Zürich 1972, passim; L. W. Barnard, op. cit., 163 ff.; C. Mazzuco–E. Pietrella, Il rapporto tra la concezione del millennio dei primi autori cristiani e l'Apocalisse di Giovanni, Augustinianum 18, 1978, 29–45.

[38] Dial. 80,5.

[39] Siehe z.B. noch Tertullian, Adv. Marc. III, 24,3–6.

[40] Später wird Augustin die chiliastische Hoffnung „verkirchlichen": das neue Jerusalem ist in der Kirche schon auf Erden gegenwärtig. Die neuedierten georgischen Melito-Fragmente scheinen eine ähnliche Vorstellung zu vertreten; vgl. M. van Esbroeck, AnBoll 90, 1972, 84 f.

[41] Vgl. R. Cantalamessa, L'omelia ‚In S. Pascha' dello Pseudo-Ippolito di Roma, Mailand 1967, 155–157. – Man könnte auch die Gottesvorstellung des KP und diejenige Justins und anderer Apologeten, etwa Aristides, Athenagoras und Theophil von Antiochien, einem Vergleich unterziehen; das wäre eine lohnende Aufgabe, würde aber den Rahmen dieses Beitrags sprengen. Vgl. G. Quispel–R. M. Grant, Note on the Petrine Apocrypha, VigChr 6, 1952, 31 f. Vgl. auch H. Paulsen, art. cit. 14 ff.

len[42]. A. Harnack[43] hat seinerzeit schon die in Frage kommenden Stellen gesammelt und kommentiert[44], angefangen vom Römerbrief[45] und vom Johannesevangelium[46] bis hin zu den christlichen Schriftstellern des 3. Jahrhunderts[47]; er hat auch gezeigt, daß diese Bezeichnung der Christen ebenso den Nichtchristen geläufig war. Aber Harnack hat es versäumt, Justin in seine Untersuchung einzubeziehen. Das soll hier nachgeholt werden.

Auf den ersten Blick kann man den Eindruck gewinnen, Justin kenne den Gedanken des „dritten Geschlechts" nicht. Aber der Schein trügt. In jenen Kapiteln des Dialogs mit Tryphon, die er den Ehen Jakobs und den Söhnen Noahs widmet (134 und 139), ist dieser geschichtstheologische Aufriß ziemlich deutlich zu erkennen. Beginnen wir mit den Noahsöhnen! Justin weist nach, daß sich die Prophezeiung von Gen 9, 25–27 erfüllt habe; das Geschlecht Hams sei zum Knecht der Nachkommen Sems geworden, und deren Besitz hätten wiederum die Söhne Japhets geerbt: Ὑμεῖς (sc. οἱ Ἰουδαῖοι) γάρ, οἱ ἀπὸ τοῦ Σὴμ κατάγοντες τὸ γένος, ἐπήλθετε κατὰ τὴν τοῦ θεοῦ βουλὴν τῇ γῇ τῶν υἱῶν Χαναὰν καὶ διακατέσχετε αὐτήν. Καὶ ὅτι οἱ υἱοὶ Ἰάφεθ, κατὰ τὴν τοῦ θεοῦ κρίσιν ἐπελθόντες καὶ αὐτοὶ ὑμῖν, ἀφείλοντο ὑμῶν τὴν γῆν καὶ διακατέσχον αὐτήν, φαίνεται (139,3). Hier scheint Justin also zunächst nur an die politischen Ereignisse zu denken, nämlich die Eroberung Palästinas zuerst durch die Juden, dann durch die Römer. Aber an der andern Stelle, wo er gleichzeitig von den Frauen Jakobs redet, wird deutlich, daß diese zeitliche Abfolge der Herrschaft der Noahsöhne zugleich eine religiöse Bedeutung hat: Λεία μὲν ὁ λαὸς ὑμῶν καὶ ἡ συναγωγή, Ῥαχὴλ δὲ ἡ ἐκκλησία ἡμῶν. Καὶ ὑπὲρ τούτων δουλεύει μέχρι νῦν ὁ Χριστὸς καὶ τῶν ἐν ἀμφοτέραις δούλων. Ἐπεὶ γὰρ τοῖς δυσὶν υἱοῖς τὸ τοῦ τρίτου σπέρμα εἰς δουλείαν ὁ Νῶε ἔδωκε, νῦν πάλιν εἰς ἀποκατάστασιν ἀμφοτέρων τε τῶν ἐλευθέρων τέκνων καὶ τῶν ἐν αὐτοῖς δούλων[48] Χρι-

[42] Vgl. das bei Clemens Alexandrinus, Strom. VI,5,41,6, erhaltene KP-Fragment (siehe den Text oben S. 426).

[43] Mission und Ausbreitung des Christentums in den ersten drei Jahrhunderten, I, 1906², 206ff.; 227ff.

[44] Vgl. auch A. Schneider, Le premier livre Ad nationes de Tertullien, Neuchâtel 1968, 187ff.

[45] Siehe dazu U. Luz, Das Geschichtsverständnis des Paulus (BEvTh 49), München 1968.

[46] Siehe jetzt etwa Ferd. Hahn, „Das Heil kommt von den Juden". Erwägungen zu Joh 4,22b, in: Wort und Wirklichkeit Bd. 1, Festschrift für Eugen Ludwig Rapp, Meisenheim/Glan 1976, 67–84.

[47] Es ist bekannt, daß Aristides in seiner Apologie und der Diognetbrief dem Aufriß des KP bis in Details folgen. Vgl. E. von Dobschütz, op. cit., 35ff.; R. Brändle, Die Ethik der „Schrift an Diognet" (AThANT 64), Zürich 1975, 19ff.

[48] Anspielung auf Bilha und Silpa, die Mägde Jakobs, die auch Mütter von Jakobssöhnen geworden sind.

στὸς ἐλήλυθε, τῶν αὐτῶν πάντας καταξιῶν τοὺς φυλάσσοντας τὰς ἐντολὰς αὐτοῦ, ὃν τρόπον καὶ οἱ ἀπὸ τῶν ἐλευθέρων καὶ οἱ ἀπὸ δούλων γενόμενοι τῷ Ἰακὼβ πάντες υἱοὶ καὶ ὁμότιμοι γεγόνασι · κατὰ δὲ τὴν τάξιν καὶ κατὰ τὴν πρόγνωσιν, ὁποῖος ἕκαστος ἔσται, προλέλεκται (134,3–4). Die Gleichsetzung von Lea mit der Synagoge und von Rahel mit der Kirche zieht aus Parallelitätsgründen notwendigerweise die Schlußfolgerung nach sich, daß Sem auch als eine Präfiguration der Synagoge zu gelten hat, während Japhet die Christenheit darstellt. Beiden geht aber das erste Volk, das den beiden andern Völkern dienen muß, voraus. M.a.W.: an der Spitze, aber auch auf der untersten Stufe steht der Repräsentant des Heidentums (Ham oder die Mägde Jakobs); auf ihn folgt, an mittlerer Stelle, das Judentum (Sem oder Lea); zuletzt und zuhöchst finden wir das Christentum (Japhet oder Rahel). Christus beruft dieses „dritte Volk" (die Christen) aus den zwei andern Völkern (den Heiden und den Juden), indem er Frieden unter ihnen stiftet.

Was bei Justin noch mehr oder weniger erschlossen werden muß, ist bei Irenäus voll entwickelt. Zu den Ehen Jakobs äußert er sich folgendermaßen: Et quoniam multitudine filiorum Domini propheta fiebat Jacob, necessitas omnis fuit ex duabus sororibus eum filios facere, quemadmodum Christus ex duobus populis[48a] unius et ejusdem Patris, similiter autem et ex ancillis, significans quoniam secundum carnem ex liberis et ex servis Christus statueret filios Dei, similiter omnibus dans munus Spiritus vivificantis nos (Adv. haer. IV,21,3). Und zu den Noahsöhnen finden wir in der Apodeixis folgendes geschrieben: „Unter diesen (sc. drei Söhnen des Noah) verfiel einer dem Fluche und nur zwei erbten den Segen wegen ihrer guten Werke. Der jüngste von ihnen, Ham genannt, hatte seinen Vater verspottet. Wegen der Schmähung und Kränkung des Vaters in der ruchlosen Sünde verworfen, verfiel er dem Fluche; und dieser ging auf sein ganzes Geschlecht über ... Auf gleiche Weise wie der Fluch ging auch der Segen auf das Geschlecht derer über, die ihn gewonnen hatten, für jeden nach der Reihe. Zuerst von diesen wurde Sem mit den Worten gesegnet: ‚Gepriesen sei der Herr, der Gott Sems, und Ham soll sein Knecht sein.' Die Wirkung dieses Segens war, daß Sem besonders im Besitze der Gottesverehrung gegen den Herrn und Gott aller verblieb. Dieser Segen wirkte fort und gelangte an Abraham, der aus Sems Geschlecht stammte und das zehnte Geschlecht in der Reihe darstellt. Deswegen gefiel es Gott, dem Vater aller, sich Gott Abrahams, Isaaks und Jakobs nennen zu lassen. Denn bis auf Abraham erstreckte sich fortwirkend der Segen Sems. Der Segen über Japhet war dieser: ‚Gott möge es weit machen dem Japhet, er wohne im Hause Sems, Ham soll sein Knecht sein.' Folgendes ist seine Bedeutung: In der Fülle der Zeiten ließ Gott den vom Herrn Erwähnten aus der Berufung der Heiden Segen erblühen, indem Gott die Berufung weit ausdehnte. So heißt es auch: ‚In alle Welt ist ihre Stimme ergangen, und bis an die Enden der Erde ihre Worte.‘[49] Das ‚Weitmachen‘ will ja die Berufung der Heiden sein, d.h. die Kirche. Und das: ‚er wohne im Hause Sems‘, das bedeutet die Erbschaft von den Vätern in Jesus Christus durch Empfang des Rechtes der Erstgeburt. Gerade in der Reihe, in welcher ein jeder von ihnen gesegnet wurde, empfingen sie nach der Ordnung in ihrer Nachkommenschaft die Frucht des Segens.“[50]

Das Beispiel des „dritten Geschlechts“ ist natürlich mit Absicht gewählt worden; es soll auf seine Weise dartun, daß die These Andresens in seinem eingangs erwähnten Buch wohl fundiert ist. Während für die Christen die Vorstellung von den drei sich folgenden Geschlechtern den aufsteigenden Fortschritt der Heilsgeschichte demonstrieren sollte, wurde dieselbe Vorstellung von der Gegenseite für ihre Depravationstheorie benützt. Schon A. Harnack[51] hat dies deutlich gesehen; die betreffende Stelle seiner Untersuchung sei hier an den Schluß gesetzt: „Eine Bekräftigung, daß die Trias ‚Römer usw., Juden, Christen‘ wirklich den Gegnern der Christen stets vorschwebte, bieten die Streitschriften gegen die Christen. Soweit wir solche kennen, befolgen sie sämtlich das Schema: die Juden stechen bereits von allen anderen Völkern und Religionen ab und bilden, nachdem sie die Ägypter verlassen haben, eine häßliche Gattung für sich; von diesen Juden haben sich nun die Christen getrennt, das Schlimmste des Judentums beibehaltend und Widerlicheres und Abstoßenderes hinzufügend. So sind Celsus, Porphyrius und Julian in ihren Werken gegen die Christen verfahren.“

---

[49] Dieser Psalmvers (Ps. 18[19],5) wird auch von Justin, Apol. I,40,3, zitiert.
[50] Kap. 20–21, in der Übersetzung von S. Weber, BKV 11, München 1912, 14ff.
[51] Op. cit., 232f.

Basil Studer

Der apologetische Ansatz zur Logos-Christologie Justins des Märtyrers

Ohne Zweifel hat Justin der Märtyrer mit seiner Logos-Christologie die Geschichte der christlichen Theologie auf Jahrhunderte hinaus, ja eigentlich bis heute, positiv und negativ bestimmt. Mit seiner Logos-Lehre wird es leichter sein, die Präexistenz Jesu Christi und zugleich die innige Gemeinschaft des Göttlichen und Menschlichen im einzigen Mittler zwischen Gott und den Menschen herauszustellen. Auf der anderen Seite wird es lange dauern, bis die aus der griechischen Umwelt entlehnte Kategorie des Logos von allem gereinigt sein wird, was die in der christlichen Oster-Botschaft miteingeschlossene ewige Beziehung des Sohnes zum Vater, aber auch sein von jeder wirklichkeitsnahen Anthropologie erfordertes Verhältnis zum Menschen Jesus in Frage stellt[1]. Nicht weniger sicher ist es, daß hinter der justinischen Logos-Christologie eine Geschichtstheologie steht, deren Großartigkeit erst in der Folge bei Irenäus und dann vor allem bei Klemens und Origenes von Alexandrien zur vollen Geltung kommen wird[2].

Angesichts dieser zwei so entscheidenden Tatsachen wird es niemanden verwundern, daß die Logos-Christologie des Justinus bis in die neueste Zeit hinein immer wieder reges Interesse gefunden hat[3]. Doch

---

[1] Vgl. C. Huber, Logos, III. Dogmengeschichtlich: LThK 6 (1961) 1125–1128.

[2] Vgl. N. Hyldahl, Philosophie und Christentum. Eine Interpretation der Einleitung zum Dialog Justins, Kopenhagen 1966. – Darin die Berichte über B. Seeberg, Die Geschichtstheologie Justins des Märtyrers: ZKG 58 (1939) 1–81 (S. 52–57), und C. Andresen, Logos und Nomos. Die Polemik des Kelsos wider das Christentum, Berlin 1955 (S. 60–70). Unter den von Hyhldahl zitierten Kritiken der 2. Arbeit (S. 67f.) vgl. bes. J. H. Waszink in VigChr 12 (1958) 166–177. – Hyhldahl selbst hebt den Zusammenhang der Geschichtstheologie Justins mit derjenigen des Lukas stark hervor (S. 259–272).

[3] Vgl. den Forschungsbericht bei N. Hyhldahl, Philosophie und Christentum, 22–85. – Später sind erschienen: L. W. Barnard, Justin Martyr. His Life and Thought, Cambridge 1967; J. C. M. van Winden, An Early Christian Philosopher. Justin Martyr's Dialogue with Trypho Chapters one to nine, Leiden 1971; R. Joly, Christianisme et Philosophie. Études sur Justin et les Apologistes grecs du deuxième siècle, Brüssel 1973; G. May, Schöpfung aus dem Nichts. Die Entstehung der Lehre von der Creatio ex nihilo, Berlin 1978, 122–139 (Lit.).

darf man sich zu Recht fragen, ob die bisherige Forschung der Frage genügend nachgegangen ist, aus welchen Gründen dieser Apologet der Mitte des zweiten Jahrhunderts in seinen uns erhaltenen Schriften dem Logos-Christus einen so weiten Platz eingeräumt hat. Oder kann man sich mit der Feststellung begnügen, der Logos-Begriff habe damals in der Luft gelegen, und dabei auf die frühere christliche Tradition[4], auf Philon von Alexandrien[5] oder vor allem auf den mittleren Platonismus verweisen[6]? Muß ein Theologe vom Format des Justinus nicht auch persönliche Motive gehabt haben, um sich in diesem Maße einem Traditionsstrom anzuvertrauen? Wird man indes sein eigenes, existentielles Anliegen einfach darin sehen, daß er mit dem Logos-Begriff das Verhältnis von Christentum und griechischer Philosophie umschreiben wollte[7]? Kann man jedoch diese gewiß grundlegende Problematik dahin präzisieren, Justinus hätte Jesus mit dem Logos gleichgesetzt, um dem von ihm bereits erahnten Einwand eines Celsus gegen den Eintritt Gottes in die Geschichte zu begegnen[8]? Eilt man darin der Entwicklung der christlichen Apologetik nicht zu weit voraus[9]? Wäre eine solche Motivierung schließlich nicht trotz allem noch zu abstrakt? Die Frage, welche Sorge Justin zu innerst dazu bewogen hat, so viel vom Christus-Logos zu sprechen, ist demnach bisher nicht, oder wenigstens nicht in überzeugender Weise, beantwortet worden.

Die Frage nach dem Justin in seiner Logos-Christologie persönlich bedrängenden Anliegen kann wohl am besten dahin beantwortet werden, daß damit zwei Einwände gegen den christlichen Glauben widerlegt werden sollten, die um 150 den Gläubigen anscheinend am meisten zu schaffen machten. Wie kann das Christentum, das nur „von gestern" stammt, die wahre Religion sein? Und, wie kann Jesus Christus der Erlöser aller Menschen sein, da er doch erst vor anderthalb Jahrhunderten erschienen ist? Auf diese zwei herausfordernden Einwände, die im Grunde zusammengehören, gab es für Justinus nur eine Antwort. Christus hat zu allen Zeiten gesprochen und so allen Menschen die Möglichkeit gegeben, im Glauben an ihn das Heil zu finden.

---

[4] Vgl. E. R. Goodenough, The Theology of Justin Martyr, Jena 1923, 140.

[5] Vgl. P. Heinisch, Der Einfluß Philos auf die älteste christliche Exegese (Barnabas, Justin und Clemens von Alexandria), Münster 1908, 137–151.

[6] Vgl. C. Andresen, Justin und der mittlere Platonismus: ZNW 44 (1952/1953) 157–195; J. Daniélou, Message évangélique et culture hellénistique aux IIe et IIIe siècles, Tournai 1961, 317–328.

[7] Vgl. J. C. M. van Winden, An Early Christian Philosopher.

[8] Vgl. R. Cantalamessa, Las objeciones contro la divinidad de Cristo en el contexto helénico: Estudios Trinitarios 8 (Salamanca 1974) 81–84, im Anschluß an C. Andresen, Logos und Nomos, 308–372.

[9] Cantalamessa nimmt im übrigen keinen Bezug auf die Kritiken, die gegenüber der von Andresen angenommenen Beziehung zwischen Justinus und Celsus erhoben werden.

Diese Justinus so teure Grundwahrheit kündigt sich schon am Anfang des Hebräerbriefes an: „In der Vergangenheit hat Gott oft und auf verschiedene Weise durch die Propheten zu unseren Vorfahren gesprochen. Aber jetzt, am Ende der Zeit, hat er zu uns durch seinen Sohn gesprochen. Durch ihn hat Gott die Welt geschaffen. Darum hat Gott auch bestimmt, daß ihm am Ende alle Dinge gehören sollen. In dem Sohne Gottes leuchtet die Herrlichkeit Gottes auf, denn er entspricht dem Wesen Gottes vollkommen. Durch sein starkes Wort hält er das Weltall zusammen" (Hebr 1,1–3a). Justinus führt jedoch diese großartige Geschichtstheologie in doppelter Weise weiter. Einerseits bezieht er in die „Vergangenheit" die Welt der Griechen mit ein. Auf der anderen Seite dehnt er das „im Sohne Sprechen Gottes" nicht nur auf die ganze Geschichte aus, sondern stellt den Sohn selbst als den Logos Gottes hin.

Diese Annahme, daß Justinus auf seine Logos-Christologie kam, weil er einen Christus brauchte, der zu allen Zeiten für alle Menschen *gesprochen* hat und noch immer *spricht,* soll im folgenden weiter begründet werden[10]. Das erweist sich jedoch nicht als besonders leicht. Vorerst ist schwer auszumachen, welches Gewicht dem Logos-Titel im Gesamt der justinischen Theologie zukommt. Wenn man berücksichtigt, daß dieser Name in den mehr kerygmatischen Texten bloß neben andern Christus-Namen steht, ist man auf jeden Fall davor gewarnt, ihm eine allzu große Bedeutung zuzuweisen[11]. Ebenso wird eine Beurteilung dadurch erschwert, daß Justinus verschiedentlich nur in der Weise eines argumentum ad hominem vom Logos spricht[12]. Schließlich ist selbst in positiven Texten der Gebrauch des Logos-Titels und der damit verbundenen Vorstellungen durch Schriftstellen bestimmt, mit denen Justinus beweisen wollte, daß der Messias der „andere Gott" ist[13]. Doch selbst wenn es

[10] A. von Harnack, Lehrbuch der Dogmengeschichte, I ⁴1909 (Nachdruck 1964), 507f., weist auf diese Antwort hin, führt sie aber nicht weiter aus. Ausdrücklicher sind W. Bousset, Kyrios Christos, Göttingen ³1926, 304–333, und B. Seeberg, Die Geschichtstheologie Justins des Märtyrers: ZKG 58 (1939) 36ff. – Vgl. auch A. von Harnack, Die Mission und Ausbreitung des Christentums, I, Leipzig ⁴1924, 289–291.

[11] Vgl. Ap 63,10–16, zusammen mit Ap 61,3; Ap 5(6); D 105,1, zusammen mit D 100,2.

[12] Vgl. Ap 21f.: Vergleich der Mysterien Jesu mit heidnischen Mythen, im besonderen der Zeugung des Logos mit dem Ursprung des Hermes. – Ap 59f.: Über die Schöpferfunktion des Logos und des Geistes im Zusammenhang mit dem Vorrang des AT gegenüber Platon. – Ap 64: Erschaffung der Welt durch den Logos und Ursprung der Athene, als dem ersten Gedanken (ἔννοια) des Zeus.

[13] Vgl. Ap 61f.: Zusammenstellung der alttestamentlichen Christustitel, mit besonderer Berücksichtigung von Spr 8,21–36 und Gen 1,26–28. – D 100: Im Zusammenhang mit der christologischen Erklärung von Ps 21 (22) wird vor allem der Sohnestitel erläutert. Dabei wird der Sohn wohl Erstgeborener Gottes und Weisheit, aber nicht Logos genannt. Hingegen heißt es in einer Gegenüberstellung von Maria (Lk 1,26–38) und Eva, daß diese das Wort von der Schlange empfangen habe. Dabei wird allerdings wohl vorausgesetzt, daß

aufgrund dieser und anderer Schwierigkeiten heikel ist, die theologische Relevanz zu bestimmen, die die Logos-Christologie für Justinus besaß, und es darum auch kaum möglich sein wird, unwiderleglich zu beweisen, daß dahinter letztlich die Sorge um das Heil der Menschen aller Zeiten gestanden hat, mag die hier vorgelegte Hypothese immerhin dazu beitrage, die Frage genauer ins Auge zu fassen, aus welchen Gründen Justinus den in unabsehbare Weiten führenden Weg der Logos-Christologie eingeschlagen hat.

1. Das Interesse Justins am Alter des Christentums

Für den Aufweis des Christentums als der einzig wahren Religion stützt sich Justinus bekanntlich vor allem auf die Weissagungen des AT über den Messias und das neue Gottesvolk. Dabei muß er besonders mit den Schwierigkeiten jener rechnen, für die die Annahme einer Voraussage künftiger Ereignisse der Lehre von der menschlichen Freiheit widerspricht. In diesem Zusammenhang nun kommt ein ganz besonderer Einwand zur Sprache. Für gewisse unverständige Leute kann die christliche Lehre schon deswegen nicht wahr sein, weil nach ihr Christus erst vor hundertfünfzig Jahren unter Quirinus geboren worden ist und noch etwas später unter Pontius Pilatus gelehrt hat und damit alle Menschen, die vorher gelebt haben, der Verantwortung enthoben gewesen sind (Ap 46,1). Um diesen im Hinblick auf die Neuheit des Christentums gemachten Einwand zu entkräften, legt Justinus kurz seine Lehre vom Anteil dar, den das ganze Menschengeschlecht, Griechen und Barbaren, am Logos erhalten hat (Ap 46,2–6).

Im gleichen Zusammenhang hatte sich Justinus auf einen Ausspruch Platons über die menschliche Verantwortlichkeit berufen (Respubl. X 617 e), dabei aber gleich bemerkt, daß Mose älter sei als alle griechischen Schriftsteller und daß diese ihre Lehren über die Unsterblichkeit der Seele und über das Schicksal nach dem Tod im Grunde genommen den Propheten verdankten (Ap 44). Das Verhältnis von Mose und Platon im besonderen bildet etwas später den Gegenstand einer längeren Beweisführung. Der große Philosoph der Griechen hätte seine Auffassungen von der Weltentstehung, vom Weltenkreuz und vom Weltenbrand den Schriften des Mose entnommen. Es sei somit klar, daß alle andern das nachsprechen würden, was die Christen selbst nicht auf Grund menschlicher Einsicht, sondern mit der Kraft Gottes aussprechen würden

---

auch Maria das Wort empfangen habe. Vgl. D 105,1 (im gleichen Kontext) und Ap 33,6. Dazu wird auch ausdrücklich die Antwort Mariens zitiert: „Es geschehe mir nach deinem Wort (ῥῆμα)“ (Lk 1,38) (D 100,5).

(Ap 59f.). Im übrigen behauptet Justinus nicht nur von den Lehren der Christus vorausgegangenen Propheten, sondern auch von dessen Lehren selbst, daß sie allein wahr und älter sind als alle Schriftsteller, die es gegeben hat (Ap 23).

In den ersten Kapiteln hingegen, in denen sich Justinus an die Philosophen-Kaiser wendet und die in etwa ein geschlossenes Ganzes ausmachen, scheint die Wahrheit gegenüber dem Alter den Vorzug zu bekommen. Es heißt nämlich dort fast zu Beginn, daß die wahrhaft frommen Philosophen gemäß der Weisung des Logos nur die Wahrheit ehren und lieben und daß sie es ablehnen, hergebrachten Meinungen zu folgen, wenn diese falsch sind (Ap 2,1). Doch der Gegensatz besteht hier nicht zwischen der Wahrheit und den alten Auffassungen, sondern deren Falschheit und der Wahrheit, deren Alter stillschweigend vorausgesetzt wird. Auf jeden Fall geht es in diesen grundlegenden Ausführungen um den alten, die ganze Menschheitsgeschichte durchziehenden Kampf zwischen dem Christus-Logos und dem Alogon der Dämonen (Ap 1–12). Der Christus-Logos selbst hat bei den Griechen schon durch Sokrates die üblen Absichten entlarvt und ist dann bei den Barbaren unter dem Namen Jesus Christus Mensch geworden (Ap 5). In ähnlicher Weise ist auch im Anhang der Apologie das Alter der christlichen Religion miteinbezogen; denn nicht nur haben die Denker und Gesetzgeber alles Treffliche nur dank der Gegenwart des Logos gefunden, sondern hat Sokrates Christus zum Teil bereits erkannt (App 10).

Man könnte nun vermuten, daß die Problematik der Ursprünglichkeit der christlichen Religion sich bei Justin auf das Gespräch mit den Heiden beschränken würde, während im Dialog mit den Juden die Neuheit des wahren Gesetzes und des wahren Israel auf dem Spiele stände. In den Auseinandersetzungen des Justinus mit den Heiden, wie sie in der an die Vertreter der römischen Tradition gerichteten Apologie aufscheinen, taucht denn auch tatsächlich zum ersten Mal die Frage nach dem Alter der christlichen Religion auf[14]. Vorher ist wohl die Neuheit des Christentums festgestellt, auf die nova superstitio hingewiesen worden[15]. Doch erst aus der gegen 150 abgefaßten Apologie des Justinus wird klar ersichtlich, daß die Heiden angefangen haben, diese Neuheit den Christen zum Vorwurf zu machen, und daß somit diese Neuheit für die Christen selbst zum Problem geworden ist. In der Folge werden Tatian und andere nicht nur mit allgemeinen, zum Teil aus der jüdischen

---

[14] Vgl. zu dieser Frage: A. Casamassa, L'accusa di «hesterni» e gli scrittori del II secolo: Angelicum 20 (1943) 184–194; C. Fredouille, Tertullien et la conversion de la culture antique, Paris 1972, 235–300: «Nova et Vetera», bes. 238f., sowie B. Seeberg, art. cit.: ZKG 58 (1939) 36ff.

[15] Vgl. Sueton, Nero, 16,2: Kirch n. 40.

Apologetik entlehnten Überlegungen, sondern mit eigentlichen chronologischen Berechnungen das alles übersteigende Alter der christlichen Religion zu beweisen suchen[16].

Nichtsdestoweniger steht das Interesse für den Uranfang des Christentums auch im Hintergrund des Gespräches mit den Juden. Der Dialog mit Tryphon, in dem Justinus sich auf seine Weise vor allem, wenn auch nicht ausschließlich, mit den Juden auseinandersetzt, stellt ohne Zweifel Christus als das neue Gesetz hin (D 11,2) und rechtfertigt damit, daß die Christen sich nicht mehr an das jüdische Gesetz gehalten fühlen[17]. Die Gültigkeit dieses neuen Gesetzes selbst beruht jedoch nach Justinus auf der Erfüllung der Weissagungen, die die Propheten über den neuen Bund (D 11f.), über das Leben Jesu und vor allem über die Bekehrung der Völker (D 26, mit Jes 62,10–63,6) gemacht haben. Mit anderen Worten, die Neuheit des Christentums gründet für einen, der sich an die Auslegungen der Prophezeiungen durch Jesus Christus hält (vgl. Ap 32), letztlich in der Kontinuität des Neuen mit dem Alten Testament.

Doch abgesehen von dieser allgemeinen Voraussetzung ist diese Diskussion mit den Juden von ihrem eigentlichen Ansatz her ein Aufweis des Alters der christlichen Religion. In den einleitenden Kapiteln des Dialogs mit Tryphon führt nämlich Justinus in einer Art Bekehrungsgeschichte aus, wie er in der christlichen Lehre die Urphilosophie gefunden hat (D 1–9)[18]. Diese ursprüngliche Wahrheit, die bei den griechischen Denkern nur stückweise und verzerrt erhalten geblieben, hingegen von den jüdischen Proheten unversehrt weitergegeben worden war, ist in der Verkündigung Jesu Christi zur vollen Geltung gekommen (D 7). Mit andern Worten, das Christentum ist die wahre Interpretation der Urphilosophie[19]. Von da aus gesehen sind die Ausführungen, die Justinus in dieser Schrift über die christlichen Lehren in der Weise einer christlichen Exegese der alttestamentlichen Weissagungen (logoi) und Vorbilder (typoi) macht (vgl. D 114,1), nichts anderes als die Darlegung der wahren Philosophie, die der Menschheit am Anfang der Zeiten von oben mitgeteilt worden ist. Diese grundsätzliche Feststellung erhält ihre weitere Bestätigung auch darin, daß sich Justinus im Dialog mit Tryphon si-

---

16 Tatian, Or. ad Graecos, 31f. – Vgl. dazu A. von Harnack, Lehrbuch der Dogmengeschichte, I, 517, sowie H. I. Marrou, À Diognète: SChr 33bis, 202–207.

17 Zur Frage der Adressaten des Dialogs mit Tryphon vgl. A. von Harnack, Judentum und Judenchristentum in Justins Dialog mit Trypho: TU 39/1, Leipzig 1913, 51f.².

18 Vgl. dazu vor allem die oben (Anm. 3) zitierte Untersuchung von van Winden, der im wesentlichen den Ergebnissen der Studie von Hyldahl (zit. in Anm. 2) beipflichtet, jedoch nicht ohne sie im einzelnen zu modifizieren.

19 J. C. M. van Winden, An Early Christian Philosopher, 127.

cher nicht bloß an die Juden wendet, sondern auch die Heiden miteinbezieht, sowie darin, daß die Juden selbst schon immer am Alter ihrer Religion interessiert gewesen waren[20].

2. Der Logos, der immer zu den Menschen gesprochen hat

In seinem durchgehenden Interesse an der Ursprünglichkeit des Christentums erscheint also recht klar, daß Justinus sich mit der Traditionslosigkeit der Christen, wie sie damals von den traditionsbewußten Heiden und wohl auch von manchen Juden behauptet wurde, auseinandersetzen mußte. Aus den bisher herangezogenen sowie aus andern Texten geht indes nicht weniger deutlich hervor, daß er die Antwort auf diese ihn offenbar bedrängende Schwierigkeit in der Tatsache gefunden hat, daß Gott zu allen Zeiten durch seinen Logos zu allen Menschen gesprochen hat.

In dieser grundlegenden Antwort ist der göttliche Logos in erster Linie als Wort, als Rede Gottes verstanden. Wie sehr diese Annahme berechtigt ist, ergibt sich allein schon aus der Gegenüberstellung der zwei folgenden Texte. In der Apologie ist die Rede von der Vorherverkündigung des mächtigen Logos, den die Apostel überall gepredigt haben und den die Christen selbst unter Todesandrohung allüberall verehren und lehren (Ap 45,5f.)[21]. Im Dialog mit Tryphon hingegen heißt es: „Gleichwie nämlich Abraham der Stimme Gottes glaubte und es ihm zur Gerechtigkeit angerechnet wurde, ebenso glauben auch wir der Stimme Gottes, die uns von neuem durch die Apostel Christi verkündet wurde und durch die Propheten gepredigt worden war . . .“ (D 119,6). Auch wenn in keinem der beiden Texte eindeutig vom Christus-Logos gesprochen wird, verdient es doch festgehalten zu werden, wie die Verkündigung der Propheten und der Apostel, die Christus zum Inhalt hat, sowohl mit Logos als mit Stimme (φωνή) umschrieben wird.

Ohne Zweifel versteht Justinus, wenn er Christus den Logos Gottes nennt, unter dem Logos-Titel nicht immer das Gleiche. In Rücksicht auf die Philosophen-Kaiser stellen die ersten Kapitel der Apologie den fortwährenden Kampf zwischen Christus und den Dämonen, den Urhebern der Christenverfolgungen, als Auseinandersetzung zwischen dem Logos und dem Alogon dar. Der Logos, der im Kontext mit Christus identifiziert wird, erscheint demnach als die Quelle moralischer Er-

---

[20] Vgl. A. Casamassa a.a.O. (Anm. 14) 189f., der auf E. Schürer, Geschichte des jüdischen Volkes im Zeitalter Jesu Christi, III, Leipzig 1909, 528–545, verweist.

[21] Im Kontext handelt es sich um die messianische Erklärung von Ps 109 (110) 1–3, in dem die Rede ist vom „Szepter der Macht“, das der Herr von Jerusalem aussenden wird. Diese Worte von Vers 2a werden mit προαγγελτικὸν τοῦ λόγου τοῦ ἰσχυροῦ, den die Apostel von Jerusalem aus weiterverkünden werden, umschrieben.

kenntnis, die von den Dämonen sowohl bei den Griechen wie bei den Barbaren bekämpft wird (Ap 1–12). Doch selbst wenn hier der Logos als Prinzip der Sittlichkeit betrachtet wird, die vom Alogon der Dämonen in Frage gestellt wird, ist doch bezeichnend, daß zum Beweis der Gottgläubigkeit der Christen gleichzeitig ein Bekenntnis vorgelegt wird, das nicht vom Logos, sondern vom Sohne Gottes spricht, der gekommen ist, um uns zu belehren (Ap 6). Christus ist eben für Justinus vor allem Lehrer und Gesandter Gottes (Ap 12f.). Darum bedeutet auch dem Logos folgen auf Christus hören, der kein Redekünstler (σοφιστής) war, dessen Logos vielmehr eine Kraft Gottes war (Ap 14)[22].

In ähnlicher Weise wird im Anhang der Apologie, wo Justinus auf seine Weise die Thematik vom Logos Spermatikos aufgreift, der Logos als Prinzip der sittlichen Erkenntnis verstanden. Christus ist darnach der Logos, der die ewige Wahrheit in die Herzen der Menschen streut. Darum können die Gesetzgeber und Philosophen das Rechte wenigstens stückweise erkennen und besitzen die Christen ihrerseits die volle Wahrhcit (App 7.10)[23]. Doch selbst in diesem Zusammenhang ist von unserem Lehrer Jesus die Rede (App 7,5)[24].

Eher am Rand braucht Justinus den Begriff Logos, um damit das Verhältnis von Vater und Sohn vor der Schöpfung zu umschreiben. Für ihn ist Jesus Christus Sohn und Logos, und zwar war er zuerst Logos (Ap 63)[25]. In Weiterführung dieser Feststellung spricht er im Dialog mit Tryphon von der logischen Kraft (δύναμις λογική), die Gott vor allen Geschöpfen gezeugt hat und die vom Heiligen Geist Herrlichkeit des Herrn, Sohn, Weisheit, Engel, Gott, Herr und Logos genannt wird. Zur Erklärung dieser Titel stellt er dann nicht bloß fest, daß sie der logischen Kraft zukommen, weil sie dem väterlichen Willen dient und weil sie aus dem Willen des Vaters geboren worden ist, sondern erläutert diese Zeugung selbst durch einen Vergleich mit dem menschlichen Sprechen, in dem gleichsam ein Logos erzeugt wird, ohne daß deswegen der Logos in uns vermindert wird (D 61).

Wichtiger sind die mehr oder weniger ausführlichen Hinweise auf den

---

[22] Die verschiedenen Bedeutungen von Logos sind zusammengestellt bei J. A. Cramer, Die Logosstellen in Justins Apologien kritisch untersucht: ZNW 2 (1901) 300–330. Vgl. auch die Indizes in den Ausgaben von Pfättisch und Archambault.

[23] Der Gegensatz vom Redekünstler und von der Macht des Wortes ist sicher auch im Licht von 1.Kor 2,1–5 zu sehen, was in den Erklärungen dieser nicht ganz eindeutigen Stelle zu wenig beachtet wird.

[24] Vgl. zu dieser Thematik vor allem J. H. Waszink, Bemerkungen zu Justins Lehre vom Logos Spermatikos: Mullus (Festschrift Th. Klauser) = JAC. E 1, Münster 1964, 380–390.

[25] Vgl. dazu J. Daniélou, Message évangélique et culture hellénistique, 321–324, mit anderen Texten.

schöpferischen Logos[26]. Im Grunde geht es dabei nicht so sehr um die Rolle des Logos bei der Schöpfung, um die Überlegung, die Gott vor der Schöpfung durch den Logos anstellte (Ap 64,5), als vielmehr um die einfache Tatsache, daß der Logos schon vor aller Schöpfung existierte und immer bei Gott war (App 5,3)[27]. Dabei darf nicht übersehen werden, daß die Natur des Zusammenhanges zwischen dem Logos und der Schöpfertat Gottes durch jene Bibeltexte nahegelegt wird, mit denen Justinus im Grunde nur die Präexistenz Christi beweisen will (D 61f., mit Spr 8,21–36; Ap 59, mit Gen 1,1–3)[28]. Dazu liegt es Justinus sehr am Herzen, Christus als die Kraft Gottes hinzustellen, und zwar weniger, weil er damit den Sohn dem Vater gleichstellen wollte, als vielmehr, weil es ihm darauf ankam, daß dieser Logos sich gegenüber der Macht der Dämonen kraftvoll durchsetzen könne[29].

Doch selbst wenn den Texten, die vom Logos als dem Prinzip der menschlichen Erkenntnis, vom Logos, der immer beim Vater war, oder von der Schöpferrolle des Logos sprechen, kein geringes Gewicht zukommt, darf ihre Bedeutung im Ganzen der Schriften des Justinus trotzdem nicht übertrieben werden. Schon ihr biblischer bzw. anti-griechischer Kontext mahnen uns hierin zur Vorischt. Tatsächlich sind die Äußerungen, nach denen Christus Logos genannt wird, weil Gott in ihm *redet* und *spricht,* gesamthaft gesehen viel bedeutender.

Darauf weist vorerst die Art hin, wie Justinus den Logos mit der Heiligen Schrift in Zusammenhang bringt. Im allgemeinen stellt er diese als das Werk des prophetischen Geistes hin[30], der selbst als göttlicher Logos

---

[26] Vgl. außer J. Daniélou, a.a.O., E. Goodenough, The Theology of Justin Martyr, 159–167.

[27] Vgl. auch D 3,3: der Logos, der alles leitet.

[28] Damit soll natürlich nicht bestritten werden, daß Justinus bei der Beschreibung der Schöpfer-Funktion des Logos sich auch von der zeitgenössischen Philosophie inspirieren ließ. Wie weit er dabei, abgesehen von der Grundidee der Präexistenz Christi, die er aus der apostolischen Tradition übernommen hatte und mit bereits traditionellen Testimonia zu beweisen suchte, sich auch in Einzelheiten von den angezogenen Schriftstellen bestimmen lassen konnte, erscheint z.B. darin, daß auch von der Weisheit gesagt wird, sie hätte die Dinge geordnet (ἁρμόζουσα) (Spr 8,30 in D 61,4), oder daß die Präexistenz des Sohnes mit einem ausdrücklichen Hinweis auf die Schrift (Spr 8,30) als „mit dem Vater sein und sprechen" umschrieben wird. Im Hinblick auf das durchgehende Interesse des Justinus für die Schrift (= AT) und die traditionelle Exegese muß man sich selbst die Frage stellen, ob man in der Untersuchung seiner Theologie nicht grundsätzlich voraussetzen sollte, daß er primär von der christlichen Exegese des AT ausgeht und erst sekundär zur Illustration seiner Auffassungen auf Gegebenheiten des mittleren Platonismus zurückgreift.

[29] Vgl. J. Daniélou, Message évangélique et culture hellénistique, 153–156, wo die Stellen, die von der δύναμις Christi sprechen, zusammengestellt sind.

[30] Vgl. z.B. Ap 32,8; D 32,3; 55,1 (von Tryphon gesagt); 77,3. – Vgl. dazu J. P. Martín, El Espiritu Santo en los origenes del cristianismo. Estudio sobre I Clemente, Ignacio, II Clemente y Justino Mártyr, Zürich 1971, 167–177: Der prophetische Geist.

betrachtet wird[31]. Auf Grund dieses göttlichen Ursprungs ist die Schrift als Ganzes oder in den einzelnen Teilen als Logos Gottes verstanden, auch wenn gewöhnlich nur vom Logos oder den Logoi die Rede ist[32]. Dieser Schrift-Logos wird jedoch auch eindeutig zum Christus-Logos in Beziehung gebracht. Gewiß werden das Pneuma und der Logos nicht immer klar unterschieden[33]. Doch fehlen die Texte nicht, in denen es ausdrücklich heißt, daß der Christus-Logos durch die Schrift oder die Propheten spricht[34]. Dementsprechend betont Justinus auch, daß Christus uns die Gnade geben muß, damit wir die Schrift verstehen[35]. Christus ist eben nicht nur Logos, der spricht, Dynamis, die der Wahrheit zum Sieg verhilft, sondern auch Charis, die uns die Wahrheit verstehen läßt[36].

Wie sehr mit dem Logos-Christus gemeint ist, daß Gott in ihm zu den Menschen *spricht,* erhellt noch klarer aus dem Thema von Christus unserem Lehrer[37]. Selbst die ersten Kapitel der Apologie, die den Logos als die Quelle sittlicher Erkenntnis behandeln, heben, wie schon gesagt, hervor, daß der Logos Mensch geworden ist, um unser Lehrer zu sein (Ap 6,2; 12,9f.). Im weiteren erscheint dieses grundlegende Thema immer wieder. So gründet das ganze Leben, durch das die Christen sich vor der ganzen Welt auszeichnen – der schlagende Beweis für die Wahrheit der christlichen Religion –, auf den Geboten und Lehren ihres Christus (Ap 15–19). Darum wird der Logos oder der Sohn Gottes gerade auch in den symbolartigen Texten vor allem als unser Lehrer bekannt (vgl. Ap 21,1)[38]. Nicht weniger Bedeutung kommt Christus, unserem Lehrer, im Dialog mit Tryphon zu. Nicht nur bringt Justinus darin die Urphiloso-

---

[31] Vgl. Ap 33, wo zweimal vom prophetischen Geist und dann abschließend vom göttlichen Logos die Rede ist. – Ap 36,1, wo es heißt, daß die inspirierten Propheten vom göttlichen Logos bewegt sind.

[32] Vgl. Ap 53,6: Das Wort Gottes, das durch die Propheten den Juden und Samariter verkündet worden ist. – Ap 59,1: Das Wort durch die Propheten. – D 56,4f.: Schriften – Wort. – D 68,4f.: Das Wort sagt und das Wort sagt zu David. – In diesem Sinne kann auch von den λόγοι die Rede sein: D 130,3; 131,1.

[33] Vgl. Ap 33,9; D 77,2f. – Vgl. dazu J. P. Martín, a.a.O., 174, mit Hinweisen auf andere Autoren.

[34] Vgl. App 10,8; D 49,2. – Vgl. weiter Ap 63,14; 38,1.

[35] D 100,2: Der Sohn hat uns alles geoffenbart, was wir durch seine Gnade aus der Schrift wissen. – Vgl. D 7,3; 119,1.

[36] Vgl. D 105,1: Der Eingeborene des Vaters ist Logos und Kraft. – D 9,1: Die Christen glauben Männern, die vom göttlichen Geist erfüllt und voll Kraft und Gnade waren. – Vgl. dazu J. C. M. van Winden, An Early Christian Philosopher, 115ff.

[37] Vgl. dazu F. Normann, Christos Didaskalos. Die Vorstellung von Christus als Lehrer in der christlichen Literatur des ersten und zweiten Jahrhunderts, Münster 1967, 107–125.

[38] Vgl. auch App 10,8: Christus, den Sokrates zum Teil erkannt hat, ist der Logos, der durch die Propheten das Künftige vorausgesagt und, Mensch geworden, uns alles gelehrt hat.

phie mit den Worten des Erlösers in Zusammenhang (D 8,2), sondern klagt er die Juden gerade deswegen an, weil sie überall diejenigen diskriminieren, die Christus als Lehrer und Sohn Gottes bekennen (D 108,2). Darum überrascht es auch nicht, daß die Prophezeiung über den Engel des großen Rates (Jes 9,6) vom Kommen des Lehrers Jesus verstanden wird (D 76,3). Allerdings ist hinzuzufügen, daß gerade der jüdische Gesprächspartner Justinus veranlaßt haben wird, von Jesus nicht einfach als dem Lehrer (διδάσκαλος), sondern als dem verbindlichen Lehrer, als unserem Gesetzgeber (νομοθέτης) zu sprechen (D 14,3)[39].

Eine kräftige Bestätigung erhält die Annahme, daß Justinus Christus vornehmlich im Sinne von Wort und Rede den Logos Gottes nannte, besonders darin, daß er in Christus auch den Boten (ἄγγελος) und Gesandten (ἀπόστολος) sieht[40]. Diese beiden Titel dienen ihm vorab dazu, Christus vom Vater zu unterscheiden. Gleichzeitig vermag er mit ihnen die heilsgeschichtliche Rolle des Sohnes zu umschreiben, der allein den Vater offenbaren kann (Mt 11,27) und darum sein Logos ist. Er wird nämlich auch Bote und Gesandter genannt, weil er verkündet (ἀπαγγέλλει), was zu wissen ist, und wird gesandt, um offen darzulegen, was zu verkünden ist. Diese ihm vom Vater aufgetragene Sendung hat er zuerst erfüllt, als er den Patriarchen und Propheten erschienen ist, und schließlich endgültig durchgeführt, als er zum Heile seiner Gläubigen Mensch geworden ist (Ap 63)[41].

In diesem Zusammenhang ist auch zu verstehen, daß Justinus bei seiner Gegenüberstellung der Mysterien Jesu und der heidnischen Mythen den Logos besonders mit dem Hermes vergleicht. Damit soll er als der von Gott Kunde bringende Logos charakterisiert werden (Ap 21f.)[42]. Noch weit deutlicher äußert sich Justinus darüber in einer Stellungnahme zu einer offenbar jüdischen Exegese der alttestamentlichen The-

---

39 Vgl. dazu F. Normann, a.a.O., 113.

40 Vgl. zu dieser Thematik J. Barbel, Christos Angelos, Bonn 1941, 50–63, sowie G. Aeby, Les missions divines de saint Justin à Origène, Fribourg 1958, 6–15.

41 Weitere Texte: Ap 12,9: Lehrer, Gottessohn, Apostel. – D. 56,4: Der „andere Gott“ heißt auch Bote, weil er alles verkündet, was der Schöpfer-Gott den Menschen verkünden will. – D. 75,3: Der Name Engel und Apostel Gottes kommt den Propheten zu, die das Kommen Christi vorbilden, wie es der Name des Josua (Jesus) andeutet, der ein gewaltiger und großer Prophet geworden ist. – D 60f.: Ex 3,2 und andere Texte werden auf den Logos bezogen, der Bote Gottes und selber Gott ist. – Ebenso D 128.

Es ist wohl zu beachten, daß es sich hier um eine Thematik handelt, die auf juden-christliche Traditionen zurückgeht. Vgl. dazu J. Daniélou, Message évangélique et culture hellénistique, 150f., und Théologie du Judéo-Christianisme, Tournai 1958, 182–185.

42 Vgl. J. Barbel, a.a.O., 29–32: Hinweis auf das Kompendium der griechischen Theologie des Cornutus, der vom Logos-Hermes spricht. Ein Einfluß auf den Logos-Angelos des Philo ist jedoch nicht anzunehmen. – S. 61: Zusammenhang der Logos-Angelos-Lehre des Justinus mit den antiken Anschauungen vom Götterboten Hermes: mit diesem Vergleich wird der Logos geringer gewertet.

ophanien. Nach dieser Erklärung trägt die Kraft, die vom Vater aller ausgegangen und den Patriarchen und Mose erschienen ist, neben andern Namen, wie Engel, Herrlichkeit, Mann und Mensch, auch den Namen Logos, und zwar weil sie den Menschen die Reden (ὁμιλίαι) des Vaters bringt. Justinus selbst stellt weder die Auslegung dieses Titels noch jene der andern in Frage. Er weist nur die damit verbundene Auffassung energisch zurück, nach der die Kraft, die der Vater durch seine Macht und seinen Willen erzeugt hat, nur dem Namen nach, nicht aber in Wirklichkeit für sich existiere, ohne von ihm abgetrennt zu sein (D 128). Für Justin ist also der Logos auch derjenige, der den Menschen sagt, was Gott ihnen sagen will: die Rede Gottes.

Wie sehr es unumgänglich ist, die Aussagen des Justinus über den Christus-Logos in erster Linie in einer biblischen und spätjüdischen Perspektive zu sehen, mag man aus zwei weiteren Feststellungen ersehen. Einmal übernimmt Justinus, wenn er von der Offenbarungsfunktion Christi redet, auch eine apokalyptische Terminologie (ἀποκάλυψις, ἀποκαλύπτειν). So spricht er nicht bloß im Hinblick auf eine Weissagung des Zacharias (3,1 ff.) von einer Offenbarung über den Heiligen Jesus Christus, die für jene erfolgt ist, die an den gekreuzigten Hohenpriester glauben (D 116,1), sondern betont auch im Anschluß an Mt 11,27, daß der Sohn uns alles geoffenbart hat, was wir durch seine Gnade aus der Schrift wissen, seit wir ihn als den Erstgeborenen Gottes, der vor allen Geschöpfen war, und als den Sohn Marias aus dem Geschlecht der Patriarchen anerkannt haben (D 100,2). Ja, er stellt in einem etwas gewundenen Text fest, daß derjenige, den der Logos durch Salomon als den Sprößling des Vaters bezeichnet, der immer bei diesem war und mit diesem sich unterhielt, und den Salomon auch Weisheit und Anfang der Dinge nennt, in einer Offenbarung zu Josua geredet hat (D 62,4)[43].

Viel wichtiger ist indes die zweite Feststellung. Wenn Justinus vom Christus-Logos spricht, setzt er offensichtlich voraus, daß das göttliche Wort im biblischen Sinn immer eine Kraft miteinschließt, die von Gott ausgeht und nicht zu ihm zurückkehrt, ohne wirksam gewesen zu sein (vgl. Jes 55,10f.). Darum kehrt in seinen Aussagen über Christus die Verbindung von Wort und Macht immer wieder[44]. Auch wenn es nicht

[43] Justinus braucht im Dialog mit Tryphon auch sonst eine apokalyptische Terminologie. So im Zusammenhang mit der Geschichte der Magier (Mt 2): D 78 und 103. Vor allem aber im Zusammenhang mit den prophetischen Offenbarungen und ihren Erklärungen: D 90,2; 94,3 f.; 115,3 f.

[44] Vgl. J. Daniélou, Message évangélique et culture hellénistique, 318, der in Anschluß an C. Andresen, Justin und der mittlere Platonismus: ZNW 44 (1952/53) 190 f., einen philosophischen Hintergrund annimmt. Wichtiger scheint mir jedoch der Zusammenhang mit dem biblischen Begriff des Wortes (dābār) zu sein, das immer auch die Macht einschließt. Vgl. dazu A. Adam, Lehrbuch der Dogmengeschichte, I, Gütersloh 1965, 93–96: Die Eigenart des hebräischen Denkens, mit der zitierten Literatur.

leicht ist zu bestimmen, ob eher das Wort Macht ist oder ob eher umgekehrt (δύναμις λογική), gehören Macht und Wort sicher eng zusammen. So heißt es im Sinne von Ps 109 (110),1–4, daß Jesus, der noch nicht in seiner Herrlichkeit erschienen ist, einen Stab der Macht, das Wort der Berufung und der Umkehr, nach Jerusalem gesandt habe und daß sein starkes Wort viele überzeugt habe, die Dämonen zu verlassen (D 83,4). Ähnlich ist von der Macht Christi die Rede, kraft derer die Worte der Apostel die ganze Welt mit der Herrlichkeit und der Gnade Gottes und seines Christus erfüllten (D 42,1)[45]. Vor allem wird Jesus Christus, der eigentliche Sohn Gottes, Logos, Erstgeborener und Kraft genannt (Ap 23,2). Ebenso hebt Justinus in seiner Exegese von Ps 21(22), die er auch mit einem Hinweis auf die Denkwürdigkeiten der Apostel abstützt, hervor, daß Jesus der Erstgeborene des Vaters aller war, daß er als Logos und Kraft aus ihm erzeugt worden war, und daß er später durch die Jungfrau Maria Mensch wurde (D 105,1)[46]. In einem weiteren, schon zitierten Text hingegen werden der logischen Kraft, die Gott vor allen Geschöpfen als Anfang erzeugt hat, unter anderem die Titel Sohn, Weisheit und Logos zugewiesen (D 61,1). Von hier aus gesehen mußte es für Justinus naheliegen, die Verkündigung des Engels in Lk 1,35 allein auf den Logos zu beziehen. Im Anschluß an Gen 49,10f. bemerkt er tatsächlich klipp und klar, daß man unter dem Geist und der Kraft Gottes nichts anderes verstehen darf als den Logos, der Gottes Eingeborener ist, und fügt dann bei, daß dieser Geist auf die Jungfrau kam und durch seine Kraft ihre Schwangerschaft bewirkte (Ap 33,6)[47].

Gerade in dieser Sicht, laut welcher der Logos Kraft und die Kraft Logos ist, ist erst voll zu verstehen, daß die Menschwerdung des Wortes den Höhepunkt aller seiner Erscheinungen darstellt, die nach dem Willen des Vaters geschehen sind (D 75,4)[48]. Von seiner letzten Erscheinung in der Geburt aus Maria kann man nicht nur den Sinn aller früheren Erscheinungen, das heißt aller Worte des Logos begreifen (vgl. D 100,2), sondern in ihr wird auch offenbar, daß sich der Logos Gottes in seiner Kraft endgültig gegenüber den Dämonen durchgesetzt hat (D 78,9)[49].

Wenn wir die Ausführungen über die Frage nach dem Alter des Christentums und über den Logos, der immer zu den Menschen sprach, nochmals überblicken, werden wir in keiner Weise zu bestreiten suchen, daß Justinus sich für die Problematik des Verhältnisses von Christentum

---

[45] Im Kontext Ps 18,4 und Jes 53,1f.

[46] Vgl. D 116,1f.

[47] Vgl. D 100,5; 78,3. – Dazu J. M. Martín, El Espiritu Santo en los origenes del cristianismo, 177–186: Der Geist und die Menschwerdung Christi.

[48] Vgl. J. Daniélou, Message évangélique et culture hellénistique, 148ff.: zu den Begriffen οἰκονομία und Wille des Vaters.

[49] Vgl. J. Daniélou, a.a.O., 153ff.: zum Thema der δύναμις.

und griechischer Philosophie brennend interessiert und seinerseits als Lösung dieses damals sicher drängenden Problems seine Lehre vom Christentum als der wahren Philosophie vorgeschlagen hat. Im Hintergrund dieser Problematik muß jedoch eine existentiellere Frage gestanden haben, die Frage nach dem Alter und der Universalität der christlichen Religion. Auf jeden Fall begnügte sich Justinus nicht mit seiner These von der im Christentum wiederentdeckten Urphilosophie, sondern vertrat auch, und zwar mit viel größerer Wärme und Anteilnahme, seine Auffassung von Christus, der als Lehrer in diese Welt kam, um allen Menschen aller Zeiten mit seinen Lehren und Geboten die Möglichkeit zu geben, in der Erkenntnis der ewigen Wahrheit und in einem sittenreinen Leben das Heil zu erlangen.

Hierin ist auch der eigentliche Sinn der Geschichtstheologie des Justinus zu suchen. Gott ist in diese Weltzeit eingetreten, sofern er von Anfang an in seinem Logos in ihr gegenwärtig gewesen war, aber erst in der Menschwerdung seines Sohnes voll in ihr gegenwärtig wurde. Andererseits ergibt sich gerade daraus, warum Justinus sich an den Aussagen über die Präexistenz Christi so interessiert zeigte. Christus konnte eben nur dann zum universalen Lehrer und Erlöser werden, wenn er als Sohn Gottes schon immer der Logos und die Kraft des Vaters war. Mit anderen Worten, es ging Justinus nicht in erster Linie darum zu beweisen, daß Christus wirklich Gott und trotzdem vom Vater verschieden ist – auch wenn das zu seinen Hauptanliegen gehörte –, sondern es war ihm vor allem darum zu tun, Christus als den Lehrer hinzustellen, der tatsächlich alle Menschen belehrt und der auch die Kraft hat, die ewige Wahrheit gegenüber allen dämonischen Einflüssen durchzusetzen. Von seinem apologetischen Ansatz wurde er also gedrängt, den Glauben an den ewigen, vom Vater verschiedenen Sohn zu vertiefen, und er tat dies gerade auch aus seiner apologetischen Sorge heraus mit den Mitteln, die er nicht nur in der Bibel und in der jüdischen sowie christlichen Exegese, sondern auch in der zeitgenössischen Philosophie fand.

Giovanni Maria Vian

Κήρυγμα e κλῆσις ἐθνῶν negli scritti atanasiani

Un'indagine sulla ricorrenza di espressioni e di temi nel lessico atanasiano è largamente facilitata dall'eccellente lavoro del gesuita Guido Müller[1], che mi è stato di notevole utilità in questa ricerca, basata appunto – per i testi contenuti in PG 25 e 26 – sullo spoglio del Lexicon Athanasianum. Quest'ultimo tuttavia non comprende le Expositiones in Psalmos (PG 27,60–545), giunte solo attraverso la tradizione catenaria ed edite nel 1698 – con un supplemento nel 1706 – da Bernard de Montfaucon. La sua edizione è del tutto inservibile per la presenza di una notevole quantità di testi non atanasiani[2] e non è perciò compresa nel lavoro di G. Müller; del commento ai Salmi – che, nelle parti autentiche, offre interessanti sviluppi a proposito dei temi esaminati in queste note – ho quindi effettuato uno spoglio completo, raccogliendo tutti i passi in cui compaiono le espressioni studiate in questo articolo[3].

Pur tralasciando le opere riconosciute spurie[4], può essere interessante notare in esse due brani di impronta atanasiana in cui viene definito il κήρυγμα: il primo, fortemente atanasiano, è nell'Oratio quarta contra Arianos. Preceduto dalla citazione di Ioh 12,46–47 e 14,12, identifica nel κήρυγμα l'annuncio che Gesù fà di se stesso: τὸ κήρυγμα δέ φησι κρίνειν τὸν μὴ φυλάξαντα τὴν ἐντολήν (PG 26,492 D 1–2). Il secondo, preceduto e seguito da una decina di citazioni neotestamentarie, è nel primo libro Contra Apollinarium (esattamente PG 26,1112 A 6–8) e

---

[1] G. Müller, Lexicon Athanasianum, Berlin 1952.

[2] Cf. G. M. Vian, I codici vaticani del commento ai Salmi di Atanasio, in «Vetera Christianorum» 13 (1976), pp. 117–128 e Testi inediti dal commento ai Salmi di Atanasio (Studia Ephemeridis Augustinianum 14), Roma 1978 e la bibliografia citata nei due lavori.

[3] Trattandosi tuttavia di un testo del quale sto preparando l'edizione critica, in alcuni punti questo lavoro presenta necessariamente un carattere di provvisorietà testuale, che potrà essere definita solo ad edizione ultimata.

[4] Ed esattamente i seguenti passi: Contra Apollinarium II,4 (PG 26,1137 C 11–D 1), Sermo maior de fide 29 (PG 26,1284 C 6–9) e – ma in questo caso si tratta di una citazione da Dionigi di Alessandria – De decretis Nicaenae synodi 26 (PG 25, 461 D 1–4 e 465 A 14–15).

precisa il contenuto del κήρυγμα – definito διπλοῦν – come persuasione della passibilità e impassibilità del Cristo, al termine di un lungo brano sulla sua piena divinità e umanità; il κήρυγμα è quindi l'annuncio di Gesù Dio e uomo: ἵνα τὸ διπλοῦν κήρυγμα τῆς αὐτοῦ ἐπιδημίας εὐαπόδεικτον ἔχῃ τὴν πεισμονὴν τοῦ τε πάθους καὶ ἀπαθείας.

Nelle opere autentiche – secondo il Lexicon Athanasianum – oltre a un'accezione particolare[5], il termine κήρυγμα appare solo quattro volte: in due passi si tratta dell'annuncio della croce, legato al retroterra scritturistico di 1Cor 1,23–24 (Vita Antonii 74 – PG 26,945 B 5–7 – e soprattutto l'Oratio tertia contra Arianos – PG 26,397 C 1–400 A 2 – dove il contenuto dell'annuncio è meglio specificato dal contesto, tutto centrato sull'incarnazione); nell'Epistola prima ad Serapionem 28 (PG 26,596 C 1–4) invece, alla fine di un brano trinitario molto impegnato, il κήρυγμα[6] è l'annuncio della fede cattolica, espresso nella formula trinitaria battesimale (Matth 28,19) e compito apostolico (cf. PG 26,593 D 1–3); nell'Epistola ad Dracontium 5 (PG 25,529 A 10–12) infine, chi predica il κήρυγμα è assimilato ai profeti dell'Antico Testamento.

Più diffusi il termine κῆρυξ e soprattutto il verbo, κηρύττειν. Il primo, a parte un paio di casi in cui figura attributo dei poeti pagani e dell'anticristo, è riferito genericamente agli ortodossi e una volta ai vescovi. Dall'uso del verbo emergono invece i soggetti dell'annuncio: di volta in volta, Cristo attraverso i discepoli, Paolo, la chiesa, Cristo incarnato, il vescovo nella chiesa, Cristo agli inferi, lo Spirito Santo agli apostoli, la Scrittura, il Logos risorto, gli apostoli, i vescovi, Giovanni, Pietro; e così l'oggetto dell'annuncio: il Logos, la resurrezione, il vangelo, la fede ortodossa, l'unione della divinità e umanità in Gesù Cristo, la croce, la tradizione, la fede e l'insegnamento della chiesa, l'economia, l'incarnazione, la virtù, oltre ai titoli neotestamentari di Gesù[7].

Ben più ampio e complesso lo sviluppo della tematica relativa all'annuncio nelle Expositiones in Psalmos, dove il termine κήρυγμα e il verbo relativo compaiono in una cinquantina di passi[8]. Alla base sta la convinzione – certo non per caso espressa all'inizio del commento, quasi a spiegarne il criterio interpretativo di fondo – che dovunque nelle divine Scritture sia annunciato il Cristo (61 C 10–11). E in effetti l'interpretazione cristologica, accanto a quella ecclesiologica, costituisce una delle

---

[5] Secondo G. Müller il senso è quello di accusatio publica: cf. Historia Arianorum ad monachos 34 (PG 25,733 A 15–B 1).

[6] Interessante la notazione che si tratta dell'annuncio εἰς πᾶσαν τὴν ὑπ' οὐρανὸν ἐκκλησίαν.

[7] Per i riferimenti precisi cf. il Lexicon Athanasianum – cit. alla nota 2 – alle voci κῆρυξ e κηρύττω.

[8] Da questo punto, per brevità, tutte le citazioni dal commento ai Salmi saranno date con la semplice indicazione della colonna e delle righe di PG 27.

linee di fondo del commento atanasiano ai Salmi. In questo senso il verbo κηρύττειν è legato successivamente a diversi contesti: la rivelazione naturale (124 B 1–D 3), la teofania sul Sinai (300 D 3–6), la proclamazione della salvezza attraverso l'interpretazione di Is 58,9 (273 A 10–11), la κάθοδος del Signore (260 A 4–5), la sua passione, discesa agli inferi e ritorno ai cieli (303 C 13–D 1), l'annuncio rivolto a tutti gli uomini περὶ τοῦ θείου δικαστηρίου (224 A 3–4). Un contesto interessante nel commento a Ps 68,30 (πτωχὸς καὶ ἀλγῶν εἰμι ἐγώ, καὶ ἡ σωτηρία τοῦ προσώπου σου, ὁ θεός, ἀντελάβετό μου) riguarda infine quella che è definita ἡ εὐαγγελικὴ πολιτεία (312 C 9–11).

Il κήρυγμα – molto spesso accompagnato dall'appellativo εὐαγγελικόν, e in un passo (325 C 5–6) definito al di sopra del culto secondo la legge – equivale semplicemente, nella spiegazione di Ps 39,11b, alla verità (193 B 5–6), e in un altro brano viene riconosciuto nella parola inviata sulla terra di cui parla Ps 147,4[9]. Un gruppo di testi ne traccia a sua volta le caratteristiche: il suo ascolto è causa di lietezza (417 D 1–3), la sua intensità[10] viene espressa successivamente con le immagini del suono delle trombe (420 C 10–11) e dell'applauso dei fiumi (420 D 5–8) fino a giungere all'equivalenza tra l'annuncio e la folgore di Ps 143,6a che disperde i dardi dei demoni, il cui inganno si è diffuso dappertutto[11], all'interno di un filone sul quale converrà fermarsi più avanti.

Naturalmente fondamentale è il ruolo del κήρυγμα nel quadro della storia della salvezza, a partire dalla creazione e dalla rivelazione naturale che ne emana. Nell'interpretazione dell'inizio del Ps 18 (124 B 1–D 3, soprattutto B 14–C 9) è proprio la creazione a facilitare la diffusione dell'annuncio attraverso la meraviglia dei fenomeni naturali che inducono a riconoscere il creatore.

D'altro canto l'annuncio si estenderà su tutta la terra, fino ai suoi estremi confini, secondo un'affermazione che nel commento atanasiano ricorre una mezza dozzina di volte con varie modulazioni[12]. Protagonisti della predicazione appaiono costantemente gli apostoli e οἱ κατὰ διαδοχὴν ἡγούμενοι della chiesa[13]. Di fronte a questa le genti si affrettano all'ascolto dell'annuncio che, destinato divinamente alla vittoria, dissiperà la loro ignoranza[14].

---

[9] Quest'ultima interpretazione è alla fine del brano 132 nei Testi inediti . . . cit. alla nota 2.

[10] Più precisamente nei singoli passi si parla di τὸ πεπυρωμένον καὶ ἐκτεταμένον e di τὸ σπουδαῖον del κήρυγμα.

[11] Il brano – la cui prima parte è 540 D 9 – è il 114 nei Testi inediti . . . cit. alla nota 2.

[12] I passi sono: 192 B 3–4, 216 C 14–D 1 (in questo testo è sottolineata la pace diffusa nel mondo come frutto dell'annuncio), 301 A 2–5, 303 C 1–8, 348 D 9–13, 416 C 14–D 1.

[13] Cf. 85 C 9–12, 216 B 3–8, 296 B 12–C 4, il brano 151 nei Testi inediti . . . cit. alla nota 2 e, implicitamente, 300 C 3–8 e 517 B 6.

[14] Cf. 101 C 11–12, 216 D 12–13, 296 A 15–B 3, 465 B 15–C 3.

Il κήρυγμα costituisce tuttavia anche una causa di turbamento tra i suoi avversari, i demoni, e i destinatari, le genti, suscitando inoltre una forte opposizione[15]. Da qui – come conseguenza dell'annuncio, sofferta in particolare dagli apostoli – la persecuzione e le difficoltà frapposte alla predicazione, secondo una tematica fortemente sentita nel commento – dove essa ricorre per una decina di volte[16] – e del tutto coerente con le travagliate vicende dell'alessandrino: il κήρυγμα scatena ostacoli visibili e invisibili, comporta sofferenze e persecuzioni da parte dei suoi avversari[17] nei confronti dei diffusori dell'annuncio, protagonisti a loro volta di un impegno che può portare fino alla morte. Per questo sono anche frequenti nel commento i passi in cui è espressa la necessità della preghiera per l'annuncio e sottolineata l'assistenza divina alla predicazione[18], il cui frutto – per chi l'accoglie – è il dono dello Spirito Santo (293 A 2–4). Definito – sulla scorta di Ps 101,29b – seme dei santi apostoli, il κήρυγμα evangelico e di salvezza εἰς τὸν αἰῶνα διαμένει (432 A 15–B 2).

Profondamente connesso alla tematica sviluppata intorno all'annuncio è il motivo della κλῆσις ἐθνῶν, un'espressione che sembra ritrovarsi soprattutto negli autori alessandrini per indicare una delle fasi fondamentali della predicazione cristiana[19]. In Atanasio il termine ἔθνος appare – quando non abbia alle spalle retroterra biblici o non sia usato genericamente – sempre legato al politeismo e all'idolatria e, naturalmente, al tema della κλῆσις ἐθνῶν[20]. Quest'ultimo è largamente sviluppato nell'Oratio de incarnatione Verbi ai capitoli 25, 35–37, 40 e 50. In questi testi la κλῆσις ἐθνῶν viene sempre connessa da Atanasio alla morte in croce di Gesù[21], assumendo inoltre il valore di segno messianico nei confronti dei Giudei[22].

[15] Cf. 213 C 13–D 5, 216 A 3–9, 416 D 11–417 A 2.

[16] Cf. 220 A 4–6, 220 C 6–10, 281 A 3–9, 281 D 1–2, 288 A 12–B 2, 289 B 1–6, 293 A 4–6, 300 A 4–8, 316 B 10–C 6.

[17] Tra questi – oltre ai sovrani sensibili delle genti, secondo l'espressione di 220 C 8 – sono nominati anche i capi del popolo giudaico (303 A 12–B 1).

[18] Cf. 292 B 2–6, 296 B 12–15, 300 A 1–3, 303 B 7–10.

[19] Presente, anche se non come espressione letterale, in Giustino e in Clemente di Alessandria, la κλῆσις ἐθνῶν si trova poi in tre passi del Contra Celsum di Origene (per i riferimenti precisi cf. G. W. H. Lampe, A patristic greek lexicon, Oxford 1961–1968, alla voce κλῆσις). Il tema doveva tuttavia essere largamente diffuso con ogni probabilità già nel II secolo, come attesta la sua presenza in Ippolito: cf. Hippolytus Werke (GCS), 1. Bd., 2. Heft, Leipzig 1897, a p. 59 il frammento XXII e a p. 61 il frammento XXVII – entrambi appartenenti al commento di Gen 49 ed editi da H. Achelis – e la PO 27 a p. 80, con testi analoghi nell' interpretazione di base ma profondamente diversi nei singoli particolari.

[20] Cf. il Lexicon Athanasianum – cit. alla nota 1 – alla voce ἔθνος.

[21] Valga, per tutti, un brano del capitolo 25: Ἔπειτα, εἰ ὁ θάνατος τοῦ Κυρίου λύτρον ἐστὶ πάντων, καὶ τῷ θανάτῳ τούτου τὸ μεσότοιχον τοῦ φραγμοῦ λύεται, καὶ γίνεται τῶν ἐθνῶν ἡ κλῆσις, πῶς ἂν ἡμᾶς προσεκαλέσατο, εἰ μὴ ἐσταύρωτο: (il testo è citato secondo l'edizione di Ch. Kannengiesser, SCh 199, Paris 1973, p. 356).

[22] Cf. al capitolo 40: Τί γὰρ καὶ πλεῖον ἐλθὼν ὁ προσδοκώμενος παρ' αὐτοῖς

Nelle Expositiones in Psalmos il tema della chiamata delle genti assume un rilievo del tutto particolare[23]. Tra l'altro esso compare come argomento principale in una dozzina di salmi, annunciato come tale dalla breve nota introduttiva che riassume l'interpretazione di ognuno di essi[24].

Secondo Atanasio la κλῆσις ἐθνῶν è stata prevista fin dalla creazione del mondo (529 C 12–14) e preannunciata dai profeti, tra i quali è possibile annoverare anche il salmista. E, oltre ai salmi che significano la chiamata delle genti, questa è prefigurata anche da Ps 61,9a (276 D 6–10) e da Ps 64,3, che l'alessandrino interpreta alla luce della profezia di Ioel 2,28 (284 B 4–8), indicante anch'essa la κλῆσις ἐθνῶν. Come nell'Oratio de incarnatione Verbi, anche nelle Expositiones in Psalmos la chiamata delle genti è legata strettamente all'incarnazione, anzi di questa è una conseguenza. Significative in proposito le introduzioni ai Ps 86, 101 e 137 (377 A6–10, 425 D 2–9, 529 A 6–11) e la spiegazione di Ps 101,20: τὴν αἰτίαν ἡμῖν τῆς κλήσεως τῶν ἐθνῶν παρατίθεται. αὕτη δέ ἐστιν ἡ ἐπιφάνεια τοῦ σωτῆρος ἡμῶν Χριστοῦ, ἣν ἐποίησε κλίνας οὐρανούς (429 B 4–7). E in un altro passo, dopo aver detto che alle genti è stato lasciato un ἐπιστροφῆς καιρὸν πρὸς τὸ μετανοῆσαι, Atanasio spiega: αὕτη δέ ἐστι μετὰ τὸ πλήρωμα τῶν ἐθνῶν κλῆσις καὶ ἐπιστροφή (129 C 11–13), con un genitivo – τῶν ἐθνῶν – in posizione ancipite, essendo possibile riferirlo sia a κλῆσις sia a πλήρωμα (in quest' ultimo caso il retroterra scritturistico sarebbe Rom 11,24).

Nella maggioranza dei casi in cui appare nelle Expositiones in Psalmos, la κλῆσις ἐθνῶν è tuttavia in rapporto con i Giudei, mentre sono rari i passi in cui manca questa connessione[25]. E così la chiamata delle genti segna il passaggio dall'unico προλήνιον del tempio e del culto secondo la legge ai molti ληνοί: essi sono le chiese, le quali raccolgono i frutti di coloro che vivono rettamente ἐν θεοσεβείᾳ (80 D 6–10). Le prefigurazioni a cui la κλῆσις ἐθνῶν è accostata sono poi il rapporto tra David e Saul – che nella benevolenza del primo nei confronti del secondo è da intendersi riferito all'atteggiamento del salvatore verso Israele (264 C

ἔχει ποιῆσαι; καλέσαι τὰ ἔθνη; ἀλλ' ἔφθασαν κληθῆναι (il testo è citato secondo l'edizione di Ch. Kannengiesser, SCh 199, Paris 1973, p. 410).

[23] Per i rapporti tra il commento ai Salmi di Eusebio e quello di Atanasio a proposito di questo tema particolare cf. M. J. Rondeau, Une nouvelle preuve de l'influence littéraire d'Eusèbe de Césarée sur Athanase: l'interprétation des Psaumes, in RSR 56 (1968), p. 412.

[24] Si tratta dei Ps 65, 71, 84, 86, 95, 101, 106, 112, 113, 116, 137, 138. Per il Ps 116 la brevissima nota introduttiva è il brano 65 nei Testi inediti . . . cit. alla nota 2, mentre tutte le altre si ritrovano in PG 27.

[25] Cf. per esempio 212 C 10–14 e 213 C 4–6: se nel primo brano il riferimento al tema della chiamata delle genti è piuttosto generico, nel secondo è stabilita invece una connessione tra lo stesso tema e l'allontamento e la sconfitta dei nemici spirituali.

6–14) – e la figura di Salomone, cui è iscritto il Ps 71: Cristo – secondo Atanasio – è il vero Salomone, ὁ εἰρηναῖος, διότι καὶ πεποίηκεν ἓν ἀμφότερα, καὶ τὸ μεσότοιχον τοῦ φραγμοῦ ἔλυσεν (324 A 11–15), con allusione a Eph 2,14. In altri punti del commento la chiamata delle genti sottolinea la necessità che il popolo giudaico riconosca i suoi peccati (369 D 13–372 A 5) o, sempre connessa con i Giudei, contiene altre sfumature: la realtà della liberazione delle genti stesse dalla loro schiavitù spirituale (417 A 7–12) e l'essenziale funzione degli apostoli, attraverso i quali avviene la κλῆσις ἐθνῶν (449 A 12–B 1). Altre volte il riferimento a Israele è limitato alle sue disubbidienze e al suo conseguente rigetto, oppure è del tutto generico[26]. Due infine i passi in cui la chiamata delle genti assume il valore di segno messianico: quando è significata dall'immagine dei poveri sfamati di Ps 21,27 (137 B 9–11) e quando essa stessa – compiuta καὶ λόγῳ καὶ ἔργῳ – è annoverata tra i segni messianici (465 A 3–5).

Un ultimo aspetto riguarda infine la preghiera in attesa della κλῆσις ἐθνῶν – riconosciuta in Ps 9,22a (88 B 8–10) e in Ps 17,50a (121 D 10–124 A 2) – e quella di lode[27] e di ringraziamento per il compimento della chiamata delle genti (529 B 8–10), espressa nelle parole di Ps 137,2d: ὅτι ἐμεγάλυνας ἐπὶ πᾶν τὸ ὄνομα τὸ ἅγιόν σου.

---

[26] Cf. 100 C 9–13, 109 A 10–B 1, 288 A 9–B 2, 429 A 1–3, 468 B 2–6, 532 A 6–10 e il brano 116 nei Testi inediti . . . cit. alla nota 2.

[27] L'invito alla lode è unito al tema della chiamata delle genti nell'introduzione al Ps 112 (465 D9–11).

John Whittaker

Valentinus Fr. 2

The most extensive and perhaps most eloquent of the Greek fragments of Valentinus is that preserved by Clement of Alexandria, Strom. II. 114. 3ff., GCS II. 175. 1ff. Stählin[1]:

εἷς δέ ἐστιν ἀγαθός, οὗ παρρησία ἡ διὰ τοῦ υἱοῦ φανέρωσις, καὶ δι' αὐτοῦ μόνου δύναιτο ἂν ἡ καρδία καθαρὰ γενέσθαι, παντὸς πονηροῦ πνεύματος ἐξωθουμένου τῆς καρδίας. πολλὰ γὰρ ἐνοικοῦντα αὐτῇ πνεύματα οὐκ ἐᾷ καθαρεύειν, ἕκαστον δὲ αὐτῶν τὰ ἴδια ἐκτελεῖ ἔργα πολλαχῶς ἐνυβριζόντων ἐπιθυμίαις οὐ προσηκούσαις. καί μοι δοκεῖ ὅμοιόν τι πάσχειν τῷ πανδοχείῳ ἡ καρδία· καὶ γὰρ ἐκεῖνο κατατιτρᾶταί τε καὶ ὀρύττεται καὶ πολλάκις κόπρου πίμπλαται ἀνθρώπων ἀσελγῶς ἐμμενόντων καὶ μηδεμίαν πρόνοιαν ποιουμένων τοῦ χωρίου, καθάπερ ἀλλοτρίου καθεστῶτος· τὸν τρόπον τοῦτον καὶ ἡ καρδία, μέχρι μὴ προνοίας τυγχάνει, ἀκάθαρτος [οὖσα], πολλῶν οὖσα δαιμόνων οἰκητήριον· κτλ.

Both striking and apt no doubt is Valentinus' description of the human heart as a sort of πανδοκεῖον in which impure spirits take up their abode, but the details of his simile are by no means perspicacious. What precisely does Valentinus intend when he says of the πανδοκεῖον that κατατιτρᾶταί τε καὶ ὀρύττεται καὶ πολλάκις κόπρου πίμπλαται? None of these activities seems self-evidently applicable to an inn, and it was probably uneasiness on this account that led W. Wilson to render πανδοκεῖον as "caravanserai."[2] The term emphasizes the presence of beasts

---

[1] = Quellen zur Geschichte der christlichen Gnosis, hrsg. W. Völker (Tübingen 1932) p. 58, fr. 2.

[2] The Writings of Clement of Alexandria II (Ante-Nicene Christian Library XII: Edinburgh 1882) 65. Wilson's version of the fragment is retained by J. Quasten, Patrology I (rp. Utrecht/Antwerp 1975) 260; whilst in R. Haardt, Gnosis: Character and Testimony transl. by J. F. Hendry (Leiden 1971) 118, the pertinent sentence is rendered thus: "To me it seems that the heart experiences much the same as a caravanserai, for there too the walls are perforated, and it is buried, and often filled with excrement by indecent guests." This translation is justified as follows (ibid. 118, n. 1): "The image is comprehensible if we think of an oriental caravanserai, in which the travellers are housed in small rooms at ground level, separated by walls of sun-dried brick." But the activities of break-in thieves do not seem self-evidently characteristic of any form of πανδοκεῖον. Haardt's interpretation

of burden, and the same emphasis is apparent in Wilson's rendering of the subsequent phrases: "For the latter [i. e., the caravanserai] has holes and ruts made in it, and is often filled with dung." But the presence of beasts of burden was an essential feature of any establishment that accommodated land-travellers, and in consequence the holes, ruts and dung produced by these animals can hardly be considered a misuse of another man's property. Moreover, Valentinus makes no mention of, nor does his terminology seem immediately appropriate to, beasts of burden stabled at a πανδοκεῖον. Clearly the imagery of the caravanserai does not provide an exhaustive explanation of Valentinus' simile. Nor does Plato's expression (Rep. 580 A 4f.) πάσης κακίας πανδοκεῖ τε καὶ τροφεῖ[3] provide such explanation. The presence in Nag Hammadi Codex VI of a garbled rendering of a neighbouring passage of the Republic (588 B–589 B) does indeed vindicate conclusively the relevance of the text of Plato to the interpretation of Gnostic texts[4]. But even if Valentinus' choice of the term πανδοκεῖον may have been consciously or unconsciously inspired by Plato, Rep. 580 A, the Platonic text does not explain the awkward details of Valentinus' simile.

A more profitable approach to the comprehension of our fragment is to be found in the consideration of similar formulations and imagery elsewhere in the demonology of later antiquity. Thus, H. Jonas[5] aptly compares Basilides ap. Clement of Alexandria, Strom. II. 113. 2f., GCS II. 174. 19ff. St. (. . . δουρείου τινὸς ἵππου κατὰ τὸν ποιητικὸν μῦθον εἰκόνα σῴζει ὁ κατὰ Βασιλείδην ἄνθρωπος, ἐν ἑνὶ σώματι τοσούτων πνευμάτων διαφόρων στρατὸν ἐγκεκολπισμένος), and Porphyry, Ad Marc. 21 (ὅπου δ' ἂν λήθη παρεισέλθῃ θεοῦ, τὸν κακὸν δαίμονα ἀνάγκη ἐνοικεῖν· χώρημα γὰρ ἡ ψυχή, ὥσπερ μεμάθηκας, ἢ θεῶν ἢ δαιμόνων).

With his allusion to the Wooden Horse at Troy Basilides presents a variation upon the popular conception of the demons (or the passions conceived as demons) as an army invading or occupying the human personality. One may compare Athanasius, Vita Ant. 39. 3 Bartelink (Venerunt [sc. daemones] minantes et circumdederunt me velut milites ar-

---

would be acceptable only if Valentinus had made some specific and explicit reference to such thieves. But Valentinus' words contain no such reference.

[3] Cf. R. M. Grant, Gnosticism: An Anthology (London 1961) 143.

[4] Cf. The Nag Hammadi Library, ed. J. M. Robinson (San Francisco 1977) 290f. The discovery of this Platonic text in the Nag Hammadi collection came as more of a surprise to Gnostic scholars than it should. Already E. de Faye, Gnostiques et Gnosticisme, 2nd ed. (Paris 1925) 46, n. 1, pointed out the relevance of Rep. 588 Bff. to the understanding of Basilides ap. Clement of Alexandria, Strom. II. 112. 1f. St., on which see p. 458.

[5] Cf. Gnosis und spätantiker Geist, 1: Die mythologische Gnosis, 3. Aufl. (Göttingen 1964) 192; The Gnostic Religion, 2nd ed. (Boston 1963) 283.

mati) and ibid. 23. 3 B. (turbam militum). When attacked by demons Athanasius' hero (ibid. 9.3) recites Ps. 26. 3 (Si exsurrexerit in me castra, non timebit cor meum). The same military analogy no doubt lies behind the term λεγιών[6] at Mark 5. 9 and 15; Luke 8. 30; Test. Salomonis XI. 3 ff. (p. 40. 3 ff. McCown); Clement of Alexandria, Eclog. proph. 46, PG 9. 720. And closely akin to this military theme is that of the demons as robbers who lie in wait; cf. Ps.-Clement, Hom. 9. 12. 2 Rehm (ὑπ' αὐτῶν τῶν ἐνεδρευόντων δαιμόνων ἀναλισκόμενοι); ibid. 9. 13. 1 R. (τινὲς δὲ τῶν κακούργων δαιμόνων ἄλλως ἐνεδρεύουσιν, τὴν ἀρχὴν οὐδὲ ὅτι εἰσὶν ἐνφαίνοντες); ibid. 9. 13. 2 R; Athanasius, Vita Ant. 91. 3 B. (insidiatores daemones); ibid. 42. 6 B. (Si invenerint nos timidos et turbatos, continuo et ipsi [sc. daemones] ut latrones invenientes locum nostrum sine custodia etc.); Origen, De princip. III. 3. 5, PG 11. 319: ... negligens et ignava [sc. mens], dum minus cauta est, locum dat his spiritibus qui velut latrones ex occulto insidiantes, irruere humanas mentes, cum locum sibi datum per segnitiem viderint, moliuntur, sicut ait Petrus apostolus, quia "adversarius noster diabolus tanquam leo rugiens circuit, quaerens quem devoret" (I Peter 5. 8). Origen continues, Propter quod die noctuque cor nostrum omni custodia servandum est, et locus non est dandus diabolo, sed omnia agenda sunt, quibus ministri dei, hi videlicet spiritus qui ad haereditatem salutis vocati sunt, inveniant in nobis locum, et delectentur ingredi hospitium animae nostrae, et habitantes apud nos consiliis nos regant; si tamen habitaculum cordis nostri virtutis et sanctitatis cultu invenerint exornatum. The formulations hospitium animae nostrae and habitaculum cordis nostri are strongly reminiscent of our Valentinian fragment[7] and in particular of Hippolytus' paraphrase thereof (Ref. VI. 34, PG 16. 3246) ἔστι δὲ οὗτος ὁ ὑλικὸς ἄνθρωπος οἱονεὶ κατ' αὐτοὺς [sc. Valentinians] πανδοχεῖον ἢ κατοικητήριόν ποτε μὲν ψυχῆς μόνης, ποτὲ δὲ ψυχῆς καὶ δαιμόνων, ποτὲ δὲ ψυχῆς καὶ λόγων, κτλ. However, Origen is not necessarily echoing purposely Valentinian terminology, for the notion of spiritual beings and in particular demons taking up residence in the human soul, heart or body is of course commonplace; cf., e.g., Ep. Barnab. 16. 7 (πρὸ τοῦ ἡμᾶς πιστεῦσαι τῷ θεῷ ἦν ἡμῶν τὸ κατοικητήριον τῆς καρδίας φθαρτὸν καὶ ἀσθενές, ὡς ἀληθῶς οἰκοδομητὸς ναὸς διὰ χειρός, ὅτι ἦν πλήρης μὲν εἰδωλατρείας καὶ ἦν οἶκος δαιμονίων διὰ τὸ ποιεῖν ὅσα ἦν

[6] Cf. G. Kittel, Theological Dictionary of the New Testament IV (Grand Rapids 1967) 68 f.; S. Eitrem, Some Notes on the Demonology in the New Testament, 2nd. ed. (Symbolae Osloenses Suppl. 20: Oslo 1966) 72.

[7] For other instances (similar and dissimilar) of the imagery of the πανδοκεῖον cf. Epictetus, Encheir. 11 and Diss. ed. Schenkl Index verborum s. v.; R. Lattimore, Themes in Greek and Latin Epitaphs (Urbana, Ill. 1962) 168 f.; A. Blaise, Dictionnaire latin-français des auteurs chrétiens (Turnhout 1954) s. v. hospitium.

ἐναντία τῷ θεῷ); Corpus Hermeticum 16. 14 (ἀναπλάττονται γὰρ καὶ ἀνεγείρουσι [sc. δαίμονες] τὰς ψυχὰς ἡμῶν εἰς ἑαυτούς, ἐγκαθήμενοι ἡμῶν νεύροις καὶ μυελοῖς καὶ φλεψὶ καὶ ἀρτηρίαις καὶ αὐτῷ τῷ ἐγκεφάλῳ, διήκοντες μέχρι καὶ αὐτῶν τῶν σπλάγχνων). A propos of Romans 7. 18 Diadochus of Photice writes (p. 142. 13 ff. des Places) παραχωροῦνται γὰρ [sc. οἱ δαίμονες] ἅπαξ κατὰ δίκαιον κρίμα ἐνδιατρίβειν περὶ τὰ βάθη τοῦ σώματος καὶ ἐπὶ τῶν συντόνως ἀγωνιζομένων κατὰ τῆς ἁμαρτίας διὰ τὸ ὑπὸ δοκιμὴν εἶναι ἀεὶ τὸ αὐτεξούσιον τοῦ ἀνθρωπίνου φρονήματος.

Our Valentinian fragment clearly falls within the orbit of ideas reflected in texts such as these in which the anatomy of the human frame is penetrated through and through by demonic beings[8]. In other texts these demonic agents are thought of as inhabiting the body in the form of wild beasts personifying the various passions and vices; cf., e. g., Clement of Alexandria, Strom. II. 112. 1 f., GCS II. 174. 6 ff. St. (Οἱ δ' ἀμφὶ τὸν Βασιλείδην προσαρτήματα τὰ πάθη καλεῖν εἰώθασι, πνεύματά τέ τινα ταῦτα κατ' οὐσίαν ὑπάρχειν προσηρτημένα τῇ λογικῇ ψυχῇ κατά τινα τάραχον καὶ σύγχυσιν ἀρχικὴν ἄλλας τε αὖ πνευμάτων νόθους καὶ ἑτερογενεῖς φύσεις προσεπιφύεσθαι ταύταις οἷον λύκου, πιθήκου, λέοντος, τράγου, ὧν τὰ ἰδιώματα περὶ τὴν ψυχὴν φανταζόμενα τὰς ἐπιθυμίας τῆς ψυχῆς τοῖς ζῴοις ἐμφερῶς ἐξομοιοῦν λέγουσιν· κτλ.)[9], Corpus Hermeticum 10. 20 (ποῖον δὲ δακετὸν θηρίον, ὥστε λυμᾶναι σῶμα, ὅσον αὐτὴν τὴν ψυχὴν ἡ ἀσεβεία; . . . διεσθίομαι ἡ κακοδαίμων ὑπὸ τῶν κατεχόντων με κακῶν), and the Oracula Chaldaica fr. 157 des Places (p. 60 Kroll) where the human frame is the abode of θῆρες χθονός[10], no doubt conceived as demonic forces working upon the body and soul from within. This latter conception of demonic anatomical penetration should be distinguished from that of attack from outside by demons, frequently in the form of dangerous beasts[11]. The distinction is that between Petrarch's amorose vespe[12] and his amorosi vermi[13]. Pet-

[8] H. Jonas uses the term „ichfremde Eigenwirksamkeit"; cf. Gnosis und spätantiker Geist I (n. 5 above) 191 ff.

[9] Cf. n. 4 above.

[10] The full fragment reads σὸν ἀγγεῖον θῆρες χθονὸς οἰκήσουσιν. For man as the ἀγγεῖον or ἄγγος of demons cf. Hermas, mand. 5.2.5 ff. ὅταν γὰρ ταῦτα τὰ πνεύματα [sc. the passions] ἐν ἑνὶ ἀγγείῳ κατοικῇ, οὗ καὶ τὸ πνεῦμα τὸ ἅγιον κατοικεῖ, οὐ χωρεῖ τὸ ἄγγος ἐκεῖνο, ἀλλ' ὑπερπλεονάζει. κτλ. Cf. further Arndt-Gingrich-Bauer, A Greek-English Lexicon of the New Testament and other Early Christian Literature (Chicago 1957) s. v. ἀγγεῖον.

[11] Cf. par excellence Athanasius, Vita Ant. passim.

[12] Canzoniere 227 (Sonetto 189) . . . occhi ond' amorose vespe / mi pungon . . .

[13] Canzoniere 304 (Sonetto 260) Mentre che 'l cor dagli amorosi vermi / fu consumato e 'n fiamma amorosa arse, . . .

rarch's wasps and worms both objectivise erotic stimulus; but in the one instance the stimulus arrives from outside and in the other from within.

Petrarch's bestial imagery is not inappropriate to the demonology of later antiquity. W. Kroll, in rejecting Psellus' interpretation of Oracula Chaldaica fr. 157 des Places (p. 60 Kroll), argued that the θῆρες χθονός of which the fragment speaks are "non daemones, sed vermes et id genus animalium."[14] Kroll's contention[15] that the fragment refers to a supposed Chaldaean doctrine of corporeal resurrection and incorruptibility for the elect is adequately refuted by H. Lewy, who emphasizes instead that the Chaldaeans held, "in common with the majority of their contemporaries, that many illnesses are occasioned by evil demons who possess themselves of the bodies of men and work their physical ruin."[16] Lewy's objection reinstates the demons but without necessarily destroying the relevance of the imagery of "vermes et id genus animalium." One recalls the case of Herod Agrippa who became σκωληκόβρωτος (Acts 12. 23), and Josephus' horrific description of the deterioration and death of Herod the Great (Bell. Jud. I. 656ff.). Similar fates have been ascribed to other rulers. Perhaps most recently, the not dissimilar disease that carried off Ferdinand II of Naples in 1859 was accepted by some liberal opponents as a well-deserved indication of the punishing hand of God[17]. In the Jewish-Christian tradition the punishing worm which consumes one's flesh, whether in life or after death, is ultimately inspired by Isaiah 66. 24 (ὁ γὰρ σκώληξ αὐτῶν οὐ τελευτήσει, καὶ τὸ πῦρ αὐτῶν οὐ σβεσθήσεται, καὶ ἔσονται εἰς ὅρασιν πάσῃ σαρκί) as may be seen from Judith 16. 17; Sirach 7. 17; Athanasius, Vita Ant. 5. 6. 31ff. B. More remotely inspired by Isaiah are, e.g., Mart. Matth. 3, p. 219. 17ff. Bonnet; Acta Thomae 56, p. 172. 8ff. Bonnet; and the Apocalypse of Peter (= Clement of Alexandria, Ecl. proph. 49, PG 9. 720)[18].

If the essentially dualistic pagan culture of later antiquity was less obsessed than the Jewish-Christian with the corruptibility of human flesh, it was nevertheless deeply concerned with what seemed the very real threat of demonic assault and occupation. Whether worms or not the Chaldaean θῆρες χθονός are demonic beasts which lodge themselves in the human frame. In the case of our Valentinian fragment the choice of terminology seems suggestive, for it is remarkable both that κατατετραίνω is primarily a medical term employed already by Plato, Tim. 70 C 7 of the

---

[14] De Oraculis Chaldaicis (Breslau 1894; rp. Hildesheim 1962) 61.

[15] Loc. cit.

[16] Chaldaean Oracles and Theurgy (Cairo 1956) 215f.

[17] Cf. R. de Cesare, La fine di un regno (rp. Milan 1969) 515.

[18] Cf. A. Dieterich, Nekyia (Leipzig/Berlin 1913; rp. Darmstadt 1969) 11 and 53f. For rotting flesh as a punishment of the living but with no mention of worms cf. Zechariah 14.12.

pores of the lungs, and that ὀρύσσω is used by Aristotle of the burrowing of moles[19]. The probability is that in framing his simile of the ξενοδοχεῖον Valentinus had in his mind the whole range of imagery which we have found associated with demonic activity, and has woven into his simile various strands of this traditional imagery, not all of which are unambiguously appropriate to an inn but all of which are appropriate in one way or another to the activity of demons. A composite image of this nature does not necessarily lose its efficacy because its ingredients are not quite intrinsically compatible. In the same way the maxim "people who live in glass houses should not throw stones" remains valid even though as a matter of fact people do not live in glass houses.

---

[19] Cf. LSJ s. vv.

Ulrich Wickert[1]

Christus kommt zur Welt

Zur Wechselbeziehung von Christologie, Kosmologie und Eschatologie in der Alten Kirche

Der Untertitel macht klar: es geht nicht um die Weihnachtsgeschichte. Vielmehr handelt es sich um den Vorgang, daß seit dem Ende des ersten Jahrhunderts die christliche Verkündigung bei der hellenistischen Bevölkerung des Imperium Romanum auf eine Denk- und Lebenswelt trifft, die innerhalb der hellenistischen Synagoge mit dem durch die griechische Bibel vermittelten Gottesglauben Israels eine Synthesis eingegangen ist. Indem sich die christliche Verkündigung, abstrakt gesprochen, an diese Synthesis wendet, sie voraussetzt und sich ihr anbequemt, kommt es zu einer charakteristischen Wechselbeziehung von Christologie, Kosmologie und Eschatologie, die für den ganzen weiteren Verlauf der Christentumsgeschichte grundlegend ist. Freilich ist diese Wechselbeziehung dreier Grundaspekte des göttlichen Handelns an der Welt nicht von Anfang an, im Sinne eines Systems, fertig gegeben. Es entspricht also der Thematik, wenn ich mich hier damit begnüge, an einer kleinen Anzahl von Texten entlanggehend Entwicklung zu zeigen. Ich beschränke mich hierbei auf die griechisch sprechende Kirche des Altertums (wobei es paradox scheinen mag, daß als der erste Zeuge dieser Kirche Clemens Romanus figuriert), und ich sehe zugleich von der frühchristlichen Gnosis im wesentlichen ab. Genuin griechisches (vom Hellenismus verwahrtes) Denken mit seinem wohlverstandenen „Weltoptimismus"[2] hat mit der wirklichen Gnosis nichts gemein (in der Abwehr

---

[1] Der Beitrag expliziert zu Ehren des Jubilars, was in einer Passage meines Aufsatzes: Die Weltlichkeit des Glaubens, die historische Theologie und Maria Assumpta, in: Wort Gottes in der Zeit, Festschrift Karl Hermann Schelkle zum 65. Geburtstag dargebracht, 1973, S. 384ff. in den Grundlinien mehr programmatisch angedeutet ist.

[2] Hermann Langerbeck in seinen Aufsätzen zur Gnosis, aus dem Nachlaß herausgegeben von Hermann Dörries, 1967, kritisiert mit Recht bei Hans Jonas (Gnosis und spätantiker Geist, I³ 1964; II,1 1954) die „unzureichende Einengung des ‚griechischen' Geistes auf eine immanente Kosmosfrömmigkeit" (S. 24). Die von Jonas bei den Griechen konstatierte „positive Weltauslegung" ist, insoweit es die Nachfahren Platons betrifft, aus einer tiefen Erschütterung geboren, nämlich aus jenem ἰλιγγιᾶν des platonischen siebenten Briefs (p. 325e), in welchem, angesichts des Todes des Sokrates, die herkömmliche Polis

derer, welche die Schöpfung verleumden, waren Plotin[3] und Origenes[4] d'accord); und so hat denn auch die radikal weltverneinende Gnosis in der Kirche keine Zukunft gehabt. Was sich durchgesetzt, was Geschichte gemacht hat[5], das war eben jene Synthesis von „Hellas" und Israel, von „Kosmos" und „Theos" (wenn ich es in Chiffren, die jeweilige Perspektive damit freilich verkürzend[6], sagen darf), zu welcher das christliche Kerygma sozusagen als Drittes im Bunde hinzutrat.

I

Den Ersten Clemensbrief hat Harnack als ältestes Dokument der Kirchengeschichte präsentiert[7], weil hier zum ersten Mal die Großkirche aus Griechen und Römern den Mund auftut. Und wirklich läßt das 20. Kapitel[8] schlagartig erkennen, wie sich im Verhältnis zum Urchristen-

---

für das Bewußtsein des jungen Platon zusammenbricht, um erst vermöge eines, an der Person des ins ἐκεῖ hinübergeschrittenen Sokrates orientierten Philosophierens, eine nunmehr „unweltliche" (zugleich Kosmos und Psyche umgreifende) Begründung zu finden. Im nachplatonischen Ja der Philosophie zum In- der-Welt-sein ist unbewußt das Nein des ersten Anfangs verwunden: dies nicht sehen bedeutet, alles was auf Platon folgt (einschließlich der Theologie der Kirchenväter) von der Wurzel her mißverstehen. Denn wie das christliche Kerygma durch Tod und Auferstehung Jesu Christi, so ist das von Platon datierende Philosophieren durch die vom ἐνθάδε zum ἐκεῖ fortschreitende sokratische Existenz inauguriert. Diese Analogie liegt letztlich der Wahlverwandtschaft und Konvergenz zwischen griechischem und christlichem Denken zugrunde.

[3] Die Abweisung derer, die am Schöpfer und der Schöpfung herumnörgeln, in Plotins Abhandlung Πρὸς τοὺς γνωστικούς an folgenden Stellen der Ausgabe von Henry/Schwyzer: p. 232,59; 234,6.9; 236,18; 237,43; 240,32; 242,1.4; 243,26; 245,3; 246,10ff.; 247,1ff.; 251,5.

[4] Daß Origenes mit seiner Lehre von Fall und Erlösung den Gnostikern gleichwohl nahesteht, hindert nicht die gleiche Grundüberzeugung. Man hat hier vor allem an solche Stellen zu denken, wo in der bekannten, auf Platons Timaios (p. 29e) zurückweisenden Manier die Güte Gottes als Grund der Schöpfung bezeichnet wird, vgl. z. B. De principiis pp. 412.808 Görgemanns/Karpp. Selbst wenn die Verleiblichung nur den Sinn hat, durch Paideia zum ursprünglichen Status zurückzulenken, ist auch und gerade so die materielle Schöpfung von Gottes bonitas umgriffen.

[5] Walter Bauer, Rechtgläubigkeit und Ketzerei im ältesten Christentum, 1964² (hrsg. v. Georg Strecker), liefert eine komplette Verzeichnung der kirchengeschichtlichen initia, wenn er im 1.Clem römisches „Machtstreben" am Werke sieht, welches „andere Kirchen sich geistig zu unterwerfen und dann organisatorisch seinem Bereiche einzugliedern" sucht (S. 101). Wenn dies mit Bauers Vorliebe für die „Ketzerei" zusammenhängt, so verrät es zugleich einen Umgang mit Historie, welchem die von Machenschaften und Rivalitäten im Entscheidenden unabhängige Grundströmung übergreifenden Geschehens verborgen bleibt. Die Kirche wurde nicht gemacht, sie hat sich gegeben.

[6] Der Grieche dachte Gott, wenn er zum Kosmos aufblickte, der Israelit erfuhr Gottes Handeln im irdischen Geschehen.

[7] Adolf von Harnack, Einführung in die alte Kirchengeschichte. Das Schreiben der römischen Kirche an die korinthische aus der Zeit Domitians (1. Clemensbrief), 1929, S. 8.

[8] Ich basiere, was den Clemensbrief, Ignatius und den Auctor ad Diognetum betrifft, auf der Ausgabe von Funk-Bihlmeyer-Schneemelcher, 1956².

tum die geistige Atmosphäre gewandelt hat. Die Gestalt dieses Kosmos vergeht, hatte einst Paulus an die Korinther geschrieben (1.Cor 7,31), um die Distanz zur Welt aus christlicher Freiheit nachdrücklich einzuprägen. Vier Jahrzehnte später wird der gleichen Gemeinde der in seinen ewig unverbrüchlichen Ordnungen kreisende Kosmos als Exempel für Eintracht und Frieden vor Augen gestellt: Absicht des Schreibens ist ja die brüderliche Zurechtweisung der Korinther, bei denen eine στάσις[9] der Jüngeren zur Absetzung verdienter älterer Gemeindeleiter geführt hat. Der wohlgeordnete Kosmos als Leitbild einer christlichen Gemeinde! Die folgenden Generationen der Kirchenväter, die diesen Brief lesen und preisen, halten das für genuin apostolische Lehre[10].

Man sollte, was sich zwischen Paulus und Clemens offensichtlich ereignet hat, nicht durch Hinweis auf unterschiedliche Begrifflichkeit beschwichtigend weginterpretieren. Gewiß ist mit dem paulinischen Kosmosbegriff der vergehende Äon gemeint; und gewiß ist das 1.Clem 20 entworfene geozentrische Weltgebäude[11] kosmologisch, also im Blick auf seinen faktischen Bestand und, echt griechisch, die in ihm mit Augen wahrzunehmde Ordnung[12] begriffen. Aber einerseits gehört der kosmologische Aspekt im paulinischen Verstand zum vergehenden Äon; und zum andern darf man die Gewichtigkeit dessen nicht unterschätzen, daß für Clemens der kosmologisch konzipierte Kosmos[13] zur ethischen Orientierung der christlichen Gemeinde dient[14], was nur möglich ist, weil der Kosmos mit Nachdruck als Werk des biblischen Schöpfers geglaubt wird, also aus der bei Paulus vorausgesetzten Indifferenz alles In-

---

[9] Der Index von Heinrich Kraft führt neun Stellen an.

[10] Vgl. Irenaeus Adv. haer. III,2 Harvey (III,3 Rousseau-Doutreleau).

[11] Der Blick gleitet „vom Himmel durch die Welt zur Hölle". V. 1 nennt die Kugelschalen, an welchen die Planeten befestigt sind (οὐρανοί), es folgt in V. 2 nach Gen 1,3 ff. Tag und Nacht, in V. 3 nach Gen 1,14 ff. Sonne, Mond und Sterne. Daß erst in V. 4 die Erde sichtbar wird, verrät mit der vom ersten Schöpfungsbericht abweichenden Reihenfolge (Gen 1,9 ff.!) die Geozentrik. In V. 5 schließt sich die Unterwelt an. Das in seine Riegel eingeschlossene Meer V. 6f. (an dieser Stelle, weil in V. 5 die ἄβυσσοι vorhergehen: Walther Eltester NTS 3, 1957, 109) wird für die Anschauung des Autors das Mittelmeer sein. Davon ist in V. 8. der Ozean (mit den der spekulativen Erdkunde der Griechen entlehnten transozeanischen κόσμοι) unterschieden. In V. 9f. folgen Jahreszeiten, Winde, Quellen, in Eintracht ihre Gemeinschaft vollziehende Ameisen und Bienen. Vgl. den Komm. von Rudolf Knopf z. St.

[12] Die Wurzel ταγ- passim, aber „τάξις" nur zwischen den Zeilen.

[13] Κόσμος erscheint im 1.Clem in verschiedener Brechung. Kosmologisch: 19,2; 60,1. Gottes Schöpfung: 19,2; 38,3. Gefallene Schöpfung: 3,4 (resultativ); 9,4. Menschlicher Lebensraum: 28,2, 59,2. Menschenwelt: 5,7; 7,4. Diesseits in Abgrenzung gegen das Jenseits: 5,7. ΚΟΣΜΟΙ = Erdteile: 20,8.

[14] Vgl. 1.Clem 19,2f. (zu ἐπαναδράμωμεν mein Aufsatz: Eine Fehlübersetzung zu 1.Clem 19,2, ZNW 49, 1958, 270–275).

nerweltlichen[15] gerade ausscheidet und eigenen theologischen Rang gewinnt.

Zwischen Paulus und Clemens hat sich ereignet, was man in Anlehnung an Philosophie einen „qualitativen Sprung" der Geschichte nennen könnte; so deutlich andererseits der geschichtliche Prozeß, der greifbar zu dieser Veränderung gleichsam des Aggregatzustandes der Überlieferung geführt hat, an einem Autor wie Lukas abzulesen ist[16]. Der Kosmos ist nebeneingekommen, und zwar, wie der römische Clemens zeigt, nicht gegen die Absicht der Christen, sondern unter Rekurs auf den Schöpfungsglauben des Alten Testaments von ihnen aus Grundsatz bewußt ergriffen und freudig bejaht. Man etablierte sich im Kosmos nicht, weil der immer noch nicht wiedergekommene Herr ein Vakuum ließ[17], sondern weil man den Gott des Alten Bundes, den Schöpfer im hellenistisch konzipierten Kosmos lebendig wußte. Der Ausgangspunkt war nicht ein aporetisches Nein, sondern ein zuversichtliches Ja[18].

Harald Fuchs hat einst auf den immer wieder verhandelten stoischen Hintergrund von 1.Clem 20 verwiesen[19]. Zwar hat Willem Cornelis van Unnik unter Hinweis auf jüdische Quellen diesen stoischen Hintergrund in Frage gestellt[20]. Das damit aufgeworfene Problem ist eher durch ein

---

15 Vgl. 1.Cor 7,29–31.

16 Hier ist nicht allein an die Modifikationen der Überlieferung infolge der Erfahrung der Parusieverzögerung und der „sich dehnenden" Zeit zu denken (vgl. Erich Gräßer, Das Problem der Parusieverzögerung in den synoptischen Evangelien und in der Apostelgeschichte, BZNW 22, 1977³, mit der instruktiven Einleitung S. IX ff.). Darüber hinaus markiert Lukas die Entwicklung, die von der Urkirche in die Großkirche hinüberführt, wenn man z. B. Act 1, 1.Clem 41, Aristides Apol 15 (in ihrem jeweiligen Kontext) nebeneinanderhält: die auf die Auferstehung (und Himmelfahrt) Jesu Christi folgende apostolische Mission wird zunehmend deutlicher aus dem geistigen Umfeld des Hellenismus verstanden.

17 Vgl. hierzu meine Untersuchung: Studien zu den Pauluskommentaren Theodors von Mopsuestia, BZNW 27, 1962, S. 180: „Die Gegenwärtigkeit von ‚Welt' als einer endlichen, der Sterblichkeit und Sünde unterworfenen gründet im Willen des Gottes, der πάντα ἐν προγνώσει ποιεῖ. Daß Welt ‚noch da' ist, ist kein bloßes Faktum, mit dem man sich abfindet, weil es nicht anders ist; es ist vielmehr ein heilsgeschichtliches ‚Datum' und wird bejaht, weil Gottes Pronoia darin erkannt wird." Was für Theodor gilt, gilt grundsätzlich schon für den römischen Clemens. Zur Parusieverzögerung vgl. auch meine Tübinger Antrittsrede: Paulus, der erste Klemens und Stephan von Rom, drei Epochen der frühen Kirche aus ökumenischer Sicht, ZKG 79, 1968, 152 f.

18 Auch Martin Werner mit seiner These vom Bewußtsein der Krise und ihrer Überwindung im Zuge der Enteschatologisierung übersah, daß die eschatologische Erwartung sich des „nebeneingekommenen" Kosmos bemächtigte und sich von nun an auf diesen bezog auf eine Weise, daß sich angesichts altkirchlicher Texte die aus dem Gesichtskreis des Urchristentums konzipierte Alternative Naherwartung–Fernerwartung als falsches Entweder–Oder erweist. Vgl. z. B. unten S. 479 ff. die Intensität der Parusieerwartung (aus dem Horizont der christlichen Welt!) bei Theodor von Mopsuestia.

19 Harald Fuchs, Augustin und der antike Friedensgedanke, 1926.

20 W. C. van Unnik, Is 1 Clement 20 purely Stoic? in: VigChr 4 (1950) 181–189.

Ermessensurteil als durch strikte Beweise zu lösen. Einmal ist, wie man etwa aus Martin Hengels Schriften lernen kann[21], das Judentum gegen den Hellenismus nicht derart abgeriegelt, daß das Vorkommen des Ordnungsgedankens in apokryphen Schriften (aber er begegnet ja auch in den Psalmen!) die Annahme einer stoischen Komponente im 1.Clem notwendig aus dem Felde schlüge. Andererseits begegnen bei Clemens nun doch charakteristische Termini der stoischen Philosophie, in c. 20,1 zum Beispiel διοίκησις[22]. Die Frage muß weiter bedacht werden, aber ich vermag einstweilen keine zwingenden Gründe dafür zu erkennen, die Einordnung des Kapitels in einen hellenistischen Kontext, das heißt die vermutliche Herkunft seines Grundstocks aus der hellenistischen Synagoge in Zweifel zu ziehen.

Nun hat aber Harald Fuchs gemeint, die 1.Clem 20 konzipierte Friedensmahnung gehe „in den hellenistischen Gottesbeweis auf"[23]. Es ist verständlich, daß Fuchs zu dieser Auffassung kommen konnte. Das kosmologische Grundgerüst des Textes ist ja – trotz mancher alttestamentlichen Motive[24] – griechisch[25]. (Fuchs selbst verweist auf eine Parallele bei Dion von Prusa[26].) Ptolemäus ist im Jahre 96, dem vermutlichen Abfassungsjahr unseres Briefes, zwar entweder noch nicht geboren oder ein sehr junges Kind[27]. Aber man ist über den Umschwung der Planetensphären (20,1) und über die im Text vorausgesetzte zentrale Stellung der Erde bereits informiert. In der Art, wie die Wesen am Himmel und auf Erden und unter der Erde einander Raum geben, miteinander harmonieren, deutet sich die σύμπνοια πάντων an[28]. Die in c. 20 beherrschende Vorstellung von der Ordnung des Kosmos ist in der Stoa beheimatet[29]. Das alles scheint den physikotheologischen Gottesbeweis förmlich zu fordern.

Es ist jedoch bezeichnend, daß der römische Clemens durch den Anblick des gestirnten Himmels gerade nicht dazu veranlaßt wird, von der zweckvoll geordneten Welt auf die darin oder dahinter wirkende göttliche Intelligenz zu schließen. Umgekehrt: die Ordnung, die er gewahrt,

---

[21] Vgl. Martin Hengel, Judentum und Hellenismus, 1969.

[22] Vgl. Maximilian Adlers Index zu SVF s. v.

[23] L. c. S. 104.

[24] Vgl. oben Anm. 11.

[25] 1.Clem 33 wird umgekehrt in das aus Gen 1 aufgenommene Schöpfungsgeschehen hellenistisches Gott-, Welt- und Menschenverständnis eingebracht. Die von Clemens aufgenommenen Textstücke sind durch unterschiedliche Perspektiven geprägt.

[26] L. c. S. 101 ff.

[27] Letzteres, falls die Vermutung zutrifft, er sei bald nach 83 geboren, PRE Halbbd. 46, Sp. 1790 (Konrat Ziegler).

[28] Werner Jaeger, Das frühe Christentum und die griechische Bildung, übers. v. Walther Eltester, 1963, S. 17.

[29] L. Sanders, L'Hellénisme de Saint Clément de Rome et le Paulinisme, 1943.

wird ihm zur Bekräftigung dessen, was er aus der alttestamentlichen Offenbarung über den gebietenden Willen des Schöpfers im vorhinein weiß. Der lebendige Gott der Bibel bekundet sich „in, mit und unter" dem als Schöpfung geglaubten Kosmos, aber er wird nicht selbst zum demonstrierbaren Weltelement, er ist souverän, weltüberlegen, was sich vor allem an dem alttestamentlichen Motiv der um die Urflut herumgelegten Riegel bekundet[30].

Freilich: das alles hätte ein alexandrinischer Jude ebenso sagen können. Der Hinweis auf den δεσπότης τῶν ἁπάντων 20,11, analog zum Schöpfer im Sinne der κτίσις, der fundamentalen Begründung[31] 19,2; dazu dies Spielen mit der Wurzel ταγ-: die Ordnung (τάξις[32]) der Welt als Wirkung der Anordnung (διαταγή) der Geschöpfe: das ist hellenistisches Judentum, und so hat denn auch Werner Jaeger auf der Suche nach der verlorenen stoischen Quelle eine Berührung zwischen Clemens und Philon feststellen können[33]. Es ist freilich unwahrscheinlich, daß Clemens (wie es die ältere Gelehrtengeneration sich vorgestellt hat) sich bei Abfassung seines Mahnschreibens hingesetzt haben sollte, um ad hoc eine stoische Quelle auszuschreiben und zu modifizieren. Der römische Clemens ist kein christlicher Cicero: er wird auf schon fertigen synagogalen Traditionen basieren, die offensichtlich, wie der doxologische Schluß von c. 20 zeigt, in der christlichen Gemeinde Roms zu liturgischen Zwecken Verwendung fanden.

Damit stellt sich die Frage, worin denn nun der Beitrag besteht, den Clemens resp. die christliche Gemeinde, deren gottesdienstliche Formulare er hier und anderswo ausschreibt, zu der ihr vorliegenden synagogalen Tradition ihrerseits geleistet hat. Der Text zeigt es: dieser Beitrag besteht in nichts anderem als in der abschließenden Hinzufügung des Namens „unseres Herrn Jesus Christus" (20,11) zu einem in sich schon fest gefügten Gedankenkomplex. Ein bezeichnender Vorgang! Für das hier sich bekundende Glaubensbewußtsein steht es nämlich nicht so, daß der Κύριος Ἰησοῦς Χριστός den schon bestehenden Konnex zwischen dem biblischen Gott und der hellenistischen Welt kritisch zerbräche. Ganz im Gegenteil: er bestätigt diesen Konnex, indem er als „Dritter im Bunde"[34] hinzutritt! Ein Blick auf die in seiner vorliegenden Gestalt sich

---

[30] Zu diesem Motiv vgl. Walther Eltesters Aufsätze: Gott und die Natur in der Areopagrede, in: Neutestamentliche Studien für Rudolf Bultmann, BZNW 21, (1954) 1957², S. 21 ff.– Schöpfungsoffenbarung und natürliche Theologie, NTS 3, 1957, 107 ff. – Gewissermaßen „humanisiert" erscheint das Motiv der Meeresriegel bei Novatian, De Trinitate I,4 (man kann annehmen, daß der römische Theologe den 1.Clem gekannt hat).

[31] Vgl. ThWNT III, 1025 s.v. κτίζειν (Foerster).

[32] Vgl. oben Anm. 12.

[33] Werner Jaeger, Echo eines unerkannten Tragikerfragments in Clemens' Brief an die Korinther, RMP 102 (1959) 330–340.

[34] Vgl. oben S. 462.

noch verratende Genesis des Textes läßt die Richtung erkennen, welche von Anfang an die Entwicklung der Großkirche aus Griechen und Römern genommen hat. Schon an der Schwelle von der Urkirche zur Großkirche erweist sich das Evangelium als additum zur überlieferten festen Verbindung von hellenistischer Weltsicht und alttestamentlichem Schöpfungsglauben. Ist es ein Wunder, daß diese Kirche Paulus (obschon sie ihn ständig zitiert[35]) nicht mehr adäquat zu verstehen vermochte: den Apostel, welchem mit Christus der Kosmos gekreuzigt war und er dem Kosmos[36]?

Man muß weiterfragen, wie sich Clemens die Korrelation zwischen dem von Schöpferwillen getragenen Kosmos einerseits[37] und dem Herrn Jesus Christus andererseits gedacht hat. Da ist die Beobachtung aufschlußreich, daß selbst überall dort, wo Clemens ausführlichere christologische Aussagen macht, sie im Verhältnis zu dem im hellenistischen Judentum vorgegebenen Schöpfungs-Kosmos den Charakter eines noch nicht begrifflich vermittelten Zusatzes tragen[38]. 16,2 etwa deutet an, daß der präexistente Christus (das „Szepter der Majestät Gottes") nicht prahlerisch und hochmütig, sondern demütig auf Erden gekommen ist. 7,2 verweist durch die Wendung „Blut Christi" auf das Kreuzesopfer. 42,3 läßt die Jünger kraft der Auferstehung Jesu Christi von den Toten die volle Gewißheit erlangen, die sie zur Verkündigung ermächtigt[39]. Das alles ist von der Urkirche her an das alttestamentlich-hellenistische Denken der Diasporasynagoge lediglich herangetragen. Nur an einer Stelle, c. 50,3f., kommt es dadurch zu einer Art begrifflichen Vermittlung, daß die christliche Parusieerwartung an die spätjüdische Erwartung des Gerichts anknüpfen und sie modifizieren kann. Die Seelen der gläubig Abgeschiedenen gelangen an den „Ort der Frommen" (eine Vorstellung auch der griechischen Mythologie[40]). Dort sind sie aber noch nicht am endgültigen Ziel: vielmehr warten sie, bis am Ende der

---

[35] Das gilt schon gleich für Clemens selbst, der es z. B. in c. 49 wagt, 1.Cor 13 eigenständig zu reproduzieren.

[36] Gal 6,14.

[37] Eindrucksvoll c. 33,3: Gott gründete die Erde auf das feste Fundament seines Willens (ἐπὶ τὸν ἀσφαλῆ τοῦ ἰδίου βουλήματος θεμέλιον). Das geozentrische Weltbild ist hier offenbar verlassen, was sehr leicht geschieht, wenn die Väter in biblische Diktion geraten.

[38] Für das noch unvermittelte Nebeneinander biblisch-urchristlicher Traditionen einerseits, popularphilosophischer Begrifflichkeit andererseits ist die Apologie des Aristides ein gutes Beispiel. Bei Justin ist dagegen schöpferische Vermittlung im Gange, was auch daher rührt, daß es in seiner inneren Biographie „gezündet" hat (das παραχρῆμα πῦρ ἐν τῇ ψυχῇ ἀνήφθη Dial 8 gibt dem ἐξαίφνης οἷον ἀπὸ πυρὸς πηδήσαντος ἐξαφθὲν φῶς ἐν τῇ ψυχῇ γενόμενον Plat. ep. VII, p. 341c/d Echo; zu weiteren Anklängen an Platon bei Justin vgl. Carl Andresen, Justin und der mittlere Platonismus, ZNW 44 (1952/3) 157, Anm. 3).

[39] Eine bemerkenswert zutreffende Auffassung vom Beginn der apostolischen Predigt!

[40] Vgl. Rudolf Knopfs Komm. z. St.

Tage die βασιλεία Χριστοῦ sie heimsuchen wird. Das Jenseits, platonisch gesprochen: das ἐκεῖ des χῶρος εὐσεβῶν wird durch den christlichen Autor (wenn man es in antiochenischer Terminologie sagen wollte[41]) für das τότε, das „Dann", für das eschatologische Ereignis offengehalten.

Zusammenfassend läßt sich sagen: Der aus dem Blickpunkt des Urchristentums „nebeneingekommene" Kosmos wurde schon in der hellenistischen Synagoge als Schöpfung interpretiert. Er wird nun noch zusätzlich in die Heilsgeschichte des neuen Bundes integriert und alsbald – sehr wichtig![42] – auf den wiederkommenden Christus hin orientiert. Um einen Dreischritt handelt es sich: 1. Kosmos, 2. Kosmos als Ktisis, 3. Kosmos als Ktisis auf Christus hin. Damit ist der Entwicklung der Catholica die Richtung gewiesen, und es bestätigt sich, daß die alte Kirche in Wirklichkeit die alte Welt ist, insofern diese ihre christliche Stunde begriffen hat[43]. Der Wechselbezug von Christologie, Kosmologie und Eschatologie ist, wenn auch in rudimentärer Form, bereits gegeben. Hinter diese erste, entscheidende Setzung der Dogmengeschichte könnte die Kirche nur um den Preis zurück, daß sie zur Sekte würde. Historisch läßt sich das an jenen frühchristlichen Gruppierungen erhärten, die den Schritt zur Weltkirche aus Grundsatz nicht mitvollzogen. Der Ebionitismus wollte die Kirche in der Geschichte rückwärts fixieren, der Montanismus sie zum Eschaton vorwärtsreißen[44], die Gnosis sie aufwärts der Schöpfung entfremden. In dieser Zerreißprobe hat sie standhalten können, weil ihr biblischer Schöpfungsglaube sich jetzt und hier an den von den Griechen entdeckten, von Gottes Güte durchwalteten[45] Kosmos hielt; gleichsam nach Goethes Maxime: „Das Ew'ge regt sich fort in allen – am Sein erhalte dich beglückt!"

II

Den nächsten grundsätzlichen Schritt auf dem einmal eingeschlagenen Weg (insoweit die Überlieferung uns urteilen läßt) vollzieht Ignatius von Antiochien. Man darf ihn in literarischer Abhängigkeit von Clemens

---

[41] Vgl. meine oben Anm. 17 genannte Untersuchung, S. 185.

[42] Vgl. oben Anm. 17f.

[43] Vgl. meinen Aufsatz: Glauben und Denken bei Tertullian und Origenes, ZThK 62 (1965) 153.

[44] Dieser Gesichtspunkt scheint mir richtiger und wichtiger zu sein als die übliche Erklärung, der Montanismus repräsentiere (und dann gleichsam retrospektiv) ein letztes Aufflackern der urchristlichen Hoffnung in der beginnenden Weltkirche. Vielmehr sollte der Montanismus ganz und gar als eine Erscheinung innerhalb der Großkirche gewertet werden.

[45] Vgl. oben Anm. 4.

sehen, falls, über den von O. Perler vollzogenen Nachweis[46] hinaus, meine Vermutung zu Recht besteht, daß die Bezeichnung der römischen Gemeinde als προκαθημένη τῆς ἀγάπης (im Proömium des Römerbriefs) sich auf die Wiederherstellung von ὁμόνοια καὶ εἰρήνη in der korinthischen Gemeinde bezieht[47]. Aber selbst wenn eine Bekanntschaft mit diesem Schreiben nicht bestanden hätte, wäre Ignatius Träger einer übergreifenden Entwicklung, die seit dem Ende des ersten Jahrhunderts die Großkirche mit frappierender Folgerichtigkeit auf dem einmal eingeschlagenen Weg vorangetrieben hat.

Mit dieser Einordnung des Ignatius ist eine grundsätzliche Feststellung getroffen, die bei der hier gebotenen Kürze hinsichtlich ihrer Berechtigung und ihrer Konsequenzen nicht zureichend erörtert werden kann. Denn es kann bei dem hier zu besprechenden 19. Kapitel des ignatianischen Epheserbriefs nicht darum gehen, den trotz des Vorliegens so vieler wertvollen Arbeiten noch immer höchst problamatischen religionsgeschichtlichen Hintergrund zu erklären. Dagegen sei mit Nachdruck auf die Möglichkeit verwiesen, diesen Autor viel stärker, als es gemeinhin geschieht, als an dem von den Griechen bestimmten Weltbewußtsein der frühen Kirche partizipierend zu verstehen[48].

Es fällt auf, daß in IgnEph 19 das Kommen Christi zur Welt in einer vom römischen Clemens merklich abweichenden Diktion zur Sprache gebracht wird. 1.Clem 20 hält sich mit seiner von Dichtern geborgten hymnischen Sprache doch ganz im Rahmen popularphilosophischer, vernünftiger Rede. Es herrscht das Interesse, die überlieferte Verkündigung von Christus mit dem faktisch gegebenen Weltbestand zusammenzubringen; wobei als Ergebnis herauskommt, daß die Verkündigung von Christus den faktischen Weltbestand einstweilen nur mehr tangiert[49].

---

[46] O. Perler, Ignatius von Antiochien und die römische Christengemeinde, DTh 1944, 442ff.

[47] Weder „Liebesbund" noch „tätige Liebe" (trotz Dionysius von Korinth) scheint zureichende Übersetzung von ἀγάπη zu sein. Beide Deutungen tragen überdies den Stempel des je verschiedenen konfessionellen Interesses. Ἀγάπη kann bei Ignatius mit ὁμόνοια (vgl. IgnEph 4,1) oder ἕνωσις (vgl. Mag 1,2) synonym stehen. Andererseits stellt 1.Clem ἀγάπη in Gegensatz zu σχίσμα und στάσις und charakterisiert ἀγάπη als ein Tun ἐν ὁμονοίᾳ (49,5). Die römische Gemeinde scheint für Ignatius „Vorsteherin der Liebe" deswegen zu sein, weil sie kraft eigener Initiative im richtigen Augenblick für die Wahrung der korinthischen ὁμόνοια καὶ εἰρήνη Sorge getragen hat. Daraus ergibt sich im Sinne des Ignatius kein jurisdiktioneller Anspruch, aber – römisch gedacht – auctoritas.

[48] Hiermit harmoniert die von L. W. Barnard, The background of St. Ignatius of Antioch, in: VigChr 17 (1963) 193–206 vorgetragene Vermutung, trotz gnostischer Terminologie (bei klar antidoketisch-antignostischer Haltung) repräsentiere Ignatius den in Syrien beheimateten „Katholizismus". Zu beachten ist auch Hermann Langerbecks monitum, daß die Hermetica (mit welchen Ignatius Berührungen zeigt, vgl. Hans-Werner Bartsch, Gnostisches Gut und Gemeindetradition bei Ignatius von Antiochien, 1940, Index S. 174) voller Platonismen stecken, l. c. S. 25.

[49] Vgl. oben S. 466f.

Ignatius tut, wenn man nur auf die Entwicklung des Gedankens achtet, insofern einen nächsten Schritt, als bei ihm Christus ins Innere der Welt dringt; nicht lediglich den faktischen Weltbestand durch Hinzutreten neuer Elemente quantitativ vermehrt, sondern ihn durch seinen Eintritt in die Welt qualitativ verändert. Um dies zum Ausdruck zu bringen, greift Ignatius zu mythischer Rede: Walter Bauer mag im Recht sein, wenn er den Bischof von Antiochien selbst für den Autor dieses in der Alten Kirche außerordentlich stark beachteten Passus hält[50].

Ausgangspunkt ist die mystische Identifizierung des Kindes von Bethlehem mit dem Glänzen des Sterns[51], der den Magiern den Weg zu ihm weist. Als neues Gestirn, als Nova leuchtet Christus unter den Sternen der alten Weltordnung auf. Bei seinem Erscheinen entsteht Befremdung (ξενισμός), Verwirrung – angesichts der alles Bekannte in den Schatten stellenden Strahlkraft des neuen Gestirns. Das Motiv des fremden Gottes, ein Menschenalter später bei Marcion im Kern eines die Kirche an der Wurzel gefährdenden dualistischen Systems: hier bei Ignatius erscheint es in gemilderter Form und gerade so weit, als nötig ist, um durch die Erscheinung des Gottessohns die Welt in die Krise gestellt sein zu lassen. Das ist offensichtlich die Art, wie kirchliche Gesprächspartner der Gnosis von Anfang an das gnostische Element der erlösten Schöpfung dienstbar machen[52]. In klassischer Ausprägung findet sich diese Assimilierung des im Grunde nicht Zugehörigen bei Origenes, dessen gnostisierender Spiritualismus die Bedingung dafür bot, gleichsam transitorisch, so von der Kirche ernstlich nicht wiederholbar, die bloßgelegte Sphäre des Intelligiblen ein für allemal dem kirchlichen Denken aus Glauben zu integrieren. Nicaea und alles was folgt wäre ohne diese ans Häretische streifende und gerade dadurch grundlegende[53] Gedankenarbeit unmöglich gewesen.

Zum Verständnis von IgnEph 19 genügt es keineswegs, sich darauf zu versteifen, daß im Sinne von V. 2 „der Erlöser den Aionen, den persönlichen Mächten in den Sphären über dieser Erde, offenbar" wurde[54]. Die

---

[50] Walter Bauer, Komm. z. St. Damit soll ein „in der Luft liegender" mythologischer Hintergrund gar nicht in Abrede gestellt sein, vgl. Heinrich Schlier, Religionsgeschichtliche Untersuchungen zu den Ignatiusbriefen, 1929, S. 23.

[51] In diesem Punkt dürfte H. W. Bartsch l. c. S. 150ff. gegen H. Schlier der Vorzug zu geben sein, obschon Bartschs Vorstellung von einem kirchlich legitimierten Sternmythos (S. 151) in dieser Form fraglich bleibt.

[52] Daß auch für den Auctor Diognetum, „wie bei Marcion", Gott der ganz andere sei, obwohl Diogn mit seinem Begriff von μυστήριον auf Platon zurückweise, betont Walther Eltester, Das Mysterium des Christentums, ZNW 61 (1970) 288.

[53] Hanns Rückert legte in seinem dogmengeschichtlichen Kolleg den Ton darauf, daß Origenes gerade dort, wo er häretisch sei, am vitalsten christlich werde.

[54] Heinrich Schlier, l. c. S. 28 unter Berufung auf Lightfoot, Hilgenfeld, v. d. Goltz und Reitzenstein.

Konzentration auf dieses eine Motiv verführt zu dem Irrtum, als wäre das ganze Kapitel im wesentlichen gnostisch getönt. Dies ist jedoch, trotz der gnostischen Anklänge vor allem in V. 1, nicht der Fall, und die Pointe liegt überhaupt an anderer Stelle. Es verdient Beachtung, daß der von Ignatius in V. 2 beschriebene χορός, welchen Sonne, Mond und Sterne um die Nova Christus herum bilden, nach Einsicht der Religionsgeschichtlichen Schule „mit den Anschauungen des (hinter Ignatius vermuteten) Mythos unmittelbar nichts zu tun“ hat[55]. Das heißt: hier schlägt im Medium der ignatianischen Bildersprache ein Gedanke durch, der viel eher zu der die Großkirche charakterisierenden, schon bei Clemens prävalierenden kosmischen Frömmigkeit gehört, als zu der akosmischen Haltung eines gnostischen Mythos. IgnEph 19,2f: Die alte kosmische Ordnung löst sich auf, und indem die Sterne um die Nova Christus herum einen Chor bilden, hat sich eine neue, die Kräfte des ewigen Lebens in sich schon verwahrende Ordnung hergestellt. Die παλαιὰ βασιλεία der Finsternismächte ist abgetan, das Alte ist vergangen. Man fühlt sich an 2.Cor 5,17 erinnert, aber eben deswegen, weil zugleich Neues geworden ist. Was Gott mit der Welt im Sinne hat, ist dieser schon eingestiftet[56] (ἀρχὴν δὲ ἐλάμβανεν τὸ παρὰ θεῷ ἀπηρτισμένον Funk-Bihlmeyer-Schneemelcher p. 88,4). Das eschatologische Ziel, die Vernichtung des Todes, ist von dem durch Christi Erscheinung inaugurierten neuen Weltzustand als solchen her schon intendiert (ἔνθεν τὰ πάντα συνεκινεῖτο διὰ τὸ μελετᾶσθαι θανάτου κατάλυσιν. Z. 5)[57].

Aufmerksamkeit erfordert der Ausdruck συγκινεῖσθαι. Er bezeichnet bei Philon de decalogo 44[58] das Zusammenwirken aller Teile des Kosmos im Dienste Gottes, gehört also dort in einen mit 1.Clem 20 vergleichbaren Kontext. Entsprechendes läßt sich von IgnEph 19 sagen; nur ist die differentia specifica des von Ignatius gebrauchten Ausdrucks die, daß Christus die σύμπνοια πάντων[59] nicht schon vorfindet, sondern

---

[55] Heinrich Schlier, l. c. S. 31.

[56] Zu Harnacks Erkenntnis, daß für altkirchliches Empfinden „im Kosmos ebenso das angelegt ist, was ihn Gott entfremdet, als das, was ihn zu ihm zurückbringt, in dem Kosmos, der seiner Schöpfung nach Gottes voll ist und, weil er ist, in Gott ist“, vgl. meine Theodorstudien S. 33.

[57] Hans-Werner Bartsch, l. c. S. 141ff., „erwägt“, ob es sich bei der ohne Umschweife behaupteten Katastrophe der παλαιὰ βασιλεία in IgnEph 19,3 um Gemeindetradition handle, welche Ignatius zusätzlich durch die Mitteilung korrigiere, es sei „mit dem Erscheinen des Sternes, das die Erscheinung Gottes begleitet, erst der Anfang der Katastrophe verbunden“. Dergleichen Konstruktionen resultieren aus dem Umstand, daß für den Ausleger über gnostisches Gut und Gemeindetradition hinaus tertium non datur. Dagegen läßt sich unter der Voraussetzung, daß Ignatius an der Weltsicht der im Werden begriffenen Catholica partizipiert, ungekünstelt aufweisen, daß im Sinne des Textes die Zerstörung der παλαιὰ βασιλεία mit eben jenem μελετᾶσθαι θανάτου κατάλυσιν identisch ist, dessen Ursprung im φανερωθῆναι des κύριος liegt.

[58] P. 279,2 Cohn.

[59] Vgl. oben S. 465 bei Anm. 28.

erst bewirkt! Ich grenze mich mit dieser Auslegung gegen Walter Bauer Komm. z. St. ab, der das ignatianische συγκινεῖσθαι dem paulinischen συστενάζειν der harrenden Schöpfung Röm 8,22 gleichstellt. Denn bei Ignatius liegt der Ton gerade nicht auf dem „Noch nicht" der noch ausstehenden Parusie. Vielmehr hat umgekehrt im Modus des „Aber doch schon" die Erscheinung Christi gerade bewirkt, daß die heilenden Kräfte im Kosmos in Richtung auf die Aphtharsie hin in Bewegung gesetzt sind. Der ignatianische Gedanke vom Herrenmahl als φάρμακον ἀθανασίας IgnEph 20,2 oder der von der Reinigung des Wassers durch die Taufe Christi IgnEph 18,2 gehören unmittelbar hierher. Der Kosmos wird von den Kräften des Menschgewordenen gleichsam imprägniert; und damit hängt es zusammen, daß das Eschaton dem Kosmos nicht, wie im Grunde[60] noch bei Clemens, gleichsam von außen aufgestückt wird. Vielmehr ist der Kosmos, nachdem Christus in ihn eingetreten ist, paradoxerweise aus ihm selbst in Richtung auf das Eschaton hin unterwegs; welches Eschaton ja auch gar nichts anderes ist, als die zur Unvergänglichkeit verwandelte Gestalt der vergänglichen Welt.

Diese Erkenntnis darf nicht zu dem Fehlschluß verleiten, als wäre Ignatius so etwas wie ein verspäteter Repräsentant der Urkirche, bei welchem verschüttete eschatologische Hoffnung elementar wieder durchbricht[61]. Daß Ignatius vielmehr ein genuiner Sprecher der Großkirche ist, dies beweist allein schon der Umstand, daß er für uns der erste Zeuge des monarchischen Bischofsamts ist. IgnEph 19 zeigt darüber hinaus mit aller Klarheit, daß die durch Clemens Romanus gelegte Grundlage nicht verlassen ist. Denn die alte kosmische Ordnung löst sich nur zu dem Ziele auf, um als eschatologisch qualifizierte kosmische Ordnung neu zu erstehen. Das ignatianische Weltgefühl ist allerdings nicht mehr so naiv wie das des römischen Clemens. Es ist durch ein Nein gegangen und hat das Nein überwunden, aber in eben diesem Sinn eines neugewonnenen Ja ist der Kosmos wieder präsent. Das läßt sich auch daran bestätigen, daß Ignatius in anderen Zusammenhängen das πνεῦμα der durch Christus inaugurierten Weltzeit mit der σάρξ der vergehenden Welt problemlos zusammenschließt (Mag 1,2). Ernst Käsemann hat bei Auslegung von Röm 12 gemeint, die Quintessenz paulinischer Paränese auf die Formel bringen zu dürfen: „Gott hat die Welt zu seinem Dienst zurückgerufen."[62] In bezug auf Paulus ist dieser Satz zweifellos falsch, denn nicht das vergehende σχῆμα des Kosmos, sondern der erhöhte Kyrios ist für Paulus der Horizont der ἐκκλησία. Hätte aber Käsemann sei-

[60] Trotz der gerade hier zu beobachtenden „Vermittlung", oben S. 467f.

[61] Vgl. das oben bei und in Anm. 44 zum Montanismus Bemerkte.

[62] Ernst Käsemann, Gottesdienst im Alltag der Welt; zu Römer 12, in: Exegetische Versuche und Besinnungen II, 1965, S. 200.

nen Satz im Blick auf Ignatius formuliert, dann hätte er den Nagel auf den Kopf getroffen: Theologen, welche die Weltlichkeit des Glaubens zum Thema machen, möchten eben gern aus urchristlichen Schriften herausbringen, was in Wahrheit erst die kirchlichen, hier: die frühkatholischen Autoren hergeben können.

III

Weltstabilität im Horizont des ersten Glaubensartikels: das ist Clemens von Rom. Weltkrisis im Horizont des zweiten Glaubensartikels: das ist Ignatius von Antiochien. Beides ist über Clemens und Ignatius hinaus in einem dritten Schritt der Entwicklung zusammengefaßt durch einen Protreptikos[63] vermutlich des zweiten Jahrhunderts[64], den sog. Auctor ad Diognetum. Entscheidend und gegen den Hintergrund der bisherigen Entwicklung vollauf verständlich: die Christenheit ist hier im vorhinein mit der Welt solidarisch. Das spricht hochgemut aus c. 6,1: „Um es geradeheraus zu sagen – was im Leibe die Seele ist, das sind im Kosmos die Christen.“ Die Christenheit hält den Kosmos zusammen wie die Seele den Leib 6,7. Nun wird aber diese Seelenmetapher nach zwei verschiedenen Richtungen gewendet. Der Gedanke, die Seele sei in den Gliedern des Leibes ausgestreut 6,2, ist stoischer Provenienz[65]. Es ist also das die sog. Weltimmanenz bevorzugende stoische Element, durch welches unser Autor die Solidarität mit der Welt zum Ausdruck bringt. Da spiegelt sich der gleichfalls stoisierende Weltoptimismus des Clemens. Aber dies Ja zum Hiersein hat zur Kehrseite die kritische Distanz zur Welt, in welcher sich versteckt Ignatius zum Worte meldet. Um diese Distanz zum Ausdruck zu bringen, wendet der Autor die Selenmetapher ins Platonische; denn platonisches Denken transzendiert die Welt. „Die Seele wohnt im Leibe, stammt aber nicht aus dem Leibe; so wohnen die Christen im Kosmos, sind aber nicht aus dem Kosmos“ 6,3. Kritische Präsenz in der Welt: so läßt sich das Selbstverständnis der hier redenden Kirche umschreiben.

Das kommt zusammenfassend 6,10 zum Ausdruck: die Christen sind auf einen Posten (τάξις) gestellt, sie dürfen nicht desertieren. Das ist

---

[63] Walther Eltester in seinem oben Anm. 52 genannten Aufsatz: bei „Einordnung unseres Briefes in sein zugehöriges literarisches genus . . . wird man mehr an die Protreptik als an die eigentliche Apologetik denken“ (S. 281).

[64] Walther Eltester l. c. S. 286 bringt den Diogn mit der „im zweiten Jahrhundert einsetzenden Platorenaissance“ in Verbindung. Deutlicher mündlich als in dem genannten Aufsatz hat Eltester für eine Datierung des Diogn bald nach Marcion plädiert, weil Diogn auf seine Weise das Motiv vom fremden Gott kennt, vgl. Diogn 8,1 und oben Anm. 52.

[65] κέκραται ὅλη δι' ὅλου τοῦ σώματος ἡ ψυχή: Zenon bei Themistius de anima, SVF I 40,1. Weitere Belege in Adlers Index s. v. ψυχή, p. 165.

nicht unmittelbarer Ausdruck einer militia Christi, sondern knüpft an den platonischen Sokrates an[66]. Für den Auctor ad Diognetum ist das Christentum die wahre Philosophie, was ihn aber nicht veranlaßt, es auf Stoizismen und Platonismen zu reduzieren. Vielmehr zeigt besonders auch das vorhergehende fünfte Kapitel, daß die hier vorliegende Konzeption des „In der Welt aber nicht von der Welt" paulinisch-johanneische Züge trägt[67]. Es handelt sich um jene dreifache geistige Schichtung – Kerygma, Stoa, Platon –, die für die am mittleren Platonismus[68] partizipierenden Theologen charakteristisch ist. Bei Justin, bei Origenes kann man Entsprechendes finden[69].

Wieder ein gewaltiger Schritt vorwärts! Bei Clemens zunächst nur ein äußerliches Hinzutreten Christi, bei Ignatius die Stiftung eines qualitativ Neuen im Welthorizont, nun beim Auctor ad Diognetum, so könnte man unter Anwendung eines Rilkeschen Terminus sagen, die Eroberung des „Weltinnenraums": das „In der Welt aber nicht von der Welt" als bewußt ergriffenes Merkmal der christlichen Existenz. Auf keinen Fall stimme ich Harnack zu, der in den Ausführungen des Diognetbriefs nur eine rhetorische Glanzleistung ohne dahinterstehenden theologischen Ernst sehen wollte[70]. Der Gedankenfortschritt im Sinne einer Synthesis des clementinischen gleichsam noch naiven Ja und des ignatianischen überwundenen Nein zu einer innerweltlichen Existenzdialektik: das ist so frappierend, daß es schwer fällt, nicht nach Hegelschen Kategorien zu greifen.

Nun ist aber die entscheidende Ursache für die hier sich ereignende Eroberung des „Weltinnenraums" noch gar nicht benannt. Wir haben das siebente Kapitel in Betracht zu ziehen. Der zuerst von Ignatius scharf pointierte Gedanke, daß Christus ohne Umweg über die Schöpfung des ersten Glaubensartikels, das heißt ohne Rekurs auf das Alte Testament in den Kosmos unmittelbar Eingang findet und ihn neu qualifiziert (eine Sicht, die der Gnosis eigentümlich entgegenkommt): dieser Gedanke findet beim Auctor ad Diognetum gleichsam sein Echo, aber er ist sozusagen vom zweiten in den ersten Glaubensartikel zurückgeholt[71]. Denn nunmehr ist Christus, im Sinne der seit Mitte des zweiten Jahrhunderts

---

[66] Zur militia spiritualis beim platonischen Sokrates vgl. Hilarius Emonds OSB, Geistlicher Kriegsdienst, im Anhang zu Adolf von Harnack, Militia Christi, 1963, S. 135ff.

[67] Ein Blick in den Apparat bei Funk-Bihlmeyer-Schneemelcher genügt, um das einzusehen.

[68] Vgl. die oben Anm. 38 genannte Untersuchung von Carl Andresen.

[69] Vgl. meinen oben Anm. 43 genannten Aufsatz, S. 169f.

[70] Adolf von Harnack, Die Mission und Ausbreitung des Christentums in den ersten drei Jahrhunderten, I[4] 1944, S. 269, Anm. 2.

[71] Walther Eltester in seinem oben Anm. 52 genannten Aufsatz, S. 289, blendet die Funktion des Logos als Schöpfungsmittlers in Diogn 7 anscheinend aus, wenn er die Tätigkeit des Logos bei diesem Autor allein ans „Neue Testament" gebunden sieht.

aufkommenden Logoschristologie, Schöpfungsmittler. Er taucht genau an derjenigen Stelle auf, wo Clemens noch betont den Willen des alttestamentlichen Schöpfers eingesetzt hat[72]. Das tritt deutlich vor Augen, wenn man erkennt, daß der Auctor ad Diognetum eine ganze Reihe von Motiven bietet, die von 1.Clem her bekannt sind. Diese Motive sind aber jetzt auf den Logos bezogen: Gott hat den Werkmeister und Schöpfer des Alls gesandt, durch den er (falls man οὐρανοί p. 145,18 Funk-Bihlmeyer-Schneemelcher so auffassen dürfte) die Himmelssphären geschaffen hat, durch den er das Meer in seine Grenzen eingeschlossen hat; von dem die Sonne den Auftrag empfangen hat, sich in die Maße ihres Umlaufs zu fügen; dem der Mond gehorcht, wenn er ihm bei Nacht zu scheinen befiehlt, dem die Sterne gehorchen, wenn sie dem Lauf des Mondes folgen. Und nun mit vollem Klang die Töne von 1.Clem 20: Durch den alles angeordnet und festgesetzt und dem alles unterworfen wurde (wieder die Wurzel ταγ-!) – die Himmel und was in den Himmeln ist, die Erde und was auf Erden ist, das Meer und was im Meere ist, Feuer, Luft, Abgrund, was in der Höhe, was in der Tiefe, was dazwischen ist; diesen hat Gott zu ihnen gesandt, nämlich, wie es Z. 13 in Erinnerung an den vierten Evangelisten geheißen hat: die Wahrheit und den heiligen Logos.

Wenn man nun fragt: Wo ist das Verbindungsstück, das zwischen der gleichsam existentialen Eroberung des Weltinnenraums in cc. 5 und 6 und der nun doch irgendwie „von außen" gesetzten Instanz des gebietenden Logos vermittelt? Dann ist auf c. 7,2 (Z.14) zu verweisen: Gott hat den Logos in die menschlichen Herzen gelegt und in ihnen befestigt. καρδία: das biblisch verstandene Personzentrum, das Subjekt der πίστις[73] (es ist für unseren, den Logos ins Überweltliche transzendierenden Autor charakteristisch, daß er an dieser Stelle nicht den νοῦς einsetzt).

Man könnte im Sinn des Textes den Gedanken zu Ende führen: Weil dem Menschen der Logos ins Herz gepflanzt ist, darum lebt er in der Solidarität mit dem Kosmos; denn der Kosmos ist die Schöpfung des Logos. Und weil dem Menschen der Logos ins Herz gepflanzt ist, darum lebt er in der Distanz zum Kosmos, denn der Logos transzendiert den Kosmos. 7,6 nennt ja den Christus-Logos im Sinne der Regula fidei als den künftigen Richter und spricht ausdrücklich von der Parusie. Dies Motiv war bei Clemens dem Kosmos gleichsam angestückt und aufgedrungen. Bei Ignatius wurde das Eschaton zum inneren Moment der nunmehr zielgerichteten kosmischen Bewegung selbst: ein erster Anfang dessen, was man als „Vergeschichtlichung des Kosmos" (infolge der Begegnung von

[72] Vgl. oben Anm. 37.

[73] Vgl. ThWNT III 614ff. (Behm).

Kerygma und Logos) bezcichnen darf[74]. Beim Auctor ad Diognetum schließlich wird die Parusie in einem systematisch zu nennenden Sinn zum Ganzen begriffen, insofern sie die Ankunft dessen meint, der die Welt als Schöpfung begründet, sie kraft seines Kommens zur Welt im Innern erleuchtet (καρδία) und sie kraft seines zweiten Kommens zu jener Verantwortung ruft, die, wie Z. 25ff. so herrlich griechisch empfunden zum Ausdruck bringt, mit der Freiheit des Menschen gesetzt ist.

IV

Wie der Clemensbrief für den Anfang, so steht der Diognetbrief für das Ende einer Entwicklungsphase exemplarisch. Der Dreischritt von Clemens über Ignatius zum Diognetbrief bezeichnet modellartig die Grundentscheidungen, die in Hinsicht auf die Wechselbeziehung von Christologie, Kosmologie und Eschatologie in der frühen Kirche offensichtlich gefallen sind. Als Fundament ein stabiles, vom Willen des alttestamentlichen Schöpfers getragenes Weltgerüst; diese Ausgangsbasis vom Sohn in die Krise geführt, aber auch zu Grunde erneuert; und dann beides, nämlich die Stabilität im Sinn der überwundenen Krise, im Christus-Logos zusammengefaßt und in den Herzen der glaubenden Christen verankert. Diese Verankerung wurde gegen Ende des zweiten Jahrhunderts so stark empfunden, daß wir von einer förmlichen Rekapitulation der Welt durch den Christus-Logos für das frühkirchliche Bewußtsein sprechen dürfen: bei der hier vorausgesetzten Chronologie sind der Auctor ad Diognetum und Irenaeus Zeitgenossen, und im Hauptwerk des letzteren wird die recapitulatio mundi durch das inkarnierte Verbum Dei ausdrücklich zum Thema[75]. Das impliziert den Hinweis, daß die Überwindung der Gnosis die Voraussetzung dafür war, daß der Vorgang „Christus kommt zur Welt" rekapitulierend gedacht werden konnte.

Wie die Entwicklung dann weiterging, das ist überaus seltsam, ja wider alles Erwarten, wenn man sich zunächst auf den Standpunkt stellt, daß Schriftsteller wie der Auctor ad Diognetum bereits das Ende der für die Dogmengeschichte grundlegenden Periode markieren. Der durch Gottes Pronoia verwahrte Kosmos vom ewigen Logos in die Hut genommen und kraft der Auferstehung Jesu Christi von den Toten antizipierend „aus innen" ans eschatologische Ziel gewiesen: Wie sollte hier die Entwicklung des Denkens noch weitergehen? Der Umkreis des christlich Denkbaren scheint auf diesem Standpunkt bereits abgeschritten, man hatte eigentlich nur noch das Ende dieser so komplett konzipierten christlichen Welt zu gewärtigen. Und in der Tat: eben dies hat

[74] Meine oben Anm. 17 genannte Untersuchung, S. 176ff.

[75] Emmeran Scharl, Recapitulatio mundi, 1941.

sich mit dem nächsten Schritt der Entwicklung des christlichen Bewußtseins ereignet, in gewissem Betracht das „Ende" der Welt, nämlich die gleichsam penelopeische Auflösung des soeben mit großer Mühe fertiggestellten Gewebes. In diesem Sinn setzte sich der Denkprozeß fort – man muß sagen: genial. Bis zum Ende des zweiten Jahrhunderts war die Kirche damit beschäftigt, die wohlverstandene „Verweltlichung" des Christus-Logos zu vollbringen[76]. Dann kam der Alexandriner Origenes und leitete die gegenläufige Bewegung ein. Hierüber kann hier nur noch in den Grundzügen gehandelt werden.

Die epochemachende dogmengeschichtliche Stellung des Origenes ist darin begründet, daß er an die (in Autoren wie Irenaeus oder dem Auctor ad Diognetum) an ihr Ende gelangten ersten Phase der christlichen Denkgeschichte anknüpft und ihr Ergebnis im wohlverstandenen Sinn „aufhebt". Sein theologisches Programm, das sich erstmals in ganzer Breite die Arbeit wissenschaftlicher Theologie zunutze macht, läßt sich in die Formel fassen: Der Logos verweltlichte sich, damit die Welt sich entweltlichen könne[77]. Mit diesem Satz charakterisiere ich die bekannte origenistische Konzeption: Die vorfindliche Welt in ihrer Materialisierung und Verdumpfung ist eine Frucht des kreatürlichen Abfalls von Gott, zugleich aber eine Chance für das mit Vernunft und Freiheit ausgestattete Geschöpf, im Vorgang der Erziehung[78], Erleuchtung, Geistwerdung zu Gott zurückzukehren. Platonismus und gnostisierende Stimmung wirken zusammen, um den κόσμος νοητός aus seiner Umklammerung durch den κόσμος αἰσθητός energisch zu lösen und unter den Bedingungen eines solchen χωρισμός das grundlegend christliche Ereignis gerade in ihm, in der intelligiblen Sphäre zu entdecken. Man kann das etwa an der Art studieren, wie Origenes die christologischen Aussagen des vierten Evangeliums auf den präexistenten Christus bezieht. Die Auferstehung und das Leben, als künftige Rettung derer, die vom Leben abfallen würden, ist in ipsa dei sapientia et verbo ac vita konsistierend schon vorgebildet[79]. Dies führt dazu, daß, nun schon gar nicht mehr genuin platonisch gedacht, im Vorgang der „Kehre des Logos" sich die belebende Wirkung vom Himmel zur Erde verpflanzt: „Das christliche Ke-

---

[76] Ein wichtiger Aspekt dieser Gedankenarbeit ist die „Vergeschichtlichung des Logos" bei den Apologeten in dem Sinn, daß der Logos, mit der Schöpfung anhebend, in der Heilsgeschichte Israels immer wieder präsent ist, bis er in Jesus von Nazareth Fleisch wird. Vgl. hierzu Carl Andresen, Logos und Nomos, 1955, S. 312ff., und für den Johannesprolog und seinen heilgeschichtlichen Aufriß Walther Eltester, Der Logos und sein Prophet, Fragen zur heutigen Erklärung des johanneischen Prologs, in: Apophoreta, Festschrift für Ernst Haenchen, BZNW 30, 1964, 109–134.

[77] Vgl. meinen Aufsatz in der Schelklefestschrift S. 388.

[78] Hal Koch, Pronoia und Paideusis, 1932.

[79] Origenes De principiis I 2,4 = p. 128 Görgemanns/Karpp.

rygma hat den spätantiken Geist nicht konserviert, sondern revolutioniert."[80] Wenn also zum Beispiel im achten Buch Contra Celsum[81] Origenes die Zuversicht ausdrückt, das Christentum werde eines Tages, nach Auflösung aller übrigen Religion, allein in der Welt herrschen; denn Gottes Wort, der Logos ergreife von immer mehr Seelen Besitz: dann ist das nicht die „hochfliegende"[82] Phantasie eines Mannes, den die große Kunst in μανία versetzt, sondern einfach die Frucht davon, daß Origenes in seinem Denken gelassen am Umgreifenden des in Christus zur Welt gewandten Logosgeschehens partizipiert. In gleichsam herakliteischem Zirkel koinzidieren ἀρχή und τέλος des von Origenes beschriebenen Weltendramas: der Kosmos ist von Gott abgefallen, aber er kehrt am Ende in Freiheit zu Gott zurück. Und dieser Spiritualisierungsprozeß ist so unaufhaltsam, daß den Sieg des Christentums auf Weltebene, im Sinn einer Etappe auf dem Weg zum Ziel, nichts hindern kann. Hier hat zwei Generationen später der Enkelschüler des Origenes, Eusebius von Caesarea, angeknüpft. Seine positive Einschätzung der konstantinischen Wende basiert, nächst der Erfahrung einer faktischen, schlagartigen Besserung in den Bedingungen des kirchlichen Lebens, auf den Prämissen seiner alexandrinischen Theologie. Konstantin ist der von Gott erwählte Vollstrecker einer Heilsgeschichte, die darauf abzielt, daß der Logos vom ganzen Kosmos Besitz ergreift[83].

Wenn man den aus dem Werk des Origenes uns berührenden Impuls mit dem vergleicht, was der Auctor ad Diognetum über die Relation Logos-Kosmos zu sagen weiß, dann findet man auch von dieser Seite die Datierung des Diognetbriefs gegen Ende des zweiten Jahrhunderts bestätigt. Viel spricht dafür, daß er vororigenistisch ist: denn trotz der Bewegung, mit welcher hier der Christus-Logos zwischen Präexistenz und Parusie den Kosmos heimgesucht und gleichsam eingekreist hat – diese Bewegung gerinnt zuletzt zu einer permanenten und dann doch wieder präsentisch empfundenen Stabilität. Der Standort des Clemensbriefs ist vom Diognetbrief im Grunde gar nicht verlassen: die Denkschritte, die in der Zeit von etwa 96 bis in die Generation des Irenaeus vollzogen wurden, erscheinen von einer Seite betrachtet doch auch wieder als ein Treten auf der Stelle. Dagegen gerät bei Origenes der Logos mit dem Kosmos in eine zielstrebig-transzendierende Bewegung: womit erst eigentlich zum Zuge kommt, was sich im Weltkonzept des Ignatius schon vorbereitet hat. Clemens und der Auctor ad Diognetum erwarten die Pa-

---

[80] Mein Aufsatz in ZThK 62 (1965) 157.

[81] Origenes Contra Celsum VIII,68 = p. 285,18 ff., Koetschau.

[82] Adolf von Harnack, Mission und Ausbreitung I[4] 1924, S. 279.

[83] Vgl. meine Einführung in Ferdinand Christian Baur, Das Christentum und die christliche Kirche der drei ersten Jahrhunderte, in der von Klaus Scholder besorgten Neuausgabe Bd. 3, 1966, S. XX ff.

rusie als ein noch ausstehendes Ereignis in der Zukunft. Bei Origenes gewinnt die christliche Existenz in der Welt eine selbsttätig auf Zukunft hin tendierende Grundgestalt. Man erwartet nicht das Ende, man erstrebt das Ziel; und zwar dergestalt, daß die auf das Eschaton hin in Bewegung begriffene Welt – ein änigmatisches Wort – wesenhaft an Höhe gewinnt. Es ereignet sich (ich denke wieder an Contra Celsum VIII) aus universaler Perspektive ein quasi-platonischer Aufschwung, der in anderen origenistischen Texten, nach dem Vorbild des Seelenmythos in Phaidros, vom je einzelnen Christen zu leisten ist. Diese transzendierende Bewegung meint ja Origenes auch, wenn er bei nüchterner Erörterung exegetischer Methoden den bei Lektüre der Schrift zündenden ἐνθουσιασμός einkalkuliert, der wiederum zu seiner Sicherung der allegorischen Methode bedarf[84].

V

Mit der wechselseitigen Verklammerung und Verfugung der göttlichen und der menschlichen Sphäre, mit der recapitulatio mundi ist gegen Ende des zweiten Jahrhunderts die Grundlage für alle künftige Entwicklung der christlichen Welt geschaffen. Mit Origenes setzt alsdann ein Höhenflug ein, den man sich nicht konkret und wesenhaft genug vorstellen kann. Wie der Adler seine Beute, so trägt der Logos den Kosmos in schwindelnde Höhe, ins gleißende Licht der intelligiblen Sphäre. Ich gebe nur wieder, was man bei Origenes findet, wenn man sich in geeignete Partien zum Beispiel seines Johanneskommentars versenkt.

Und dann die dritte Phase, wo die Höhe gewonnen ist, wo nach Überwindung der experimentierenden Anfänge und des zu diesen gehörigen subordinatianischen Denkens in der Gotteslehre das trinitarische Dogma auf der Grundlage des Homousios zum selbstverständlichen Besitz wird. Hier kann exemplarisch der Name des Antiocheners Theodor von Mopsuestia stehen, rund 150 Jahre nach Origenes. Das sicherste Zeichen für die inzwischen geschehene Konsolidierung des Denkens: die wohlverstandene Rückkehr zu der vom Clemensbrief und vom Diognetbrief vertretenen kirchlich-orthodoxen Eschatologie, von der sich Origenes emanzipiert hatte, emanzipieren mußte, weil sich ihm im Anstieg des Denkens der Kosmos in jene ἀρχή hinein vergeistigte, die von nun an – eine gleichsam vom Rücken her winkende Zukunft – als τέλος des Denkens aus Glauben allein in Betracht kam. Aber das war für die Entwicklung im ganzen eine Perspektive auf Zeit, und der Kirche galt sie in manchem Betracht als häretisch.

[84] Die hier angedeuteten Zusammenhänge deutlicher in meiner Berliner Antrittsrede: Verwandelte Welt und Verzicht in die Niedrigkeit; zur doppelten Umkehr des Denkens im christlichen Altertum, in: ThViat 12, 1975, 169–189.

Bei Theodorus haben wir in dieser Hinsicht die klare kirchliche Linie, wie bei Clemens und dann wieder beim Auctor ad Diognetum steht hier der Kosmos und dort das durch den Auferstandenen antizipierte Eschaton, und beide miteinander verspannt – aber, das ist entscheidend, nun in einer nachorigenistischen Konzeption. An die Stelle der zwar gefährdeten, aber wiedergewonnenen Stabilität des zweiten Jahrhunderts ist die permanente Bewegung getreten – nicht vom Hier zum Dort, vom Diesseits zum Jenseits, sondern vom Jetzt zum Dann, von diesem gegenwärtigen zum künftigen Weltzustand. Die beiden Katastasen greifen hierbei eigentümlich ineinander[85]. Theodorus handelt von der Interimsexistenz des Christen zwischen den Äonen, besonders deutlich in seiner Auslegung von Gal 2,15f.[86]: omnes qui in praesenti hac vita credimus Christo, quasi medii quidam sumus praesentis quoque vitae et futurae. Infolge seiner, durch Gottes Urteil nach dem Sündenfall virulent gewordenen Sterblichkeit ist der Christ in diesen Kosmos eingebunden und unfrei. Aber durch den Glauben an den Auferstandenen ist er antizipatorisch ins Leben der zukünftigen Welt versetzt[87]: fide autem quasi iam translatos nos in futura vita videmus, besonders in Verbindung mit der Taufe, die uns κατὰ τύπον[88], nämlich in einem abgeschattet-vorbildlichen Sinn, kraft der regeneratio[89] durch den Heiligen Geist, schon jetzt an der secunda vita partizipieren läßt. Zwar wird der Christ von den Fesseln seines Leibes zurückgehalten, aber er ist gleichwohl „aus innen" ermächtigt, im Denken und Tun auf den vom Eschaton her ihm begegnenden Kyrios zuzulaufen. Denn Christus als der zweite Adam hat das Eschaton antizipiert und den erneuerten Kosmos rekapituliert: in dieser Hinsicht greift Theodorus auf Gedanken des Irenaeus zurück, womit abermals demonstriert ist, daß ein Kreis sich rundet, daß ein früheres Stadium der Dogmengeschichte auf höherer Ebene rekapituliert ist.

Ich breche hier ab. Die aufgezeigte series von fünf Grundschritten des altkirchlichen Denkens hat erwiesen, daß sich die Kirche innerhalb des griechischen Sprachbereichs in einem absichtslosen, nicht durch Machenschaften gesteuerten Entwicklungsprozeß befand, von dem sich sagen läßt, daß er alle im Umkreis des an Christus orientierten Kosmos denkbaren Perspektiven sukzessive zu Gesicht gebracht hat. Am Ende kehrt Theodorus, ungemein reflektiert, zum Ausgangspunkt der Bewegung zurück, indem er – nun auch wieder eine Art „Tretens auf der Stel-

---

[85] Zum folgenden meine Theodorstudien S. 171ff. (Kapitel über die Zeit).

[86] H. B. Swete, Theodori episcopi Mopsuesteni in epistolas b. Pauli Commentarii, Bd. I, 1880, p. 30,3.

[87] Ebd. Z. 11.

[88] Ebd. Z. 12: baptisma formam (= τύπον) habet mortis et resurrectionis Christi.

[89] Ebd. Z. 18: regenerare.

le"[90]! – die aus dem origenistischen Denken resultierende Agilität christlicher Existenz aufs Telos zu mit der im Sinne der Regula fidei erwarteten Parusie des Herrn paradox zusammenfügt. Und das wäre denn wieder der herakliteische Zirkel, den griechisch-christliches Denken, vermöge einer ihm rätselhaft eingepflanzten inneren Richtung und Spannkraft, nicht zu überschreiten vermochte. Es bedurfte der die kosmischen Horizonte transzendierenden Geistigkeit des lateinischen Westens, um das Erbe der griechischen Kirche in einem tieferen Sinn Geschichte werden zu lassen; es bedurfte Augustins, der ein Zeitgenosse Theodors war[91].

---

[90] Vgl. oben S. 478.
[91] Vgl. meinen oben Anm. 84 genannten Aufsatz S. 177ff.

Wolfgang Wischmeyer

Die Petrus-Leseszene als Beispiel für die christliche Adaption eines vorgegebenen Bildtypus

I

In den Zusammenhang der für uns erkennbaren Anfänge der frühchristlichen Sarkophagplastik gehört die Übernahme der sog. philosophischen Leseszene aus dem Kontext der kaiserzeitlichen Dichter- und Musensarkophage, wo diese Szene einen beliebten Apotheosetyp männlicher Verstorbener darstellt[1]. Zu einer gewissen religiösen Neutralisierung führte die Auswechselung der Muse durch die Orans[2]. Das erklärt das außerordentlich häufige Vorkommen des so modifizierten Themas in der ersten Phase christlicher Sarkophagplastik, d. h. vor den Friessarkophagen konstantinischer Zeit.

Das Bild der philosophischen Leseszene sollte aber nicht nur in seiner neutral-religiösen Form, die lediglich durch neue Kontexte gleichsam christianisiert wurde, weiterleben, sondern es konnte auch für die Gestaltung neuer christlicher Bildthemen Verwendung finden. So hat jüngst W. N. Schumacher gezeigt, daß unser Darstellungsschema in einer Danielszene der Velletriplatte benutzt wurde[3]. Schon lange ist des weiteren der Zusammenhang – um nur einige Beispiele zu nennen[4] – des Bildtypus mit verschiedenen Christusdarstellungen[5] wie dem lehrenden

---

[1] Vgl. zuletzt W. N. Schumacher, Hirt und „Guter Hirt“, RQ.S 34, 1977, 115–129.

[2] Schumacher, Hirt, 144.

[3] Schumacher, Hirt, 127f.

[4] Wir sehen von folgenden Darstellungen ab: Opfer Kains und Abels vor Jahwe, der etwa auf dem Lotsarkophag mit einer Rolle dargestellt ist, H. Brandenburg, in: B. Brenk, Spätantike und Frühes Christentum, PKG Suppl 1, 1977, T. 71 und S. 137; ein Sitzender ohne Rolle wie Abraham mit den drei Männern in Mamre, so in der Via Latina-Katakombe, L. Kötzsche-Breitenbruch, Die neue Katakombe an der Via Latina in Rom, JAC Erg. Bd. 4, 1976, 56–60; die Josephdarstellung (mit rotulus) auf einem Deckel in S. Callisto, Rom, W. Wischmeyer, Die Tafeldeckel der christlichen Sarkophage der konstantinischen Zeit in Rom, Habil. Theol. Heidelberg , 1977 (masch.), 89–95.

[5] Th. Klauser, Studien zur Entstehungsgeschichte der christlichen Kunst 3, JAC 3, 1960, 122.

Christus in der Apostelversammlung[6], der maiestas[7], der sog. traditio legis[8], als auch mit einer Petrusdarstellung, der sog. Petrus-Leseszene[9], bekannt.

Dieser letztgenannten speziellen Filiation des ursprünglichen Jenseitsbildes eines als Philosoph heroisierten Toten[10], die allein in der Sarkophagplastik begegnet, möchte sich die Dankesgabe an den verehrten Jubilar und Lehrer zuwenden: der Beschreibung und Deutung einer Szene auf christlich-antiken Sarkophagreliefs. Im Hintergrund steht die für die frühchristliche Kunst so typische Adaptionsfähigkeit[11] von Erscheinungen der Kunst des römischen Imperiums – ein wichtiges, nicht aber ihr einziges Gesetz, finden wir daneben doch auch Neuschöpfungen[12] wie einfache Rezeption[13] –, der ein nicht geringer Stellenwert in

---

[6] H.-I. Marrou, MOYCIKOC ANHR, 1964², 56–61; zu diesem in der konstantinischen Malerei sehr beliebten Thema vgl. auch J. Kollwitz, Die Malerei der konstantinischen Zeit, Akt. 7. Int. Kongr. Christl. Arch., Trier 1965 = Studi di Antichità Cristiana 27, 1969, 29–158.

[7] Kollwitz, RAC 2, 17 s.v. Christusbild.

[8] Zuletzt Schumacher in: J. Wilpert, Die römischen Mosaiken der kirchlichen Bauten vom 4. bis 13. Jh., hg. Schumacher, 1976, 299f. und 302 (Lit.).

[9] E. Becker, Neues Material zur Darstellung des „Sitzenden alten Mannes", RQ 25, 1911, 123–126; P. Styger, Neue Untersuchungen über die altchristlichen Petrusdarstellungen, RQ 27, 1913, 45–52; G. Stuhlfauth, Die apokryphen Petrusgeschichten in der altchristlichen Kunst, 1925, 35–50; Marrou, MOUCIKOC ANHR, 1938¹, 114–121; E. Dinkler, Die ersten Petrusdarstellungen, Marb. Jb. 11, 1938, 1–80; A. Rimoldi, L'Apostolo S. Pietro, 1958, 266–274; M. Sotomayor, S. Pedro en la iconografia paleocristiana, 1962, 67f.; Ch. Pietri, Le serment du soldat chrétien, MAH 74, 1962, 649–664; Klauser, in: J. Merkli–Boehringer–F. W. Deichmann–Klauser, Frühchristliche Sarkophage in Wort und Bild, Antike Kunst Bh. 3, 1969 (= Klauser, Sarkophage), 62; Pietri, Roma Christiana, 1976 (= Pietri), 351–360.

[10] Schumacher, Hirt, 140. 144. 149.

[11] Am bekanntesten ist wohl die Vorlage der Darstellung der Ruhe des nackten, ausgespienen Jonas: der nackte Schläfer der Endymionsarkophage, näher verwandt jedoch noch eine bestimmte Art der Dionysosdarstellung, vgl. die Campana-Terracotte, Paris, Louvre, E. Stommel, Zum Problem der frühchristlichen Jonasdarstellungen, JAC 1, 1958, 112–115, und T. 8 a. – Durch eine Statuettengruppe im Museum von Cleveland, Ohio, vgl. W. D. Wixom, BullClevMus 54, 1967, 67–89; K. Weitzmann–M. E. Frazer, The Age of Spirituality, 1977, 60–63; O. Feld in: Brenk, PKG S 1, 170 und T. 138, ergeben sich für das Problem des Jonaszyklus eine ganze Reihe neuer Fragen und Aspekte; Vf. bereitet dazu eine Studie vor.

[12] Vgl. etwa, wie bei der ntl. Darstellung des Einzuges in Jerusalem, die das Bildschema des kaiserlichen adventus aufgreift, sich von Anfang an „die ‚Stilmischung' von Hoheit und Demut, die später Voraussetzung für die Darstellung der Passion Christi ist", beobachten läßt, Dinkler, Der Einzug in Jerusalem, AGFNRW Geisteswiss. H. 167, 1970, 61.

[13] Neben der Kontinuität etwa des Jagdthemas, vgl. den Sarkophag in der Kathedrale von Osimo, Brandenburg in: Brenk, PKG S 1, T. 74, sei hier an das Fortleben der Eroten, zumal auf Sarkophagdeckeln und besonders in Verbindung mit dem Porträt erinnert, Wischmeyer, 65–69.

den geistesgeschichtlichen Beziehungen zwischen Antike und Christentum zukommt.

II

Als Zeugen für die Petrus-Leseszene werden 23 Beispiele der spätantiken christlichen Sarkophagplastik diskutiert, elf Sarkophage bzw. Sarkophagfragmente aus Rom und zwölf aus Südfrankreich. Alle gehören dem Zeitraum vom 2. Drittel des 4. Jahrhunderts bis zum Anfang des fünften Jahrhunderts an. Neben der Identifizierung der Szene zumal auf den Fragmenten[14] ist die Deutung der Darstellung unsicher und umstritten[15].

Römische Zeugen:

1. Vatikan, Museo Pio Cristiano, ehem. Lat. 55 (Inv. 183 A), aus S. Paolo f.l.m.: F. W. Deichmann–G. Bovini–H. Brandenburg, Repertorium der christlich-antiken Sarkophage I: Roma und Ostia, 1967 (= Rep.), nr. 45; Pietri, 352, A. 1: 1.

2. Vatikan, Museo Pio Cristiano, ehem. Lat. 175: Rep. 42; Pietri, 352, A. 1: 8.

3. Vatikan, Museo Pio Cristiano, ehem. Lat. 40, aus der vatikanischen Nekropole?: Rep. 47; Pietri, 352, A. 1: 2.

4. Rom, Palazzo Corsetti: Rep. 943; Pietri, 352, A. 1: 7.

5. (?) Rom, S. Callisto: G. Wilpert, I sarcofagi cristiani antichi (= WS), 1929, 191, nr. 15, fig. 113 und tav. 105,6; Rep. 385a; Pietri, 352, A. 1: 4.

6. (?) Rom, S. Callisto, (vielleicht aus SS. Pietro e Marcellino): WS 1, 186, nr. 14 (nicht abgebildet); Pietri, 352, A. 1: 4.

7. Rom, S. Sebastiano: Rep. 262; Pietri, 352, A. 1: 3.

8. Rom, Cimitero di Pretestato: Rep. 576; Pietri, 352, A. 1: 5a.

9. Rom, Vigna Massenzia (früher Vigna Grandi)[16], vielleicht aus S. Callisto oder Pretestato): Rep. 981; Pietri, 352, A. 1: 5b.

10. Rom, S. Lorenzo f.l.m., aus der Cyriaca-Katakombe: Rep. 709; Pietri, 352, A. 1: 6.

11. Palestrina, Villa Fiorentina, aus Rom: WS 155, 6; Pietri, 352, A. 1: 9.

---

[14] Vgl. Stuhlfauth, 36; Marrou, 115 A. 3; Pietri, 352f.

[15] Vgl. A. 9.

[16] Bei dem Fragment, das sich nach Klauser, Sarkophage, 63, A. 4, im Casale della Vigna Grandi befinden soll, handelt es sich um das Fragment aus dem Plazzo Corsetti, s. nr. 4.

Südfranzösische Zeugen[17]:

12. Arles, Musée d'Art Chrétien: WS 152, 1; E. Benoit, Sarcophages paléochrétiens d'Arles et de Marseilles, Gallia Suppl. 5, 1954 (= Benoit), nr. 53; Pietri, 352, A. 2: 3.

13. Arles, Musée d'Art Chrétien: WS 152, 2; Benoit, nr. 51; Pietri, 352, A. 2: 2.

14. Arles, Musée d'Art Chrétien: WS 122, 3; Benoit, nr. 43; Pietri, 352, A. 2: 4.

15. Arles, Musée d'Art Chrétien: WS 45, 1; Benoit, nr. 3; Pietri, 352, A. 2: 5.

16. Arles, Musée d'Art Chrétien: Benoit, nr. 1; Pietri, 352, A. 2: 1.

17. Arles, Musée d'Art Chrétien: Benoit, nr. 26; Pietri, 352, A. 2: 5.

18. Arles, Musée d'Art Chrétien: J. M. Rouquette, Trois nouveaux sarcophages chrétiens de Trinquetaille (Arles), CRAI 1974, 254–273; J. Engemann, Zu den Dreifaltigkeitsdarstellungen der frühchristlichen Kunst: gab es im 4. Jh. anthropomorphe Trinitätsbilder?, JAC 19, 1976, 157–172; Pietri, 352, A. 2: 5.

19. (?) Carcassonne, Musée, aus Tournissan: A. Soper, Art Bull 19, 1937, 155, A. 12 (156f.), mit fig. 12; Pietri, 352, A. 3: 5.

20. Lyon, Musée des Beaux-Artes, aus Balazuc: WS 122, 1; Pietri, 352, A. 3: 1.

21. Narbonne, Musée regional de Histoire de l'Homme: WS 122, 2; Pietri, 352, A. 3: 2.

22. Toulouse, Musée des Augustins, Sarkophag nr. 506 aus S. Sernin: WS 291, 1; Pietri, 352, A. 3: 2.

23. Valcabrère, S. Juste: Pietri, 352, A. 3: 3.

III

Zur Beschreibung der Szene eignet sich die Darstellung auf dem sog. Brüdersarkophag (nr. 1 des Kataloges). Die Szene befindet sich in der Mitte des unteren Bildfrieses unter der Muschel. Der Sarkophag stellt zugleich das qualitätsvollste Zeugnis unseres Katalogs dar[18].

Auf einem Steinhaufen oder Felsen sitzt ein älterer bärtiger Mann mit

---

[17] Wir brauchen in diesem Zusammenhang nicht auf die Frage einzugehen, wieweit es sich bei den südfranzösischen Beispielen um stadtrömischen Export handelt, was für einen Teil der Zeugen sicher zutrifft. Der Parität der Bezeugung in Rom und in Südfrankreich steht ein durchaus anderes Verhältnis gegenüber, wenn man nach dem Herstellungsort fragt, als der für den größten Teil der Zeugen – so weit bei Fragmenten Aussagen zulässig sind – Rom anzunehmen ist.

[18] Zum Brüdersarkophag: J. Beckwith, Early Christian and Byzantine Art, 1970, 19; E. Kitzinger, Byzantine Art in the Making, 1977, 25f.; Brandenburg in: Brenk, PKG S 1, nr. 77.

Vorderglatze, bekleidet mit Ärmeltunika und über die Schulter geworfenem Mantel. Der Alte liest intensiv in einer Rolle, die er mit beiden Händen hält. An den Lesenden tritt von links eine Person heran, deren Kleidung sie als Soldat ausweist: pilleus pannonicus, paludamentum, cingulum, bracae und caligae. Der Soldat faßt mit seiner rechten Hand an die Buchrolle des Lesers. Der Gestus des Anfassens ist neutral, eine freundliche oder feindliche Tendenz läßt sich nicht feststellen. Im Rükken des Soldaten, also hinter dem Löwen aus der Danielszene, befindet sich ein Baum, wobei offenbleiben muß, ob der Baum zur Danielszene gleichsam als Pendant zu Habakuk gehört oder ob er eine Beziehung zu unserer Szene hat. Jedenfalls tritt der Baum hinter dem anderen Baum zurück, der aus dem Steinhaufen im Rücken des Alten aufwächst und den Lesenden zugleich mit dem beschriebenen Soldaten rahmt. Hinter diesem Baum nun, der dadurch an Bedeutung gewinnt, steht ein zweiter Soldat, der durch die Astgabel hindurch das Geschehen aufmerksam verfolgt.

IV

Die weiteren Beispiele unseres Katalogs zeigen, daß unsere Darstellung zu denjenigen Szenen gehört, deren ikonographische Elemente relativ frei gestaltet und jeweils neu arrangiert werden[19]. Die älteren Deutungen unserer Szene haben 1909 Obermann[20], 1913 Styger[21] und 1922 Wilpert[22] referiert. Seit 1906, damals zuerst von Wittig[23], wird unsere

---

[19] Die Szene erscheint in der gleichen Gruppierung wie bei nr. 1 nur noch auf nr. 14, und dort fehlt der zweite Baum. Auf zwei Beispielen, nr. 2 (?) und 16, fehlt der Baum. Die beiden Soldaten können auf einer Seite vor dem sitzenden Petrus stehen: nr. 20, es kann noch ein weiterer Soldat – in Proskynese – dargestellt werden: nr. 12. Der Alte kann zu den vor ihm Stehenden aufblicken. Sein Sitz kann eine Korbkathedra sein, nr. 21, oder aber ein Klappstuhl, nr. 2. Es begegnen weitere Hintergrundsfiguren: nr. 2. Die Szene kann schließlich durch eine weitere Hauptfigur – eine Christusdarstellung – erweitert sein: nr. 12.

Die Darstellung ist an keinen bestimmten Kontext gebunden. Sie begegnet einmal zusammen mit einer – schon aufgelösten – Petrustrilogie, sonst aber ist der Zyklus schon unvollständig, oder die Leseszene ist die einzige Petrusszene. Ohne eine weitere Petrusszene sind so nr. 12 und 16. Vielleicht weist das viermalige Vorkommen unserer Szene als rechter Eckabschluß auf die Position in einem „Urexemplar“. Damit hängt zusammen, daß der größte Teil unserer Zeugen die Darstellung sich von rechts nach links entwickeln läßt. Die unmittelbare Neben- oder Unterszene ist bis auf nr. 1 und 20, die die Blindenheilung als gemeinsame Nebenszene haben, jeweils verschieden.

[20] O. H. T. Obermann, Der sitzende alte Mann und die Juden, RQ 23, 1909, 201–214.

[21] Vgl. A. 9.

[22] J. Wilpert, S. Pietro nelle più cospicue sculture cimiteriali antiche, Studi Romani 3, 1922, 14–34; ders., Wahre und falsche Auslegung der altchristlichen Sarkophag-Skulpturen, ZKTh 46, 1922, 1–19, 177–211: WS Testo 1, 185ff.; ders., La fede della chiesa nascente, 1938, 165–173.

Szene als Petrusszene verstanden. Dies ist inzwischen Konsens der Forschung geworden. Aufgrund des Vergleichs zwischen dem Kopftypus des Alten und weiteren Petrusköpfen auf denselben Sarkophagen ist diese Zuschreibung der Szene ebenso eindeutig wie durch den sonst nur in Petrusszenen begegnenden Soldatentyp. Petrus wird, wie Dinkler 1940 formulierte, „in seinem Amt als der Lehrer in einer bekenntnismäßigen Repräsentationsszene wiedergegeben“[24].

Diese formale Feststellung fordert nun geradezu dazu auf, eine genauere Bestimmung der Darstellung zu versuchen. Hier erhebt sich aber sogleich die Schwierigkeit, daß wir in der uns überlieferten Petrusliteratur keine literarische Vorlage für unsere Szene besitzen. Dieser Umstand hat dazu geführt, daß in der neueren Forschung die genauere Bestimmung unserer Szene ebenso umstritten ist wie vor allem auch ihre Beziehung zu einer postulierten Mosedarstellung. Beide Fragestellungen hängen für einen Teil der Forschung unmittelbar zusammen. Nun scheint es sich so zu verhalten, daß einige Petrusszenen ihr unmittelbares Vorbild in einer Mosedarstellung finden. Dazu gehört sicher nicht die älteste Petrusdarstellung, die wir kennen, nämlich die Darstellung von Petri Meerwandel aus dem Taufraum der Hauskirche von Dura Europos, (jetzt in der Yale University Art Gallery, New Haven, Conn.)[25]. Ebensowenig liegt ein solches Derivatverhältnis bei der Hahnszene vor, die wohl als Darstellung der Verleugnungsansage zu verstehen ist[26]. Wohl aber finden wir eine Abhängigkeit von der Moseikonographie bei den beiden anderen Darstellungen, die zu der in frühkonstantinischer Zeit auftretenden Petrustrilogie gehören: Gefangenführung[27] und Quellwunder[28]. Für unsere Leseszene aber findet sich keine vergleichbare Moseszene, so daß die entsprechende Hypothese, die Le Blant[29] und Ficker[30] erwogen haben und die Marrou vertreten hat, nicht zu halten ist. Marrou formulierte: „Saint Pierre est représenté sous la figure de

[23] J. Wittig, Die altchristlichen Skulpturen im Museum des Deutschen Campo Santo in Rom, 1906, 109ff.

[24] Dinkler, Petrusdarstellungen, 78.

[25] C. H. Kraeling, The Excavations at Dura Europos. Final Report, 8, 3, 1967; J. Lassus in: Brenk, PKG S 1, nr. 222.

[26] Stuhlfauth, Petrusgeschichten, 13–28; Dinkler, Petrusdarstellungen, 61 ff. und pass.; Sotomayor, S. Pedro, 34–55.– Deutung als Beauftragung Petri nach Joh 21,15–17: Stommel, Beiträge zur Ikonographie der konstantinischen Sarkophagplastik, 1954, 88–108; ders., Die Entwicklung der „Hahnszene“ auf den Sarkophagen des 4. Jh.s, ACIAC 5. Aix-en-Provence 1954, 1957, 303–306; Klauser, Sarkophage, 56f.

[27] Dinkler, Petrusdarstellungen, 63f.; Sotomayor, S. Pedro, 63–66.

[28] Dinkler, Petrusdarstellungen, 62f.; Sotomayor, S. Pedro, 57–63.

[29] E. le Blant, Études sur les sarcophages chrétiens antiques de la ville d’Arles, 1878, 5.

[30] J. Ficker, Die altchristlichen Bildwerke im christlichen Museum des Laterans, 1890, nr. 55.

Moïse, en train de lire aux Hébreux de Livre le la Loi: le commentaire cherché de notre scène se trouve dans un verset de l'Exode (24, 7).“[31] Die Szene besitze einen offensichtlichen valeur symbolique: Petrus, der neue Mose, lehre das neue erwählte Volk das neue Gesetz, so daß Marrou dann auch kurz sagen kann, es sei Petrus als Lehrer des Evangeliums dargestellt. Die Hebräer sind nach dieser Deutung in der Uniform römischer Soldaten gegeben.

Die Ausführungen Marrous bilden den Ansatzpunkt für die weiterführende Interpretation, die Pietri zuerst in einem Aufsatz 1962[32] und jetzt in seinem großen Werk „Roma Christiana“ vorgelegt hat[33]. Pietri nimmt an, daß die Soldaten auf das Thema der militia christiana aufmerksam machen sollen. Petrus erscheine nach dem Vorbild des Mose, von dem es in der schon von Marrou herangezogenen Stelle Ex 24,7 (Vulgata) heißt: assumensque volumen foederis legit audiente populo. Jedoch lehre Petrus nicht lediglich, sondern die Soldaten legten dem Heermeister Mose – Petrus den Fahneneid ab. Die militia Christi ist also nach Pietri als jüdisches Heer in zeitgenössischer römischer Uniform dargestellt, und für seine gesamte Deutung muß Pietri den Vulgatatext noch stärker heranziehen: audiente populo qui dixerunt omnia quae locutus est Dominus faciemus et erimus oboedientes.

Schon 1966 hat der Altmeister der Christlichen Archäologie im deutschsprachigen Raum, Theodor Klauser, Kritik an den Thesen der beiden französischen Gelehrten geübt[34]. Seine Kritik gründet sich vor allem darauf, daß der von Pietri vorausgesetzte Gestus der Eidesleistung auf unseren Darstellungen nicht durchgehend erscheint. Zudem ist die liturgische Situation, die der Darstellung zugrunde liegen soll, von Pietri ungenau bestimmt. Der Taufeid, den Pietri annimmt und der sein Vorbild im militärischen Fahneneid haben soll, ist richtig zu verstehen als Vertrag, der in der Form von Fragen und Antworten geschlossen wird. Schließlich, so Klauser, sei das intensive Lesen des Petrus im Evangelienbuch bei einem Taufeid auf das Evangelienbuch nicht verständlich.

Dagegen überzeugt Klausers eigene Vermutung, „daß die Soldaten einen schriftlichen Verhaftungsbefehl mitgebracht haben, den Petrus liest, während die Soldaten gespannt auf das Ergebnis warten. Wir hätten dann in der Szene sozusagen den ersten Akt des Verhaftungsvorgangs vor Augen, das Vorspiel“.

In den beiden differierenden Interpretationsvorschlägen spielt die Uneindeutigkeit der Gestik zumal der Soldaten und der Art der Haltung

---

31 Marrou, 120f.

32 Pietri, MAH 74, 1962, 649–664.

33 Pietri, 351–360.

34 Klauser, Sarkophage, 62.

des Petrus eine entscheidende Rolle. Denn wo für Marrou und Pietri eine eindeutig „freundschaftliche“ Begegnung stattfindet[35], sieht Klauser eine zweideutige, eher noch feindliche Aktion[36]. Daß Klausers Urteil richtig ist, zeigt die typische Gestik des zweiten Soldaten, der belauernde Blick durch die Astgabel. Als eindeutig feindlichen Gestus finden wir ihn auf den Susannasarkophagen, z.B. auf Lat. 136[37]. Wir glauben, daß diese sehr ausdrucksstarke Gestaltung des speculator[38], des in Ausübung seines Amtes wachsam lauernden Soldaten, den Ausschlag zugunsten einer Interpretation geben muß, die die Begegnung zwischen Petrus und den Soldaten im negativen Sinne versteht.

V

Durch eine weitere Beobachtung läßt sich nun Klausers Interpretation stützen und zugleich präzisieren, und zwar mittels eines Darstellungselementes, das bisher für die Deutung der Szene keine Rolle gespielt hat: des Baumes, unter dem Petrus sitzt.

Dabei greifen wir auf die jüngere Petruslegende zurück. Zwar besitzen wir den unserer Darstellung entsprechenden Teil der Legende nicht mehr. Wir müssen sogar offenlassen, ob die Darstellung auf unseren Sarkophagen Anreger für die Legende war[39] oder ob wir in der Darstellung eine Illustration der Legende zu sehen haben, was doch vielleicht näher liegt.

Auf jeden Fall gibt es ein gemeinsames Element in Teilen der jüngeren Petrusakten und auf unseren Darstellungen – den Baum. Der Baum gehört ja zu den festen und fast durchweg dargestellten ikonographischen Konstituanten unserer Szene. Darin liegt zweifellos noch ein Erbteil aus der philosophischen Leseszene, wie sie uns etwa das neapolitanische Philosophenmosaik zeigt[40], wenn auch die Darstellung einer Sonnenuhr zur Bezeichnung des Unterrichtslokals häufiger ist[41]. In der christlichen Sarkophagskulptur zeigt dann die Wanne aus S. Maria An-

---

[35] Marrou, 119: ,„L'attitude des deux soldats n' a rien de hostile“; Pietri, 354: „Surtout les gestes, les attitudes des soldats ne reflètent, à l'égard de Pierre, aucune hostilité“.

[36] Klauser, Sarkophage, 63: Petrus neigt „sein Gesicht so sorgenvoll über das Buch und ist auf dem Sprung, sich zu erheben“.

[37] Rep. 146.

[38] E. Weigand, BZ 41, 1941, 133 A. 6. – Zum polemischen Gebrauch von speculator durch Athanasius, Apol. c. Arianos, GCS 2, 1, 94, i.B. auf die staatliche Präsenz bei der Synode von Tyrus vgl. H.-J. Sieben, ThPh 45, 1970, 355, A. 15.

[39] So schon Stuhlfauth, Petrusgeschichten, 47.

[40] O. Brendel, Symbolik der Kugel, RM 51, 1936, 1–95, bes. 1–22: Das Neapler Philosophenmosaik.

[41] Zur Sonnenuhr: M. Wegner, Die antiken Sarkophagreliefs, Bd. 5; 3: Die Musensarkophage, 1966. – Baum und Sonnenuhr brauchen sich nicht auszuschließen.

tica das verstorbene Paar als Orante und Leser, eingebunden in die „Vision des Friedenszeitalters", das Meer und Land erfüllt, wobei die Bäume das Festland bezeichnen[42].

Bei unserer Darstellung dürfte es sich wohl nicht um eine solche schmückende Zutat der Reminiszenz aus der Bukolik handeln. Die Verbindung zwischen Petrus und dem Baum weist nämlich auf eine römische Lokaltradition. Die Darstellung dieser Lokaltradition mag nun zeigen, ob diese Erklärung tragfähig ist, die Bedeutung des Baumes im Bildentwurf unserer Szene zu erklären.

Die griechischen Acta Petri et Pauli[43] und die griechisch und lateinisch überlieferten Acta (Passio) Petri et Pauli[44] beschreiben den Ort, an dem die römischen Christen Petrus nach seinem Martyrium bestattet haben, als ὑπὸ τὴν τερέβινθον πλησίον τοῦ Ναυμαχίου εἰς τόπον καλούμενον Βατικάνον, bzw. sub terebinthum iuxta naumachiam in locum qui appellatur Vaticanus. Das Bemerkenswerte ist bei diesen Texten die Nachricht von einer Terebinthe[45], die zu den übrigen Traditionen vom Ort des Petrusgrabes hinzukommt. Selbstverständlich hat Klauser recht, wenn er schreibt, „daß dieser Baum nur in der Einbildung des Volkes oder der Legendendichter existiert hat"[46]. Hier aber hat er seine Existenz bis weit ins Mittelalter gehabt, ja er ist dann sogar im Mittelalter mit dem Großteil des Petruslegendenapparates in Richtung auf die Engelsburg hin umgezogen[47]. Die Terebinthe am Vatikan gehörte dann Jahrhunderte lang zu den topographischen Elementen, die in Itinerarien und Romplänen ihren Platz hatten. So finden wir sie noch auf Cimabues Kreuzigung

---

[42] Schumacher, Hirt, 125f.

[43] Acta Apostolorum Apocrypha, hg. R. A. Lipsius (= AAA), 1891, 216, vgl. allg. A. Harnack, Geschichte der altchristlichen Literatur bis Eusebius 1, 1893, 134–136; W. Schneemelcher–A. D. Santos in: E. Hennecke–W. Schneemelcher, Neutestamentliche Apokryphen 2, 1964³, 402.

[44] AAA 172f.

[45] H. Lietzmann, Petrus und Paulus in Rom, 1927², 170–178; B. M. Apollonij Ghetti–A. Ferrua–E. Josi–E. Kirschbaum, Esplorazioni sotto la confessione di S. Pietro in Vaticano, 1951, 17f.; J. Toynbee–J. Ward Perkins, The shrine of St. Peter and the Vatican excavations, 1956, 8; Klauser, Die römische Petrustradition im Lichte der neuen Ausgrabungen unter der Peterskirche, AGFNRW Geisteswiss. H. 24, 1958, 29–31, 83–85.

[46] Klauser, Petrustradition, 84, vgl. Lietzmann, Petrus und Paulus, 176.

[47] Für das Folgende grundlegend: L. Duchesne, Naumachie, Obélisque, Térébinthe, APARA diss 2, 8, 1903, 139–148, wieder in ders., Scripta Minora, 1973, 315–328; ders., Vaticana, MAH 22, 1902, 3–22 = Scripta Minora, 181–200: vgl. ferner H. Jordan, Topographie der Stadt Rom im Altertum 2, 1871, 430 und XVII; Jordan–Ch. Hülsen, Topographie der Stadt Rom im Altertum 1, 3, 1907, 660 und 2, 1907, 430. 627; R. Lanciani, Pagan and Christian Rome, 1895, 271f.; F. Castagnoli–C. Cecchelli–G. Giovannoni–M. Zocca, Roma Medioevale, 1958, 241, und I. Belli Barsali, Sulla topografia di Roma in periodo Carolingio, in: Roma e l'età Carolingia, 1976, 203.

des Petrus in Assisi und auf Filaretes Bronzetür von S. Peter[48]. Unsere bildliche Darstellung, die den Beginn der Petruspassion in Verbindung mit einem Baum zeigt, konvergiert also mit einer römischen Lokaltradition von einer Terebinthe beim Petrusgrab des Vatikan.

Das erste literarische Zeugnis für diese Lokaltradition finden wir in den schon erwähnten Marcellustexten der Petrusakten. Die Datierung dieses Textes erweist sich als außerordentlich schwierig, da auch nicht einmal mit einer festen Textgestaltung gerechnet werden kann. Unser Text dürfte in nachhieronymianische Zeit gesetzt werden können[49]. Pseudo-Marcellus ist in den uns vorliegenden Texten im Gegensatz zum Linustext nicht so sehr am Ort des Martyriums, sondern an der memoria interessiert[50]. Hier begegnet ein Baum, eben die Terebinthe, als Kennzeichen des Petrusgrabes, während die älteren bildlichen Darstellungen den Baum mit dem Beginn des Martyriums Petri in Verbindung bringen.

Die Bedeutung der Terebinthe in der alttestamentlichen Tradition und ihren Nachwirkungen kann hier nicht behandelt werden[51]. Es muß auch offenbleiben, ob dieser dem Apollo heilige Baum[52] und die Tradition von seiner Existenz am Vatikan in einem Zusammenhang mit dem templum Apollinis steht, einer weiteren Lokaltradition im Zusammenhang mit dem vatikanischen Petrusgrab, die uns allein der römische Liber Pontificalis überliefert[53]. Unsere mittelalterlichen Quellen lokalisieren die Terebinthe im Bereich des Mausoleum Hadriani bei der Kirche S. Maria in Transpadina[54]. So gibt zuerst Petrus Malleus in seiner Alexander III. (1159–1181) gewidmeten descriptio basilicae Vaticanae[55] als die Stätte der Kreuzigung Petri, nicht also seiner Erstbestattung wie

---

[48] Vgl. zum Beginn der kritischen kunsthistorischen Forschung zur Topographie Roms bei Cimabue: J. Strzygowski, Cimabue und Rom, 1888, 77–83; ferner: B. M. Peebles, La „Meta Romuli“ e una lettera di Michele Ferno, RPARA 12, 1937, 21–63; J. M. Huskinson, The Crucification of St. Peter: a 15th century topographical problem; JWCI 32, 1969, 135f.; zuletzt H. Belting, Die Oberkirche von S. Francesco in Assisi, 1977, bes. 91, der für unsere Frage auf den Ergebnissen von J. Wollesen, Die Fresken von S. Piero a Grado bei Pisa, Diss. phil. Heidelberg, 1975, fußt: seit kurz vor 1280 finden wir zuerst in Sancta Sanctorum am Lateran, Belting, T. 99 a, dann unter dem Orsinipapst Nikolaus III. in der Vorhalle von S. Peter innerhalb eines Petruszyklus, der uns durch Nachzeichnungen des 17. Jh.s bekannt ist, Belting, T. 91 e, eine Darstellung der Kreuzigung Petri in „archäologisch-topographischer Einkleidung“, die dann wenig später der Apostelzyklus im Querhaus zu Assisi reproduziert, Belting T. 5. 50f. 91c.

[49] Vgl. Harnack, Geschichte, 134; O. Stählin in: W. v. Christ–W. Schmid, Geschichte der griechischen Literatur, 2, 2, 1913[5], 1008; Lietzmann, Petrus und Paulus, 170.

[50] Duchesne, MAH 22, 1902, 11.

[51] Vgl. RAC 2, 13 (F. Schmidtke).

[52] LAW 3011 s.v. Terebinthenbaum (J. Wiesner).

[53] Liber Pontificalis, hg. Duchesne, 1, 1886, 118 (Vita Petri). 150 (Vita Cornelii).

[54] Hülsen, Le chiese di Roma nel medio evo, 1927, 370f.

[55] R. Valentini–G. Zucchetti, Codice topografico della Città di Roma 3, 1946, 431.

in dem uns erhaltenen Teil der Petrusakten, ein Gebäude an, das er Terebinthe des Nero nennt, neben die erwähnte Kirche lokalisiert und für das er mit der naumachia zumindest noch eine weitere Ortsbezeichnung heranzieht, die zur älteren Petrusgrabtradition gehört. Daß die Terebinthe hier nicht das abseitige Fündlein eines Antiquars ist, zeigt ihr Vorkommen in einem Krönungsordo, wohl für Heinrich VI., am Ende des 12. Jh.s[56], wo die Terebinthe wieder neben S. Maria Transpadana lokalisiert wird, ohne daß ausdrücklich gesagt wird, ob es sich um ein Gebäude oder um einen Baum handele. In der ältesten Redaktion der Mirabilia Urbis Romae, die uns eine Handschrift ebenfalls des 12. Jh.s überliefert, begegnet die Terebinthe in der uns schon bekannten Verbindung mit dieser Kirche und der Naumachie[57]. Teilweise wird sie dann von der Tradition, wie Lanciani nachgewiesen hat, in der Nachfolge des Kanonikers Benedikt als obeliscus Neronis identifiziert[58], doch begegnet Terebinthus ebenso wie in der Graphia Aurea Urbis[59] auch in den Miracole de Roma des 13. Jh.s[60], hier deutlich als Gebäude. Die Tradition ist noch im 15. Jh. nicht abgerissen, wie der Tractatus de rebus antiquis et situ Urbis Romae zeigt[61], der den Bau des Terebinthus (tarabintum) Neronis auf einem Jupitertempel lokalisiert und diesem nach seiner Zerstörung noch einen Dianatempel nachfolgen läßt. Schließen wir unseren Überblick mit der Roma Instaurata des Flavius Biondus ab[62], die aus der Literatur die Tradition von der Kreuzigung des Petrus ad terebinthum inter duas metas kennt und den Standort des Baumes, der viel Feuchtigkeit brauche, in den Gärten am Tiberufer bei S. Maria Transpontina für sehr wahrscheinlich hält – Biondus scheint also die gewöhnliche Identifizierung des Baumes mit einem Gebäude zu bezweifeln.

Von Pseudo-Marcellus bis zu den Humanisten besitzen wir eine Tradition, die eine Terebinthe am Vatikan mit der Passion des Petrus in Verbindung bringt. Diese Tradition ist teilweise stark verformt, da man

[56] I. M. Watterich, Pontificum Romanorum Vitae 2, 1862, 711, vgl. MGL 2, 187 (Peitz). Der Ordo ist überliefert bei Cencius Camerarius: Duchesne–P. Fabre, Le Liber Censuum de l'église Romaine 1, 1905, 1 *(D.: Krönung Heinrichs des Dritten am 25. 12. 1046) und 269 mit 278 A. 50; vgl. E. Eichmann, Studien zur Geschichte der abendländischen Kaiserkrönung 2: Zur Topographie der Kaiserkrönung, HJ 45, 1925, 33f.; Lietzmann, Petrus und Paulus, 177.

[57] C. A. Urlichs, Codex Urbis Romae Topographicus, 1871, 106; Valentini–Zucchetti 3, 45f.

[58] Lanciani, L'itinerario di Einsiedeln e l'ordine de Benedetto Canonico, MA 1, 1892, 437–552, bes. 525f.

[59] Urlichs, 119; Valentini–Zucchetti 3, 86.

[60] E. Monaci, Le miracole de Roma, Archivio Storico Roma 38, 1915, 551–590, 563f.; Valentini–Zucchetti 3, 117.

[61] Urlichs, 161 (Anonymus Magliabecchianus); Valentini–Zucchetti 4, 1953, 134.

[62] Valentini–Zucchetti 4, 272.

sich anscheinend nichts unter einer Terebinthe vorstellen konnte, andererseits aber eine Fülle von Mausoleen in dem entsprechenden Gebiet am Tiberufer besaß, so daß man den Ausdruck Terebinthe als Grabgebäude interpretieren konnte, wobei vielleicht die Bezeichnung des Travertinsteines eine Rolle spielte[63]. Für eine solche Identifizierung mag auch der Umstand bedeutend gewesen sein, daß diese alten Gemäuer von Bäumen überwachsen waren. Im Laufe der Traditionsgeschichte änderte sich auch ihre Verbindung mit der Passion Petri. War die Terebinthe bei Ps.-Marcellus das Ortszeichen für ein Grab Petri, so wurde sie später zur Ortsbezeichnung seines Martyriums.

VI

Unsere Petrus-Leseszene, für deren Interpretation die Terebinthe der aufgewiesenen Tradition eine Bedeutung haben kann, zeigt nun aber weder Petri Kreuzigung noch sein Tropaion. Welche andere Funktion könnte die vatikanische Terebinthe in unserer Szene aber sonst besitzen?

Eine Antwort auf diese Frage muß davon ausgehen, daß wir anders als für Paulus[64] in der frühchristlichen Kunst keine eigentliche Martyriumsdarstellung für Petrus kennen. Wir besitzen nur Darstellungen, die auf seinen Tod hinweisen, nämlich die Gefangenführung, die Kreuztragung und – wie wir mit Klauser meinen – eben die Szene von der Verhaftung des Lesenden. Wie aber bei der Darstellung der Enthauptung des Paulus der Ort der Hinrichtung an der Straße nach Ostia, also in der Tiberniederung, durch das Schilf angegeben ist[65], so läßt sich analog die Terebinthe in der Verhaftungsszene als lokaler Hinweis auf die Verhaftung des Petrus am Vatikan verstehen.

Vermag nun unsere Interpretation des Baumes die von Klauser vorgeschlagene Deutung der Darstellung als Verhaftungsszene zu sichern, so bleibt zu fragen, ob Petrus wirklich seinen Verhaftungsbefehl liest, wie Klauser meint[66], oder ob ganz allgemein der lesende Petrus dargestellt ist, wie er von der Verhaftung überrascht wird. Bei diesem zweiten, allgemeineren Deutungsvorschlag muß von vornherein offenbleiben, ob Petrus im Evangelienbuch oder in der ihm übertragenen nova lex liest,

---

[63] So zuerst H. Grisar, Geschichte Roms und der Päpste im Mittelalter 1, 1900, 215; vgl. Lietzmann, Petrus und Paulus, 177; Valentini–Zucchetti 3, 46 A. 1.

[64] Das meiste Material bieten die Passionssarkophage: H. v. Campenhausen, Die Passionssarkophage, 1929; F. Gerke, Die Zeitbestimmung der Passionssarkophage, Archaeol. Ertesitö 52, 1940, 1–130.

[65] Vgl. etwa auf dem Bassussarkophag, Rom, S. Pietro in Vaticano, Museo Sacro: Rep. 680.

[66] Klauser, Sarkophage, 63.

die man aber wohl auch nicht zu scharf von dem ihm anvertrauten Evangelium unterscheiden darf[67].

Bei einer Entscheidung für eine der beiden Deutungsmöglichkeiten mögen zwei weitere literarische Zeugnisse weiterhelfen, die vielleicht in dem nötigen weiten Sinne unsere Darstellung kommentieren. Die Abschiedsrede des Petrus in den Acta Petri cum Simone bringt die Verbindung von Lehre und Martyrium des Petrus[68]: ταῦτα τοῦ Πέτρου λαλοῦντος καὶ τῶν ἀδελφῶν κλαιόντων ἴδου στρατιῶται τέσσαρες αὐτὸν παραλαβόντες ἀπήγαγον τῷ Ἀγρίππᾳ. Das Epigramm des Damasus auf Sixtus II. in S. Callisto schildert die Verhaftung des römischen Bischofs 258 in der valerianischen Verfolgung[69]: hic positus rector coelestia iussa docebam / adveniunt subito rapiunt qui forte sedentem / militibus missis populi tunc colla dedere. Dies Epigramm, nur wenig jünger als die ältesten Darstellungen unserer Szene, wirkt wie eine Beschreibung der Darstellung der Verhaftung Petri, in dem man den Amtsvorgänger und den Begründer des Bischofsamtes sah, das der von Damasus gerühmte Sixtus innehatte. Petrus, der Lehrer der coelestia iussa, wird verhaftet – soweit und allgemein verstanden, eröffnet unsere Darstellung der Verhaftung des Petrus ein weites Feld für mögliche mitschwingende Konnotationen. So verdeutlicht ein Sarkophag in Arles die Legitimation der petrinischen Autorität dadurch, daß er eine Christusdarstellung in die Szene hineinnimmt[70]. Und so nimmt es auch nicht wunder, daß der lesende Petrus, der bei der Darstellung des Brüdersarkophages auf einem Felshaufen sitzend gegeben ist, bei einigen Beispielen auf einer Kathedra sitzt[71]. Man bemüht sich also, die Haltung des lesenden Petrus mit spezifischen Bedeutungen zu füllen. Die Präzisierung der Interpretation, die das petrinische Amt betonen will, kann sich des Ausdrucks von der ‚Cathedra Petri' bedienen, der dann hier in eine Bildformel umgesetzt ist[72]. Diese Bildformel von der cathedra Petri begegnet nur im Zusammenhang des Petrusmartyriums. Unsere Darstellung ist darüber hinaus zweifellos auch ein Reflex der Wirkung des Baus von Alt-St.-Peter im 4. Jh. und ganz allgemein der Märtyrerfrömmigkeit der Zeit.

---

[67] Wilpert–Schumacher, Mosaiken, 299f.

[68] AAA 1, 89f.

[69] E. Diehl, Inscriptiones Latinae Christianae Veteres 1, 1970³, 959; A. Ferrua, Epigrammata Damasiana, 1942, nr. 17.

[70] Nr. 12.

[71] Nr. 21, vgl. nr. 2.

[72] Zum einseitig und zu eng gebrauchten Begriff der cathedra vgl. die Kritik bei Weigand, BZ 41, 1941, 133, und Klauser, Sarkophage, 62f.

VII

Den alten „zeitlosen“ Bildvorwurf der philosophischen Lehrszene, die zumal im sepulkralen Zusammenhang einen gewissen kulturellen Anspruch und eine Bezeugung des Logos des Verstorbenen ausdrücken sollte, finden wir in der Petrus-Leseszene historisiert. Ein Moment der Passion Petri gelangt zur Darstellung. Die Darstellung findet ihren weitergesagten Sinn, ihr Kerygma, darin, daß das Heil, das der Bestattete für sich erhofft, in einer Verbindung mit der Passion des römischen Urapostels besteht.

In unserem Fall führt die Christianisierung des Bildvorwurfs der philosophischen Leseszene nicht nur durch die Auffüllung mit verschiedenen ikonographischen Elementen, die der ursprünglichen Darstellung fremd sind, zu einer Veränderung des Bildeindruckes, sondern der bleibende Anspruch, der mit einer solchen Darstellung auf einem Sarkophag verbunden ist, wird in einer ganz anderen Weise konkretisiert: das Bild ist nicht mehr Ausdruck kultureller Selbstdarstellung, sondern es ist nun Ausdruck der Hoffnung auf Teilhabe am Heil des römischen Märtyrers Petrus, der die cathedra Petri begründete.

I. Stellenregister

1. Bibelstellen

2. Ausserkanonische Schriften

3. Antike Autoren

II. Autorenregister